W0060535

RÖHRSCHEID
A9V 0138.--

Gertrude und Rubin Blanck

Angewandte
Ich-Psychologie
Klett-Cotta

Aus dem Amerikanischen übersetzt von Gertrude Kallner
Die Originalausgabe erschien unter dem Titel
»Ego Psychology: Theory & Practice«
im Verlag Columbia University Press, New York und London 1974
© 1974 Columbia University Press
Über alle Rechte der deutschen Ausgabe verfügt die
Verlagsgemeinschaft Ernst Klett — J. G. Cotta'sche Buchhandlung
Nachfolger GmbH, Stuttgart
Fotomechanische Wiedergabe nur mit Genehmigung des Verlages
Printed in Germany 1978
Einbandgestaltung und Typographie: Heinz Edelmann
Satz und Druck: Hieronymus Mühlberger KG, Augsburg
ISBN 3-12-900980-9

Inhalt

Man kann die Wirkung, die der Fortschritt in der Ich-Psychologie auf die Psychoanalyse gehabt hat, wohl kaum überschätzen. Trotzdem war noch viele Jahre nach Heinz Hartmanns Veröffentlichung *Ich-Psychologie und Anpassungsproblem* (1939) die Anwendung dieser neuen Dimension in der analytischen Therapie sehr beschränkt. Dies trifft sogar noch für die Zeit nach 1952 zu, als Hartmanns epochemachendes Werk von David Rapaport ins Englische übertragen worden war, und man konnte die ältesten und erfahrensten Psychoanalytiker sagen hören, daß sie die Ich-Psychologie zwar interessant fänden, daß sie aber für die Behandlungstechnik doch ziemlich irrelevant sei.

Inzwischen beurteilten selbst diejenigen, die der psychoanalytischen Arbeit sehr überlegt und wohlwollend gegenüberstanden, die Ergebnisse der psychoanalytischen Behandlungsmethoden mit zunehmender Skepsis, ja, sogar mit Pessimismus, und auch die geschicktesten Analytiker gerieten nicht nur bei der Behandlung von Borderline-Fällen (Grenzfällen), sondern auch bei schweren Neurosen nur allzuoft in eine Sackgasse.

Man war jedoch in der Zwischenzeit bei der Erforschung der frühen Ich-Bildung ein gutes Stück weitergekommen, besonders aufgrund direkter Beobachtungen von Säuglingen und Kleinkindern, differenzierter Betrachtung der prägenitalen Phasen und aufgrund von Untersuchungen der Über-Ich-Entwicklung, des Narzißmus, der Natur des psychischen Traumas und ähnlicher grundlegender Erscheinungen. Einige wenige vorausschauende Persönlichkeiten fingen an, diese Befunde auf die therapeutische Technik anzuwenden, besonders auf der Ebene der Objektbeziehungen. Die außerordentliche Feinheit, mit der der Analytiker auf diese Weise befähigt wird, den Patienten auf einer wirksamen empathischen Ebene zu erreichen, viel schneller, als man es früher für möglich gehalten hätte, beschleunigt die Entwicklung des therapeutischen Bündnisses in hohem Maß. Sie macht es ferner möglich, früher Interpretationen anzuwenden, ohne dabei fundamentale analytische Prinzipien zu verletzen. Der therapeutische Dialog wird durch vorbewußte Inhalte von großer Komplexität bereichert, da das Wissen von der Progression und den Wechselfällen der Ich-Funktion auf diese Weise viel klarer geworden ist. Die Achtung vor der Autonomie des Patienten und das Auftauchen von ruhenden, oft nicht geahnten autonomen

Fähigkeiten sind eine weitere vorteilhafte Folge dieses therapeutischen Wissens.

Unter den Pionieren dieses aufregenden Unternehmens finden wir Gertrude und Rubin Blanck. Ihre souveräne Kenntnis der Ich-Psychologie, die besonders eindrucksvoll an ihrer Exegese von Werken der tiefsten Denker auf diesem Gebiet hervortritt, zeigt sich in den Kapiteln, die Hartmann, Jacobson, Mahler, Spitz u. a. gewidmet sind. Ihre sehr reiche klinische Erfahrung mit der Anwendung der Ich-Psychologie kommt in den späteren Kapiteln zum Ausdruck. Klarheit, Präzision, Spezifität — dies sind die Kennzeichen der therapeutischen Bemühungen dieser beiden Autoren. Mitgefühl und Einfühlungsvermögen in die schwierigsten und anspruchsvollsten psychisch Kranken fügen ihrer Arbeit eine Dimension hinzu, die für den Erfolg der psychoanalytisch orientierten Psychotherapie unerläßlich ist.

Nathaniel Ross, M. D.

Danksagung

Viele haben zu den Gedankengängen beigetragen, die uns veranlaßten, dieses Buch zu schreiben. Die meisten müssen zwangsläufig anonym bleiben — unsere Patienten, von denen wir viel gelernt haben, und denen wir, wie wir hoffen, in dem wechselseitigen Prozeß geholfen haben, und unsere Studenten, deren Interesse und Begeisterung stets eine Quelle der Anregung und Inspiration für uns waren. Den Kollegen, die ihr Material beigetragen haben, werden wir in den Kapiteln, in denen dieses Material verwendet wird, unseren Dank aussprechen. Dank schulden wir auch Dr. Nathaniel Ross für seine stetige Unterstützung und Ermutigung sowie den großzügigen Gedankenaustausch und das Lesen des Manuskripts; Dr. Margaret S. Mahler danken wir für ihre theoretischen Beiträge, denen wir weiteste Verbreitung wünschen, und auch dafür, daß sie das Manuskript gelesen und unsere Zusammenfassung ihrer theoretischen Ideen überprüft hat; ferner Dr. René A. Spitz, der unsere Zusammenfassung seines Werkes ebenfalls durchgesehen und aufgrund seiner jüngsten Forschungen einige wichtige Klärungen und Ergänzungen beigetragen hat, sowie Dr. Otto F. Kernberg, der uns sein Material zur Verfügung gestellt hat. Wir sind natürlich auch allen anderen Theoretikern, deren Werke wir zusammengefaßt und Techniken daraus entnommen haben, zu großem Dank verpflichtet und hoffen, daß wir ihnen Gerechtigkeit haben widerfahren lassen.

Ganz besonderer Dank gebührt unserem Lehrer Martin S. Bergmann, dessen außergewöhnliches Wissen und dessen Hingabe an die theoretische Forschung uns immer ein Vorbild gewesen sind, dem wir nachzustreben versuchen.

Wir danken auch Frau Barbara Frank für ihre sorgfältige Arbeit an dem Manuskript.

9

Wenn die Psychoanalyse gewisse Dinge
bisher nicht gewürdigt hat, so geschah
es nie darum, weil sie deren Leistung
übersehen hatte oder deren Bedeutung
verleugnen wollte, sondern weil sie
einen bestimmten Weg verfolgt, der
noch nicht so weit geführt hatte.
Und endlich, wenn sie dahingekommen
ist, erscheinen ihr auch die Dinge
anders als den anderen.

Freud, 1923

»Wer das edle Spiel des Schachs aus Büchern erlernen will, der wird bald erfahren, daß nur die Eröffnungen und Endspiele eine erschöpfende systematische Darstellung gestatten, während die unübersehbare Mannigfaltigkeit der nach der Eröffnung beginnenden Spiele sich einer solchen versagt. Eifriges Studium von Partien, in denen Meister miteinander gekämpft haben, kann allein die Lücke in der Unterweisung ausfüllen. Ähnlichen Einschränkungen unterliegen wohl die Regeln, die man für die Ausübung der psychoanalytischen Behandlung geben kann.«[1]

So beginnt Freud seine Serie von Arbeiten über die Technik der Psychoanalyse. Trotz seiner mutigen Anerkennung der Grenzen bei der Übermittlung von genauen technischen Regeln an den Schüler der Psychoanalyse gelang es ihm doch, eine relativ fest umrissene Reihe von Prozeduren für den Psychoanalytiker niederzulegen. Der Psychotherapeut hat keine solchen Regeln. Da die Reichweite der Psychotherapie so viel größer ist als die der Psychoanalyse, ist es schwer, genaue oder auch nur konsequente technische Regeln aufzustellen. Trotz des immer weiter werdenden Bereichs, in dem die Psychoanalyse angewendet werden kann, auch bei Patienten, die früher als unanalysierbar galten, bleibt die Psychoanalyse doch eine genau definierte Behandlungsmethode für einen besonderen Typ von Patienten und hat ein klar bestimmtes Ziel.

Im Idealfalle sollte die Indikation für eine Behandlung durch die Diagnose bestimmt werden; in Wirklichkeit spielen andere Erwägungen eine Rolle. Das bedeutet, daß die Psychoanalyse — trotz ihres »sich erweiternden Rahmens«[2] — bevorzugt bei Menschen angewendet wird, deren psychische Strukturen sich bis zu dem Punkt entwickelt haben, an dem die Konfliktlösungen deutlich neurotisch sind. Wenn man dieselbe Angelegenheit vom Gesichtswinkel der psychoanalytischen Entwicklungspsychologie aus betrachtet, die unser Hauptgesichtspunkt ist, so liegt es nahe, die Psychoanalyse für diejenigen Patienten zu reservieren, die ein intaktes Ich und eine deutliche Identität besitzen. Das beläßt dem Psychotherapeuten ein recht großes Kontingent von Patienten.

Der Beriff »Psychoanalyse« hat eine dreifache Bedeutung: Er bezeich-

---

[1] S. Freud, *Zur Einleitung der Behandlung.*
[2] L. Stone, »The Widening Scope of Indications for Psychoanalysis«.

net eine Persönlichkeitstheorie, ein Forschungsinstrument und eine Therapie. Als Therapie sollte er eigentlich unter den weiteren Begriff der *Psychotherapie* fallen, im Sinne einer Behandlung der Seele — wenn nicht der allgemeine Sprachgebrauch anders wäre. Auf Grund einer stillschweigenden Übereinkunft verstehen Psychoanalytiker und psychoanalytisch orientierte Psychotherapeuten unter Psychoanalyse etwas anderes als Psychotherapie. So bezieht sich also der Begriff Psychotherapie per exclusionem auf alle Arten der psychischen Behandlung, außer auf die Psychoanalyse.

Definitionen per exclusionem werfen Probleme auf. Die unbegrenzten Anwendungsmöglichkeiten der Psychotherapie haben zu einer Überproduktion von Theorien und Techniken in vielen Richtungen geführt, von denen manche recht weit von der Psychoanalyse entfernt sind. Es sind sogar Techniken ohne Theorie ausgearbeitet worden. Viele von ihnen sind vorübergehende Modeerscheinungen. Manche verschwinden, um dann in leicht abgewandelter Form wieder aufzutauchen. Es gibt natürlich viele wohlgemeinte und gedankenvolle Versuche zur Lösung bestimmter therapeutischer Probleme. Schwere pathologische Zustände, die dem Psychotherapeuten überwiesen werden, können nicht immer die Ausarbeitung einer Theorie abwarten, wenn die Behandlung dringend ist. Daher herrscht auf diesem Gebiet viel Empirismus und sogar Pragmatismus vor. Es ist auch dringend notwendig, kurze Therapieformen zu finden, weil die psychoanalytisch orientierte Therapie so lange dauert. Während des Zweiten Weltkrieges z. B. wurden kurze Therapieformen wie Hypnose, Natrium-Amytal-Sitzungen und ähnliches in den Militärlazaretten ausprobiert, um unmittelbare Traumen zu behandeln und die Soldaten in den aktiven Dienst zurückzubringen. Große Hoffnungen wurden damals auf diese Art der Behandlung gesetzt, da sie ein abgekürztes Verfahren versprach, das man dann nach dem Kriege auch bei Zivilisten würde anwenden können. Man hört aber kaum mehr etwas von ihm, und die vielen Bücher, die darüber geschrieben wurden, sind vergriffen.

Man muß zugeben, daß die psychoanalytische Psychotherapie viel Zeit in Anspruch nimmt. Wir stimmen aber mit Greenacre darin überein, daß die sogenannten Kurztherapien, wie wir sie heute kennen, schließlich länger dauern; sie werden wiederholt beendet und dann wieder neu angefangen, weil bei der Behandlung wenig konsolidiert worden ist und alle möglichen äußeren und unnötigen Störungen dazwischenkommen[3]. Bei dem heutigen Stand unseres Wissens gibt es noch kein »Kurzverfahren«. Wir wissen wohl, daß die nicht-analytischen Therapieformen, die

---

[3] Ph. Greenacre, *The Role of Transference.*

jetzt modern sind, weniger Zeit benötigen — besonders die, die sich auf die akademische und nicht auf die psychoanalytische Psychologie stützen. Die meisten von ihnen sind — wenn sie auch das simplizistische Denken von Watson und Pavlov verurteilen — nur modernisierte Abarten des Behaviorismus und der Konditionierung. Die Ursachen für den weiten Abstand zwischen psychoanalytischer und akademischer Psychologie liegen jedoch — auch wenn dies ein sehr interessantes Thema ist — außerhalb des Bereichs, den wir hier erforschen wollen. Es muß aber darauf hingewiesen werden, daß hier ein fundamentaler theoretischer Unterschied besteht. Während die nicht-analytischen Methoden der Therapie das Unbewußte außer acht lassen und eine Verhaltensänderung anstreben, zieht die psychoanalytisch orientierte Psychotherapie das Unbewußte sehr wohl in Betracht, und ihr Hauptziel ist eine strukturelle Änderung. Aber solche weitreichenden Persönlichkeitsveränderungen erfordern eben mehr Zeit als Verhaltensänderungen. Es ist jedoch riskant, sich aufgrund von Erwägungen wie Zweckmäßigkeit und Kürze für eine bestimmte Therapieform zu entscheiden. Solche Überlegungen sind zu oberflächlich, um für die wissenschaftliche Theorienbildung relevant zu sein. Es ist vorstellbar, daß in Zukunft Kurztherapien entwickelt werden, die sich auf die psychoanalytische Entwicklungspsychologie stützen, ohne solche Fundamente der Psychoanalyse wie das Unbewußte und die Entwicklung der psychischen Struktur aufzugeben. Vorläufig aber scheint es uns, daß der kürzere Weg nicht unbedingt der bessere ist, sondern der, der die Theorie, wie sie sich bis heute entwickelt hat, voll in Betracht zieht. Auf dieser Grundlage können wir auf eine progressive Theorienbildung hoffen, die dann ihrerseits zu besseren Techniken führen wird.

Eine andere Position, die psychoanalytische Elemente mit einschließt, insofern sie per definitionem Anleihen bei der Psychoanalyse macht, ist die eklektische. Die meisten Menschen, die sich zur Psychotherapie hingezogen fühlen, schätzen Aufgeschlossenheit und Liberalismus. Dies macht den Eklektizismus für sie in irreführender Weise anziehend. Während die Schulpsychologen dazu neigen, die psychoanalytische Theorie anzugreifen, weil hier die Experimente nicht in der Form ausgeführt werden können wie in der Physik, halten die Eklektiker die Psychoanalyse für zu dogmatisch. Wir würden wieder weit über den Rahmen unseres Themas hinausgehen, wenn wir hier versuchen würden, uns mit diesen beiden Auffassungen auseinanderzusetzen. Das Argument der »Unwissenschaftlichkeit« ist wiederholt geschickt beantwortet worden. Daß jede Wissenschaft bis zu einem gewissen Grad auf Dogmen aufbaut, liegt auf der Hand und bedeutet keinerlei Herabsetzung. Wenn das nicht so wäre, so müßte in jeder Disziplin alles einmal Bewiesene immer wieder neu bewiesen werden. Der Eklektizismus, der weniger »rigid« zu sein scheint als die klassische psychoanalytische Theorie, tendiert zum Nihilismus, indem er unpassende Teile aus verschiedenen Theorien zusammensetzt. Man wirft theoretische Fundamente weg und macht dadurch den Aufbau einer neuen Theorie unmöglich.

Ein dritter Standpunkt — der der sogenannten dynamischen Psychologie oder Tiefenpsychologie nahesteht — wird von der kultur- oder umweltorientierten Schule von Horney, Sullivan u. a. vertreten. Ihre Theorien betrachten das Individuum als der Umgebung gegenüber angepaßt, sowohl im soziologischen wie im psychologischen Sinne, daher gehen auch ihre Behandlungsversuche von dieser Position aus. Das Verhalten wird geändert — nicht durch Verstärkung oder Konditionierung, sondern durch dynamische Interaktion zwischen dem Patienten und dem Therapeuten, der tatsächlich eine neue und vermutlich günstigere Umwelt darstellt. Aus dieser Position ergeben sich solche breit angelegten technischen Angriffspunkte wie zwischenpersönliche Beziehungen, Interaktion, korrektive emotionale Erfahrung, emotionale Umerziehung und ähnliches. Hier liegt einer der grundsätzlichen Unterschiede gegenüber der psychoanalytischen Auffassung, für die das Konzept der Internalisierung grundlegend ist.

Die theoretische Grundlage, von der unser therapeutisches Vorgehen ausgeht, ist die psychoanalytische Entwicklungspsychologie. Das vorliegende Buch soll nur eine Beschreibung von Techniken liefern, die aus dieser Theorie abgeleitet sind. Wenn jemand eine eklektische Methode sucht oder eine Übersicht über all die verschiedenen Formen der Psychotherapie, so wird er sie hier nicht finden. Die Konzepte der Internalisierung und der Objektbeziehungen sind für die psychoanalytische Entwicklungspsychologie so grundlegend, daß sie sich während der Diskussion der Theorie und der Technik immer bemerkbar machen werden. Kurz gefaßt: Internalisierung ist der Prozeß, in dessen Verlauf das, was vorher außerhalb stand, zu einem Teil von einem selbst wird. Dieser Begriff geht Hand in Hand mit dem der Objektbeziehungen, da Objektrepräsentanzen in zunehmendem Maße parallel zu der Strukturierung internalisiert werden. Darin besteht auch der Hauptunterschied zwischen den psychoanalytischen und den mehr umwelt- und interaktionsorientierten Schulen. Psychoanalytische Psychologie ist Entwicklungspsychologie, da sie die Strukturierung der Person von der Geburt an erfaßt. Während die schnellsten und fundamentalsten Strukturierungsprozesse in den frühen Lebensjahren stattfinden, ist Entwicklung ein Prozeß, der sich durch das ganze Leben hinzieht.

Es gibt in reichem Maße gute Literatur über die psychoanalytische Technik. Wir werden uns daher hier nicht mit der Psychoanalyse als Therapie befassen, außer, um sie mit der Technik der Psychotherapie zu vergleichen. Während über die Technik der Psychotherapie eine noch reichlichere Literatur vorhanden ist, befaßt sich doch vieles davon mit den verschiedenen Schulen und Systemen, die wir schon erwähnt haben. Die verhältnismäßig wenigen psychoanalytisch orientierten Werke über die Psychotherapie machen die Entdeckung der psychoanalytischen Entwicklungspsychologie, die manchmal Ich-Psychologie genannt wird, für die Psychotherapie nicht fruchtbar. Aus diesem Grunde halten wir es für angebracht, der schon vorhandenen Literatur über Techniken der Psychotherapie ein Buch über die Anwendbarkeit der ich-psychologischen Begriffe hinzuzufügen. Die Psychoanalyse als Theorie ist die begriffliche Basis für beide Arten der Behandlung, für die Psychoanalyse wie für die Psychotherapie. Nur in der technischen Anwendung der Theorie unterscheiden sie sich, manchmal mehr, manchmal weniger.

Über Freuds theoretisches Werk ist andernorts so ausführlich geschrieben worden, daß wir hier nicht den Versuch einer langen Rekapitulation machen wollen. Die beste Darstellung seiner Arbeit ist die von ihm selbst. Es gibt Fachleute, hauptsächlich auf dem Gebiete der Psychologie und Soziologie, die es als wesentlich für ihre Ausbildung betrachten, Freud »gelesen« zu haben. Das ist sehr anzuerkennen, selbst wenn dieses »Lesen« sie nur dazu bringt, sein Werk als inkonsequent, unwissenschaftlich, überholt usw. abzutun. Aber Freud kann nicht wie ein Lehrbuch gelesen werden. Man muß seine Schriften chronologisch studieren und sehr aufmerksam verfolgen, wie er seine theoretischen Ansichten aufstellt, revidiert, fallenläßt und ausarbeitet, ebenso wie man diejenigen beachten sollte, die umzudenken er keine Gelegenheit mehr hatte. Der Freud von 1895 ist ein anderer als der von 1926 und noch mehr als der von 1938. Sein Hauptwerk, *Die Traumdeutung*, das 1899 geschrieben und 1900 veröffentlicht wurde, ist — wenngleich es ein Meisterwerk von ungeheurem Wert ist — nicht auf den neuesten Stand gebracht worden, um die Strukturtheorie einzubeziehen, die er 1923 aufgestellt hat. Es ist nur zu unserem Vorteil, daß Freud sein produktives Leben nicht damit verbrachte, systematisch zurückzugehen und alles zu revidieren, wenn er auch einige solche Revisionen vorgenommen hat. Seine Zeit war besser angewandt, indem er neue Theorien entwickelte. Uns ist die Aufgabe geblieben, das, was er getan hat, systematisch durchzusehen. Um festzustellen, was davon gültig geblieben ist, müssen wir ihn studieren, nicht nur lesen. Es ist heute modern, überholte Theorien zu zitieren, um zu beweisen, daß Freud unrecht hatte; aber wir wollen dies nicht weiter diskutieren, da es für die wissenschaftliche Theorienbildung unwesentlich ist.

Während Freuds eigene Schriften und die seiner »Schüler« uns reichliche Literatur liefern, um seine Theorien bis etwa 1940 zu studieren, gibt es doch nichts Ähnliches und Einheitliches bezüglich der neueren Freudianischen Ich-Psychologie, die gewöhnlich einfach *Ich-Psychologie* genannt wird oder — wie in letzter Zeit — *psychoanalytische Entwicklungspsychologie.*

Das liegt daran, daß es nach Freuds Tod nicht mehr ein einzelner Geist war, der die Theorie entwickelte, sondern eine ganze Reihe von Forschern, deren Werke teils aufeinander aufbauen, in größerem Maße sich aber ergänzen und so zur Totalität der modernen Freudschen Theorie beitragen. Die Schriften dieser Theoretiker stellen primäre Quellen dar. Zu einer einheitlichen Theorie kann man nur dadurch gelangen, daß man die Werke jedes dieser Autoren gesondert liest. Wir sind nicht in der Lage, die überraschende Tatsache zu erklären, daß sie außerhalb psychoanalytischer Kreise nur wenig bekannt sind; wir haben dies jedoch so häufig festgestellt, daß wir zu der Auffassung gelangten, ein einziger Band, der die Theorien der bedeutendsten Ich-Psychologen in sich vereinigen würde, wäre sehr wertvoll. Dies wollen wir hier versuchen, und wir bieten zugleich diese Vereinheitlichung der Theorien als begriffliche Grundlage für unsere technischen Anregungen an. Wir haben uns entschlossen, die Werke von Heinz Hartmann sowohl für sich als auch im Zusammenhang mit den Werken seiner Mitarbeiter Ernst Kris und Rudolph M. Loewenstein zu behandeln. Diese Werke bilden den Grundstock der heutien Ich-Psychologie. Dazu kommen noch die Theorien von Edith Jacobson und die Beobachtungen von Margaret S. Mahler und René A. Spitz. Wir fügen noch Otto F. Kernberg und Heinz Kohut hinzu, die Beiträge zur Technik der Behandlung bei schweren Krankheitsbildern geliefert haben. Es gibt daneben noch viele andere wichtige Beiträge, die wir jedoch hier nicht zusammengefaßt haben, wenn wir uns auch bei der Besprechung der Technik auf einige von ihnen beziehen werden. Wenn wir alle Autoren aufzählen wollten, so würde das fast einer Wiederholung der Bibliographie gleichkommen. Wir haben also die Werke jener Theoretiker ausgewählt, deren Beiträge für den Theorienaufbau grundlegend sind. Aus ihren Theorien haben wir technische Verfahrensweisen abgeleitet, von denen einige bekannt sind und täglich praktiziert werden. Wir behaupten daher nicht, wir hätten diese Techniken als erste entdeckt, hoffen jedoch, daß wir durch die Vereinigung von Theorie und Technik der ersteren mehr Klarheit und der letzteren eine begriffliche Grundlage gegeben haben.

Unsere Zusammenfassungen der Beiträge dieser bedeutenden theoretischen Forscher umfassen nicht alle Aspekte und bieten keinen Ersatz für das Lesen der Originalquellen. Wir hoffen jedoch, daß sie eine Übersicht über die Wechselbeziehungen zwischen den Werken dieser Theoretiker vermitteln können, bevor man sich in die Originalwerke vertieft.

Weder die früheren noch die jetzt vorherrschenden Theorien werden von uns als endgültig dargestellt. An den Grenzen unseres Wissens in Theorie und Technik ist noch viel Raum, und wir erwarten, daß mit fortschreitender Forschung viele von den heute gültigen Theorien weiter ausgearbeitet werden; einige werden revidiert, andere fallengelassen werden. Wir betonen, daß dies nicht obenhin geschehen kann, sondern nur auf der Basis metapsychologischer Erwägungen, die eine volle Darstellung sowohl der zu ersetzenden Theorien als auch der Wirkung der vorgeschlagenen Innovationen enthalten.

Es ist nicht unsere Absicht, neue Theorien aufzustellen. Wir wollen Techniken ausarbeiten und uns dabei an dasselbe Prinzip halten: daß Vorschläge zu den Techniken — nicht weniger als zu den Theorien — von dem, der sie einführt, eine vollständige Erläuterung erfordern. Soweit wie möglich werden wir die theoretischen Grundlagen für unsere Vorschläge erklären — warum sie in einer bestimmten Situation nötig sind und was sie bewirken sollen. Bei der Einführung von Techniken ist die metapsychologische Verantwortung nicht geringer als bei der Einführung von Theorien. Die oft gehörte Bemerkung: »Ich weiß nicht, was es ist, aber es wirkt«, ist für didaktische Zwecke zu pragmatisch.

Die Behauptung, daß bei den schwerer gestörten Patienten die Psychoanalyse versagt hat, ist weitgehend richtig. Aus diesem Grunde besteht die ehrliche Überzeugung, daß die psychoanalytische Theorie bei der Behandlung unanalysierbarer Patienten nicht angewendet werden sollte. Wir glauben aber, daß dieses Versagen nicht auf einem der Theorie inhärenten Mangel beruht, sondern auf der Anwendung der Technik, die für die Behandlung von Neurosen bestimmt war.

Die psychoanalytische Theorie, wie sie von der psychoanalytischen Entwicklungspsychologie dargestellt wird, ermöglicht ein ausreichendes Verständnis der menschlichen Entwicklung, um uns die systematische Darstellung einer Technik zu erlauben, die in mancher Hinsicht von der der Psychoanalyse abweicht.

Der springende Punkt ist nicht, ob die psychoanalytische Theorie richtig ist, sondern, ob ihre Anwendung durch die Diagnose gerechtfertigt ist. Um zu zeigen, wodurch die Wahl der Behandlung bestimmt wird, werden wir die diagnostischen Züge, die in Betracht gezogen werden müssen, und die Prinzipien, nach denen der Therapeut entscheiden sollte, im einzelnen besprechen. Wenn auch die Psychotherapie weit mehr Raum für technische Neuerungen bietet als die Psychoanalyse, so ist sie doch keineswegs ein freies Feld. Das therapeutische Vorgehen wird durch die Bedürfnisse des Patienten bestimmt, die aufgrund diagnostischer Erwägungen erfaßt werden, die an das Meßbare heranreichen.

Ein diszipliniertes Abgehen von der psychoanalytischen Methode wurde zum erstenmal systematisch von Eissler vorgeschlagen. Er führte den Ausdruck »Parameter« ein und definierte ihn als das kleinstmögliche Abweichen vom klassischen Modell, wie es durch die Struktur des Ichs diktiert wird. Seine technischen Vorschläge kamen zu einer Zeit, als die Ich-Psychologen Freuds Strukturtheorie bis zu dem Punkte ausgearbeitet hatten, an dem das Wissen um das Ich eine differenziertere Konzeptualisierung der psychoanalytischen Technik ermöglichte. Indem sie den Parameter auf dem entscheidenden diagnostischen Aspekt der Ich-Struktur basierten, konnten die Psychoanalytiker von der klassischen Technik abweichen, wenn ein solches Vorgehen auch harmonisiert werden mußte, bevor die Behandlung erfolgreich zu Ende geführt werden konnte. Eissler war sich bewußt, daß er in gewissem Sinne eigentlich keine neue Technik vorgeschlagen hatte, sondern eher die Konzeptualisierung einer Technik, die Freud schon empfohlen hatte. Seitdem hat es unzählige Versuche gegeben, sich mit Patienten zu befassen, deren Struktur weniger entwickelt ist als die des Neurotikers, indem man Methoden anwandte, die gewöhnlich »Abweichungen« oder »Modifizierungen« der klassischen psychoanalytischen Methode genannt wurden. Während all das für die neurotische Struktur gut und recht ist — wenn man sich innerhalb der von Eissler bestimmten Grenzen hält —, so denken wir doch, daß es die Technik der eigentlichen Psychoanalyse verwischt, wenn man versucht, Methoden, die für weniger strukturierte Persönlichkeiten bestimmt sind, in sie hineinzupressen. Die Psychoanalyse als Behandlungsmethode sollte lieber für die Neurosen reserviert bleiben. Wir erinnern uns daran, daß Freud sogar eine Probeanalyse vorschlug, nach der der Patient abgewiesen werden sollte, wenn sich herausstellte, daß sein Ich nicht imstande war, sie auszuhalten. So war also Freud der erste, der anregte, daß die Art, wie das Ich bei der eigentlichen Behandlung funktioniert, auch als diagnostischer Indikator für seine Struktur angesehen werden kann.

Das Ganze erscheint weniger verwirrend, wenn wir den Namen »modifizierte analytische Technik« für jene Strukturen reservieren, die die Anwendung eines »Parameters« ertragen können, einschließlich Eisslers Einschränkung, daß der Parameter sich selbst ausschließen muß. So wahrt man dann sowohl die Präzision wie auch die Grenzen der psychoanalytischen Technik und macht trotzdem Platz für eine psychoanalytisch orientierte Psychotherapie. Während die Psychotherapie dieselbe Theorie benutzt wie die Psychoanalyse, stützt sie sich stärker auf diejenigen Aspekte der Theorie, die von den Forschern, die sich mit der Entwicklung in den ersten Lebenswochen befassen, formuliert worden sind. Dies hängt natürlich damit zusammen, daß die weniger strukturierte Persönlichkeit, die psychotherapeutisch behandelt werden soll, im Sinne eines Entwicklungsversagens verstanden werden muß. Jedoch sollte dies nicht zu sehr vereinfacht werden. Wenn auch die für die Strukturierung kritische Periode die frühe Entwicklung ist, weist Spitz doch warnend darauf hin, daß die psychische Struktur des Erwachsenen von der des Kindes verschieden ist. »Einige dieser Störungen im frühen Säuglingsalter, mag es sich dabei um psychogene Erkrankungen oder psychosomatische Zustände handeln, haben eine auffallende Ähnlichkeit mit Störungen, die uns beim Erwachsenen vertraut sind. Ich habe festgestellt, daß diese Ähnlichkeiten nicht bedeuten, daß die Störung beim Kleinkind und die in den Bereich der Psychiatrie gehörende Erkrankung des Erwachsenen homolog oder sogar analog seien.«[4]

Wir möchten in diesem Buch die Diagnose und die Behandlung von Störungen, die auf einer mangelnden Strukturierung beruhen, im einzelnen darstellen. Bisher sind keine spezifischen Techniken für die Behandlung solcher Fälle konzeptualisiert worden. *Bisher* bedeutet in diesem Zusammenhang: bevor Hartmann das Konzept eingeführt hatte, daß das Kind in eine »durchschnittlich zu erwartende Umgebung« mit einem »eingeborenen Ich-Apparat« eintrete[5], und so die Psychoanalyse von einer Psychologie des Konflikts zu einer Psychologie der normalen Entwicklung erweitert hatte.

Bei jeder Therapie ist die Methode durch das Ziel bestimmt. Psychoanalytische Prozeduren hatten den ganz spezifischen Zweck, das Unbewußte bewußtzumachen und dadurch strukturelle Veränderungen hervorzurufen (Veränderungen in den Beziehungen zwischen dem Es, dem Ich und dem Über-Ich). In diesem Sinne sind alle anderen Ziele von untergeordneter Bedeutung. In der Psychotherapie gibt es kein einzelnes Ziel; es gibt viele. Wir werden noch auf die Unterschiede zwischen der Technik der Psychoanalyse und der der Psychotherapie eingehen. Hier soll nur gesagt werden, daß wir für die Anwendung der psychoanalytischen Technik nicht nur ein gut entwickeltes Ich, sondern auch einen hochmotivierten Patienten brauchen. In der Praxis der Psychotherapie ist jeder — unabhängig von der Diagnose und manchmal auch von der Moti-

[4] R. A. Spitz, *Vom Säugling zum Kleinkind.*
[5] H. Hartmann, *Ich-Psychologie und Anpassungsproblem.*

vation — ein potentieller Patient. Das Ich des »Patienten«, der sich einer Psychotherapie unterzieht, ist — wenn die Psychotherapie nicht aus praktischen Gründen gewählt worden ist — schon per definitionem geschädigt. In der Psychoanalyse ist der Ich-Aufbau gewöhnlich eine Nebenerscheinung des in erster Linie technischen Zieles. In der Psychotherapie besteht die Behandlung an sich in einem Versuch, das geschädigte Ich zu heilen. Der Aufbau des Ichs wird zur Hauptsache bei der Behandlung, und unser Vorgehen muß spezifisch auf diesen Zweck ausgerichtet sein.

Manchmal ist es das Ziel der Psychotherapie, einen Dekompensationsprozeß aufzuhalten oder zur Umkehr zu bringen. Bei einem Suizidpatienten sollte man zuerst einmal versuchen, ihn am Leben zu erhalten, bevor man sich damit befaßt, ihn zum Funktionieren zu bringen. Bei Ehe- und Eltern-Kind-Problemen könnte man versuchen, die einzelnen Individuen und ihre Schwierigkeiten aus dem interpersonellen Kampfgebiet zu lösen. Bei einem Adoleszenten oder bei einem jungen Erwachsenen sollte man die Psychotherapie als das Sprungbrett aus der Kindheit heraus benutzen.

Da die Psychotherapie die Methode der Wahl für die schwereren pathologischen Störungen ist, können wir in bezug auf die Prognose nicht so optimistisch sein wie die Verfasser von Büchern über die Technik der Psychoanalyse. Außerdem sind die Methoden der Psychotherapie, die wir vorschlagen, noch im Stadium der Pionierarbeit. Sie benutzen die Extrapolation und gehen dabei von entwicklungstheoretischen Behandlungsmethoden aus, die zu verfolgen logisch erscheint. Wir selbst haben diese Methoden auch benutzt, genauso wie unsere Schüler. Es würde keinen Sinn haben, unsere Erfolge zu quantifizieren. Wir können nur sagen, daß die Mittel für den Aufbau des Ichs, die wir unseren Schülern vorgeschlagen haben und die wir in der eigenen Praxis anwenden, unterschiedlich wirksam sind. Wir haben erstaunliche Erfolge und absolute Mißerfolge zu verzeichnen. Was das weite Feld der Grenzfälle betrifft, so erstreckt es sich von den psychotischen Strukturen auf der einen Seite bis zu den neurotischen Grenzfällen auf der anderen, wobei die Mehrzahl dazwischenliegt. Wir glauben, daß die Prognose eine Angelegenheit der Ich-Struktur ist, so daß die neurotischen Grenzfälle eine günstigere Prognose haben als die psychotischen. Man muß auch in Betracht ziehen, daß die schwersten pathologischen Zustände irreversibel sind. Das bedeutet aber keineswegs, daß es sich nicht doch lohnen würde, dem Patienten zu helfen, sein optimales Funktionsniveau zu erreichen. Wir erwarten auf lange Sicht jedoch nicht, daß größeres theoretisches Wissen und verbesserte Methoden die Psychotherapie jemals zu einem so guten prognostischen Instrument machen werden, wie es die Psychoanalyse ist.

Das bedeutet nicht, daß die Psychoanalyse eine überlegenere Form der Behandlung wäre. Im Gegenteil, was das erforderliche Können und die Versatilität betrifft, so ist die Psychotherapie schwieriger. Vom Standpunkt des Patienten ist die beste Art der Behandlung die, die seiner Struktur entspricht.

Die Psychotherapie wendet sich mit ihrer Behandlungsmethode an ein viel breiteres diagnostisches Spektrum als die Psychoanalyse. Sie wendet sich sogar an diejenigen, die nicht einmal wissen, ob sie überhaupt behandelt werden wollen. Wenn der potentielle Patient ein Kind ist, wird es von den Eltern gebracht. Wenn der Patient verheiratet ist, kann es — wegen der bei Ehepartnern zu beobachtenden Tendenz, ihre Schwierigkeiten aufeinander zu projizieren — vorkommen, daß ein Ehemann zum Beispiel von seiner Frau gezwungen wird, sich behandeln zu lassen, oder umgekehrt, daß der Mann seine Frau zur Behandlung zwingt. Manchmal werden Patienten auch vom Gericht zur Behandlung überwiesen. So erfreulich dies all jenen erscheinen mag, die das Eindringen der Psychologie des 20. Jahrhunderts in das Justizwesen begrüßen, so stellt es doch ein Problem für den Psychotherapeuten dar, wenn er einen Patienten auf einen Gerichtsbeschluß hin behandeln muß, der nicht mit der Motivation des Patienten zusammenfällt. Sogar Patienten, die ohne Zwang zur Therapie kommen, mag die Motivation fehlen, die für die Psychoanalyse so wesentlich ist. Vieles, was wir über die Eröffnungsphase der Psychotherapie zu sagen haben werden, wird sich daher auf das Problem konzentrieren, wie man dem nicht-motivierten Patienten dazu verhelfen kann, in dem Sinne ein »Patient« zu werden, daß er die Notwendigkeit der Behandlung akzeptiert und fähig wird, in das therapeutische Bündnis einzutreten.

Es ist natürlich überhaupt nicht schwierig, den Widerstand zu erkennen, wenn jemand sich bewußt gegen die Behandlung auflehnt. Kompliziert wird das Problem bei einem Patienten, der vorgibt, behandelt werden zu wollen, dessen Widerstand aber per definitionem unbewußt ist. Dieses Phänomen ist wohlbekannt, und es wird, vor allem von den Psychoanalytikern, auch toleriert. Es besteht aber eine Tendenz, bewußt widerstrebende Personen als unbehandelbar abzuweisen. Wir werden noch zeigen, daß es bei der Psychotherapie nur sehr wenig ausmacht, ob der anfängliche Widerstand bewußt oder unbewußt ist. Es liegt auf der Hand, daß ein bewußtes Widerstreben hinderlich ist, aber es gibt Mittel und Wege, um damit fertig zu werden.

Es gibt noch einen dritten Patiententyp, dessen erster Zugangsweg zum Therapeuten etwas anders beurteilt werden muß. Man könnte sagen, ihm fehlt der Widerstand. Sein Problem besteht in einer solchen Störung seiner Abwehrfunktion, daß er keinen Widerstand zustande bringt. Auch Funktionen wie das Urteilsvermögen und die Entscheidungsfähigkeit sind bei solchen Patienten gestört, so daß sie der Behandlung willenlos gegenüberstehen.

Eine Therapie, die die Ich-Entwicklung fördert, kann solchen Patienten helfen, den — für sie — wünschenswerten Zustand des Widerstands zu erreichen.

So sind also die Ziele in der Psychotherapie weit vielfältiger als in der Psychoanalyse. Aus didaktischen Gründen ist es ratsam, davon auszugehen, daß es quantitativ und sicher auch qualitativ so viele verschiedene Ziele gibt wie Patienten. Eine solche Haltung vermeidet, den Patienten in einen bestimmen Bezugsrahmen, eine vorgefaßte diagnostische Kategorie hineinzupressen oder ihn nach einer bestimmten Schule bzw. dem begrenzten Wissen und Können eines bestimmten Therapeuten zu behandeln. Auf diese Weise kann man auch am ehesten mit der Gegenübertragung fertig werden. Viel mehr wollen wir über die wichtige Erscheinung der Gegenübertragung nicht sagen. Streng definiert, ist die Gegenübertragung ein unbewußtes, übertrieben libidinöses oder aggressives Gefühl dem Patienten gegenüber, dessen sich der Therapeut selbst nicht bewußt ist. Bei der Ausbildung von Psychotherapeuten haben wir festgestellt, daß ein Hinweis auf diese unbewußte Haltung immer eine heikle Sache ist und — wie in der Psychotherapie selbst — oft dazu dient, den Widerstand zu verstärken, wenn nicht der richtige Zeitpunkt gewählt worden ist. Wir kennen keinen besseren Weg, um zu erreichen, daß die Gegenübertragung minimal bleibt, als daß der Therapeut sich selbst analysieren läßt. Man kann hoffen, daß er dann nicht den Patienten brauchen wird, um seine unbewußten Bedürfnisse zu befriedigen. Greenson nennt die Psychoanalyse »jenen unmöglichen Beruf«[6] und würde wahrscheinlich diese Ansicht auch auf die Psychotherapie ausdehnen. Er meint, daß dies der einzige Beruf sei, bei dem der Arbeitstag in grundsätzlicher Enthaltsamkeit von sonst annehmbaren menschlichen Bedürfnissen bestehe. Der Anwalt, der Arzt, der Lehrer u. a. — sie alle können ihren Beruf im Zusammenhang mit einer wenigstens oberflächlichen Beziehung zum Klienten, Patienten oder Schüler ausüben. Innerhalb bestimmter Grenzen können sie freundschaftlich oder zurückhaltend sein; sie können freundlich, gleichgültig, ja, sogar in gewissem Ausmaße grausam sein, humorvoll oder grimmig. Während solche Haltungen tatsächlich einen gewissen Einfluß auf ihre Leistungen ausüben und diese behindern können, stehen sie doch in diesen Berufen niemals selbst im Mit-

---

[6] R. R. Greenson, »That Impossible Profession«.

telpunkt des beruflichen Könnens. Das eigentliche Instrument der Psychotherapie jedoch ist der disziplinierte Therapeut selbst. Er muß daher dieses Instrument ständig verbessern (es kann niemals vollendet sein) und ausschließlich im Interesse des Patienten verwenden.

Es wird manchmal befürchtet, daß ein solches Bestehen auf Disziplin die Spontaneität beeinflussen könnte. Wir haben festgestellt, daß die Spontaneität mit der disziplinierten Technik verschmilzt, je erfahrener der Therapeut wird. Dann nehmen seine Reaktionen eine »sekundäre Autonomie« an[7]. Er ist dann imstande, dem Patienten gegenüber er selbst zu sein, ohne die Grenzen der professionellen Wirksamkeit zu überschreiten, und es erscheint ihm weder schwierig noch gekünstelt, gezähmte Spontaneität, Intuition und die Fähigkeit zur Empathie mit seinem Wissen zugleich anzuwenden. Da er durch seine eigene Analyse gelernt hat, sich selbst zu kontrollieren, wird er seine Gefühle genau prüfen und dafür sorgen, daß sein Verhalten im Interesse des Patienten und nicht im Dienste seiner eigenen Bedürfnisse steht. Manchmal fallen die Bedürfnisse des Patienten zufällig mit denen des Therapeuten zusammen und vermischen sich mit ihnen, aber man kann im Lauf eines ausgefüllten Arbeitstags nicht von jedem Patienten erwarten, daß er so entgegenkommend ist. Wenn das Bedürfnis des Patienten nicht mit dem des Therapeuten übereinstimmt, so ist es keine Frage, daß der Therapeut sein eigenes zurückstellen muß. Dies ist keine Schwierigkeit, wenn das professionelle Ich sekundäre Autonomie erworben hat, denn dann wird das berufliche Verhalten zur Gewohnheit und macht dem Therapeuten um seiner selbst willen Freude. Selbstdisziplin im Interesse des Patienten gleicht dem mütterlichen Verhalten: In den Entwicklungsphasen des Kleinkindalters wird das Kind am besten von einer Person versorgt, die seine Bedürfnisse versteht, besonders das Bedürfnis, psychisch zu wachsen, und die diese Aufgabe erfüllt, auch wenn es für sie selbst eine Frustration bedeutet. Die Mutter mag es zum Beispiel als sehr angenehm empfinden, das Kind weiterhin ohne Worte zu verstehen, während es für sein Wachstum besser wäre, es zum Sprechen anzuhalten. Wenn sie sich aber diesen Genuß leisten würde, würde sie die Entwicklung einer wichtigen Ich-Funktion, wie der Sprache, und besonders das Erreichen neuer Ebenen der Objektbeziehungen verlangsamen. Die »gute Mutter«[8] verzichtet also auf das intuitive Verstehen ihres Kindes zugunsten der Förderung seiner Entwicklung. In ähnlicher Weise hält der disziplinierte Therapeut, auch wenn er es genießt, seine Klugheit zur Schau zu stellen, mit einer

---

[7] H. Hartmann, *Ich-Psychologie und Anpassungsproblem.*
[8] D. W. Winnicott, »Übergangsobjekte und Übergangsphänomene«.

Interpretation zurück und wartet, bis der Patient von selbst darauf kommt, auf Kosten einer für ihn selbst befriedigenden Leistung.

Wir müssen jetzt nur noch das unserer Auffassung nach nötige Talent zur Ausübung der Psychotherapie beschreiben. Die formalen Bedingungen bestehen gewöhnlich aus einer vorgeschriebenen Zahl von Kursen, Kontrollanalysen und einer persönlichen Behandlung. Nichts von alldem, nicht einmal die persönliche Analyse, garantiert Talent. Wir teilen hier Greensons Ansicht, daß Talent im tiefsten Innern die Fähigkeit der Empathie, des Einfühlungsvermögens erfordert, aber wir möchten noch weiter gehen und sagen, daß nach dem heutigen Stand unseres Wissens diese Fähigkeit nicht mehr eine Gabe unbekannten Ursprungs ist. Da sie sich auf die Fähigkeit, *mit* einer anderen Person zu fühlen, bezieht (im Gegensatz zur Sympathie, der Fähigkeit, *für* jemanden zu fühlen), entspringt sie jener Zeit im Leben des Therapeuten, als er selbst das Objekt der Einfühlung war. Spezifischer ausgedrückt, glauben wir, daß der Therapeut in der phasenspezifischen Periode seines Lebens, in der die Empathie in der Mutter-Kind-Dyade für die weitere Entwicklung wesentlich ist, eine gute Erfahrung der Symbiose gehabt haben muß. Es gibt unserer Auffassung nach keine gesündere Basis, Talent für diesen Beruf zu erwerben. Außer einer angemessenen Symbiose im Säuglingsalter muß auch eine adäquate Lösung der Trennungs-Individuations-Krise erfolgt sein. Die Erfahrung der Symbiose allein wäre nutzlos, sie könnte den Therapeuten vielmehr dazu veranlassen, dieses Erlebnis mit seinen Patienten zu wiederholen, auch wenn diese es nicht unbedingt brauchen. Ein Individuum, das der »symbiotischen Membran«[9] entschlüpft ist, hat dabei auch die Erfahrung der Angstverminderung erlebt. Es hat eine gut kristallisierte Identität, die sich in seiner Berufsarbeit in der Achtung vor der Autonomie des Patienten widerspiegelt.

Es wird manchmal behauptet, daß der angehende Psychotherapeut Intuition haben müsse. Wir sprechen da lieber von Empathie, denn der Ursprung der Empathie kann bis zu einer normalen Entwicklungsphase zurückverfolgt und daher durch die Art der Kindheitserfahrungen erklärt werden. Intuition bleibt aber eine auf mysteriöse Weise erworbene und viel weniger verläßliche Fähigkeit, die manchmal durch Gegenübertragung erklärt werden kann. Auf den Patienten zu reagieren mit den Gefühlen, die man im Moment selbst hat, oder ihn zum Reagieren zu veranlassen, um ihn zur »Aktion« zu bringen, bietet keinerlei Sicherheit in bezug auf die Richtigkeit des technischen Verhaltens. Intuition kann nicht

---

[9] M. S. Mahler, »Autism and Symbiosis: Two Extreme Disturbances of Identity«.

gelehrt werden, sie kann weder kopiert noch bestätigt werden, so daß sie nur dann wünschenswert wäre, wenn gar nichts anderes da wäre. In diesem Falle müßte die Praxis der Psychotherapie auf diejenigen beschränkt werden, die diese nicht zu erfassende Gabe besitzen. Die Fähigkeit zur Empathie ist stetiger und zuverlässiger; vor allem ist es notwendig, daß viele bereit sind, sich Theorie und Technik anzueignen und sie mit professioneller Disziplin zu verbinden.

Auch für die Kunst ist in der Psychotherapie Raum. Wir möchten Kunst hier als die schöpferische Anwendung einer gesunden Theorie definieren. Nach dieser Definition ist jede Technik Kunst. Wenn man es von dieser Seite her betrachtet, ist die Technik nicht wie bisher so sehr darauf angewiesen, daß der einzelne Therapeut eine mysteriöse Begabung besitze. Es gibt zwar Praktiker, die ungewöhnlich begabt sind, und wir wollen solche angeborenen Fähigkeiten keineswegs geringachten. Wie wir bei der Beschreibung der vorgeschlagenen Interventionen zeigen werden, gibt es viel Spielraum für individuelle Kreativität, zum Beispiel bei der Formulierung von Interpretationen und der Wahl des für eine Intervention richtigen Zeitpunkts. Die Fähigkeit, den richtigen Zeitpunkt für eine Intervention zu finden, läßt sich außergewöhnlich schwer erlernen. Freud benutzte für diese Fähigkeit den Ausdruck »Takt«. Der Therapeut, der Intuition und Empathie mit theoretischem Wissen verbindet, erwirbt diesen Takt wohl am leichtesten.

Obwohl wir feste Richtlinien niederlegen möchten, werden wir doch wenig eigentliche Regeln aufstellen. Soweit sich Regeln überhaupt aufstellen lassen, sind sie nützlich, wenn auch die durch sie auferlegte Beschränkung eine Gefahr für die Kreativität ist. Wir sind jedoch der Ansicht, daß man die Technik so darstellen kann, daß sie sowohl der beruflichen Entwicklung als auch den Erkenntnissen der psychoanalytischen Entwicklungspsychologie und ihrer Anwendung in der Psychotherapie förderlich ist. Aus unserer Erfahrung im Unterrichten und in der Supervision angehender Therapeuten wissen wir, daß sich das Problem des technischen Eingreifens — wenn die Theorie richtig verstanden wird — von selber löst, und zwar nicht in Form von Regeln, sondern in Form logischer Schritte, die sich leicht aus der Theorie ergeben.

Unser Material enthält hauptsächlich ambulante poliklinische Fälle, d. h., es geht in den meisten Fällen um Patienten, die in die Sprechstunde kommen können und bis zu einem gewissen Grad im täglichen Leben funktionieren. Die Therapie offenkundig psychotischer Patienten, die stationär behandelt werden müssen, geht über unseren Rahmen hinaus, da sie spezielle Techniken erfordert. Wir möchten den Therapeuten helfen, die das große Kontingent ambulanter psychotherapeutischer Patienten behandeln.

I

Theorie

Rapaport hat den Aufbau der psychoanalytischen Theorie vom historischen
Standpunkt aus untersucht und dabei
vier deutlich unterscheidbare Phasen
festgestellt. Die erste — die prä-psycho-
analytische Periode — war durch ein
primitives Konzept des »Ichs« charakterisiert, das sowohl Person wie Selbst
wie Bewußtsein bedeutete. »Abwehr«
bezog sich auf die Trennung von Erinnerung und Bewußtsein. Der Ausdruck »Verdrängung« wurde zu jener

1

Die psychoanalytische
Entwicklungspsychologie:
Historische Wurzeln

Zeit dazu benutzt, dieses einfache Konzept der Abwehr zu bezeichnen.
Erst vierzig Jahre später nahm die Verdrängung ihren Platz als nur einer
von mehreren Abwehrmechanismen ein, wodurch sich die Bedeutung des
Wortes veränderte. Aber bevor diese weitgehende Revision der Theorie
vorgenommen werden konnte, mußte der Begriff des »Ichs« neu definiert
werden.

Dadurch, daß er die Entwicklung der psychoanalytischen Theorie in
Phasen einteilte, konnte Rapaport auch zeigen, wie wichtig es ist, diese
Theorie in historischer Perspektive zu studieren. Vieles in der Terminologie hat sich geändert, Begriffe und sogar ganze Konzepte sind differenziert worden. Beispiele dafür sind die »Verdrängung«, das »Ich«, das
»Selbst«, der »Narzißmus« und ganz besonders der Begriff der Angst.
In dieser ersten Periode der psychoanalytischen Theorie wurde die Angst
als das Endprodukt der Verdrängung angesehen. Der aufgestaute Affekt
wurde in Angst umgewandelt.

Freuds letzte Definition des »Ichs« erschien im Jahre 1938 in seinem
Abriß der Psychoanalyse. Hartmann verfolgte die Entwicklung in Freuds
Denken über das Ich und wies darauf hin, daß Freud es als eine Organisation mit konstanter Besetzung definierte und ihm Funktionen wie Abwehr, Realitätsprüfung, Perzeption, Gedächtnis, Aufmerksamkeit und
Urteil zuschrieb. In der *Traumdeutung* beschreibt Freud den psychischen
Apparat als aus zwei entgegengesetzten Kräften bestehend, wovon die
eine den Wunsch hervorbringt und die andere die Zensur ausübt und so
zu einem verzerrten Ausdruck des Wunsches führt. Er sprach von einer
kritischen Kraft, die unser waches Leben lenkt und unsere freiwilligen,
bewußten Betätigungen bestimmt. Der Keim für sein Denken bezüglich
des Ichs ist auch hier erkennbar. Aber er betrachtete die Begriffe »bewußt« und »Ich« als Synonyme und definierte letzteres als Sinnesorgan
für die Perzeption, für Gedankenprozesse, also für die Rezeption äußerer

und innerer Reize. In bezug auf das Konzept der Primär- und Sekundärprozesse erwähnt Freud Funktionen, die wir heute als dem Ich zugehörig erkennen und ihm zuschreiben können. Der Primärprozeß zielt auf die freie Abfuhr der Reize hin, während der Sekundärprozeß dadurch, daß er sich der Erinnerungsspuren bedient, den Gedanken als Probeaktion benutzt. Hier finden wir wieder den Anfang von dem, was später als die Hauptfunktion des Ichs angesehen werden sollte: Perzeption, Beweglichkeit, Erwartung und Aufschub.

In Freuds frühem Werk konzentrierte sich das Interesse auf die Abwehrfunktion des Ichs. Obgleich er sich erst 1923 näher darüber ausließ, hatte er doch schon 1896 bemerkt, daß Abwehr unbewußt sein kann. In seinen *Bemerkungen über einen Fall von Zwangsneurose* (zum erstenmal 1909 veröffentlicht) wurden die Abwehrreaktionen wie die Verdrängung, das Ungeschehenmachen, die Isolierung und die Verschiebung beschrieben. Es blieb Anna Freud vorbehalten (1936), die Abwehrfunktion des Ichs zu unterstreichen und die verschiedenen Abwehrmechanismen ausführlicher zu beschreiben.

In seinen *Formulierungen über die zwei Prinzipien des psychischen Geschehens* — zuerst 1911 veröffentlicht — entwickelt Freud seine Ideen über Primär- und Sekundärprozesse weiter. Hier stellt er sie neben das Realitätsprinzip. Das Bewußtsein (Ich) hat sich mit anderen Erwägungen als denen der Lust zu befassen. Die Ich-Funktionen der Aufmerksamkeit und der Erinnerung werden anerkannt. Von der motorischen Abfuhr nimmt er an, daß sie in Verhalten umgewandelt werden könne. Gedanke kann in Tat umgesetzt werden. In dieser Arbeit führt Freud auch den Terminus »Ich-Trieb« ein. Später gibt er ihn zwar auf, aber hier unterscheidet er noch den Ich-Trieb vom Sexualtrieb, und zwar durch die größere Fähigkeit des ersteren, sich an das Realitätsprinzip zu halten. Freud erwähnt auch ein »Lust-Ich«, das nur wünschen und versuchen kann, Schmerz zu vermeiden, während das Realitäts-Ich nach dem streben kann, was nützlich ist.

Im Jahre 1911 beendete Freud seine Arbeit über den Schreber-Fall[1] und stellte seine psychoanalytische Auffassung von der Psychose, der Homosexualität und dem sekundären Narzißmus dar. Er deutete an — führte dies aber nicht weiter aus —, daß eine Einschränkung des Ichs als Folge einer pathologischen Entwicklung Störungen in den libidinösen Vorgängen hervorrufen könnte. Dies hatte einen weitreichenden Einfluß sowohl auf die Theorie als auch auf die Technik der Ich-Psychologie.

---

[1] S. Freud, *Psychoanalytische Bemerkungen über einen autobiographisch beschriebenen Fall von Paranoia (Dementia paranoides).*

In seiner Arbeit *Zur Einführung des Narzißmus* (1914) entwickelt Freud seine Theorie der Ich-Triebe und der Ich-Libido. Wenn er auch diese Theorie später aufgegeben hat, ist sie doch bemerkenswert, denn das sie begleitende Konzept, daß das Ich triebverbunden sein kann, ist die Grundlage für die heutige Ich-Psychologie.

Im Jahre 1915 veröffentlichte Freud zum erstenmal seine Arbeit *Das Unbewußte*, in der er das metapsychologische Prinzip aufstellte, daß geistige Vorgänge in ihren dynamischen, topischen und ökonomischen Aspekten untersucht werden sollten. Später erforderte es die theoretische Entwicklung, daß noch zwei weitere metapsychologische Gesichtspunkte hinzugefügt wurden — der genetische und der adaptive. Um das sich wandelnde Konzept des Ichs zu verstehen, ist es interessant, die Entwicklung der dynamischen Position, die aus diesen Wandlungen hervorging, zu erwägen. Im Jahre 1915 war man schon der Ansicht, daß — obgleich das, was verdrängt wird, unbewußt bleibt — dasselbe auf jene Impulse zutrifft, die dahin tendieren, dem Verdrängten entgegenzutreten. So wich also der topische Standpunkt dem strukturellen.

Aber bevor dies geschehen konnte, war die zweite Phase der Psychoanalyse erreicht worden, eingeleitet durch Freuds Entdeckung, daß traumatische Ereignisse, die der Patient als Erinnerung berichtet, oft in Wirklichkeit gar nicht stattgefunden haben, also Phantasien sind. Diese Zwischenperiode im Aufbau der Theorie wird als die Zeit der Triebtheorie angesehen. Trotzdem waren, wie Hartmann gezeigt hat, in Freuds Gedankengängen schon feine Fäden der Ich-Psychologie zu finden, während die Psychoanalyse noch weitgehend eine »Es«-Psychologie war. Freud hatte 1938 in seinem *Abriß der Psychoanalyse* dem Ich die Funktion der Selbsterhaltung zugeschrieben und so eine deutliche Unterscheidung zwischen dem Es und den Trieben der niederen Tiere gemacht.

Die dritte Phase — die der strukturellen Theorie — lieferte die Grundlage für das heutige ich-psychologische Denken. Mit der Veröffentlichung von *Das Ich und das Es* (1923) zeigte Freud den Wert der Konstrukte »Es«, »Ich« und »Über-Ich« auf. Seine neue Definition des Ichs gilt heute noch. Es ist nicht mehr synonym mit dem »Selbst«, sondern ist ein Teil einer dreigeteilten Persönlichkeitsstruktur. Das Ich hat sowohl bewußte wie unbewußte Elemente und dazu noch die Funktion der Abwehr. Da das Verhalten durch die Triebtheorie allein nicht gut erklärbar war, steht das Ich und seine Funktionen seitdem im Mittelpunkt der psychoanalytischen Forschung. Der gegenwärtig von Arlow und Brenner vertretenen Position zufolge ist die strukturelle Theorie der topischen (d. h. bewußt, vorbewußt, unbewußt) überlegen und tritt daher an deren Stelle. Andere Forscher sind nicht der Ansicht, daß die eine Theorie die andere ersetzen sollte, sondern finden, daß beide brauchbar sind und integriert werden sollten.

Obgleich das Konzept des Konflikts von Anfang an zentral für Freuds Denken war, erstand mit der Einführung der strukturellen Theorie eine weit differenziertere Theorie des Konflikts. Der Konflikt wurde nicht mehr einfach als Kraft und Gegenkraft angesehen, sondern als das Ergebnis der Spannung zwischen zwei psychischen Instanzen. Die Spannung zwischen Ich und Es zum Beispiel erzeugt Angst und zwingt das Ich, Abwehrmaßnahmen gegen diesen unerträglichen Affekt zu ergreifen. Kurz nachdem Freud *Das Ich und das Es* veröffentlicht hatte, folgte *Hemmung, Symptom und Angst* (1926). Dies war ein unumgänglicher Schritt bei der Ausarbeitung der strukturellen Theorie. In ihr stellte Freud die sogenannte zweite Theorie der Angst auf, die an die Stelle der ersten oder toxischen Theorie trat. Diese zweite Theorie beschreibt die Angst als die Folge eines Konflikts und zeigt, daß das Ich darauf als auf ein Signal zur Herausforderung der Abwehr reagieren kann. Hartmann, der Freuds Werk nach seinen Gedanken über die Ich-Funktionen durchforschte, fand, daß das Konzept des Angstsignals eine antizipatorische Funktion andeutet. Konflikt, Angst und Abwehr führen zur Symptombildung. Diese wird als das Endergebnis des Konflikts und seiner Auflösung durch einen Kompromiß zwischen Es und Ich angesehen. Das Ich wehrt sich sofort gegen den Wunsch, der aus dem Es hervorgeht, und erlaubt gleichzeitig eine abgeschwächte Abfuhr in Verkleidung des Symptoms.

Als dieses Stadium der Theoriebildung erreicht war, mußte die Definition der Verdrängung ebenfalls revidiert werden. Freud hatte schon im Jahre 1909 beobachtet, daß noch andere Abwehrmechanismen bestehen; es blieb aber Anna Freud vorbehalten, das ganze Konzept in ein System zu bringen. Das tat sie 1936 in ihrem Buch *Das Ich und die Abwehrmechanismen*. Sie zeigte hier, daß das Ich nicht nur die jetzt neu definierte Verdrängung, sondern neun weitere Mechanismen zur Verfügung hat. Die Verdrängung konnte zu dieser Zeit nicht mehr als der einfache Prozeß der Dissoziation vom Bewußten angesehen werden — als Antwort auf das Signal der Angst —, um Gegenbesetzungsenergie einzusetzen und so das Material dem Bewußten fernzuhalten. Wir benutzen hier den ökonomischen Aspekt der Metapsychologie, um den Energiefaktor im Abwehrprozeß zu erklären. Die Gegenbesetzung wirkt sich gegen die Besetzungsenergie aus, die sonst dem Material erlauben würde, ins Bewußte vorzustoßen. Die neun Abwehrmechanismen, die von Anna Freud spezifisch angeführt werden, sind Regression, Reaktionsbildung, Ungeschehenmachen, Introjektion, Identifikation, Projektion, Wendung gegen das Selbst, Verkehrung ins Gegenteil und Sublimierung (Verschiebung des Triebziels). Sie alle können einzeln oder kombiniert vorkommen. Diese Liste sollte nicht als vollständig angesehen werden. Da sind z. B. die wohlbekannten Abwehrformen der Rationalisierung und Intellektualisierung, und es gibt auch noch andere Abwehrmethoden als die »Mechanismen«, so z. B. der Gebrauch eines Triebes gegen den anderen.

Nachdem sich die Aufmerksamkeit der Psychoanalyse so stark auf die Abwehrfunktionen des Ichs konzentriert hatte, war auch eine radikale Umstellung in der Technik erforderlich. Die technischen Vorschläge Anna Freuds gingen dahin, daß der Analytiker viel über das Ich des Patienten lernen könne, wenn er dessen Abwehrfunktionen beobachte, die sich in der analytischen Situation in der Form des Widerstandes zeigen. Die moderne psychoanalytische Technik verlangt, daß der Analytiker seine Aufmerksamkeit gleichermaßen dem Ich und dem Es zuwendet, anstatt sich auf das Aufdecken des Es-Inhalts allein zu beschränken. Dies hat für die Technik der Psychotherapie noch weitreichende Implikationen, da man sich in der Behandlung der nichtneurotischen Struktur viel mehr und manchmal ausschließlich mit dem Ich befaßt.

Die vierte oder heutige Phase des Theorieaufbaus begann 1937, und zwar mit Hartmanns Vorlesungsreihe vor der Wiener Psychoanalytischen Gesellschaft. (*Ich-Psychologie und Anpassungsproblem;* die Vorlesungen wurden erst 1958 ins Englische übersetzt.) Nach Rapaport ist die gegenwärtige Phase der psychoanalytischen Theoriebildung charakterisiert durch die zunehmend differenziertere Entwicklung des Begriffs der Objektbeziehungen und die Anerkennung seiner zentralen Rolle in der Entwicklung der Persönlichkeit. Und wieder stellte Hartmann bei seiner Suche nach den Ursprüngen des modernen ich-psychologischen Konzepts in Freuds Schriften fest, daß dieser im Jahre 1921 in *Massenpsychologie und Ich-Analyse* die frühkindliche Identifikation im engen Zusammenhang mit einer emotionalen Bindung an eine andere Person sieht. In derselben Arbeit stellt Freud bei der Erklärung der hysterischen Symptomatologie fest, daß die Identifizierung die Objektwahl ersetzt, und zwar durch zwei aufeinanderfolgende Abwehrmechanismen: Regression und Introjektion des Objekts. Er beschreibt die Liebe hier als etwas, das das Ich um die Eigenschaften des Objekts bereichert.

In *Trauer und Melancholie,* 1917 erstmals veröffentlicht, betrachtet Freud das Ich als Sammelplatz aufgegebener Objekte. In diesem Aufsatz finden wir die berühmte poetische Feststellung: »Der Schatten des Objekts fiel so auf das Ich.«[2] Diese Hinweise auf die Beziehung zwischen

---

[2] S. Freud: *Trauer und Melancholie.*

Ich und Objekt, die Hartmann sorgfältig herausgearbeitet hat, künden die heutige Auffassung bereits an, und dies nicht nur in bezug auf die Objektbeziehungen, sondern auch auf die Ich-Identifizierungen und die Komplexität der Prozesse der Internalisierung. Für Hartmann sind sie klare Anzeichen dafür, daß Freud sich über die Objektbeziehungen Gedanken gemacht hat, noch bevor dieser Ausdruck geprägt worden war. Freud hat die zwischenpersönlichen Beziehungen also nicht vernachlässigt, wie manchmal behauptet wird, wenn er auch die Ausarbeitung vieler ihrer Facetten seinen Nachfolgern überließ.

Hartmann wird als der Vater der modernen Ich-Psychologie angesehen. Sein Werk ist die direkte Konsequenz der Einführung der Strukturtheorie, denn Freuds revidierter Ich-Begriff, den diese Theorie aufstellt, eröffnete viele theoretische Fragen über die Entwicklung des Ichs und seiner Funktionen. Hartmanns besonderes Interesse galt den Funktionen des Ichs, neben seinen Abwehrfunktionen.

Die Strukturtheorie führte auch von seiten anderer Theoretiker zu Untersuchungen über das Ich. Obgleich Hartmanns Position ihre Gültigkeit behalten und ihrerseits das Denken der Theoretiker, die mit ihm arbeiteten und auf seiner Grundlage aufbauten, befruchtet hat, ist es doch von einigem historischen Interesse, etwas über diese anderen zu erfahren. Glover stellte ein Konzept der Ich-Kerne auf, womit er zum Ausdruck bringen wollte, daß das Ich zuerst noch keine Einheit bildet, sondern aus recht lose zusammenhängenden Gruppen besteht, die erst allmählich zusammenfließen und eine kohärente Struktur bilden. Melanie Klein zwängte bei dem Versuch, Fragen über das Ich zu beantworten, Freuds Theorie über die Entwicklung des Kindes ganz in das erste Lebensjahr hinein, wobei sie sogar die Auflösung des Ödipuskomplexes in diese kurze Zeitspanne miteinschloß. Ihre Theorien, die andernorts stark angezweifelt werden, sind in England und Südamerika immer noch vorherrschend. Trotz schwerwiegender Fragen bezüglich wichtiger Aspekte ihrer Theorie und noch viel schwerwiegenderer Fragen bezüglich der damit verbundenen technischen Konsequenzen war Melanie Klein doch eine Pionierin auf dem Gebiet der Mechanismen der Projektion und Introjektion im Säuglingsalter, und dies zu einer Zeit, als noch wenig über diese Vorgänge bekannt war. Auch Federn war Ich-Psychologe im strengen Sinne des Wortes, da seine Untersuchungen Auskunft über das psychotische Ich geben. Da Federns Werk jedoch im Bereich der Psychopathologie blieb, während die Psychoanalyse schon beinahe eine Psychologie der normalen Entwicklung geworden war, blieb es Hartmann vorbehalten, diesen Weg zu vollenden. Die Bedeutung von Hartmanns Beiträgen geht weit über ihren immanenten Wert hinaus, denn sein Werk enthält, wie das Freuds, weit in die Zukunft reichende Anregungen. Eissler und Eissler[3] weisen auf seinen befruchtenden Einfluß hin. Er führte die Ich-Psychologie zu einem Höhepunkt und machte sie zu einer Ausgangsbasis für Jacobson, Mahler, Spitz und die vielen anderen, die auf seinen Formulierungen aufgebaut haben.

---

[3] R. S. Eissler und K. R. Eissler, »Heinz Hartmann: A Biographical Sketch«.

2

Die Psychoanalyse als eine normale Entwicklungspsychologie: Hartmanns Theorien und sein Werk in Zusammenarbeit mit Kris und Loewenstein

Hartmanns kleiner Band, *Ich-Psychologie und Anpassungsproblem*, der erstmals im Jahr 1939 auf deutsch veröffentlicht wurde, gibt seine Vorlesungen wieder, die er zwei Jahre zuvor vor der Wiener Psychoanalytischen Gesellschaft gehalten hatte. Seine Arbeit erstreckte sich noch über drei Jahrzehnte, während der er allein und in der inzwischen berühmt gewordenen Zusammenarbeit mit Kris und Loewenstein wertvolle Beiträge leistete.

Hartmanns Stärke war die Synthese. Er brachte Konzepte aus der Anatomie, der Psychologie, der Biologie und der Soziologie zusammen und trug auf diese Weise unermeßlich zur Ausweitung der psychoanalytischen Begriffsbildung bei, ohne jedoch ihre spezifisch wissenschaftliche Gültigkeit zu beeinträchtigen. Inspiriert durch die erweiterten Möglichkeiten zum Aufbau einer Theorie, die sich durch die Strukturtheorie anboten, wandte sich Hartmanns Interesse dem »Ich« zu. Die Psychoanalytiker waren stutzig geworden durch die Beobachtung, daß die Theorie der Progression der psycho-sexuellen Phasen nicht völlig mit den empirischen Befunden übereinstimmte. Insbesondere war eine Triebtheorie nicht imstande, die Beziehung zwischen Selbst und Objekt zu erklären. Hartmann sagte: »Aber gegenwärtig sind die Begriffe der Entwicklungsphase, des Konflikts, des Traumas viel komplizierter für uns geworden, und ich glaube, sie werden immer komplizierter werden, ehe wir wieder den schönen, friedlichen Zustand erreichen, in dem sowohl einfache wie umfassende Formulierungen möglich werden.«[1]

Hartmann organisierte auch den Aufbau der psychoanalytischen Theorie, wobei sich in seiner Philosophie als zentrales Thema die neue Ich-Psychologie, die er aufstellen sollte, widerspiegelte: die Auffassung, daß das Ich im Lauf seiner Entwicklung eine organisierende Funktion übernimmt. So wertvoll sein Werk auch für die Psychoanalyse ist, für die Psychotherapie ist es noch wertvoller. An das intakte Ich des psychoanalytischen Patienten kann man mit der Methode der freien Assoziationen herankommen, mit der Aufhebung der Verdrängung, mit der Interpretation der Übertragung und ähnlichem. Das Ich des psychotherapeutischen Patienten jedoch ist durch ein Entwicklungsversagen geschwächt, das nicht einmal den Erwerb einer neurotischen Struktur zugelassen hat, und

---

[1] H. Hartmann, *Ich-Psychologie.*

gerade diese dunklen Gebiete der Entwicklungstheorie hat Hartmann in brillanter Weise aufgehellt. Dadurch, daß er uns die Mittel zur Beurteilung der normalen Entwicklung zur Verfügung gestellt hat, können wir jetzt die Art eines solchen Entwicklungsversagens verstehen. Indem wir Hartmanns bahnbrechende Entdeckungen mit den Beiträgen anderer Theoretiker, die die Einzelheiten der normalen und der pathologischen Entwicklung später ausgearbeitet haben, verbinden, können wir die Pathologie besser verstehen, ihren Ursprung bis zu der Stelle, an der die Entwicklung versagt hat, zurückverfolgen und therapeutische Techniken für pathologische Zustände formulieren, die schwerer sind als die Neurosen.

Hartmann beginnt mit dem Konzept der »Anpassung«, die er in erster Linie als »ein gegenseitiges Verhältnis zwischen dem Organismus und seiner Umgebung«[2] definiert. Er untersucht diese Wechselwirkung von beiden Seiten und meint, daß sich von seiten des Organismus Funktionen entwickeln, die für die Anpassung benutzt werden können. So entwickelt also der Organismus die Fähigkeit, auf sich selbst einzuwirken: die autoplastische Aktivität, und die Fähigkeit, Reaktionen aus der Umgebung hervorzurufen: die alloplastische Aktivität.

Hartmann untersuchte als erstes die autoplastische Aktivität, also die Natur des Organismus selbst. Er behauptete: »Geistige Entwicklung ist ja nicht nur Ergebnis der Auseinandersetzung mit den Trieben, den Liebesobjekten, dem Über-Ich usw. Schon deswegen nicht, weil wir Grund haben anzunehmen, daß es primär funktionierende Apparate gibt, die dieser Entwicklung dienen.«[3]

Diese sind als die »Apparate der primären Autonomie« bekannt. Hiermit revidierte Hartmann eine wichtige Behauptung der psychoanalytischen Theorie — nämlich die, daß das Ich aus dem Es entstehe, aus jenem Segment des Es, das mit der Außenwelt in Berührung kommt. Indem er die Existenz eingeborener Ich-Apparate voraussetzt, wie Perzeption, Intention, Objekt-Verständnis, Denken, Sprechen, Erinnerungsphänomene, Produktivität, motorische Entwicklung und ähnliches, schafft er einen neuen Bezugsrahmen. Dem sich entwickelnden Organismus stehen diese Entwicklungsmöglichkeiten zur Verfügung. »Zwar ist es richtig, daß es vor der Sonderung von Ich und Es kein Ich im strengen Sinne gibt — aber wenn wir es genau nehmen wollen, gibt es in dieser Phase auch kein Es. Beide sind Produkte einer Differenzierung.«[4] Daß das Konzept der un-

---

[2] H. Hartmann, *Ich-Psychologie und Anpassungsproblem*.
[3] Ibid.
[4] Ibid.

differenzierten Matrix keine so radikale Revision von Freuds Position darstellt, wie man annehmen möchte, wird von Hartmann selbst geltend gemacht, der andeutet, daß Freud in seinem Aufsatz *Die endliche und die unendliche Analyse* gezeigt hat, daß, bevor das Ich existiert, seine Entwicklungslinien schon festgelegt sind. Freud nahm also genetische Gegebenheiten an, die in dem noch unentwickelten Ich enthalten sind.

Unter normalen Entwicklungsbedingungen bleiben die eingeborenen Ich-Apparate, die sich zu Funktionen entwickeln, in der »konfliktfreien Sphäre«. Unter traumatischen Bedingungen der Entwicklung können sie in Konflikte geraten. Indem er dies näher ausführt, weist Hartmann darauf hin, daß Anpassung sich nicht nur progressiv, in einer geraden Linie, entwickelt, sondern auch regressiv auf dem Umwege über die Phantasie. Das Unbewußte ist so grundlegend, daß man ihm nicht entrinnen kann, noch wäre es wünschenswert, dies zu tun. Wie könnte sich der Säugling ohne mütterliche Projektionen entwickeln, ohne unbewußte Phantasien und bewußte Hoffnungen? Wäre Liebe ohne diesen irrationalen Faktor überhaupt möglich? Wenn wir diese Irrationalität zugeben, zerreißt der Mythos der »vollanalysierten« Person und der der Normalität im Sinne von Perfektion. »Auch der gesunde Mensch ist weder problemlos noch konfliktlos. Konflikte gehören zur menschlichen Existenz.«[5] Indem er den Buchtitel eines Autors seiner Zeit, Robert Musil, ausborgt, beschreibt Hartmann das vollkommene menschliche Wesen als den »Mann ohne Eigenschaften«.

Auf der Seite der Umwelt oder — wie Hartmann es nennt — der »durchschnittlich zu erwartenden Umweltsituation« steht zuerst die Mutter mit ihren mütterlichen Bedürfnissen, die mit denen des Säuglings in Wechselbeziehung stehen. Hinter der Mutter stehen ihr Mann, das Konzept der Familie und die ganze soziale Struktur. Doch damit noch nicht genug:

»Die Auseinandersetzung des Menschen mit der Außenwelt wird nicht in jeder Generation neu gelernt. Das hängt natürlich mit hereditären Momenten zusammen – darüber hinaus aber auch wiederum mit einer anderen, für den Menschen charakteristischen Bildung: ich meine den Einfluß der Tradition und das Fortbestehen menschlicher Werke . . . In der Objektivierungsmöglichkeit . . . liegt gleichzeitig ein Faktor der Kontinuität. Der Mensch lebt sozusagen nicht nur in seiner, sondern auch in vergangenen Generationen. Dadurch entsteht ein Gewebe von Identifizierungen und Idealbildungen, das für Anpassungsmöglichkeiten und Anpassungswege sehr bedeutsam wird.«[6]

---

[5] Ibid.
[6] Ibid.

Anpassungsvorgänge werden durch die Konstitution, die äußere Umgebung und durch die Ontogenese beeinflußt. Diese Zusammenfassung umreißt die separaten Identitäten jedes der in Wechselbeziehung stehenden Partner in der Anpassung. Wir kommen jetzt zu Hartmanns Beschreibung ihrer Interaktion und ihrer Ergebnisse.

Hartmanns Synthese der Theorie geht weit über das Verbinden der Beziehungen der verschiedenen sozialen und biologischen Wissenschaften, einschließlich der Medizin, hinaus. Er bezieht auch den Begriff der Reifung und der Entwicklung mit ein. In einem späteren Werk[7] benutzt er den Ausdruck »Reifung« für diejenigen Vorgänge, die biologisch sind, und reserviert den der »Entwicklung« für die, die das Biologische mit dem Psychologischen verbinden. In seiner Originalarbeit behandelt er die »nature — nurture«-(Natur — Aufzucht-)Kontroverse, indem er sagt: »Die Trennung von psychologisch und biologisch kann also für uns nur die Trennung von zwei Arbeitsrichtungen, Gesichtspunkten, Forschungsmethoden, Begriffssprachen meinen.«[8] Aus der Beobachtung, daß die ersten Sozialbeziehungen ausschlaggebend für die Aufrechterhaltung des biologischen Gleichgewichts sind, schließt er, daß die ersten Objektbeziehungen des Kindes für die Psychoanalyse von primärer Bedeutung sind. Er fragt: »Sind die Beziehungen des Kindes zur Mutter nicht biologisch, ist Brutpflege kein biologischer Vorgang?«[9] und antwortet: »Wir sind nicht der Meinung, daß das Psychische dem Biologischen ›gegenübersteht‹, glauben vielmehr, daß es einen wesentlichen Teil von ihm ausmacht.«[10]

Evolution ist für Hartmann ein »Prozeß der progressiven Verinnerlichung«[11], denn bei der Entwicklung der Spezies erreicht der Organismus zunehmend Unabhängigkeit von der Umgebung mit dem Ergebnis, daß ».. . Reaktionen, die sich ursprünglich gegenüber der Außenwelt abgespielt haben, in zunehmendem Maße ins Innere des Organismus verlegt werden«[12]. Die biologischen Funktionen werden leicht durch die Triebe unterbrochen, denn es gibt keine Reizbarriere für innere Erregungen. (Um zu zeigen, wie befruchtend Hartmanns Werk gewirkt hatte, arbeiteten Jacobson und Schur Jahre später das fundamentale Konzept der biologischen Unterbrechung durch Triebabfuhr ins Innere aus.) Die-

---

[7] H. Hartmann, E. Kris und R. M. Loewenstein, »Comments on the Formation of Psychic Structure«.

[8] H. Hartmann, *Ich-Psychologie und Anpassungsproblem*.

[9] Ibid.

[10] Ibid.

[11] Ibid.

[12] Ibid.

ser enge Zusammenhang zwischen der inneren Welt und den Trieben ermöglicht eine bessere Anpassungsfähigkeit, denn die Ansicht des Menschen über die objektive Realität muß nicht von der wechselnden Kraft der Triebe abhängen, wie bei den Tieren, deren Ziele eng mit dem Trieb verflochten sind. Je unabhängiger ein Organismus wird, desto größer ist seine Unabhängigkeit von den Reizen der direkten Umgebung. Die Anpassungsfähigkeit wird auch beim Menschen durch die Möglichkeit verstärkt, sich von der Außenwelt zurückzuziehen, zu denken und mit einer verbesserten Fähigkeit, sie zu bewältigen, zu ihr zurückzukehren. Nachdem er die gegenseitige Abhängigkeit von Säugling und Mutter, Organismus und Umwelt behandelt hatte, ging Hartmann dann dazu über, einen Aspekt der reziproken Beziehung getrennt von der Anpassung — oder ihrem Gegenteil — zu betrachten. Um das Konzept des »Zusammenpassens« (fitting together) zu entwickeln, zieht er die Aufgabe, mittels der verschiedenen Regulationsprozesse das Gleichgewicht aufrechtzuerhalten, in Betracht. Er kommt zu dem Schluß, daß es bei den Ich-Funktionen, die dem Anpassungsprozeß dienen, eine Rangordnung gibt und daß die Anpassung auch dem »Zusammenpassen« dient. Er stellt dabei vier Regulationsvorgänge fest: das Gleichgewicht zwischen Individuum und Umwelt, das Gleichgewicht der Triebe, das strukturelle Gleichgewicht der geistigen Instanz und — da er das Ich jetzt als eingeboren und nicht nur als Gleichgewicht in sich betrachtet — die synthetische Funktion als spezifischer Gleichgewichtsapparat, der dem Individuum zur Verfügung steht. In Anbetracht dieser Regulativfunktionen ist Hartmann gezwungen, anzunehmen, daß es Anpassungsprozesse im weiteren und engeren Sinne gibt, ebenso wie weitere und engere Realitätsprinzipien. Diese scheinbare Konfusion ist das Ergebnis einer heuristischen Notwendigkeit, sich auf Postulate zu berufen, die noch gar nicht aufgestellt worden sind, da nicht alle gleichzeitig diskutiert werden können. Wir müssen daher die sich spiralförmig entwickelnde Situation in Betracht ziehen: Der Säugling, der in die durchschnittlich zu erwartende Umweltsituation hineingeboren wird, tritt mit seinen eigenen, der Anpassung dienenden Apparaten in ein System von Wechselbeziehungen ein, in dem seine eigenen Regulationssysteme Anpassungsdienste tun, nicht nur für ihn selbst und seine Umgebung, sondern durch sein Einwirken auf seine Umgebung wiederum für ihn selbst, was weitere Anpassungen erfordert, die ihrerseits neue Konfigurationen und Gleichgewichte mit sich bringen. In diesem zirkulären, gegenseitig voneinander abhängigen Austausch kann sogar die wirksamste Form der Realitätsanpassung keine optimale Anpassung gewährleisten. Ein Beispiel dafür ist die erwachsene Frau, die eine Realitätsanpassung erreicht hat, wenn sie sich in phasengerechten Schritten gleichmäßig entwickelt hat und im psychologischen Sinne erwachsen ist. Diese Anpassung — in und aus sich selbst — wird ihr aber, wenn sie ein Kind hat, nicht ausreichen, sofern sie nicht gleichzeitig die Fähigkeit zu einer teilweisen und temporären Regression besitzt, um zur Partnerin in der Mutter-Kind-Dyade zu werden. Wenn sie zeitweise ihre höhere Form der Entwicklung aufgibt, passen Mutter und Kind zusammen, was sowohl den mütterlichen Bedürfnissen wie denen des Kindes dient. Das subjektive Realitätsprinzip oder, wie Hartmann es nennt, das Realitätsprinzip im engeren Sinne ist dem objektiven (weiteren) Realitätsprinzip der wirksamen, individuierten Identität als erwachsene Frau übergeordnet.

Für das Kind findet dann in der durchschnittlich zu erwartenden Umweltsituation eine Differenzierung statt, und diejenigen Funktionen, die sich von den Apparaten der primären Autonomie herleiten, entwickeln sich in der konfliktfreien Sphäre. Beweglichkeit, Intentionalität, Perzeption und ähnliches folgen dem eingeborenen Entwicklungsverlauf, immer vorausgesetzt, daß die Mutter-Person gegenwärtig ist, aber nicht so grob eingreift, daß sie die Entwicklung des Ichs und seiner Funktionen ernsthaft stört. Die Reifung, die nach einem biologischen Zeitplan vor sich geht, ist weniger empfindlich gegenüber gewaltsamen Unterbrechungen, als es die Ich-Entwicklung ist.

Der Ausdruck »das autonome Ich« wird oft — wenn auch irrtümlicherweise — Hartmann zugeschrieben. Er spricht von der »relativen Unabhängigkeit der Ich-Entwicklung«[13], der »Ich-Konstitution«[14] und der »autonomen Ich-Entwicklung«[15]. Dies bedeutet aber, daß das Ich eingeborene Gegebenheiten zu seiner Verfügung hat, auf die es sich verlassen kann und die sich zusammen mit den eingeborenen Gegebenheiten, die den Trieben zur Verfügung stehen, und der anatomischen Konstitution entwickeln. Solch eine Unabhängigkeit kann aber nur relativ sein, denn es kann nur ein unteilbares Ganzes geben. »Einige Analytiker stimmen darin überein, daß der Ich-Aspekt als eine teilweise primäre, unabhängige Variable angesehen werden muß, die nicht völlig auf die Wechselwirkung zwischen Trieb und Umgebung zurückgeführt werden kann, und ferner, daß er zum Teil durch Sekundärvorgänge von den Trieben unabhängig werden kann. Das ist es, was ich meine, wenn ich von der *primären* und *sekundären* Autonomie der Ich-Entwicklung spreche.«[16]

---

13 Ibid.
14 Ibid.
15 Ibid.
16 H. Hartmann, *Ich-Psychologie*, »Psychoanalyse und Entwicklungspsychologie«.

Während sich die Denkprozesse entwickeln — was eine Verzögerung der Triebabfuhr mit sich bringt —, dient die Intelligenz dem Ich, indem sie die Organisation der Wahrnehmungen und Gedächtnisspuren unterstützt und so sinnvolles Handeln ermöglicht. Diese Organisation der inneren Welt — der Welt der Internalisierungen — ist der eigentliche Prozeß der Strukturierung. Während dieses Prozesses verändern gewisse Verhaltensformen ihre Funktion. Ein Prozeß, der als Abwehr begonnen hat — zum Beispiel der wichtige Mechanismus der Reaktionsbildung bei der Reinlichkeitserziehung —, bekommt eine adaptive Autonomie, wenn sein Zweck sich verändert, d. h., wenn er der Aufrechterhaltung hygienischer Gepflogenheiten und der Ordentlichkeit dient. Mit der Veränderung der Funktion wird die Betätigung an sich lustvoll, während sie in der archaischen Abwehrform noch der Lust zuwiderläuft. Das Endresultat einer Veränderung der Funktion ist das Erreichen einer sekundären Autonomie. Wir haben in der Einleitung auf diesen Prozeß hingewiesen, und zwar im Zusammenhang damit, daß das disziplinierte professionelle Verhalten des Therapeuten an sich lustvoll werden kann.

In den vielen Arbeiten, die Hartmann nach *Ich-Psychologie und Anpassungsproblem* geschrieben hat, führte er seine ursprünglichen Gedanken weiter aus. Da das Unbewußte nicht der Aristotelischen Logik unterliegt, ist ein Sich-Abwenden von der Realität möglicherweise, aber nicht unbedingt, pathologisch. Rationales Handeln kann auf Umwegen entstehen, analog zum Gebrauch der Verleugnung in der Phantasie bei Kindern. Obgleich das gesunde Ich imstande sein muß, Leiden und Depression zu ertragen, muß es auch zur Regression fähig sein, wie im Schlaf oder im Orgasmus.

Während Hartmann seine theoretische Aufgabe darin sah, das Verständnis für den Ursprung und die Funktion des Konstruktes »Ich« zu fördern, ließ er doch nicht die Totalität der Persönlichkeit aus dem Auge: »... Wir brauchen daher ein Modell der psychischen Struktur, das die wechselseitigen Beziehungen von Trieb, Intellekt, Anpassung, Integration usw. zeigt, indem es ihnen ihren Platz in Beziehung zu den Zentren des psychischen Funktionierens zuweist, die wir in der Analyse als Systeme bezeichnen.«[17]

Zu dem schon gut bekannten Begriff des intersystemischen Konflikts fügt Hartmann den des intrasystemischen Konflikts hinzu: Das »Ich« kann im Konflikt mit Elementen in sich selbst stehen. So kann es z. B. die Triebe befriedigen oder sich ihnen entgegenstellen. Autonome Funktionen können in die Abwehr verwickelt werden; Einsicht kann in Kon-

---

[17] Ibid., »Bemerkungen zur psychoanalytischen Theorie der Triebe«.

flikt mit der Rationalisierung geraten. Auch das Thema des Ich-Aufbaus wird in Hartmanns weiteren Untersuchungen des Ichs betont.

»Was meinen wir, wenn wir sagen, daß wir dem Ich des Patienten helfen, oder daß wir sein Ich stärken? Man kann das sicher nicht angemessen beschreiben, wenn man nur auf die Neuverteilung von Energie zwischen Es und Ich oder zwischen Über-Ich und Es Bezug nimmt; es sind Verlagerungen von gewissen Sphären des Ichs auf andere Funktionseinheiten innerhalb des Ichs im Spiel. Ich würde keine Definition von Ich-Stärke für vollständig halten, die nicht auch die intrasystemischen Strukturen berücksichtigt . . .«[18]

Die Neurose, so glaubt er, kann nicht richtig behandelt werden, es sei denn, daß die Therapie sich auch mit der Interaktion zwischen der Neurose und dem normalen Funktionieren befaßt. Wir haben dies besonders nützlich gefunden nicht nur bei der Psychoanalyse der Neurose, sondern auch bei der Anwendung auf gewisse Aspekte der Psychotherapie, z. B. in der Eheberatung.

Ein anderes wichtiges Thema, das Hartmann angeschnitten hat, ist das der Neutralisierung, d. h. jenes Vorgangs, der sowohl libidinöse wie aggressive Energie von der Triebsphäre auf die Nicht-Triebsphäre verschiebt und sie damit dem Ich verfügbar macht. Da er bemerkt hatte, daß Freuds Feststellungen über die Sublimierung seiner dualistischen Triebtheorie vorausgingen, schien es ihm nur logisch, den Begriff der Sublimierung so zu erweitern, daß er in die Betrachtung des triebzähmenden Prozesses auch die Schwankungen des aggressiven Triebs miteinbezog. In letzter Zeit ist viel Unzufriedenheit über den Begriff der Neutralisierung geäußert worden, hauptsächlich von Theoretikern, die keine Kliniker sind. Diese Theoretiker möchten psychoanalytische Energiekonzepte von der Hydrodynamik des 19. Jahrhunderts lösen und mehr in Übereinstimmung mit der Physik des 20. Jahrhunderts bringen. Unserer Ansicht nach würde dann die Theorie viel sauberer aussehen, aber dies würde auf Kosten ihrer klinischen Brauchbarkeit geschehen. Die Kritik an den Konzepten von Freud und Hartmann hat bisher noch nicht zur Formulierung einer brauchbaren Theorie geführt.

Um mit Hartmann fortzufahren: Die Fähigkeit, Triebenergie zu neutralisieren, und zwar in einer zirkulären, expansiven Interaktion mit der Fähigkeit, Triebabfuhr aufzuschieben, stellt dem Säugling die Energie für den Ich-Aufbau (Strukturierung) und die Erweiterung der Ich-Funktionen zur Verfügung. Das hungrige drei Monate alte Kind hat

---

[18] Ibid., »Die Bedeutung der Ich-Psychologie für die Technik der Psychoanalyse«.

schon etwas von der Fähigkeit erworben, die Triebenergie zu neutralisieren. So benutzt es das Hungergefühl zusammen mit den Erinnerungsspuren vergangener Befriedigung, um die Mutter mit seinem Schreien herbeizurufen, das in der Zwischenzeit aus dem objektlosen Schreien des Neugeborenen zu einem zweckvollen geworden ist. Objektbeziehungen werden aufgebaut, indem Energie, die vorher nur in die Triebe investiert worden war, auf das Ich übertragen wird, damit es mit der Umwelt in Verhandlungen treten kann.

Das Konzept der Neutralisierung erweitert das Verständnis der Psychose. Während Freud die Psychose als Konflikt zwischen dem Ich und der Realität verstand, hat Hartmann sie neu definiert als ein Versagen der Neutralisierung, mit dem Ergebnis, daß das Ich nicht imstande ist, seine organisierende Rolle zu übernehmen und zwischen den Trieben und der Realität zu vermitteln. Die Ableitung der Energie für die Abwehrfunktion des Ichs wird auch schärfer verdeutlicht: neutralisierte Aggression liefert die Energie für den Abwehrmechanismus. Das Ich, das keine Abwehr hat, ist natürlich ernsthaft behindert: »Wenn Versagen und besonders narzißtische Kränkungen, die bei anderen nur von geringerer Bedeutung wären, häufig imstande sind, eine Ablösung der Libido herbeizuführen und einen schizophrenen Prozeß auszulösen, so ist das durch die Mangelhaftigkeit oder das Fehlen der stabilisierenden Kraft der Objektbeziehungen und bestimmter Ich-Funktionen bedingt.«[19]

Indem er Jacobson und Kohut vorgreift, versteht Hartmann den Narzißmus als die Besetzung der Selbst-Repräsentanzen, nicht des Ichs, wie Freud zuerst gemeint hatte, noch des Selbst der post-strukturellen Theorie. Dies eröffnete den Weg für Jacobson, einen Begriff der Identität zu formulieren, der sich auf Ich- und Über-Ich-Identifizierungen stützt und seinen Ursprung in den Selbst- und Objektrepräsentanzen hat, die sich im Verlauf der weiteren Entwicklung in die Prozesse der Strukturierung und der Internalisierung differenzieren. Der Narzißmus mag triebhaft oder neutralisiert sein, wobei er sich sowohl normal als auch pathologisch entwickeln kann, je nachdem, welche Art der Strukturierung allgemein stattgefunden hat.

Hartmann spricht auch von einer Progression in der Entwicklung der Objektbeziehungen. Sie entwickeln sich von einem objektlosen Stadium des primären Narzißmus über das Stadium, in dem das Objekt als etwas erlebt wird, das nur existiert, um die Bedürfnisse des Kindes zu befriedigen, zu dem Niveau der Objektkonstanz. Objektkonstanz wird als die

---

[19] Ibid.

Besetzung der konstanten geistigen Repräsentanz des Objekts definiert, unabhängig vom Bedürfniszustand. Diese Definition hat weitreichende Implikationen für die Entwicklung und stellt ein therapeutisches Ziel von allergrößter Bedeutung bei der Behandlung von Borderline-Patienten dar, von denen die meisten die Behandlung auf dem Niveau der Bedürfnisbefriedigung beginnen. Bei ihnen besteht ein großer Teil der therapeutischen Arbeit darin, das Niveau der Objektbeziehungen in Richtung auf eine konstante Repräsentanz zu heben. Daß die Imago des Objekts unabhängig vom Bedürfniszustand beibehalten wird, bedeutet nicht nur, daß das Individuum das Objekt mit neutralisierter Libido besetzt, sondern auch, daß es ein Entwicklungsstadium erreicht hat, das es von der Umgebung unabhängiger macht. Die Selbst- und Objektrepräsentanzen und die Triebe sind jetzt nicht mehr in der Gefahr der Aufspaltung. Die Identität wird durch dauernde Besetzung — nicht nur die der Objekte, sondern auch die der Selbst-Repräsentanzen — aufrechterhalten. Auf dieser festen Grundlage haben Spitz, Mahler und Jacobson ihre Ausarbeitungen der psychoanalytischen Entwicklungspsychologie aufgebaut. In den Jahren gleich nach dem Zweiten Weltkrieg stellte Hartmann in Zusammenarbeit mit Kris und Loewenstein eine Reihe von Behauptungen auf, die, historisch gesehen, eine Ära der Erweiterung der Ich-Psychologie eingeleitet haben. Wir möchten hier die wesentlichen theoretischen Formulierungen wiedergeben, die in diesen Arbeiten enthalten sind.

Den drei Aspekten der Metapsychologie — dem dynamischen, dem topischen und dem ökonomischen — wurde nun ein vierter hinzugefügt: der genetische. »Die genetische Auffassung in der Psychoanalyse befaßt sich nicht nur mit anamnestischen Daten, noch zeigt sie, ›wie die Vergangenheit in der Gegenwart enthalten ist‹. Genetische Feststellungen beschreiben, warum in vergangenen Konfliktsituationen eine spezifische Lösung gewählt wurde; warum die eine beibehalten, die andere fallengelassen wurde und welche kausalen Beziehungen zwischen diesen Lösungen und der späteren Entwicklung bestehen.«[20]

Die Verfasser versuchen, die Begriffe zu klären und besonders für eine über die Abwehrfunktionen hinausgehende Betrachtung der Ich-Funktion Platz zu machen. Sie befassen sich mit der Rolle der Deprivation beim Prozeß der Strukturierung. Während sie sich sehr hüten, die Frustration in vereinfachender Weise als die Quelle aggressiver Triebmanifestationen anzusehen, bahnen sie späteren Theoretikern den Weg, ihre Bedeutung für die Entwicklung herauszuarbeiten. Sie beschreiben auch den Begriff der Identifizierung als einen Prozeß, der einem doppelten

---

[20] H. Hartmann und E. Kris, »The Genetic Approach in Psychoanalysis«.

Zweck dienen kann: der bereits bekannten Abwehr und der normalen Entwicklung. Sie betrachten die Identifizierungen weiterhin als einen wechselnden Prozeß, der von dem Entwicklungsniveau, auf dem er stattfindet, unabhängig ist. Die Nachahmung ist also ein Vorläufer der echten Identifizierung, stellt sie doch die äußere Begrenzung dessen dar, was das Kind aufgrund von Wahrnehmung und Wunsch zustande bringen kann. Die eigentliche Identifizierung ist ein Prozeß der Einverleibung, während die Nachahmung dies nicht ist. Die Identifizierung schafft also einen höheren Grad der Unabhängigkeit vom Objekt. Dies ist der Weg zur Autonomie.

Diese Diskussion des Über-Ichs nimmt die Position Kohuts um zehn Jahre vorweg. Besonders aufschlußreich ist die Unterscheidung der Verfasser zwischen dem Über-Ich als einer separaten Struktur und den Vorläufern des Über-Ichs. Sie trennen die genetischen Wurzeln von der funktionellen Ganzheit. Die Anfänge der Introjektion, der Einverleibung und der Identifizierungen werden in der Literatur als primitive, archaische Formen des Über-Ichs, als Vorläufer oder als präödipales Über-Ich beschrieben. Hartmann und Loewenstein ziehen es vor, das Über-Ich als Begriff und als Konzept für jene Struktur zu reservieren, die sich aus dem ödipalen Konflikt ergibt. In diesem Kampf werden die auseinandergehenden Aspekte integriert und verschmelzen zu einer neuen Struktur, eben der des Über-Ichs. Eine sehr vereinfachte Analogie wäre die, daß man Mehl, Eier und Fett wohl kaum als Vorläufer des fertigen Kuchens bezeichnen kann. Der Kuchen wird etwas ganz und gar Neues. Die Bestandteile, die sich kombiniert zum Über-Ich zusammenfinden, eine archaische Form des Über-Ichs zu nennen, bedeutet, die wesentliche Fähigkeit des Ichs zu leugnen, nämlich seine organisierende Funktion. Für die Verfasser ist das Über-Ich »... ein dynamisch teilweise unabhängiges Zentrum des geistigen Funktionierens mit seinen eigenen Zielen«[21]. Seine Entwicklung geht nicht den Weg einer zunehmenden Ablösung vom Ich, sondern ist mit ihm verbunden. Das Ich-Ideal wird als eine der Funktionen des Über-Ichs angesehen, ebenso wie das Gewissen und moralische Werte. Zusammengefaßt, hängt die Entwicklung des Über-Ichs von der Ich-Entwicklung ab, und »... wenn das Über-Ich als System erst einmal ausgebildet ist, so ist seine normale Funktion immer an gewisse Betätigungen des Ichs gebunden, und die weitere Evolution des Über-Ichs vermindert nicht den Einfluß des sich entwickelnden Ichs, sondern neigt dazu, es zu vergrößern.«[22] Ja-

---

[21] H. Hartmann und R. M. Loewenstein, »Notes on the Superego«.
[22] Ibid.

cobson entwickelte dieses interessante Konzept einer spiralförmig verlaufenden, die Über-Ich-Entwicklung fördernden Wirkung der Ich-Entwicklung weiter und erörtert, wie beide einander gegenseitig verstärken.

Hartmanns Beiträge und die seiner Mitarbeiter können so, wie wir sie hier darlegen, sowohl rückblickend als auch in der Vorausschau gelesen werden, da so viele ihrer Formulierungen, Behauptungen und Feststellungen Ausgangspunkte für die nachfolgende Theorie bieten. Retrospektives Lesen überzeugt einen nicht nur davon, daß Hartmann zu Recht der Vater der Ich-Psychologie genannt wird, sondern zeigt auch, welche seiner Ideen bei seiner theoretischen Nachkommenschaft Widerhall fanden.

Wir möchten hier kurz die wesentlichsten theoretischen Formulierungen Hartmanns und seiner Mitarbeiter zusammenfassen:

1. Der Begriff der menschlichen Anpassung, der die autoplastische Modifizierung des Selbst miteinbezieht, alloplastische Modifikationen der Umwelt und die Wirkung dieser Vorgänge. Die Anpassung ist sowohl progressiv als auch regressiv und dient auch dem »Zusammenpassen«.

2. Modifikationen von Gedanken Freuds über den Ursprung und die Entwicklung des Ichs. Hartmann behauptet, daß das Neugeborene mit einer undifferenzierten Matrix ausgestattet ist, in der Apparate der primären Autonomie enthalten sind. Nachdem sich das Ich und das Es differenziert haben, dienen sie dem Ich. Das bedeutet, daß es eine eingeborene Ich-Konstitution gibt, ebenso wie andere eingeborene Faktoren, die nach der Differenzierung eine Rolle spielen.

3. Apparate der primären Autonomie, die sich in der konfliktfreien Sphäre entwickeln. Diese Behauptungen rückten die Psychoanalyse als eine Wissenschaft in den Bereich der Erforschung des normalen Verhaltens, wodurch die Psychoanalyse einerseits zu einer Psychologie der normalen Entwicklung und andererseits zur Psychopathologie wurde. Die Entwicklung wird nun nicht mehr nur als aus dem Konflikt hervorgehend betrachtet, es wird vielmehr davon ausgegangen, daß es auch eine konfliktfreie Sphäre gibt.

4. Einführung des Begriffs einer durchschnittlich zu erwartenden Umwelt. Hiermit bestätigte Hartmann die wesentliche Bedeutung des mütterlichen Beitrags zur Entwicklung, was zur Erforschung der Mutter-Kind-Dyade und zu einem differenzierteren Verständnis jenes wichtigen Aspekts der menschlichen Wechselbeziehungen, der Objektbeziehung, führt.

5. Das Thema der verschiedenen Entwicklungsstadien der Objektbezie-

hungen, angefangen beim primären Narzißmus über die Bedürfnisbefriedigung zur schließlichen Objektkonstanz.

6. Der Gedanke, daß der Patient als Ganzes gesehen werden muß. Man darf diese Ganzheit nicht zugunsten eines spezifischen Verhaltensmerkmals oder der Psychopathologie aus dem Auge verlieren.

6. Eine Beschreibung der Entwicklung der psychischen Struktur, der inneren Welt, der Umwelt und des ganzen Netzes von Vererbungen, die schon dem Neugeborenen zur Verfügung stehen. Diese Beschreibung ist zwar komplex, aber klinisch richtig.

8. Der Begriff der sekundären Autonomie — Funktionsveränderungen. Dieses Konzept liefert das Verständnis für die Abwehr, die Anpassung und die Wirksamkeit des Ichs.

9. Zusätzliche Betrachtungen über intrasystemische Konflikte. Diese ermöglichen ein präziseres Verständnis der Ich-Funktionen und haben zu der Ausarbeitung von Techniken zur Strukturierung des Ichs in der Therapie geführt, was bisher unmöglich war.

10. Die Neudefinition des Narzißmus als libidinöse Besetzung der Selbst-Repräsentanz (nicht des Ichs oder des Selbst), wodurch die Klarheit der Strukturtheorie aufrechterhalten wurde.

11. Die Betonung der wesentlichen Rolle der Frustration für die Entwicklung. Dies führte zur genaueren Untersuchung der Identitätsentwicklung und des Gebrauchs des Aggressionstriebs im Dienste der Entwicklung.

12. Der Begriff der Neutralisierung, der die Energiekonzepte und die Techniken für die Behandlung von psychotischen Strukturen und Grenzfällen radikal veränderte.

13. In Zusammenarbeit mit Kris und Loewenstein eine Neudefinition der Begriffe und die Einführung des genetischen Aspekts, womit Hartmann der Metapsychologie eine neue Dimension hinzufügte.

14. Einsicht in Vorgänge der Über-Ich-Bildung. Hier wurde das Über-Ich von seinen Vorläufern unterschieden, was frühere Konzepte sowohl klarer als auch vollständiger machte.

Schließlich war es Hartmann, der in Übereinstimmung mit Freud forderte, daß die Thesen, die durch klinische Befunde zustande gekommen waren, durch Beobachtungsstudien abgerundet werden sollten. Er sagt: »Und für eine allgemeine *Entwicklungspsychologie*, wie viele von uns sie heute in der Analyse erwarten, ist die Einbeziehung auch dieser Gebiete eine notwendige Voraussetzung — Einbeziehung in dem oben gekennzeichneten Sinn, d. h. Neubearbeitung dieser von der außeranalytischen Psychologie vielfach durchforschten Gebiete aus dem Blickpunkt und mit den Mitteln der Psychoanalyse. Daß zugleich damit die direkte

Beobachtung der Entwicklungsvorgänge durch den Analytiker (also vor allem die direkte kinderpsychologische Beobachtung) an wissenschaftlicher Bedeutung für die Analyse gewinnt, versteht sich von selbst.«[23, 24]

---

[23] H. Hartmann, *Ich-Psychologie und Anpassungsproblem.*
[24] S. nächste Seite, Zitat von Freud.

3

Die Beiträge von René A. Spitz

Experimente am Menschen sind aus naheliegenden Gründen nur in sehr begrenztem Umfang möglich. Zwar führen die Experimentalpsychologen solche Untersuchungen wohl durch, doch liegen diese weitgehend im Bereich des bewußten Verhaltens. Spitz steht Experimenten, die um der Quantifikation willen fundamentale Aspekte der menschlichen Psychologie wie z. B. die Affekte außer acht lassen, kritisch gegenüber. Für Spitz sind es die Affekte, die das Verhalten erklären, wenn sie auch abstrakt sind und sich nicht messen lassen. Er meint, daß Forschungsmethoden, die nur auf das Meßbare beschränkt sind, »den Fortschritt des Wissens aufhalten«[1]. Die Beobachtung von Säuglingen und Kleinkindern ist eine schwierige Methode und eignet sich nicht gut für Messungen oder gar eine statistische Analyse. Sie unterliegt der Gefahr der adultomorphen Spekulation und erfordert die Objektivität des echten wissenschaftlichen Forschers. Spitz und Mahler verbinden diese Eigenschaft mit einer tiefgehenden Kenntnis der Psychoanalyse als einer Theorie des menschlichen Verhaltens. Freud hatte geglaubt, daß ein Beobachtungsprogramm die Daten liefern könnte, die die psychoanalytische Theorie bestätigen würden. Er sagt: »Die Kindheitsbeobachtung hat den Nachteil, daß sie leicht mißzuverstehende Objekte bearbeitet, die Psychoanalyse wird dadurch erschwert, daß sie zu ihren Objekten wie zu ihren Schlüssen nur auf großen Umwegen gelangen kann; in ihrem Zusammenwirken erzielen aber beide Methoden einen genügenden Grad von Sicherheit der Erkenntnis.«[2]

Obgleich es natürlich nicht wünschenswert ist, Experimente zu planen, die grausam sind und eine irreversibel zerstörende Wirkung haben, gibt es unglücklicherweise im menschlichen Leben selbst solche Situationen. Unmenschlichkeit, die durch Menschen verursacht war, lieferte Spitz das Material für seine Studie über Heimkinder[3], die uns über die schädlichen Wirkungen der Abwesenheit einer Mutter-Person aufgeklärt hat. Spitz stellte fest, daß Marasmus und Tod das Schicksal des mutterlosen Kindes sind. Die Schlüsse, zu denen er aufgrund seiner Beobachtungen kam, zei-

---

[1] R. A. Spitz, *Vom Säugling zum Kleinkind.*
[2] S. Freud, *Drei Abhandlungen zur Sexualtheorie.*
[3] R. A. Spitz, »Hospitalism: An Inquiry into the Genesis of Psychiatric Conditions in Early Childhood«.

gen, wie ein brillanter Forscher eine neue Theorie entwickelt. Er stützt sich auf die Tierpsychologie und die Ethologie und kombiniert Fakten aus diesen Wissenschaften nicht nur mit der psychoanalytischen Theorie, sondern auch mit seinen eigenen Beobachtungen und Daten und bildet auf diese Weise ein neues Konzept. Er kommt zu dem Schluß, daß es für das Leben von wesentlicher Bedeutung ist, daß die angeborene Ausrüstung des Neugeborenen durch die Wechselbeziehung mit der Mutter »entfacht wird«[4]. »Nur eine Wechselbeziehung kann für die Entwicklung des Säuglings den Erlebnisfaktor liefern, da diese aus einem fortwährenden zirkulären Austausch besteht, in dem Affekte die Hauptrolle spielen.«[5] »Von Anfang an ist es die Mutter, die menschliche Partnerin des Kindes, die jede Wahrnehmung, jede Handlung, jede Einsicht, jedes Wissen vermittelt.«[6]

Auf unser Thema — das der technischen Implikationen der Theorie — angewendet: Die dyadische Beziehung ist von zentraler Bedeutung für das Übertragungsphänomen. Die Fähigkeit zur Übertragung hat ihre Wurzeln in dem »vielgestaltigen, ruhigen Kommen und Gehen, den unhörbaren und unsichtbaren Strömungen, zugleich machtvoll und sanft, die in diesen Beziehungen leben und weben«[7]. Spitz beobachtete Kinder von Müttern, die im Gefängnis saßen. Dort war es verwaltungspolitisch üblich, das Kind nach wenigen Monaten von der Mutter zu trennen. An der emotionalen Not, in der die Kinder sich befanden, die auf diese Weise vom mütterlichen Objekt getrennt worden waren, machte Spitz seine Beobachtungen über die sogenannte anaklitische Depression. So wichtig diese Untersuchungen auch waren, so waren sie doch nur Vorläufer seiner weiteren Beobachtungen, an denen er die Theorie der Entwicklungsschritte darlegt, der zufolge das Neugeborene sein Ich in der dyadischen Beziehung organisiert. Spitz führte sein Thema folgendermaßen aus:

»Wir werden die Wechselbeziehungen untersuchen und uns um die Erfassung dessen bemühen, was zwischen Mutter und Kind vor sich geht. Bei der Darstellung unserer Untersuchungsergebnisse und Gedanken über die Objektbeziehungen — ihre Anfänge, ihre Entwicklung, ihre Stadien und gewisse Anomalien — werden wir von unseren direkten Beobachtungen und von Experimenten ausgehen, die an Säuglingen durchgeführt wurden. Ebenso werden wir versuchen, Klarheit zu schaffen, wie diese Beziehungen der Selbsterhaltung dienen und wie

---

[4] R. A. Spitz, *Vom Säugling zum Kleinkind.*
[5] Ibid.
[6] Ibid.
[7] Ibid.

sie zur Entfaltung der seelischen und körperlichen Bereiche der Persönlichkeit beitragen.«[8]

Er studiert die eigentlichen Werkzeuge — die Ich-Funktionen —, mit denen der Säugling die Wahrnehmung des mütterlichen Partners erwirbt. Dies führt ihn zu Betrachtungen über das Wahrnehmungsvermögen selbst und seine Vorläufer sowie über die Schwankungen in seiner Entwicklung. Besonders die Affekte beeinflussen das Wahrnehmungsvermögen und die Entwicklung der Objektbeziehungen, wobei die Angst in der Reihe dieser Affekte an oberster Stelle steht. Es wird dargestellt, wie verwickelt und kompliziert die ineinandergreifenden Vorgänge und ihre Wirkung auf jeden der beiden Partner sind, was sehr zum Verständnis der Kommunikation beiträgt. Spitz stellte auch fest, daß es in der Entwicklung wichtige Knotenpunkte gibt, Punkte, an denen asynchrone Reifung der angeborenen Ausstattung eine adaptive Entwicklung der psychischen Struktur erzwingt. Ein Versagen an diesem Punkt resultiert in einer abweichenden psychischen Organisation. Spitz umreißt und bestätigt auch die Rolle der Kultur. Einzelne Formen der Säuglingspathologie korrelieren mit dem Versagen der phasenspezifischen Entwicklung.
Die Mundhöhle wird als Wiege der Perzeption erkannt, da sie bei der Geburt die einzige Körperregion ist, die integriert und in Tätigkeit ist. Die Empfangsstationen des Zentralnervensystems sind noch nicht besetzt oder aktiviert. Das Sensorium spielt daher während der ersten Wochen nur eine untergeordnete Rolle. Taktile Sensationen werden von der Haut und dem Innenohr schon in der zweiten Lebenswoche entgegengenommen und regen das Kind an, seinen Kopf dem Körper der Person, die es hält, zuzuwenden. Aber es ist die Gegend der »Schnauze«, die die spezifischsten und zuverlässigsten Reflexe hat, da sie von lebenswichtiger Bedeutung bei der Nahrungsaufnahme sind. Diese Reflexe lösen das einzige direkte (unbeabsichtigte) Verhalten des Neugeborenen aus. Damit soll nicht gesagt werden, daß die ersten Sensationen des Säuglings Perzeptionen im eigentlichen Sinne sind, denn Perzeption entwickelt sich nur in Verbindung mit Erfahrung. Spitz unterscheidet daher zwischen dem koenästhetischen Fühlen des Neugeborenen und der diakritischen Perzeption, zu der es später fähig ist. Die koenästhetische Rezeption liegt auf dem Niveau der Tiefensensibilität, wird als Totalität erlebt und ist weitgehend viszeral. Erwachsene, die Reste dieser Form der Rezeption beibehalten, sind gewöhnlich begabt. Bei den meisten Erwachsenen atrophiert die koenästhetische Rezeption und macht anderen Formen der

---

[8] Ibid.

Reaktion Platz — den lokalisierten, einzelnen Empfindungen und semantischen Symbolen. Weiterhin beschreibt Spitz, wie im ersten Lebensmonat Zeichen und Signale das Kind selektiv erreichen, nachdem sie durch seine eingeborene Reizschwelle gefiltert sind, die durch den Schutzschild, den die Mutter bildet — das äußere Hilfs-Ich des Kindes —, noch ergänzt wird. Diese beeinflussen die Spannung, das Gleichgewicht, die Körperhaltung, die Temperatur, die Vibration, die Haut- und Körperkontakte, Rhythmus, Stimmlage und Tonus des Kindes. Sie alle zusammen stellen innerhalb des affektiven Klimas der Mutter-Kind-Beziehung die ersten Kommunikationen her.

Da der mütterliche Partner für die Entwicklung des Kindes so unerläßlich ist, hält Spitz es für wichtig, die Fähigkeiten der Mutter näher zu betrachten. Diese hängen von ihrem eigenen Entwicklungsniveau und ihrer Realität ab. Spitz meint, daß schon während der Schwangerschaft das Potential für die koenästhetischen Reaktionen aktiviert wird. Regressives Verhalten wird bei schwangeren Frauen häufig beobachtet. Eine solche Vorbereitung auf die dyadische Beziehung stattet die angehende Mutter für die affektive Wechselbeziehung mit dem Neugeborenen aus, die für dessen Entwicklung so wichtig ist. Das Kind kann der Mutter auf allen Ebenen Befriedigung verschaffen — auf der bewußten, der vorbewußten und der unbewußten Ebene, genauso wie ihrer gesamten psychischen Struktur, dem Es, dem Ich und dem Über-Ich. Dies ist natürlich nur dann der Fall, wenn das Kind erwünscht ist und zu einem phasengerechten Zeitpunkt in der Entwicklung der Mutter zur Welt kommt. Wenn sie ihre eigenen Entwicklungsphasen in angemessener Weise durchlaufen hat, erreicht eine Frau die Entwicklungsphase der Elternschaft[9] zugleich mit der Fähigkeit zur Empathie und zur Regression im Dienste des Ichs[10]. Wenn die Frau bereits eine Identität erworben hat, ist die Regression reversibel. Ihr regressives Potential ist trotzdem groß. Die Mutter muß sich gegen alle Varianten der Verführung durch das Baby wehren[11]. Sie muß auch sehr flexibel sein, denn die Triebe des Kindes reifen schnell und ihre Ziele verschieben sich. Da die Mutter das Hauptobjekt dieser Strebungen ist, müssen ihre Reaktionen sich den Verschiebungen und Veränderungen anpassen. Sie muß zu einer dauernd wechselnden Einstellung fähig sein und neue Reize liefern, wie die Bedürfnisse des Kindes es erfordern. Bei der Beschreibung der Kommunikation in der Dyade erwähnt Spitz wiederholt eine zirkuläre Interaktion oder einen

---

[9] T. Benedek, »Parenthood as a Developmental Phase«.
[10] E. Kris, »Psychoanalytic Explorations in Art«.
[11] R. A. Spitz, *Vom Säugling zum Kleinkind*.

Aktion-Reaktion-Aktions-Zyklus. Die Kommunikation kann natürlich bei Mutter und Kind nicht auf derselben Ebene stattfinden. Bei dem Baby ist sie expressiv, da sie ja Affekten entspringt; sie ist egozentrisch und nicht auf ein Objekt gerichtet, das ja als solches noch gar nicht wahrgenommen wird. Die Reaktionen der Mutter sind offensichtlich auf das Kind gerichtet; aber jeder, der hört, wie eine Mutter mit ihrem Kind girrt, bemerkt, wie die regressive Form dieser Kommunikation auf die affektive Rezeptivität des Kindes eingestellt ist.

Das meiste an Interaktion zwischen Mutter und Kind findet bei der Nahrungsaufnahme statt, während der das Baby die Mutter unverwandt anblickt: »Wenn das Kind an der Brust trinkt, *fühlt* es die Brustwarze im Mund, während es zur gleichen Zeit das Gesicht der Mutter *sieht*. Hier vermischt sich Tastwahrnehmung mit Fernwahrnehmung.«[12] Wenn der Hunger nachläßt und die Brustwarze losgelassen wird oder wenn sie verlorengeht und wieder gefunden wird, bleibt doch die visuelle Wahrnehmung konstant. Es ist daher kaum zu verwundern, daß man schon am Anfang des zweiten Monats beobachten kann, wie das Kind das sich bewegende Gesicht des Erwachsenen mit den Augen verfolgt. Dies ist der Vorläufer der Objektbildung und Objektkonstanz. Jedoch ist »das Stillerlebnis, die Situation der Nahrungsaufnahme, nicht nur ein Erlebnis der Befriedigung. Es steht am Beginn des Übergangs von der ausschließlichen Tastwahrnehmung zur Fernwahrnehmung. Es aktiviert das diakritische Wahrnehmungssystem, das allmählich an die Stelle der ursprünglichen und primitiven koenästhetischen Organisation tritt.«[13] Die Verschiebung von der Kontaktperzeption zu der Entfernungsperzeption wird also durch Rhythmen der Unlust wie auch der Lust beeinflußt. In der Lebensperiode, die von affektiven Erfahrungen beherrscht wird (koenästhetisches Fühlen), entwickelt sich das Gewahrwerden eines »Außen«, das mit Bedürfnisbefriedigung verbunden ist, und zwar durch wiederholte Erfahrungen bei der Pflege wie Füttern, Windelwechsel, Baden und ähnliches. Erinnerungsspuren werden niedergelegt, die mit dem Rhythmus der Befriedigung und der Frustration und mit einem Gewahrwerden der Mutter-Person in Beziehung gesetzt werden, die gefühlt, aber noch nicht ganz bemerkt wird. So fängt das Kind also an, bedeutsame Konstellationen aus dem Universum der amorphen Sensation zu formen. Immer noch auf dieser primitiven Ebene gibt es trotzdem Anzeichen dafür, daß kognitive Prozesse begonnen haben, die immer mehr in die Totalität der emotionalen Reaktion eingreifen. Eine Verschiebung zum

---

[12] Ibid.
[13] Ibid.

unterscheidenden (diakritischen) Modus findet statt, zuerst so tastend, daß sie nur aufrechterhalten werden kann, solange der »Dialog« vor sich geht. Die äußeren Zeichen dafür, daß diese wichtige Verschiebung stattfindet, können schon am Anfang des zweiten Monats beobachtet werden, wenn das Gewahrwerden der Konfiguration des menschlichen Gesichts auftaucht. Im dritten Monat kann dies sogar nachgewiesen werden. Spitz hat gezeigt, daß das Kind mit einem Lächeln auf die »Gestalt« von zwei Augen, einer Nase und einem Mund reagiert. Dabei kommt es noch nicht darauf an, ob es sich um eine Person oder eine Fasnachtsmaske handelt. Wichtig ist nur, daß es ein Gesicht, en face gesehen, und in Bewegung ist. Das Kind reagiert nicht auf ein Profil oder auf eine Maske oder ein menschliches Gesicht, die sich nicht bewegen.

Die Periode des koenästhetischen Fühlens ist ein wesentlicher Vorläufer für die Bildung des ersten Organisators der Psyche, deren Indikator das Lächeln ist. Die Beziehung zwischen dem Neugeborenen und der Mutter-Person ist eine biologisch-psychologische, deren Proportionen sich im Laufe der Entwicklung verschieben. Zuerst ist das Biologische dominant. Durch den Dialog wird die Beziehung zu einem vorwiegend sozialen Erlebnis. Diese primitive Objektbeziehung dient zunächst dem Überleben des menschlichen Kindes, das ein Nesthocker ist, d. h. am Anfang seines Lebens noch unfähig ist, sich selbst zu versorgen. Nestflüchtige Tiere sind nicht so lange von der Mutter abhängig. Dieser oft übersehene Unterschied zwischen dem Menschen und bestimmten Tierarten verbietet eine simplifizierende Extrapolation aus der Tierpsychologie auf das menschliche Verhalten.

Indikatoren sind äußere Zeichen dafür, daß innere Verschiebungen stattfinden. Das Spitzsche Konzept vom *Organisator der Psyche* ist der Embryologie entlehnt, in der er als ein Zentrum definiert wird, das seinen Einfluß ausstrahlt. Bevor ein Organisator auftaucht, nimmt z. B. transplantiertes Gewebe die Eigenschaften des umgebenden Gewebes an. Später erwirbt und behält es eine »organisierte Identität« und kann nur seine eigene Form annehmen. Spitz wendet diesen Ausdruck auf die psychoanalytische Entwicklungspsychologie an; er sieht darin einen brauchbaren Weg, das Erreichen neuer Integrationsebenen im Entwicklungsprozeß zu beschreiben.

Die Reaktion des Lächelns kann beobachtet werden, wenn die Psyche so weit organisiert ist, daß sie den Affekt mit der Intentionalität in Verbindung bringen kann. Diese Reaktion zeigt die Verschiebung von der Rezeption innerer Reize zu der Perzeption der Außenwelt an — von der Besetzung des Inneren zu der Besetzung der Peripherie. Sie ist ein wesentlicher Vorläufer der eigentlichen Objektbeziehung. Sie tritt ein, wenn die Fähigkeit erreicht ist, ohne das bedingungslose Funktionieren des Lustprinzips existieren zu können, und bedeutet natürlich eine Entwicklung in Richtung auf das Realitätsprinzip. Das nachweisbare Vorhandensein von Erinnerungsspuren zeigt, daß eine topische Trennung in Bewußtes und Unbewußtes begonnen hat. Der Säugling ist nun auch fähig, eine Verlagerung der Besetzungsenergie vorzunehmen; lustvolle Reaktionen, die früher durch die aktiv-befriedigenden Dienste des fütternden Erwachsenen ausgelöst wurden, fließen nun in eine Erinnerungsspur zusammen und werden durch die Wahrnehmung des sich bewegenden Gesichts ausgelöst. Tatsächlich ist dies der Vorläufer des Denkprozesses, was natürlich bedeutet, daß ein rudimentäres Ich entstanden ist und die synthetische Funktion wirksam geworden ist.

Weitere und zunehmend komplexere Entwicklungsaufgaben folgen. In dem Maße, in dem Zeichen und Signale aus der Peripherie wahrgenommen werden, läßt die Wirksamkeit des Reizschutzes nach, dessen Funktion nun das Ich übernehmen muß. Es ist folgerichtig anzunehmen, daß mit der Verschiebung von der inneren Rezeption zur äußeren Perzeption eine allgemeine Entwicklung von der totalen Passivität hin zur Aktivität stattfindet. Schließlich sollte man noch in Betracht ziehen, daß soziale Beziehungen begonnen haben, die die Ich-Funktion des Wollens miteinschließen. Letzten Endes wird hier der Grund gelegt für die Fähigkeit zu lieben. Bis dieses Ziel erreicht ist, hat das Kind noch einen weiten Weg zurückzulegen. Zwischen dem dritten und achten Monat führt die fortgesetzte Entwicklung des Ichs zur Herausbildung des eigentlichen libidinös besetzten Objekts.

Der Fusionsprozeß besteht im Zusammenfließen zweier Triebe, der Aggression und der Libido, wobei die Libido vorherrschend ist. Dieser Prozeß findet etwa im sechsten Monat statt, und Spitz meint, daß ein Mißlingen dieser Fusion zu einer anormalen oder mangelhaften, meist pathologischen Entwicklung führt. Die Fusion findet im Kontext der Beziehung mit dem libidinös besetzten Objekt statt, sobald das Kind begreift, daß das früher »gute« (befriedigende) Objekt und das »schlechte« (frustrierende) Objekt in Wirklichkeit ein und dieselbe Person sind. Das Zusammenfließen der beiden Triebe und der beiden Objektrepräsentanzen besteht also in einem doppelten Prozeß, der nur stattfinden kann, wenn die Erfahrungen befriedigend genug gewesen sind, so daß sich Libido mit Aggression verbinden kann, aber auch frustrierend genug, um die Entwicklung der Struktur zu fördern (Unterscheidung zwischen Selbst- und Objektrepräsentanz). Wenn der Neutralisation der Triebe eine Dominanz der befriedigenden über die frustrierenden Erfahrungen vorausgegangen ist, wird nun auch ein Aufschub der Triebabfuhr möglich, da sich Erinnerungsspuren befriedigender Erlebnisse und eines befriedigenden Objekts weiter ansammeln. Der Aufschub der Triebabfuhr ermöglicht es, vor der Aktion den Gedanken einzuschalten, ein Vorgang, der schließlich zu der Fähigkeit führt, Konsequenzen abzuwägen, Alternativen in Betracht zu ziehen, und sogar, sich dafür zu entscheiden, gar nicht zu handeln.

Innerhalb der zunehmenden Komplexität der Entwicklung taucht ein Zug mit besonderer Klarheit auf: die Wahrnehmung der eigenen Mutter. Mit der Verbesserung der visuellen Perzeption, die mit der Reifung einhergeht, aber sicherlich primär aufgrund der psychologischen Erfahrung mit der Mutter (dem eigentlichen libidinös besetzten Objekt), wird diese — und in etwas geringerem Maß auch andere vertraute Personen — erkannt. Jetzt löst kein Fremder und keine Fasnachtsmaske mehr ein Lächeln aus. Im Gegenteil, wenn sich ein Fremder nähert, so zieht sich das Kind zurück, und oft fängt es an zu schreien. Dieses beobachtbare Phänomen — die Achtmonats- oder Fremdenangst — zeigt das Erreichen einer neuen Ebene der Objektbeziehungen an und damit die zweite wichtige Organisation der psychischen Struktur. Wenn diese Entwicklungsebene, die sich durch die Achtmonatsangst bemerkbar macht, erreicht ist, treten die folgenden psychologischen Ereignisse ein:

Die Triebabschwächung ermöglicht eine weit größere geistige Aktivität als zuvor. Die Erinnerungsspuren haben größere Klarheit und sind ausgedehnter. Das eigentliche libidinös besetzte Objekt bildet sich heraus. Die Angst konzentriert sich auf einen bestimmten Objektverlust. Jetzt ist gerichtetes Handeln möglich, und so kann das Kind lernen, Mittel und Wege herauszufinden, die es ihm ermöglichen, in der Nähe der Mutter bleiben zu können.

Mit Hilfe der Entwicklung seiner Fähigkeit, sich fortzubewegen, kann es sich auch selbst in der Nähe der Mutter halten. Da es der Mutter nicht möglich ist — was auch nicht wünschenswert wäre —, dem Kind ununterbrochen zur Verfügung zu stehen, muß es sich mit der Trennung und der Trennungsangst abfinden. Wenn diese Angst sich in erträglichen Grenzen hält, wird dadurch seine Entwicklung gefördert. Auch die Zunahme seiner physischen Fähigkeiten verschafft ihm Lustgefühle. Greenacre, die einen anderen Aspekt in diesem Entwicklungsstadium des Kleinkindes untersucht, weist auf die expansive und lustvolle Exploration der Umgebung hin und nennt sie eine »Liebesbeziehung« zu der Welt.[14] Im Idealfall unternimmt das Kind diese Erkundungszüge unter dem wachsamen Auge der Mutter, damit seine Begeisterung es nicht in

---

[14] Ph. Greenacre, »The Childhood of the Artist«.

eine Situation bringt, in der es eine zu heftige und deshalb traumatische Trennungsangst erlebt.

Spitz zählt einige der Mechanismen im einzelnen auf, die das Kind gebraucht, um mit erträglicher Trennungsangst fertigzuwerden. Durch Nachahmung, den Vorläufer der Identifizierung, beginnt das Kind den langen Prozeß der Einverleibung. Es versucht, sich selbst mit der Befriedigung zu versorgen, die bis dahin durch das Objekt geliefert wurde. »In dem Maße, wie die eigenen Möglichkeiten des Säuglings während des ersten Lebensjahres entwickelt werden, wird er unabhängig von seiner Umwelt.«[15] Dies stimmt mit Hartmanns Feststellung überein, daß mit fortschreitender Internalisierung die Unabhängigkeit von der Umgebung wächst.

Mit fortschreitender Lokomotion wird die taktile Erfahrung reduziert. Jedoch ist an diesem Punkt das Bedürfnis nach der Mutter nur wenig abgeschwächt. Daher kommt ihrer Stimme eine neue Bedeutsamkeit zu; sie zeigt an, daß sie immer noch da ist und — durch ihre Ermahnungen — sich immer noch um das Kind kümmert. Auf diese Weise regt die diakritische sensorische Perzeption eine weitere Entwicklung weg vom archaischen, koenästhetischen Fühlen an, bei dem der taktile Kontakt eine so wichtige Rolle spielt. Bis zu diesem Punkt dienten globale Worte als eine Art von Kommunikation. Das Wort »Mama« z. B. enthält komplexe Feststellungen und Gefühle. Jetzt wird aber das Bedürfnis nach präziserer Kommunikation dringender; abstrakte Gedanken müssen offen ausgedrückt werden. Die erste Abstraktion, die gebildet wird, ist oft das Wort »nein«, das dann von Kopfschütteln begleitet ist. Dies ist das Anzeichen für das Vorhandensein noch eines dritten Organisators der Psyche. Spitz stellt die Behauptung auf, daß jedes »Nein« von seiten der Mutter eine Frustration darstellt, die als Aggression und Verbot erlebt wird, das eine Initiative unterbricht. Es zwingt das Kind in die Passivität zurück. Die Erinnerungsspuren dieser Erfahrung sind affektiv geladen, was ihre Permanenz sichert. Unlust schafft Konflikt; ein aggressiver Vorstoß sowohl gegen die Passivität als auch gegen die Unlust zwingt zu einer Konfrontation mit der Tatsache, daß das libidinös besetzte Objekt die Quelle dieser Unlust ist. Das Kind löst diesen Konflikt in aktiver Weise, indem es sich mit dem Aggressor identifiziert und tut, was die Mutter tut: Es schüttelt den Kopf und sagt »nein«. Dieses eine Wort ist Ausdruck sowohl einer Negation wie eines Urteils. Es ist die erste Abstraktion im Sinne der Ermahnung des Erwachsenen. Der Beginn dieser Entwicklung zeigt eine neue Form der Wechselbezie-

---

[15] R. A. Spitz, *Vom Säugling zum Kleinkind.*

hung zu den Objekten an, die mit der Zeit immer komplizierter wird. Die Aktion wird jetzt durch eine Botschaft ersetzt, was die Unterscheidung zwischen den Selbst- und den Objektrepräsentanzen fördert. Von da an nimmt die Kommunikation hauptsächlich sprachliche Formen an.

Der Fusionsprozeß, der ein paar Monate vorher stattgefunden haben muß, ist ein wesentlicher Vorläufer für das Erreichen dieser dritten Ebene der Ich-Organisation, die der *semantischen Kommunikation*. Das Vorherrschen der libidinösen über die aggressive Besetzung des »eigentlichen libidinösen Objekts«[16] verhindert, daß das Kind mit Wut oder Rebellion gegen die Frustration des »Nein« reagiert. Die Lösung durch Identifizierung mit dem Aggressor bewahrt das Objekt und schafft gleichzeitig eine selbstregulierende Struktur. Wo diese komplizierten Vorgänge der Fusion und Neutralisierung nicht stattfinden, herrscht die Aggression vor und führt zu Wut, Ungehorsam und sogar zu Gewalttätigkeiten. Vielleicht prophetischer, als Spitz selbst seinerzeit annahm, sagte er:

»Von der Gesellschaft aus gesehen, haben gestörte Objektbeziehungen im ersten Lebensjahr, seien sie abweichend von der Norm, ungeeignet oder unzureichend, Folgen, die das Fundament der Gesellschaft selbst gefährden. Ohne eine Schablone, eine Prägeform fehlt den Opfern gestörter Objektbeziehungen später selbst die Fähigkeit, Beziehungen herzustellen. Sie sind nicht ausgerüstet für die fortgeschrittenen, komplizierten Formen des persönlichen und gesellschaftlichen Austauschs, ohne den wir als Art nicht fähig wären, weiterzuexistieren. Sie können sich nicht an die Gesellschaft anpassen... Der einzige Weg, der ihnen noch offensteht, ist die Zerstörung einer Gesellschaftsordnung, deren Opfer sie sind. Das Kind wurde um die Liebe betrogen, dem Erwachsenen bleibt nur Haß.«[17]

Während Spitz die Objektbeziehungen betont, die für die normale Entwicklung so wesentlich sind, wirft er gleichzeitig ein Licht auf die nicht abzuschätzenden Fallen, die die Entwicklung in pathologische Bahnen lenken können. Die Bildung der Objektbeziehungen spielt sich »... als ein ständiges Wechselspiel zwischen zwei sehr ungleichen Partnern, der Mutter und dem Kind, ab... Gerade die Vollkommenheit der Beziehung zwischen zwei so gut aufeinander eingestimmten Wesen, die durch so viele faßbare und unfaßbare Bande verbunden sind, bringt jedoch die Gefahr ernsthafter Störungen mit sich, wenn sie einmal ›verstimmt‹ sind.«[18] Es ist aber beruhigend zu wissen, daß das Bedürfnis des Kindes nach einem menschlichen Partner von so überragender Bedeutung ist, daß

---

[16] Ibid.
[17] Ibid.
[18] Ibid.

es gegenüber dem unvermeidlichen Versagen im Prozeß des Bemutterns bei weitem das Übergewicht hat.

Der Begriff der *kritischen Perioden* ist ein wichtiges Ergebnis der von Spitz gemachten Beobachtungen über das Zusammenlaufen der biologischen Reifung und der Ich-Entwicklung. Indem er sich auf Freuds dynamisches und ökonomisches Konzept, das als das Nirwana-Prinzip bezeichnet wurde, stützt, betrachtet er die Aufrechterhaltung der Energiespannung innerhalb einer recht breiten optimalen Zone als primäres, eingeborenes, homöostatisches Regulationsprinzip, das schon bei der Geburt funktioniert. Das setzt voraus, daß der phylogenetisch programmierte Reifungsprozeß synchron und parallel zu dem Entwicklungsprozeß verläuft, der den Umweltfaktoren entsprechend variiert. Zwischen dem rigid verlaufenden Reifungsprozeß und dem variablen Entwicklungsprozeß müssen Asynchronismen entstehen. Nach Spitz entsprechen diese Asynchronismen den kritischen Perioden und den Organisatoren. Sie bezeichnen die Ich-Ebenen, auf denen die Möglichkeiten der Spannungsabfuhr unzureichend werden. Der darauf folgende Erregungszustand führt schließlich zur Ausarbeitung einer besseren Abfuhrmöglichkeit (durch Versuch und Irrtum und das Gesetz der Wirkung). Die neue Formel stellt für eine Weile wieder eine synchrone Progression her, bis der nächste Asynchronismus frustrierend genug wird, um die Ausarbeitung der nächsthöheren strukturellen Möglichkeit zu erzwingen, die mit der zunehmenden Spannung (und später mit dem aktiven Konflikt) fertig wird. Eine wichtige Funktion des mütterlichen Objekts ist es, die Frustration der kritischen Perioden zu regulieren. Das bedeutet nicht, Frustrationen von dem Säugling fernzuhalten, sondern sie, wenn nötig, zu schaffen, denn optimale Frustration ist struktur-(und ich-)aufbauend. Eine der größten Gefahren unserer pharmakologischen Kultur ist die Verhinderung von Entwicklungsmöglichkeiten, indem sie durch Tranquilizer oder Amphetamine Frustrationen vorbeugt. Das Ergebnis ist eine gestörte Strukturierung und eine ungleiche Ich- und Über-Ich-Entwicklung. Eine geordnete Entwicklung (im Sinne der Abfolge der verschiedenen Entwicklungsphasen) ist tatsächlich eine der Thesen, die Spitz' Konzept einer normalen Entwicklung zugrunde liegt. In diesem Zusammenhang weist er auch darauf hin, daß in bezug auf die Organisatoren der Psyche eine nicht ausreichende Entwicklung und Herausbildung auf einer Ebene der Organisation auf der nächsten Ebene zu einer abweichenden Entwicklung führt. Er faßt die drei Stadien der psychischen Organisation folgendermaßen zusammen:

»Der erste von den Organisatoren der Psyche strukturiert die Perzeption und etabliert die Anfänge des Ichs. Der zweite integriert die Objektbeziehungen mit den Trieben und errichtet das Ich als eine organisierte psychische Struktur mit einer Reihe verschiedener Systeme, Apparate und Funktionen. Der dritte Organisator eröffnet schließlich den Weg zur Entwicklung der Objektbeziehungen auf der menschlichen Ebene, d. h. für die semantische Kommunikation. Das ermöglicht sowohl das Auftauchen des Selbst als auch die Anfänge der sozialen Beziehungen auf dem menschlichen Niveau.«[19]

Obwohl Spitz in bezug auf die undifferenzierte Matrix weitgehend mit Hartmann übereinstimmt, spricht er lieber von *Nicht-Differenzierung*, um den Begriff über das Ich und das Es hinaus auszudehnen. Er möchte die Nicht-Differenzierung zwischen Psyche und Soma, zwischen Innen und Außen, Trieb und Objekt, Ich und Nicht-Ich und den verschiedenen Körperregionen darin einschließen.

Spitz weicht etwas von anderen Theoretikern ab, indem er das Körper-Ich weniger betont, was wohl darauf zurückzuführen ist, daß das ich-psychologische Denken den Entwicklungszeitplan vorgeschoben hat. Wenn Freud sagte, daß das »Ich in allererster Linie ein Körper-Ich ist«[20], so tat er dies innerhalb seines Bezugsrahmens, dem zufolge das Ich sich aus dem Es entwickelt, wenn es mit der Realität in Kontakt kommt. Auch traf er diese Feststellung in einer historischen Phase der psychoanalytischen Theorienbildung, als Ich und Selbst noch nicht klar unterschieden und definiert waren. Unserem heutigen Wissen um die ersten Tage und Wochen des Lebens entspricht es eher, wenn wir uns klarmachen, daß, ebenso wie das mütterliche Objekt in dieser Zeit nicht wirklich wahrgenommen wird, es auch noch keine Wahrnehmung des Körpers gibt. Das Körper-Ich oder das Körper-Selbst kann nur existieren, wenn die Unterscheidung zwischen Selbst- und Objektrepräsentanz gut vorangeschritten ist. Es liegt auf derselben Linie, wenn Spitz sagt: »Ich denke an Bestandteile des Ichs, deren Prototypen angeborene, meist phylogenetisch weitergegebene physiologische Funktionen sowie angeborene Verhaltensweisen sind.«[21]

So wie Spitz der Auffassung ist, daß die phylogenetische Programmierung, die für die eingeborenen Verhaltensweisen des Tieres so wichtig ist, beim menschlichen Kind nach den ersten paar Wochen keine Rolle mehr spielt, vertritt er auch den Standpunkt, daß phylogenetisch übermittelte physiologische Funktionen noch lange kein Körper-Ich ausmachen. Diese Gedanken stehen im Einklang mit dem Konzept der undifferenzierten Matrix, in der die Apparate als Potentiale vorhanden sind.

[19] R. A. Spitz, *Eine genetische Feldtheorie der Ichbildung.*
[20] S. Freud, *Das Ich und das Es.*
[21] R. A. Spitz, *Vom Säugling zum Kleinkind.*

So erhält Spitz also die Nicht-Differenzierung als Konzept aufrecht und klärt die Situation dahin, daß Apparate der primären Autonomie noch nicht mit dem Körper-Selbst befaßt sind. In bezug auf spätere Phasen der Entwicklung hebt er hervor, wie bedeutsam die Wahrnehmung des Körpers für die Förderung der Unabhängigkeit ist. In diesem Sinne ist die autoerotische Betätigung wichtig für die Schaffung der Identität.[22]

In der psychoanalytischen Entwicklungspsychologie muß noch wesentlich mehr geklärt werden als die Frage des Körper-Ichs. Die undifferenzierte oder nicht-differenzierte Matrix, deren Konzept von Hartmann vor etwa 35 Jahren aufgestellt wurde, muß noch gründlich erforscht werden. Spitz hat in dramatischer Weise unwiderleglich dargetan, daß die Bemutterung nicht nur für die Entwicklung, sondern für das Leben überhaupt wesentlich ist. Es bleibt jedoch verhältnismäßig unklar, welchen Beitrag das Kind in dieser Dyade leistet. Mahler hat große Schwankungen festgestellt: Auf der einen Seite gibt es Kinder, die überhaupt nicht zu der dyadischen Erfahrung fähig sind, auf der anderen Seite Kinder, die psychologische Nahrung, die für ihre Entwicklung wesentlich ist, selbst aus einer emotional verarmten Umgebung beziehen können. Das Phänomen »angeborene« Fähigkeiten, das Spitz und Mahler weitgehend bestätigt haben, bleibt nach wie vor ein Gebiet, das der genaueren Untersuchung noch bedarf.

Kürzlich hat Spitz angefangen, sich mit der Erforschung des Geist-Körper-Problems zu befassen (über das die Philosophen und Psychologen sich Jahrhunderte hindurch den Kopf zerbrochen haben), ferner mit der Rolle der Zeit-Dimension in der neonatalen Entwicklung und mit den ersten affektiven Erfahrungen. Die ursprünglich unorganisierte, planlose Abfuhr beim Neugeborenen macht dem höher entwickelten Zustand bedingter Reflexe Platz, die sowohl in der Psyche wie im Soma wirken.

»Von der Verbindung mit dem Soma reicht er (der bedingte Reflex) in die Psyche hinein, indem er eine hervorragende psychische Funktion erfüllt. Diese rein psychische Funktion setzt aber einen somatischen Apparat in Bewegung, den wir von der Neurophysiologie her kennen, nämlich das Alarmsystem. Dieses seinerseits aktiviert die Aufmerksamkeitsbesetzung, die ich für meinen Teil nur zögernd entweder der Psyche oder dem Soma ausschließlich zurechnen würde.«[23]

In einer tiefgehenden Erweiterung der Affekttheorie meint Spitz, daß der erste Schrei

---

[22] R. A. Spitz, *Vom Dialog.*
[23] R. A. Spitz, »Brücken. Zur Genese der Sinngebung«.

»ein Erlebnis ist, das zustande kommt, wenn Affekt und Perzept das erstemal zusammentreffen, und auch das erste Erlebnis der Zeit in der Form der Dauer der Unlust. Der Faktor der Dauer bewegt sich in einer Richtung, die dem Nirwana-Prinzip der sofortigen Abfuhr entgegengesetzt ist. Die Hinzufügung der Zeitdimension fördert eine aktive Bevorzugung von Perzepten, die für das Überleben wichtig sind. Auf diese Weise dirigieren und beschleunigen Affekte die Perzeption.«

Das Band zwischen Affekt und Perzeption ist »...eine Brücke, die aus Dauer, Erwartung und Bedeutung gebaut ist: eine Brücke, die sich über den Abgrund, der vor dem Soma klafft, zu spannen bestimmt ist«[24].

---

[24] Ibid.

4

Die Beiträge von
Margaret S. Mahler

Mehr als die Beiträge irgendeines anderen Theoretikers eignen sich die von Mahler zur Hypothesenbildung über die Natur der Borderline-Erscheinungen und für eine Übertragung in technische Prozeduren. Ihre Schlüsse stützen sich auf Beobachtungen an Kindern und deren Mütter in ihrer Interaktion in einem speziell dafür eingerichteten Kleinkindergarten. Genauso wie bei der Arbeit von Spitz war einiges von dem Beobachtungsmaterial schon immer vorhanden gewesen, aber es bedurfte eines schöpferischen Wissenschaftlers, um die Beobachtung mit der psychoanalytischen Theorie zu verbinden und diese Theorie weiter auszuarbeiten. Andere ihrer Beobachtungen wurden durch besondere Bedingungen erleichtert — z. B. dadurch, daß sie speziell ausgebildete Mitarbeiter hatte, die die Reaktion von Kleinkindern auf die Abwesenheit der Mutter beobachten konnten, die Mütter geschickt interviewten und ähnliches. Ihre Methodologie erfüllt so nah wie möglich — in bezug auf das Vordringen in die Tiefe des menschlichen Wesens — die Forderung der Experimentalpsychologen nach der Möglichkeit des Nachvollziehens. Bevor sie diese Untersuchungen über Normalität und Pathologie anfing, hatte Mahler schon eine vieljährige Erfahrung im Studium der Kindheitspsychosen hinter sich. Auf Grund dieser Arbeit kam sie zu dem Schluß, daß es drei Stadien der Entwicklung gibt, die ungefähr im vierten Lebensjahr zur Aufrichtung der Identität führen, nämlich die autistische und die symbiotische Phase und die Trennungs-Individuations-Phase. Ihre späteren Beobachtungsuntersuchungen verfeinerten dieses Schema noch.

Die ich-psychologische Theorienbildung stützt sich auf Hartmanns Annahme der undifferenzierten Matrix. Ein Kind, das sich normal entwickelt, wird mit einem adäquaten eingeborenen Apparat der primären Autonomie geboren und trifft auf eine durchschnittlich zu erwartende Umwelt, von der der größte Teil seine Mutter ist. Mahler fährt dann fort zu beschreiben, wie von Geburt an ein komplexer, vielgestaltiger, zirkulärer Prozeß einsetzt. In den ersten Lebenswochen scheint sich der Säugling in einem »Zustand primitiver halluzinatorischer Desorientiertheit zu befinden, in dem die Bedürfnisbefriedigung seinem eigenen allmächtigen, *autistischen* Umkreis angehört«[1]. In diesem Zustand ist

---

[1] M. S. Mahler, *Symbiose und Individuation.*

das Ziel die Homöostase. Zuerst ist der Säugling ohne Objekt. Kurz danach ist er noch nicht imstande, seine eigene spannungslindernde Tätigkeit von der der Mutter zu unterscheiden. Dann fängt er an, jene Erfahrungen, die lustvoll erscheinen, von den schmerzlichen zu unterscheiden. Danach — ungefähr im zweiten Monat — fängt er an, ganz dunkel ein bedürfnisbefriedigendes Objekt wahrzunehmen: das symbiotische Stadium beginnt.

Der Ausdruck *Symbiose*, der der Biologie entliehen ist, wird dort als das Zusammenleben zweier verschiedener Organismen in enger Gemeinschaft oder Vereinigung, besonders da, wo es für beide von Vorteil ist, definiert. Er darf nicht mit Parasitismus verwechselt werden. Mahler gebraucht den Ausdruck metaphorisch: »Das wesentliche Merkmal der Symbiose ist die halluzinatorisch-illusorische, somatopsychische omnipotente Fusion mit der Mutterrepräsentanz und insbesondere die ebenso illusorische Vorstellung einer gemeinsamen Grenze der beiden in Wirklichkeit physisch getrennten Individuen.«[2]

Mahler sieht sowohl Autismus wie Symbiose als zwei Teile jener Phase an, die Freud als primären Narzißmus bezeichnete. Etwa im dritten Monat beginnt die eigentliche Symbiose mit dem dunkeln Gewahrwerden, daß Bedürfnisse durch ein Objekt befriedigt werden.

Im Mittelpunkt von Mahlers Schlüssen aus ihrer Beobachtung an Säuglingen steht jene optimale symbiotische Befriedigung, die für die Entwicklung wesentlich ist. Es kann ein solch extremes kommunikatives Nicht-Zusammenpassen zwischen Mutter und Kind bestehen, daß eine Psychose daraus folgt. Auf der Seite des Kindes kann dieses Nicht-Zusammenpassen von einem Defekt der eingeborenen Apparate herrühren. Es gibt Säuglinge, die nicht imstande sind, die symbiotische Vereinigung einzugehen. (Mahler meint, daß diese Beobachtung mit dem weitverbreiteten Konzept der schizophrenogenen Mutter aufräumt.) Sie hat aber auch das Gegenteil beobachtet: Es gibt Kinder, die ganz besonders gut dafür ausgestattet sind, aus der Umgebung alles, was sie für ihre Entwicklung brauchen, herauszuziehen. Wenn der symbiotische Entzug sehr stark ist, ist das Ergebnis eine symbiotische Psychose oder die Regression in den Autismus. Mahler glaubt, daß in der Tat die Kindheitspsychose aus einer Kombination von symbiotischer und autistischer Pathologie besteht. Jedoch nimmt das symbiotisch-psychotische Kind irgendwie das symbiotische Objekt wahr, aber nur insoweit, daß es versucht, mit dem »guten« Aspekt zu verschmelzen und ein Wieder-Verschlungenwerden durch die »schlechten« Seiten abzuwehren. Bei der autistischen Kind-

² Ibid.

heitspsychose geht die Fähigkeit verloren, irgendwelche Erinnerungsspuren der guten Bemutterung beizubehalten, und die Regression bewegt sich in Richtung auf die Objektlosigkeit hin. Bei einer adäquaten symbiotischen Erfahrung schreitet jedoch die Ich-Bildung fort. Der Grundstein für die Bildung einer Körper-Imago ist gelegt. Eine elementare Fähigkeit, zwischen innerer und äußerer Perzeption zu vermitteln, tritt in Kraft. »Das Ich wird unter Einwirkung einerseits der Realität, andererseits der instinktuellen Triebe gestaltet.«[3] Ich-Funktionen werden erworben, besonders die wichtige Funktion des Aufschubs, da mit der Befriedigung das Bedürfnis weniger drängend wird. Erinnerungsspuren von Lust werden mit der Perzeption der Handhabung durch die Mutter in Verbindung gebracht. Dies führt auch zu der Ausarbeitung höherer Ebenen der Objektbeziehungen. Im zweiten Teil des ersten Jahres ist der symbiotische Partner so spezifisch geworden, daß er nicht mehr auswechselbar ist.

So hat Mahler also festgestellt, daß die Ätiologie der Kindheitspsychose mit einem schweren Versagen in der Symbiose zusammenhängt. Aber das psychotische Kind kann selbst bei Behandlung niemals so gebessert werden, daß es als Erwachsener ambulant in unsere Sprechstunde kommen könnte. Wir sehen in der Tat Menschen, die in der symbiotischen Phase ungenügende Befriedigung gefunden haben. Aber der Unterschied zwischen schwerem Mangel und dem Nicht-Ausreichen ist oft der Unterschied zwischen Psychose und der Entwicklung einer Borderline-Struktur. Manchmal sehen wir Patienten, wie z. B. Baker[4], die eine »Andeutung« der symbiotischen Befriedigung in der phasengerechten Zeit gehabt haben. Da sie aber weniger als völlig befriedigend war, läßt sie einen Hunger zurück, der — wenn die Umstände gerade so sind — später in einer falschen Phase befriedigt wird. Weder die Lebenssituation der späteren symbiotischen Befriedigung noch die Therapie, die unternommen wird, um sie zu einer benignen Erfahrung zu machen, können gewöhnlich diesen Riß in der Struktur kitten, wenn man auch versucht ist, logisch zu denken, daß dies möglich sein müßte. Das kommt daher, daß Entwicklungsprozesse trotz einer nicht ganz idealen Symbiose vor sich gehen können, wenn auch in verzerrter Richtung. Als ein Beispiel möge das recht gewöhnliche Ergebnis einer inadäquaten phasengerechten Symbiose dienen — nämlich die vorzeitige Ich-Entwicklung. Das geschieht, wenn der mütterliche Partner in seiner Funktion, ein Hilfs-Ich darzustellen, versagt. Das Kind muß dann die Funktionen der Mutter übernehmen.

---

[3] Ibid.
[4] S. Kapitel 7 dieses Buches.

Wenn kaum genug symbiotische Erfahrung bestanden hat, um eine eigentliche Psychose abzuwenden, so ist das Ergebnis eine schwer erreichbare Borderline-Struktur — eine narzißtisch angeordnete Pseudo-Selbständigkeit, die wenig Raum für therapeutisches Eingreifen irgendwelcher Art läßt, schon gar nicht für die Schaffung einer Symbiose. Wir werden später den Fall des Patienten Xavier[5] beschreiben, der eine Regression auf diesen narzißtischen Zustand gezeigt hatte — nach einer verhältnismäßig befriedigenden symbiotischen Phase — als das Ergebnis eines traumatischen Objektverlusts (in Form eines Krankenhausaufenthalts) früh in der Trennungs-Individuations-Phase.

Wenn es auch keinen Weg zurück in die Säuglings-Situation gibt und daher auch keinen Weg zu einer direkten Korrektur des Versagens in dieser Lebensperiode, so liefert doch das Wiederbeleben in der Übertragung reparative Möglichkeiten. Die Übertragung wird am wirksamsten benutzt, wenn sie nicht in dem Sinne mißverstanden wird, daß der Therapeut sich als ein reales Objekt hinstellt. Verzerrungen und abweichende Entwicklung (wie im Fall des Patienten Howe[6]) müssen repariert werden, bevor die Objektbeziehungen zu dem höheren Niveau fortschreiten können, das für die Übertragung und für die Zusammenarbeit nötig ist. Im Fall von Howe und auch in anderen Fällen werden wir im therapeutischen Vorgehen die Interpretation betonen und nicht die Vermittlung von Erfahrungen. Hier muß man unterstreichen, daß der Versuch, eine verspätete symbiotische Erfahrung zu vermitteln, recht oft die Gefahr in sich trägt, Fixierungen zu verstärken.

Für die technischen Zwecke, mit denen wir uns hier beschäftigen — für die Behandlung der Borderline-Strukturen —, hat die nächste Phase, die der Trennung und Individuation, die weitreichendste Bedeutung für die Entwicklung. Die Subphasen der Trennungs-Individuation sind die der Differenzierung, der Übung, der Annäherung und die eigentliche Trennung und Individuation, im Sinne der Bildung einer gesonderten Identität, des Getrenntseins und der Individualität. Wenn Mahler das Wort »Trennung« benutzt, so meint sie damit niemals physische Trennung, sondern das psychische Gewahrwerden seiner Sonderheit von seiten des Kindes. Wir werden die einzelnen Phasen der Trennung und Individuation bei der normalen Entwicklung als Hintergrund betrachten, um zu verstehen, wie Unzulänglichkeiten in dieser Phase zu pathologischen Erscheinungen führen, die sich im späteren Leben bemerkbar machen. In dieser Hinsicht ist es daher wesentlich, im Auge zu behalten, daß ein In-

---

[5] S. Kap. 14 dieses Buches.
[6] S. Kap. 15 dieses Buches.

dividuum in Wirklichkeit vielleicht niemals eine physische Trennung durchzumachen braucht — und *gerade aus diesem Grunde* nicht den psychologischen Meilenstein der Trennung und Individuation erreicht. *In Übereinstimmung mit Mahler sehen wir das Nicht-Erreichen einer Objektkonstanz im Prozeß der Trennung und Individuation als den Kern des Problems des Borderline-Zustands an.* Deshalb wird dies das Hauptthema bei der Besprechung der Technik darstellen.

Mit der optimalen Symbiose hat die *Differenzierung*, die erste Teilphase der Trennung und Individuation, angefangen. Durch die symbiotische Lust und die »feste Verankerung«[7] gesichert und mit Hilfe von Reifungsprozessen, besonders der Lokomotion, findet eine »Ausweitung über den symbiotischen Bereich hinaus«[8] statt. »Je näher die Symbiose und die Art, wie die Mutter das Kind ›hält‹, sich dem Optimum nähert, um so mehr hat der Partner in der Symbiose dem Säugling geholfen, bereit zu sein, glatt und allmählich aus dem symbiotischen Bereich ›auszuschlüpfen‹... desto besser ist das Kind ausgerüstet, sich zu trennen und seine Selbstrepräsentanzen von dem bisher verschmolzenen symbiotischen Selbst plus Objekt-Repräsentanzen zu differenzieren.«[9]

Etwa zwischen dem 10. und 16. Monat setzt die *Übungs-Subphase* ein. Die Reifung der Lokomotion treibt das Kind von der Mutter fort, schafft so eine stärkere physische Trennung und sorgt für bessere Gelegenheit zur Erforschung größerer Segmente der Realität. Die Geburt des Kindes als Individuum findet statt, wenn es — als Antwort auf die selektive Reaktion der Mutter auf seine Anregung — allmählich sein Verhalten ändert. »Es ist das spezifische unbewußte Bedürfnis der Mutter, das von den zahllosen Möglichkeiten des Kindes eben jene aktiviert, die für jede Mutter ›das Kind‹ schaffen, das ihre eigenen *einzigartigen* und individuellen Bedürfnisse widerspiegelt. Dieser Prozeß findet in dem Umfang statt, der der angeborenen Begabung des Kindes entspricht.«[10]

So übermittelt also die Mutter »ein spiegelbildliches Bezugssystem«[11]. Indem wir unser eigenes Thema weiterentwickeln, nämlich das, daß die Wurzeln späterer Pathologie in diesen wichtigen Phasen und Subphasen der Entwicklung liegen, sehen wir hier, daß in der Übungs-Phase ein mangelndes Sich-Spiegeln, unzureichendes gegenseitiges Anregen und ähnliches kein adäquates Bezugssystem für die beginnende Bildung

---

[7] M. S. Mahler, *Symbiose und Individuation.*
[8] Ibid.
[9] Ibid.
[10] Ibid.
[11] Ibid.

der Identität liefern. Wenn die Übungsperiode beginnt, wird sie von massiven Verschiebungen in der Besetzung begleitet — Verschiebungen aus dem symbiotischen Bereich auf die autonomen Apparate. Obwohl sogar — normalerweise — die Mutter emotionell weiter verfügbar bleibt, so besteht doch die Drohung des Objektverlusts. Im besten Fall ist sie minimal; in pathogenen Situationen kann sie aber traumatisch sein. Als ein Beispiel für das letztere kann die Mutter dienen, die zu sehr die zunehmende Unabhängigkeit des Kindes begrüßt, da sie dadurch auch selbst freier wird. Diese recht verbreitete Art des »Verlassens« kann einen auf Vertrauen gestützten Erwerb der Identität verhindern, da es das Kind zu früh mit der Furcht vor dem Objektverlust belastet. Wir haben das in der Anamnese von Borderline-Fällen bei Erwachsenen beobachtet, die in einer frühen Phase der Entwicklung einem so trivialen Erlebnis ausgesetzt waren wie dem, daß sie den ganzen Tag über im Hinterhof alleingelassen worden waren. Die Mutter hat es dadurch leichter, ihren Haushaltspflichten nachzugehen, ungestört durch das dauernde Bedürfnis des Kindes, ihm bei seiner eigenen Erforschung der weiteren Welt zur Verfügung zu stehen. Wenn das Kind zu früh reif wird, kann es noch schlimmer sein. Läuft es z. B. gut, so kann es auch zu weit weglaufen.

Mit etwa 18 Monaten — zur Zeit der Etablierung des dritten Organisators der Psyche — beginnt eine allmähliche Internalisierung durch Ich-Identifizierung. Dieser Vorgang stellt ein Zusammenfließen von Reifung und Entwicklung dar, den wir hier beleuchten möchten, nicht einfach, weil er mehrere Punkte der Übereinstimmung unter den Ich-Psychologen illustriert, zu denen sie auf getrennten, aber sich gegenseitig bestätigenden Wegen gekommen sind, sondern auch, weil wir dauernd — bei der Besprechung der normalen Entwicklung — an die potentiell pathogenen Fußangeln denken. Dies wird die Grundlage unserer Betrachtungen der Pathologie und der Behandlungstechniken bilden.

Die zweiten achtzehn Monate des Lebens sind eine Periode großer Verletzlichkeit. Mit zunehmender Wahrnehmung der physischen Trennung geht eine Abnahme der Lust am autonomen Funktionieren einher, an der Fähigkeit der sprachlichen Kommunikation, dem repräsentativen Denken, das zur Objektkonstanz führt, eine »relative Nichtbeachtung der Anwesenheit der Mutter, die während der Übungsperiode vorherrschend war«[12]. Statt dessen besteht ein aktives Annäherungsverhalten — die »Annäherungs-Subphase«. In dieser Phase gibt es viele Fallen, da so viele sonst gute Mütter nicht auf die Annäherung reagieren. Man kann leicht sehen, wie das Verhalten des Kindes als regressiv und als eine Be-

---

[12] Ibid.

hinderung der Freiheit der Mutter angesehen werden kann, gerade wenn die Mutter anfängt, die Unabhängigkeit des Kindes von ihr zu genießen. Wenn die Mutter das Kind in dieser Annäherungsphase zurückstößt — wie wir sehen werden, wenn wir die Depression besprechen —, kann das für das Kind so enttäuschend sein, daß dadurch der Keim für eine Depression im späteren Leben gelegt wird. Wenn die symbiotische Phase und die Trennungs-Individuations-Phase in angemessener Weise erlebt werden, erreicht das Kind den Punkt der Objektrepräsentanz, den der Fähigkeit, die Objektrepräsentanz aufrechtzuerhalten — unabhängig vom Bedürfniszustand. Die Strukturierung führt zur Normalität oder, im schlimmsten Fall, zur Neurose. Auf jeden Fall kommt es nicht zu einer Borderline-Pathologie.

Wir werden in den klinischen Beschreibungen zeigen, warum wir Mahlers Theorien für so besonders relevant für die Behandlung der Borderline-Phänomene halten. Ihre Beschreibung von dem normalen Fortschreiten des Autismus zur Symbiose durch die Subphasen der Trennung und Individuation hindurch zur Errichtung der Objektkonstanz und der Identität liefert uns unschätzbare Kenntnisse sowohl von der normalen Entwicklung wie von den pathologischen Folgen der Entwicklungsfehler. Bei der »Twentieth Anniversary Lecture« der Psychoanalytischen Gesellschaft in New York unterstrich Mahler besonders die Subphase der Annäherung als wesentlich für die normale Entwicklung. Sehr oft tendieren die progressiven Kräfte des wachsenden Ichs dazu, die meisten der Widersprüche und kleineren Abweichungen in der Entwicklung wieder auszugleichen. Wenn aber Fehler in der Integration und Internalisation Spuren zurücklassen, so können sich diese in einem Borderline-Mechanismus manifestieren: hier hat dann die synthetische Funktion des Ichs versagt.

»... Bei Kindern mit nicht ganz optimaler Entwicklung ist der Ambivalenzkonflikt während der Subphase der Annäherung bemerkbar, mit schnell wechselndem Sich-Anklammern und vermehrtem negativistischen Verhalten. In manchen Fällen mag das anzeigen, daß das Kind die Objektwelt (und zwar in einer permanenteren Weise, als gut ist) in ›gut‹ und ›böse‹ aufgespalten hat. Durch diese Spaltung wird das ›gute‹ Objekt gegen die Abkömmlinge des Aggressionstriebs verteidigt.
Diese Mechanismen — Zwang und Aufspaltung der Objektwelt — sind charakteristisch für die meisten Fälle von Borderline-Übertragung.«[13]

Hier werden zwei Voraussetzungen gemacht, von denen angenommen wird, daß sie für das Verständnis der Borderline-Phänomene wesentlich

---

[13] M. S. Mahler, »A Study of the Separation-Individuation Process: And its Possible Application of Borderline Phenomena in the Psychoanalytic Situation«.

sind: »Die eine ist die Wichtigkeit der Aussöhnung und somit Integrierung des Bildes der früher ›guten‹ symbiotischen Mutter, nach der wir uns ›von der Wiege bis zum Grabe‹ sehnen. Dieses Bild soll mit der Repräsentation der ambivalent geliebten — gefährlichen, weil potentiell wieder verschlingenden — Mutter nach der Trennung verschmelzen.«[14] Die zweite Annahme bezieht sich auf die Überflutung der Körper-Imago mit narzißtischer Besetzung: »Dies scheint das Ergebnis einer gestörten Besetzungsbilanz der Libidoverteilung zwischen dem Selbst und dem Objekt zu sein.«[15]

In den drei ersten Subphasen der Trennung und Individuation bildet sich normalerweise die Geschlechtsidentität. Das potentielle Borderline-Kind, das nicht in der Lage ist, eine klare Geschlechtsidentität zu erreichen, »... hat vielleicht nicht in autonomer, repräsentativer und klar getrennter Weise von seinem eigenen körperlichen Selbst Besitz ergriffen«[16]. Das weitgefaßte Konzept, daß Borderline-Phänomene ihren Ursprung in Entwicklungsfehlern haben — und zwar in der Trennungs-Individuations-Phase —, ist der zentrale Gedanke für eine genaue Diagnose und Behandlung bei diesen Patienten.

Wenngleich die kritischsten Punkte in der Entwicklung, an denen die gefährlichsten pathogenen Möglichkeiten bestehen, umrissen worden sind, ist es doch unmöglich, die unendlich vielen und feinen Details jeder Kombination der Mutter-Kind-Interaktion zu beschreiben, die auf eine nicht ganz adäquate Strukturierung hinwirken. Das ergibt sich aus der großen Menge der Kombinationen — so viele, wie es Mutter-Kind-Paare gibt. Im großen und ganzen ist es beruhigend zu wissen, daß die nicht ganz adäquate Erfahrung in einer Phase oder Subphase nicht durch alle Entwicklungsphasen geht, sondern in der nächsten Phase korrigiert werden kann. Aber der Hauptzweck unserer Darstellung von Mahlers Schema der normalen Entwicklung ist der, aufzuzeigen, wo die Ätiologie der Borderline-Pathologie liegt. Dies zu wissen, ist bei unserer klinischen Arbeit von unschätzbarem Wert. Wenn man sich die Lebensgeschichte des erwachsenen Patienten anhört, ist es gut, nach diagnostischen Hypothesen Ausschau zu halten, die sich auf das primäre Verhältnis beziehen und Aussagen über die möglichen Ursachen des pathologischen Zustands machen. Solche Hypothesen werden dann oft in den Übertragungsphänomenen bestätigt. Die technischen Regeln für die Handhabung solcher Situationen sind natürlich das Hauptthema des vorliegenden Buches.

---

[14] Ibid.
[15] Ibid.
[16] Ibid.

5

Die Beiträge von
Edith Jacobson

Edith Jacobson hat sich beim Aufbau ihrer Theorie mit der Erweiterung des Begriffs der undifferenzierten Matrix beschäftigt. Sie nimmt an, daß nicht nur das Ich und das Es, sondern auch die beiden Arten von Trieben zuerst undifferenziert sind. Sie seien in einer undifferenzierten Matrix enthalten, die als das »früheste psychophysiologische Selbst« bezeichnet wird. Sie revidierte somit Freuds Konzept des primären Narzißmus und des primären Masochismus (Todestrieb) dahingehend, daß — vor der Entdeckung des Selbst und der Objektwelt — die vorläufig undifferenzierte Triebenergie physiologisch nur ins Innere zur Abfuhr kommen kann. Von der Geburt an entwickelt sich diese Triebenergie unter dem Einfluß äußerer Reize zu den beiden Arten der Triebe. Gleichzeitig eröffnen sich, als Ergebnis der Reifung, in zunehmendem Maße Wege für die Abfuhr nach außen.

Jacobson stimmt auch nicht mit Freuds Formulierung über den sekundären Narzißmus und Masochismus überein. Sie klärt die Unterscheidung zwischen dem *Ich*, das eine Struktur ist, und dem *Selbst*, der Totalität der psychischen und körperlichen Person, und der Selbst-Repräsentationen, nämlich den »unbewußten, vorbewußten und bewußten endopsychischen Repräsentationen des körperlichen und geistigen Selbst im System-Ich«[1].

Es ist interessant, Betrachtungen darüber anzustellen, warum Edith Jacobson wohl den Ausdruck »Repräsentationen« benutzt. Sie möchte damit das Selbst und das Objekt, *wie es erlebt wird*, von dem *realen* Selbst und Objekt unterscheiden, und sie weist darauf hin, daß theoretische Präzision oft dadurch leidet, daß kein klarer Unterschied zwischen äußeren Objekten und ihren inneren Repräsentationen gemacht wird. Der Säugling erwirbt die Selbst-Imago, die mit der lustvollen oder unlustvollen Qualität seiner Erfahrung übereinstimmt, zur selben Zeit, in der er »Objekt-Imagines« aufstellt, die dadurch bestimmt sind, wie er das Objekt im Moment ansieht. Die weiten Dimensionen der Objektwelt kommen erst später in den Bereich der kindlichen Perzeption. Diese Formulierung der *Repräsentationen* stimmt mit dem überein, was wir schon wissen, nämlich, daß das »gute« Objekt das ist, das Befriedigung gibt, und das »böse« das, was Frustration erzeugt, obgleich dies natürlich ein und

---

[1] E. Jacobson, *Das Ich und die Welt der Objekte.*

dieselbe Person zu verschiedenen Zeiten ist. Erst mit etwa sechs Monaten bemerkt der Säugling, daß das »gute« und das »böse« Objekt dieselbe Person ist. Wenn er die beiden Repräsentationen miteinander verschmilzt, geht gleichzeitig eine Fusion der Triebe vor sich, wobei der aggressive Trieb bei der normalen Entwicklung dem libidinösen untergeordnet wird. Dies hat uns schon Freud gelehrt. Edith Jacobsons Verdienst besteht hauptsächlich in der Untersuchung der frühen Monate, bevor diese Fusion stattfindet.

Daß unsere Fähigkeit, realistische Selbst-Repräsentationen zu bilden, beschränkt ist, wird durch die ubiquitäre unbewußte Phantasie der weiblichen Kastration, die sowohl bei Männern wie bei Frauen besteht, illustriert. Selbst-Wahrnehmung, Introspektion, die Fähigkeit zur realistischen Perzeption, Unterscheidung und Bewertung sind Fähigkeiten, die allmählich im späteren Leben auftauchen. Umgekehrt ist in den frühen Stadien unsere Sicht der Außenwelt von unzureichender Perzeption gefärbt, die zu Verzerrungen Anlaß gibt. Kindliche Imagines werden auf andere Personen und auf die unbelebte Welt übertragen; Verzerrungen werden durch die subjektiven Reaktionen geschaffen, durch Empathie, die sich auf primitive affektive Identifizierung stützt und auf Projektionen. ». . . die Aufrichtung des System-Ichs setzt mit der Entdeckung der Objektwelt ein und mit der wachsenden Unterscheidung zwischen ihr und dem eigenen körperlichen und geistigen Selbst«[2].

Edith Jacobson geht dann dazu über, die Frage zu klären, warum Freuds Konzept des Narzißmus (1914)[3] mit der Strukturtheorie unvereinbar ist. Im Laufe der Ich-Bildung werden die mentalen Repräsentationen des Selbst mit Libido und Aggression besetzt. Das ist nicht dasselbe wie die libidinöse Besetzung des Ichs, wie Freud es für den sekundären Narzißmus annahm, oder die aggressive Besetzung des Ichs für den sekundären Masochismus. Wenn wir Jacobsons Revision von Freud in bezug auf primären und sekundären Narzißmus und Masochismus zusammenfassen, kann folgendes festgestellt werden: Sie meint, daß in den ersten Monaten, bevor sich das Ich noch entwickelt hat und bevor es eine Unterscheidung zwischen dem Selbst und der Objektwelt gibt, beide Triebe noch undifferenziert sind, mit einer stillen Abfuhr durch physiologische Kanäle. In diesem noch verhältnismäßig unentwickelten Zustand würde es keinen Sinn haben, die Libido oder die Aggression auf ein noch nicht differenziertes Ich zu lenken. So werden also die Begriffe des primären Narzißmus und Masochismus eliminiert. Um den sekundären Narzißmus

---

[2] Ibid.
[3] S. Freud, *Zur Einführung des Narzißmus.*

und Masochismus zu verstehen, muß die Verwirrung in bezug auf die Konstrukte »Ich«, »Selbst« und »Selbst-Repräsentanz« ausgeräumt werden. Wieder ist es nicht das Ich, das mit Libido und Aggression besetzt wird, sondern es wird — da die Phänomene, die Freud als primären und sekundären Narzißmus ansah, in einem Stadium auftreten, in dem das Selbst und die Objektwelt anfangen, unterschieden zu werden — von den geistigen Repräsentanzen des Selbst angenommen, daß sie mit Libido und Aggression besetzt werden und so, zum Zwecke der Triebabfuhr, den Status eines Objekts annehmen. Dies ist kein sekundäres Phänomen, sondern eines der Entwicklung. »Von den immer mehr zunehmenden Erinnerungsspuren und lustvollen wie unlustvollen triebhaften, emotionalen, ideationalen und funktionellen Erfahrungen und den Perzeptionen, mit denen sie verbunden werden, tauchen die Imagines des Liebesobjekts ebenso wie die des körperlichen und des psychischen Selbst auf. Zuerst vage und schwankend, dehnen sie sich allmählich aus und entwickeln sich zu mehr oder weniger realistischen endopsychischen Repräsentationen der Objektwelt und des Selbst.«[4]

Indem sie ich-psychologische Betrachtungen, die eine weitausgreifende Dimension zu dem sonst engen psychosexuellen Aspekt der Oralphase liefern, hinzufügt, beschreibt Jacobson den Einfluß der Bemutterung auf die Ich-Entwicklung des Säuglings. Neonatale Erfahrungen sind — im ich-psychologischen Denken — nicht, wie bei der frühen Freudschen Theorie angenommen wurde, allein auf den Fütterungsvorgang beschränkt, »sondern sie erstrecken sich auf eine Vielfalt von stimulierenden, befriedigenden und frustrierenden Erfahrungen, auf die das Kind mit psychobiologisch vorgeformten (triebhaften) Reaktionen antwortet ...«[5] Engramme der Erlebnisse werden niedergelegt, bevor der Säugling die Mutter als Person wahrnimmt. Das psychophysiologische Gleichgewicht hängt von der ganzen Mutter ab, nicht einfach nur von der Brust, sogar noch bevor sie eine für den Säugling unterscheidbare Person wird. Die symbiotische Einheit von Säugling und Mutter, die von Mahler in vorzüglicher Weise im einzelnen herausgearbeitet worden ist, besteht nach Jacobson aus dem Aufeinanderabgestimmtsein der Triebabfuhrformen von Kind und Mutter. In Übereinstimmung mit Spitz und auch mit Mahler betont Jacobson die Bedeutung der kombinierten oral-visuellen Erfahrung, die Mutter und Brust gleichsetzt und zu der frühesten Imago der befriedigenden Mutter führt. Dies illustriert die Art und Weise, in der die drei wichtigsten ich-psychologischen Theoretiker nach

---

[4] E. Jacobson, *Das Ich und die Welt der Objekte*.
[5] Ibid.

Hartmann, die alle verschiedene Facetten der Entwicklung untersucht haben, sich trotzdem gegenseitig an den Punkten ergänzen, an denen ihre Theorien konvergieren.

Selbst- und Objekt-Imagines fangen an, sich durch das Mittel der libidinösen Stimulations- und Entzugserfahrungen aufzubauen, was zur Aufhäufung von Erinnerungsspuren führt. Bis der Wahrnehmungsapparat reift, ist das Kind unfähig, die Quelle der Erfahrungen zu identifizieren. Die Tendenz — von der Spuren das ganze Leben hindurch bestehenbleiben — ist die, auf der Suche nach einem befriedigenden Erlebnis mit dem Objekt zu verschmelzen, von dem es ausgeht. Und wieder stimmt Mahlers Herausarbeitung der ich-bildenden Faktoren in der normalen symbiotischen Phase mit der von Jacobson überein. Dieses lustvolle Zusammenfließen bildet die Grundlage für zukünftige Objektbeziehungen und Identifizierungen. In diesem Stadium gibt es konstante Besetzungsverschiebungen, bei denen Libido und Aggression sich dauernd vom Objekt auf das Selbst wenden — mit vorläufig sehr schwachen Grenzen zwischen den beiden. Die Mutter ist — durch ihre eigene affektive Ausdrucksfähigkeit — imstande, einen ähnlichen Affekt bei dem Kinde hervorzurufen, das infolge der Reifung seines motorischen Apparats in dem Versuch, das symbiotische Zusammenfließen aufrechtzuerhalten, imitative Bewegungen ausführen kann. Jacobson sieht dies als einen empathischen Zustand an, der dann in der Herstellung von *primitiven affektiven Identifizierungen resultiert.* Man könnte diese ungreifbare Fähigkeit zur Empathie als etwas Wesentliches in der Ausstattung des Therapeuten für seine Arbeit bezeichnen. Sie leitet sich — nach Jacobson, Mahler und Spitz — aus der frühesten Erfahrung mit dem mütterlichen Objekt ab, durch die die Fähigkeit zur Empathie hergestellt wird. Im späteren Leben liefert sie eine wesentliche Eignung dafür, als Eltern, Therapeuten, als Liebende »gut« zu sein. Die ersten Identifizierungen sind magisch, gestützt auf primitive Mechanismen der Introjektion und Projektion ohne Ansehung realer Unterschiede zwischen dem Selbst und dem Objekt.

Der Reifungsvorstoß, der am Anfang des zweiten Jahres folgt, benutzt aggressive Energie für ehrgeizige Strebungen. Der Wunsch des Kindes, ein Teil des Liebesobjekts zu bleiben, läßt nach und wird durch den Wunsch, ihm gleich zu sein, ersetzt. Mechanismen der teilweisen Introjektion ermöglichen eine *selektive Identifizierung.* Auf diese Weise wird ein Kompromiß geschlossen zwischen der Abhängigkeit und dem symbiotischen Wunsch einerseits und der Abhängigkeit und dem aggressiven, unabhängigen Funktionieren des Ichs andererseits. Bewunderte Züge des Objekts werden in das Wunsch-Selbstbild des Kindes introjiziert. Das

Gefühl des »Gleichbleibens« (sameness) inmitten des dauernden Wechsels ist für die Errichtung der Identität wesentlich und wird dadurch aufrechterhalten, daß Wunsch-Selbstbilder von den realistischen Selbst-Repräsentationen unterschieden werden. Die Wunsch-Selbstbilder geben dem Potential in der Zukunft Richtung, während die realistischen Selbst-Repräsentationen die Kontinuität zwischen Vergangenheit und Gegenwart aufrechterhalten.

Wenn Elternliebe von einem erträglichen Maß von Frustration und Verboten begleitet ist, fördert dies die Entstehung einer festen, dauerhaften libidinösen Besetzung des Selbst und der Objekte und führt zur Bildung eines normalen Ichs und Über-Ichs und zur Unabhängigkeit. Die nötige Frustration lehrt das Kind, die infantilen magischen Erwartungen ebenso wie prä-ödipale sexuelle Strebungen aufzugeben. Sie erweckt Ambivalenz gegenüber den für die Frustration verantwortlichen Personen, die zu einer Anhäufung der Aggression ihnen gegenüber und der Libido sich selbst gegenüber führt, was seinerseits progressive Formen der Identifizierung mit den Eltern anregt und durch Vermehrung der narzißtischen Ausstattung die Ich-Autonomie fördert. Übermäßige Befriedigung und schwere Frustration führen zu regressiven Phantasien und zu einer Vereinigung des Selbst mit dem Objekt und verzögern so die Entwicklung.

Mit etwa acht Monaten ist das Kind imstande, vertraute Personen zu erkennen und zwischen ihnen zu unterscheiden. Spitz prüfte diesen Punkt in seinen Beobachtungsstudien und vermerkte es als ein wichtiges Stadium in der Fähigkeit des Ichs, eine höhere Ebene der Organisation zu erreichen. Jacobson bemerkt, daß die Fähigkeit, Objekte zu unterscheiden, sich schneller entwickelt als die Fähigkeit, einen Unterschied zwischen dem Selbst und dem Objekt zu machen. Das Kind bedarf der Verschmelzung mit anderen Objekten nicht so sehr wie dem mit der Mutter, und so wird die Differenzierung von der Mutter gehemmt. Ferner ist die Perzeption der Außenwelt leichter als die Selbst-Perzeption.

Ein Beitrag von größter Bedeutung — von allen Ich-Psychologen akzeptiert — ist die Auffassung der wachstumsfördernden Eigenschaften des Aggressionstriebs. Jacobson weist darauf hin, daß — bis zum Ende des ersten Jahres — das Kind nicht nur Frustration erlebt, sondern auch Ambition, Besitzgier, Rivalität, Enttäuschung und Versagen. Durch all das lernt es, seine eigenen Gefühle von denen der anderen zu unterscheiden. »So liefern also nicht nur die liebenden, sondern auch die feindlichen Komponenten den infantilen, auf sich selbst und auf das Objekt gerichteten Strebungen den Brennstoff, der das Kind in den Stand setzt, sein Identitätsgefühl zu entwickeln und die äußere und innere Realitätsprüfung vorzunehmen und auf dieser Grundlage seine Identifikationen und Objektbeziehungen aufzubauen.«[6]

Das Kind projiziert neidische, feindliche Impulse — die sich aus mütterlichen Frustrationen ergeben — auf seine Rivalen. Es möchte gerne erwerben, was sie haben, und versucht, das zu erreichen, indem es wird wie sie. Neid und Rivalität erzwingen ein schärferes Umreißen von sich selbst und von den anderen. Obgleich die Mutter-Kind-Beziehung die Matrix der Identitätsbildung ist, so wird doch die Individuation durch die Entdeckung von Unterschieden gefördert und gewinnt durch die Ambivalenz den Rivalen gegenüber mehr an Schwung als durch die Intimität mit der Mutter. Identifizierungen, die von Dauer sein sollen, hängen von einem guten Gleichgewicht zwischen Libido und Aggression ab.

Die Objektbeziehungen wachsen entsprechend dem Erreichen der Identität des Kindes. Damit diese Entwicklung stattfindet, muß die Libido die Aggression überwiegen. Das baut die libidinöse Ausstattung der Selbst-Imago auf (Narzißmus), was die Selbstachtung und die Bildung eines einheitlichen Konzepts vom Selbst verstärkt. Selektive Identifizierungen werden zu dauerhaften und konsistenten Teilen des Ichs, das sie dauernd verändern bis zu dem Punkt, an dem das Kind seines kohärenten, kontinuierlichen Selbst gewahr wird.

Sexuelle Identität ist eine signifikante Komponente der persönlichen Identität. Da das weibliche Genitale weniger sichtbar ist als das männliche und als ein beschädigtes männliches Organ empfunden wird, erreicht der Knabe seine sexuelle Identität eher als das Mädchen. Aber die Erfahrung der sexuellen Identität beruht nicht ausschließlich auf dem Vergleichen der Genitalien. Die Neugier des Kindes erstreckt sich auch auf das Sexualverhalten anderer und außer auf das anatomische auch auf das physische und geistige Verhalten. So wird die sexuelle Identität zu einer Facette der Identität überhaupt. Die Entdeckung und das Akzeptieren der Geschlechtsunterschiede fördern den Verzicht auf die symbiotischen Wünsche, da Heterosexualität und ödipale Strebungen vorzuherrschen beginnen und Identifizierungen mit den Rivalen hervorrufen. Durch solche Identifizierungen wird die Objektlibido in narzißtische Libido umgewandelt. Diese vereinigt sich mit der Libido, die den erogenen Zonen entzogen wird, und fördert den Aufbau der Selbst-Repräsentanzen und die Ausdehnung der Ich-Funktionen. In dieser Weise formuliert Jacobson das Konzept der Sublimierung neu und modernisiert es, indem sie es in die ich-psychologische Terminologie übersetzt.

In den ersten Wochen nach der Geburt können etwa die folgenden er-

---

[6] Ibid.

sten Schritte zur Strukturierung beschrieben werden: Die Triebe haben sich geschieden und zeigen zwei verschiedene Charakteristika — libidinös und aggressiv. Die Neutralisierung hat begonnen, und daher fängt das Ich an, seine Funktionen aufzunehmen — besonders ist es die Funktion der Objektbeziehungen, die nun anfängt, sich zu entwickeln. Repräsentationen des Selbst und der Objektwelt werden aufgebaut. In Übereinstimmung mit der zunehmenden Neutralisierung und der höheren Ebene der Objektbeziehungen beginnt der Säugling allmählich, zwischen jenen Repräsentanzen, die sich auf das Selbst und denen, die sich auf das Objekt beziehen, zu unterscheiden.

In den ersten Monaten verleihen diese noch undifferenzierten Selbst- und Objektrepräsentanzen, beinahe schon durch ihre Definition, dem Kinde eine verschmolzene Identität, wobei das Selbst — soweit überhaupt — als Teil der weiteren Welt erfühlt wird. Wenn wir uns auch an diesem Punkt hauptsächlich mit der normalen Entwicklung befassen, muß doch erwähnt werden, daß der Begriff der undifferenzierten Selbst- und Objektrepräsentanzen die Grundlage von Jacobsons Theorie der Psychose bildet. In der Psychose verschmelzen die Selbst- und Objektrepräsentanzen wieder, die sich normalerweise in der Säuglingszeit getrennt haben, und zwar regressiv, um ein undifferenziertes Selbst-Objekt zu bilden mit all den Verzerrungen, die sich daraus ergeben. Dem Psychotiker fehlt so die Identität, die besteht, wo ein klares Selbstbild und eine Unterscheidung zwischen diesem Bild und der Objektwelt vorhanden sind.

Es liegt in der Definition der Über-Ich-Bildung, daß sie mit Einverleibung einhergeht. Jacobson lehnt sich hier an Hartmann und Loewenstein an, die die *Einverleibung* als denjenigen Prozeß definieren, bei dem Regulationen, die in Interaktion mit der Außenwelt stattgefunden haben, als Ersatz für innere Regulationen auftreten[7]. Das Über-Ich ist eine funktionelle Einheit, die das Verhalten in Übereinstimmung mit internalisierten ethischen Prinzipien reguliert. Es ist das letzte Glied, das im Strukturierungsprozeß abgeschlossen wird. Mit seinem Auftauchen wächst der Impetus der Entwicklungsprozesse, denn große Mengen psychischer Energie werden jetzt freigesetzt. Die sexuellen, aggressiven und narzißtischen Strebungen werden neutralisiert und machen so Energie frei, um dem Aufbau der zielgehemmten Bestrebungen des Ichs und Über-Ichs zu dienen. Zu den schon bekannten Funktionen des Über-Ichs fügt Jacobson noch die hinzu, daß das Über-Ich die Identität aufrechterhält. Es liefert ein stabiles Gleichgewicht in den Proportionen der

---

[7] H. Hartmann und R. M. Loewenstein, »Notes on the Superego«.

libidinösen, aggressiven und neutralisierten Energie. Es reguliert die Selbstachtung, indem es eine Harmonie zwischen dem Moralkodex und den Ich-Manifestationen herstellt. Die Selbstachtung hat interessante Implikationen für die Technik, denn der Grad der Selbstachtung ist eine wichtige Determinante für den Grad, in dem Ablehnung, Versagen, körperliche Krankheit und ähnliches — die alle die Selbstachtung vermindern können — ertragen werden können. Das Ausmaß der Beeinträchtigung hängt von der regulativen Fähigkeit des Über-Ichs ab. Für den Therapeuten ist es erwünscht, diese Fähigkeit richtig einzuschätzen. Wieweit ein bestimmtes Erlebnis traumatisch wirkt, hängt von vielen Faktoren ab und schwankt von einem Menschen zum anderen. Außer der Fähigkeit, die Selbstachtung zu regulieren, ist die Entwicklungsphase, in der das traumatische Ereignis stattfindet, von zentraler Bedeutung für das Verständnis dessen, was es für das Individuum bedeutet. Wenn z. B. ein Kind wegen einer Tonsillektomie ins Krankenhaus kommt, so wird es dies als eine Kastration empfinden, wenn es die phallische Phase erreicht hat. Ein jüngeres Kind, das sich noch in der symbiotischen Phase befindet, wird dies mehr als eine Trennung empfinden — als den Verlust des symbiotischen Objekts, das ein Teil seiner selbst ist. In der Therapie geht man an den Patienten entsprechend dem heran, was das Erlebnis für ihn bedeutet hat — ein Faktor, der für den Beobachter, der nur die Beschreibung des äußeren Geschehnisses hört, nicht leicht faßbar ist. Der Einfluß des Erlebnisses auf das Individuum mag weitgehend unbewußt sein und kann vom Therapeuten nur vermutet werden, wenn er solche Faktoren wie Phasen-Spezifität und die Fähigkeit des Ichs in Betracht zieht, das Erlebnis zu integrieren, und das Ausmaß, in dem die regulativen Mechanismen im Über-Ich die Selbstachtung aufrechterhalten.

Das Über-Ich beherrscht auch die Launen und ist ein Indikator des gesamten Ich-Zustandes. Schließlich schreibt Jacobson dem Über-Ich noch eine Funktion zu, die traditionsgemäß eher dem Ich zugeschrieben wird, nämlich die Entwicklung einer kohärenten, konsistenten Abwehrorganisation. Die speziellen Identifizierungen, die zur Bildung des Über-Ichs führen, bestehen prinzipiell aus prägenitalen Reaktionsbildungen, durch die die Aggression sich vom Objekt auf das Selbst wendet, was zu einer Veränderung der Haltung dem Selbst und der Objektwelt gegenüber führt.

Die Über-Ich-Bildung beginnt mit der Einverleibung des ersten Wertes, der dem Kind von außen auferlegt wird — der der Reinlichkeit. Die Reinlichkeitserziehung trägt aber auch zur Ich-Entwicklung bei. Der Körper wird stärker besetzt, die Wahrnehmung des Kindes von sich selbst wird stärker, und so wird der Weg für den Erwerb der Identität geebnet. Statt eines passiven Empfängers wird das Kind ein aktiver Geber. Abscheu — als der affektive Aspekt der Reaktionsbildung — kommt zu dem wachsenden Repertoire der Affekte hinzu. Wegen der psychobiologischen Abhängigkeit von den Eltern braucht das Kind mächtige Eltern-Imagines, mit denen es sich identifizieren kann. Das Wertsystem fängt an, sich um Kraft, Kontrolle, Reinlichkeit statt nur um Lustgewinn zu gruppieren.

Enttäuschung setzt ein, wenn das Kind bemerkt, daß die Eltern nicht allmächtig sind. Bei der normalen Entwicklung wird die Enttäuschung durch Idealisierung ersetzt. Keines von beiden darf jedoch zu früh einsetzen. Wenn die Selbst- und die Objektrepräsentanzen noch nicht klar voneinander geschieden sind, setzt die Enttäuschung das Selbst ebenso wie das Objekt im Werte herab. Eine zu frühe Idealisierung führt zu narzißtischen Identifizierungen, wieder weil die Selbst- und die Objektrepräsentanzen noch nicht differenziert sind. Wenn jedoch die Entwicklung normal ist, so hilft die Idealisierung dem Kinde weitgehend zur Über-Ich-Bildung. In dieser Richtung ermöglicht die Realitätsprüfungsfunktion als nächstes, die idealisierten Eltern von der idealisierten Imago zu unterscheiden. Die letztere wird allmählich in das Ich-Ideal umgeformt. Gleichzeitig geht die Neutralisierung weiter und liefert neutralisierte Libido für die Idealisation. Neutralisierte Aggression liefert die Triebkraft für die richtunggebende, selbstkritische, hemmende und stützende Funktion des Über-Ichs.

Bei dem ganz jungen Kind entspringen die Ich- und Über-Ich-Identifizierungen weitgehend der Identifizierung mit der Mutter. Etwas später vereinigen sie sich mit der Identifizierung mit dem mächtigen, phallischen Vater. In dieser einfachen, aber überzeugenden Art und Weise leistet Jacobson damit einen Beitrag zu der Theorie der Über-Ich-Bildung. Der schon bekannte Aspekt dieser Theorie — daß das Über-Ich sich von der Einverleibung der väterlichen Verbote ableitet — wird jetzt von ihr dahin erweitert, daß das Motiv für die Über-Ich-Bildung nicht nur die Furcht vor des Vaters verbietendem Verhalten ist, sondern die Identifizierung — zuerst mit der Mutter und dann mit dem Vater. Das daraus resultierende Über-Ich ist daher nicht einfach der Niederschlag der aggressiv gefärbten Einverleibung, sondern besteht auch aus libidinösen Besetzungsidentifizierungen. Das verändert die Theorie der Über-Ich-Bildung in eine solche, die gutartige, liebevolle Aspekte im Verhältnis zu beiden Eltern hat, und führt auch zu einer logischen Revision der Theorie der Auflösung des Ödipuskomplexes.

Vom Alter von zwei Jahren an bis zur Errichtung des Über-Ichs als des Erben des Ödipuskomplexes trennen sich die Entwicklungswege bei Knaben und Mädchen. Dies wird durch die Entdeckung der Geschlechtsunterschiede ausgelöst. Beim Mädchen erlaubt die Realitätsprüfung nicht das Fortbestehen der Identifizierung mit dem Vater. Das Über-Ich des Knaben, das in den ersten Monaten auf der mütterlichen Identifzierung aufgebaut ist, erwirbt in der späteren Kindheit nach und nach Identifizierungen, die sich von der Macht und Stärke des Vaters herleiten, Werte, die — wie Jacobson sagt — in der Analphase erworben worden sind. Jacobson bezweifelt die Gültigkeit der Freudschen Annahme, daß die Kastrationsdrohung durch den Vater die Kraft ist, die zur Auflösung des Ödipuskonflikts führt, indem sie zur Aufgabe inzestuöser Wünsche zwingt. Sie weist darauf hin, daß der gutartige, liebende Vater in Wirklichkeit nicht den Sohn mit Kastration bedroht. Trotzdem sind es die eigene Grausamkeit und Kastrationswünsche des Knaben dem Vater gegenüber, die ihn Vergeltung in gleicher Münze fürchten lassen. Dies — so betont Jacobson — ist eine innere Angelegenheit und keine Reaktion auf äußere Realität. In ihrer Theorie wird das Aufgeben inzestuöser Wünsche durch die Idealisierung unterstützt, die sich schließlich zu dem Ich-Ideal entwickelt. Dieser Prozeß fördert die Über-Ich-Entwicklung, denn Rivalität gedeiht nicht im Klima der Idealisierung.

Freuds Postulat in bezug auf die Auflösung des Ödipuskonflikts und die Aufrichtung des Über-Ichs lassen die Frage, wie sich dies beim Mädchen abspielt, offen. Wenn die Kastrationsdrohung eine solche Entwicklung beim Knaben erzwingt, was treibt dann beim Mädchen diese Entwicklung weiter? Einige der logischen Schlüsse sind unbefriedigend. Der eine ist, daß das Mädchen, das keinen solchen »Antrieb« hat, den Ödipuskonflikt überhaupt niemals auflöst. Aus der frühen Freudschen Theorie ergab sich auch, daß das Über-Ich der Frau nicht so stark ist wie das des Mannes. Einige von Freuds falschen Annahmen über die Frau rühren von seinem Glauben an die Kastrationsdrohung als Motiv für die Entwicklung her. Jacobson rettet Freuds Theorie vor einem ihrer haarsträubendsten Irrtümer, einmal, indem sie zeigt, daß Liebe und nicht Furcht bei beiden Geschlechtern die Entwicklung unterstützen; zum anderen, indem sie die Über-Ich-Entwicklung beim Mädchen beschreibt.

Wie der Knabe identifiziert sich das Mädchen in der Analphase auch mit der Stärke des Vaters. Mit der Entdeckung der Geschlechtsunterschiede erfahren sowohl Jungen wie Mädchen einen schweren Schoß. Der Junge erholt sich davon leichter als das Mädchen, wenn die prä-ödipale Mutter nicht zu enttäuschend ist, denn seine ödipale Liebe liefert ihm die Belohnung in seiner Liebesfähigkeit. Wenn ihn aber die prä-ödipale Mutter enttäuscht hat, kann es zu einer zu schnellen Ernüchterung kommen, und er wendet sich dem Vater als Liebesobjekt zu, was zu einer recht weit verbreiteten Form der Homosexualität führt. Das Mädchen erholt sich nicht so leicht vom Kastrationsschock. Es setzt das Selbst und damit das mütterliche Objekt im Werte herab, nimmt Zuflucht zur Verleugnung und verschiebt narzißtische Libido im ganzen Körper als Ausgleich dafür, daß es keinen Penis hat. Statt dessen errichtet es sich ein frühes Ich-Ideal und benutzt dazu das Wertsystem, das in der Analphase niedergelegt worden ist. Dieses Ich-Ideal stellt ein unaggressives, asexuelles, sauberes und ordentliches kleines Mädchen dar und vereinigt sich mit dem femininen narzißtischen Ziel der körperlichen Attraktivität. Auf diese Weise erwirbt das weibliche Ich-Ideal hohe moralische Werte anstelle eines Penis. Die Herabsetzung der Mutter läßt das Mädchen sich dem Vater als dem Liebesobjekt zuwenden und so ihre Heterosexualität etablieren.

Jacobson stimmt mit Freud darin überein, daß das Über-Ich als etwas Funktionelles mit der Auflösung des Ödipuskonfliktes zustande kommt. Sie gibt mehr Einzelheiten über die Entwicklungsprozesse, die zur Über-Ich-Bildung führen, als Freud es getan hat, und beschreibt sie weitgehend als Ich- und Über-Ich-Identifizierungen, die die Entwicklung beider Instanzen fördern. Sie glaubt auch, daß die schließliche Lösung des Ödipuskonflikts bei beiden Geschlechtern eher Zuneigung als Furcht in bezug auf den gleichgeschlechtlichen Elternteil weckt und so zum Aufgeben der inzestuösen, der matriziden und patriziden Wünsche führt.

Pathologie wird als die Abweichung von der normalen Entwicklung definiert. Wenn man das so versteht, hilft uns Jacobsons Theorie der Normalität diejenigen Abweichungen anzugeben, die zu einer pathologischen Entwicklung führen, und Techniken auszuarbeiten, um diese Abweichungen anzugehen. Diejenigen, die sich nicht von konstitutionellen Faktoren oder einem zu frühen Trauma ableiten, eignen sich oft für therapeutisches Eingreifen, das den Entwicklungsdefekt korrigiert und die verhinderte Entwicklung weiterlaufen läßt. Jacobsons Theorie der Psychose — das Wiederverschmelzen vom Selbst und der Objekt-Repräsentanz — wird in ihren Arbeiten in bezug auf die melancholische Depression, normale und pathologische Stimmungen und psychotische Identifizierungen ausgearbeitet.

Bei der einfachen psychotischen Depression besteht ein intrasystemischer Konflikt zwischen der Wunschvorstellung des Selbst und der Imago des versagenden Selbst. In Übereinstimmung mit Mahler meint Jacobson, daß durch das Fehlen der mütterlichen Reaktion in der Wiederannäherungsphase ein depressiver Affekt hervorgerufen werden kann, was zu einer Abnahme der Selbstachtung führt. Diese Enttäuschung ist um so schwerer, weil sie der Hochstimmung der Übungs-Subphase folgt. Aber das illustriert nur die fundamentalere Theorie, daß Depression die affektive Konsequenz der Unfähigkeit des primitiven Ichs ist, zu trauern und narzißtische Konflikte und Ambivalenzkonflikte aufzulösen, wenn ein früher Objektverlust stattgefunden hat. Enttäuschung und Verlassensein in einem frühen Stadium, in dem die Grenzen zwischen dem Selbst und den Objekt-Repräsentanzen noch nicht fest sind, kann zur Depression führen, zur Pathologie in den Objektbeziehungen und zum Narzißmus. Die Objekte werden überschätzt und über-idealisiert. Das Wunschbild vom Selbst (Ich-Ideal) kann nicht verwirklicht werden. Ein zerbrechliches Gleichgewicht kann erreicht werden; es wird aber nur zu leicht durch spätere Enttäuschungen gestört, die zu einer Diffamierung des Selbst und des Objekts führen können.

Ebenso wie Hartmann glaubt Jacobson, daß ungenügende Neutralisierung zur Psychose prädisponiert. Das schon (wahrscheinlich konstitutionell) defektive Ich wird so der Energie beraubt, die es im Normalfalle hat und die zu den Abwehr- und Adaptivfunktionen beiträgt. Daher ist das präpsychotische Ich nicht imstande, neurotische Abwehr zu benutzen, um mit dem Konflikt fertig zu werden. Es nimmt statt dessen zu Hin- undherverschiebungen der libidinösen und aggressiven Besetzung der Objekte, der Dinge und der Selbst-Repräsentanzen Zuflucht. Gleichzeitig findet eine Entmischung (der »guten« und »bösen« Objektrepräsentanzen) und der Triebe statt, begleitet von einer Deneutralisation der bereits unzureichend neutralisierten Triebenergie.

Der psychotische Prozeß an sich wird durch die Reaktivierung der infantilen Konflikte beschleunigt, zuerst in bezug auf elterliche Objekte und — sich weiter ausbreitend — auf die gesamte Objektwelt. Besetzungsverschiebungen, Entmischung und Deneutralisierung, unbewußt als Abwehr beabsichtigt, verfehlen ihren Zweck. Die Versuche, Objekte wiederzubesetzen, resultieren in einer vermehrten Entdifferenzierung von Selbst- und Objektrepräsentanzen und ihren schweren Verzerrungen. Schließlich werden die verzerrte, undifferenzierte Selbst- und die Objektrepräsentanz in primitive Imagines aufgespalten. Ich- und Über-Ich-Identifizierungen — soweit sie sich überhaupt in dem präpsychotischen Ich entwickeln — lösen sich im eigentlichen psychotischen Prozeß auf und werden durch entdifferenzierte Über-Ich-, Selbst- und Objekt-Imagines ersetzt, die Jacobson als *narzißtische Identifizierungen* bezeichnet. Kohut entwickelte diesen Gedanken weiter und arbeitete Behandlungstechniken aus, nicht für die Psychose, sondern für die Persönlichkeit mit *narzißtischen Identifizierungen*[8].

In der Psychose verschlechtern sich die Objektbeziehungen, das Sekundärprozeß-Denken und die Realitätsprüfung gehen verloren, was zu Miß-

---

[8] H. Kohut, *Narzißmus.*

deutungen und unzureichender Reaktion auf die Objektwelt führt. Der Psychotiker versucht dann, seine Objektwelt im restitutionellen Prozeß wiederherzustellen und die Außenwelt zur Stärkung seines Ichs heranzuziehen. Jedoch hat er weitgehend projektive und introjektive Mechanismen zu seiner Verfügung, und so borgt er sich das Ich und das Über-Ich anderer und projiziert Teile des Selbst. Wenn das nicht gelingt, so werden irreführende Selbst- und Objektrepräsentanzen aufgebaut, wozu verzerrte Fragmente der Realität benutzt werden. Die Objektwelt ist verlorengegangen.

Zwei zeitgenössische Forscher, Otto F. Kernberg und Heinz Kohut, beschäftigen sich damit, das weite, bisher verhältnismäßig unbekannte Gebiet zu erforschen, das zwischen der Übertragungsneurose und der Psychose liegt. In Übereinstimmung mit dem allgemein akzeptierten Gebrauch bezeichnet Kernberg dies als das Gebiet der Borderline-Zustände und untersucht dann die Konstruktion dieser Pathologien im einzelnen.

6
Erforschung der schweren Pathologien

Kohut andererseits beschränkt seine Untersuchungen auf das Gebiet, das er narzißtische Persönlichkeitsstörungen nennt; er betrachtet diese Phänomene nicht als Borderline-Fälle, sondern als im Bereich der Analysierbarkeit liegend, wenn sie sich auch von den eigentlichen Übertragungsneurosen unterscheiden. So dehnt Kernberg also Diagnose und Technik auf die Borderline-Strukturen aus, während Kohut innerhalb des sich immer mehr erweiternden Rahmens der Indikationen für die Psychoanalyse bleibt.

Kernbergs Standpunkt ist der, daß die verschiedenen Arten der Psychopathologie durch eine abnorme Entwicklung der einverleibten Objektbeziehungen bestimmt sind. In dieser Beziehung steht er mit unserer auf Hartmann gestützten Auffassung im Einklang, daß vor der Erreichung der Objektkonstanz die Pathologie im wesentlichen das Resultat gestörter Objektbeziehungen ist. Anomalie in der Internalisierung der Objektbeziehungen hindert und unterbricht die Ich-Integration. Von hier ausgehend, versucht Kernberg, die psychoanalytische Triebtheorie mit der Ich-Psychologie zu integrieren. Er meint, daß die Triebe zuerst als eingeborene Verhaltensformen ausgedrückt werden, und daß später Mutter-Funktionen und zwischenpersönliche Interaktionen zur Internalisierung der Objektbeziehungen führen, wodurch dann die Strukturierung organisiert wird. Er nimmt vier Stadien in der Entwicklung in diesem Prozeß an. Das früheste geht der Errichtung des undifferenzierten Selbst-Objekts voraus. Hier ist er mit den Ich-Psychologen in Übereinstimmung, die diese Phase verschieden benannt haben — als das Stadium des primären Narzißmus, der Undifferenziertheit, des Autismus und ähnliches. Ein pathologisches Stehenbleiben oder Aufhören an diesem Punkt würde das Erreichen der zweiten Phase unmöglich machen, da ein gutes Selbst-Objekt-Bild und daher ein Ich-Kern fehlen würde, der das grundlegende Vertrauen bestimmt. Solch eine schwere Entwicklungsbehinderung am Anfang des Lebens führt zwangsläufig zur Psychose und wird einer mangelhaften Reizverarbeitung zugeschrieben, sei diese nun angeboren oder umweltbedingt (niedrige Reizschwelle oder Überreizung). Eine solche Behinderung beschränkt weiter die Gelegenheit, die koenästhetische Konstellation der Reize zu erreichen, die zu einem guten Selbst-Objekt-Kern führen würden. Es ist möglich, daß auch bei einer so schweren Deprivation die Psychose in manchen Fällen abgewendet werden kann, falls eine genügende Entwicklung des Selbst und der Objektdifferenzierung stattgefunden hat und eine oberflächliche Anpassung an die Realität erlaubt. Das kann — wie Kernberg meint — dadurch zustande kommen, daß die Kognition den Mangel an Gelegenheit zur Internalisierung der Objektbeziehungen wettmacht. Sie kann aber nicht auch noch eine Kompensation für die Unfähigkeit bieten, zwischenpersönliche und intrapsychische Objektbeziehungen herzustellen. So entwickelt sich dann das Individuum ohne die Fähigkeit zur Empathie, zur Liebe, ohne Schuldgefühle oder Mitleid.

Im zweiten Stadium findet eine Konsolidierung des undifferenzierten Selbst-Objekt-Bildes statt, die normalerweise libidinös befriedigend ist. Dies führt zur Etablierung einer primären intrapsychischen Struktur mit Erinnerungsspuren, die positiv-affektiv geladen sind. Gleichzeitig wird aus der schmerzlichen und frustrierenden psycho-physiologischen Erfahrung eine gesonderte Struktur aufgebaut, die eine undifferenzierte, »ganz und gar schlechte« Selbst-Objekt-Repräsentanz darstellt. So taucht also ein »ganz und gar gutes« Selbst-Objekt auf — getrennt von dem »ganz und gar schlechten«, ohne daß vorläufig eine Trennung zwischen Selbst und Nicht-Selbst besteht, mit bloß rudimentären Selbst-Begrenzungen. Eine pathologische Fixierung oder Regression in bezug auf dieses Stadium der Entwicklung besteht hauptsächlich in einem Mangel an Gleichgewicht seitens des »ganz und gar schlechten«, aggressiv besetzten Selbst-Objekt-Bildes und fördert eine defensive Wiederverschmelzung[1] des primitiven, »ganz und gar guten« Selbst und des Objekt-Bildes, als Schutz gegen exzessive Frustration und Wut. Solch eine Abwehr-Refusion, wenn sie über das frühe Säuglingsalter hinausgetragen wird, stellt eine psychotische Identifizierung dar. Die Realitätsprüfung ist dadurch verlorengegangen, daß die Grenzen zwischen dem Selbst- und dem Objekt-Bild verwischt sind, was einen Verlust der Ich-Grenzen zur Folge hat. Hier be-

---

[1] Der Ausdruck »*Fusion*« (Verschmelzung) wird verschieden angewandt. Bei Kernberg wird er im buchstäblichen Wortsinn gebraucht. Präziser ist es aber, das Wort »Fusion« für ein Verschmelzen der *Triebe* zu reservieren und »Zusammenschluß« (merger) für die Bezeichnung des symbiotischen Zustandes, in dem Selbst- und Objekt-Repräsentanzen noch nicht differenziert sind, zu verwenden.

zieht sich Kernberg auf die eigentliche Psychose und die drohende Auflösung des Ichs. Bei der Schizophrenie läßt sich dieses Phänomen klinisch
in der defensiven Flucht in eine mystische, ekstatische, primitive oder
idealisierte Selbst-Objekt-Fusion beobachten. Sekundär werden dann weitere primitive Abwehrmechanismen ausgelöst, besonders der Gebrauch
der primitiven Projektionen. Diese sind dazu bestimmt, das »ganz und
gar schlechte« internalisierte Objekt zu vertreiben, und dieser Prozeß
führt zur paranoiden Verzerrung. Die Aufspaltung, die Kernberg als die
pathologische Dissoziation von polar entgegengesetzten Ich-Zuständen
definiert, wird für Abwehrzwecke mit ins Spiel gebracht, um der alles
durchdringenden Angst und Furcht vor der Zerstörung vorzubeugen.
Kernberg glaubt, daß, prognostisch gesehen, die schizophrene Psychose
behandelbar ist, wenn der Patient die Fähigkeit erreicht, in der Gegenwart Objektbeziehungen zu etablieren. Hier stimmen wir wieder mit
ihm überein, nämlich darin, daß die technische Prozedur bei der Behandlung sehr schwer gestörter Patienten den Einsatz des Therapeuten
als ein reales Objekt zum Zwecke des Aufbaus von Objektbeziehungen
erfordert.

Im dritten Stadium der Entwicklung — etwa vom sechsten bis zum
achtzehnten Monat — besteht das Risiko einer Borderline-Pathologie.
Eine primitive Idealisierung der Mutter-Person als »ganz und gar
gut« wird in der Abwehr gegen eine Beschmutzung dieses Bildes
durch das »ganz und gar schlechte« Objekt-Bild benutzt. Kernberg
meint, daß die Fremdenangst, die nach Spitz im Alter von etwa
acht Monaten auftritt, dadurch hervorgerufen werden könnte, daß das
»schlechte« Selbst- und Objekt-Bild auf den Fremden projiziert wird,
und zwar getrennt von dem »guten«. Solch eine Dissoziation stellt den
Mechanismus der Aufspaltung dar, der — wenn er bestehenbleibt — der
weiteren Integration von Selbst- und Objekt-Repräsentanz im Wege steht.
Während eine normale Aufspaltung das gute Verhältnis zu der Mutter
auch angesichts von Frustrationen aufrechterhält und das Selbst gegen
eine überwältigende Vergiftung der Liebe durch Haß schützt, teilt die
pathologische Aufspaltung andere in »ganz und gar Gute« und »ganz und
gar Schlechte«; sie ist der zentrale Abwehrmechanismus der Organisation
der Borderline-Persönlichkeit. Dies ist Kernbergs wesentlicher theoretischer Beitrag zum Verständnis der Borderline-Pathologie. Er bezeichnet
das Versagen in diesem dritten Stadium der Entwicklung der internalisierten Objektbeziehungen als den bestimmenden Faktor in der *Organisation der Borderline-Persönlichkeit*. Zu dieser Kategorie rechnet er
mehrere Formen schwerer Charakter-Pathologie: Süchtigkeit, narzißtische und infantile Persönlichkeiten, antisoziale Persönlichkeiten, die

»Als-ob«-Strukturen und andere Formen der Persönlichkeitsstörungen. Er definiert die Organisation der Borderline-Persönlichkeit — entwicklungsmäßig gesehen — als das Erreichen einer Differenzierung des Selbst-Bilds vom Objekt-Bild bis zu einem Grade, der die Herstellung integrierter Ich-Grenzen und eine Differenzierung zwischen dem Selbst und den »anderen« erlaubt. Jedoch verhindert primitive Aggression die Entwicklung der vierten Phase, in der das »ganz und gar gute« und das »ganz und gar schlechte« Selbst- und Objekt-Bild zu einem Konzept des Selbst und der Objekte integriert wird. Borderline-Fälle erreichen dieses vierte Stadium nicht, und dies ist hauptsächlich auf die Prädominanz der primitiven Aggression zurückzuführen. Das aggressiv bestimmte Selbst- und Objekt-Bild — in der Abwehr abgespalten vom idealisierten »guten« Selbst- und dem »guten« Objekt-Bild — verhindert die Integration, denn das würde unerträgliche Angst- und Schuldgefühle auslösen. Deshalb stellt, nach Kernberg, die aktive Abwehr-Trennung »ganz und gar guter« von »ganz und gar schlechten« Bildern den wichtigsten Abwehrmechanismus bei Borderline-Zuständen dar. Kernberg unterscheidet die Abwehr bei Borderline-Zuständen von der Abwehr bei Psychosen und stellt dabei folgendes fest: Während sowohl bei den Borderline-Zuständen als auch bei den Psychosen der aktive (unbewußte) Spaltungsmechanismus durch primitive Idealisierung und durch projektive Identifizierung verstärkt wird, hat er im Falle von Borderline-Zuständen den Zweck, Liebe von Aggression zu trennen, während bei der Psychose die Abwehr den Zweck hat, sich vor dem Verschlungenwerden und der Vernichtung zu schützen. Kernberg macht also eine deutliche Unterscheidung zwischen Borderline-Zuständen und Psychosen und weist darauf hin, daß Borderline-Patienten zwar zur Realitätsprüfung fähig sind, jedoch große Schwierigkeiten in den zwischenmenschlichen Beziehungen und in ihrem subjektiven Erleben der Realität haben, widersprüchliche Charakterzüge aufweisen und ferner ein chaotisches Nebeneinander von Abwehrmechanismen und dem Ausdruck primitiver Impulse, einen Mangel an Empathie und eine Defusion der Identität zeigen. Ihre Ich-Schwäche manifestiert sich in mangelnder Impulskontrolle, einem Mangel an Angsttoleranz und in mangelnder Fähigkeit zur Sublimierung. Ferner stellt man eine pathologische Verdichtung prägenitaler und genitaler Ziele fest, wobei die prägenitalen aggressiven Strebungen vorherrschen. Auch die Über-Ich-Integration ist aufgrund der fehlenden Integration des Selbst-Konzepts und integrierter Objekt-Repräsentanzen mangelhaft, wodurch die gesamte Ich-Integration noch weiter gestört wird.

Kernberg interpretiert Hartmanns Konzept der Neutralisierung als die Integration der Liebes- und Haßgefühle im Kontext der internalisierten

Beziehungen zu anderen. Die Patienten mit einer Borderline-Organisation haben keine solche Fähigkeit zur Neutralisierung und berauben so das Ich seines Sublimationspotentials und setzen es der Primitivisierung der Emotionen aus, wozu noch ein Mangel an Impulskontrolle kommt. Seine Diskussion der Borderline-Pathologie führt logischerweise zur Betrachtung der selbstzerstörerischen Formen. Normalerweise wird die nach innen gerichtete Aggression in stabile, internalisierte Objektbeziehungen umgewandelt, die eine erfolgreiche Neutralisierung der Aggression garantieren. Die Tendenz zur Selbstzerstörung bei der Borderline-Persönlichkeitsorganisation kann dem Versagen dieses Mechanismus zugeschrieben werden. Ferner muß die Vergiftung der sexuellen mit aggressiven Triebabkömmlingen in Betracht gezogen werden, was bei dieser Art von Patienten zu vorzeitiger Sexualisierung der Beziehungen zu inzestuösen Figuren führt, begleitet von einer aggressiven Kontamination dieser Beziehungen ebenso wie des späteren Sexuallebens. Schließlich betont Kernberg in diesem Zusammenhang, daß das Nicht-Vorhandensein eines ausreichend entwickelten Über-Ichs den Patienten jener Über-Ich-Funktionen beraubt, die als ein internalisiertes Führungssystem wirken. Dies führt zu übermäßiger Abhängigkeit von äußeren Quellen der Beruhigung, von Lob und Bestrafung.

Im vierten Stadium der Entwicklung der internalisierten Objektbeziehungen stellt sich die pathologische Entwicklung als Neurose dar. Diese Patienten haben Identität, ein gut integriertes Ich und stabile Selbst- und Objektrepräsentanzen. Ihre Abwehrmechanismen konzentrieren sich mehr auf die Verdrängung als auf die Aufspaltung. Unter normalen Umständen — im Gegensatz zur neurotischen Entwicklung — bewegen sich ein benignes Über-Ich und realistische Über-Ich-Forderungen, Ich-Ideale und Ich-Ziele in ihrem Verhalten zu der Außenwelt und zu den Triebbedürfnissen auf eine Harmonie hin. Die Verdrängung unterbindet erfolgreich restliche infantile Triebforderungen. Es besteht ein weiter Sektor konfliktfreier Funktionen. Hinzu kommt die Fähigkeit, unerfüllte Bedürfnisse ohne viel Streß zu verdrängen und zu unterdrücken.

Indem er dieses Schema aufstellt, verschafft uns Kernberg ein Spektrum der Entwicklung der Objektbeziehungen, sowohl im Bereich des Normalen wie des Pathologischen, was besonders zum Verständnis der Borderline-Zustände beiträgt, deren Behandlung das Hauptthema unserer Ausführungen zur Technik bilden wird. Während Kernberg auch ausführlich über die Technik der Behandlung von Borderline-Zuständen und von narzißtischen Persönlichkeiten geschrieben hat, haben wir uns hier auf die Zusammenfassung seiner Konzeptualisation der Organisation der *Borderline-Persönlichkeit* beschränkt.

Kohut führt eine neue diagnostische Einheit ein, die weder eine Psychose noch einen Borderline-Zustand noch eine Charakterneurose oder Symptomneurose (Übertragungsneurose) bezeichnet. Er spricht von einer *»narzißtischen Persönlichkeitsstörung«*, die er ätiologisch auf das Stehenbleiben der Entwicklung an einem Punkt zurückführt, an dem ein kohäsives, grandioses Selbst und ein kohäsives (wenn auch archaisches) idealisiertes Objekt entstanden sind. Im Hinblick auf die Kohäsion ist eine stabile, narzißtische Übertragung möglich. Aber trotzdem besteht die Gefahr einer regressiven Fragmentierung, die abgewehrt wird durch Vermeidung, durch Dissoziation und Isolation. Auf der affektiven Seite herrschen Scham und niedrige Selbstachtung vor. In der Therapie benutzt die narzißtische Persönlichkeit einen von zwei Typen der Übertragung — die *idealisierende Übertragung* oder die *Spiegelübertragung*. Bei der ersteren stellt der Therapeut das idealisierte Selbst-Objekt dar, und in der letzteren wird das grandiose Selbst wiederbelebt. In Wirklichkeit sind dies nur zwei Facetten desselben Entwicklungsprozesses, der in der Übertragung wiederbelebt wird.

Kohut behandelt ganz direkt die Frage, ob Idealisierung und Spiegelübertragung korrekterweise überhaupt als Übertragung bezeichnet werden können. Neurotische Übertragung und Übertragungsneurosen beleben erneut den Zustand des verdrängten neurotischen Konflikts um das differenzierte, weitgehend inzestuöse Objekt herum. Bei der narzißtischen Persönlichkeitsstörung ist es für Kohut weniger wichtig, ob das in der therapeutischen Situation sich entfaltende Phänomen eine echte Übertragung im technischen Sinne des Wortes oder nur übertragungsähnlich ist. Wichtiger ist für ihn die Tatsache, daß gewisse Aspekte der narzißtischen Strukturierung mobilisiert und reaktiviert werden. Er meint, daß solche Phänomene, wenn sie vorkommen, für therapeutische Zwecke genutzt werden sollten. Er folgt hierin dem Pioniergeist, der Freud zur Entdeckung und zum Gebrauch der Übertragung bei der Behandlung der Neurosen veranlaßt hatte.

Kohuts Beitrag besteht in der Darstellung und der Erweiterung der psychoanalytischen Theorie und Technik in bezug auf narzißtische Strukturen, die seiner Auffassung nach analysierbar sind, da hier eine Struktur besteht. Er postuliert, daß es im Ich solcher Patienten horizontale und vertikale Spaltungen gibt und daß es daher nur der infantile, narzißtisch abgespaltene Teil der Persönlichkeit ist, der technische Methoden erfordert, die sich von den gewöhnlichen psychoanalytischen unterscheiden. Der Grund dafür ist der, daß der Rest der Persönlichkeit sich ohne den abgespaltenen Teil weiterentwickelt hat; und so, meint Kohut, kann die Psychoanalyse in diesen Fällen als eine besondere Art von Behandlung wirksam angewandt werden. Er fügt der psychoanalytischen Technik die Erkenntnis hinzu, daß die wesentliche Aufgabe darin besteht, den pathogenen Kern aufzulösen, sobald er reaktiviert ist und in die Übertragung eintritt. Wo diese Reaktivierung nicht stattfindet und wo Übertragungs-Regression schwere Fragmentierung beschleunigen kann, sollte eine andere — nicht analytische — Methode gewählt werden. Kohuts theoretisches Postulat beruht auf seiner Abgrenzung zweier getrennter und weitgehend unabhängiger Entwicklungslinien: 1. der von der Autoerotik zum Narzißmus und zum Liebesobjekt und 2. der von der Autoerotik zum Narzißmus und zu höheren Formen und Umwandlungen des Narzißmus. Es ist klar, daß er den Narzißmus als eine Entwicklungslinie betrachtet, wenn er sie folgendermaßen definiert: »Wie ich es ganz allgemein sehe, wird der Narzißmus nicht durch das Ziel der Triebinvestition definiert (d. h., ob es das Subjekt selber ist oder andere Personen), sondern durch die Natur und Qualität der Triebladung.«[2]

Er stellt die zentrale Psychopathologie der narzißtischen Persönlichkeitsstörungen den Psychosen und Borderline-Zuständen gegenüber. Narzißtische Persönlichkeitsstörungen, so behauptet er, betreffen psychisch ausgearbeitete, kohäsive, stabile Konfigurationen, die zum Stadium des Narzißmus gehören, d. h. zu dem Stadium, das der Autoerotik folgt. Er bezeichnet dieses Entwicklungsstadium als das »Stadium des kohäsiven Selbst«[3], und fährt dann fort, die normale Linie der narzißtischen Entwicklung aus dem frühen Gleichgewicht des primären Narzißmus zu beschreiben. Gleichgewicht wird durch Frustration gestört. In dem Versuch, es wiederherzustellen, richtet das Kind ein grandioses, exhibitionistisches Bild des Selbst auf und übergibt den Wunsch nach Perfektion einem bewunderten, omnipotenten Selbst-Objekt. Bei der normalen Entwicklung wird die archaische Grandiosität in die erwachsene Persönlichkeit resorbiert und integriert, und das idealisierte Eltern-Bild wird als Teil des Über-Ichs internalisiert.

Kohuts Sprache ebenso wie gewisse Aspekte seiner theoretischen Formulierungen folgen einer vor-ich-psychologischen Terminologie und Konzeption, denn entwicklungsmäßig denkt er in der Richtung des Fortschreitens von der Autoerotik zum Narzißmus. Jeder Versuch, dies mit der Entwicklung, wie sie von Hartmann, Kris, Loewenstein, Spitz, Jacobson und Mahler postuliert wird, in Einklang zu bringen, würde Reduktion bedeuten. Um der Klarheit willen sollten wir uns hier daran erinnern, daß das erste Stadium des Lebens beim Neugeborenen verschie-

---

[2] H. Kohut, *Narzißmus.*
[3] Ibid.

den benannt wird: Autoerotik, Primärnarzißmus, Nicht-Differenziertheit, die objektlose Phase, Autismus. Wie auch immer, es besteht doch allgemeine Übereinstimmung darüber, daß dies das Lebensstadium ist, in dem es kein Gewahrwerden der Außenwelt gibt. Da der Begriff Autoerotik in der Literatur vorherrscht, wird er von Kohut berechtigterweise in seiner klassischen Bedeutung gebraucht. Escalona und Spitz definieren und gebrauchen ihn in einem anderen Sinne, nämlich in dem, daß das Kind seine eigenen Hilfsquellen im Dienste der Entwicklung entdeckt. Für sie ist daher Autoerotik eine *Aktivität*, die auf einer höheren Ebene der Entwicklung wirksam wird. Für die Klassiker ist es ein *Zustand des Seins*.

Ähnlich ist es mit dem Terminus *Narzißmus*, der — im Sinne von Kohut — von der vor-ich-psychologischen Literatur hergeleitet wird und daher z. B. nicht mit Jacobsons Ansicht über den Narzißmus als einer libidinösen Besetzung der Selbst-Repräsentanzen übereinstimmt, auch nicht mit der Beschreibung des Narzißmus als eines pathologischen Prozesses durch Hartmann und Loewenstein. Sie haben Kohuts Betrachtung des idealisierten Selbst-Objekts und des grandiosen Selbst, die für sie normalerweise im Ich-Ideal weiterleben, um etwa zehn Jahre vorweggenommen.

»In der Entwicklung des Ich-Ideals spielt sowohl die Selbst-Idealisierung als auch die der Eltern eine Rolle ... Das Ausmaß, in dem das Ich-Ideal mehr durch frühe Selbst-Idealisierung oder mehr durch die Idealisierung des Objekts bestimmt wird, wird später sowohl für die normale wie für die pathologische Entwicklung wichtig. Von Bedeutung für die zukünftige pathologische Entwicklung mag auch das Weiterbestehen früher Formen der Selbst-Erhebung oder der Überbewertung der Eltern sein, die der späteren Formung der Typen der Idealisierung im Wege stehen.«[4]

Hartmann und Loewenstein befassen sich auch mit der pathologischen Entwicklung, die sich aus der Enttäuschung von den Eltern ergibt, wenn diese vor der Differenzierung stattfindet. Auch Jacobson hat sich mit diesem Thema beschäftigt. Bei Hartmann dreht es sich notwendigerweise darum, ob der Narzißmus in der triebhaften oder der neutralisierten Form besteht. Dies, so glauben wir, vermeidet Unklarheiten in bezug darauf, ob der Narzißmus pathologisch ist oder eine normale Entwicklungsphase darstellt. Auch Kohuts Konzept des *Selbst* unterscheidet sich von dem von Hartmann und Loewenstein. Diese sagen: »... wir betrachten das Selbst nicht, wie es manche Analytiker tun, als ein getrenntes psychisches System, das man sich in demselben Sinne wie das Ich, das Es und das

---

[4] H. Hartmann und R. M. Loewenstein, »Notes on the Superego«.

Über-Ich vorstellen muß«[5]. Kohut meint in bezug auf das Selbst, daß es — während es kein Agens des Geistes ist — doch eine Struktur innerhalb des Geistes darstellt, da es a) mit Triebenergie besetzt ist und b) zeitliche Kontinuität besitzt, d. h., es ist beständig. Da es eine psychische Struktur ist, hat das Selbst außerdem eine psychische Lokalisation.

Indem er zur Psychopathologie übergeht, beschreibt Kohut die gestörte Entwicklung, die erfolgt, wenn ein schweres narzißtisches Trauma stattfindet: »... das grandiose Selbst verschmilzt nicht mit dem wesentlichen Ich-Inhalt, sondern wird in seiner unveränderten Form beibehalten und strebt nach der Erfüllung seiner archaischen Ziele«[6]. Wenn die Enttäuschung sich auf den bewunderten Elternteil bezieht, so wird das idealisierte Selbst-Objekt nicht in einen internalisierten, selbstregulativen Aspekt der Struktur umgewandelt. Solch eine Entwicklungsstörung wird weitgehend durch die Schwächen der Mutter-Person gefördert. Eine traumatische Enttäuschung resultiert aus ihrer mangelnden Fähigkeit, Empathie mit dem Kinde zu empfinden, als eine zusätzliche unterstützende Reiz-Schranke zu dienen, ein spannungsmilderndes Regulativ zu sein und diejenige Anregung und Befriedigung zu bieten, die es dem Kinde ermöglichen anzufangen, sich selbst als Person zu betrachten. Daraus ergibt sich eine allgemeine strukturelle Schwäche, die nicht imstande ist, eine grundlegende narzißtische Homöostase aufrechtzuerhalten. Spätere Entwicklungsphasen mögen durch diese grundlegende Schwäche dann weiter beeinträchtigt werden. So kann z. B. ein massives ödipales Trauma das idealisierte äußere Gegenstück des internalisierten Objekts zerstören und so zu einer jener Gefahren für die Homöostase werden, die eine regressive Suche nach einer Idealfigur überstürzt. Offenbar ist dann auch die Entwicklung des Über-Ichs gestört.

Eine von Kohuts wertvollsten Formulierungen ist die des Selbst als eines Spannungsregulativs. Diese Fähigkeit entsteht durch etwas, das Kohut *umwandelnde Internalisierung* nennt. Er beschreibt drei Stadien in diesem Prozeß, wobei er voraussetzt, daß keine traumatische Enttäuschung dazwischenkommt: 1. Die Psyche muß ein Stadium der Rezeptivität für spezifische Introjekte erreicht haben. 2. Der Entzug der Besetzung von dem idealisierten Objekt muß fraktioniert vor sich gehen, d. h. allmählich und in Teilen, um eine plötzliche, schwere und traumatische Enttäuschung von dem ganzen Objekt zu verhindern. 3. Die Betonung muß sich von der Persönlichkeit des Objekts als Ganzes auf gewisse seiner spezifischen Funktionen verschieben. »Mit anderen Worten, jetzt führt die

[5] Ibid.
[6] H. Kohut, *Narzißmus.*

innere Struktur die Funktionen aus, die das Objekt vorher für das Kind vollführt hat.«[7]

Wenn keine Internalisierung stattfindet, erwirbt das Individuum keinen beruhigenden Mechanismus, wie z. B. den, der zum Schlaf verhilft. Zur Illustration erwähnt Kohut die Psychopathologie der Drogensüchtigkeit. Er behauptet, daß die psychische Facette des Verlangens nach Drogen nicht, wie gewöhnlich angenommen wird, eine Objektsuche, sondern ein verzerrter Versuch ist, eine Struktur zu erzeugen, wo ein Partner in der Dyade fehlt, dessen Aufgabe es ist, Gelegenheit zur Umwandlung der Internalisierung zu verschaffen. Kohut unterscheidet zwischen archaischen (undifferenzierten) Selbst-Objekten und internalisierten Strukturen, die die vorher vom Objekt ausgeführten triebregulierenden Funktionen übernehmen, und dem echten äußeren Objekt. Als Illustration für das erstere zitiert er das Gefühl der Leere, wenn der beruhigende Therapeut nicht zugegen ist, und jene Art von Patienten, die bei der Übertragung das Bedürfnis nach einem archaischen, narzißtisch erlebten Selbst-Objekt reaktivieren.

Die Besetzung des kohäsiven Selbst — so behauptet er — ist für die Entwicklung kritisch. Für das sich entwickelnde Kind gibt es eine Zeit, in der Grandiosität altersgerecht ist. Wo aber keine Kohäsion vorhanden ist, liegt die Pathologie in der Tatsache, daß das archaische grandiose Selbst in der Abwehr aufgelöst worden ist, um Fragmentierung zu vermeiden. So wird denn das grandiose Selbst nicht allmählich in die realitätsorientierte Organisation des Ichs integriert. Es gibt drei Formen des grandiosen Selbst, die drei Entwicklungsebenen darstellen. Die archaischste Form ist die, bei der das grandiose Selbst das Objekt absorbiert. Die zweite, als »Zwillingschaft« (twinship) oder »alter ego« bezeichnet, ist etwas weniger archaisch, da in ihr die Existenz eines Objekts zugegeben wird, wenn auch immer noch eines, das ein Teil seiner selbst ist. Eine dritte, noch weniger archaische Form sucht Bestätigung der Existenz durch das Objekt. Kohut beschreibt diesen zuletzt genannten Typ der Entwicklung als einen, der sich auf die Zeiten bezieht, in der die Reaktion der Mutter auf das Kind, die Tatsache, daß sie es beim Namen nennt, und ihre Freude an ihm die Entwicklung unterstützen.

In bezug auf die Technik zeichnet sich Kohut dadurch aus, daß er dem Analytiker — in unserem Zusammenhang dem Therapeuten — anrät, Gebrauch von der Übertragung (oder etwas Gleichwertigem) zu machen und seine Fähigkeit zur Empathie den Bedürfnissen des Patienten anzupassen. Bei der Art von Patienten, die Kohut meint, ist in der

---

[7] Ibid.

Therapie der ursprüngliche archaische Zustand wiederhergestellt worden, und der Analytiker muß sich daher auf dieses Niveau einstellen. Der Grund für seine theoretische Umreißung der narzißtischen Entwicklung wird deutlich, wenn er auf die technischen Richtlinien zu sprechen kommt. Das Ziel seiner Behandlung ist es, abgespalteten oder verdrängten narzißtischen Besetzungen des prästrukturierten, idealisierten Selbst-Objekts und des grandiosen Selbst Zugang zum Ich zu verschaffen. Um diesen Vorgang zu unterstützen, muß er ein Objekt darstellen — im Gegensatz zu der therapeutischen Haltung bei der Behandlung der Neurose, bei der der Analytiker der Empfänger einer reinen Übertragungs-Ideation ist. Ein wichtiger Teil der therapeutischen Arbeit ist bei Kohut der Reaktion des Patienten auf den Verlust des narzißtisch erlebten Objekts gewidmet. Das Eingreifen muß so geplant werden, daß es die nichtintegrierten Aspekte der Entwicklung in die erwachsene Persönlichkeit einzuschließen erlaubt. Bei der Spiegelübertragung z. B. müssen die infantilen Phantasien der exhibitionistischen »Größe« wiedererlebt werden. Bei der idealisierenden Übertragung muß der Therapeut imstande sein, die unrealistische, exzessive Bewunderung des Patienten zu ertragen: »Der Patient lernt zuerst, diese Formen des Narzißmus in ihrer therapeutischen Aktivierung zu erkennen — und er muß zuerst imstande sein, sie als reifungsmäßig gesund und nötig anzuerkennen —, bevor er die Aufgabe übernehmen kann, sie allmählich umzuformen und sie in die höhere Organisation der erwachsenen Persönlichkeit einzubauen und sie für seine reifen Ziele und Zwecke einzuspannen.«[8]
Die Fallstricke, die die Gegenübertragung bei der Behandlung solcher Arten der Übertragungs-Phänomene aufweist, sind besonders zahlreich. (Wir werden hier an Freuds Ermahnung erinnert, daß der Analytiker sich davor hüten muß, die Bewunderung des Patienten dem Charme seiner Persönlichkeit zuzuschreiben.) Kohut betont hier Empathie und Billigung. Die narzißtische Persönlichkeit ist besonders empfindlich gegen Zurückweisung, und daher muß der Analytiker — anstatt auf seinen Mangel an Realismus hinzuweisen — geduldig der synthetischen Funktion des Ichs erlauben, von sich aus allmähliche Dominanz über die narzißtischen Teile der Persönlichkeit, wie sie sich entfalten, zu erreichen. Solche Patienten können für denjenigen Therapeuten besonders frustrierend werden, dem es schwerfällt, therapeutisches Nichteingreifen zu ertragen. Die Ergebnisse der Therapie beziehen sich strukturell auf die Integration entweder des idealisierten Eltern-Bildes oder des grandiosen, exhibitionistischen Selbst innerhalb des Ichs. Als ein sekundäres Ergebnis

---

[8] Ibid.

der Behandlung wird die Objektliebe möglich, weil hinter dem Wall des regressiven Narzißmus objektlibidinöse, affektive Bindungen liegen. Kohut behauptet nicht, daß ein solches Resultat einen Übergang vom Narzißmus zur Objektliebe anzeige, sondern daß wegen der narzißtischen Persönlichkeitsstörung die bereits bestehende Objektliebe an inzestuöse Objekte gebunden bleibt — eine Art sekundärer Pathologie. Im Verlaufe der Behandlung erlaubt die größere Verfügbarkeit von Libido eine emotionale Vertiefung der Objekt-Strebungen, und die größere Kohäsion des Selbst verstärkt die Fähigkeit zur Objektliebe. Als ein Nebenprodukt der Therapie werden auch wertvolle sozio-kulturelle Attribute erreicht. Der Patient erwirbt die Fähigkeit zur Empathie, zur Kreativität, zum Humor, zur Vernunft — alles Qualitäten, die jetzt autonom sind, da sie von ihrem narzißtischen Ursprung abgelöst sind. Der Unterschied zwischen Kohuts Theorie und der Ich-Psychologie ist also beträchtlich. Trotzdem sind einige seiner technischen Methoden wegen seiner großartigen empathischen Fähigkeit, mit den Bedürfnissen des Patienten nach einer Reparatur früher dramatischer Objektbeziehungen umzugehen, außerordentlich wertvoll.

Sowohl Kohut als auch Kernberg behaupten, daß die Pathologie stabil sein könne, und in der Tat ist es diese Annahme, auf der ihre diagnostischen Schlüsse basieren. Kernberg erwähnt eine »recht spezifische und bemerkenswert stabile Form der Pathologie der Ich-Struktur«[9]. Die Haltung der beiden Autoren zu diesem Problem spiegelt das Nebeneinander zweier unterschiedlicher Wege des Theorieaufbaus und infolgedessen der Ausarbeitung von Techniken wider. Kohut besonders folgt der Tradition einiger der besten Theoretiker in der Geschichte der Psychoanalyse — wie Nunberg und Waelder —, die, wenn sie sich auch nie von der klassischen Theorie entfernt haben, imstande waren, ich-psychologische Phänomene innerhalb der Grenzen ihres theoretischen Bezugssystems ohne die Konstrukte der Ich-Psychologie miteinzuschließen und zu klären. Grundlegend in der ich-psychologischen sowie in der prä-ich-psychologischen Theorie ist der metapsychologische Aspekt der Kräfte, ihres Zusammenspiels und der Träger, die sie hervorbringen, und dieses dynamische Konzept haben diese Klassiker mit so glänzender Virtuosität benutzt. Es war aber Freud selbst, als wichtigster unter den Klassikern, dessen Werk so befruchtend war, daß es noch eine andere Richtung aufzeigte, die von Hartmann und denen, die sein Werk weiter ausgearbeitet haben, verfolgt wurde. Wenn man Freuds tatsächliche therapeutische Technik überschaut, bemerkt man, wie gründlich er das Ich

---

[9] O. F. Kernberg, »Borderline Personality Organisation«.

und das Konzept der Entwicklungslinien verstanden hat, noch lange, bevor sie definiert und beschrieben worden sind. Wir werden später auf Sharpe zurückkommen, einen jener brillanten Kliniker, die schon vor dem Auftauchen der Ich-Psychologie als Theorie ich-psychologische Techniken verstanden und anwandten.

Es blieb Hartmann vorbehalten, diesen Aspekt von Freuds Werk weiterzuführen und die theoretische Formulierung der Ich-Psychologie und der psychoanalytischen Entwicklungspsychologie anzuregen. In seiner Arbeit über die Anpassung geht Hartmann auf das Erreichen eines Gleichgewichts als grundlegend für den Prozeß der Anpassung ein. Wie Gleichgewicht und Anpassung voneinander abhängig sind, geht schon aus ihrer Definition hervor. Webster[10] definiert »Anpassung« als »die Modifikation eines Organismus oder seiner Teile oder Organe mit dem Ziele, ihn für die Existenz unter den Bedingungen seiner Umgebung besser geeignet zu machen«. Gleichgewicht wird als ein Zustand der Anpassung zwischen entgegengesetzten oder auseinanderstrebenden Elementen definiert. Hartmann erörtert die Beziehungen zwischen Anpassung und Zusammenpassen, indem er die vier Formen des Regulationsprozesses postuliert, die auf S. 38 beschrieben worden sind. Das Ich ist jedoch das spezifische Anpassungsorgan, und seine »synthetische Funktion ist . . . die eines eigenen Organs des Gleichgewichts, das der Person zur Verfügung steht«[11].

Wenn man Hartmanns theoretische Wege verfolgt, sieht man, daß die Ich-Entwicklung, der tatsächliche Vorgang der psychischen Strukturierung, der Integration dieser Strukturen in die Persönlichkeit und die sich daraus ergebende Anpassung des Individuums an seine Umgebung sowohl Vorgänge wie Ergebnisse der Entwicklung sind. Wir können die innere Stabilität des Individuums ebenso wie seine Fähigkeit, stabil in seiner Umgebung zu bleiben, als Folge der Vorgänge ansehen, die auf den verschiedenen Entwicklungslinien stattfinden, die beschrieben worden sind und auf die wir in Kapitel 7 näher eingehen werden. So werden also Stabilität, Gleichgewicht, Zusammenpassen und Anpassung zum Ziel der Strukturierung der Psyche. Das bringt uns dazu, Stabilität als das Endergebnis des Wachstumsprozesses anzusehen. Das Postulat einer stabilen Pathologie ist mit dieser Ansicht unvereinbar, insofern als Stabilität, wieweit sie immer erreicht worden ist, aus dem Funktionieren des Ichs resultiert. Wir möchten hier zwei Analogien bringen: Erstens wollen wir einmal die Stabilität eines Flugzeugs betrachten. Der Auto-

[10] *Webster's Third New International Dictionary.*
[11] H. Hartmann, *Ich-Psychologie und Anpassungsproblem.*

pilot, der mit einer gyroskopischen Apparatur ausgestattet ist, wie wir annehmen, reagiert auf Veränderungen des äußeren Luftdrucks, indem er die erforderlichen Veränderungen in den Landeklappen und den Trimmrudern auslöst. Wo der Druck nicht vollständig ausgeglichen werden kann, hängt der Grad des Erreichens der Stabilität vom Funktionieren der Apparatur ab und nicht vom Druck oder von der Pathologie. Zweitens: Der Ozeandampfer benützt die Stabilisatoren und das Gyroskop, mit denen er ausgestattet ist, um sein Gleichgewicht aufrechtzuerhalten. Droht nun aus irgendwelchen inneren oder äußeren Gründen dem Schiff Schlagseite, so ist die Tatasache, daß das gestörte Gleichgewicht wieder stabilisiert wird, eine Folge der Tätigkeit dieser Apparaturen und stellt keine pathologische Erscheinung dar. Wir finden deshalb, daß, wenn wir Stabilität als das Ergebnis von Strukturierung ansehen und Pathologie als das Ergebnis des Fehlens einer solchen Strukturierung, dies dem Therapeuten hilft, Theorie und Technik auf das Problem anzuwenden, und zwar mit einer Genauigkeit, wie sie uns bisher nicht zur Verfügung gestanden hat.

Kernberg und Kohut haben sich also in das Reich der Behandlung von bis dahin verwirrenden pathologischen Zuständen hineingewagt, die weder neurotisch noch psychopathisch sind. Viele begabte Therapeuten haben solche stark gestörten Patienten empathisch-intuitiv behandelt und fahren fort, dies zu tun, ohne aber eine Konzeptualisierung ihres Vorgehens zu versuchen, wie sie von diesen beiden Autoren angeboten wird. Sie haben das Verdienst, kühne Einbrüche in ein verhältnismäßig unbekanntes Gebiet unternommen zu haben. Wir glauben aber trotzdem, daß es — bei dem heutigen Stand unseres Wissens — noch verfrüht ist, spezifische diagnostische Bilder zu umreißen und für sie spezifische Behandlungsmethoden vorzuschreiben. Die allgemeine Richtung, die bei der Untersuchung dieser tieferen Pathologien eingeschlagen worden ist, ist die, daß ihr Ursprung in jener Entwicklungsperiode des Lebens gesucht werden muß, bevor der Prozeß der Differenzierung zwischen Selbst und Objekt stattgefunden hat. Wenn wir die vielfältigen Aspekte der Mutter-Kind-Interaktion in diesen kritischen Monaten untersuchen, so erscheinen leider die Gelegenheiten für eine pathologische Entwicklung zahllos. Im Moment besteht eine weitere theoretische Kontroverse in bezug auf die therapeutischen Möglichkeiten, das präverbale Erleben zu rekonstruieren. Wir glauben, daß es möglich ist, solche Rekonstruktionen vorzunehmen, und wir glauben auch, daß sich aus der laufenden Beobachtung an Säuglingen neues und detaillierteres Wissen ergeben wird. Kris, der sich mit der Rekonstruktion in der Psychoanalyse beschäftigt hat, bemerkte die Kompliziertheit, die sich aus den teleskopisch zusammengeschobenen Erinnerungen und Kombinationen der Abwehr ergibt. Er meint von der Rekonstruktion: »In gewissem Sinne könnte man sagen, daß sie ein hoffnungsloses Unternehmen sei«[12], und fügt hinzu, daß der Zweck der Rekonstruktion — während er in bezug auf die Geschehnisse begrenzt ist — in Wirklichkeit viel weitreichender ist, indem versucht wird, die repetitiven Prozesse herauszufinden, die in die Struktur der Persönlichkeit integriert worden sind und sowohl in den wiederbelebten Formen der Gegenwart wie auch in der Übertragung erkannt werden können. In dieser Beziehung scheint Kris Kohuts Gebrauch der Reaktivierung in der Übertragung zu unterstützen, ebenso wie die Arbeit von Mahler bei der direkten Beobachtung von Säuglingen. Kohut zieht seine eigene Beobachtung vor; er glaubt, daß Spekulationen über die infantile Objektliebe »auf retrospektiver Fälschung und adultomorphen Irrtümern in der Empathie basieren«[13]. Wir glauben, daß weitere Untersuchungen der pathologischen Zustände, die auf ein Versagen in der frühen Entwicklung zurückgehen, und größere Erfahrung in ihrer Behandlung immer deutlichere Konfigurationen hervorbringen werden, gleichsam als diagnostische Größen. Trotzdem ist eine saubere Kategorisierung in der Beschreibung der unendlich großen Zahl der Kombinationen von Entwicklungsfehlern auf dem Wege zur Objekt-Konstanz — so verführerisch dieser Gedanke ist — bei dem jetzigen Stand unseres theoretischen Wissens besser zu vermeiden.

---

[12] E. Kris, »The Recovery of Childhood Memories in Psychoanalysis«.
[13] H. Kohut, *Narzißmus*.

II
Technik

Die Psychoanalytiker meinen schon lange, daß die psychiatrische Klassifikation der Geisteskrankheiten, die sich an das medizinisch-diagnostische Modell anschließt und daher eingeschränkt ist, nicht in befriedigender Weise auf die Diagnostik der emotionalen Probleme übertragen werden kann[1]. Besonders zu betonen ist hier, daß sich — im Hinblick auf die jetzt allgemein bekannte klinische Tatsache, daß ähnliche Symptome bei sonst ganz verschiedenen diagnostischen Situationen vorkommen können — aus ihr keine angemessenen Behandlungsmethoden ableiten lassen. In der Praxis der Medizin werden Krankheiten, die gut bekannt sind, mit Hilfe einer geordneten Abfolge körperlicher Untersuchungen, begleitet von den erforderlichen Laboruntersuchungen, diagnostiziert. Mit der Diagnose steht dann auch die Form der Behandlung fest. Krankheiten, von denen man noch nicht genügend weiß, werden mit Blickrichtung darauf erforscht, Diagnose und Behandlung in das gleiche Ordnungssystem zu bringen wie die bekannten Krankheiten. Bei Kraepelin angefangen bis auf den heutigen Tag tendiert die psychiatrische Nosologie dahin, dem medizinischen Vorbild zu folgen. Die psychiatrische Standardnomenklatur leidet infolgedessen darunter, daß versucht wird, die psychologischen Daten, die doch ganz anderer Art sind als die körperlich-physikalischen, in die medizinische Schablone zu pressen. Psychotherapeuten, konfrontiert mit einer Standardnomenklatur wie z. B. *»depressive Neurose«, »schizoide Persönlichkeit«, »passiv-aggressive Persönlichkeit«*, wissen oft nicht einmal, ob der Patient ein neurotisches (also intaktes) Ich besitzt oder ein Ich mit sowohl neurotischen als auch psychotischen Zügen, oder ob er eine offen psychotische Struktur aufweist.

Das diagnostische Schema, das wir hier vorlegen möchten, stimmt mit der Auffassung überein, daß die Diagnose nicht nach den Symptomen oder Symptom-Gruppen erstellt wird, sondern von der Einschätzung der Struktur des Ichs ausgehen sollte, in welche die Symptome eingebettet

7
Die deskriptive Entwicklungsdiagnose

---

[1] E. Glover, »A Psycho-Analytic Approach to the Classification of Mental Disorders« in »On the Early Development of the Mind«; N. Ross, »An Examination of Nosology According to Psychoanalytic Concepts«.

sind.[2] Bei der psychoanalytischen Behandlung baut die Diagnose auf der Unterscheidung zwischen der *Übertragungsneurose* und der *narzißtischen Neurose* auf. Letztere, heute nicht mehr übliche Bezeichnung bezog sich auf die weniger strukturierte Persönlichkeit, über die zu Freuds Zeiten wenig bekannt war. Den Ich-Psychologen blieb es vorbehalten, herauszuarbeiten, daß Personen, die an einer Übertragungsneurose leiden, eine Ebene der Ich-Entwicklung erreicht haben, welche Übertragung ermöglicht, weil zwischen Selbst- und Objekt-Repräsentanzen unterschieden wird, was es erleichtert, den Analytiker zur Verlagerung und Projektion von Gefühlen und Einstellungen gegenüber Objekten aus der Vergangenheit zu benützen. Da zudem die Realitätsprüfung intakt ist, besteht keine Gefahr, daß der Analytiker mit dem wirklichen Objekt verwechselt wird. Interessanterweise stellte Freud, dem doch an Entwicklungstheorie weniger verfügbar war als uns heute, seine Diagnosen aufgrund der Art, wie das Ich in der therapeutischen Situation funktionierte, und das heißt nichts anderes als aufgrund der Struktur des Ichs. Obwohl wir heute den Prozeß der Strukturalisierung und daher auch die weniger strukturierte Persönlichkeit besser vestehen, gibt es in bezug auf sie noch viele ungelöste Fragen, so z. B. die, ob sie zur Übertragung und zur Übertragungsneurose fähig ist. Diese Fragen wollen wir zu beantworten versuchen. Wir glauben, es ist für die Erlangung von Auskünften zum Zwecke der Diagnose (und ebenso der Behandlung) solcher Art von Strukturen der gangbarere Weg, einen qualitativen Unterschied zwischen der Übertragungsneurose und der narzißtischen Neurose anzunehmen. Wenn man sich, wie dies manchmal versucht wird, diagnostisch und therapeutisch mit der weniger strukturierten Persönlichkeit so befaßt, als ob die Unterschiede nur graduell seien, dann ist das unserer Meinung nach irrig. Bei einer nicht ganz neurotischen Strukturierung kann man sich das sogenannte modifizierte Ich nicht als ein einfaches Kontinuum vorstellen, das von der »Fast-Neurose« über die schweren Borderline-Fälle bis zur Psychose reicht.

Die Bezeichnung »*Ich-Modifizierung*« ist ein Gattungsbegriff und subsumiert vier spezifische Arten der Behinderung: Ich-Defekt, Ich-Abweichung, Ich-Verzerrung und Ich-Regression. Manche dieser Bezeichnungen werden in der Literatur auswechselbar angewandt. Größere Klarheit ergibt sich aber, wenn man sie deutlich voneinander unterscheidet. Wir möchten die Bezeichnung »*Ich-Defekt*« für jene Ich-Be-

---

[2] K. R. Eissler, »The Effect of the Structure of the Ego on Psychoanalytic Technique«.

hinderungen reservieren, die in den Apparaten der primären Autonomie liegen und daher als konstitutionell zu betrachten sind, jedenfalls soweit, wie heute bekannt. »Ich-Abweichungen« ergeben sich aus den Entwicklungsaspekten, die sich zu früh vom Normalen absetzen. Als ein Beispiel kann man wohl die Beschreibung von Spitz von der Aufeinanderfolge der Organisatoren der Psyche gebrauchen. Wenn der erste Organisator sich nicht ganz optimal entwickelt, so belastet dies die glatte Entwicklung des zweiten, und das Endergebnis dieser kombinierten Abweichungen verhindert seinerseits das Auftauchen des dritten Organisators. Ein anderes Beispiel ist das der verfrühten Ich-Entwicklung. Quantitativ mag eine Abweichung so geringfügig sein, daß die Entwicklung dadurch nicht wesentlich behindert wird, oder sie kann — als das andere Extrem — so groß sein, daß die weitere Entwicklung schwer beeinträchtigt wird. Natürlich gibt es viele Abstufungen zwischen diesen beiden Extremen. Die »Ich-Verzerrung« ist eine Ich-Behinderung, die sich aus der Internalisierung fehlerhafter Wahrnehmungen der Selbst- und Objekt-Repräsentanzen ergibt. Eine »Ich-Regression« ist die Folge der Zurückbewegung einer Ich-Funktion von einer schon erreichten höheren Entwicklungsebene auf eine niedrigere und äußert sich gewöhnlich in Verlust oder Minderung dieser Funktion. Einige der krasseren Ich-Regressionen sind Verlust der Sprache, der Fortbewegungfähigkeit, der Sphinkterbeherrschung.

Die Entwicklung des Angstniveaus verläuft von der Furcht vor Vernichtung in den frühesten Lebenswochen zur Furcht vor dem Verlust des Objekts in der symbiotischen, bedürfnisbefriedigenden Phase, von da zur Furcht vor dem Verlust der Liebe des Objekts, wenn die Differenzierung so weit vorgeschritten ist, daß das Kind schon Liebe empfinden kann; und schließlich zur Furcht vor dem Über-Ich, wenn die Verinnerlichungsprozesse den entsprechenden Zustand der Vollendung erreicht haben. Die Fähigkeit, mit Angst fertigzuwerden, zeigt einen Aspekt der Ich-Entwicklung an, der für die Diagnose erhellend ist. Das intakte Ich des Normalen oder des Neurotikers hat irgendwann im zweiten Lebensjahr die Fähigkeit erworben, Angst als Signal anzusehen. Sie droht nicht mehr mit Vernichtung, und man vermag sich — als Reaktion auf das Signal — gegen sie zu wehren. Wenn jedoch diese Entwicklung nicht stattgefunden hat, kann traumatische Angst das Ich überwältigen, genauso wie eine einfallende Armee ein Land besetzen kann, das nicht fähig ist, sich zu verteidigen.

Bei den Grenzfall- und den psychotischen Strukturen Erwachsener sollte man sich stets dessen bewußt sein, daß wir es hier selten, wenn überhaupt, mit einer stagnanten Situation des einfachen Stehenbleibens an einem Punkte der Entwicklung zu tun haben. Außer als Modifizierung (gewöhnlich Ich-Verzerrung) sollte die Regression immer auch als psychosexuell angesehen werden. Die Diagnose hat den Grad der Modifizierung zu berücksichtigen wie auch das höchste Niveau, welches erreicht worden ist, wie auch, wo sich die Regression im Zeitpunkt der diagnostischen Einschätzung befindet. Das intaktere Ich kann die Regression besser rückgängig machen. Der Neurotiker regrediert in psychosexueller Richtung, außer bei einer dauernden Ich-Regression.

Und schließlich wird unsere diagnostische Einstellung von der klinischen Tatsache diktiert, daß alle möglichen Symptome — sogar die, die traditionell als psychotisch angesehen werden — sowohl bei normalen wie auch bei neurotischen Strukturen angetroffen werden. Ein Beispiel dafür ist die Entpersönlichung, die Jacobson[3] bei normalen Frauen gefunden hat, und zwar in der besonders belastenden Situation der nicht-kriminellen, politischen Gefangenschaft. Ein anderes Beispiel ist das des Verlusts einer Ich-Funktion in der neurotischen Struktur. Ein ganz alltäglicher Ausdruck, nämlich »Ich bin sprachlos«, ist manchmal mehr als eine Metapher. Wenn der Streß groß genug ist, kann man die Sprache verlieren oder auch das Gedächtnis und ähnliches. Juristen wissen, daß Zeugen ein und derselben Szene sie verschieden wahrnehmen und erinnern.

Dies sind einige der Gründe für uns, zu glauben, daß eine deskriptive Einteilung genauer ist als eine klassifizierende und — wie schon bemerkt — den Therapeuten auf die Entwicklungsschädigung hinleitet. Da diese Schädigung den erwachsenen Patienten mit einer Ich-Struktur zurückläßt, die in ihrer Qualität so verschieden von der des Neurotikers ist, haben wir auch behauptet, daß die Technik der Psychotherapie nicht einfach eine Erweiterung der psychoanalytischen Technik ist. Wir haben ferner schon gesagt, daß es wahrscheinlich nicht möglich ist — aber auf jeden Fall jetzt noch verfrüht —, zu versuchen, bestimmte diagnostische Bilder aus klinischen Symptomgruppen der Grenzfall-Strukturen abzuleiten.

Die psychoanalytische Diagnose soll hier kurz besprochen werden: Freud hat festgestellt, daß die Neurose das Ergebnis eines ungelösten Ödipuskonfliktes ist. Die Angst stammt von dem Konflikt zwischen Ich und Es oder Ich und Über-Ich oder Es und Über-Ich und wirkt — im Hinblick auf die Fähigkeiten des neurotischen Ichs — als Signal, auf das hin die Abwehr in Bewegung gesetzt wird. Kompromisse zwischen den Konfliktfaktoren äußern sich in Symptombildung, die eine verkleidete Befrie-

---

[3] E. Jacobson, »Depersonalization«.

digung für jeden Faktor liefert. Die Modell-Neurose Hysterie ist die Folge der Verdrängung inzestuöser Wünsche und eines Kompromisses in der Form von Konversionssymptomen, wenn dies somatisch möglich ist, oder von Phobie-Bildungen, bei denen der Mechanismus der Verschiebung zusätzlich zu dem der Verdrängung benutzt wird, wenn das Soma nicht mit einbezogen ist. Zwangsneurosen gehen in dem Prozeß der Abwehr gegen den Kern des ödipalen Konflikts noch einen Schritt über die Hysterie hinaus. Wo es unmöglich ist, allein durch Verdrängung mit der Angst fertigzuwerden, geht die Zwangsneurose aus der phallisch-ödipalen Situation in die anale über, wo schon existierende Fixierungen den Patienten für die Zwangsneurose prädisponieren. Auf dieser regressiven Ebene werden zusätzliche Abwehrmechanismen, besonders Reaktionsbildungen, die Isolierung und das Ungeschehenmachen benutzt. Freud leitete diese Theorien weithin von Analysen von »Dora«[4], dem »kleinen Hans«[5] und dem »Rattenmann«[6] ab. Es gibt auch neurotische Strukturen, bei denen die Symptombildung nicht besonders hervortritt. Das sind die sogenannten Charakter-Neurosen. Hier verbündet sich das Ich mit der Pathologie, was in Ich-Syntonizität resultiert und mit weniger Leiden für den einzelnen und daher weniger Motivation für eine Veränderung verbunden ist.

Alle neurotischen Strukturen haben gemeinsam, daß das Ich gut entwickelt und intakt ist. Die Regression findet in der Hauptsache in psychosexueller Richtung statt. Ich-Regressionen sind vorübergehend, reversibel und stehen gewöhnlich im Dienste des Ichs[7]. Einige dieser Formulierungen sind in den letzten Jahren erneut geprüft worden. Den klinischen Fakten konnte nicht in jedem Fall entnommen werden, daß Konversionssymptome und Phobien in den Strukturen immer auf der phallisch-ödipalen Ebene bestehen. Rangell zeigte, daß Konversion und Hysterie nicht unbedingt zusammengehören. Ähnlich zeigte Wangh, daß phobische Symptome in anderen als hysterischen Strukturen bestehen. Ross erweiterte und vertiefte die theoretischen Konzepte der Phobien, indem er die Wichtigkeit der Ich-Struktur betonte. Er schlug eine Klassifikation vor, die sich auf die Natur der Objektbeziehungen und der Abwehr gegen Aggression stützt. Indem er die Aufmerksamkeit auf diese Entwicklungsaspekte lenkte — die Indikatoren des Niveaus der psychischen Strukturierung —, lieferte er die Möglichkeit einer präziseren Klas-

---

[4] S. Freud, *Bruchstück einer Hysterie-Analyse.*
[5] S. Freud, *Analyse der Phobie eines fünfjährigen Knaben.*
[6] S. Freud, *Bemerkungen über einen Fall von Zwangsneurose.*
[7] E. Kris, »Psychoanalytic Explorations in Art«.

sifikation. So zeigt sich bei Ross nicht nur die allgemeine Unzufriedenheit mit der Nosologie, sondern er erhellt auch die Wege zu einem besseren klinischen Verständnis der Phobien. Diejenigen, die ganz und gar psychisch sind — so argumentiert er —, unterscheiden sich von denen, die von somatischen Krankheiten begleitet werden, dadurch, daß höhere Ebenen des Ich-Funktionierens, besonders die der Symbolisierung, bei ersteren wirksam sind.

Der psychosomatische Teilbereich der Medizin entwickelte sich in einer von der psychoanalytischen verschiedenen Richtung. Die Anhänger von Alexander schreiben psychosomatische Krankheiten der Übertragung seelischer Vorgänge auf das autonome Nervensystem zu und benutzen hierbei die Existenz der beiden verschiedenen Nervensysteme zu der Erklärung des »geheimnisvollen Sprunges«[8] von der Psyche auf das Soma. Diese Theorie beherrscht die psychosomatische Medizin bis auf den heutigen Tag, obwohl sie nach Ansicht der Psychoanalytiker nicht durch die klinische Beobachtung bestätigt worden ist. Die logische Schlußfolgerung aus der Prämisse, daß psychische Phänomene auf das Nervensystem übertragen werden, wäre die, daß das Nervensystem durch medizinisches Eingreifen beeinflußt werden kann, wie z. B. durch chirurgische Eingriffe — die heute wenig zu diesem Zweck angewandt werden — und Medikamente, die sehr weitgehend benutzt werden. Während kein Zweifel daran besteht, daß Medikamente auf das Nervensystem wirken, so können sie doch nicht die psychischen Ursachen der Krankheit angreifen, was auch die meisten Verfechter der Chemotherapie nicht behaupten. Sie verändern das Verhalten. Die leichte Erreichbarkeit solcher Medikamente, die Tatsache, daß sie vom Arzt ohne Rücksicht auf seine Kenntnisse der Psychologie verschrieben werden können und daß sie viel weniger kostspielig und zeitraubend sind als die Psychotherapie, führen dazu, daß die Chemotherapie den Massen Symptom-Erleichterung verschafft. Dies birgt Gefahren für die Zukunft, von denen einige schon eingetreten sind. Da die Krankenversicherungen — ob nun private oder staatliche — dazu neigen, mehr und mehr die finanzielle Belastung der Therapie zu übernehmen, besteht die Tendenz, die billigste Methode als die beste anzusehen. Wir werden wahrscheinlich eine mit Chemotherapeutika vergiftete Bevölkerung haben, deren psychologische Probleme durch Symptombehandlung verdeckt sind, wobei dann eine grundlegende Heilung nur für die Reichen in Frage kommt.

---

[8] F. Deutsch (Herausgeber), »On the Mysterious Leap, from the Mind to the Body: A Workshop Study on the Theory of Conversion«.

Die psychoanalytische Richtung im psychosomatischen Denken wurde von Schur, einem wissenschaftlichen Nachfolger von Freud, Hartmann und Jacobson, eingeschlagen. Indem er den Begriff der stillen physiologischen Abfuhr ins Innere als den normalen Weg beim Neugeborenen für die Entladung undifferenzierter Triebenergie benutzte, ging Schur dazu über, seine Theorie der »Somatisation« aufzustellen. Er meint, sie sei das Ergebnis der Entneutralisierung der Triebe und der Entdifferenzierung der Selbst- und Objekt-Repräsentanzen. In diesem regressiven Prozeß werden die Wege, die im Säuglingsalter gebahnt worden sind, zurückverfolgt. Schur ist der Ansicht, daß psychophysiologische und nicht streng anatomische Phänomene vorherrschen. Er benutzte einen Fall von Dermatose, um den regressiven Prozeß und das daraus resultierende infantile Zurückgehen auf die Haut für die Affektentladung zu demonstrieren. Die von ihm vorgeschlagene Technik, durch die dieser Prozeß rückgängig gemacht werden könnte, ist die der Verbalisierung als Mittel, eine neutralisierte Abfuhr aggressiver und libidinöser Triebenergien zu fördern.

Das moderne diagnostische Denken wurde von Anna Freud und ihren Mitarbeitern angeregt, die ein erwachsenes Profil mit detaillierten Kriterien der Persönlichkeitseinschätzung aufstellten[9]. Das »erwachsene Profil«, wie es genannt wird, trennt sich radikal von der traditionellen psychiatrischen Diagnose, besonders von der Erwartung, daß eine komplette Diagnose in ein paar Sitzungen erstellt werden kann. Jetzt sind wir der Ansicht, daß eine psychoanalytische Diagnose erst komplett ist, wenn die Behandlung beendet ist. Während das wohl kaum als Anleitung zur Behandlung dienen kann, besteht kein Grund zur Verzweiflung, denn die Diagnose in der Psychotherapie ist, anders als auf vielen medizinischen Gebieten, ein Prozeß, der sich durch die ganze Behandlung zieht. Die Diagnose kann sich während der Behandlung ändern, da die ich-aufbauenden Techniken eine Änderung der Ich-Struktur zum Ziele haben. Tatsächlich kann der Zweck der Behandlung als die Änderung der Diagnose beschrieben werden.

Der erste Schritt zur Diagnose ist der einer versuchsweisen Einschätzung der Ich-Entwicklung, entsprechend seinem Funktionieren in der Gegenwart und in der Lebensgeschichte, besonders auf den Gebieten von Liebe und Arbeit und im Hinblick darauf, wie erfolgreich bestimmte Meilensteine der Entwicklung — die Trennung und Individuation, der ödipale Konflikt und ähnliches — durchlaufen worden sind. Auf Grund solcher ungefähren Daten wird eine versuchsweise Entscheidung getrof-

---

[9] A. Freud, »The Concept of Developmental Lines«.

fen, ob der Patient unter eine der drei breiten Kategorien fällt — die der neurotischen, der Grenzfall-Struktur oder der psychotischen Struktur. Von hier an verläuft die Behandlung, zu der man sich entschlossen hat, Hand in Hand mit der Diagnose. Diagnostische Hypothesen werden überprüft, geändert, verworfen, neu formuliert, je nach dem Zufluß neuer Informationen. Die Behandlung verläuft parallel zur Verfeinerung der Diagnose. In dieser unexakten Wissenschaft müssen wir uns am Anfang damit zufriedengeben, mit der groben und tentativen diagnostischen Hypothese zu arbeiten, die unsere ersten Eindrücke uns geben. Wenn es ziemlich sicher ist, daß es sich um eine neurotische Struktur handelt, so ist, wenn möglich, Psychoanalyse angezeigt. Für die Grenzfall-Strukturen ist psychoanalytisch orientierte Psychotherapie die Methode der Wahl. Bei einer psychotischen Struktur muß man sich entscheiden, ob eine ambulante oder eine Krankenhausbehandlung besser ist. Niemals ist der Therapeut gezwungen, schnelle Entschlüsse zu fassen. Man kann vielleicht eine oder zwei oder sogar zehn oder noch mehr Sitzungen brauchen, sogar um nur zu einer weitgefaßten Diagnose zu kommen.

Eine der Fragen, die am häufigsten gestellt werden, ist die: »Was tut man während einer sich lange hinziehenden diagnostischen Exploration?« Die beste Methode ist die, nachzudenken, während der Patient seine Geschichte vor uns entfaltet. Fragen, die darauf abzielen, Informationen darüber zu bekommen, wie das Ich in verschiedenen Lebenslagen funktioniert hat, sind immer am Platze. So z. B. kann ein Faden im Gewebe der Lebensgeschichte des Patienten dem Therapeuten tentativ den Gedanken geben, daß bei ihm Trennungsangst vorliegen könnte. Er mag am ersten Schultage phobische und andere Reaktionen gezeigt haben. Er kann Angst gehabt haben, als die Familie in eine andere Wohnung oder in eine andere Stadt zog. Der Patient ist vielleicht 30 Jahre alt und lebt noch immer im Hause seiner Eltern; er mag auf ein und derselben Arbeitsstelle geblieben sein, obgleich sich anderwärts Gelegenheiten für ihn geboten hatten. Wenn sich eine solche Richtung in der Vorstellung des Therapeuten abzeichnet, könnte er fragen: »Ist es Ihnen immer schwer, sich von etwas zu trennen?« Solch eine Frage soll ausführlichere Informationen ergeben *und* das Ich des Patienten an seinen Entwicklungsproblemen interessieren. Wie geschickt sich das Ich mit dieser Aufgabe befaßt, bestimmt die Prognose ebenso wie die Diagnose. Wenn man den Patienten dazu bringen kann, aktiv an der Arbeit an sich selbst teilzunehmen, so ist das ein gutes Zeichen für eine künftige therapeutische Allianz. Wir müssen dauernd die Fähigkeit und den guten Willen des Patienten betonen, in der therapeutischen Partnerschaft mitzuarbeiten. Wenn man vom Anfang an Arbeit von ihm verlangt, so wird die Behandlung

— wenn sie erst anfängt — so vor sich gehen, daß man ihn ja schon gelehrt hat, wie er seinen Teil dazu beitragen kann. Patienten sind in verschiedenem Ausmaße fähig mitzuarbeiten, das oft zu der Ich-Stärke in Beziehung steht. Wir verlangen nicht, daß der Patient versuchen soll, über seine Kraft hinaus zu arbeiten; aber gerade die Ermutigung, zu versuchen mitzuarbeiten, ist ein therapeutisches Mittel, das diese Fähigkeit zu verstärken scheint. In den frühen Stadien der Diagnose ist dann also die Form, wie das Ich funktioniert, ein Indikator für seine Stärke und für seine Fähigkeit. Bevor er zu einer einigermaßen zuverlässigen — wenn auch nur versuchsweisen — diagnostischen Entscheidung kommt, ist der Therapeut keineswegs gezwungen, die Behandlung zu übernehmen. Man muß das dem Patienten irgendwie mitteilen, etwa so: »Wollen wir doch zusammen Ihre Probleme ansehen und dann entscheiden, was getan werden muß, wenn wir sie erst besser verstehen.« Das gibt ihm zu verstehen, daß noch keinerlei Verpflichtung besteht, und man versichert sich der Hilfe seines Ichs bei der Exploration der Probleme.

Besonders Anfänger neigen dazu, sich zu früh festzulegen, was sie dann bereuen werden. Die Patientin Andrews war ein 18jähriges Mädchen mit Depression und Suizidneigung. Sie schlug dem Therapeuten vor, einmal in der Woche eine Sitzung zu haben, denn das wäre alles, was sie sich leisten könnte. Ihre Eltern, die in recht guten Verhältnissen lebten, wußten nicht viel über ihren Zustand, und die Patientin bestand in der ersten Sitzung darauf, daß sie nicht mit hereingezogen werden sollten. Der Therapeut wollte nicht die Behandlung eines so ernsten Problems unter den Bedingungen der Patientin übernehmen. Während wir niemals die Autonomie des Patienten beschränken wollen, ist es doch kein Widerspruch dazu, wenn wir in Erwägung ziehen, daß sein Urteil falsch sein könnte. Die Entscheidung über die Form und Häufigkeit der Behandlung ist gewöhnlich Sache des Therapeuten. Er sagte also, daß er sich nicht verpflichten könne, unter den Bedingungen, die die Patientin ihm vorschrieb, zu behandeln und daß er — wenn er keine Gelegenheit hätte, während ihrer Depression in engem Kontakt mit ihr zu stehen — die Behandlung nicht in verantwortlicher Weise durchführen könne. Hierauf setzte sich die Patientin mit ihren Eltern in Verbindung, die zustimmten, ihr die Intensivbehandlung zukommen zu lassen, die solch ein Fall erfordert[10].

Außer der tentativen Entscheidung, ob der Patient eine neurotische, eine Grenzfall- oder eine psychotische Struktur hat, prüft man seinen Entwicklungsgang, um zu einem Urteil über seinen Verlauf zu kommen. Ein

---

[10] Material von Leonora Tint zur Verfügung gestellt.

neurotisches oder ein normales Ich entwickelt sich in mehr oder weniger konsequenter und gleichmäßiger Weise. Triebabschwächung, psychosexuelle Reifung und Ich-Wachstum sind hier durch mütterliche Führung in Gang gehalten worden. Besonders sorgt die geschickte Mutter dafür, daß nicht ein Aspekt in der Entwicklung des Kindes einem anderen zu weit vorauseilt. So könnte z. B. psychosexuelle Reife, die biologisch bestimmt ist und daher nicht so sehr den Umwelteinflüssen unterliegt, nach ihrem eigenen Zeitplan vor sich gehen, unabhängig davon, ob die Ich-Entwicklung Schritt gehalten hat. Das kann traumatisch wirken, denn das Ich ist dann gezwungen, mit den Reifungsforderungen fertigzuwerden, für die es noch nicht genügend entwickelt ist. Gewöhnlich sieht man solch eine Ungleichmäßigkeit bei den Grenzfall-Strukturen und beim Psychotiker, der reifungsmäßig vielleicht die phallische Phase erreicht hat, während das Ich relativ unterentwickelt ist und keine Abwehrkräfte besitzt, die es ihm ermöglichen würden, mit der Angst fertigzuwerden, die durch Triebforderungen entsteht. Ob die Entwicklung verhältnismäßig gleichmäßig oder chaotisch war, kann gewöhnlich in ein paar Sitzungen festgestellt werden, indem man beobachtet, welches die höchste psychosexuelle und Entwicklungsebene ist, die erreicht worden ist; ferner das Ausmaß der Regression, die Art der Abwehr, die vorhanden ist und ob sie traumatische Angst verhüten kann, ob die Produktionen hauptsächlich im Sekundärprozeß liegen oder ob Primärprozesse eingreifen; wie das Verhalten gegenüber dem Therapeuten und anderen wichtigen Personen ist — dies ist ein Schlüssel zu dem Niveau der Objektbeziehungen.

Es gibt Fälle, die deutlich schwer pathologisch sind. Offene Psychose mit Halluzinationen, Wahnvorstellungen, Entpersönlichung, übermäßig großen Stimmungsschwankungen, suizidaler Depression und ähnlichem ist weniger ein Problem der Diagnose als der Handhabung und Behandlung. Wenn ein Suizidversuch nur durch das Dazwischentreten äußerer Zufälle mißlungen ist, so ist dies ein sichereres Krankheitszeichen als einer, der mißlungen ist, weil sogar während des Versuchs, sich das Leben zu nehmen, doch noch etwas von einem Lebenswillen vorhanden war. Manchmal wird man an dem Zeitpunkt konsultiert, an dem die Dekompensierung schnell fortschreitet, und der Zusammenbruch erfolgt dann vor den Augen des Therapeuten. Bei einer solchen ersten Konsultation z. B. hatte eine Patientin unerträgliche Angst, weil die Jalousien nicht geradestanden. Sie mußte also ins Krankenhaus eingeliefert werden. Bei ihr war die Regression bis zur Vernichtungsangst vorgeschritten. Im Vergleich dazu kann der Zwangsneurotiker zwar ebenfalls Angst bekommen, weil die Jalousien nicht geradestehen, aber seine Angst liegt auf der Ebene der Furcht vor dem Über-Ich. Im erstgenannten Fall war die Zwangsabwehr zusammengebrochen, im zweiten blieb die Abwehr trotz der Angst intakt. Ein Patient mit noch standhaltender Abwehr mag die Jalousien geraderücken oder den Therapeuten bitten, es zu tun. Er mag vielleicht Staub vom Tisch wischen; er mag die Sachen auf dem Schreibtisch zurechtrücken. Der dekompensierte Patient ist so überwältigt, daß es — wie bei einem Säugling — nicht in seiner Macht steht, die Situation zu ändern.

Einige weniger deutliche, aber ebenso krankhafte Zeichen eines herannahenden oder potentiellen Zusammenbruchs können auch schon bei der ersten Konsultation entdeckt werden, wie z. B. ein kraß unpassendes Sozialverhalten. Eine Frau kam zur Beratung zu einem männlichen Therapeuten in dem kürzesten Minirock, den man sich vorstellen kann, und setzte sich in einer Weise hin, die darauf zielte, möglichst viel zu zeigen. Dies einfach ein verführerisches Verhalten zu nennen, würde die diagnostische Genauigkeit beeinträchtigen, und zwar dadurch, daß damit die Unterscheidung zwischen den Entwicklungsniveaus verwischt werden würde. Bei der echten Hysterie mag der Patient inzestuöse Wünsche durch verführerisches Verhalten ausagieren. Es ist nicht wahrscheinlich, daß dies geschieht, bevor sich eine Übertragungsneurose etabliert hat — ein Zeichen, daß die Verführung objekt-gebunden ist. Der weniger strukturierte Patient, dessen Verhalten direkt bizarr ist, hat sich chaotischer entwickelt, und so weiß das Ich nicht, wie es mit den sexuellen Trieben fertigwerden soll, noch besteht ein echtes Objekt im Sinne der Objekt-Konstanz. Jeder Fremde kann dazu herhalten, denn es besteht kein von dem Bedürfniszustand unabhängiges *Objekt*, sondern *nur* ein Bedürfniszustand. Das Verhalten von Patienten mit solchen Strukturen wird oft irrtümlich als sexuelles Ausagieren beschrieben. Echtes Ausagieren wird durch unbewußte Phantasien motiviert, während lässiges Sexualverhalten öfter, als man denkt, einfach die Befriedigung eines Bedürfnisses ohne das Bestehen einer objekt-gebundenen Phantasie darstellt. Bei der weniger strukturierten Persönlichkeit ist daher das technische Problem nicht, das Unbewußte bewußtzumachen, sondern, das Ich in die Lage zu versetzen, durch Neutralisierung der Libido und der Aggression mit den Trieben fertigzuwerden und sie so zum Aufbau der höheren Ebenen der Objektbeziehungen verfügbar zu machen. Den Unterschied zwischen »Agieren« und »Ausagieren« zu entdecken ist nicht schwer, wenn der Therapeut bei der Diagnostizierung im Auge behält, daß bei der schweren Pathologie ein zentraler Zug die Pathologie der Objektbeziehungen ist. *Ausagieren* bezieht sich auf ein Verhalten, das von unbewußten, objektgebundenen Phantasien motiviert ist, verdrängt von einem Ich, das fähig ist, Abwehr auf einem so hohen Niveau zu benutzen. Bei der Behandlung konzentrieren sich solche Phantasien in der Übertragungsneurose auf den Therapeuten als den Repräsentanten des primären Objekts. Wenn sie interpretiert und durchgearbeitet werden, hört das Ausagieren auf. *Agieren* andererseits kann das Ergebnis einer direkten Triebentladung sein, weil die Fähigkeit des Ichs für den Aufschub minimal ist, oder es mag auch eine Reproduktion präverbaler Erfahrung darstellen.

Wir möchten im folgenden eine eingehende klinische Illustration davon geben, wie Diagnose und Behandlung Hand in Hand gehen, und diese beiden Prozesse erklären und beschreiben. Fig. 1 (am Ende dieses Kapitels) zeigt die Entwicklungsaspekte, die bei der Diagnosestellung in Betracht gezogen werden müssen. Niemals werden aber all diese diagnostischen Kriterien zusammen vorliegen.

Der Patient Baker bekam seine ersten unerträglich schweren Angstzustände nach der Abschlußprüfung am College. Sobald er eine Anstellung gefunden hatte, suchte er den Therapeuten auf. Baker war das älteste von vier Geschwistern. Nach ihm wurde, als er vier Jahre alt war, ein Mädchen geboren. Gleich in der ersten Sitzung sagte er, sein Verhältnis zu seiner Mutter sei immer gut gewesen. Der Therapeut wunderte sich darüber, denn der Patient zeigte intensive Angst und war in Momenten von Streß unfähig, die richtige Abwehr gegen sie aufzurichten. Dies ließ es dem Therapeuten zweifelhaft erscheinen, ob die Mutter-Kind-Beziehung hinreichend gewesen war. Später, im Verlaufe der Behandlung, stellte sich heraus, daß der Patient diese Beziehung nur für gut hielt, weil sie nicht getrübt gewesen war. Er hatte keine Vergleichsmöglichkeiten, um zu wissen, daß seine Mutter kalt und uninteressiert war, kein Empfinden für seine Gefühle hatte, denn er hatte ja niemals erfahren, was mütterliche Wärme bedeutet. Erst als er sah, daß der Therapeut anders war, merkte er, was ihm in seiner Kindheit entgangen war. Seine Mutter war immer dagewesen — eine Lebenssituation, die eine Art von Gleichmäßigkeit an sich hat, was seine Vorteile hat, es aber für das Kind schwermachte, die Qualität ihrer Gegenwart richtig einzuschätzen. Im Gegensatz dazu ist krasses Verlassen ein akutes Trauma — das kann man nicht leugnen. Baker litt aber an dem chronischen Trauma, daß niemand auf ihn eingestellt war.

Es hat keinen Zweck, die Überzeugungen des Patienten über wichtige Beziehungen zu früh herauszufordern; denn die Objektbeziehung, sogar die Besetzung durch ein negatives Objekt, muß aufrechterhalten werden. Nur ganz allmählich — im Rahmen einer guten Arbeitsgemeinschaft — kann ein Patient anfangen, die Interpretation einer verzerrten Objekt-

Repräsentanz zu akzeptieren und zu ertragen. Es kommt ein Zeitpunkt in der Behandlung, an dem es dem Patienten hilft, wenn er weiß, daß seine Aggression gegen das negative Objekt berechtigt war; aber dieser Zeitpunkt liegt niemals im Anfangsstadium der Diagnostizierung. Im Falle von Baker entschied sich der Therapeut statt dessen, Einzelheiten mit Fragen wie »Können Sie ein Beispiel dafür geben, wie sie Sie behandelt hat?« herauszubekommen. Beim Nachdenken über die Antwort kommt das Ich manchmal zu seiner eigenen Erkenntnis, daß die Mutter vielleicht nicht so gut war, wie sein Bedürfnis, um jeden Preis ein Objekt zu haben, ihn sie ansehen ließ. Wenn das geschieht, so korrigiert das Ich seine eigene Verzerrung, ohne hartes Eingreifen des Therapeuten.

Seinen Vater beschrieb Baker ganz anders, und zwar als einen Tyrannen, der alles, was das Kind tat, überwachte. Je mehr Einzelheiten zutage traten, desto mehr fiel die widerwillige Fügsamkeit des Patienten auf. Es wurde viel gestritten, und niemals vertrugen sich Vater und Sohn oder ließen sie von ihren tagtäglichen Auseinandersetzungen ab. Versuchsweise dachte der Therapeut zuerst an die Möglichkeit, daß der aggressive Trieb benutzt wurde, um libidinöse Bindungen zu perpetuieren. (Diese Art endloser Streitereien sieht man öfters in Ehen, in denen eine enge Beziehung unbewußt erstrebt, aber so gefürchtet wird, daß eine aggressive Abwehr dagegen aufgerichtet wird — eine Form der Abwehr, die gleichzeitig den Wunsch nach zornigem Nahesein befriedigt.) Der Vater des Patienten vergaß oft den Namen des Kindes und rief ihn mit den Namen einiger seiner eigenen Brüder oder der anderen Kinder in der Familie. Das legt nahe, daß die Objektbesetzungen des Vaters — trotz des scheinbaren Interesses an dem Sohn — unstabil waren. Er kannte weder die Individualität des Jungen noch hatte er irgendein elterliches Interesse daran, sie zu fördern. Der Therapeut dachte — immer noch tentativ —, es handle sich bei Baker um eine Grenzfall-Struktur, und stützte dies auf die Hypothese, daß in diesem elterlichen Klima die Trennungsindividuation nicht erfolgreich durchgeführt werden konnte. Auf der prognostisch günstigen Seite machte Baker den Eindruck, daß er gute angeborene Anlagen hatte, die wahrscheinlich eine schwerere Entwicklungsstörung verhütet hatten und Verbündete bei der Behandlung zu sein versprachen. Dies alles ergibt aber noch keine ausreichende Basis für eine sichere Diagnose. Wir müssen mehr über die mütterliche Seite des Bildes und über die frühe Kindheit wissen. Wir müssen auch die endopsychischen Aspekte kennen. Sie vermag der Patient nicht anzubieten, weil sie unbewußt sind. Im allgemeinen ist es wahrscheinlicher, daß der Patient die zwischenpersönlichen statt der inneren Besonderheiten seiner Lebenserfahrungen hervorhebt.

Bei der diagnostischen Bewertung kann man nur das über die frühe Kindheit lernen, was bewußt in Erinnerung gebracht wird. Die Hauptereignisse, über die Baker berichtete, waren die Furcht bei der Einschulung und das Folgende: Als er drei Jahre alt war (wahrscheinlich kurz vor der Geburt der Schwester), ließ ihn seine Mutter einmal vor einem Kaufhaus warten. Es kam ihm vor, als bliebe sie eine ungewöhnlich lange Zeit fort, und er wurde ängstlich. Er ging in das Kaufhaus, um sie zu suchen, verirrte sich aber hoffnungslos. Eine andere Erinnerung, die nicht spontan, sondern auf etwas Befragung hin vorgebracht wurde, war, daß er sich vollkommen ignoriert fühlte, als seine Geschwister geboren wurden. Der Therapeut glaubte — reservierte sich das aber für einen späteren Zeitpunkt —, daß er auch den »kastrierten« Zustand der kleinen Schwester beobachtet haben müsse, was einen tiefen Eindruck auf einen Jungen auf der Höhe der phallischen Phase gemacht haben mußte. Eine Vermutung, die sich ergab, als der Therapeut sich über die Schlafzimmeranordnung informierte, war, daß das Kind die Ur-Szene beobachtet hatte. Auch dies wurde aber noch in Reserve gehalten, da er wußte, daß Phantasien, die vorläufig noch unbewußt waren, im Verlaufe der Behandlung auftauchen würden.

Die innere Struktur des Patienten konnte in gewissem Grade aus seinem Benehmen und seiner Haltung dem Therapeuten und dem Behandlungsplan gegenüber abgeleitet werden. In dieser Anfangszeit kam er dreimal in der Woche. Wir haben oben einen Fall beschrieben, bei dem wir rieten, daß der Therapeut sich nicht dem Diktum des Patienten über die Häufigkeit der Sitzungen unterwerfen sollte. Das war aber in einer gefährlichen Situation, da eine suizidale Depression vorlag. Im vorliegenden Falle war es klüger, so anzufangen, wie der Patient es wünschte. Als der Therapeut diese Entscheidung traf, dachte er an die drastische Behinderung der Autonomie, die durch den Vater ausgeübt worden war. Dies illustriert wieder, daß die Behandlung sogar schon im explorativen, diagnostischen Stadium beginnt. Das therapeutische Klima darf nicht das pathogene wiederholen. Das scheinbar einfache Akzeptieren des Vorschlags des Patienten leitete in diesem Falle schon den ich-aufbauenden Prozeß ein.

Baker wünschte nichts sehnlicher, als sich besser zu fühlen, was bei ihm bedeutete, von der Angst befreit zu werden. Er sagte selbst, daß er sich nach einer schnellen und magischen Heilung sehne — ein Medikament, eine Spritze, Hypnose und ähnliches —, ein Anzeichen für ein passives, symbiotisches Verlangen. Der Schlüssel zur Diagnose lag darin festzustellen, ob die symbiotische Phase adäquat war oder durch Entzug oder aber durch übertriebene Nachgiebigkeit charakterisiert war. Indem der

Therapeut dieses passive Verlangen, die mutmaßliche Kälte der Mutter, die Fähigkeit des Patienten, in sekundären Gedankenprozessen zu funktionieren, in Rechnung stellte, kam er zu der weiteren Hypothese, daß die symbiotische Phase im passenden Augenblick wohl kaum zureichend gewesen sein konnte; der Patient hatte zwar einen Vorgeschmack einer symbiotischen Befriedigung gehabt — genug, um eine Psychose zu verhindern, aber nicht genug, um dem Hunger nach mehr vorzubeugen. Diese Befriedigung kam in der Form des Eingreifens des Vaters, zu einer Zeit, als die Symbiose nicht mehr phasengerecht war.

Befriedigung in der falschen Phase behinderte weiterhin die Entwicklung, nicht nur, weil dies Fixierungen verstärkte, sondern von einer Entwicklung ablenkte, die normalerweise in jener späteren Periode seines Lebens hätte stattfinden sollen. Der Trennungs-Individuations-Prozeß, so wurde angenommen, hatte zwar angefangen, war aber nicht abgeschlossen worden. Daß er begonnen hatte, wurde aus der Initiative hergeleitet, die der Patient zeigte, indem er in das Kaufhaus ging, um seine Mutter zu suchen, also die Angst lieber aktiv anging, als sie passiv zu ertragen; ferner aus seinen wenn auch erfolglosen Versuchen, sich von dem Eingreifen seines Vaters zu befreien, aus Versuchen, sich von dem Therapeuten unabhängig zu machen, was zeigte, daß ein gewisses Maß neutralisierter Aggression zum Ausdruck der Unterschiede zur Verfügung stand, wenn auch nicht genug, um den Trennungs- und Individuations-Prozeß zu Ende zu führen. Hier dachte der Therapeut an den von Mahler beschriebenen Circulus vitiosus, bei dem ungenügende Neutralisierung aggressiver Energie es verhütet, daß die Aggression im Dienste der Trennung und Individuation benutzt wird, und die angestaute Aggression an der Schwelle der Trennung und Individuation so groß wird, daß im Unbewußten das Selbst und das Objekt durch unabhängige Schritte in Gefahr gebracht werden. Trennungsangst verstärkt das regressive Suchen nach dem schützenden Hafen der Symbiose und verbindet sich dort mit der schon vorhandenen Fixierung.

Die Abwehr gegen symbiotisches Verlangen ist — wie bei jeder Abwehr — diagnostisch und prognostisch günstiger als Nachgeben. Wenigstens besteht hier Angst vor irreversibler Regression. Diese Art von Angst wird von dem Patienten als Furcht vor dem Verlust der Identität empfunden und manifestiert sich — in der Beziehung zum Therapeuten — als Furcht vor dem Verschlungenwerden. Wenn der Therapeut von vornherein für ein Klima sorgt, in welchem die Autonomie des Patienten gewahrt wird, so bietet der weitere Verlauf der Behandlung immer weniger Gelegenheit für eine Projektion des symbiotischen Verlangens auf den Therapeuten. Es wird dann dem Patienten immer klarer, daß der Therapeut in Wirklichkeit nicht droht, ihn zu verschlingen, sondern daß diese Furcht endopsychisch entsteht. So ebnet die therapeutische Verfahrensweise schon in den Frühstadien der Diagnostizierung den Weg für eine spätere Gelegenheit, den symbiotischen Wunsch zu interpretieren. Wie wir es schon in bezug auf die verzerrten Objekt-Repräsentanzen sagten, nämlich daß der Patient sie ohne die Hilfe des Therapeuten korrigieren könne, so besteht auch hier für den Patienten die Möglichkeit, sein symbiotisches Verlangen in diesem therapeutischen Klima, in dem es keine Verstärkung von seiten des Therapeuten erhält, selbst zu interpretieren. Wir halten eine derartige Technik für eine gute Illustration im Hinblick auf die Anwendung jener soviel mißverstandenen Regel von der Abstinenz, und zwar in ihrem positivsten Sinne.

Bei Vorhandensein leicht depressiver Züge läßt sich annehmen, daß — selbst wenn der Patient aus seinem Gedächtnis keinen Beweis dafür liefern kann — eine nichteingestellte Mutter in der Subphase der Annäherung nicht reagiert hatte. Es ist allzu leicht für Mütter, welche die symbiotische Vereinigung mit dem Säugling in der phasengerechten Zeit nicht genießen, die dann folgenden Subphasen der Differenzierung und Übung als Freiheit von den Forderungen des Naheseins des Kindes zu begrüßen und so in der Annäherungsphase zu versagen. Für das Kleinkind, das eine Weile lang seine Welt erforscht hat und dann wieder die Mutter sucht, ist die Unmöglichkeit »heimzukehren« eine Enttäuschung und stellt eine Form des Objektverlusts dar, die von Frustration und Depression begleitet ist, da die noch relativ undifferenzierten Selbst- und Objekt-Repräsentanzen mit Aggression besetzt werden. Das führt dann zu dem Circulus vitiosus der Unfähigkeit zur Trennung und Individuation aus Furcht, das Selbst und das Objekt zu zerstören.

In Bakers vorsichtiger Beschreibung seines sexuellen Verhaltens waren Anzeichen von Kastrationsangst zu erkennen. Obwohl wir schließlich alles darüber wissen müssen, ist es niemals gut, auf Einzelheiten zu bestehen, bevor ein therapeutisches Vertrauensverhältnis hergestellt ist. Die Tatsache, daß der Patient am Anfang zurückhaltend ist, zeigt eine defensive Haltung an, was eine gewisse Ich-Stärke bedeutet. In psychiatrischen Kliniken und ähnlichen Situationen, wo schnell eine Diagnose gestellt werden muß, oft von Psychiatern, die nicht nachher selbst die Behandlung übernehmen, wird der Patient ohne Rücksicht auf seine Abwehr einer strengen Befragung unterzogen, um seine Angst-Toleranz zu prüfen. Diese Art von Streß-Interview ergibt viel schneller eine Diagnose als der gemächliche Weg, den wir vorschlagen. Wir wollen die diagnostische Auskunft nicht um ihrer selbst willen bekommen, auf Kosten des Patienten, und dabei die therapeutische Allianz opfern. Wir müssen uns daher am Anfang mit weniger Information und mit einer eher versuchsweisen als definitiven Diagnose begnügen. Im vorliegenden Falle wurde die Kastrationsangst, die mit Trennungsangst verbunden und von ihr belastet war, der kurzen Erwähnung des Patienten von vorzeitiger Ejakulation und seiner Lebensgeschichte entnommen. Hierbei spielen besonders die Geburt der Schwester auf dem Höhepunkt seiner phallischen Phase und die unzweifelhafte Betrachtung ihrer Genitalien eine Rolle. Kinder beider Geschlechter neigen allgemein dazu anzunehmen, daß die Genitalien des Mädchens oder der Frau beschädigt seien. Man konnte auch annehmen, daß diese nicht sehr sensitive Mutter in der Vorschulzeit des Jungen, wenn er zu Hause mit ihr allein war, es in seiner Gegenwart wohl nicht allzu genau nahm mit ihrer Bekleidung, der Toilettenbenutzung und ähnlichem. Psychologisch nicht eingestellte Eltern neigen zu der Annahme, ein kleines Kind bemerke nichts. Wenn man die in diesem Fall gegebene Stratifizierung der Trennungs- und Kastrationsängste mit einer hypothetischen neurotischen Struktur vergleicht, so würde in letzterer nach Überwindung der Trennungs-Individuations-Krise die Identität glatt erreicht worden sein, obwohl sicherlich Kastrationsangst bestehen würde, aber das würde auf der phallischen Ebene und verhältnismäßig unbelastet von zusätzlicher schwerer Trennungsangst vor sich gehen.

Auf der positiven Seite war eine nicht zu zerbrechliche Geschlechtsidentität zu vermerken. Wenn auch eine gewisse Furcht vor Homosexualität bestand, so doch kein offenes Ausagieren der homosexuellen Wünsche. Im Gegenteil, die Furcht davor zeigte eher ein starkes Verlangen an, die Maskulinität aufrechtzuerhalten, angesichts der symbiotischen Wünsche, die — in dieser Beziehung — eine Regression zu jenem Lebensstadium darstellten, in dem das eigene Geschlecht noch nicht entdeckt war. Der Therapeut zog den Schluß, daß, wo der Patient auf Maskulinität besteht, es logisch ist anzunehmen, daß sie erreicht worden ist, und das Problem darin liegt, sie aufrechtzuerhalten.

Passive, unterwürfige Züge traten auch auf der analen Ebene stark in den Vordergrund. Um nur schnell gesund zu werden, war der Patient bereit, sein ganzes Herz auszuschütten, alles zu enthüllen, was in ihm an Häßlichem und Schmutzigem vorhanden war, um es loszuwerden. Therapeutisch ist kein so großes Ausmaß an Opfer zur Heilung erforderlich. Die Einzelheiten, die enthüllt wurden, bezogen sich auf den erbitterten Kampf um das Sauberwerden. Die Mutter wollte ihn sehr früh sauber haben. Er weigerte sich standhaft und wurde streng gescholten, wenn er sich aus Trotz absichtlich schmutzig machte. Während es noch immer richtig ist, dies als den Negativismus der Analphase anzusehen, wertet der ich-psychologisch eingestellte Therapeut es als ein positives Zeichen dafür, daß sich das Ich in dieser Beziehung bis zu einer gewissen Differenzierung entwickelt hatte: zu der Fähigkeit, »nein« zu sagen und darauf zu bestehen, das, was es als Teil des eigenen Körpers empfindet, zu behalten. Der Therapeut vergaß auch nicht, daß, da die Reinlichkeitserziehung so früh einsetzte, das Kind noch nicht imstande war, das Analprodukt von seinem übrigen Körper zu unterscheiden und besonders nicht von seinem Penis. Um so mehr hatte er Grund — indem er sich Bakers Wunsch, sowohl seine Maskulinität wie auch seine Autonomie zu schützen, anschloß —, nicht noch mehr Material nur um des Materials willen zu verlangen. Zu der Tatsache, daß vieles, was wir wissen möchten, am Anfang der Behandlung unbewußt ist, tritt diese Art der therapeutischen Zurückhaltung. Daraus erklärt sich, warum wir bei Beginn der Behandlung niemals eine vollständige diagnostische Auskunft bekommen.

Die Abwehrfunktion muß diagnostisch verwertet werden. In dieser Beziehung schwankte Bakers Fähigkeit, Angst zu ertragen. Sie war zwar ausreichend, aber unter Streß nicht gerade optimal. Die Abwehr gegen das symbiotische Zusammenfließen sowie die Tendenz, die zugrundeliegenden Wünsche zu projizieren, sind schon beschrieben worden. Außer der Projektion wandte der Patient bei seinen leicht phobischen Zuständen die Verschiebung an. Reaktionsbildung und andere mittelstarke Abwehrmechanismen gruppierten sich um die analen Züge herum. Aus seinem heterosexuellen Verhalten wurde geschlossen, daß die ödipale Ebene erreicht worden war, vielleicht zu dürftig und schwer belastet durch die Unterwerfung unter den Vater mit der dazugehörigen homosexuellen Note und die Rolle des Vaters bei der Befriedigung symbiotischen Verlangens. Das gute Funktionieren der Sekundärprozesse zeigte, daß in gewissem Grade Verdrängung angewandt wurde. Signalangst wirkte mit, konnte aber verlorengehen.

Es ist nicht immer leicht, am Anfang der diagnostischen Einschätzung die Ebene der Objektbeziehungen zu bestimmen, außer, wenn der Patient noch Beziehungen hat, die er beschreiben kann; z. B. kommt, wenn er verheiratet ist, die Ehe unweigerlich in die Beschreibung seiner Lebenssituation hinein. Baker hatte hin und wieder Verabredungen mit verschiedenen Mädchen, aber keine bedeutsamen Bindungen. Man könnte meinen, daß er sich auf dem Niveau der Bedürfnisbefriedigung befand, aber das mußte dann noch auf eine spätere Bestätigung warten. Auf diesem Niveau nehmen die Patienten den Therapeuten gewöhnlich nicht als Person wahr und zeigen keine Neugier. In der Tat ist ein Meilenstein in der Behandlung erreicht, wenn der Patient auf dem bedürfnisbefriedigenden Niveau anfängt, den Therapeuten als Person wahrzunehmen, persönliche Fragen an ihn zu richten oder einfach nur höfliche Fragen, wie z. B. »Wie geht es Ihnen?« Bevor so ein Fortschritt stattgefunden hat, bemerkt der Patient nicht solche Kleinigkeiten wie die, daß der Therapeut vielleicht erkältet ist, müde aussieht, gut aussieht usw. Im Gegensatz hierzu sind neurotische Patienten gewöhnlich sehr an dem persönlichen Leben des Therapeuten interessiert. Technisch gesehen sollte das beginnende Interesse am Therapeuten von seiten des Grenzfall-Patienten, der ein höheres Niveau der Objektbeziehungen entwickelt, immer anerkannt und seine Fragen sollten beantwortet werden, wenn sie nicht allzu intim sind. Im Gegensatz dazu kann das stärkere Ich des Neurotikers es vertragen, keine Antwort zu bekommen, weil man ihn nicht zu Phantasien anregen möchte.

Der Therapeut zog den Schluß, daß, um mit Kernberg zu sprechen, dies ein »Grenzfall auf höherem Niveau« war[11]. Dies bedeutet, daß sowohl Grenzfall- wie neurotische Züge vorhanden waren. Ein »Grenzfall auf niedrigerem Niveau«[12] würde der Psychose viel näher kommen, ohne neurotische Abwehr und mit einer verhältnismäßig fortgeschrittenen Ichentwicklung, die in diesem Falle vorhanden ist. Die Prognose in dem Sinne, daß der Patient Baker zu einer Auflösung der Trennungs-Individuations-Krise und zur Aufrichtung einer deutlichen Identität gebracht werden sollte, schien günstig.

Es ist oft möglich, viel später, wenn der Patient gewillt ist, eine lange Analyse auf sich zu nehmen, nachdem er seine Identität gefunden hat, zur traditionellen psychoanalytischen Technik überzugehen und die Neurose zu heilen, die sichtbarer wird, wenn die Borderline-Züge erst einmal aufgelöst sind.

Fig. 2 zeigt, wie dieser Fall auf Fig. 1 verfolgt und auf der Kurve eingetragen werden kann (Fig. 2 und 3 folgen Fig. 1 am Ende des Kapitels). Anstelle des statischen psychiatrischen Etiketts beschreibt das Diagramm selbst die deskriptive Entwicklungsdiagnose. Sie leitet den Therapeuten auf jene Aspekte der Entwicklung hin, auf die die Behandlung hinzielen muß. Nachdem man die wichtigsten Entwicklungsdaten eingetragen hat, ist das erste, was man bemerkt, die Irregularität der Kurve. Der hypothetische Kurvenverlauf bei einer neurotischen Struktur erscheint in Fig. 3 zum Vergleich. Bei neurotischen oder normalen Strukturen zeigt die fast gerade Linie eine günstigere Entwicklung an. Einige wichtige Punkte sind hier auszuführen:

1. Daß Baker die phallische Ebene erreicht hatte und sich dem Ödipus-

---

[11] O. F. Kernberg, »A Psychoanalytic Classification of Character Pathology«.
[12] Ibid.

konflikt näherte, stimmt mit der Tatsache überein, daß die Reifung der Psychosexualität relativ unberührt vom elterlichen Klima vor sich geht, es sei denn, die Eltern schädigen so schwer, daß sogar dieser Wachstumsaspekt gelähmt wird. Im vorliegenden Fall sicherten die gute konfliktfreie Ausstattung sowie die Tatsache, daß die Eltern zwar mittelmäßig eingestellt waren, jedoch nicht schwer schädigend wirkten, die psychosexuelle Reifung.

2. Die Neutralisation war einigermaßen fortgeschritten, war aber noch ungenügend.

3. Objekte wurden manchmal aufgespalten, um das »gute« Objekt der Aggression zu entziehen.

4. Die Objektbeziehungen standen auf der bedürfnisbefriedigenden Stufe. Das Bedürfnis nach dem Objekt war nicht von der Rücksicht auf das Objekt als Person ersetzt worden.

5. Kastrationsangst, Angst vor dem Objektverlust (wegen der nicht-neutralisierten Aggression) und vor dem Verlust von Teilen des präphallischen Selbst (Faeces) vermischten sich miteinander.

6. Die Abwehr hatte sich bis in die mittleren Lagen entwickelt; höhere Ebenen der Abwehr waren aber schwach.

7. Die Trennungs-Individuation war nicht abgeschlossen.

8. Einige minimale selektive Identifizierungen waren gemacht worden, hauptsächlich in bezug auf die Geschlechtsidentität. Exzessive Mengen nichtneutralisierter Aggression hinderten die positive Ich- und Über-Ich-Identifizierung daran, zu einem höheren Niveau der Internalisierung fortzuschreiten. Das Niveau der Sphinkter-Moral (Angst vor Liebesverlust) war erreicht worden.

Der Behandlungsplan steht nun fest. Dem Therapeuten sind jetzt alle Entwicklungsaspekte bekannt, und er wird sehr aufmerksam darauf achten, daß Material zum Vorschein kommt, welches therapeutisch Gelegenheit zur Entwicklung geben kann. Einige der zu Beginn angewendeten therapeutischen Verhaltensweisen wurden bei der Beschreibung des Falles erläutert. Einige Aspekte der Therapie sollen im folgenden beschrieben und dann in Kapitel 12 noch näher ausgeführt werden.

1. Die Angst vor dem symbiotischen Zusammenfließen mußte gemildert werden, bevor die therapeutische Allianz gut etabliert werden konnte. Da ein »Hüter der Autonomie« da ist, kommt der Patient zu einer eigenen Interpretation des symbiotischen Verlangens. Zuerst äußerte er Angst vor dem Eingehülltwerden, vor dem Verschlungenwerden, so daß er nicht mehr wissen würde, wer er ist (Verlust der Identität). Der Therapeut versuchte zu helfen: »Ich werde es nicht dulden, daß Sie sich verlieren.« Dies ist eine therapeutische Aussage ähnlich der einer

»ausreichend guten Mutter[13], die in der phasengerechten Zeit optimale symbiotische Befriedigung gewährt, aber auch Hüterin der Entwicklung des Kindes ist und daher auf die nächste Phase achtet, in der das Kind, jetzt schon näher an der Identität, eine Mutter braucht, die ihre symbiotische Bindung zugunsten der Förderung der Entwicklung des Kindes aufgibt. Bei einem symbiotisch stärker verarmten Patienten würde der Therapeut für etwas symbiotische Befriedigung gesorgt haben, nachdem die Angst davor sich gelegt hatte. In diesem Falle wurde es aber nicht für notwendig erachtet, da etwas davon im Säuglingsalter bestanden hatte, aber auch, weil im späteren Verhältnis zum Vater zuviel vorhanden war.

2. Der Patient wurde zur Selbst-Interpretation ermutigt. Dieses Vorgehen baut durch Funktionsübung das Ich auf.

3. Die höchste Ebene der psychosexuellen Reifung, die phallische, wurde unterstützt und in der Interpretation mit der Geschlechtsidentität in Verbindung gebracht. Dies half dem Patienten, seine Entwicklungsleistungen zu würdigen, und lieferte eine festere Basis, auf der eine weitere Entwicklung fortschreiten konnte. Die höchsten Ebenen der Ich-Entwicklung wurden ähnlich unterstützt: der Mut zur anderen Meinung, der Mut, »nein« zu sagen, und ähnliches.

Der anale Kampf mit der Mutter wurde als ein positiver Aspekt in der Entwicklung interpretiert und nicht als analer Eigensinn, als Vorenthalten oder Negativismus. Bemerkungen wie: »Schon in diesem Alter achteten Sie auf Ihr Eigentum, wollten Sie behalten, was Ihnen gehörte«, waren hilfreich.

4. Meinungsverschiedenheiten mit dem Therapeuten wurden als eine Gelegenheit begrüßt, den Gebrauch der Aggression im Dienste der Trennung und der weiteren Neutralisierung zu besprechen. Hier spielte eines der Hauptziele der Therapie eine Rolle, nämlich das, den Trennungs-Individuations-Prozeß zu unterstützen. Die Neutralisation wurde dadurch gefördert, daß der Therapeut darauf bestand, daß Verbalisieren die Aktion ersetzen sollte. Wenn Bakers Zimmergenosse ihn ärgerte, wurde er dazu angeregt, sich mit ihm auseinanderzusetzen, statt »ihm den Schädel einzuschlagen«. Auch die Neutralisierung der Libido wurde unterstützt. Als Baker anfing, positiv auf die Hilfsaktionen des Therapeuten (der eine Frau war) zu reagieren, äußerte er Furcht davor, daß er ein sexuelles Verlangen nach ihr empfinden würde. Sie sagte: »Nun, es wäre ganz natürlich, wenn das passieren würde, und wir würden es dann als einen Ausdruck Ihrer Liebe und Männlichkeit verstehen.

---

[13] D. W. Winnicott, »Übergangsobjekte und Übergangsphänomene«.

Wir werden nichts dagegen tun, so daß Sie dies mit Mädchen versuchen können, die Sie selber wählen.«

5. Mit der Neutralisierung beider Triebe wurde die Therapeutin für den Patienten immer bedeutungsvoller. Dies kam zuerst zum Vorschein, als für sie die Ferienzeit nahte. Zuerst klammerte sich der Patient verzweifelt an sie und litt unter schwerer Trennungsangst. Als aber die Neutralisierung die Fusion von »guten« und »bösen« Objekten verstärkte, verminderte sich die Spaltung[14].

Die Objekt-Repräsentanzen wurden konstanter, und dem Patienten wurde sein eigenes Weiterexistieren und das der Therapeutin als unabhängig von der Tatsache bewußt, ob sie physisch beieinander waren oder nicht. Als die Therapeutin später auf Urlaub ging, brachte es der Patient fertig, ihr eine gute Reise zu wünschen. Die Fähigkeit zum Aufschub und zur Bewertung des Objekts hatte sich jetzt entwickelt. Die Neigung, unter dem Druck der Trennungsangst das Objekt aufzuspalten, mußte interpretiert werden, was den dahinterliegenden Zweck einschloß, nämlich den, das »gute« Objekt zu behalten. Als höhere Ebenen der Gedankenprozesse zu wirken anfingen — in Momenten geringerer Angst —, wußte Baker, daß das Objekt eine einzige Person war.

6. Die Intaktheit des Körpers war ein wichtiges therapeutisches Thema. Das erwachsene, vernünftige Ich wurde bei der Interpretation von falschen Auffassungen aus der Vergangenheit zum Verbündeten der Therapie. Sie wurden dem Patienten immer als verständliche, sogar intelligente Annahmen und Schlüsse hingestellt, die das kleine Kind formuliert hatte, die jetzt aber durch den Intellekt des Erwachsenen korrigiert werden könnten. Es wurde klargemacht, daß die Faeces zuerst für wesentliche Körperteile gehalten werden. Es wurde auch besprochen, daß der Penis nicht einfach abfällt wie die Faeces, und es wurde betont, daß das Schwesterchen damals nicht beschädigt geboren wurde, sondern eben als ein Mädchen. Diese Korrekturen der falschen Vorstellungen des Kindes sind etwas ganz Gewöhnliches, sogar in Fällen mit einem intakteren Ich. In solchen Fällen besteht aber nicht die Gefahr der Fragmentierung. Bei Baker kam es in Momenten von Streß vor, daß eine schnelle Ich-Regression ihn in einen Zustand zu führen drohte, in dem seine Gedankenprozesse und Körperteile ungenügende Kohäsion hatten. Die Stellung-

---

[14] Die allgemein gebrauchte Terminologie wie »gut« und »böse« herrscht in der Literatur vor, obgleich sie Werturteile enthält. Während wir glauben, daß »libidinös« oder »aggressiv besetzt« ein objektiverer und daher wünschenswerterer Terminus wäre, fügen wir uns doch dem allgemeinen Sprachgebrauch, um mit der Literatur im Einklang zu bleiben.

nahme der Therapeutin bestand darin, bis zum äußersten die schwankende synthetische Funktion zu unterstützen.

7. Die Abwehr wurde nicht angegriffen. Es wird manchmal gesagt, daß wir die Verdrängung unterstützen sollten, aber wenn sie schwach ist, wird Material aus der Kindheit bewußt, das normalerweise verdrängt werden würde. Baker konnte sich daran erinnern, wie seine Mutter dadurch, daß sie sich nur notdürftig bekleidete und so bei ihm sexuelle Gefühle erregte, seine Interessen mißachtete. Wir vermeiden absichtlich, dies Verführung zu nennen, denn wir halten es für präziser, dieses Verhalten als Unempfindlichkeit gegenüber Wahrnehmungsvermögen und Gefühlen des Kindes anzusehen. Das intaktere Ich des Normalen oder des Neurotikers ist imstande, inzestuöse Wünsche zu verdrängen. Da diese Wünsche Baker bewußt waren, wurden sie direkt angegangen. Die Angst vor sexueller Erregung in bezug auf die Therapeutin ist schon erwähnt worden. Als Erinnerungen an inzestuöse Wünsche vorgebracht wurden, erklärte ihm die Therapeutin dies als ein willkommenes Zeichen seiner Männlichkeit. Andere Methoden, die Männlichkeit zu unterstützen, waren Bemerkungen wie: »Ist es nicht gut, daß Sie sich so weit entwickelt hatten, daß Sie wußten, Sie sind ein Junge und würden einmal ein Mann sein?« Der homosexuelle Wunsch wurde als ein Gefühl der Liebe zum Vater angesehen. In der Interpretation wurde er mit dem symbiotischen Wunsch erklärt, zu verschmelzen und zu dem Zustand zurückzukehren, als die Geschlechtsidentität noch keine Bedeutung bekommen hatte.

8. Da die Hauptentwicklungsschädigung in der Trennungs-Individuations-Phase vor sich gegangen war, wurden alle Aspekte der Versuche des Patienten, unabhängig zu werden, untersucht. Sie wurden in der Gegenwart und in der Übertragung unterstützt und von der Vergangenheit abgetrennt. So wurde z. B. sein Erlebnis, verlorengegangen zu sein, während er die Mutter suchte, sehr oft herangezogen. Wie bereits erwähnt, wurde der Versuch, etwas gegen die Angst zu unternehmen, unterstützt und die Initiative dieses Vorgehens besonders betont. Das Ziel, die Mutter zu finden, wurde unterstützt und von der leidigen Tatsache des Mißlingens unterschieden. Wir besprachen, welch ein Triumph das Gelingen gewesen wäre; und dies geschah, um weitere Bemühungen zu unterstützen, mit dem Hinweis, daß sie nicht immer zum Mißlingen verurteilt sind.

Wir haben das Ineinandergehen von Diagnose und Behandlung bei einer Borderline-Struktur beschrieben und sind dabei der Linie der psychoanalytischen Entwicklungspsychologie gefolgt. Bei der tagtäglichen Behandlung entfalten sich viele Themen nebeneinander, und es kann für den

PSYCHO-SEXUELLE REIFUNG	TRIEB-ZÄHMENDE PROZESSE	OBJEKTBEZIEHUNGEN		ADAPTIVE FUNKTION	ANGST-NIVEAU
Genital	Ambivalenz aufgelöst	Post-ödipal		Ineinanderpassen	Furcht vor Über-Ich
	Neutralisierte Libido dient dem Narzißmus	und auch der Fähigkeit, konstante Beziehungen zum Objekt aufrechtzuerhalten	Objekt-Konstanz	Synthetische und integrative Funktionen	
Phallisch				Abstraktes Denken	Angst vor Kastration
		Besetzung der Objekt-Repräsentanzen mit Werten			
	Neutralisierte Aggression dient der Identitätsbildung	Beginnende Ausstattung der Objekt-Repräsentanzen mit Werten		Sprache / Objektverständnis	Angst vor Verlust der Liebe des Objekts
Anal			Semantische Kommunikation, ein neues Niveau der Objektbeziehungen		
	Neutralisierung des Aggressionstriebs dient der Aufrichtung eines Abwehrmechanismus	Diakritische Perzeption bringt Gewahrwerden der bedürfnisbefriedigenden Funktion des Objekts	8-Monats-Angst	Lokomotion	Signalangst erreicht
	Libido und Aggression verschmelzen		Fusion von »guten« und »schlechten« Objekt-Repräsentanzen	Realitätsprüfung	Furcht vor Verlust des Objekts
				Intentionalität	
	Triebe differenzieren sich in Libido und Aggression	Gewahrwerden der Bedürfnisbefriedigung	Reaktion des Lächelns, Anfang der psychischen Beziehungen	Motilität / Perzeption	
Oral	Neutralisierung beginnt	Koenästhetische Rezeptivität	Undifferenziertes Stadium, biologische Bedürfnisbefriedigung, objektloses Stadium	Aufschub / Gedächtnisspuren	Angst vor Vernichtung

Sekundärprozeß · *Primärprozeß*

U N D I F F E R E N Z I E R T E

Geburt	Undifferenzierte Triebe und Apparate der primären Autonomie einschl. Motilität, Gedächtnis, Intentionalität,

E S   I C H

Fig. 1

ABWEHR-FUNKTION	IDENTITÄTS-BILDUNG	INTERNALISIERUNGSPROZESSE		
Sekundäre Autonomie. Abwehr verändert Funktion und wird adaptiv	Konstante Besetzung der differenzierten Selbst- und Objekt-Repräsentanzen	Über-Ich wird strukturiert		
Verdrängung	Zunehmende Internalisierung durch Ich- und Über-Ich-Identifizierungen führt zur Identität	Auflösung des Ödipus durch Identifizierung mit gleichgeschlechtlichem Elternteil	Ich-Ideal	
Regression				
Intellektualisierung	Trennung und Individuation komplett, Objektkonstanz erreicht	Identifizierung mit phallischer Leistungsfähigkeit		
Isolierung	Geschlechtsidentität	Reinlichkeitserziehung leitet Identifizierung mit Stärke und Reinlichkeit ein		
Reaktionsbildung	Annäherungs-Subphase			
Ungeschehenmachen	Übungs-Subphase		Allmähliche Enttäuschung mit omnipotenten Objekten	
Identifizierung Verschiebung Umkehrung Wendung gegen sich selbst	Differenzierungs-Subphase	Selektive Identifizierung beginnt		
		Imitation		
Projektion	Zusammengeflossene Selbst- und Objekt-Repräsentanzen			
Introjektion				
Verleugnung				
	Autistisches Stadium	Primärnarzißmus		

Trennung und Individuation · *Symbiose* · *Idealisierte Objekte* · *Grandioses Selbst*

M A T R I X

Intelligenz, Perzeption, Denken, und anderes

Ü B E R - I C H

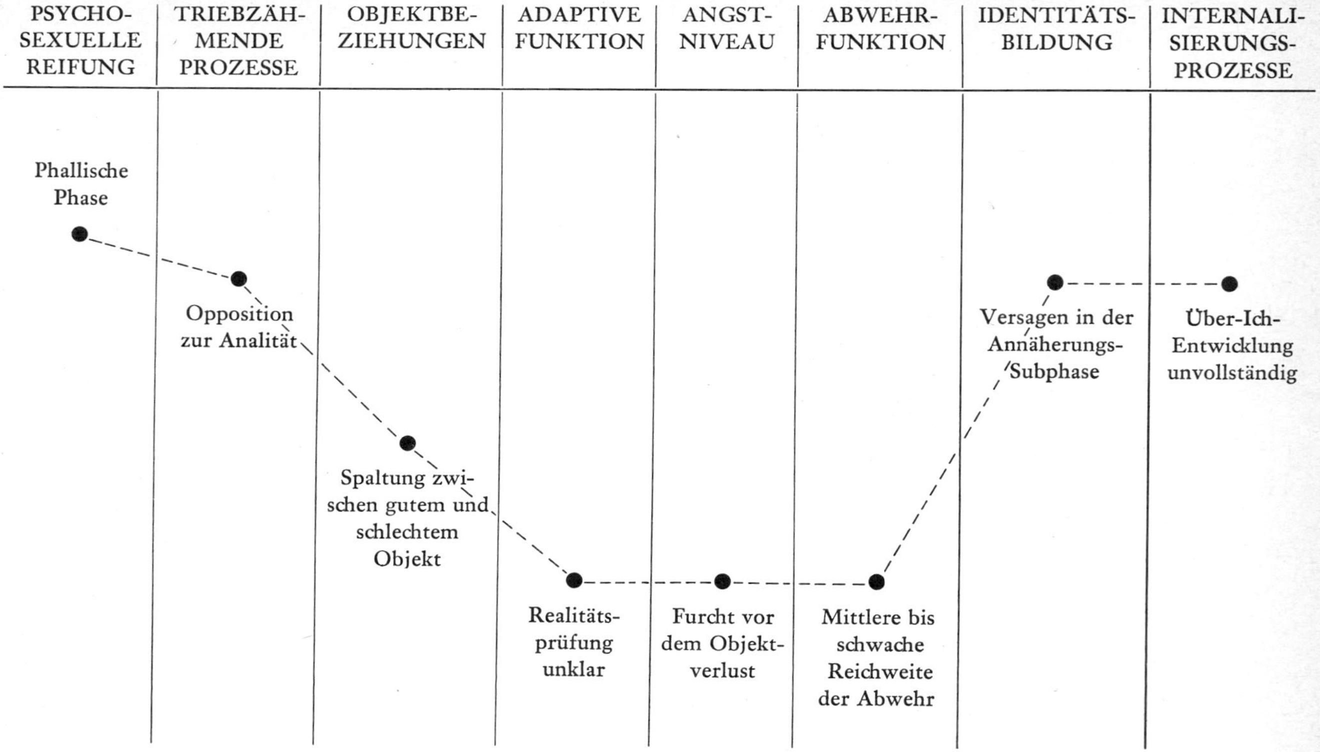
PSYCHO-SEXUELLE REIFUNG
TRIEBZÄH-MENDE PROZESSE
OBJEKTBE-ZIEHUNGEN
ADAPTIVE FUNKTION
ANGST-NIVEAU
ABWEHR-FUNKTION
IDENTITÄTS-BILDUNG
INTERNALI-SIERUNGS-PROZESSE
Phallische Phase
Opposition zur Analität
Spaltung zwi-schen gutem und schlechtem Objekt
Realitäts-prüfung unklar
Furcht vor dem Objekt-verlust
Mittlere bis schwache Reichweite der Abwehr
Versagen in der Annäherungs-Subphase
Über-Ich-Entwicklung unvollständig

Fig. 2

PSYCHO-SEXUELLE REIFUNG	TRIEBZÄHMENDE PROZESSE	OBJEKTBEZIEHUNGEN	ADAPTIVE FUNKTION	ANGST-NIVEAU	ABWEHR-FUNKTION	IDENTITÄTS-BILDUNG	INTERNALISIERUNGS-PROZESSE
Genitalphase	Triebe gezähmt	Fähigkeit, konstante Beziehungen mit einem Objekt zu unterhalten. Ödipus aufgelöst.	Anpassung gesichert	Angstreaktion auf Über-Ich	Hohes Niveau, hauptsächlich Verdrängung	Identität gesichert	Über-Ich fast unterscheidbar

Fig. 3

125

Therapeuten verwirrend sein zu erkennen, welches er verfolgen soll. Dies trifft besonders auf chaotische Fälle zu, bei denen die Entwicklung ungleichmäßig ist. Eine Diagnose in Form einer deskriptiven graphischen Darstellung der Entwicklung sollte dem Therapeuten bei der Auswahl eines Themas helfen, indem sie auf die Schädigungspunkte hinweist. Gewöhnlich bringt der Aufbau der Objektbeziehungen Ordnung in den sonst so hoffnungslosen Datenwirrwarr. Wenn wir (in Kapitel 9) den Anfang der Behandlung besprechen, wird eingehender dargestellt werden, wie das zu geschehen hat. Worauf wir hier hinweisen möchten, ist, daß irgendein Entwicklungsfehler für das therapeutische Vorgehen gewählt werden kann. Wir neigen dazu, die Objektbeziehungen vorzuziehen, weil die Implikationen des Arbeitens innerhalb einer Übertragung die Behandlung erleichtern, und weil der Aufbau der Objektbeziehungen Hand in Hand mit der Neutralisierung geht, die ihrerseits das Ich stärkt. Es ist immer wieder überraschend, daß — wenn man so selektiv vorgeht — auch der Patient anfängt, geordneter zu arbeiten, so daß er und der Therapeut besser wissen, was sie tagtäglich tun. Wir möchten nicht den Eindruck erwecken, daß dies ein einfaches Übergehen von einem Thema zum anderen bedeutet. Der Patient fängt die Sitzung immer noch mit seinem eigenen Thema an oder bringt — was noch öfter geschieht — viele neue Themen zur Sprache. Wie ein geschickter Weber greift der Therapeut erst das eine, dann das andere auf, wobei er aber immer das ganze Bild im Auge behält.

Der diagnostizierende Therapeut, der sich mit der psychoanalytischen Entwicklungspsychologie vertraut gemacht hat, mit jenen Entwicklungsaspekten, die in Fig. 1 aufgezeichnet sind, wird mit der Zeit einige Fertigkeit in der klinischen Diagnose erwerben. Trotzdem wird die Diagnostizierung niemals eine exakte Wissenschaft werden, noch nicht einmal bei dem weitgehenden Fortschritt im Theorienaufbau, der in den letzten zwanzig Jahren stattgefunden hat und der weiterzugehen verspricht. Der geschickteste Diagnostiker kann daher noch Fehler machen.

Freud hat vorausgesehen, daß eines Tages »in der Massenanwendung unserer Therapie das reine Gold der Analyse reichlich mit dem Kupfer der direkten Suggestion legiert«[1] werden muß und daß man sogar auf die Hypnose zurückgreifen würde. In ähnlichem Sinn behauptet Glover, daß jede Therapie, die nicht richtig und genau angewandte Psychoanalyse ist, nichts weiter als Suggestion darstellt.

8
Die Unterschiede zwischen Psychoanalyse und Psychotherapie

Solche Befürchtungen traten deshalb auf, weil man sich an einem Punkte der Theorienbildung befand, als noch wenig über die Ich-Entwicklung bekannt war und man sich die Behandlung von unanalysierbaren Fällen nur in der Form des Umgehens des Ichs oder der Übernahme seiner Funktionen vorstellen konnte. Trotzdem wußten Analytiker jener Epoche wie Freud, Glover und Sharpe intuitiv, was viel später in ein Konzept gebracht werden sollte — nämlich, daß die Autonomie beschützt und aufrechterhalten werden muß. Sie wußten auch, wie das technisch zu bewerkstelligen war, indem sie sich nur mit dem intakten Ich befaßten. Es war Greenacre vorbehalten, mit dem Fortschritt in der ich-psychologischen Theorie, die zu jener Zeit verfügbar war, einer Technik eine konzeptualisierte Form zu geben, die von geschickten Psychoanalytikern allgemein gehandhabt wurde. Wir müssen im Auge behalten, daß Greenacre immer noch über die Technik der Psychoanalyse schrieb. Wie man den Psychotherapiepatienten wirksam behandeln sollte, war damals noch nicht klar. Wenn Freud behauptet, daß die »Zutaten« der Psychotherapie von der Psychoanalyse ausgeliehen werden müßten, so ist es doch wahrscheinlich, daß er damit die Technik meinte. Erst 35 Jahre später konnte Rangell feststellen, daß für die Ausarbeitung einer Technik der Psychotherapie die Psychoanalyse nicht als Technik, sondern lediglich als Grundstock des Wissens herangezogen werden könne. Bandler[2] wies auf die wichtigen diagnostischen Überlegungen hin, daß die Psychotherapie sich einem psychologischen Gebiet zuwendet, das sich von der klassischen Psychoanalyse unterscheidet. Unsere Position ist der von Rangell und Bandler sehr ähnlich und erweitert die psychoanalytische Theorie insofern, als sie die Beiträge von

---

[1] S. Freud, *Wege der psychoanalytischen Therapie.*
[2] Siehe O. S. English: »The Essentials of Psychotherapy as Viewed by the Psychoanalyst«.

Hartmann, Kris, Loewenstein, Jacobson, Mahler und Spitz einbezieht. Aus diesen Konzeptualisierungen können wir Techniken für den Ich-Aufbau ableiten, die für die Psychoanalyse des intakten Ichs nicht wesentlich sind, die aber die Essenz der Psychotherapie der modifizierten Strukturen darstellen.

Unzählige Variationen der klassischen psychoanalytischen Technik sind vorgeschlagen worden, beginnend mit Freuds Empfehlung, daß man den phobischen Patienten an einem bestimmten Punkt der Analyse dazu bringen müsse, dem, was er bisher vermieden hat, ins Gesicht zu schauen, um mit der Angst fertigzuwerden, die es hervorgerufen hat. Eissler gab das Signal für ein diszipliniertes Abweichen von der psychoanalytischen Technik, indem er den Parameter definierte und abgrenzte. Er sagte:

»Im folgenden formulieren wir versuchsweise die allgemeinen Kriterien eines Parameters, wenn er die Bedingungen erfüllen soll, die für die Psychoanalyse grundlegend sind. 1. Ein Parameter soll nur eingeführt werden, wenn bewiesen worden ist, daß die zugrundeliegende Modelltechnik nicht ausreicht. 2. Der Parameter darf niemals das unvermeidliche Minimum überschreiten. 3. Ein Parameter soll nur gebraucht werden, wenn er sich letzten Endes selbst wieder aufhebt. Das heißt, die Endphase der Behandlung muß immer mit einem Parameter von Null vor sich gehen.«[3]

Er fügte dann noch eine vierte Vorbedingung hinzu: ». . . um die Bedingungen abzugrenzen, die ein Parameter erfüllen muß, *wenn die Technik innerhalb der Reichweite der Psychoanalyse bleiben soll:* Der Effekt des Parameters auf die Übertragungsbeziehung darf niemals so sein, daß er nicht durch Interpretation wieder ausgelöscht werden kann.«[4]

Eissler versuchte auf diese Weise, die Technik der Psychoanalyse auf die Behandlung derjenigen Strukturen auszudehnen, die eine »Streckung« der Technik erforderten. Es ist aber nicht klar, ob er damit die Behandlung gewisser Typen der Grenzfall-Strukturen in die eigentliche Psychoanalyse einbezieht. Wesentlich ist für seine Zwecke, daß der Parameter wieder entfernt werden kann, denn nur dann kann die Übertragungsneurose aufgelöst werden. Dies läßt eine zentrale Frage bei der Behandlung des nicht-intakten Ichs offen: Was geschieht, wenn der Parameter nicht entfernt werden kann? Viele Psychoanalytiker und Psychotherapeuten, die psychotische und Grenzfall-Strukturen behandelt haben, haben die Erfahrung gemacht, daß das Abweichen von der strengen psy-

---

[3] K. R. Eissler, »The Effect of the Structure of the Ego on Psychoanalytic Technique«.
[4] Ibid.

choanalytischen Technik für die Behandlung wesentlich war. Als sie aber anfingen, an diese Abweichungen als an Parameter im Sinne Eisslers zu denken, konnten sie keinen finden, der Eisslers vierte Bedingung erfüllte. In ihrer Verzweiflung darüber, nicht imstande zu sein, das Abweichen von der strengen psychoanalytischen Technik wieder zu eliminieren, neigten die Therapeuten dazu, sich resigniert mit der Tatsache abzufinden und zu tun, was immer ausführbar erschien, und gaben alle vier der Eisslerschen Bedingungen auf. Daraus ergaben sich viele therapeutische Manöver, bei denen die Forderungen unbeachtet blieben, daß das Abweichen nur minimal sein und von der Diagnose diktiert werden sollte — d. h. von der Struktur des Ichs. So bildete sich also ein gefährlicher Pragmatismus dahingehend aus, daß in der Psychotherapie alles erlaubt sei.

Unserer Ansicht nach ist es eine bessere Lösung für dieses wichtige technische Problem, eine scharfe Trennung zwischen Psychoanalyse und Psychotherapie aufrechtzuerhalten. Anstatt die Psychoanalyse über ihre Grenzen hinaus auszudehnen, läßt die Aufrechterhaltung ihrer Identität als einer Therapie für die Neurosen Raum für die Ausarbeitung von Techniken für die Borderline- und die psychotischen Strukturen, Techniken, die eigens für sie bestimmt sind. Das ändert die weitverbreitete Ansicht, daß die psychoanalytisch orientierte Psychotherapie sich von der Psychoanalyse nur quantitativ unterscheide. An einem gewissen Punkte im Strukturalisierungsprozeß stellt der Erwerb eines intakten Ichs eine qualitative Persönlichkeitsveränderung dar. Die Technik verfolgt einen analogen Weg: an einem gewissen Punkte wird der Unterschied zwischen Psychoanalyse und Psychotherapie qualitativ. Das löst auch das Problem des Parameters, da er innerhalb der Technik der Psychoanalyse beibehalten werden kann — bei der Behandlung jener Strukturen, bei denen alle Vorbedingungen für den Parameter, einschließlich der seiner Entfernung, erfüllt werden können.

Die Unterschiede in der Struktur zwischen dem neurotischen und dem Borderline-Ich erfordern nicht nur Unterschiede in der Technik, sondern auch in den Zielen. Selten, wenn überhaupt, kann die Psychotherapie das Ziel der Psychoanalyse erreichen — besonders nicht die Auflösung des Ödipuskonflikts. Es ist scheinbar paradox, daß die strukturellen Veränderungen in der Psychotherapie größer sein können als in der Psychoanalyse. Das rührt daher, daß in der Psychotherapie der Struktur-Aufbau ja gerade das Ziel der Behandlung ist. Daher erleidet die Struktur tiefgreifende Veränderungen in dem qualitativen Sinne des Erwerbs einer Identität. Für den Aufbau des Ichs bis zu einem Punkt, an dem es Objektkonstanz und Identität erreicht, muß viel psychotherapeutische Bemühung für die Probleme der Triebmilderung und der Korrektur der Verzerrungen und Abweichungen aufgewendet werden. Und so widmet der Psychotherapeut seine Aufmerksamkeit den Aspekten der Struktur, die der Psychoanalytiker leicht als gegeben, als in der Neurose bereits existierend, hinnehmen kann.

Wenn auch der Neurotiker schwer leidet, so beginnt er doch die Behandlung auf einer Entwicklungsstufe, die es ihm ermöglicht, an den psychoanalytischen Bemühungen mitzuarbeiten. Sein Identitätssinn, der sich von der Differenzierung zwischen den Selbst- und den Objekt-Repräsentanzen herleitet, gestattet es ihm, den Analytiker als eine andere Person zu sehen und nicht als einen Teil seiner selbst. Da er Frustrationstoleranz besitzt, kann er in der Analyse auch ohne sofortigen Erfolg mitarbeiten. Neutralisierung und die Fähigkeit, das Denken dem Handeln vorausgehen zu lassen, erleichtern die Verbalisierung und das Aufrechterhalten der Triebabfuhr unter der Kontrolle des Ichs. Sein Niveau der Objektbeziehungen macht die Übertragung und die Übertragungsneurose als therapeutisches Werkzeug möglich und nützlich, während die Fähigkeit zur Realitätsprüfung verhindert, daß er wirklich glaubt, der Analytiker sei ein echtes Objekt aus der Vergangenheit. Obgleich die Analyse die Methode der Wahl bei der Neurose ist, so gibt es doch Kriterien dafür, wann dies aus realen Gründen nicht möglich ist. Es kann sein, daß der Patient zu weit weg wohnt, um häufig genug zur Behandlung zu kommen, oder daß er mitten in einer Lebenskrise steht, die ihn vorläufig unanalysierbar macht — z. B. wenn er in Trauer ist. Es gibt Analytiker, die glauben, daß jemand, der gerade heiraten will, keine Libido für ein gleichzeitiges analytisches Bemühen frei hat. Psychotherapie kann sich bei Personen, deren Struktur eine Psychoanalyse ertragen könnte, auch mit unmittelbaren Realitätsproblemen befassen, wie z. B. Beruf, Heirat, Kinder, Krankheit und ähnlichem. Die gültigste und am meisten angewandte Psychotherapie besteht in der Vorbereitung eines unmotivierten Patienten für die Psychoanalyse.

Ein nicht ganz intaktes Ich kann die psychoanalytische Technik nicht ertragen, besonders nicht die »Abstinenz« und die sogenannte »Aufdeckungstechnik«. Das modifizierte Ich ist gewöhnlich unfähig, mit den Trieben fertigzuwerden. Oft ist eines der dringendsten Probleme beim Psychotiker oder Grenzfall-Psychotiker das Fehlen der Verdrängung. Die Techniken, die hier in das Blickfeld kommen, sind die, das Ich so zu stärken, daß es mit den Trieben fertigwerden und sie zähmen kann, so daß sie für das Ich weniger schrecklich sind. Wir beziehen uns hier auf die ich-aufbauenden Mittel wie die, die Differenzierung zwischen den Selbst- und den Objekt-Repräsentanzen zu verschärfen, zur Neutralisierung zu verhelfen, Objektbeziehungen aufzubauen, die Abwehrfähigkeit zu fördern, und ähnliches. Wenn frühe Erfahrungen trotz eines Traumas ein Minimum von einigermaßen ausreichenden Selbst- und Objekt-Repräsentanzen geliefert haben, könnte die Psychotherapie, die zum Strukturaufbau benutzt wird, zur Psychoanalyse führen, wenn erst die Identität etabliert ist. Solche Fälle erfordern eine lange Zeit; aber wenn der Patient und der Therapeut die nötige Ausdauer haben, kann ihre Zusammenarbeit außerordentlich lohnend sein.

Die Patientin Carroll fing ihre 12jährige Behandlung mit einer Borderline-Struktur an. Die Methode der Wahl, die sich auf die diagnostischen Züge der Entdifferenzierung zwischen den Selbst- und den Objekt-Repräsentanzen sowie auf die mangelnde Verdrängung stützte, war hier die Psychotherapie. Die ersten paar Jahre der Behandlung waren der Aufgabe gewidmet, die durch diese Faktoren bestimmt war. Die Patientin war in einer intakten Familie aufgewachsen, hatte aber infantile Eltern, die ihre Probleme in ihrer Geschlechtsidentität hatten und die aktiv das »Zusammensein« auf Kosten der Trennungs-Individuation förderten. Viel von der therapeutischen Zeit und Aufmerksamkeit wurde dazu benutzt, der Patientin dazu zu verhelfen, ihre schwache Identität aufrechtzuerhalten. Dazu diente, daß man ihr zeigte, daß der Therapeut nicht ihre Gedanken lesen konnte — etwas, wovor sie große Angst hatte. Dieser Angst lag natürlich der symbiotische Wunsch zugrunde, der dann interpretiert wurde, nachdem die Abwehr verstanden und die Patientin ganz und gar davon überzeugt war, daß es nicht nur nicht beabsichtigt war, ihre Gedanken zu lesen, sondern daß dies sogar unmöglich ist. Diese Art von Fällen sollte den Therapeuten vor der Gefahr der sogenannten intuitiven Interpretation warnen, denn das intuitive Arbeiten verstärkt bei dem Patienten die Überzeugung, daß der symbiotische Wunsch erfüllt werden könne und daß auf diese Weise die Identität verlorengeht. Der Therapeut benutzte auch den natürlichen Entwicklungsprozeß in Richtung auf die Trennungs-Individuation, der durch die Mutter erstickt worden war.

Als das Kind begonnen hatte, seine Objektbeziehungen auch auf den Vater auszudehnen, wurde die Mutter eifersüchtig und behauptete ganz offen, daß das Kind inzestuöse Wünsche hätte, die sie auf diese Weise stillschweigend unterstützte und gleichzeitig unterband. Der ödipale Wunsch hatte sich kaum erst entwickelt, als auch schon die Mutter seine Verdrängung verhinderte. Da die Verdrängung für den Fortschritt in der Latenzzeit notwendig ist, konnte sich eine Neurose im psychoanalytischen Sinne der Abwehr und eine Symptombildung nicht voll entwickeln, wenn auch ein schwacher Funke einer solchen Entwicklung bestand. In der Therapie mußten die Konsequenzen dieser Erfahrung umgekehrt werden, indem die Ausweitung der Objektwelt gefördert wurde, was die Objektbeziehungen zum Vater mit einschloß, jetzt nicht mehr in Wirklichkeit, sondern in bezug auf den Vater der Kindheit. Bevor aber das ödipale Problem therapeutisch angegangen werden konnte, mußte viel Ich-Aufbau in Richtung auf die Förderung der Abwehr, der Trennung und Individuation und den Erwerb einer festen Identität hin geleistet werden. In diesem Falle erwies sich die Geschlechtsidentität als ganz besonders wichtig, da die Patientin als Kind der vollen Möglichkeit, eine selektive Identifizierung mit einem der Eltern vorzunehmen, beraubt worden war. Sie fand ihren Vater interessant und weit liebevoller als ihre Mutter, und trotzdem fürchtete sie — real und in der Phantasie — den Zorn der Mutter ebenso wie ihre eigene projizierte Aggression. Die Aggression gegen die Mutter schloß die Trennung und Individuation und eine angemessene feminine Identifizierung aus.

Der Therapeut bot ihr keine neue Gelegenheit zur Identifizierung, tat aber viel, um zuerst die positiven, später die negativen Identifizierungen und ihre Verzerrungen in den Selbst- und den Objekt-Repräsentanzen zu interpretieren. Die Wichtigkeit, zuerst die positiven Identifizierungen zu betonen, wird bei unserem Patientenmaterial dauernd unterstrichen. Der Gedanke dabei — wie schon im Falle von Baker erklärt — ist der, daß Objekt-Repräsentanzen nicht zerstört werden dürfen, so daß der Patient nicht völlig verarmt dasteht; negative und verzerrte Selbst- und Objekt-Repräsentanzen können therapeutisch nur angegangen werden, nachdem ein festes Fundament von positiven Selbst- und Objekt-Repräsentanzen gelegt worden ist. Niemals versichert man dem Patienten, daß die Eltern besser und liebevoller gewesen seien, als sie es in Wirklichkeit waren; aber man sucht nach jenen Gebieten — wie klein sie auch sein mögen —, in denen sie als gute Eltern funktionierten, und versieht den Patienten so mit einem festen Boden, der das Wissen, wo sie versagt haben, erträglich macht.

Die Patientin hatte in ausreichendem Maße Selbst- und Objekt-Repräsentanzen und positive Identifikationen, so daß sie ein Minimum von Optimismus und Ambition hatte entwickeln können, wie sie für eine lange und mühsame Behandlung nötig sind. Nach mehreren Jahren, in denen, wie oben beschrieben, das Ich aufgebaut worden war, gewann die Identität an Sicherheit, und es schien angezeigt, ihr Gelegenheit zur Beendigung der Behandlung zu geben. Sie wollte aber lieber noch weiter mit der Behandlung fortfahren. Da ihr Ich nun stärker war, war auch die Konflikt-Toleranz größer, und sie hatte nun die Fähigkeit, eher ein therapeutisches als ein symbiotisches Bündnis herzustellen. Der weitere Verlauf der Behandlung nahm mehr die klassischen Formen der Psychoanalyse an. Die Patientin war dann imstande zu sagen: »Ich komme jetzt nicht mehr, weil ich *Sie* so nötig brauche, sondern weil ich Behandlung brauche.«

Der Patient Dickens hatte zwar Identität, die aber zu leicht in regressiver Weise verlorenging, da die Trennungs-Individuation nicht sicher erreicht worden war. Er war ein erfolgloser Geschäftsmann, bis ihm zwei Jahre der Psychotherapie dazu verhalfen, die Absage eines Kunden zu ertragen. Vorher war jeder Verkauf für ihn ein Test für die Zulänglichkeit seiner Person gewesen, und deshalb mußte er eben bei jedem Versuch erfolgreich sein. Diese Haltung schränkte die Zahl der Risiken ein, die er einging, um einen Verkauf zu tätigen. Kurz nachdem die Behandlung angefangen hatte, nahm schon sein Gefühl der Tüchtigkeit zu, denn die Therapie richtete sich auf die Tendenz zur Entdifferenzierung als den von ihm in Streß-Perioden angewandten regressiven Weg. Er war jetzt imstande, mit Gleichmut zu akzeptieren, daß ein gewisser Prozentsatz prospektiver Kunden keine Bestellungen machen würde, und zwar aus Gründen, die nichts mit seiner Person zu tun hatten. Er hatte das Bedürfnis, dauernd äußere Beweise für seine Existenz zu finden, was auf eine unvollständige Differenzierung zurückzuführen war. Angst führte bei ihm eine schnelle Regression zu dem Zustand der zusammengeflossenen Selbst- und Objekt-Repräsentanzen herbei. Das war seine Zuflucht, da — in seiner frühen Kindheit — seine Mutter betont hatte, daß er ein Teil von ihr war und daß er sich immer darauf verlassen könnte, wenn es ihm schlecht ginge. Sie drückte ihn an ihre Brust, wörtlich und psychologisch, lange nachdem die Zeit vorbei war, in der sie ihn nährte. So kam es, daß er, als er den gewöhnlichen Rivalitäten mit seinen Altersgenossen gegenüberstand, durch eine ihn aufsaugende Mutter und einen passiven Vater ermuntert wurde, lieber »heim zu Mutter« zu kommen als seine eigenen Hilfsquellen zu finden. Es war eine Regression zur symbiotischen Modalität.

In Zeiten, in denen weder Streß noch Angst vorherrschte, wußte Dickens sehr wohl, wer er war. Aber seine Identität hatte eine fluktuierende Qualität. Einige unserer Sitzungen waren durch hinreichende freie Assoziation und Ich-Beherrschung durch Selbst-Interpretation charakterisiert; bei einigen herrschte Primärprozeß-Denken vor. Der Therapeut hütete sich davor, Aufdeckungsmethoden anzuwenden, wenn die Regression zur undifferenzierten, symbiotischen Phase so vorherrschte, daß Dickens nicht zwischen sich und dem Therapeuten unterscheiden konnte und erwartete, daß der Therapeut verstehen würde, was er sagte, ganz gleich, wie undeutlich er sprach. Aber diese Zurückhaltung baut nicht, an sich und aus sich selbst, das Ich auf, sondern bewahrt es nur vor weiterer Regression. Der Therapeut interpretierte aktiv, um ihm zu helfen zu verstehen, daß er unter dem Druck der Angst der Entdifferenzierung unterlag. Es ist gewöhnlich eine Freude für den Patienten, der schon eine Identität gehabt hat, zu erleben, wie er sie wiedergewinnt. Aber charakteristische Abwehrformen wie die der Regression werden gewöhnlich nicht durch eine einzige Interpretation für immer rückgängig gemacht. Dickens mußte sehr oft die Erfahrung und die Interpretation wiederholen, bevor jede erfolgreiche Wiederaufrichtung der Identität befriedigender wurde als die regressive Entdifferenzierung. Jedoch nach der anfänglichen Interpretation — in der Übertragung und genetisch — brauchte der Therapeut immer weniger zu sagen, um das sich entwickelnde Ich zu ermutigen, an seiner eigenen Aufgabe zu arbeiten. Wenn Baker später undeutlich sprach, konnte der Therapeut fragen: »Was ist es denn, daß Sie heute so unklar macht?«, und er konnte dann wohl antworten: »Oh, ich verschmelze (sein Ausdruck!) mit Ihnen, weil ich wieder Angst bekommen habe.«

Wir möchten nun die spezifischen Techniken der Psychoanalyse besprechen und sie mit denen der Psychotherapie vergleichen. Diese spezifischen Techniken sind: die freie Assoziation, der Gebrauch der Couch, die Abstinenz, der Gebrauch der Übertragung und der Übertragungsneurose, ferner die Häufigkeit der Sitzungen, der Gebrauch der Interpretation und ihrer Hilfstechniken, die Beobachtung des Grades der Angst, der toleriert werden kann, und der Gebrauch der Regression. Der Gebrauch der Träume wird in Kapitel 12 besprochen werden.

Freuds Einführung der Methode der freien Assoziation folgte, wie bekannt, seiner Erkenntnis, daß die Hypnose am Ich vorbeigeht. Es ist charakteristisch für seine Genialität, daß er auch in dieser Hinsicht die Theorie vorausnahm, die sich Jahre später entwickelte. Als er die freie Assoziation einführte, war er noch nicht bei der Strukturtheorie angelangt und wußte daher weniger über das Ich, als er später lernen sollte; er wußte aber, daß es das Vehikel ist, durch das eine dauernde Veränderung herbeigeführt werden kann. Durch die Hypnose wird Material zutage gefördert, aber die synthetischen und integrativen Funktionen des Ichs können keinen therapeutischen Gebrauch davon machen. Eine eingehende Beschreibung des Prozesses und der zugrundeliegenden Idee für die freien Assoziationen ist in den Standardtexten über die Technik der Psychoanalyse von Freud, Sharpe, Fenichel, Glover, Menninger und Greenson zu finden. Wir möchten uns hier darauf beschränken zu erörtern, ob und wie sie in der Psychotherapie Anwendung finden sollen.

Freie Assoziationen können in der Psychotherapie angewandt werden, wenn das Ich, obgleich nicht so intakt wie das Ich des psychoanalytischen Patienten, trotzdem weitgehend im Sekundärprozeß funktioniert und eine Auflockerung der Besetzung für die Zwecke der Aufdeckung erfordert. Wir möchten Freuds philosophischer Einstellung folgen, daß Empfehlungen und nicht Regeln für den Therapeuten wünschenswert sind. Eine Empfehlung drängt sich schon hier auf, nämlich die, daß, je stärker der Halt im Sekundärprozeß-Denken ist, um so mehr Sicherheit in den freien Assoziationen liegt. Das läßt ein Überwiegen derjenigen Psychotherapiefälle erscheinen, bei denen freie Assoziationen vorsichtig oder überhaupt nicht angewandt werden sollten. Besonders bei Fällen, bei denen die synthetische Funktion nicht beherrscht wird, sind freie Assoziationen kontraindiziert.

Anfänger machen oft den Fehler, die Empfehlung allzu wörtlich zu nehmen, daß der Patient das in der Sitzung zu behandelnde Material selbst bestimmen soll. Freud meinte damit nicht, daß der Analytiker nicht auch latentes Material benutzen könnte, nachdem er sich den manifesten Inhalt angehört hat, den der Patient anfänglich ausgewählt hatte. Der Analytiker kann immer wählen, was behandelt werden soll. Wenn das nicht so wäre, könnte z. B. der Widerstand niemals behandelt werden, da der Patient nichts davon vorbringen würde. Vom Analytiker verlangt man auch, daß er auf das hinweist — wenn er überhaupt davon weiß —, was vom Patienten ausgelassen worden ist. Für den Psychotherapeuten besteht ein noch größerer Spielraum. Der Patient, der weitgehend im Primärprozeß spricht, macht keine freien Assoziationen, und da ist es dann erforderlich, einzugreifen und ihm zu helfen, die Besetzung der sekundären Gedankenprozesse zu verfestigen und nicht zu lockern. Es ist ein technischer Fehler, inaktiv zu bleiben, während der Patient buchstäblich in der Wildnis seines inkohärenten Primärprozeß-Denkens umherirrt. Wir schreiten ein, wenn wir die Objektbeziehungen bis zu einem Punkte aufgebaut haben, an dem der Patient sich mitteilen möchte. Die Worte: »Möchten Sie das nicht erklären, damit ich Ihnen folgen kann?« rufen gewöhnlich dann eine Reaktion hervor, wenn der Therapeut deutlich genug geworden ist. In ähnlicher Weise wird man die Tendenz des Patienten eindämmen, die Sitzung als Mittel zur Abfuhr zu benutzen.

Die Patientin Epstein kam zu ihren wöchentlichen Therapiesitzungen aus dem Büro gewöhnlich voll Ärger über das, was sich dort gerade ereignet hatte, ehe sie fortging. Hätte der Therapeut ihr jedesmal bis zu Ende zugehört, so wären wertvolle Sitzungen mit der Abfuhr nicht-neutralisierter Aggression verschwendet, therapeutisch aber nichts gewonnen worden. Der Therapeut unterbrach sie dann immer ganz einfach mit einem »Ist das wirklich das, womit Sie die ganze Sitzung verbringen wollen?« Trotzdem fuhr sie lange Zeit immer weiter damit fort. Sie sagte, sie müsse ihre Geschichte zu Ende erzählen. Sie könne sonst nicht loswerden, was ihr bei der Arbeit passiert war, sagte sie bei einer anderen Gelegenheit. Indem er die Frage abänderte und die verschiedenen Reaktionen der Patientin auf diese Frage beobachtete, erfuhr der Therapeut allmählich, daß ihre Objekt-Besetzungen recht dürftig waren, und so mußte sie sich an die jeweils letzte Person, die sie sah, klammern, damit überhaupt jemand da war. Diese Information konnte therapeutisch ausgenutzt werden. Der Therapeut konnte nun so vorgehen, daß er für Gelegenheiten der Internalisierung konstanter Objekt-Repräsentanzen sorgte. Dies geschah, indem zuerst die genetische Situation geklärt wurde, die den Fortschritt der Objekt-Konstanz verhindert hatte.

Die Patientin war das sechste von acht Kindern gewesen, und zwar von Eltern, die zur psychotischen Grenzfall-Gruppe gehörten. Die Kinder waren planlos gezeugt worden und erhielten nur das Minimalste an Fürsorge in der Form von Essen und Unterbringung. Die Eltern waren wegen ihrer eigenen Kontaktarmut nicht imstande gewesen, emotionalen oder auch nur physischen Kontakt über die ersten Lebensmonate hinaus zu bieten. Danach sorgten die Kinder, so die Patientin, für sich selbst »wie kleine Tiere«. Was die Objektbeziehungen betraf, so war sie auf der Ebene der Bedürfnisbefriedigung, wofür jeder herhalten konnte. In seiner Bemühung, dies der Patientin verständlich zu machen, stellte der Therapeut mehr von einem wirklichen Objekt für die Patientin dar, als es für einen besser strukturierten Patienten wünschenswert gewesen wäre. Sie sagte, sie wüßte nicht, wie Menschen eigentlich lebten, und so beantwortete der Therapeut einige dieser Fragen. Diese Antwort durfte nicht zu deutlich sein, damit die Patientin sich nicht zu verschieden von ihm und seinem Lebensstil vorkam, und auch, damit nicht das Privatleben des Therapeuten angetastet wurde, was die Ich-Grenzen verletzt hätte. Aber Antworten auf ihre Fragen über Gegenstände in seinem Büro, z. B. wo man eine Vase kauft, halfen ihr, sich klarzumachen, daß der Therapeut sich Sachen kaufen mußte wie jeder andere Mensch. Für den neurotischen Patienten ist so etwas selbstverständlich.

Um nun mit dem Thema der freien Assoziationen fortzufahren: die Empfehlung wird jetzt klar. Freie Assoziationen sind am Platze, wo Aufdeckung notwendig ist, und zwar bei einem Ich, das ausreichende Abwehr einsetzen kann und die meiste Zeit im Sekundärprozeß funktioniert. Sie sind kontraindiziert, wenn Inkohärenz, die sich aus dem Primärprozeß ergibt, und Triebabfuhr anzeigen, daß die Integration schwach ist. Nach einiger Zeit war die Patientin dem Therapeuten dankbar, wenn er sie unterbrach. Sie drückte das so aus, daß niemand sie bisher in Zucht genommen habe. Sie meinte nicht, daß sie die Tatsache, daß der Therapeut sie bei der Stange hielt, als ein Über-Ich-Verbot betrachtete, sondern eher als eine helfende und leitende Kraft, die es zuwege bringen konnte, Ich- und Über-Ich-Identifizierungen herbeizuführen und gleichzeitig die Entwicklung der synthetischen und integrativen Funktionen zu fördern. Bis dahin hatte sich noch niemand so viel um sie gekümmert.

Der Gebrauch der Couch ist oft mißverstanden worden, und dies wegen Freuds beiläufiger Bemerkung, daß er nicht gern von seinen Patienten angestarrt werden wolle. Es gibt aber zwingendere und tiefere Gründe dafür, so z. B., daß die Couch die Regression und die Phantasie fördert, wenn dies für die Behandlung erwünscht ist, und die motorische Aktivität einschränkt, so daß Verbalisation die Aktion ersetzen kann. Es gibt in der Psychotherapie keine Kontraindikation gegen die Couch, wenn der Zweck klar ist. Bei manchem Patienten sind in der Psychotherapie Regression und Phantasien unerwünscht, und wenn man merkt, daß gerade sie sich beim Liegen auf der Couch zeigen, dann sollte man ihn besser aufrecht sitzen lassen. Je nach der Natur des Falles kommt es vor, daß der Patient den Therapeuten sehen möchte, um zu wissen, daß er wirklich da ist. Bei anderen ist es besser, daß sie einsehen, daß das Objekt da ist, auch wenn sie es nicht sehen können.

Wir empfehlen nicht, überängstlich zu sein und den Patienten in dem Augenblick sich aufsetzen zu lassen, in dem seine Produktionen auf der Couch einen psychotischen Eindruck zu machen beginnen. Simples Sich-aufsetzen-Lassen ist kein Zaubermittel gegen Psychose. Die Arbeit am Ich-Aufbau kann vor sich gehen, wenn der Patient liegt, falls es sich gerade so trifft, und es kann eher alarmierend als beruhigend auf ihn wirken, wenn man ihn plötzlich anweist, sich aufzusetzen. Bemerkt der Therapeut, daß der Patient in der Regression zu weit geht und der Primärprozeß vorherrscht, dann kann er die Realität ebensogut einführen, während der Patient auf der Couch liegt, wie wenn er in irgendeiner anderen Position ist. Zwar ziehen wir selbst es vor, unsere Patienten sitzen zu lassen, vor allem, wenn die Objekt-Repräsentanzen verschwommen sind, aber einige möchten lieber liegen, und gewöhnlich besteht kein Grund, ihnen dieses Status-Symbol vorzuenthalten. Besonders der psychoanalytisch erfahrene Patient neigt dazu zu denken, daß er psychotisch sei, wenn er sich nicht hinlegen darf. Wir erlauben ihm lieber, sich niederzulegen, als uns auf eine Diskussion über die Diagnose einzulassen.

Es gibt viele Patienten, die vor der Couch Angst haben. Sie wehren sich gegen stark symbiotische Wünsche, Identitätsverlust und Regression, die dann nicht mehr reversibel sein mögen. Solche Patienten sollten nie gezwungen werden, sich hinzulegen. Oft ziehen sie es aber selbst vor, nachdem sie ihre symbiotischen Ängste als Wünsche verstanden haben und sie nicht länger auf den Therapeuten projizieren, so als ob sie *sein* Bedürfnis wären, den Patienten »einzuhüllen«. Der Therapeut muß seinerseits sehr sicher sein, daß seine Sorge um die Autonomie des Patienten, um sein Ich-Wachstum, derart ist, daß er gewöhnlich nicht dieses symbiotische Verlangen befriedigt, wenn es auch seine Aufgabe ist, es zu interpretieren. Viele Grenzfall-Patienten haben in einer zu starken parasitären Symbiose gelebt und brauchen therapeutische Hilfe, um die Trennungs-Individuations-Krise zu erreichen und zu lösen. Eine einfache Regel ist dabei, daß da, wo zuviel Befriedigung bestanden hatte, Abstinenz und Wunsch-Interpretation am Platze sind. Da, wo zuviel Entzug bestanden hatte, ist etwas Befriedigung nötig. Dies stellt eine oft gehörte Äußerung der Therapeuten richtig, daß es ihnen freistehe, Befriedigung zu gewähren, da sie ja keine psychoanalytische Behandlung vornähmen. In der Psychotherapie nicht weniger als bei der Psychoanalyse ist die Befriedigung infantiler Wünsche, besonders wenn ihnen zu sehr nachgegeben worden ist und sie zu Fixierungen geführt haben, kontraindiziert.

Das Wort *Abstinenz* hat einen unangenehmen Beigeschmack und paßt nicht zum psychoanalytischen Denken, bei dem das Akzeptieren der Triebforderungen durch ein benignes Über-Ich ein fundamentaler Grundsatz seiner Lehre ist. Ein besserer Ausdruck wäre vielleicht *Zurückhaltung*. Das Wort Abstinenz ist aber so tief in die Literatur eingedrungen, daß wir hier nur vorschlagen können, seinen Gebrauch zu erklären und nicht zu versuchen, es durch ein anderes zu ersetzen. Viele Therapeuten neigen dazu, Abstinenz mit Schweigen gleichzusetzen. Natürlich ist diese Regel nicht derart einfach. Der Therapeut kann und ist sogar dazu verpflichtet, vieles zu sagen, was dem Patienten hilft, solange er auf die Interpretation und nicht auf die Befriedigung infantiler Wünsche hinarbeitet. Bei der Psychoanalyse sind infantile Befriedigungen niemals erlaubt. Bei der Psychotherapie gibt es diagnostische Indikationen für eine *maßvolle* Befriedigung in den Fällen, bei denen Entzug bestanden hatte, der schwer genug war, um das Ich-Wachstum zu behindern. Niemals wird aber so viel Befriedigung gegeben, daß sie in der Behandlung selbst zur Fixierung werden könnte. Sie muß immer in symbolischer Form gegeben werden, gewöhnlich durch Worte und nicht durch Berühren, Füttern und andere reale Handlungen, die den Patienten davon abhalten, in seiner Entwicklung weiterzukommen. Die einzige Ausnahme ist die bei psychotischen Patienten, die nicht ambulant behandelt werden können,

aber im Hospital auf die einfache körperliche Pflege — wie z. B. das Ge-
füttertwerden — gut reagieren.

Ganz radikal unterscheidet sich die Einstellung zur Regression als zu
einem technischen Hilfsmittel von der der Psychoanalyse. Bei der Psychoanalyse ist es das ausgesprochene Ziel, eine Regression herbeizuführen.
Die Struktur des Analysanden ist so, daß die Regression nur in der psychosexuellen Richtung arbeitet, wobei das Ich intakt bleibt. Die Regression steht im Dienste des Ichs, ist aber reversibel. Ein Psychoanalyse-Patient kann z. B. in der Übertragungsneurose auf einem regressiven Niveau funktionieren, dies aber auf die psychoanalytischen Sitzungen beschränken. Er kann von der Couch aufstehen und seinen Geschäften nach-
gehen. Auf diese Art der Elastizität kann man sich bei den Grenzfall-
Strukturen nicht verlassen. Hier findet die Regression in der Form der
Ich-Regression statt, was nicht gefördert werden sollte. Sie verläuft in
entgegengesetzter Richtung zum Ich-Aufbau. Die Grenzfall-Strukturen
haben ein Potential für irreversible oder, im besten Falle, schwer reversible Regression, und oft ist das schon an sich ein diagnostisches Merkmal.
Das Ich muß so intakt wie möglich gehalten werden, in der Psychoanalyse
ebenso wie in der Psychotherapie, aber der Analytiker braucht weniger
besorgt zu sein, daß er richtig diagnostiziert hat.

Gäbe es nicht die immer wieder auftauchenden Moden, die sich als Psychotherapie geben, so würden wir es kaum für nötig halten zu erwähnen,
daß es niemals erwünscht ist, auf libidinöse oder aggressive Gefühle des
Patienten zu reagieren, — ob diese nun vom Patienten ausgehen oder vom
Therapeuten oder von beiden. Die Haltung des Therapeuten in bezug
auf die Abstinenz ist der von guten Eltern analog, die die Kluft zwischen
den Generationen respektieren und das Kind nicht in libidinöse oder aggressive Bindungen einspinnen, die dann später eine Partnerschaft mit
Gleichaltrigen verhindern. Das gilt unabhängig vom Alter des Patienten
und des Therapeuten. Vielleicht sind sie in Wirklichkeit gleichaltrig, aber
das ist nicht von Belang. Für den Psychotherapeuten gelten die gleichen
Regeln wie für den Psychoanalytiker: Der Patient darf nicht berührt
werden. Eine Ausnahme ist, daß man sich die Hand reicht, wenn es sich so
ergibt. Darüber hinaus darf aber die körperliche Intaktheit des Patienten
nicht angetastet werden.

Der 26 Jahre alte Patient Fischer war über 1,80 Meter groß und breit gebaut. Er war bei einer zart gebauten Therapeutin in Behandlung. Er
hatte eine sehr enge Beziehung zu seinem Kindermädchen gehabt, die ihn
noch bis zum Alter von 11 Jahren gebadet hatte. Danach war sie — aus
anderen Gründen — plötzlich entlassen worden. Fischer hatte sie nie wie-
dergesehen. Seine Loyalität seiner Mutter gegenüber hinderte ihn daran,

auch nur zu erwähnen, wie sehr er sie vermißte, oder zu fragen, wo sie hingegangen sei. Bei der Behandlung weinte er wie ein kleines Kind, wollte im Arm gehalten, gebadet, gefüttert werden und ähnliches. Ganz besonders gern wollte er auf dem Schoß der Therapeutin sitzen, indem er gänzlich die Realität außer acht ließ, daß dies rein physisch nicht möglich gewesen wäre. Die Therapeutin brachte seinen Nöten durchweg Empathie entgegen und hielt sich davon zurück, sie zu schnell zu interpretieren und zwar so, daß er zum Schaden für seine Entwicklung zu viel Befriedigung gehabt hatte. Dieser Aufschub in der Interpretation geschah im Hinblick auf den Objektverlust (Kindermädchen) und auf die Vorsicht der Therapeutin, nicht das »gute« Objekt anzugreifen, solange der Patient nicht fähig war, es zu betrauern. Jedoch bestand hier das unmittelbare technische Problem, wie man sich gegenüber seinem Bestehen auf körperlicher Pflege verhalten sollte. Dieses Problem wurde recht erfolgreich gelöst, und zwar so, daß die Gültigkeit des Wunsches anerkannt wurde, aber immer mit der Präambel: »Wenn Sie ein Baby wären, würde ich es tun.« Ein anderes Beispiel für die Anwendung der Abstinenzregel, um die tiefere Bedeutung des Bedürfnisses nach körperlichem Kontakt zu ergründen und dies für wachstumsfördernde Zwecke zu benutzen, kann in einem Traum des Patienten Baker gefunden werden (s. Kapitel 12).

In der psychoanalytisch orientierten Psychotherapie wird die Übertragung benutzt — wenn sie besteht. Tarachow betrachtete die Übertragung als den Widerstand, der nur mit der eigentlichen Psychoanalyse behandelt werden könne. Er glaubte, daß bei der Psychotherapie das Eindringen des Therapeuten in das Leben des Patienten permanent sei und nicht mit Beendigung der Behandlung aufgelöst werden könne. Murphy ist in bezug auf den Gebrauch der Übertragung zurückhaltend, gibt aber zu, daß Psychoanalytiker, die Psychotherapie betreiben, dazu neigen, sie zu benutzen. Die Crux der Angelegenheit, so scheint es uns, kann nicht durch Ambivalenz in bezug darauf aufgelöst werden, ob und bis zu welchem Grade die Übertragung angewandt werden soll, sondern dadurch, daß man sich auf die Definition der Übertragung selbst verläßt. Die »zwischenpersönlichen« Schulen sprechen von dem Gebrauch der Übertragung, meinen aber die tatsächliche Beziehung zwischen Therapeut und Patient. Greenson würde dies als »Arbeitsallianz« und Zetzel als »therapeutische Allianz« bezeichnen, die aber beide Autoren — und wir meinen, sie haben dabei recht — von der Übertragung unterscheiden. Im strengsten Sinne wird die Übertragung durch den Wiederholungszwang angetrieben und bezieht sich auf jene Gefühle und Haltungen, die zu den Objekten der Vergangenheit gehören, die aber verschoben und auf den

Therapeuten projiziert werden. Fenichel kürzte diese Definition ab, ohne daß sie dadurch an Präzision verlor. Er definierte Übertragung als den irrtümlichen Ersatz der Gegenwart durch die Vergangenheit. Wenn man sie so definiert, ist es leichter zu entscheiden, ob wir sie in der Psychotherapie anwenden sollen, und zwar auf der Basis, ob der Patient in der Lage ist, aus der Vergangenheit auf die Gegenwart zu übertragen. Patienten mit gut etablierter Objekt-Repräsentanz können eine Übertragung auf den Therapeuten vornehmen und tun es auch. Diejenigen, deren Objekt-Repräsentanzen nicht von den Selbst-Repräsentanzen differenziert sind, sind weniger zur Übertragung fähig. Die Frage wird daher nicht durch Zögern und durch Unentschiedenheit darüber gelöst, ob die Übertragung in die Psychotherapie gehört oder nur in die Psychoanalyse, sondern nur durch den Grad der Differenzierung und durch das Niveau der Objektbeziehungen. Oft ist die Interpretation der Übertragung und übertragungsähnlicher Erscheinungen therapeutisch wirksam, und zwar als Hilfsmittel, um die Unterscheidung zwischen den Selbst- und den Objekt-Repräsentanzen zu fördern.

Wir halten es für das größere Übel, die Übertragung nicht zu benutzen, wo sie vorhanden ist, und lassen uns nicht durch Tarachows Begründung abschrecken, daß sie in der Psychotherapie nicht angewandt werden sollte, da sie nicht wieder aufgelöst werden kann. Es muß zugegeben werden, daß eine aufgelöste Übertragung immer das Wünschenswertere ist. Hält man sich jedoch den Nutzen der Übertragung als therapeutisches Werkzeug vor Augen, so wird das Risiko, dem Patienten einen gewissen Rest unaufgelöster Übertragung zu lassen, durch den Gewinn aufgewogen, den man in der Psychotherapie erzielt, indem man sich ihrer bedient. Ganz gewiß gibt es ohne sie keine strukturelle Veränderung. Tarachows Haltung leitet sich von dem frühen psychiatrischen Ziel der Psychotherapie her, das in der Besserung von Symptomen und nicht in struktureller Veränderung bestand. Wir setzen das Ziel heute höher an.

Ein wertvoller Beitrag zu dem klassischen Konzept der Übertragung ist der von Ph. Greenacre. Die Autorin betrachtet die Mutter-Kind-Dyade als etwas, das die Wurzeln der Übertragung enthält, und diese Ansicht steht gut mit der Entwicklungstheorie in Einklang. Für Greenacre ist die Übertragung nicht einheitlich, sondern fluktuiert je nach den verschiedenen unbewußten Faktoren, die Druck auf die Realitätsausrichtung des Ichs ausüben. Daher ist »aktive übertragungsneurotische Manifestationen«[5] ein Ausdruck, der den Therapeuten die fluktuierende Qualität der Übertragung im Auge behalten läßt. Dies ist besonders wichtig im

---

[5] Greenacre, »Certain Technical Problems in the Transference Relationship«.

Hinblick auf den Gebrauch der Übertragung als Werkzeug in der Psychotherapie, denn bei dem Psychotherapie-Patienten ist es noch wahrscheinlicher, daß er weite Schwankungen in seinen Gefühlen, seinem Verhalten und seinen Haltungen gegenüber dem Therapeuten aufweist, da dies Faktoren der verzerrten Selbst- und Objekt-Repräsentanzen sind.

Bei der Grenzfall-Struktur sind die Selbst- und Objekt-Repräsentanzen nicht nur verhältnismäßig undifferenziert, aufgespalten und verzerrt, sondern sie sind auch mit unneutralisierter Triebenergie, oft auf aggressive Art, gefärbt. Daraus ergeben sich Verzerrungen, die zu niedriger Selbstachtung führen können, da das Objekt defensiv als »gut« aufrechterhalten werden muß, unabhängig von der negativen Besetzung der Selbst- und Objekt-Repräsentanzen. Es ist angebracht, wenn auch nicht zu jedem beliebigen Zeitpunkt, einem Patienten zu sagen: »Sie halten mich für mächtig, ja, sogar für allmächtig, weil Sie sich selbst im Vergleich mit Ihrer Mutter klein und unbedeutend vorkommen. Sogar wenn sie Sie grausam behandelt hat, brauchten Sie sie, und so haben Sie geglaubt, daß Sie diese Art der Behandlung verdient hätten.« Dies ist eine Interpretation der Vergangenheit, auf die Gegenwart verschoben, und ist unmittelbar dazu bestimmt, Verzerrungen zu korrigieren — nicht die der Gegenwart, wie die interpersonale Methode annimmt, sondern der gespaltenen Selbst- und Objekt-Repräsentanzen, die etabliert worden waren, bevor noch eine volle Differenzierung stattgefunden hatte.

Die Arbeiten von Jacobson und Kohut zeigen, daß die Zeit für ein solches Eingreifen sehr genau bedacht werden muß. Es gibt Fälle, bei denen die schnelle Beendigung der idealisierten Übertragung dem Über-Ich des Therapeuten besser dient, als es das Bedürfnis des Patienten, an seiner Omnipotenz und Größe für ein Weilchen teilzunehmen, tun würde. Die Patientin Garcia war Sekretärin in einem großen Büro, wo ihr gewöhnlich das schlechteste Material zugeteilt wurde. Sie arbeitete an einem wackligen Schreibmaschinentisch, während ein guter unbenutzt blieb. Der Therapeut hatte das nicht gewußt, sondern hatte mehrere Wochen lang ganz allgemein an ihrer Selbstachtung gearbeitet. In einer der Sitzungen erzählte Garcia, daß sie den Büroleiter gebeten habe, ihr den guten Tisch zu geben, und sie war ganz erfreut, als sie bemerkte, wie leicht das Ganze war. Sie sagte zu dem Therapeuten: »Sie waren dort bei mir, als ich ihn darum bat.« Es würde ein Fehler gewesen sein, wenn der Therapeut zu diesem Zeitpunkt mit einem »Nein, ich war nicht dort« dazwischengefahren wäre. Da er Garcias Bedürfnis, an der Omnipotenz des Therapeuten teilzunehmen, erkannte und sah, daß dies eine Zwischenstation auf dem Wege zur künftigen Identifizierung war, sagte der Therapeut: »Es war gut, daß Sie auf diese Weise an mich denken konnten.« So erkannte er eine Stufe der Entwicklung an, der die Patientin sich in ihrer Jugend zwar genähert hatte, die aber nicht voll erlebt worden war. Es ist jedoch wichtig, diese Verbindung nur so lange aufrechtzuerhalten, wie der Patient sie braucht, dabei aber auf Zeichen zu achten, die auf das Herannahen der nächsten Stufe der Differenzierung hinweisen. Dann ist die Interpretation »Das waren Sie selbst, nicht ich« inhaltlich und zeitlich angebracht.

Bei Fällen, die ein höheres Niveau der Internalisierung benutzen, besteht weniger Raum für benigne Erfahrung mit einem »guten« Objekt, wie es der Therapeut ist, solange nicht die Verzerrungen korrigiert worden sind. Hier muß weitergearbeitet werden, bis es zur Differenzierung kommt. Erst wenn die aggressiv und libidinös gewordenen Selbst- und Objekt-Repräsentanzen mit mehr neutralisierter Energie ausgestattet sind, wird der Patient in ausreichendem Maße fähig sein, zwischen den beiden Arten der Repräsentationen zu unterscheiden, um dann eine deutliche Identität zu erwerben. Wenn bei der Behandlung einer Grenzfall-Struktur dieser Meilenstein erreicht worden ist, erwirbt der Patient die Fähigkeit, neue und realistischere Objektbeziehungen in der Gegenwart zu formen. Dann ist er bereit zu neuen Ich- und Über-Ich-Identifizierungen.

Wir haben schon erwähnt, daß der Therapeut gelegentlich sich selbst als ein reales Objekt benutzt. Dies geschieht, wenn er eine Psychose im eigentlichen Sinne behandelt. Aber jetzt sprechen wir nicht mehr von der Übertragung, sondern meinen diejenigen Situationen, gewöhnlich in der restitutiven Phase, in denen der Patient den Therapeuten in der Tat nicht sieht, wie er wirklich ist, sondern wie ein vage wahrgenommenes Objekt, das ein Teil seiner Verzerrungen in der Restitution ist. Man sollte dies nicht mit Übertragung verwechseln. Der Therapeut gewinnt hier seine Bedeutung nicht aus der Vergangenheit und nicht, weil er als eine wirkliche Person geschätzt wird, sondern weil der Patient verzweifelt eine Objekt-Welt braucht, ganz egal, wer oder was sie ist. In solchen Fällen kann der Therapeut das »gute« Objekt darstellen, um dem Patienten zu helfen, ein eigentliches libidinöses Objekt zu erwerben. Er mag z. B. sein eigenes Ich gebrauchen, um die Realitätsprüfung und die synthetischen Funktionen zu unterstützen. Wie schon erwähnt, mag er ihn, wenn es sich um einen stationär untergebrachten Patienten handelt, füttern oder sonstige persönliche Pflege an ihm vornehmen, dies alles in der Richtung hin, ein »gutes« Objekt zu werden. Diese Handlungen gelten für die Behandlung der Psychose, denn sie führen den Patienten zum Erwerb einer guten Selbst- und Objekt-Repräsentanz. Wenn solch ein Patient dann den Therapeuten hochschätzt, und zwar zum Unterschied von allen anderen Personen im Krankenhaus, ist man schon einen großen Schritt weitergekommen.

Kehren wir nun zur Erörterung der gewöhnlichen ambulanten Psychotherapie zurück. Ein anderer und sehr wertvoller Gebrauch der Übertragung liegt in dem Versuch, die präverbale Erfahrung zu rekonstruieren. Am meisten wird aber die Übertragung in der Psychotherapie, genau wie in der Psychoanalyse, für diejenigen Patienten gebraucht, die fähig sind, auf sie zu reagieren. Von größerer Wichtigkeit als für die Psychoanalyse ist hier die positive Übertragung. Man muß aktiv daran arbeiten, die Identität zu verstärken, da der Patient, der sich auf dem bedürfnisbefriedigenden Niveau befindet, der Objektliebe zugänglich ist. Auch negative Übertragungserscheinungen müssen behandelt werden, aber immer vor dem Hintergrund, daß man zuerst positive Selbst- und Objekt-Repräsentanzen aufgebaut hat, so daß die verhältnismäßig unneutralisierte Aggression der gestörteren Patienten sie nicht mit der Zerstörung des Selbst und des Objekts bedroht.

Wenn die Übertragung, wo sie vorhanden ist, gebraucht wird, und wenn die Fähigkeit, Objektbeziehungen herzustellen, aufgebaut ist, finden sich in der Psychotherapie für den Therapeuten viele Gelegenheiten, sich als Übertragungsfigur wieder auszuschalten, sobald die Behandlung sich ihrem Ende nähert. Dies geschieht durch Interpretation, wie in der Psychoanalyse. Wenn das Ich die Konfusion zwischen Vergangenheit und Gegenwart anerkennt und in Ordnung bringt, löst sich die Übertragung von selber auf. Wir müssen allerdings zugeben, daß es viel mehr Fälle ungelöster Übertragung in der Psychotherapie als in der Psychoanalyse gibt; aber das rührt daher, daß die Ziele der Psychotherapie so außerordentlich viel mannigfaltiger sind. Während es vielleicht möglich und daher auch wünschenswert ist, in einem speziellen Fall die Übertragung aufzulösen, mag es in einem anderen genauso wünschenswert sein, sie als ein reales Objekt im Leben des Patienten bestehen zu lassen.

Bei der Psychotherapie, aber kaum je bei der Psychoanalyse, gibt es die Gefahr, daß die Übertragung allzu real werden kann. Der Psychoanalyse-Patient hat eine gut funktionierende Realitätsprüfung und würde daher, sogar wenn er mitten in den Qualen einer intensiven Übertragung steht, nicht die Gegenwart so weit mit der Vergangenheit verwechseln, daß er die beiden nicht mehr unterscheiden kann. Er wird vielleicht sagen: »Sie sind *wie* meine Mutter!« Das Ich weiß bei ihm immer, daß der Analytiker jemand anders ist. Der gestörtere Patient hingegen, der sich nach einer Mutter sehnt und die Realität nicht so prüfen kann, mag wohl sagen: »Sie *sind* meine Mutter.« Solche Erscheinungen stellen wahrscheinlich nicht eine wirkliche Übertragung dar. Wenn sie, wie hier beschrieben, die Erfüllung eines Wunsches bedeuten, so sind sie ganz entschieden keine Übertragung. Die sogenannten Übertragungserscheinungen, die ohne Realitätsprüfung einhergehen und ohne die Fähigkeit, zwischen Gegenwart und Vergangenheit zu unterscheiden, können nur als psychotische Übertragung bezeichnet werden, sofern man hier überhaupt von Übertragung sprechen will. Wenn dies eintritt, obwohl der Therapeut sich alle Mühe gegeben hat, dem Ich zu helfen, dies im voraus zu unterscheiden, so muß er seine ganze Kraft daransetzen, dem Ich nachher zu Hilfe zu kommen. Es scheint fast eine zu große Vereinfachung zu sein, wenn man sagt, daß eines der besten Werkzeuge für diesen Zweck das Wort »wirklich« ist. »Denken Sie das wirklich?« oder »Sind Sie *sicher*, daß ich Ihre Mutter bin?« oder »Ist es nicht so, daß Sie wünschten, ich wäre es, wenn ich es in Wirklichkeit auch nicht bin?« Geschickt angewendet, sind solche einfach erscheinenden Versuche, die Realitätsprüfung zu bessern, gewöhnlich wirksam.

Man muß zwischen der Übertragungsneurose und der Übertragung unterscheiden. Während es schon einfach nach der Definition erscheinen mag, daß nur der neurotische Patient imstande ist, eine Übertragungsneurose zu entwickeln, so bedeutet doch die Zuordnung zur Gruppe der Grenzfälle, daß es sogar bei diesen weniger entwickelten Strukturen neurotische Züge gibt. Wir möchten hier wieder auf die Standardwerke über die Technik der Psychoanalyse verweisen, in denen man eine vollkommene Definition der Übertragungsneurose und ihrer Unterscheidung von der Übertragung finden kann. Glover drückt sich in dieser Beziehung ganz besonders deutlich aus, indem er nicht nur das Phänomen definiert, sondern auch zeigt, wie es erkannt werden kann. Die Übertragungsneurose geht weiter als die Übertragung an sich, insofern als die Totalität der infantilen Neurose in der analytischen Situation wiederholt wird, wobei die Person des Analytikers die Primärfigur darstellt. Die Übertragungsneurose entwickelt sich in der Psychotherapie weniger häufig als in der Psychoanalyse, und oft überhaupt nicht. Dafür gibt es mehrere Gründe. Erstens sind die meisten Psychotherapie-Patienten wegen ihres niedrigen Niveaus der Objektbeziehungen und wegen des Fehlens eines Konflikts zur neurotischen Lösung und somit zur Übertragungsneurose weniger fähig. Zweitens: Wenn die Behandlung beschränkt werden soll, sei es, was ihre Dauer anbetrifft, oder durch die Entscheidung, nur ein bestimmtes umschriebenes Gebiet zu behandeln, dann ist es sogar da, wo dies möglich wäre, erwünscht, daß der Therapeut den Patienten zur Entwicklung einer Übertragungsneurose anregt. Der dritte Grund ist der, daß sich in der Übertragung eine Übertragungspsychose entwickeln kann, wenn die neurotischen Züge der Grenzfall-Struktur als

Übertragungsphänomene erscheinen, bei denen die Realitätsprüfung nur dürftig ist.

Bei manchen Psychotherapie-Fällen entwickelt sich trotz allem spontan eine Übertragungsneurose. Wenn das geschieht, soll man ihr nicht aus dem Wege gehen. Sie kann mit den üblichen Methoden, die für die psychoanalytische Behandlung vorgesehen sind, einschließlich der Analyse der Übertragungsabwehr, behandelt werden. In zwei wichtigen Arbeiten über die Übertragung betont Greenacre, daß man darauf achten sollte, in der paradoxen Situation von Abhängigkeit und Übertragung die Autonomie des Patienten zu bewahren. Dies stimmt mit den Vorschlägen von Kris überein, der anregt, daß der Patient zur Selbstinterpretation ermutigt werden sollte, um wahrhaft unabhängig vom Therapeuten zu werden. Hieraus ergibt sich für G. Blanck, daß die Intensität der Übertragungsneurose durch sorgfältige und konsequente Bemühungen, den Patienten zu ermutigen, wann immer möglich seine eigene Therapie zu betreiben, gemildert werden kann. Eine übermäßig intensive Übertragungsneurose wird leicht dadurch umgangen, daß der Therapeut vermeidet, den Anteil des Patienten an der therapeutischen Zusammenarbeit zu übernehmen. Der Therapeut hat seine eigene Arbeit zu tun — ganz besonders muß er darüber nachdenken, was sich da vor ihm abspielt. Dem Patienten Interpretationen zu geben, die er sehr wohl selber erbringen kann, bedeutet, auf eine abhängige, ehrfurchterfüllte und daher intensive Übertragungsneurose hinzuarbeiten. Wir haben schon erwähnt, daß man sich vor einer Übertragungsneurose, wenn sie auftritt, nicht zu fürchten braucht; aber im Interesse der Autonomie des Patienten sollte man sie so minimal wie möglich halten.

Die Häufigkeit der Sitzungen kann in der Psychotherapie nicht durch eine einfache Faustregel bestimmt werden. Dies ist einer der Punkte, über die es in der Psychoanalyse keine Zweideutigkeit gibt. Im Idealfalle wird die Psychoanalyse vier- bis fünfmal in der Woche durchgeführt; Psychotherapie meistens einmal wöchentlich, aber der Gedanke, von dem dabei ausgegangen wird, ist schleierhaft. Wir hören als Begründung oft, daß der Patient nur einmal in der Woche kommen möchte oder sich nicht mehr leisten kann. Dies ist so fadenscheinig, daß es technisch nicht akzeptiert werden kann. Sitzungen einmal in der Woche mögen in der Psychotherapie unter technischem Gesichtspunkt angezeigt sein. Dies sollte sich aber nach der Diagnose und dem Ziel der Behandlung richten und nicht nach der Laune des Patienten. Wir sind dafür, eine professionelle Haltung einzunehmen. Wer am besten dazu geeignet ist, solche Entscheidungen zu treffen, sollte es tun. Was die Diagnose und den Behandlungsplan anbetrifft, besteht kein Zweifel, daß der Therapeut dafür zuständig ist. Dem widerspricht nicht, daß der Patient vielleicht nicht bereit ist, sich dieser Entscheidung zu fügen, und es mag manchmal besser sein, das zu tun, was der Patient akzeptieren kann, statt mit ihm zu kämpfen. Wenn die Motivation und die Übertragung stärker werden, dann gibt es keinen Kampf mehr. Auch ist es nicht so, daß, wie oft befürchtet wird, eine professionelle Haltung die Autonomie des Patienten verletzen könnte, denn autonome Entscheidungen erstrecken sich nicht auf Gebiete, wo kein Wissen und kein Urteil vorhanden ist. Nur der Therapeut kennt die diagnostischen und technischen Aspekte des Problems. Wir raten dringend dazu, eine gute Arbeitsatmosphäre zwischen Therapeut und Patient herzustellen. Manchmal wenden wir die recht lächerliche Analogie zu dem chirurgischen Patienten an, der darum bittet, die Operation auf dem Küchentisch auszuführen, weil er nicht gerne ins Krankenhaus gehen möchte. Genausowenig wie ein Chirurg auf diese Bitte Rücksicht nehmen würde, ist es für den Therapeuten erwünscht, den Patienten unter Bedingungen zu behandeln, die er stellt, wenn sie nicht in seinem besten Interesse liegen. Nur selten wird ein Patient vernünftige Bedingungen zurückweisen, wenn man sie ihm erklärt.

Psychotherapiesitzungen können einmal im Monat stattfinden, z. B. bei den sogenannten Aufrechterhaltungsfällen, aber auch einmal in der Woche, oder auch zwei-, drei-, vier- oder fünfmal die Woche. Manchmal muß man ein bißchen herumprobieren, um die Frequenz zu finden, auf die der Patient am besten anspricht. Wir haben hervorragende Ergebnisse gesehen bei Sitzungen im Abstand von zwei Wochen und recht kümmerliche bei Sitzungen, die drei- oder viermal wöchentlich stattfanden. Manchmal regt gerade die Seltenheit der Sitzungen den Patienten dazu an, sie produktiver auszunutzen. Aber auch dies ist kein echter Grund, die Zahl der Sitzungen zu vermindern, und wir arbeiten hier lieber mit Interpretation als mit Manipulation. Wir meinen, daß der gewöhnliche psychotherapeutische Grenzfall-Patient am besten arbeitet, wenn er zwei- bis dreimal in der Woche kommt. Er kann sich dann einmal mit der Realität und dann wieder mit Übertragungserscheinungen befassen. Dabei gibt es aber viele Ausnahmen. Der depressive Patient mit Suizidneigung wird in der kritischen Periode am besten öfter bestellt. Der psychotische Patient kann fünfmal die Woche intensiv ambulant behandelt werden, wenn die häusliche Atmosphäre genügend Unterstützung bietet, so daß ein Krankenhausaufenthalt vermieden werden kann. Im allgemeinen soll man die Häufigkeit der Sitzungen nicht ändern, um Übertragungserscheinungen und Abhängigkeit zu beeinflussen, aber es mag notwendig sein, sehr gestörte Patienten während einer Krise öfter zu sehen, und dann seltener, wenn die Krise vorbei ist.

Die Beendigung der Psychoanalyse nähert sich mit der Lösung des Ödipuskonflikts. Sie zeigt sich in der Übertragung — wenn ich-psychologische Methoden angewandt worden sind — durch die wachsende Unabhängigkeit des Patienten vom Analytiker an und manifestiert sich in seiner Fähigkeit, seine eigene analytische Arbeit zu leisten. Kris beschreibt, wie Unabhängigkeit und Autonomie in der »guten Stunde«[6] erkannt werden können, wenn der Patient die Sitzung mit einer ganz leicht negativen Haltung anfängt, was mit Spitz' und Mahlers Beobachtung übereinstimmt, daß neutralisierte Aggression hier im Dienste der Trennung und des Ich-Wachstums arbeitet. Die »gute Stunde« geht dann weiter, vielleicht mit einem Traum oder mit anderem Material, an dem der Patient selbst arbeitet und das er schließlich interpretiert. Dies ist das Signal dafür, daß die Zeit sich nähert, um den Patienten in die Lage zu versetzen, seine analytische Arbeit ohne die physische Präsenz und ohne das Eingreifen des Therapeuten durchzuführen. Die Übertragungsneurose, die niemals so intensiv ist, wenn durch die ganze Zeit der Analyse hindurch maximale Unabhängigkeit gesichert worden ist, löst sich auf. Der Analytiker wird mehr zu einem realen Objekt, wird nicht mehr überschätzt und idealisiert, und der Patient wird ermutigt, ein Datum für die Beendigung der Behandlung anzusetzen. In diesem letzten Teil der Endphase muß man genau beobachten, ob die »guten Stunden« weiter auftreten und so eine echte Bereitschaft zur Beendigung anzeigen. Kris verglich die »guten Stunden« mit den »pseudo-guten Stunden«, in denen der Patient, in der Abwehr und mit unneutralisierter Aggression, versucht, ohne den Analytiker fertigzuwerden oder aus Angst vor der Abhängigkeit mit ihm zu konkurrieren. Und so helfen in der Technik der Psychoanalyse die ich-psychologischen Überlegungen dem Analytiker zu erwägen, wann die Zeit zur Beendigung der Behandlung herangekommen ist. G. Blanck bemerkt hierzu:

»... Wenn die Autonomie des Patienten so respektiert und gefördert worden ist, daß er im Verlauf der Analyse in zunehmendem Maße unabhängig wird, kommt die End-Phase gewöhnlich von selbst.«

»Es ist natürlich ein scheinbarer Widerspruch, daß — während die Analyse vor sich geht — wir die volle Kraft der Abhängigkeit des Patienten hervorlocken wollen und dabei oft sogar die Abwehr dagegen analysieren müssen. Aber gerade, weil wir dies in einer Atmosphäre des gleichzeitigen Schutzes der Autonomie tun, brauchen wir die Intensität der Übertragung, in welcher Form auch immer, nicht zu fürchten. Das Drama kann in seiner ganzen Breite abgespielt werden, da der Analytiker nicht als reale Figur daran teilnimmt und nicht allzu

---

[6] E. Kris, »On Some Vicissitudes of Insight in Psychoanalysis«.

viel für den Patienten tut. Solch eine Rücksichtnahme auf die Autonomie beugt der Notwendigkeit für gewisse verzweifelte Maßnahmen vor, die manchmal vorgeschlagen werden. Die gründliche Kenntnis des Trennungsprozesses ersetzt solche Maßnahmen wie z. B. eine erzwungene Zeitbegrenzung, allmähliche Abschwächung, Änderungen in der Häufigkeit der Sitzungen usw. Der Trennungsprozeß wird am besten über die Interpretation und nicht durch irgendwelche Mittel vollzogen. Wenn sie doch nötig sind, um die Interpretation zu verstärken, dann sollten sie auf den individuellen Trennungskonflikt zugeschnitten werden, der im Verlaufe der Analyse erkannt worden ist. Nur so kann man vermeiden, das Ich einzuengen, denn notwendigerweise werden die Arrangements so gewählt worden sein, daß sie die ursprüngliche Blockade ungeschehen machen und den Patienten in so viel Freiheit entlassen, wie sie unter den Bedingungen des menschlichen Lebens möglich ist.«[7]

Für die Beendigung ebenso wie für viele andere Aspekte der technischen Führung hat der Psychotherapeut wenig Anleitung. Bei den meisten seiner Fälle ist das Ziel nicht die Auflösung des Ödipuskomplexes. Sie kann natürlich durchgeführt werden, aber gewöhnlich sind dringendere Ziele vorhanden. Wir stimmen mit Mahler darin überein, daß das Kernproblem der Grenzfall-Struktur darin liegt, daß die Trennungs-Individuations-Krise nicht völlig erfolgt ist und daß keine Objektkonstanz besteht. Für die meisten dieser Fälle sind daher das Erreichen einer Identität, ein stärkeres und besser funktionierendes Ich, Objektbeziehungen mit — oder wenigstens nahe an — der Objektkonstanz, Neutralisierung der Triebe und andere Entwicklungsleistungen das Ziel der Therapie, das in verschiedenem Ausmaße mit Erfolg erreicht worden ist. Viele Patienten erleben ihre Identität zum erstenmal. Oft nähern sie sich diesem Zustand mit Furcht, aber auch mit Freude. Manchmal besteht eine Hochstimmung — der Patient erlebt einen dramatischen Erfolg. Gewöhnlich möchte er dann die Behandlung beenden.

Es ist bei der Psychotherapie noch entscheidender als bei der Psychoanalyse, daß der Therapeut auf Manifestationen der Unabhängigkeit achtet und nichts unternimmt, was sie zurückhalten könnte. Wesentlich ist auch der richtige Zeitpunkt. Ein Zögern von seiten des Therapeuten wird von diesen ungewöhnlich sensitiven Patienten sofort bemerkt, da sie ja selbst an symbiotisches Verlangen gewöhnt sind und manche an das, was Mahler als den Wunsch nach »parasitärer Symbiose«[8] bezeichnet hat — etwas, bei dem ein Elternteil das Kind zur Befriedigung seiner eigenen symbiotischen Wünsche benötigt hatte. Es ist besser, daß der The-

[7] G. Blanck, »Some Technical Implications of Ego Psychology«.
[8] M. S. Mahler, *Symbiose und Individuation*.

rapeut ohne voreiligen Widerspruch zuhört, wenn der Patient zum ersten Male den Wunsch nach der Beendigung der Behandlung ausspricht. Wenn er glaubt, daß dies noch verfrüht ist, hat er die Pflicht, den Patienten zu schützen. Wie das aber durchgeführt wird, kann entscheidend dafür sein, ob man dem Patienten hilft, Unabhängigkeit zu erlangen, oder ihn so sehr entmutigt, daß wertvoller Boden manchmal unwiderruflich verlorengeht. Die spezifischen Methoden für die Beendigung der Behandlung in der Psychotherapie werden in Kapitel 17 besprochen.

Die Unterschiede zwischen Psychoanalyse und Psychotherapie können hier nicht abschließend erörtert werden, da sie Erweiterungen und Korrekturen unterworfen sein werden, mit denen der Ausbau der Theorie unseren Wissensbestand jeweils ergänzt. Wallerstein[9] stellt neun Punkte auf, die wir nach dem heutigen Stand unseres Wissens beantworten können:

1. »Gibt es eine wissenschaftliche Psychotherapie außer der Psychoanalyse?« Diese Frage haben wir schon beantwortet, indem wir die Behauptung aufgestellt haben, daß in der theoretischen Basis kein Unterschied besteht, daß aber Unterschiede in der Technik vorhanden sind, manche von ihnen nur klein, manche mäßig, manche sehr groß.

2. »Worin sind sich Psychoanalyse und dynamische Psychotherapie ähnlich, und was unterscheidet sie?« Hier möchten wir wiederholen, daß die Ähnlichkeiten in der Theorie liegen, die Unterschiede aber in Faktoren in der Struktur des Ichs.

3. »Wie wichtig sind die Unterschiede (oder die Ähnlichkeiten)? Sollten sie verwischt oder aber schärfer herausgearbeitet werden?« Unserer Ansicht nach sollten die Unterschiede in der Technik schärfer herausgearbeitet werden.

4. »Was sind die eigentlichen Grenzen jeder dieser therapeutischen Modalitäten? *Oder* wann wird die ›modifizierte‹ Psychoanalyse, oder Psychoanalyse mit Parametern, zur Psychotherapie?« Unsere Antwort ist die, daß die Technik eine Psychotherapie und keine Psychoanalyse ist, wenn der Parameter nicht in den Grenzen gehalten werden kann, die Eissler vorschlägt. Sie bleibt nur dann Psychoanalyse, wenn der Parameter wieder entfernt werden kann.

5. »Wie werden die verschiedenen Indikationen zur Behandlung aufgestellt? Wird der Patient der Behandlung oder die Behandlung dem Patienten angepaßt?« Wir sehen keine andere Möglichkeit, als die Behandlung dem Patienten anzupassen. Darum fordern wir Wendigkeit von seiten des Therapeuten.

---

[9] R. S. Wallerstein, »Psychoanalysis and Psychotherapy«.

6. »Was sind die eigentlichen Trennungslinien in der Reihe der Psycho-
therapie-Methoden, wie sie innerhalb des Rahmens der psychoanalytischen Theorie konzeptualisiert worden sind? Liegt die Hauptgrenze zwischen den expressiv-aufdeckenden Therapiemodalitäten (von denen die
Psychoanalyse eine ist) und der unterdrückend-stützenden Methode?
Welche Grenzziehung ist in Theorie und Praxis bedeutungsvoll?« Hier
scheint Wallerstein eine Frage über die Grenzziehung aufzuwerfen, wie
sie schon lange in der Psychiatrie besteht und die sich im wesentlichen darauf stützt, daß die Verdrängung nicht funktioniert, wo das Ich schwach
ist, und daß daher »unterdrückend-stützende Methoden« angezeigt sind.
Diese Ansicht läßt vollkommen die psychoanalytische Entwicklungstheorie außer acht. Sie zieht das Ich-Wachstum nicht in Betracht. Sie betrachtet die Unterdrückung als geeignet, die Verdrängung zu ersetzen. Sie
sieht Unterstützung nicht als Ich-Unterstützung an in dem Sinne, daß
der Ich-Aufbau in vielen Fällen der Unterstützung folgen kann. Wir halten die psychiatrische »unterdrückend-stützende« Technik jetzt für überholt. Was die Kluft anbetrifft, die in dieser Frage beschrieben wird, so
denken wir, daß die korrekte Trennungslinie zwischen den analysierbaren und nicht-analysierbaren Strukturen liegt. Diese Antwort weist implizite darauf hin, daß bei der Entscheidung über die Form der Behandlung diagnostische Erwägungen am wichtigsten sind. Aufdecken ist in
der Psychotherapie nicht kontraindiziert, wenn die ersten Behandlungs-
schritte das Ich so weit gestärkt haben, daß es die »expressiv-aufdeckenden« Techniken ertragen kann.

7. »Was ist die Beziehung zur nicht-psychoanalytischen Behandlung?
Kann eine Theorie der psychoanalytischen Therapie sich auf eine nicht-
psychoanalytische Theorie der Therapie erstrecken?« Wir glauben, daß es
nur *eine* Wissenschaft des menschlichen Verhaltens geben kann. Entweder ist die psychoanalytische Theorie (und daher die von ihr abgeleiteten
Techniken) richtig oder eine andere ist es.

8. »Können abgeleitete Konflikte, kann ein Konflikt überhaupt durch
eine kurze Analyse gelöst werden?« Diese Frage setzt voraus, daß der
Konflikt neurotisch ist, womit wir im wesentlichen übereinstimmen. Es
scheint uns, daß die Frage aus den inzwischen überholten Versuchen
einer »kurzen Psychotherapie« und »Sektor-Analyse« erwachsen ist, Versuchen, die Jahrzehnte zurückliegen. Ein neurotischer Konflikt läßt sich
nur durch Psychoanalyse lösen. Neurotische Probleme können, wie wir
schon in der Einleitung betont haben, durch psychotherapeutische Maßnahmen erleichtert werden, zu denen man sich entschließt, weil die reale
Situation zur Zeit nicht für eine Psychoanalyse geeignet ist. Gibt es
einen nicht-neurotischen Konflikt, und kann er mit Hilfe von Psycho-

therapie gelöst werden? Wir glauben schon. Jedoch handelt es sich dabei um einen anderen Aspekt des Konflikts als den intersystemischen. Bei einem nicht-neurotischen oder Grenzfall-Konflikt ist es wahrscheinlicher, daß er intrasystemisch ist, und zwar innerhalb eines Ichs, das keine der beiden Arten von Konflikten ausreichend handhaben kann. Und wieder: Ich-aufbauende Maßnahmen können das Ich so weit stärken, daß es mit beiden Sorten von Konflikten fertigwerden kann.

9. »Was sind für uns als Psychoanalytiker die Probleme, wenn wir Psychotherapie betreiben?« Sie können hier nicht kurz aufgezählt werden. Wir möchten bei dem wesentlichsten Problem verweilen: der Versatilität und Flexibilität. Psychoanalytiker sind wegen ihrer gründlichen theoretischen Ausbildung ideal ausgerüstet für die Psychotherapie, sind aber durch einengende Techniken behindert, die für die Psychoanalyse der Neurosen bestimmt waren und die nicht gut gestreckt, modifiziert oder ausgedehnt werden können. Die Technik der Psychotherapie sollte zu ihrem Repertoire hinzugefügt werden.

Die Überschrift dieses Kapitels para-
phrasiert absichtlich Freuds Arbeit, die
er 1913 veröffentlicht hat. Er sagt dort
ganz deutlich: »Es ist im ganzen gleichgültig, mit welchem Stoffe man die Behandlung beginnt, ob mit der Lebensgeschichte, der Krankengeschichte oder
den Kindheitserinnerungen des Patienten. Jedenfalls aber so, daß man den
Patienten erzählen läßt und ihm die
Wahl des Anfangspunktes freistellt.«[1]
Den Grund für diese Großzügigkeit

9
Über den Anfang
der Behandlung

gibt Freud weiter oben in derselben Arbeit: »Die außerordentliche Verschiedenheit der in Betracht kommenden psychischen Konstellationen,
die Plastizität aller seelischen Vorgänge und der Reichtum der determi-
nierenden Faktoren widersetzen sich auch einer Mechanisierung der
Technik . . .«[2]
Nach ihm ist das Problem, wie man die Behandlung anfangen soll, oft im
einzelnen besprochen worden. Der Versuch einer Aufzählung ergibt
u. a.: Eine Arbeitsallianz herstellen (Wolberg), die Bereitschaft einschät-
zen (Glover), eine Diagnose stellen (Alexander und French, Tarachow,
Bellak und Small), und die Kommunikation erleichtern (Mullahy). Die
meisten — wenn auch nicht alle — Autoren stimmen darin überein, daß
der Therapeut sich als eine hilfreiche Person darstellen muß. Tarachow
hingegen besteht darauf, daß das erste Interview an sich noch kein therapeutisches ist, sondern nur dazu dient, zu klären, ob die Therapie überhaupt eingeleitet werden soll. Dies scheint mit Menningers Analogie zu
dem Gesetz einer Kontraktbeziehung zwischen den Parteien übereinzu-
stimmen, für die notwendigerweise im voraus eine Übereinkunft erforderlich ist.
Während diese Meinungen in bezug auf die Wichtigkeit als Teile des
Anfangsprozesses auseinandergehen, so sind sie doch weniger wichtig als
die Verpflichtung, die der Psychotherapeut auf sich nimmt, wenn er die
erste Verabredung trifft. Wenn ein Patient erst diese Verabredung gemacht und sie eingehalten hat, hat er damit zu verstehen gegeben, daß er
Hilfe braucht. Er mag »rückwärts eintreten«, so als ob er weggehen
wollte, er kann ambivalent sein, er mag gezwungen worden sein zu kommen, er mag die einfallsreichste und am schwersten erkennbare Form des

---

[1] S. Freud, *Zur Einleitung der Behandlung*.
[2] Ibid.

Widerstands gezeigt haben: trotzdem trägt der Therapeut die Verantwortung, sich damit zu beschäftigen, wie er dem Patienten helfen kann. Dies ist eine professionelle Haltung, hinter der eine Menge von Wissen und Erfahrung steckt, um etwas anzubieten, das ganz anders ist als die Hilfe eines Freundes oder einer geliebten Person. Der Therapeut hat das Wissen um die Wachstumsprozesse anzubieten, er kennt die Arten des Versagens, wie sie oft bei der Entwicklung vorkommen, die Züge des Stillstands, der Fixierung, der Regression, der Abwehr und der Übertragung, um hier nur ein paar der hauptsächlichsten Gesichtspunkte der Theorie und der Technik aufzuzählen. Auf diesem Fundament kann er jeden ihm geeignet erscheinenden Weg der Befragung einschlagen, an diesem Punkte fast unabhängig von der Fähigkeit des Patienten mitzuarbeiten. Solch eine Fähigkeit bestimmt, wie der Therapeut sich am Anfang im Interesse des Patienten verhält. Eine wahrhaft professionelle Haltung drückt Interesse am Patienten und seinen Problemen aus, bietet weiten Spielraum dafür an, wie der Patient sie beschreibt, erkennt seine Autonomie an, reserviert aber für den Therapeuten die Methode und Richtung der Therapie. Es liegt also kein Widerspruch darin, daß man die Autonomie des Patienten respektiert, was sein eigenes Leben anbetrifft, und trotzdem keinen falschen Vorstellungen der Gleichheit oder Demokratie in bezug darauf nachgibt, wie die Entscheidung über den richtigen therapeutischen Weg sein soll. Über das letztere weiß der Therapeut eben besser Bescheid, und das ist es ja, weshalb der Patient zu ihm kommt.

Wenn der Patient zum erstenmal in die Sprechstunde kommt, so hat sich seine Ambivalenz in bezug auf die Therapie für den Moment entschieden. Man könnte die Aufgabe des Therapeuten hier mit dem Problem eines Menschen vergleichen, der die Meere umsegelte, bevor es noch Dampfschiffe gab. Er war von der Bewegung der See und des Windes abhängig, und der Therapeut hängt von der Motivation des Patienten ab und muß lernen, jede Ebbe und Flut therapeutisch zu verwenden. Wenn aber der Therapeut gezwungen ist, die oft gehörte Frage zu stellen: »Warum sind Sie gekommen?«, dann hat die Kommunikation versagt. Die Tatsache, daß der Patient gekommen ist, genügt vorläufig als Beweis, daß die Waage der Unentschlossenheit sich zeitweise zugunsten der Therapie geneigt hat, und es hat keinen Sinn, wenn der Therapeut an diesem Zeitpunkt etwas unternimmt, das den Patienten auf die andere Seite seiner Ambivalenz treibt. Ambivalenz kann technisch in einen Vorteil umgewandelt werden, indem man die Gelegenheit ergreift, mit der Flut zu schwimmen und damit genügend weiterzukommen, um der therapeutischen Reise eine bessere Chance zum Vorwärtskommen zu geben, wenn sich die Ambivalenz wie die Flut ändert. Den Patienten zu fragen, weshalb er gekommen sei, bietet ihm nicht den Willkomm, der immer wesentlich ist. Es liefert ihm allzu leicht eine Gelegenheit zu bereuen, daß er überhaupt gekommen ist.

Oft wird ein Kind, das zur Behandlung gebracht wird, da sein Benehmen andere stört, antworten, daß es nicht wisse, warum seine Eltern es gebracht haben, oder es wird wie ein Papagei nachsprechen, was sie ihm gesagt haben. Ähnliche Abwehrmaßnahmen sieht man bei Erwachsenen, die durch andere gezwungen worden sind, zur Konsultation zu kommen. Es ist keineswegs schwer, die Abwehrhaltung des Ehemannes zu verstehen, der die Verabredung getroffen hat, um seine besorgte Frau zu beruhigen, und der recht glücklich wäre, wenn er ihr sagen könnte, daß der Therapeut »alles in Ordnung« gefunden habe. So ein unwilliger Patient wird sich nicht leicht darüber aussprechen, was er selbst vielleicht als den tieferen Grund für sein Kommen empfindet. Besonders wenn er fühlt — wie es häufig vorkommt —, daß seine Maskulinität durch den Gehorsam gegen seine Frau in Frage gestellt ist, ist es von wesentlicher Bedeutung zu vermeiden, so ein hoch-geladenes Gebiet in der ersten Sitzung anzugehen, um nicht die Abwehr und den Widerstand zu verstärken. Es ist für den Patienten viel leichter, wenn man seine Voraussetzung akzeptiert, nämlich, daß er gekommen sei, um seiner Frau zu helfen, und erst dann erforscht, was er als den Grund für seine Schwierigkeiten ansieht und was *er* dagegen tun kann. Dies ist ein Weg, wie man auf seiten der Abwehr stehen kann, um zu vermeiden, schon am Anfang eine zu große Kluft zwischen dem Therapeuten und dem Patienten zu schaffen. Der Therapeut gibt dabei nicht seine Führungsrolle in der Therapie auf. Im Gegenteil, dadurch, daß er den Patienten fragt, wie er das Problem sieht, führt er ihn, Schritt für Schritt, weiter, bis die Übertragung und die therapeutische Allianz ein schnelleres Tempo ermöglichen.

Für die Grenzfall- und die psychotischen Strukturen ist die Angelegenheit der Herausforderung des Patienten noch viel delikater. Der neurotische Patient hat die Fähigkeit, mit weniger Gefahr der Ich-Regression im Sekundärprozeß zu denken, und kann oft Fragen und Herausforderungen in jenem Teil des Ichs in Betracht ziehen, der verhältnismäßig wenig in den Konflikt einbezogen ist. Von Grenzfall- und psychotischen Persönlichkeiten kann man andererseits nicht immer erwarten, daß sie die Fähigkeit besitzen, ihre Vernunft zu gebrauchen, um zu einer Antwort zu kommen. Man muß bei ihnen eine Leere, manchmal den momentanen Verlust der Fähigkeit, im Sekundärprozeß zu denken, erwarten, da eine Ich-Regression aus der traumatischen Angst erwächst. Und außerdem mag der gestörtere Patient häufiger Zuflucht zur Entrealisierung nehmen als der neurotische, und dies aus demselben Grunde — nämlich aus der Unfähigkeit, von dem Angstsignal Gebrauch zu machen, und aus Schwäche der Abwehrfunktionen des Ichs. So wenig auf den Patienten abgestimmt zu sein, daß er ihn in ungeeigneter Weise herausfordert, ist für den Therapeuten nicht vielversprechend; denn dies schafft eine Konfrontation ohne Rücksicht auf die Diagnose und auf die Fähigkeit des Patienten, mit der Herausforderung fertigzuwerden. Bei solchen Patienten ist es notwendig, als ein Mittel zur weiteren Erforschung des Problems die Denkprozesse zu unterstützen, die ihn zum Psychotherapeuten gebracht haben. Man kann dann vielleicht sagen: »Es ist so erschreckend für Sie, hier zu sein, daß es Ihnen im Moment besser erscheinen mag, mit Ihrem Problem weiterzuleben. Aber Sie werden sich besser fühlen, und es wird Ihnen mehr helfen, wenn Sie anerkennen, wie viel Sie schon für sich selbst einfach dadurch getan haben, daß Sie gekommen sind.«

Nach über 20 Jahren ihrer Ehe erfuhr Frau Hartley, daß ihr Mann ein Verhältnis mit seiner Sekretärin hatte, und sie war natürlich darüber außer sich. Ihre Not äußerte sich in einem explosiven Wortschwall. Innerhalb dieses Prozesses des Sich-Luft-Machens entdeckte der Therapeut große Verwirrung im Inhalt. Da waren mehrere Neologismen, die sich fast unmerklich miteinschlichen, und während formal die Satzstruktur aufrechterhalten wurde, wurde der Sinngehalt doch unklar. Sie setzte beim Therapeuten Wissen voraus, das er unmöglich haben konnte, so z. B. den Vornamen ihres Mannes und der Sekretärin. Während des weiteren Verlaufs wurde dem Therapeuten der unbewußte Zweck ihres Besuches klar. Wenn sie auch noch fähig war, die Worte zu formulieren, die besagten, daß sie Hilfe in ihrer Ehe brauchte, so war das in Wirklichkeit nur ein Hebel, den sie hier ansetzte. Es war natürlich ein besseres diagnostisches Zeichen, daß sie imstande war, eine rationale und nicht gestaltlose Bitte um Hilfe vorzubringen, und man sollte dies nicht in Frage stellen. Der Therapeut entdeckte aber, daß es bei ihr ein unbewußtes Bedürfnis war, jemanden zu haben. Es war eine Bitte an den Therapeuten, für sie dazusein, selbst wenn er nur einfach zuhörte. Ihr Kummer ähnelte dem eines erschreckten Kindes, das seine Mutter bei sich haben muß, fast unabhängig davon, worin der Inhalt der Interaktion besteht. Es muß noch gesagt werden, daß die Patientin nicht wirklich hatte kommen wollen, sondern sich dazu durch die Trennungsangst gezwungen sah, die sie daran hinderte, eine realistische Ansicht über das zu bekommen, was sie eigentlich von dem Therapeuten erwarten konnte.

Wo das »Wollen« sich aus dem Schrecken ergibt, ist die Handlung nicht wirklich freiwillig. Frau Hartley brauchte es daher, daß der Therapeut sie in einer Form begrüßte, die nicht mehr lieferte, als ihr Ich im Moment vertragen konnte, aber auch nicht weniger als die fast totale Unterstützung, die sie nötig hatte. Wenn er sagt: »Es liegt auf der Hand, daß Sie leiden und in einer Art Schock sind. Wenn wir weiter über Ihre Situation sprechen, werden wir vielleicht einen Weg finden, um Ihnen zu helfen, mit Ihren Ängsten ein bißchen besser fertigzuwerden«, so ist das, äußerlich gesehen, verführerisch einfach. Daß Unterstützung darin enthalten ist, ist offenbar. Weniger evident ist der Zuschnitt dieser Bemerkung, die dem zugrundeliegenden Bedürfnis entgegenkommt, ohne die Herausforderung durch eine offene Frage und ohne doch mehr zu eröffnen, als zu Beginn erforderlich ist. Die Bemerkung gab Frau Hartley zu verstehen, daß sie willkommen sei, daß sie Verständnis finden werde, daß sie mit ihrem Kommen sich selbst einen Dienst geleistet habe und daß der Therapeut — wenn er auch auf mehr als den manifesten Inhalt horchen und versuchen würde, sie besser zu verstehen — doch kein Zauberer sei. Manchmal kommt es vor, daß Anfänger aus ihrer Unsicherheit heraus dem Patienten nahelegen, immer weiter über ihre Probleme zu sprechen. Dies ist nicht falsch, denn wenn der Therapeut die Situation nicht versteht, ist es viel klüger, sie weiter zu untersuchen, als zu hastig vorwärts zu drängen. Jedoch in dem Falle von Frau Hartley fußt das Vorgehen, das wir vorschlagen, nicht auf der therapeutischen Notwendigkeit, Zeit zu gewinnen und mehr Auskunft zu bekommen, sondern auf der Tiefen-Einschätzung ihres Problems, was uns sagt, daß sie — nicht der Therapeut — es nötig hat, langsam vorzugehen, daß der manifeste Inhalt ihrer Verbalisationen nicht nach seinem äußeren Anschein aufgenommen werden muß, da die zugrunde liegende Pathologie dringender ist. So mag es also vorkommen, daß eine therapeutische Entscheidung, langsam vorzugehen, notwendig sein kann, und zwar aus dem Bedürfnis des Therapeuten heraus, mehr zu wissen — und das trifft oft zu —, oder aus der Notwendigkeit, die sich aus der inneren Struktur des Patienten ergibt, welche technisch wichtiger ist als die manifesten augenblicklichen Probleme.

Aus alldem ergibt sich also, daß die Beziehung aus der professionellen Haltung des Therapeuten entsteht, als ob er sagen würde: »Sie sind hier, weil Sie in Nöten sind, und ich bin ein geistiger Nothelfer, so haben wir also ein gemeinsames Ziel, wenn auch verschiedene Rollen.« Weiter ist nichts nötig — keine »Mätzchen«, kein Kaffee, übermäßige Wärme oder überströmendes Verhalten irgendeiner Art. Höflichkeit ist andererseits immer angezeigt. Wir meinen hier die Anwendung der psychoanalytischen Regel der Abstinenz. Dem Wunsch des Patienten nach infantiler Befriedigung darf man nicht entgegenkommen, um nicht die Fixierung zu verstärken; aber geeignete Befriedigung in der Form, Mittel und Wege in Betracht zu ziehen, um seinen Schwierigkeiten zu begegnen, gibt der Therapie ihre Daseinsberechtigung.

Wir haben uns bisher mit dem Anfangsstadium beschäftigt, so als ob es ein definierbares Stadium im therapeutischen Prozeß sei. Gewöhnlich liegen die Dinge nicht so klar. Zugegeben, daß die Einführungsperiode eine Art Phase der Therapie ist; es wäre aber falsch, sie zu scharf vom Rest der Therapie zu trennen. Während sie in gewissem Sinne der Anfang einer therapeutischen Übertragung ist, so sind doch Verschiebungen und Wendungen in der Übertragung ein konstantes Vorkommnis in der Psychotherapie. Greenacre erwähnt sie als »aktive übertragungsneurotische Manifestationen«[3] und unterstreicht so, daß eine gleichbleibende positive oder negative Übertragung ein Märchen ist.

Alle Mittel, die für den Anfang notwendig sind, sind für den weiteren Verlauf der Therapie ebenso nötig und sind in der Schlußphase ganz besonders wichtig. Es wird manchmal behauptet, daß die Initialphase mit dem Zustandekommen der Übertragungsneurose abgeschlossen ist. Glover, Fenichel, Menninger und Greenson beziehen sich hier auf die Psychoanalyse. Bei der Psychotherapie besteht nicht immer eine Übertragungsneurose. Nicht nur deswegen, weil so viele Psychotherapie-Patienten nicht neurotisch sind, sondern weil gerade die Natur des Behandlungsprozesses im wesentlichen nicht für eine Übertragungsneurose geeignet ist. Gewöhnlich ist eine Übertragung da, und man mag vielleicht denken, daß die Eröffnungsphase endet, der dann die Mittelphase folgt, wenn Übertragungserscheinungen sichtbar werden, wenn eine fortlaufende Arbeitsallianz aufgerichtet und die Motivation gesichert ist. Solch eine Einschachtelung des therapeutischen Prozesses ist aber nicht wünschenswert. Sie bedeutet ein Mißverstehen der Natur des Unbewußten und setzt voraus, daß die Abwehr ein für allemal besiegt ist. In Wirklichkeit aber fangen wir jedesmal, wenn eine neue Ebene des Unbewußten angezapft wird, von vorne an. Wie Freud es ausdrückt, wird der Therapeut zum Fremden. Er sagt:

»Während der Arbeit an den Widerständen tritt das Ich — mehr oder weniger stark — aus dem Vertrag aus, auf dem die analytische Situation ruht. Das Ich unterstützt unsere Bemühungen um die Aufdeckung des Es nicht mehr, es widersetzt sich ihr, hält die analytische Grundregel nicht ein, läßt keine weiteren Abkömmlinge des Verdrängten auftauchen ... und er benimmt sich gegen ihn ganz wie das Kind, das den Fremden nicht mag und ihm nichts glaubt.«[4]

---

[3] Ph. Greenacre, »Certain Technical Problems in the Transference Relationship«.

[4] S. Freud, *Die endliche und die unendliche Analyse.*

Trotzdem gibt es für den Anfang spezielle Aufgaben, und Beispiele dafür könnte man für alle diagnostischen Kategorien geben, aber die Grenzfälle eignen sich am besten dazu. So überwand z. B. der Patient Ingram seine anfängliche Angst bei der ersten Konsultation, weil er erkannte, daß seine Furcht vor dem Therapeuten seiner Furcht vor seinem Boß ähnlich war. Er war imstande, diese teilweise Einsicht zu benutzen, um seine Arbeitssituation etwas zu verbessern. Die daraus resultierende Welle von Vertrauen und Freude, mit dem Therapeuten zusammenzuarbeiten, hielt aber nur so lange an, wie man bei demselben Thema blieb. Als Material über seine Frau in der Diskussion aufkam, weil er etwas über ihre Beziehungen erwähnte, kehrte die Angst in vollstem Ausmaße wieder zurück. Der Therapeut brauchte darüber nicht enttäuscht zu sein, denn es war nichts anderes zu erwarten. In Anbetracht der Entwicklungsvoraussetzungen, die zum Erwerb dessen gehören, was Erikson[5] mit »basic trust« bezeichnet, also eine »genügend gute Mutter«[6] als Teil der »durchschnittlich zu erwartenden Umgebung[7]«, eine befriedigende symbiotische Phase, eine allmähliche, untraumatische Bewegung hin zur Trennungs-Individuation sowie das Zustandekommen einer Identität, ist die Erwartung nicht am Platze, es werde sich bei dem Psychotherapie-Patienten, der ja nach unserer Definition bei einigen dieser Entwicklungsgänge behindert worden war, eine schnelle Beziehung herstellen.

Die Annahme, daß das Wachstum nach spezifischen Entwicklungslinien vor sich geht, trägt eine technische Implikation in sich. Jeder neue Schritt des Wachstums bringt bei der Behandlung seinen eigenen Anfang, und zwar deswegen, weil jede neue Entwicklungsphase eine Veränderung auf dem Niveau der Objektbeziehungen mit sich bringt. Mahler zeigt dies in ihrer Abgrenzung der verschiedenen Subphasen der Trennung und Individuation. Bei der *Übungs*-Subphase entfernt sich das Kleinkind von seiner Mutter, bei der *Annäherungs*-Subphase kehrt es zu ihr zurück usw. Ähnlich kann sich der erwachsene Psychotherapie-Patient, dessen Trennungs-Individuations-Erfahrung in der Kindheit nicht befriedigend genug verlaufen war, um diese Phase abzuschließen, im Verlaufe der geeigneten Behandlung der Trennung und Individuation nähern. Dabei benutzt er in dem Prozeß der Aufrichtung einer individuellen Identität neutralisierte Aggression. Und so weichen symbiotische Wünsche der Abgrenzung zwischen den Selbst- und Objekt-Repräsentan-

[5] E. H. Erikson, »On the Sense of Inner Identity«.
[6] D. W. Winnicott, »Übergangsobjekte und Übergangsphänomene«.
[7] H. Hartmann, *Ich-Psychologie und Anpassungsproblem.*

zen. Der Patient, der in seiner Art, Beziehungen herzustellen, von der Suche nach Nahesein beherrscht war, fängt an, Distanz zu schaffen. Wenn der Therapeut solche Verschiebungen nicht anerkennt, wächst die Gefahr, daß er für ihn ein Fremder wird. Während der allererste Anfang einen entscheidenden Aspekt in sich trägt — denn hier wird entschieden, ob die Behandlung weitergehen soll und diesem Anfang noch weitere Anfänge folgen sollen —, ist daher nach diesem Anfang noch längst nicht alles geschafft. Die vielen verfrüht abgebrochenen Fälle sind Zeugen dafür.

Nachdem wir nun die Beziehung der Eröffnungsphase zu dem weiteren Verlauf der Behandlung gezeigt haben, sollte man wohl noch einige Aufgaben betrachten, die noch spezifischer für den allerersten Anfang sind. Vor allem ist unbedingt erforderlich, daß der Patient fühlen muß, er sei willkommen. Konkret gesprochen, bedeutet das, daß man ihm keinerlei Anzeichen dafür liefern oder auch nur andeuten sollte, sein Verhalten sei »falsch, schlecht, dumm«. In diesem Stadium nützt es auch nichts, ihm zu verstehen zu geben, daß sein Verhalten pathologisch ist, wenn auch der Therapeut, der denkt, daß es nicht so ist, eigentlich erklären müßte, warum er ihn dann überhaupt behandelt. Aber der Unterschied, der zwischen dem liegt, ihm zu sagen, daß er »krank« sei, und dem, anzuerkennen, daß er verstört sei, entscheidet, ob man für ihn ein Fremder wird oder sich in der therapeutischen Suche nach dem Grund seiner Probleme ihm anschließt.

Ella Freeman Sharpe gehört zu einer früheren Generation von Psychoanalytikern; aber viele von ihren technischen Ratschlägen gelten in bemerkenswerter Weise noch heute, da sie so eifrig darum besorgt war, für den Patienten nicht zum Fremden zu werden. Sie schrieb: »Haben nicht viele von uns in den ersten Stadien der Psychoanalyse das sofortige Gefühl der Sünde gehabt, wenn man uns sagte, ›das ist Analsadismus, dies ist Narzißmus‹?«[8]

Am Anfang genügt es anzuerkennen, daß das Problem störend ist. Es mag sogar nötig sein, vorläufig die Prämisse des Patienten anzunehmen, daß es das Verhalten einer anderen Person sei, das an seinen Schwierigkeiten schuld ist, wobei der Therapeut nicht vergessen darf, daß es der Patient ist, der das Unbehagen spürt und damit fertigwerden muß. Auf diese Weise vermeidet man die Gefahr, auf eine Diskussion mit dem Patienten eingehen oder den fruchtlosen Weg verfolgen zu müssen, der darin besteht, festzustellen oder auch nur implizite anzudeuten, daß der Patient kein Recht hätte, so zu fühlen, wie er es tut. Die grundlegende Voraussetzung — ja, eigentlich Überzeugung — muß die sein, daß er alle Be-

---

[8] E. F. Sharpe, *Collected Papers on Psycho-Analysis*.

rechtigung für seine Gefühle habe. Wieder müssen wir betonen, daß das ganz und gar nicht bedeutet, daß wir unsere Rolle der therapeutischen Führung aufgeben. Es ist immer noch der Therapeut, der weiß, daß, was auch immer diese Gefühle sind, sie sich nicht nur aus der Gegenwart ableiten, sondern aus Quellen kommen, derer der Patient sich am Anfang noch nicht bewußt ist. Wenn man versucht, ihm verfrüht ein solches Wissen aufzuzwingen, würde man ihn damit nur vertreiben. Der Therapeut muß bei dem Patienten anerkennen, daß er in gewisser Weise recht hat, ihn nicht zur Behandlung verlocken, sondern damit anfangen, daß er sagt, daß es einen Standpunkt *gibt*, von dem aus gesehen er im Recht ist. Dies bahnt den Weg für eine gemeinsame Suche nach den tieferen Quellen des Problems.

Frau Jackson kam zur Behandlung, weil ihre zum Ausdruck gebrachte Aggression ihre Ehe bedrohte und die Kinder aus der Fassung brachte. Sie fing damit an zu erzählen, daß sie sehr feindselig eingestellt sei und deshalb behandelt werden wolle. Der Therapeut war hier in einem gewissen Dilemma. Wenn er versucht hätte, sie zu beruhigen, dann hätte er ihr Ziel aus den Augen verloren, und außerdem hätte er ihr widersprochen und so die Gelegenheit verpaßt, ihr zu zeigen, daß man sie verstand. Wenn er ihre Aussage über ihre Feindseligkeit als eine objektive Tatsache akzeptiert hätte, wäre die Schwierigkeit noch größer gewesen, denn die sich daraus ergebende Arbeit wäre dann in den Bereich des Über-Ichs gefallen, und Werturteile würden vorherrschen. Der Therapeut wäre dann in die Rolle gedrängt, einen besseren Menschen aus ihr zu machen. Aber die Bemerkung: »Es ist klar, daß diese Gefühle Sie stören, denn deshalb sind Sie ja hierhergekommen«, läßt Raum für die Entwicklung einer notwendigen und nicht-strafenden Arbeitsallianz. Sie sichert ohne Vorurteil die Mitarbeit der Patientin. Man kann von keinem »verurteilten« Menschen erwarten, sich freiwillig der Untersuchung seines »Verbrechens« anzuschließen. Es ist nicht so, daß nicht manche Patienten nur zu bereitwillig solch eine Verurteilung akzeptieren, aber in diesen Fällen liegt Masochismus vor, den zu befriedigen der Therapeut vermeiden muß.

Wenn wir nun mit dem Thema fortfahren, daß der Patient fühlen muß, er sei willkommen, so ist es wesentlich, gegen jeden Vorschlag zu arbeiten, den der Patient uns auferlegen möchte. »Ich weiß, wie beschäftigt Sie sind, Herr Doktor«, ist ein Eröffnungsmanöver, von dem man leicht verstehen kann, daß es Zweifel daran ausdrücken soll, ob der Therapeut ihn für wert hält, auf ihn Zeit und Mühe zu verwenden. Man muß auch im allgemeinen vermeiden zu sagen: »Ich bin so froh, daß Sie gekommen sind«, was die wunscherfüllende Andeutung enthalten kann, daß der Patient geliebt wird. Während die Fähigkeit zur Liebe im weitesten Sinne ein Teil der Persönlichkeit des Therapeuten sein muß, insofern als ein Menschenfeind kein Therapeut sein kann, so ist es doch übertrieben und gekünstelt, irgend so etwas direkt anzudeuten. Der Patient kann sich bei solch einem Überschwang nur ungemütlich fühlen, wie gerne er es auch glauben möchte. Man gewinnt auch nichts dadurch, daß man versucht, solche Wünsche in der Eröffnungsphase zu interpretieren. Wenn der Therapeut sein Interesse an dem Patienten dadurch bekundet, daß er genau hinhört, so wird die darin enthaltene Annahme, daß er es wert ist, daß man ihm zuhört, schon ankommen und viel mehr Beruhigung bieten als irgendeine direkte Bemerkung über den Wert des Patienten. Ein unechter Ton ist immer zu vermeiden; sein Fehlen unterscheidet professionelles Interesse von übermäßiger Höflichkeit, übermäßiger Besorgnis, übermäßiger Wärme und ähnlichem, was alles Probleme der Gegenübertragung sein würden.

Wenn der Therapeut zeigt, daß er versteht, was man ihm erzählt, wird der Patient enger in die Übertragung hineingezogen, wobei gleichzeitig eine Arbeitsallianz zustande kommt. Traditionelle diagnostische Ziele werden im Dienste der Aufrichtung einer Verbindung mit dem Patienten geopfert. Aus dem Konzept der Entwicklungslinien heraus erwirbt die Diagnose eine etwas andere Betonung als bei anderen Methoden. Traditionell denkt man an die Diagnose als an etwas, das außerhalb der Behandlung steht, gewöhnlich nach dem ersten Kontakt erstellt wird und das Ziel hat, daß man sich auf eine definitive Bezeichnung festlegt, im Einklang mit feststehenden diagnostischen Kategorien. Die Entwicklungsmethode wird durch Zwecke bestimmt, die den Vorrang vor einer schnellen Kategorisierung haben. Hier ist die Hauptsache die Entwicklung einer therapeutischen Allianz.

In der frühen Phase, wenn sich die Linie der Untersuchung der Wachstumsprozesse des Patienten anfängt abzuzeichnen, hat der Therapeut die doppelte Aufgabe, die Neugier, das Interesse und schließlich die starke Mitarbeit des Patienten zu mobilisieren, während er gleichzeitig im Geiste tentative diagnostische Hypothesen aufstellt, lange bevor ein diagnostisches Wissen sich als Teil der Lösung des Problems für eine Interpretation anbietet. Während dies der Eröffnungsphase bei der Psychoanalyse ähnelt, insofern als der Analytiker nur aufmerksam zuhört, gilt es für den Psychotherapeuten nicht unbedingt, daß seine Reaktionen minimal sein müssen. Es wird angenommen, daß der Analysand imstande ist, die Frustration einer begrenzten Reaktion von seiten des Analytikers zu ertragen, während der Psychotherapie-Patient gewöhnlich mehr Mitarbeit von seiten des Therapeuten fordert, gerade weil seine Entwicklung noch nicht das Niveau der Strukturierung erreicht hat, in dem sein Ich ein psychoanalytisches Vorgehen ertragen könnte.

Der Fall von Frau Hartley illustriert die diagnostische Aufgabe, die dem Therapeuten gestellt ist. Man konnte nicht wissen, ob ihr Verhalten von einem strafenden Über-Ich diktiert war, so wie es bei einer gut strukturierten Neurose bestehen kann, oder ob es ein Identitätsproblem darstellte, bei dem die Objektbeziehungen nicht genügend von der Selbst-Repräsentanz differenziert sind. Im letzteren Falle würde das, was sie von anderen hört und was sie selbst fühlt, zusammenfließen. Wenn das so ist, kann ihre Verwirrung erkannt werden, und dies ist ein Weg, um ihr da entgegenzukommen, wo ihre Probleme wirklich liegen, ohne sie mit mehr Information über sich selbst zu belasten, als sie ertragen kann. Es ist von entscheidender Bedeutung festzustellen, welcher diagnostische Gedanke der richtige ist, denn dies macht für den Behandlungsplan einen großen Unterschied. Der Therapeut muß aber die Fähigkeit entwickeln, die Botschaft klar vom Material selbst ausgehen zu lassen, bevor er sich in irgendeiner Weise festlegt. Trotzdem brauchen diese Art von Patienten irgendwie die Überzeugung, daß eine Behandlung vor sich geht, und so kann der Therapeut während seiner diagnostischen Gedankenarbeit nicht ganz inaktiv bleiben. Er weiß, daß er den diagnostischen Hauptpfad verfolgen muß, geht aber selber auf einem Nebenweg, welcher der Hauptstraße parallel läuft. Wenn man es so sieht, ist der Beginn der Behandlung ein Prozeß, in dem der Therapeut sein allmählich wachsendes Wissen anwendet, um die Verbindung mit dem Patienten zu vertiefen und auszudehnen. Auf diese Weise reisen der Therapeut und der Patient in derselben Richtung, bis die Parallelen zusammenlaufen. Wenn das momentane Verhalten und die historischen Determinanten sich treffen, ist die Entwicklungsdiagnose gestellt. Oft ist das auch der optimale Moment für die Interpretation. Das Folgende soll als Beispiel dafür dienen, wie die Zeitfrage schwierig, aber lehrbar ist. Wenn die genetischen Determinanten des momentanen Verhaltens im Vorbewußten des Patienten zusammenkommen, ist der Moment für die Interpretation reif.

Wenn man sagt, es sei wesentlich, daß der Patient sich verstanden fühle, so ist das doch nur ein anderer Ausdruck dafür, daß der Prozeß der Suche nach einer Diagnose in ständigem Fortschritt begriffen ist. Verständnis kann nicht ohne eine diagnostische Konzeptualisierung des Materials bestehen, das man vom Patienten geliefert bekommt. So tentativ sie auch zuerst sein mag, so muß doch irgendeine Hypothese aufgestellt werden, die den Weg zur Untersuchung führt. Mit »tentativ« meinen wir, daß, wenn ein Patient sagt, er sei gekommen, weil seine Frau drohte, ihn sonst zu verlassen, wir einige definitive Schlüsse daraus ziehen können, während andere Aspekte für weitere Ausarbeitung und Konstruktion offenbleiben. Fest steht, daß er vor den Drohungen seiner Frau Angst hat, ungewiß ist, ob seine Angst auf Liebe, Trennungsangst oder Schuldgefühlen beruht. Es ist auch nicht sicher, wie stark seine Furcht ist. Diese Schlüsse hängen weitgehend von der Entwicklungsebene ab, die in bezug auf das Niveau der Angst und der Objektbeziehungen erreicht worden war, und auch von der Stärke der Regression. Und so geht es dem Therapeuten wie dem Archäologen, der zuerst nur weiß, wo er graben muß, aber nicht genau, was er finden wird.

Um nun zur Betrachtung der Mittel zurückzukehren, die dem Therapeuten zur Verfügung stehen: Es gibt da keine bessere Literatur als Freuds Arbeiten über die Technik[9]. Hier haben sich die Erwartungen erfüllt, daß Grundwahrheiten sich erhalten, und seine spezifischen Aufzählungen der tagtäglichen Aspekte der therapeutischen Haltung haben ihre Gültigkeit bewahrt. Wenn sie auch vor 55—60 Jahren geschrieben wurden, so sind sie doch heute noch relevant, speziell in bezug auf die Eröffnungsphase. Besonders eindrucksvoll sind seine »Empfehlungen«[10] und seine »Weiteren Empfehlungen«[11]. In der Tat ist die metapsychologische Grundlage seiner Techniken durch direkte Beobachtung an Säuglingen lange nach seinem Tod bestätigt worden. Freud lieferte hier die Analogie zu einem französischen Chirurgen, der, als man ihn wegen seiner Geschicklichkeit lobte, sagte: »Ich habe nur die Wunden verbunden, Gott hat sie geheilt.«[12] Ähnlich hatte Freud betont, daß der Analytiker ein Forscher sein muß, der sich dauernd fragt, welche Lücken bei dem Patienten wohl in den Rationalisierungen seiner Probleme vorhanden sind, und gleichzeitig bestätigt, daß der Analytiker nicht »heilt«, sondern den Patienten in Richtung auf die Heilung hintreibt.

Dies ist die Essenz der Anwendung der modernen Ich-Psychologie in der Technik. Sie zieht in Betracht, daß eine natürliche Tendenz zur Entwicklung besteht, die in pathologischen Zuständen durch Stillstand oder Regression behindert ist. Es ist die Aufgabe des Therapeuten, dem Patienten zu zeigen, wo seine Entwicklungshindernisse liegen und wie sie entstanden sind. Dann erst kann das Wachstum weitergehen. Es ist hier wichtig zu bemerken, daß der erste Teil der Aufgabe — die Bestimmung und Demonstration — relativ einfach ist und manchmal von einem klugen Laien ausgeführt wird, und zwar in Form der »Konfrontation«. Je-

[9] S. Freud, *Ratschläge für den Arzt bei der psychoanalytischen Behandlung.*
[10] Ibid.
[11] Ibid.
[12] Ibid.

doch kann das Wachstum nur gefördert werden, wenn die genetische Grundlage für das augenblickliche Verhalten in Zusammenarbeit von Patient und Therapeut innerhalb der therapeutischen Allianz gefunden wird. Das erklärt, warum die manchmal mit guter und manchmal in böser Absicht herbeigeführte Konfrontation oft Ressentiment oder Einverständnis aufrührt oder eine ganze Reihe von anderen Reaktionen, nur nicht die der Heilung. Hier bietet sich wieder die seltene Gelegenheit, Takt und zeitlich richtiges Handeln zu lehren. Eine Konfrontation, die von außen kommt, ist in bezug auf dauernden therapeutischen Erfolg kein Ersatz für das Konvergieren der Vergangenheit und Gegenwart, die *intrasystemisch* vor sich gehen, da hier das beobachtende dem erlebenden Ich gegenübersteht. Hier kommt es wenig darauf an, ob nun der Therapeut oder der Patient die Interpretation vornimmt. Wo immer möglich, ist es besser, wenn der Patient so weit gekommen ist. Wie auch immer, dient diese Art interpretierender Arbeit dazu, das vernünftige Ich mit dem Einfluß der Vergangenheit auf die Gegenwart zu konfrontieren. In der Psychoanalyse wie in der Psychotherapie bezieht sich die Vergangenheit auf einen Es-Wunsch, der in der Gegenwart lebendig ist. Bei der Psychotherapie ist es immer, bei der Psychoanalyse meistens, so, daß die Vergangenheit die Zeit des schwersten Entwicklungstraumas ist. Die Interpretation ermöglicht es der Entwicklung weiterzugehen.

Der Patient Dickens nutzte den größten Teil einer Sitzung gut damit aus zu beschreiben, wie weit er gehe, um andere Leute bei guter Laune zu erhalten. Gewöhnlich war er sich bewußt, daß er im Geschäft so lange verblümt um einen Verhandlungsgegenstand herumredete, bis er seinen Zuhörer gewonnen hatte. Auf diese Weise vermied er Zusammenstöße. Sowohl der Patient wie der Therapeut wußten aus früheren Sitzungen, daß Dickens es nie fertiggebracht hatte, seiner Mutter offen zu widersprechen, und daß er immer Angst gehabt hatte, es könnte sogar nur sein Wunsch, dies zu tun, von ihr durchschaut werden und ihr mißfallen. Es wäre zwar richtig gewesen, aber nicht an der Zeit, Dickens dazu zu verhelfen, diese beiden Tatsachen in diesem Moment zusammenzubringen. Der Therapeut wartete aber in der Übertragung auf unterstützende Beweise. Gegen Ende der Sitzung, nachdem der stille Wunsch des Patienten zu widersprechen erörtert worden war, fing er an, den Therapeuten zu loben und ihm für die ausgezeichnete Arbeit zu danken, die in dieser Sitzung geleistet worden sei. In gewisser Weise war das wahr, und bei anderer Gelegenheit würde der Therapeut bei solchen Dankesworten mit einem einfachen »Bitte« geantwortet haben. Zu diesem Zeitpunkt wäre aber eine solche Reaktion nicht angemessen gewesen, denn hier wurde das Lob benutzt, um die auftauchende Aggression zu verdecken, die Dickens äußerst nötig hatte, um zu lernen, sie als den Weg aus der symbiotischen Bindung heraus zu schätzen. Wenn er das Lob angenommen hätte, so hätte das dem Narzißmus des Therapeuten gutgetan, würde aber den Patienten gehindert haben, einen großen Schritt vorwärts in seiner Entwicklung zu tun. Statt dessen benutzte der Therapeut daher das Material als eine ideale Gelegenheit, die Vergangenheit mit der momentanen Gegenwart zu verbinden (Übertragungserscheinungen) und gleichzeitig Unterstützung für größere Unabhängigkeit zu geben. Er fragte: »Versuchen Sie, sich zu versichern, daß ich nächstes Mal bei guter Laune sein werde?« So etwas muß man sehr taktvoll sagen, damit nicht das Geschenk des Lobes abgewertet wird. Dickens antwortete: »Oho, das tue ich ja die ganze Zeit mit allen Leuten.« Die Sitzung endete mit dieser Einsicht, und die Zeit zwischen zwei Sitzungen gab Dickens' Ich Gelegenheit, das Neue daran zu integrieren. Therapeutisch gesehen, war zu erwarten, daß er es in späteren Sitzungen wagen würde, dem Therapeuten mehr zu widersprechen. Auf diese Weise würde er zu Schritten hin auf die Trennung und Individuation und das Zustandekommen seiner Identität ermutigt, einfach dadurch, daß der Therapeut eine Atmosphäre schuf, in der sie begrüßt wurden, ohne aber jemals offenen Ausdruck der unneutralisierten Aggression zu erlauben. Das letztere wäre bei der Unterstützung der Entwicklung nicht von Nutzen gewesen. Dies illustriert auch den Unterschied zwischen der Ermutigung zum Gebrauch der neutralisierten Aggression für das Wachstum einerseits, und dem Sich-Luft-Machen, das zu nichts führt, andererseits.

Solche Entwicklungskonzeptionen können für den Therapeuten nur eine unschätzbare Erleichterung sein. Der Anfang der Behandlung ist doppelt belastet, wenn der Therapeut dadurch bedrückt ist, daß er eine Diagnose stellen und ganz allein den Weg zur Heilung finden muß. Wie anders kann man dem Patienten gegenübertreten, wenn es die Aufgabe ist, nach seiner Entwicklung zu fragen und sie kennenzulernen, indem man seine Mitarbeit bei der diagnostischen und therapeutischen Aufgabe mobilisiert, und das schließt das Forschen ein nach dem Wo, dem Warum und dem, wie er es auf seine eigene Weise schafft!

Die metapsychologische Grundlage für Freuds Konzept der Heilung wurde nicht weiter bearbeitet, bis Greenacre die Notwendigkeit formulierte, die Autonomie des Patienten zu verstärken, und Mahler die Schritte zur Trennung und Individuation herausgearbeitet hatte. Jetzt können wir mit Genauigkeit sagen, daß, solange die Heilung in den Händen des Therapeuten liegt, sie die Wünsche des Patienten nach Omnipotenz bestätigen wird, die so sehr ein Teil der symbiotischen Phase der Entwicklung sind. Dies spricht gegen die Errichtung jeder anderen Art von

Autonomie als der, welche das Individuum durch Wachstumsprozesse erreichen kann, die durch die Therapie katalysiert werden. Therapeutisch auf der Basis vorzugehen, daß es die Aufgabe des Patienten sei, die therapeutische Einsicht zum Zwecke der weiteren Entwicklung zu gebrauchen, ist die beste Versicherung dafür, daß solch ein Wachstum wirklich stattfindet. Daher liefert eine Therapie, die sich auf den Gedanken des »Verbindens von Wunden« stützt, ein Milieu, in dem die Heilungsfähigkeit des Patienten gedeiht.

Da Freuds Arbeiten über die Technik den besten Text liefern und leicht zugänglich sind, wollen wir sie hier nur kurz resümieren. Die Betonung soll dabei auf den kleineren Einzelheiten in der Leitung der Sitzung liegen. Während diese Einzelheiten klein sind, sind es die Konzeptionen nicht.

Im Zusammenhang mit der Aufgabe des Therapeuten am Anfang der Behandlung gebrauchte Freud unter anderen den Ausdruck »gleichmäßig verteilte Aufmerksamkeit«[13], die er auf seiten des Therapeuten als Gegenstück beschrieb zu der Aufgabe des Patienten, alles zu sagen, was ihm durch den Kopf geht. Dies ist im Beginn der Konsultation von besonderer Wichtigkeit, und zwar im Hinblick auf den Druck, der auf den Therapeuten ausgeübt wird, das, was er hört, zu verstehen und in einen diagnostischen Bezugsrahmen zu bringen. Und doch warnt Freud davor. Er warnt nicht vor den Ideen, die der Therapeut sich macht, aber davor, vertraute Konzepte zu schnell zu ergreifen. Eine feste Entscheidung würde den Therapeuten gegenüber anderem Material, das noch auftauchen mag, taub machen. Dies ist ein weiteres Beispiel für die Art von Disziplin, die für die Therapie wesentlich ist. Der Therapeut muß frei von Verwicklungen sein in bezug auf seine eigenen Bedürfnisse, so daß er sich dem, was der Patient produziert, zur Verfügung stellen kann. Wenn es anders ist, wird er, der Therapeut, seinen Erwartungen und Neigungen folgen[14]. Freud rät von jedem Vorgehen ab, das der vollen Aufmerksamkeit abträglich ist, wie z. B., daß man sich während der Sitzung Notizen macht. So sehr bestand er auf diesem Punkt, daß er sogar von Notizen für wissenschaftliche Zwecke abriet. Der Therapeut muß frei von vorgefaßten Meinungen sein, so daß das Unbewußte des Patienten seine beste Chance hat, im Unbewußten des Therapeuten Gedankenfäden zu spinnen, denen man dann produktiv folgen kann. Eine der meistzitierten Feststellungen von Freud erscheint in derselben Arbeit: »Ich kann den Kollegen nicht dringend genug empfehlen, sich während der

---

[13] S. Freud, *Ratschläge* . . .
[14] Ibid.

psychoanalytischen Behandlung den Chirurgen zum Vorbild zu nehmen, der alle seine Affekte und selbst sein menschliches Mitgefühl beiseite läßt und seinen geistigen Kräften ein einziges Ziel setzt: die Operation so kunstgerecht als möglich zu vollziehen.«[15]

Dies wird oft als Beweis dafür angeführt, daß Freud wenig von der direkten Beziehung zum Patienten hielt, aber es hat viel mehr mit der Gegenübertragung zu tun. Freud bestand darauf, daß der Therapeut den Patienten nicht mit seinen eigenen Gefühlen belasten soll und das Sprechzimmer von ihnen so frei halten müsse wie der Chirurg den Operationssaal. Wenn auch Freud erwähnt, man müsse »sogar das menschliche Mitgefühl beiseite lassen«, so ist das wieder so zu verstehen, daß er damit betonen will, der Therapeut müsse eine professionelle und keine persönlich mitfühlende Haltung einnehmen. Freud wollte damit die Verpflichtung betonen, von persönlicher Befriedigung abzusehen. »Die Rechtfertigung dieser vom Analytiker zu fordernden Gefühlskälte liegt darin, daß sie für beide Teile die vorteilhaftesten Bedingungen schafft: für den Arzt die wünschenswerte Schonung seines eigenen Affektlebens, für den Kranken das größte Ausmaß von Hilfeleistung, das uns heute möglich ist.«[16]

Er bemühte sich, die Fähigkeiten des Patienten von den Wünschen und Ambitionen des Therapeuten zu trennen. Der Verlauf der Therapie wird eng an diejenigen Ziele gehalten, die der Patient für sich selbst haben möchte und die zu erreichen er fähig ist. Freud bezweifelte, daß Erziehungsmethoden helfen würden, aber man darf nicht vergessen, daß er sich dabei nicht auf Erziehung an sich bezog, sondern auf Therapie. Er hielt auch nichts davon, intellektuelle Zusammenarbeit zu fordern.

Freud gab in bezug auf das Verhältnis zwischen Patient und Therapeut eine Anzahl von Empfehlungen. Die einfache Bemerkung, daß er seine Zeit gegen Bezahlung vermiete, ist ein Beispiel für die Klarheit, mit der er seine Ich-Grenzen von denen des Patienten trennte. Ein Vorgeben von Omnipotenz wird durch die einfache Anerkennung vermieden, daß der Therapeut seinen Lebensunterhalt mit der Therapie verdient. Dies bietet dem Patienten Gelegenheit, sich mit dem Eigeninteresse des Therapeuten zu identifizieren. Spezielle Probleme von Bekanntschaft oder Freundschaft führen unvermeidlich zu Schwierigkeiten. Nicht eingehaltene Verabredungen müssen bezahlt werden; die Stunden müssen regelrecht eingehalten werden. Der Therapeut und der Patient stehen insofern nicht auf derselben Stufe, als der Therapeut sich zu hüten hat, irgend et-

---

[15] S. Freud, *Ratschläge* ...
[16] Ibid.

was von seinem eigenen Leben dem Patienten gegenüber zu enthüllen, denn dies wäre für die Übertragung ungünstig. Es ist überraschend, daß diese Empfehlung so oft mißverstanden wird, da sie doch nicht mehr als die Klärung des Unterschiedes darstellt, der zwischen der professionellen Haltung und der Haltung besteht, die ein Laie dem Patienten gegenüber haben würde. Es ist kontraindiziert, daß der Therapeut versucht, den Patienten nach seinem eigenen Bilde zu formen. Dies unterdrückt die narzißtischen Versuche, sich selbst als Modell hinzustellen. Greenacre macht dies etwas klarer, indem sie die narzißtischen Bedürfnisse des Therapeuten der Sorge für die Autonomie des Patienten gegenüberstellt.

Man muß hier etwas näher auf diese Frage eingehen, um einen scheinbaren Widerspruch zu klären. Daß der Therapeut ein potentielles Modell für die Identifizierung ist, ist in der therapeutischen Situation implizite enthalten und liefert Raum für Wachstum. Das ist etwas ganz anderes, als sich selbst als ein Vorbild für Verhalten hinzustellen. Als Modell für die Identifizierung zeigt der Therapeut dem Vorbewußten des Patienten, daß er mit dem Wachsen und mit der weiteren Entwicklung Mittel und Wege finden wird, mit den Schwierigkeiten fertigzuwerden, die ihn jetzt überwältigen. Besonders dadurch, daß er die Ich-Grenzen festlegt, zwischen Selbst- und Objekt-Repräsentanzen unterscheidet, die realistischen und erreichbaren Ziele von den unerreichbaren sondert, liefert der Therapeut eine Selbst-Achtung, von der der Patient sich etwas leiht, bis er sie von sich selbst aus schaffen kann. Dadurch wird strukturiertes Wachstum durch Internalisation gefördert, ohne daß man sich anmaßt, Werturteile über Verhalten anzubieten.

In bezug auf den Anfang der Therapie erwähnt Freud auch, daß eine Probezeit von zwei Wochen zweckmäßig sei. Man darf nicht vergessen, daß zwei Wochen von Freuds Zeit zwölf Sitzungen bedeuten oder soviel wie drei Monate bei einmal wöchentlichen Sitzungen, wie es heute in den psychotherapeutischen Kliniken üblich ist. Er betonte, daß der Patient kein Vertrauen zu dem Prozeß zu haben brauche, wenn auch etwas Zutrauen zu dem Therapeuten dagewesen sein muß, sonst wäre er überhaupt nicht gekommen. Die Forderung nach Vertrauen kann von einem Therapeuten, der das Unbewußte und den Widerstand versteht und die Autonomie respektiert, nicht erzwungen werden. Man kann nicht von Vertrauen sprechen in Dingen, die sowohl für den Patienten wie für den Therapeuten vorläufig unbekannt sind. Solange die Behandlung nicht unterbrochen wird, ist die »scheinbare« Mitarbeit des Patienten ohne großen Wert. Wenn der Therapeut aber bemerkt, daß die offenbare Mitarbeit des Patienten eine intensive Antipathie gegen die Therapie verbirgt, muß er sich sofort damit beschäftigen, weil sonst der Patient nach diesem Grundgefühl handelt und zur nächsten Sitzung einfach nicht erscheint. In einem solchen Fall muß er ermutigt werden, seine negativen Gefühle zu verbalisieren, bevor er »mit den Füßen spricht«, d. h. weggeht.

Wenn Freud zu dem Patienten sagt: »Vergessen Sie nicht, daß Sie versprochen haben, absolut ehrlich zu sein«[17], hat er nicht übersehen, daß der Widerstand die Ehrlichkeit beeinflußt. Er ging aber so vor, um damit eine Richtlinie aufzustellen, und jedes Abweichen von ihr sollte den Therapeuten und den Patienten auf Konfliktgebiete aufmerksam machen. Freud macht diese Bemerkung in Verbindung mit der berühmten Grundregel, daß der Patient sagen soll, was ihm durch den Kopf geht. In der Psychotherapie ist diese Regel immer noch ein gutes Mittel, kann aber nicht so weit angewandt werden wie in der Psychoanalyse. Der größere Unterschied in der Struktur der Psychotherapie-Patienten erfordert größere Wendigkeit, besonders in Situationen, bei denen die Diagnose die Zweckmäßigkeit der freien Assoziation ausschließt, da schon sowieso zuviel Primärprozeß-Denken vorherrscht. Eine gelöste Besetzung durch freie Assoziationen ist nur wirksam, wenn der Sekundärprozeß gesichert ist. Außerdem brauchen das Grenzfall- und das psychotische Ich eine festere Verankerung in der Realität als das besser strukturierte Ich des Neurotikers. Daher muß die freie Assoziation in der Psychotherapie, obwohl sie potentiell nützlich ist, selektiv angewendet werden, und zwar je nach dem diagnostischen Eindruck. Die Ziele, die der Patient für sich selbst hat, müssen auch in Betracht gezogen werden, denn viele kommen ohne das festumrissene Ziel des »idealen« Analysanden zur Behandlung.

Eine Diskussion der freien Assoziationen bringt unvermeidlich Freuds frühen Gebrauch der Katharsis in Erinnerung. Es ist bemerkenswert, daß Freud vor bald einem Jahrhundert diese Methode ausprobiert und auch wieder verworfen hat. Es steht heute fest, daß eine Methode, die das Ich und seine weitere Strukturierung nicht in Betracht zieht, sich nicht halten kann. So brachte also die Katharsis die gleichen begrenzten Erfolge wie die Hypnose. Andererseits zieht die Methode der freien Assoziation das Ich in der therapeutischen Aufgabe sehr wohl in Betracht und ist daher für jene Psychotherapie-Patienten anwendbar, die dabei keine zu große Regression zeigen.

Es ist bemerkenswert, daß Freud nicht versuchte, Gerechtigkeit zu üben, daß die »Verbrechen« (neurotisches Verhalten) seiner Patienten nicht für moralisch unrecht angesehen wurden, sondern als Symptome, die mit einer nicht-verurteilenden therapeutischen Haltung angenommen werden

---

[17] S. Freud, *Ratschläge* ...

mußten. Freud wußte genau, daß es so etwas wie eine psychologische Chirurgie nicht gibt. Der häßliche Aspekt einer Persönlichkeit kann nicht exstirpiert werden, nicht einmal, wenn der Patient damit einverstanden wäre. Statt dessen sprach er von der Notwendigkeit für den Patienten, das Problem als einen »würdigen Feind« anzusehen[18].

Wir müssen hier noch eine weitere Beobachtung anschließen, und zwar in einer Sache, in der Freud oft falsch zitiert und falsch verstanden wird. Die »Freudsche Technik« wird als »Tiefentherapie« angesehen — ein Prozeß, in dem die dynamische Gegenwart oft zugunsten der Aufdeckung des Unbewußten und der Vergangenheit ignoriert wird. Es ist daher von mehr als flüchtigem Interesse, darauf zu achten, was Freud wirklich gesagt hat. In »Erinnern, Wiederholen und Durcharbeiten« schrieb er: ». . . Wir machen uns klar, daß wir seine Krankheit nicht als eine historische Angelegenheit, sondern als aktuelle Macht zu behandeln haben.«[19] Diese Bemerkung handelt von der Erscheinung der Übertragung, wie sie im Wiederholungszwang zutage tritt und sicherstellt, daß der Patient seinen Konflikt ins Sprechzimmer bringt, verschoben und projiziert auf die Person des Therapeuten. Der Patient erlebt dabei noch einmal den ursprünglichen Konflikt. Der Therapeut muß auf einen dauernden Kampf gefaßt sein, alle jene Impulse in der psychischen Sphäre zu halten, die der Patient in die motorische überleiten möchte. Dies ist natürlich etwas ganz anderes als viele Formen der Therapie, wie sie heute geübt wird, die scheinbar das »Ausagieren« erlaubt und sogar dazu ermutigt. Diese anderen therapeutischen Methoden stützen sich recht weitgehend auf die Katharsis und bringen in der Tat manchmal dem Patienten zeitweise Erleichterung. In der psychoanalytischen Psychotherapie, in der das Ziel den Vorrang über das momentan Dringende hat, werden Dauererfolge dadurch erreicht, daß man dem Ich hilft, durch das Mittel der Verbalisierung statt des Ausagierens stärker zu werden. Verbalisierung ist ein Komplex von Ich-Funktionen, was so wichtige wie Symbolisierung, Aufschub, Einschaltung des Denkens vor dem Handeln und Objektbeziehungen einschließt. Da das Ich zur Übung ermutigt wird, verbessert sich sein Funktionieren, und die Strukturierung geht weiter.

Nirgends in der Literatur kann man die richtige Haltung den Bedürfnissen des Patienten gegenüber so klar beschrieben finden wie in den Arbeiten von Ella Freeman Sharpe. Da die Autorin englisch schrieb, besteht hier der weitere Vorteil für englischsprechende Therapeuten, daß ihr Werk nicht in der Übersetzung verliert. Sie liefert einen sehr wichtigen

[18] S. Freud, *Ratschläge* . . .
[19] S. Freud, *Erinnern, Wiederholen und Durcharbeiten.*

und gleichzeitig sehr menschlichen Beitrag zur Technik des Beginnens, indem sie den Zweck der Sitzung beschreibt, und zwar als ».... nicht um seine Komplexe herauszufinden, sondern ihm zu helfen herauszufinden, warum er so *fühlt*, warum er dies *tut*, was ihn daran *hindert*, seine Aufgaben zu erfüllen, warum er jene Symptome hat«[20].

Indem sie Freuds Themen der Gegenübertragung und des Werturteils weiterführt, sagt sie:

»Die Person auf der Couch hat ihre eigenen Probleme, und es ziemt uns nicht, irgendein Ergebnis der Analyse ins Auge zu fassen, das in Übereinstimmung mit unserem eigenen Wertgefühl und dem, was wir für wünschenswert halten, steht. Ich möchte hier das Gewissen des Analytikers in bezug auf seinen Gebrauch des Wortes ›normal‹ erforschen. Hoffen wir, daß unser Patient analysiert wird, um dann als eine *normale* Person herauszukommen, oder hoffen wir, daß durch die Analyse der Widerstand gegen das Auflösen der Angst die eigenen Potentialitäten des Patienten mobilisiert? Das erstere bedeutet, sein *eigenes* Ziel vor den Patienten hinzustellen, das letztere, sich des *Patienten* unbekanntes Ziel vorzuhalten. Nur wenn wir das Unbekannte ertragen können, nur wenn wir nicht ›auf Gewißheit scharf‹ sind, werden wir imstande sein, den Patienten in Ruhe zu lassen.«[21]

Natürlich will Sharpe dieses »in Ruhe lassen« nicht als Alleinlassen verstanden wissen. Im Gegenteil, sie rät sehr dazu, »mit« dem Patienten zu sein in dem Sinne, daß man seine Autonomie respektiert und sich ihm niemals aufdrängt.

Der allgemeine Zweck der Anfangsphase ist der, den Weg für die Beendigung zu bahnen. Schließlich kommt der Patient ja zur Behandlung, damit er am Ende seine Probleme los ist und den Therapeuten nicht mehr braucht. Im Verlaufe der therapeutischen Bemühungen werden seine Probleme den Therapeuten mit hineinbeziehen und Abhängigkeit von ihm mit sich bringen. Dies ist unvermeidlich und kann in therapeutische Wirkung umgesetzt werden. Aber vieles, was beim Beginn getan wird, beeinflußt die Mitte und das Ende der Behandlung. In der Eröffnungssitzung wird manchmal die Szene für ein sehr »unsauberes« Ende gesetzt, wenn das Endziel dem Therapeuten nicht klar ist. Von größter Bedeutung sind die magischen Omnipotenzphantasien, die der Patient in bezug auf den Therapeuten hat. Man darf sie nicht roh zerreißen, noch überhaupt in der Eröffnungssitzung irgendwie anders auflösen, aber der Therapeut soll weder eine solche Meinung von sich selbst hegen, noch soll er akzeptieren, daß der Patient ihm unreale Qualitäten zuschreibt.

---

[20] E. F. Sharpe, *Collected Papers on Psycho-Analysis*.
[21] Ibid.

Dies hat den unschätzbaren Vorteil, daß es dem Patienten Raum für Entwicklung gibt, für Erfahrung, und ihm erlaubt, seine eigene realistische Macht als wünschenswerter zu genießen, als mit der vorgestellten Macht des Therapeuten zu verschmelzen. Ein Weg, um die Omnipotenzwünsche zu reduzieren, ist der, mit Versprechungen vorsichtig zu sein. Wenn der Patient sagt: »Ich weiß, Sie müssen eine Menge Erfahrung mit solchen Problemen haben, und ich weiß, daß Sie mir helfen können«, dann kann das recht schmeichelhaft sein, ist aber in gefährlicher Weise mit großen Erwartungen und mit großer Abhängigkeit überladen. Sogar wenn er sich nicht in Worten ausdrückt, erkennt der Patient dadurch, daß er Hilfe gesucht hat, an, daß Hilfe existiert; aber nur zu oft wird dies fälschlicherweise in den Therapeuten verlegt, statt in die gemeinsame Arbeit. Es ist daher von größter Wichtigkeit, daß der Therapeut von Anfang an klarmacht, daß er darauf hinarbeiten wird, dem Patienten seinen eigenen Weg finden zu helfen. Dies dient dazu, die Methode zu definieren und schließlich den Patienten zur Beendigung fähig zu machen.

Die letzte Lehre, die man aus Sharpes Schriften ziehen kann, ist ihre Haltung gegenüber Verboten. Jeder kennt die alte Ermahnung, daß während der Behandlung keine wichtigen Veränderungen im Leben des Patienten vorgenommen werden sollten. Solche Regeln waren haltbarer in Zeiten, in denen die Analyse von drei Monaten bis zu einem Jahr dauerte. Sie sind jetzt weniger haltbar, wo die Therapie viel länger dauern kann. Andererseits besteht immer die Gefahr, daß eine berufliche, eine eheliche Veränderung und andere wichtige Lebensaspekte viel mehr das Ausagieren unbewußter Phantasien darstellen können, als man sich im Moment klarmacht. So steht man also vor dem Dilemma, ob man annehmen soll, daß die Veränderungen, die der Patient in seinem Leben vornehmen möchte, den Ausbruch eines unbewußten Konflikts und eine Suche nach symptomatischen Lösungen darstellt oder eine normale und wünschenswerte Verschiebung seiner Lebenskräfte. Mit dem Aufkommen der Ich-Psychologie ist ein neuer Faktor eingeführt worden, nämlich der der schädlichen Wirkung, die die Vorschriften des Therapeuten auf die Autonomie der Direktiven des Patienten haben können. Sharpe griff der Ich-Psychologie um zehn Jahre vor und fand ihre eigene Lösung für das Problem der Verbote gegenüber der Autonomie. Sie glaubte, daß Verbote »... sogar wenn es scheint, daß sie eine zusätzliche Hebelkraft in der Analyse bieten, doch immer bedeuten, daß wir unsere Rolle als Über-Ich — die verbietenden Eltern — verstärken«[22]. Daß Verbote infan-

---

[22] E. F. Sharpe, *Collected Papers* ...

tilisieren, wird durch den Glauben bestätigt, daß viele Patienten meinen, man müsse alle Entscheidungen bis »nach der Analyse« (lies: wenn ich erst erwachsen bin) aufschieben. Wenn man Verbote und Richtlinien vermeidet, so bestätigt man damit den gegenwärtigen Erwachsenen-Status des Patienten und hilft ihm, sich den Grad klarzumachen, bis zu dem er diesen Status ausfüllen kann. Wenn er findet, daß er dazu nicht imstande ist, dann weiß er besser als zuvor die Bestimmung seiner therapeutischen Aufgabe.

Knight[23] war einer der frühen Analytiker, der Konzeptionen, die aus der Ich-Psychologie abgeleitet waren, auf die Psychotherapie anwandte. Er warnte vor einer Prokrustes-Methode, bei der man Patienten in eine gewisse Methode der Therapie hineinzwängen will, sogar wenn diese die klassische Psychoanalyse ist. Man kann gar nicht genug betonen, wie wünschenswert Versatilität von seiten des Therapeuten ist. Es ist die Ich-Struktur des Patienten, und nicht die beschränkte Fähigkeit des Therapeuten, die die Methode der Therapie bestimmen soll. Knight betont auch die Wichtigkeit der Abwehr und warnt davor, sie anzugreifen. Anna Freud hatte schon darauf hingewiesen, daß die Abwehr es dem Patienten ermöglicht weiterzufunktionieren, statt sich dem Konflikt zu unterwerfen. Sie sagt:

»... Unser Studium dieser Mechanismen (Abwehr) beeindruckte uns durch die Größe ihrer Leistung. Das Vorhandensein neurotischer Symptome an sich zeigt an, daß das Ich überwältigt worden ist, und jedes Wiederauftauchen verdrängter Impulse mit der Folge der Kompromißbildung zeigt an, daß irgendein Abwehrplan fehlgeschlagen ist und das Ich eine Niederlage erlitten hat. Das Ich ist aber siegreich, wenn die Abwehrmaßnahmen ihren Zweck erreicht haben, d. h. wenn sie das Ich in die Lage versetzen, die Entwicklung der Angst und Unlust einzuschränken und die Triebe so umzuwandeln, daß — sogar unter schwierigen Umständen — ein gewisses Maß von Befriedigung sichergestellt und so das größtmögliche Maß an harmonischen Beziehungen zwischen dem Es, dem Über-Ich und den Kräften der äußeren Welt erreicht wird.«[24]

Knight führte das näher aus. Er unterschied zwischen unterstützender Therapie einerseits und der Taktik der Exploration und Konfrontation andererseits. Wir möchten noch hinzufügen, daß alle Therapie unterstützend ist, wenn sie zum Wachstum und zum besseren Funktionieren des Ichs anregt. In dieser Beziehung würde man sogar bei manchen Psychotherapie-Fällen nicht nur die Abwehr unterstützen, sondern sie sogar

[23] R. P. Knight und C. Friedman (Hrsg.), *Psychoanalytic Psychiatry and Psychology*.

[24] A. Freud, *Das Ich und die Abwehrmechanismen*.

174

stärken, denn Schwäche der Signalfunktion setzt den Patienten einer zu großen Angst aus. Im Lichte der metapsychologischen Entwicklung, die seit Knight stattgefunden hat, möchten wir in das Konzept der Unterstützung den Ich-Aufbau mit einbeziehen, nicht nur als Unterstützung seiner Abwehrfunktionen, sondern auch jener Aspekte der Ich-Entwicklung, die nicht defensiv, sondern adaptiv sind. Wir werden dies bald näher erläutern und mit Beispielen belegen. Zuvor wollen wir aber einen Fall darstellen, um zu zeigen, wie man bei einer Grenzfall-Struktur die Abwehr am Anfang der Behandlung unterstützt.

Der Patient Kenneth hatte mehrere Jahre lang an einer Gruppentherapie teilgenommen, und es schien, als finge er an, mit einigen seiner gesellschaftlichen Behinderungen fertigzuwerden. Ursprünglich war er ein »Einzelgänger« und Transvestit gewesen, der große Angst vor Frauen hatte. Jetzt war er imstande, sich um eine junge Frau, ein Mitglied derselben Therapiegruppe, zu bewerben und sie zu heiraten. Er war immer noch in der Gruppe, als die Ehe in die Brüche ging. Das führte in vollstem Maße zu einer Wiederbelebung seiner Angst und im Zusammenhang mit ihr zu Wutausbrüchen. An diesem Punkte fand sein Therapeut, daß man mit der Gruppentherapie so weit wie möglich gekommen war, und überwies ihn anderswohin. Der Patient »akzeptierte« diese Überweisung und auch die dafür angegebenen Gründe und fing nun eine individuelle Behandlung bei einem anderen Therapeuten an. Während der ersten Monate dieser Behandlung zeigte sein Verhalten mehrere klar erkennbare Züge. Während er im großen und ganzen während der Sitzungen fast unterwürfig war, so verhinderte dies doch nicht häufige Wutausbrüche gegen den Therapeuten. Jeder kleinste Anlaß konnte seine Aggressivität auslösen. Immer wieder erwähnte er, wie sein früherer Therapeut reagiert haben würde. Bei jeder Krise rief er diesen Therapeuten an, der, aus Gründen, die er selbst am besten kennen mußte, am Telefon mit ihm die Krise besprach, ohne Rücksicht auf die späte Stunde und auf die Tatsache, daß jetzt ein anderer verantwortlich war. Die Frage, ob das nicht zu Konfusionen führe, brachte als Antwort Verleugnung und Zorn. Er sei glücklich, daß Doktor X noch immer an seinem Wohlergehen interessiert sei, und er machte abschätzige Bemerkungen über seinen jetzigen Therapeuten.

Es war ihm nicht bewußt, wie genau dies seine Beziehungen zu seinen Eltern wiederholte. Seine Mutter und sein Vater hielten die Familie im physischen Sinne zusammen, kämpften aber dauernd miteinander. Der Patient erinnerte sich an die Art von Angst, die er beim Nachhausekommen von der Schule gehabt hatte, wenn er das Gesicht seiner Mutter ansah, um zu sehen, ob das gewöhnliche Stirnrunzeln da war. Sein Vater neckte ihn unbarmherzig wegen seiner Ungeschicklichkeit und zeigte ihm oft, wie viel besser er, der Vater, alles machen konnte. Der Patient und seine jüngere Schwester lernten in einer Atmosphäre zu leben, in der abwechselnd Feindseligkeit und Rivalität zwischen den Eltern herrschte, die sich auf sich selbst zurückzogen und ganz und gar mit sich selbst — unter Ausschluß der Kinder — beschäftigt waren. Kenneth fuhr fort, sich an die positive Beziehung zwischen ihm und seinem früheren Therapeuten zu klammern, und dies wurde als eine wesentliche Abwehr angesehen. Ihn damit zu konfrontieren, daß dieser Therapeut ihn aufgegeben hatte, würde ihn verfrüht wieder dem Schrecken der Zurückweisung, mit dem er während seiner ganzen Kindheit gelebt hatte, aussetzen. Es würde ihn ganz ohne Objekte gelassen haben, denn der neue Therapeut hatte noch nicht genügend Bedeutung für ihn erlangt. Es wäre dies ein unausdenkbares Risiko gewesen. Der einzige Ausweg, der dem Therapeuten blieb, war der, sich auf Anerkennung der Bedeutung des früheren Therapeuten zu beschränken, ihm zu sagen, wieviel er doch von der Gruppentherapie profitiert habe (wenn es auch inzwischen alles schon wieder verlorengegangen war), sowie möglichst Kenneth' eigene Bemühungen zu mobilisieren, so daß er zu verstehen versuchte, was ihm geholfen hatte, sich besser zu fühlen, um zu sehen, ob das nicht wieder erreicht werden könnte.

Greenacres Beitrag zum Verständnis der Anfangsphase ist schon erwähnt worden. Ihre technischen Arbeiten über die Übertragung bieten sehr wertvolle Konzeptionen in bezug auf das Verständnis dafür, wie sehr der Patient den Therapeuten braucht, und eignen sich daher gut zur Anwendung in diesem frühen Stadium der Behandlung. Von größter Wichtigkeit ist unseres Erachtens der Schutz der Autonomie, der in ihren Arbeiten enthalten ist und zum Ausdruck kommt. Sie war es, die so klar die paradoxe Situation in der Therapie erkannte, dahingehend, daß Abhängigkeit Seite an Seite mit dem therapeutischen Ziel, den Patienten weniger abhängig zu machen, bestehen muß. Da Einsicht nur durch das Ich des Patienten zustande kommen kann, ist die sorgfältige Bewahrung der Autonomie wesentlich. Dies schließt von vornherein sogenannte unterstützende Maßnahmen aus, wie direkte Ermutigung, Ratschläge, Manipulationen der Umgebung, die alle unvermeidlich die Fähigkeit des Patienten schwächen, mit seinen eigenen Realitätsproblemen fertigzuwerden. Besonders in der Anfangsphase, wenn es am wahrscheinlichsten ist, daß der Patient Heilung durch äußere Faktoren erhofft, ist die Versuchung groß, ihm Lösungen anzubieten. Aber das Verständnis der Übertragungsphänomene versichert dem Therapeuten, daß die eigenen Lösungen des Patienten in dem therapeutischen Klima bestimmt kommen werden, wenn der Therapeut nur abwarten kann. Greenacres technische Anregungen wurden im Hinblick auf den analysierbaren Patienten gemacht und können daher bei Psychotherapie-Patienten nur selektiv angewendet werden. Wo nicht genügend Ich-Struktur besteht, aus der man schöpfen kann, da ist weniger Hoffnung, daß sorgfältige Sicherungsmaßnahmen wirksam werden können, bis der Ich-Aufbau vorangekommen ist.

Oft wird die Therapie unbeendbar, weil der Therapeut nicht genügend auf eine unerwünschte Entwicklung achtet, die Greenacre die »narzißtische Allianz« genannt hat[25] — zu unterscheiden von der therapeutischen Allianz. Eine sorgfältige Sicherung der Autonomie erfordert, daß der Therapeut die Fähigkeit hat, bei der Behandlung des Patienten auf die Befriedigung seiner eigenen narzißtischen Bedürfnisse zu verzichten.

Ein wertvoller technischer Hinweis ist in Greenacres Bevorzugung des Ausdrucks »aktive übertragungsneurotische Manifestationen«[26] enthalten, die sie von der klassischeren *Übertragungsneurose* unterscheidet. Damit meint sie, daß die Übertragungserscheinungen nicht von gleichmäßiger »Breite«[27] sind, sondern dazu neigen, je nach den Einfällen des Innenlebens des Patienten zu variieren. Dies ist besonders angebracht bei der Behandlung ohne tägliche Sitzungen, bei denen auch nicht jener Grad der Objektbeziehungen da ist, um das Zustandekommen einer Übertragungsneurose an sich zu erleichtern. Wenn man weiß, daß Übertragungsverzerrungen nicht einheitlich sein können, so führt das zu größerer Flexibilität auf seiten des Therapeuten, da er den Ergebnissen der einzelnen Sitzungen aufmerksamer folgen muß und sich weniger auf Voraussagen verläßt, die auf dem Verhalten in früheren Sitzungen beruhen. Diese Flexibilität ist gut für die Behandlung der Grenzfälle geeignet, deren Ich-Struktur starke Fluktuationen zwischen minimalem und optimalem Funktionieren zeigen kann, z. B. bei der Realitätsprüfung und dem Niveau der Objektbeziehungen. Das gewöhnliche Grenzfall-Ich kann auf einer realitäts-orientierten Basis funktionieren, außer wenn Streß eine Regression verursacht, und zwar von einem solchen Ausmaße, daß das Funktionsniveau verlorengeht. Es ist dieses Fließen, das sich in der Übertragung widerspiegelt, was Greenacre mit «aktiven übertragungsneurotischen Manifestationen«[28] so gut beschreibt. In bezug auf

---

[25] Ph. Greenacre, »Certain Technical Problems in the Transference Relationship«.

[26] Ibid.

[27] Ibid.

[28] Ibid.

Objektbeziehungen ist es so, daß das Verständnis dieser Variabilität in der Beziehung zwischen Patient und Therapeut klarer als vorher die Aufgabe des Therapeuten umreißt, das Ich des Patienten in die Arbeitsallianz mit einzubeziehen. Das bezieht sich besonders auf jene Psychotherapie-Fälle, bei denen Übertragungserscheinungen die Wirklichkeit zu verwischen drohen und dies bis zu einem Punkt, daß eine Übertragungspsychose eintreten kann.

Der folgende Fall ist nicht unbedingt eine Illustration für den Anfang der Behandlung, sondern wird hier wiedergegeben, weil er in allen Einzelheiten zeigt, wie Greenacres Konzeption der aktiven Übertragungserscheinungen bei den Grenzfällen offener zutage liegt als bei der Neurose. Sie werden bei diesen tieferliegenden pathologischen Zuständen nicht immer korrekt den Übertragungserscheinungen zugeordnet. Genauer sollten sie als Manifestationen, die während der therapeutischen Situation erscheinen, beschrieben werden.

Die Patientin Loran wurde häufig in unberechenbarer Weise plötzlich böse auf den Therapeuten, manchmal im Hinblick auf den Inhalt seiner Verbalisationen oder die Art, wie er sich ausdrückte, manchmal, weil er auf Urlaub ging usf. Als Beispiel für die Unwichtigkeit des Inhalts selbst kann gelten, daß sie einmal böse wurde, weil ihr der Schlips, den er trug, nicht gefiel. Ihr Zorn war so intensiv, daß sie ihn schließlich vollständig ablehnte. Aber das waren noch nicht alle ihre Gefühle. Zu anderen Zeiten erkannte sie seine Hilfe an, und es war ihr bewußt, daß sie von der Behandlung profitiert hatte. Aber immer, wenn sie enttäuscht oder zornig war, wurde die Unterscheidung zwischen den Selbst- und den Objekt-Repräsentanzen verschwommen. In solchen Stimmungen herrschten die Übertragungserscheinungen vor, die durch die frühen traumatischen Erfahrungen von Enttäuschung und Zorn auf ihre Mutter gefärbt waren. Wenn sie sich erholt hatte, war sie gewöhnlich verwirrt über ihr regressives Verhalten und darüber, daß ihre Reaktionen so intensiv waren und sie so wenig von ihren sonst positiven Gefühlen hatte beibehalten können. Der Therapeut mußte in jeder Sitzung — je nachdem, was sie vorbrachte — feststellen, ob die Vergangenheit vorherrschen würde oder ob das vernünftige Ich am Ruder war. Diese Verhaltensformen gaben den Schlüssel zur Diagnose. Äußerlich ähnelte dies der Flatterhaftigkeit, die man bei Säuglingen beobachtet, die von einem Moment zum andern frustriert sind und zornig werden und dann vergnügt lächeln und glücklich sind. Entwicklungsmäßig ausgedrückt, ging bei der Patientin die Regression bis zu dem Punkte, an dem Objekt-Repräsentanzen mit Selbst-Repräsentanzen verschmolzen, und so die gleichbleibende Besetzung verloren, die sie zu anderen Zeiten in den Stand setzte, ihre eigene Identität voller zu erleben. Ein verringertes Gefühl der Identität führte zu Unlust darüber, daß der Therapeut nicht genauso war wie sie und nicht ihren Geschmack teilte. Entneutralisierung der Aggression, mit dem Verlust der Frustrationstoleranz kombiniert, brachte dann ihre unkontrollierten Wutausbrüche zustande. »Gute« und »böse« Objekte waren aufgespalten, so daß sie keine positiven Gefühle in bezug auf den Therapeuten beibehalten konnte, sogar wenn sein Schlips vollendet geschmackvoll war. Verringerte Realitätsprüfung erlaubte ihr, sich herauszunehmen, sich über den Schlips zu beklagen ohne Rücksicht auf die gesellschaftliche Wirklichkeit, daß nämlich die Auswahl eines Schlipses seine eigene Angelegenheit war. Die Objektbeziehungen gingen zum bedürfnisbefriedigenden Niveau zurück, auf dem die Bedürfnisse eines anderen keine Bedeutung haben.

Es wäre im technischen Sinne nicht klug, einen Patienten, der sich in der Qual einer solchen regressiven Episode befindet, zu zwingen, den Versuch zu machen, auf einer Ebene zu funktionieren, die über jener liegt, zu der er regrediert ist. Es ist jedoch von unmeßbarem Nutzen zu wissen, daß dies eine vorübergehende und reversible Regression ist. Wenn sie fixiert wäre, wären Diagnose und Prognose ungünstiger. Wenn der Patient seine höhere Funktionsebene wieder erreicht hat und anfängt zu fragen, wie diese Patientin es tat, warum sie solche Ausbrüche habe, so kann man auf die so angebotene therapeutische Allianz eingehen und sich mit ihrem Ich auf der Suche nach genetischen Gründen verbünden. Dann könnte man sagen, der Fall ist in eine neue Anfangsphase eingetreten.

Unsere Erörterung der Anfangsphase hat gezeigt, daß es nicht eine einzige Form des Anfangs gibt, sondern daß jeder Schritt vorwärts im Verlaufe der Therapie zu einem neuen Anfang auf einer neuen Ebene führt. In dieser Weise können wir den ersten Telefonanruf ansehen, wenn Diagnose und Behandlung durch die Kontaktaufnahme über das Telefon und die Art, wie diese vom Therapeuten behandelt wird, beginnen. Bis der Patient zur Behandlung kommt, kann der Therapeut schon erfahren haben, daß er nachgiebig ist, und zwar ersieht er das daraus, daß er z. B. sagt: »Meine Frau sagt, ich solle zu Ihnen gehen«, oder er ist trotzig, wenn er sagt: »Ich glaube nicht, daß Therapie viel nützt, aber ich will es versuchen«, oder er ist abhängig und verzweifelt und sagt: »Ich muß Sie sofort sehen«, oder ambivalent und ängstlich (»Ich trage Ihre Telefonnummer schon seit Monaten mit mir herum, aber ich konnte mich bis jetzt nicht dazu bringen anzurufen«). Die Reaktion des Therapeuten, wenn er sagt: »Wir wollen darüber sprechen, wenn Sie hier sind«, bereitet die erste Sitzung vor, die eine weitere Form des Anfangs ist. Danach wird der anfängliche Widerstand behandelt, und dann gibt es wieder einen neuen Anfang, wenn die Übertragung und die therapeutische Allianz gesichert sind. Und so könnte man eine Reihe von Anfängen beschreiben, ja sogar den »Anfang des Endes«. Wir haben schon erwähnt, wie man den Beginn der Terminalphase erkennt.

Wir haben auch betont, daß der Therapeut damit beginnt, sich dem Patienten auf zwei Ebenen zuzuwenden — der manifesten Bitte und dem zugrundeliegenden Problem — und mit Techniken, die erlauben, das Ich des Patienten in den Behandlungsprozeß mit einzubeziehen. Der Weg, direkt das zugrundeliegende Problem anzugehen, das zuerst nur der Therapeut erkennt, und so die Anfangsabwehr und den Widerstand des Patienten zu überwinden, ist nicht korrekter als der, nur die manifeste Bitte, wie sie zutage tritt, anzunehmen. Wir haben gezeigt, wie man mit dem Patienten darangeht, dort anzufangen, wo er ist, was besagt, mit dem Problem, so wie er es sieht, mit der Abwehr und alldem, und von hier weiter in die Tiefe zu gehen, indem man ihn Schritt für Schritt von seinen Projektionen, Verleugnungen, Rationalisierungen und ähnlichem weg in eine introspektive Arbeitsallianz hineinführt.

Logischerweise ist die Eröffnungsphase der Zeitpunkt, an dem Entscheidungen hinsichtlich der Sitzungen und des Honorars und die Abmachungen über nicht eingehaltene Verabredungen, Ferien und ähnliches getroffen werden. Die Häufigkeit der Sitzungen ist schon in Kapitel 8 erörtert worden. Freuds Regeln über das Erscheinen zu den Sitzungen und über die Honorarvereinbarungen wurden im Hinblick auf den neurotischen Patienten aufgestellt.

10
Über den Anfang der Behandlung: Praktische Gesichtspunkte

Wenn Freud auch nicht die Sprache der modernen Ich-Psychologie zur Verfügung stand, hatte er doch weitgehendes Verständnis für die Fähigkeit des gut-strukturierten Ichs, Frustration zu ertragen und vor allem auf jener Ebene der Objektbeziehungen zu funktionieren, die automatisch das Erkennen der Realität und der Bedürfnisse anderer erlaubt. Wenn er also empfahl, den Patienten wissen zu lassen, daß der Therapeut ein Honorar erwartet, verließ er sich auf die beim Neurotiker vorhandene Objektkonstanz, die die Notwendigkeit für den Therapeuten, seinen Lebensunterhalt zu verdienen, anerkennt. Wir können bei der Entscheidung über praktische Fragen der Behandlung des gestörteren Patienten keine so weitgehenden Voraussetzungen machen. Manche von ihnen können genauso gut wie der Neurotiker die zwischen Patienten und Therapeuten aufgestellten Bedingungen einhalten, wie Freud es angab. Manche sind aber auf einem so regressiven Niveau der Objektbeziehungen angelangt und haben eine so schwache Realitätsprüfung, daß wir einfach eine andere Sprache sprechen, wenn wir uns streng an diese Forderungen halten. Manche sind bei Beginn der Behandlung so unfähig zur Erfüllung solcher alltäglichen Forderungen wie das Bezahlen eines Honorars und das regelmäßige Erscheinen, daß es einen Höhepunkt der Behandlung darstellt, wenn sie erst einmal imstande sind, einige von den Abmachungen einzuhalten. Bei keinem anderen Aspekt der Therapie ist die Versatilität und Flexibilität des Therapeuten mehr auf die Probe gestellt als bei der Bestimmung, wie weit man fordern kann; denn es ist ebenso schlecht für den Patienten, wenn man von ihm weniger, als wenn man mehr fordert, als er zu leisten vermag. Am besten wird die Entwicklung innerhalb eines konsequenten, positiven, verläßlichen therapeutischen Klimas mit erträglichen Dosen von Frustration gefördert. Es ist das Erlebnis der Frustration, das die Differenzierung zwischen Selbst- und Objektrepräsentanzen herbeiführt. Der Therapeut, der implizite

Befriedigung in Aussicht stellt, riskiert nicht nur, den Patienten zu enttäuschen, da man ja niemals genug tun kann, sondern deutet auch an, daß die Differenzierung nicht nötig ist. Der beste Rat, den wir geben können, ist der, die Forderungen immer etwas höher zu stellen als das, was der Patient erfüllen kann, ohne auf augenblicklicher Erfüllung zu bestehen. Dies hat den Vorteil der Flexibilität auf der Ebene der Objektbeziehungen und deutet gleichzeitig an, daß das Ziel der Therapie das Erreichen höherer Ebenen ist.

Anfänger neigen manchmal dazu, in bezug auf das Honorar sehr entgegenkommend zu sein. Für sie ist es gut zu wissen, daß das Honorar der einzige Teil der Therapie ist, der für den Therapeuten legitim ist. Wenn einem das klar ist und man ein angemessenes Honorar fordert, so besteht weniger die Versuchung, andere Kompensationen vom Patienten zu erwarten. Der Therapeut, der für seine Dienste eine angemessene Bezahlung erhält, wird weniger positive Übertragungsmanifestationen, Geschenke und andere Liebesbezeigungen brauchen. Dies und die zusätzliche Notwendigkeit, ein Image der Selbstachtung zum Zwecke der Identifizierung darzustellen, sind der Grund dafür, daß wir nicht zu niedrigen Honoraren und anderen Arten des Verzichts raten, die manchmal dem Therapeuten abverlangt werden. Wir wissen sehr wohl, daß ein dringender Bedarf an billigen Formen der Therapie besteht. Wir glauben aber, daß die Verpflichtung, den allgemeinen Bedürfnissen Rechnung zu tragen, nicht dem Therapeuten als Individuum obliegt, sondern daß er als Staatsbürger diese Verpflichtungen mit anderen teilt. Die meisten Therapeuten sind nicht reich, und man sollte nicht von ihnen verlangen, Philanthropie in der Form ihrer Dienste zu üben. Wenn ein Therapeut in einer Klinik oder ähnlichen Anstalt ein minimales Honorar für Aufsicht oder sonstige Lernerfahrungen akzeptiert, so sind auch diese eine Entschädigung, nur in anderer Form. In allen übrigen Fällen setzen niedrige Honorare nicht nur den Therapeuten herunter, sondern verfehlen, bei dem Patienten sein Wertgefühl zu erhöhen. Dies soll aber nicht als Zustimmung zu der so oft gehörten Ansicht verstanden werden, daß es für den Patienten gut sei zu bezahlen, denn nur dann würde er ausreichend motiviert sein. Motivation wird tiefergehend durch andere Mittel gefördert. Es ist gewöhnlich nicht der Therapie abträglich, wenn z. B. ein Verwandter bezahlt. Ebenso wie die Motivierung wird die Unabhängigkeit nicht durch simplizistische äußere Mittel herbeigeführt.

Bei der Festsetzung des Honorars gibt es noch eine Überlegung, die sich auf die Ausrechnung bezieht, was die Zeit des Therapeuten wert ist. Manche von ihnen möchten rückwirkend einen Gegenwert für ihre ganze Ausbildung mitberechnen. Uns scheint das unvernünftig zu sein. Eine realistischere Berechnung, so glauben wir, ist eine, die sich auf die tatsächliche Zahl der Stunden stützt, welche der Therapeut in der Woche arbeitet, und die Überlegung, was wohl ein anständiges Einkommen für einen Akademiker in der Volkswirtschaft als Ganzes ist. Der gewissenhafte Therapeut arbeitet nicht nur eine bestimmte Zahl von Patienten-Stunden. Er liest auch Fachliteratur, berät sich, nimmt an Seminaren, an beruflichen Zusammenkünften, Studiengruppen teil, er reist zu Konferenzen im In- und Ausland. Auch schriftstellerische Tätigkeit ist etwas, woraus der Therapeut lernt, und das dann dem Patienten zugute kommt. Wenn diese Zeit zu der Zahl von Patienten-Stunden hinzugezogen wird, mag es sich sehr wohl herausstellen, daß das für den einzelnen Patienten berechnete Honorar niedriger ist, als es den Anschein hat. Diese Überlegungen sind bei der Festsetzung des Honorars wesentlich, aber der Patient darf nicht an dieser Art von genauer Berechnung beteiligt werden. Das würde nur auf Verteidigung von seiten des Therapeuten hinweisen. Wenn der Patient die Mittel hat, aber das Niveau seiner Objektbeziehungen nicht die Bedürfnisse des Therapeuten berücksichtigt, kann man, wenn man will, den Fall akzeptieren und sagen: »Dies ist mein Honorar, wenn es Ihnen aber zu hoch erscheint, können wir es uns ja noch später überlegen.« Es kommt öfter vor, als man denkt, daß der Patient ohne Rücksicht auf die anfängliche Abmachung von sich aus vorschlägt, den Therapeuten angemessen zu entschädigen, wenn die Therapie helfend vorangeht und ein höheres Niveau der Objektbeziehungen erreicht wird. Wir schlagen dabei nicht vor, daß die Honorare bis ins Unendliche gesteigert werden sollten. Der Therapeut sollte sich ein Maximum setzen ohne Rücksicht darauf, wie reich der Patient ist oder während der Behandlung wird. Patienten, deren Funktion sich bessert, sind gewöhnlich imstande, ihr Einkommen zu erhöhen, wenn die Wirtschaftslage entsprechend ist. Sie sollten nicht dafür bestraft werden, daß sie als Ergebnis ihrer besseren Funktion eine Gehaltserhöhung bekommen; aber der Therapeut sollte unter diesen Umständen auch nicht weiter ein ermäßigtes Honorar annehmen. Ein anständiger Kompromiß ist immer möglich. Das beste ist, wenn der Therapeut einen Spielraum für sein Honorar hat, zwischen dessen oberster und unterster Grenze er am besten arbeiten kann. Es ist jetzt auch allgemein bekannt und akzeptiert, daß der Patient für nicht eingehaltene Verabredungen bezahlen muß. Wo Objektkonstanz besteht, akzeptiert der Patient ohne weiteres, daß er die Zeit des Therapeuten gemietet hat, die für ihn reserviert ist. Manche Patienten meinen dann, daß Zahnärzte, Rechtsanwälte, Friseure sich auch nicht für nicht eingehaltene Verabredungen bezahlen lassen. Psychotherapie ist aber keinem anderen Beruf oder Handwerk vergleichbar. Die Zeit, die für einen Patienten bei Dauerbehandlung reserviert ist, kann nicht kurzfristig oder sogar langfristig umdisponiert werden. Wenn der Therapeut zufällig die Zeit anders verwenden kann, z. B. für einmalige Konsultationen, belastet er manchmal dafür nicht den Patienten, der nicht erschienen ist. Es scheint nur gerecht zu sein, sich nicht bezahlen zu lassen, wenn man die Zeit anderweitig ausfüllen kann. Aber hier liegt das Problem, denn der Patient wird damit belastet, sich auszurechnen, ob der Therapeut die Zeit anders ausfüllen konnte, was, wie wir glauben, den Patienten nichts angeht. Es kommt sogar recht häufig vor, daß der Patient es gar nicht wünscht, daß seine Zeit von einem anderen ausgenutzt wird. In Fällen, in denen das Primärobjekt den Patienten nicht genügend von anderen unterscheidet, ist es nicht gut, bei ihm den Eindruck zu erwecken, daß er leicht ersetzbar sei. Während es zutrifft, daß, vom Therapeuten aus gesehen, der Patient durch einen anderen ersetzt werden kann, wenn seine Behandlung beendet ist, so ist dies doch etwas ganz anderes, als wenn man *während* der Behandlung nicht den Eindruck gibt, daß der Patient ein deutlich unterscheidbares und wichtiges Individuum ist. Aus diesen Gründen ist es für den Patienten am besten, daß er für die Sitzung bezahlt, die nicht stattgefunden hat, ohne Erörterung, was der Therapeut mit dieser Zeit angefangen hat.

Der Patient, der auf einem bedürfnisbefriedigenden Niveau der Objektbeziehungen steht, findet es schwer, für die Zeit zu bezahlen, die er nicht ausgenutzt hat. Dies ist ein Teil des größeren Ganzen seiner Unfähigkeit anzuerkennen, daß der Therapeut seine eigenen Bedürfnisse hat oder auch nur existiert, außer um nur für ihn dazusein. Es ist eines der wenigen Beispiele, das von dem Patienten verlangt, daß er über seine psychologischen Fähigkeiten hinaus funktionieren soll. Die ganze Situation kann aber dazu benutzt werden, um ihm zu zeigen, daß ihn dies als Teil seiner Krankheit bedrückt. So kann man ihm also in Aussicht stellen, daß er einmal mehr Rücksicht nehmen wird — nicht, indem man ihm Vorträge hält über das, was er tun sollte und tun könnte, sondern indem man sagt, daß er, *wenn* es ihm besser geht, die Erfordernisse des Lebens verstehen und ertragen können wird. Derselbe Patient mag vielleicht z. B. auch nicht imstande sein zu arbeiten. Er mag analoge Argumente anbieten, wie »Warum sollte ich denn arbeiten?«. Wir behandeln dieses regressive oder stehengebliebene Niveau der Entwicklung mit Verständnis, aber nicht, indem wir akzeptieren, daß Regression eine Lebensform ist. Daher — in bezug auf das einzige, das der Patient dem Therapeuten geben muß, nämlich das Honorar — muß der Patient wissen, daß es erforderlich ist; wenn er es nicht ertragen kann, so ist das Wasser auf die Mühle des Therapeuten.

Nichteingehaltene Verabredungen werden jetzt — in der Zeit, in der so viel gereist wird — immer wichtiger. Viele Berufe erfordern Reisen in regelmäßigen oder unregelmäßigen Abständen. Im allgemeinen bleibt die Regel, daß die Zeit bezahlt werden muß, bestehen. Unter außergewöhnlichen Umständen kann man spezielle Vereinbarungen treffen. Ob nun aus Gründen des Berufs, von Krankheit, Ferien oder ähnlichem — es ist immer zweckmäßig, wenn der Patient nicht zahlen möchte, die Frage aufzuwerfen: »Ja, wer sonst soll denn bezahlen?«[1] Das ist keine Frage, die man beantworten kann, sie ist aber auch nicht rein rhetorisch gemeint. Ihr Zweck ist, im Geiste des Patienten die Frage aufzuwerfen, die er selbst nicht berücksichtigt hat. Der Therapeut verdient seinen Lebensunterhalt dadurch, daß er pro Tag eine gegebene Zahl von Stunden für Patienten reserviert. Wenn der Patient sich weigert, für seine Zeit zu bezahlen, wer bezahlt denn nun wirklich? Patienten, die sich auf dem bedürfnisbefriedigenden Niveau befinden, können diese Frage nicht beantworten, da bei ihnen unbewußt die Therapie der Mutterversorgung gleichgestellt wird; und man hat noch nicht gehört, daß man für Versorgung durch die Mutter bezahlt. Dieses Mißverständnis gibt aber bei der Therapie eine sehr gute Gelegenheit, die Rolle des Therapeuten und den Zweck der Therapie zu klären. Wenn wir auch nicht dazu raten, dem Patienten Vorträge zu halten, so sollte es dem Therapeuten selbst doch klarsein, daß er da ist, um zu behandeln, und nicht, um als eine bessere Art von Mutter zu dienen. Für viele Grenzfall-Strukturen und für die meisten Psychotiker kann die Übertragungspsychose manchmal abgewendet werden, wenn der Therapeut diese Unterscheidung immer vor Augen hat.

Es ist nichts Ungewöhnliches, daß ein Patient, der es sich verzweifelt wünscht, der Therapeut wiese dies zurück, trotzdem für eine nicht eingehaltene Verabredung bezahlt. Er mag es sogar vorziehen, lieber die Behandlung aufzugeben, als dem Therapeuten das Honorar zu zahlen, das er in der Vorstellung des Patienten nicht verdient hat. Während der Therapeut fest dabei bleibt, daß ihm das Honorar zukomme, ist es gewöhnlich nicht nötig, aufeinander loszugehen, besonders wenn der Patient zu seinem eigenen Schaden wirklich wegbleiben will. Der Therapeut kann dann sagen: »Sie sind offenbar jetzt nicht imstande, mit diesem Problem fertigzuwerden, außer daß Sie sich selbst den schlechten Dienst erweisen, die Behandlung abzubrechen. So wollen wir also die Bezahlung für die betreffende Sitzung aufschieben, bis Sie den Gedanken zu bezahlen ertragen können.« Dies löst die momentane Krise und stellt gleich-

---

[1] Diese technische Frage wurde zuerst von Martin S. Bergmann aufgeworfen.

zeitig langfristig in Aussicht, daß der Patient, wenn er sich weiterentwickelt hat, selber wünschen wird, den Therapeuten anständig zu entschädigen. Es stellt in einer anderen Form fest, daß das Niveau der Objektbeziehungen, auf dem der Patient funktioniert, nicht dasjenige ist, das er einmal erreichen wird, wenn die Behandlung weitergeht.

Es entspricht mehr der Tradition anzunehmen, daß die Unlust zu bezahlen ihre Wurzeln in Geiz und »Zurückhalten« hat — Charakterprobleme, die aus dem Analniveau der psychosexuellen Reifung erwachsen. Wir stimmen mit diesen fundamentalen Tatsachen der psychoanalytischen Theorie überein. Jedoch die Dimension, die durch die psychoanalytische Entwicklungspsychologie hinzukommt, erklärt genauer, daß das Analniveau auch die Entwicklungsstufe ist, auf der die Identitätsbildung gut vorwärtsgekommen ist, wenn das Kind begonnen hat, »nein« zu sagen, indem es den Aggressionstrieb im Dienste der Trennung und der Aufrichtung einer neuen Ebene der Objektbeziehungen gebraucht, die die sprachliche Kommunikation mit einbezieht. Beim Erwachsenen mag Geld symbolische Stellvertretung des Analproduktes sein. Das Recht, zurückzuhalten, untersteht nicht der vollen Kontrolle des Ichs, solange man nur zurückhalten kann. Erst wenn es eine Angelegenheit der Wahl ist, kann man wirklich entscheiden, ob man zurückhalten oder geben will. Ich-Expansion liefert Wahl und Wollen. Und so hoffen wir, es klargemacht zu haben, daß die Probleme des Honorars in der Therapie viele ich-aufbauende Möglichkeiten bieten, wenn der Therapeut sie als solche verstehen will und nicht als eine Beleidigung für sich selbst. Wir dürfen uns nicht benehmen wie die Mutter, die sich persönlich beraubt fühlt, wenn das Kind Verstopfung hat. Das Analprodukt gehört wirklich ganz allein dem Kinde, und es lernt, es »herzugeben«, wenn es anerkennt, daß es nicht ein wesentlicher Teil seines Körper-Ichs ist.

Das Honorar zu erhöhen ist auch nicht schwierig, wenn man eine ich-aufbauende Haltung einnimmt. Sogar wenn der Patient am Anfang der Maximalforderung des Therapeuten zugestimmt hat, so dauert die Therapie doch viele Jahre, und die Inflation kann das Honorar überflügeln, auch wenn es hoch erschien, als die Behandlung anfing. Der Therapeut hat das Recht, sogar seine Maximalforderung je nach der allgemeinen Wirtschaftslage zu erhöhen. Wenn das Honorar unter dem Maximum liegt, dann gehört eine Erhöhung einfach mit zur Therapie. Man muß das in einer vernünftigen, flexiblen und würdigen Weise handhaben. Vor allem darf der Patient nicht wie auf Nadeln sitzen und dauernd Honorarerhöhungen erwarten. Der ideale Weg zur Honorarerhöhung (und das kommt öfter vor, als man erwarten möchte) ist der, daß man den Patienten, der durch die Therapie eine radikale Umwandlung in seinem

Leben erfahren hat, dazu bringt, daß er von selbst eine Erhöhung anbietet. Manchmal haben solche Angebote auch ihre Gefahren, wenn sie ein zu großes Opfer sind und als Sühne oder gar als Bestechung gedacht sind. Angebote, die dem Interesse des Patienten abträglich sind, oder jene, die dem Narzißmus des Therapeuten schmeicheln, müssen höflich abgelehnt und interpretiert werden. Angebote, die ein echtes Erreichen einer höheren Ebene der Objektbeziehungen und Anerkennung sowohl des Selbst wie des Objekts bedeuten, müssen in netter Form angenommen und nicht so weit interpretiert werden, daß es den Patienten in seiner Generosität beschämt. Wenn der Patient sich die angebotene Erhöhung nicht leisten kann, muß man sie ablehnen. Da bleiben noch jene Patienten zu berücksichtigen, die nie anbieten, das Honorar zu erhöhen, ohne Rücksicht auf ihre verbesserten pekuniären Verhältnisse. Hier muß der Therapeut einschreiten; denn es ist für keine Seite gut, wenn der Therapeut ausgenutzt wird. Wenn der Patient versucht, den Therapeuten über sein Einkommen zu täuschen, so muß man dem wieder nicht mit einer verurteilenden Haltung begegnen, sondern mit dem Versuch, es zu verstehen und das Mißtrauen oder den Über-Ich-Defekt zu interpretieren. Der Patient mit einem gesunden Ich und Über-Ich weiß, daß er sich keinen Gefallen damit tut, wenn er den »Doktor an der Nase herumführt«.

Wenn der Therapeut sich dafür entscheidet, bei einer laufenden Behandlung das Honorar zu erhöhen, so sollte er dies am Anfang des Monats tun, so daß der Patient ausreichend Gelegenheit hat, seine Gefühle vor dem Zahlungstermin mit ihm zu erörtern. Wenn der Therapeut überzeugt ist, daß die Erhöhung gerechtfertigt ist, die Frage aber bis zum Ende des Monats noch nicht gelöst ist, muß die Erhöhung trotzdem durchgeführt werden, wobei man dem Patienten Zeit lassen sollte, weiter seine Gefühle auszusprechen, bis sich genügend Material für interpretatives Vorgehen angesammelt hat. Manchmal wird die Honorarerhöhung aufgeschoben, während die Diskussion darüber noch im Gange ist, wobei es sich versteht, daß sie, wenn erst Übereinstimmung erreicht worden ist, rückwirkend gilt.

Wir können uns keine Situation vorstellen, in der es für den Patienten richtig wäre, dem Therapeuten Geld zu schulden. Für Fälle in laufender Behandlung ist das Honorar für den vergangenen Monat in der ersten Woche des folgenden zu zahlen. Es gibt Ausnahmen für diese traditionellen Zahlungsformen. Wenn der Patient so gestört ist, daß er seine Finanzen nicht in Ordnung halten kann, mag der Therapeut, um die Behandlung nicht zu unterbrechen, wöchentliche oder sogar tägliche Bezahlung vorschlagen. Dies hat nichts mit dem Reichtum oder der Armut des Patienten zu tun. Wir haben reiche Psychotiker gekannt, die ungedeckte Schecks gaben, weil der Therapeut um einen Scheck gebeten hatte und im Primärprozeßdenken die abstrakte Kompliziertheit, daß man ein Guthaben bei der Bank haben muß, damit der Scheck gedeckt ist, nicht besteht. Wir halten es in den meisten, wenn nicht in allen Fällen für einen Fehler, dem Patienten Kredit zu gewähren. Was als Großzügigkeit gemeint war, kann vielleicht den Therapeuten in einen Aspekt der Übertragungsneurose verwickeln, in der der Patient den Therapeuten einem guten, alles spendenden Elternteil gleichstellt. Es ist besser, in der Frage des Kredits fest zu bleiben und so Raum für die Aggression zu lassen, die diese Festigkeit vielleicht auslöst. Der übergroßzügige Therapeut wird schließlich zu einem Menschen werden, von dem sich der Patient niemals mehr trennen kann. Es gibt recht einfache Methoden, solche Bitten um Kredit zu handhaben. Wenn der Patient die Aussicht hat, die Schuld zurückzahlen zu können, so kann er ja von Verwandten, von Freunden, von der Bank usw. borgen. Die Therapie wird so davon befreit, eine Kreditanstalt zu werden. Wenn es vorkommen sollte — und es kommt manchmal vor —, daß eine Schuld beim Therapeuten nicht bezahlt wird, so bringt das die Therapie in eine Sackgasse. Sofern der Therapeut nicht ganz besonders masochistisch ist, muß er dann anfangen, auf den Patienten böse zu sein, da er ihm zu viel gegeben hat. Die Einstellung, daß es besser sei, bei jemand anderem Schulden zu machen, um die Therapie nicht mit Schwierigkeiten zu belasten, wird gewöhnlich von dem Patienten als vernünftig akzeptiert. Es ist wesentlich, Klarheit in bezug auf die therapeutische Situation aufrechtzuerhalten, denn sie wird leicht zu einer Ablage für zu viele der verzerrten Ansichten des Patienten über sich selbst und seine Objekte. Ihm Kredit zu geben, trägt, wie viele andere Aspekte, die außerhalb des therapeutischen Zweckes liegen, das Risiko eines verzerrten Verständnisses bei dem Patienten in sich.

Das Bedürfnis, vom Therapeuten Geld zu bekommen, kann für ein weniger greifbares Bedürfnis stellvertretend sein und muß deshalb interpretiert werden; es kann aber auch realistisch sein. Vor einigen Jahren, als ein Untergrundbahnbillet in New York 15 Cents kostete, kam ein Patient mit 13 Cents in der Tasche an und wollte sich die restlichen 2 Cents für die Heimfahrt vom Therapeuten borgen. Der Patient wohnte 30 Häuserblocks vom Therapeuten entfernt, und es schneite. Indem der Therapeut sich fest an seine falsche Interpretation der Abstinenzregel hielt, weigerte er sich, dem Patienten die 2 Cents zu leihen. Unmenschliches und verbohrt hartes Verhalten nützt der Therapie nichts.

Geschenke werden bei der Psychotherapie anders als in der klassischen psychoanalytischen Technik gehandhabt, die empfiehlt, den Grund, warum das Geschenk gegeben worden ist, und seine symbolische Bedeutung zu analysieren. Das ist bei den neurotischen Strukturen gut und schön, die Grenzfall-Strukturen müssen aber — wie bei allen anderen Facetten ihrer Behandlung — je nach der diagnostischen Einschätzung des Entwicklungsniveaus gehandhabt werden. Wir wollen keine narzißtische Verletzung verursachen, indem wir etwas zurückweisen, das der Patient selber angefertigt hat, wie z. B. ein Gemälde. Teure Geschenke sind bei dem psychotherapeutischen wie bei dem psychoanalytischen Patienten das gleiche Problem, besonders wenn der Preis die finanziellen Möglichkeiten des Patienten übersteigt. Wenn man aber ein Geschenk zurückweist, so muß man das mit einer gewissen Grazie tun. Manchmal kann das bedeuten, daß man ein Geschenk annimmt in der stillen Übereinkunft, daß der Therapeut sich temporär daran freuen kann und es dann zurückgibt. Das hängt natürlich davon ab, ob es verderblich ist und ob es nach einiger Zeit im Laden zurückgegeben werden kann. Das Hauptaugenmerk muß bei diesem delikaten Problem immer jenes sein, das Ich-Wachstum zu fördern. Der Patient, der die Therapie auf einer bedürfnisbefriedigenden Ebene begonnen hat, mag nach einem Jahr oder später bemerken, daß der Therapeut etwas braucht. Er kann z. B. Blumen für eine leere Vase bringen. Die Versuchung, den Symbolismus des Füllens der Vase zu analysieren, sollte zugunsten einer angemessenen Anerkennung des Ich-Wachstums aufgeschoben werden. Es kann einen verheerenden Rückschritt für den Patienten bedeuten, der zum ersten Male in seinem Leben jemand anderem etwas geben will, wenn er dann hören muß: »Sie wollen mir hier ein Geschenk von Faeces machen« (oder »von einem Baby« oder was auch immer die Gabe symbolisiert). Dies ist das Beispiel einer Interpretation, die dem Inhalt nach korrekt, aber absolut zum falschen Zeitpunkt gegeben wird. Korrekt ist es vielmehr zu sagen: »Ist das nicht nett von Ihnen, daß Sie daran gedacht haben, was ich gerne habe?« Solche Bemerkungen müssen sehr vorsichtig gemacht werden. Niemals sollten sie eine Forderung oder ein Werturteil enthalten. Es ist für den Patienten gut, wenn er rücksichtsvoll ist und an andere denkt, sobald es für das Niveau seiner Objektbeziehungen natürlich ist. Es ist für ihn aber schmerzlich, gescholten zu werden, weil er nicht fähig ist, auf einem Niveau zu funktionieren, das er noch nicht erreicht hat.

Manchmal hat der Therapeut persönliche Bedürfnisse, die unvermeidlich den Rhythmus der Therapie stören. Wir meinen hier solche Ereignisse, wie sie bei jedem Menschen vorkommen, etwa Krankheit oder Geschäfte oder Familienangelegenheiten, die seine Aufmerksamkeit erfordern. Der Patient darf nicht mit ihnen belastet werden. Es genügt, ihm zu sagen: »Nächsten Donnerstag bin ich nicht da«, sofern der Patient nicht weitere

Fragen stellt, die man wahrheitsgemäß, wenn auch sparsam, beantworten muß. »Es wird für Ihre Behandlung besser sein, wenn Sie nicht dahinein verwickelt werden«, kann als der gewissenhafte Wunsch des Therapeuten akzeptiert werden, die Beziehungen zwischen ihnen für die Probleme des Patienten zu reservieren. Die Regel ist, daß man immer die Wahrheit sagen soll, aber die ganze Wahrheit ist oft mehr, als die therapeutische Situation erfordert oder ertragen kann.

Wenn der Therapeut auf Urlaub geht, so ist das fast immer ein Streß für den Patienten. Im Idealfall sollte der Therapeut einen festen Ferien- und Feiertags-Plan haben, mit dem der Patient nach dem ersten Jahr der Behandlung vertraut ist. Dies ist nicht nur für die Stabilität erwünscht, sondern erlaubt dem Patienten auch, seine eigenen Ferienpläne entsprechend abzustimmen. Wenn letzteres nicht geschieht, muß er die Zeit bezahlen. Ferien sollten rechtzeitig angemeldet werden, um Gelegenheit zu geben, sich mit den so erzeugten Gefühlen zu befassen. Patienten, die auf dem bedürfnisbefriedigenden Niveau stehen, sehen nicht ein, warum der Therapeut Urlaub nehmen sollte, und am Anfang sollte dies auch nicht auf der Ebene der Bedürfnisse des Therapeuten besprochen werden. Der erste therapeutische Schritt bei der Behandlung der Frage des Urlaubs für den Therapeuten ist immer der, sicherzustellen, was dies für den Patienten in bezug auf Trennungsangst und die Wiederholung der traumatischen Trennung in der Vergangenheit bedeutet. Eine Frau Anfang der Dreißiger war in einem recht wohlhabenden Hause aufgewachsen, wo die Eltern offen über Wochenenden und Ferien *ohne die Kinder* sprachen. Für diese Patientin, wie bei vielen anderen, deren Eltern sie verließen oder zu verlassen drohten, bedeutet der Urlaub des Therapeuten: »Sie brauchen einen Urlaub von mir.« Variationen über dieses Thema sind: »Ich muß Sie ja ganz erschöpfen«, oder »Sie müssen sich von mir ausruhen« und ähnliches. Der Therapeut sollte ganz klar zu verstehen geben, daß er den Patienten nicht verläßt. Wenn seine libidinösen Reserven für diesen anstrengenden Beruf ausreichend sind, so ist das immer die Wahrheit.

Das Ausmaß weiterer Erklärungen hängt von der Fähigkeit des Ichs ab, mehr Wissen zu ertragen. Manchmal erweitert es das Ich, auf die Objektkonstanz hin, wenn man erklärt, daß man weggeht, um seine Gesundheit zu erhalten, um sich von der täglichen Routine zu erholen und ähnliches. Wieder ist Vorsicht geboten, damit der Patient nicht auch mit diesen wenigen Einzelheiten schon überbelastet wird. Die beste Vorbereitung für die Ferien des Therapeuten ist immer noch die Interpretation der Trennungsangst, der narzißtischen Verletzung und der Aggression, die den Patienten veranlassen zu denken, daß er den Therapeuten vertreibe. Ein auch nur mäßig leistungsfähiges Ich ist imstande, Interpretationen anzuwenden, auf welche der obigen Situationen sich das auch beziehen mag. Ein guter Test dafür, wo sich das Niveau der Objektbeziehungen befindet, ist zu sagen: »Möchten Sie, daß ich schöne Ferien habe?« Wir raten dabei aber zur größten Vorsicht, und es nur zu tun, wenn guter Grund besteht zur Annahme, daß sich der Patient nur noch einen kleinen Schritt unter diesem Niveau befindet und mit dieser Art der Ermutigung den nächsten Schritt machen kann. Die Frage ist also dazu bestimmt, das Ich anzufeuern, die nächste Ebene zu erreichen. Wenn aber das Ich des Patienten weit unter diesem Niveau liegt, dann ist der Sprung für ihn zu groß, und er sollte nicht mit einer Frage gequält werden, die nur eine Erwartung darstellt, die er nicht erfüllen kann. Es trägt niemals zum Ich-Aufbau bei, wenn man den Patienten beschämt, weil er Entwicklungsstörungen zeigt, gegen die er vorläufig noch nicht angehen kann. Es ist die Aufgabe der Therapie, ihn auf höhere Ebenen zu heben, und das kann nicht in einer Atmosphäre vor sich gehen, in der man wiederholt narzißtische Schläge austeilt. Wir betonen dies, da es, im Gegensatz zum ich-psychologischen Zugang, zu diesem Problem »Konfrontations«-Techniken gibt, die den Patienten einem Kugelhagel seiner Unvollkommenheiten aussetzen, als ob er sie verbessern könnte, wenn man ihn nur gehörig darauf aufmerksam macht. In allen außer den absolut ich-syntonen Situationen ist sich der Patient peinvoll seiner Unfähigkeit bewußt, jene Ebenen des Verhaltens zu erreichen, auf denen er sich selbst und andere ihn lieber sehen würden.

Oft drohen Patienten damit, die Behandlung aufzugeben, wenn der Therapeut auf Urlaub geht. Es kommt sogar vor, daß sie nach den Ferien des Therapeuten nur für eine Sitzung zurückkommen, lediglich um ihm zu erklären, daß sie weggehen. Es wäre ungenau, dies als den Wunsch, es dem Therapeuten in derselben Weise heimzuzahlen, zu interpretieren, auch wenn dieses Element zweifellos eine Rolle dabei spielt. Besser ist es, wenn man sagt: »Sie wollen weggehen, weil Sie sich so schlecht fühlten, als Sie zurückgelassen wurden« (Interpretation der Trennungsangst), »und der beste Weg, mich wissen zu lassen, wie das ist, ist der, mich dies auch erleben zu lassen« (Interpretation des präverbalen Affekts).

Der Neurotiker braucht nicht zu wissen, wo der Therapeut seinen Urlaub verbringt. Sein intaktes Ich umfaßt das dauernde Bestehen stabiler Objekt-Repräsentanzen. Die Entscheidung, ob und wieviel man anderen Patienten sagen will, muß wieder je nach dem Niveau ihrer Entwicklung gefällt werden und je nach der Fähigkeit ihres Ichs, konstante Objekt-Repräsentanzen aufrechtzuerhalten. Der schwer depressive Patient sollte den Therapeuten erreichen können. Der psychotische Patient muß wenigstens wissen, daß der Therapeut noch existiert. Für den Grenzfall-Patienten genügt es oft, das geographische Gebiet zu kennen, wo der Therapeut sich aufhalten wird. Es hilft ihm, seine Abwesenheit zu ertragen, wenn er sich den Ort auf der Karte suchen oder sich auf seine geographischen Kenntnisse verlassen kann, um sein unsicheres und brüchiges Wissen, daß der Therapeut in absentia existiert, zu verstärken.

Gewöhnlich spielt das Geschlecht des Therapeuten keine Rolle. Verschiedene Themen mögen vielleicht in anderer Reihenfolge erscheinen, je nachdem, ob der Therapeut ein Mann oder eine Frau ist, aber im großen und ganzen wird dasselbe Gebiet bearbeitet. Wir sehen aber keinen Grund, die Therapie unter diesem Handikap anzufangen, wenn dies dem Patienten sehr wichtig ist. Einige Women's-Lib-Patienten haben heute kein Zutrauen zu einem männlichen Therapeuten. Wenn ein tüchtiger weiblicher Therapeut gefunden werden kann, besteht kein Grund, nicht darauf einzugehen. Andererseits werden diese Probleme recht leicht gelöst, wenn erst einmal die Übertragungssituation zustande gekommen ist. In einigen wenigen Fällen von homosexueller Panik hat der Patient Angst, auf Behandlung bei einem Therapeuten seines eigenen Geschlechts einzugehen. Wenn der Anfang mit einem Therapeuten vom anderen Geschlecht weniger von diesen Ängsten belastet ist, besteht kein Grund, gerade den schwierigen Weg zu gehen. Auf längere Zeit gesehen, ist es am besten, einen tüchtigen Therapeuten ohne Rücksicht auf sein Geschlecht zu haben.

Die Etikette ist in der therapeutischen Atmosphäre von Wichtigkeit. Der Patient ist eine besondere Art von Gast im Sprechzimmer des Therapeuten und muß immer höflich behandelt werden. Er ist aber nicht ein Gast im gesellschaftlichen Sinne, und diese Tatsache begrenzt gewisse allgemeine Höflichkeiten. Wir sprechen den Patienten immer höflich an, was auch bedeutet, daß ein Erwachsener nicht mit dem Vornamen angesprochen wird. Er mag dagegen protestieren, aber der Therapeut ist nicht dazu da, ihm zu helfen, daß er ein Kind bleibt. Wenn es eine Patientin ist, so läßt man ihr beim Betreten des Zimmers den Vortritt. Ein männlicher Patient mag nicht vor dem weiblichen Therapeuten das Zimmer betreten; so begrüßt sie ihn also im Wartezimmer und geht ihm voraus, bis sich beide gesetzt haben. Die Hand zu geben, ist in den Vereinigten Staaten nicht so üblich wie in Europa. Man gibt sich, sofern dies dem Patienten nichts ausmacht, beim ersten Besuch die Hand, wenn man auf Urlaub geht und bei anderen Gelegenheiten wie auch sonst im gewöhnlichen Leben.

Es gibt gewisse Höflichkeiten, die antitherapeutisch wirken, und es ist schon am Anfang wünschenswert, erkennen zu lassen, daß der Patient nicht all das erwarten kann, was man bei einem gesellschaftlichen Besuch erwarten würde. Essen, Zigaretten, Erfrischungen werden niemals serviert. Manche Patienten bringen ihre eigenen Zigaretten mit, und manche bringen einen Behälter mit Kaffee und sogar Butterbrote. Wir nehmen die Einladung des Patienten, diese mit ihm zu teilen, nicht an, sondern wir lehnen das höflich ab. Am Anfang der Behandlung ist es gewöhnlich nicht der richtige Augenblick, viele Fragen zu stellen, warum der Patient es nötig habe, sich mit oralem Vorrat zu stärken, wenn er zur Behandlung kommt. Später ist es von zentraler Bedeutung, dies zu erörtern und zu interpretieren. Der gewöhnlichste Grund ist der, daß der Patient nicht erwartet, viel vom Therapeuten zu erhalten. Im Rahmen der Förderung der Fähigkeit zum Aufschub mag später in der Behandlung das Essen aufgeschoben werden. Oft wird man gefragt, was denn eigentlich dabei wäre, wenn man z. B. Kaffee anbieten würde. Die einzig mögliche Antwort darauf ist die psychoanalytische. Wir sind dazu da, die Regression rückgängig zu machen, nicht aber, um Fixierungen zu verstärken. Der Therapeut betrachtet alle psychosexuellen Phasen ohne Werturteil. Es ist nicht *mehr* gerechtfertigt, dem Patienten eine orale Befriedigung zu erlauben, als es eine anale oder phallische wäre. Der Therapeut hat passende Reaktionsbildungen gegen die Analität zur Verfügung, aber das ist noch kein Grund dafür oder dagegen, daß man dies bei der Behandlung berücksichtigt. In bezug auf Verbalisationen dieser Art von Wünschen darf es aber kein Tabu geben.

Zigaretten werden nicht angeboten. Viele Patienten bringen ihre eigenen mit. Dem gestörteren Patienten wird erlaubt zu rauchen, da durch ein Verbot seine Frustrationstoleranz überfordert würde. Der neurotische Patient und Raucher kann »entwöhnt« werden, und zwar dadurch, daß man andeutet, er solle, wenn er den Drang zum Rauchen verspürt, die Gefühle verbalisieren, die ihn zum Rauchen zwingen. Letzten Endes ist dies ja das Ziel bei allen Patienten, aber das weniger entwickelte Ich muß zu jener Art der Arbeitsallianz gebracht werden, die ihm einen solchen Vorschlag vernünftig erscheinen läßt. Das neurotische Ich ist in den meisten Fällen schon dort angelangt.

Traditionellerweise dauern Therapiesitzungen fünfzig Minuten. Diese Regel weicht aber immer mehr der 45-Minuten-»Stunde«. Wahrscheinlich kann man in 45 Minuten genausoviel schaffen wie in fünfzig. Der Patient gewöhnt sich an den Rhythmus der Sitzungen und richtet sich danach. Manche Patienten können einfach nicht weggehen, ganz gleich wie lange die Sitzung gedauert hat. Es ist nicht wünschenswert, eine Regel daraus zu machen; dies muß aber in Zeiten der Krise flexibel gehandhabt werden. Jenen Patienten, der immer noch dableibt, der immer noch etwas zu sagen hat, der die wichtigsten Aussagen in der Türe macht, muß man bei der nächsten Sitzung auffordern herauszufinden, was ihm das nütze. Dies liefert immer wertvolles Material, das verlorengeht, wenn der Therapeut einfach seinem Zögern nachgibt. Der gewöhnlichste Grund ist natürlich, daß ihm die Trennung schwerfällt, dies muß aber im Hinblick auf seine spezifische Vergangenheit verstanden und dann durchgearbeitet werden. Manchmal erscheint dasselbe Problem in umgekehrter Weise — d. h. in der Defensive. Solche Patienten sehen immer auf die Uhr und möchten gerne schon gehen, noch bevor der Therapeut sagt, daß die Zeit um sei. Sie behandeln das Trauma der Trennung durch aktives Bemeistern und nicht durch Passivität. Wir lassen sie in Ruhe, bis Material für Interpretation ganz natürlich auftaucht.

Die Frage von Notfall-Sitzungen sollte großzügig gehandhabt werden, wenn der Therapeut dazu in der Lage ist. Uns fällt dabei nur eine Ausnahme ein, und das ist der bereits übermäßig nachgiebig behandelte Patient, dessen Frustrationstoleranz sich nicht entwickelt hat, da noch nicht einmal mäßiges Warten jemals von ihm verlangt worden ist. Aber in anderen Fällen ist es schließlich ein Triumph der Übertragung, der Ebene der Objektbeziehungen, der therapeutischen Allianz und des Vertrauens zum Therapeuten, wenn der Patient ihn in Momenten intensiver Angst, Depression oder anderer emotionaler Krisen aufsucht. Öfter als einem lieb ist, ist der stark beschäftigte Therapeut nicht imstande, jedem Ersuchen um eine Extra-Sitzung zu entsprechen. Man kann dann sagen: »Es tut mir leid, ich kann es heute nicht machen; aber es ist gut, daß Sie es versucht haben.« Eine solche entgegenkommende Haltung ermutigt den Patienten, es das nächstemal wieder zu versuchen und dabei vielleicht erfolgreicher zu sein, aber er fühlt sich sofort besser, da er überhaupt den Mut gehabt hat anzurufen.

Den meisten Patienten fällt es schwer, den Therapeuten anzurufen, und wir haben nicht gefunden, daß das Telefon viel mißbraucht wird. Häufiger als Telefonanrufe hört man in der Sitzung selbst: »Ich wollte Sie gestern anrufen, habe es aber nicht getan.« Wenn man dann fragt, warum nicht, so klingt das zu sehr nach Schelten. Man kann aber viel lernen, wenn man fragt: »Was war der Gedanke, der Sie davon abgeschreckt hat, nachdem Sie daran gedacht hatten, bei mir anzurufen?« Die häufigste Antwort ist dann: »Ich wollte Sie nicht stören.« Man kann dann weiterfragen: »Was haben Sie sich dabei vorgestellt, wieso es mich stören könnte?« Auf diese Weise lernt man eine Menge, was sonst spontan nicht aufgetaucht wäre. In den seltenen Fällen, bei denen Telefonanrufe übermäßig häufig und übermäßig lang sind, ist es wohl berechtigt, sich die Zeit bezahlen zu lassen. Wir wissen das nicht aus eigener Erfahrung, können uns aber vorstellen, daß es manchmal nötig sein könnte. Gewöhnlich — wenn die Anrufe wirklich exzessiv sind — kann der Grund dafür in den Sitzungen besprochen werden. Wenn der Patient dazu neigt, länger am Telefon zu bleiben, als sein wirkliches Anliegen erfordert, so ist es an dem Therapeuten, die Sache kurz, höflich, aber fest in die Hand zu nehmen. Nur unter allerseltensten und ungewöhnlichsten Umständen kann es wünschenswert sein, das Telefongespräch zu werten, als ob man dem Patienten gegenübersitzt. Wir haben von Fällen gehört, bei denen dies getan wurde, sahen aber wenig Gründe für solch ein Vorgehen. Wenn der Patient krank ist und nicht kommen kann, wird er manchmal seine Zeit mit dem Therapeuten am Telefon ausnutzen wollen. Dazu sollte man ihn nicht ermutigen, denn die Telefon-»Sitzung« ist ein dürftiger Ersatz für die wirkliche. Wo es aber um den Erhalt eines Lebens geht, gelten diese festen Regeln nicht.

In diesem elektronischen Zeitalter gibt es Maschinen, die für Unterricht und Forschung und sogar für die Therapie nützlich sein sollen, da man dem Publikum den Verlauf der Sitzung auf einem Tonband vorspielen kann. Die Idee (oder Rationalisierung) ist die, daß Bandaufnahmen und sogar Video-Bänder die Sitzung genauer und objektiver reproduzieren, als es das Gedächtnis des Therapeuten vermag; daß der Patient durch diese Art der Selbst-Konfrontation Fortschritte machen kann; daß Überwachung und Forschung intensiviert werden. Es wird behauptet, daß nach den ersten Sitzungen sowohl der Therapeut als auch der Patient die Maschine vergessen und sich wie gewöhnlich geben. Wir meinen aber, daß Objektbeziehungen nicht durch eine Maschine gefördert werden können. Der Prozeß der Strukturierung findet in einer dyadischen Beziehung statt, die der primären Dyade ähnelt. Die Einschaltung einer Maschine verringert wohl das Vertrauen auf diese Beziehung. Während die Technologie mehr und mehr Apparate liefert, muß der Therapeut sich dessen bewußt sein, daß es bisher noch keine gibt, die die feinen Gefühlstönungen, die Empathie im Schweigen und vor allem das Unbewußte aufzeichnen können. In vielen Bandaufnahmen wird die Schweigezeit, die für den empathischen Therapeuten der wichtigste Teil der Sitzung sein mag, herausgeschnitten, da sie für den Zuhörer »langweilig« ist. Was das Unbewußte anbetrifft, so liegt die Beweislast bei jenen Enthusiasten, die behaupten, daß sowohl der Patient wie der Therapeut wirklich und wahrhaftig »vergessen«, daß die Maschine läuft. Wir sehen nicht ein, wie es möglich wäre, daß ein solches Eindringen keine Wirkung haben sollte, sogar wenn es nach ein paar Sitzungen — durch Verleugnung — »vergessen« wird. Jeder Anfänger kennt den Einfluß, den die Notwendigkeit, einen Bericht abzugeben, auf den Therapeuten hat. Viele sensitive Patienten fühlen diese Wirkung, sogar wenn man ihnen nicht gesagt hat, daß der Therapeut unter Aufsicht steht. Wie schnell sich auch immer die Technologie entwickeln mag, so können wir doch nicht voraussehen, ob es Maschinen geben wird, die es mit der menschlichen Empathie aufnehmen können. Bei Patienten mit paranoiden Tendenzen kann die Maschine Panik hervorrufen. Der passive Patient mag es begrüßen, wenn ihm die seinem Ich gestellte Aufgabe, sich an vergangene Sitzungen zu erinnern und sie zu rekonstruieren, abgenommen wird. Der Glaube des tiefgestörten Patienten an Magie kann durch die Gegenwart einer Maschine gefördert werden. Wenn wir auch viel von Lehre und Forschung halten, so denken wir doch — wenn man es abwägt —, daß der Preis, für solche Zwecke Maschinen zu benutzen, zu hoch ist.

Die Frage des außertherapeutischen Kontaktes ist immer eine recht delikate. Da die immer noch gültige Regel, daß diese Kontakte zu vermeiden sind, von manchen Therapeuten mit exzessiver Härte angewandt worden ist, besteht nun die entgegengesetzte Schule, die anrät, mit dem Patienten gesellschaftlich zu verkehren. Besonders bei der Gruppentherapie glauben manche Therapeuten daran, daß sie ihr persönliches Leben mit dem des Patienten auf gleicher Stufe teilen müßten; aber die Situation ist eben nicht die gleiche. Der Therapeut — wie wir es deutlich gesagt haben — respektiert den Patienten. Das bedeutet aber nicht, daß er seine Rolle aufgibt. In keiner Situation, bei der ein Mensch den fachmännischen Rat eines anderen sucht, steht er mit ihm auf gleicher Stufe. So glauben wir nicht, daß der Therapeut seine Rolle als Experte und Führer verderben sollte, noch sollte er den Patienten mit seinen Problemen belasten, noch seine eigenen Lösungen so hinstellen, als ob sie nützliche Lebensvorbilder seien. Es ist ein akzeptierter Grundsatz der psychoanalytischen wie der psychotherapeutischen Technik, daß außertherapeutische Kontakte die Behandlung »vergiften«. Aber viele Therapeuten fragen sich, was damit eigentlich gemeint sei. Es bedeutet einfach, daß — wenn der Patient zu viele Einzelheiten über das Leben des Therapeuten weiß — die Gelegenheit für Phantasie und für die Übertragung aus der Vergangenheit verlorengeht. Phantasie, Verzerrungen und Wiederholung in der Übertragung sind vitale therapeutische Mittel, und wenn sie verlorengehen, sind sie oft nicht wiederzuerlangen. Es ist für den Therapeuten wesentlich, sich nicht unnötig in ein reales Objekt zu verwandeln. Wir haben schon erwähnt, daß es Strukturen gibt, die therapeutisch nach einem realen Objekt verlangen, aber solche therapeutischen Entscheidungen müssen immer auf Grund der Diagnose getroffen werden. Alle außer den gestörtesten Patienten brauchen es nötiger, ihre Verzerrungen zu korrigieren, als im Therapeuten ein Realobjekt zu finden.

Weitere Gründe dafür, das Leben des Therapeuten geheimzuhalten, bestehen nicht; aber dieser eine Grund ist von überragender Bedeutung. Wir finden, daß der Therapeut eine genügend ausbalancierte Persönlichkeit sein muß, so daß sein Privatleben der genauesten Prüfung standhalten kann, aber das erfordert nicht, daß er es der Neugier des Patienten eröffnet. Besonders wenn dies den Exhibitionismus des Therapeuten befriedigt, ist es kontraindiziert. Greenacre hat sogar darauf hingewiesen, daß der Therapeut sich vor Publizität hüten muß, wenn er seinen Wert als Übertragungsfigur aufrechterhalten will. Das heißt nicht, daß er nicht wissenschaftliche Beiträge auf seinem Gebiet liefern und daß er auf die Anerkennung seiner Kollegen verzichten sollte. Es mag jedoch bedeuten, daß er sich nicht als Kandidat für politische Ämter aufstellen lassen soll und ähnliches, wenn er seine Praxis weiter betreiben will.

Es gibt aber außertherapeutische Kontakte, die man nicht vermeiden kann, und in einem solchen Falle ist natürliche Höflichkeit die einzig vernünftige Regel. Wenn sich der Therapeut und der Patient im Aufzug treffen, in der Untergrundbahn, im Theater, im Warenhaus oder sogar auf einer Gesellschaft, ist es nur in Ordnung, daß sie sich höflich begrüßen, aber keine langen und intimen Unterhaltungen führen. Der Patient wird immer verstehen, daß der Zweck dieses Verhaltens der ist, die therapeutische Beziehung aufrechtzuerhalten. Er versteht es besonders, wenn er zu einem geeigneten Zeitpunkt darauf hingewiesen wird, daß auch der Therapeut — um der Therapie willen — auf gesellschaftlichen Verkehr mit dem Patienten verzichten muß.

Wenn Therapeuten während der Ausbildung selbst in Behandlung sind, ist es unvermeidbar, daß sie ihre Therapeuten bei wissenschaftlichen Zusammenkünften und ähnlichem treffen. Hier gelten dieselben Regeln einer ungekünstelten Herzlichkeit bei Aufrechterhaltung der Übertragung. Wenn der Therapeut zu einer kleinen Abendgesellschaft eingeladen wird, ist es nicht angenehm, die Gastgeberin zu fragen, wer die anderen Gäste sein werden. Wenn aber der Therapeut weiß, daß einer seiner Patienten zum Bekanntenkreis der Gastgeberin gehört, muß er schon diese Vorsichtsmaßregel ergreifen mit der Erklärung, daß das Interesse der Therapie vorgeht. Es wird von Therapeuten, die sich mit ihren Patienten so zwanglos fühlen, wie es sein muß, oft übersehen, daß die Patienten sich ihnen gegenüber vielleicht nicht so wohl fühlen. Außerdem möchte der Patient — bei guter therapeutischer Allianz und einer guten Motivation — niemals, daß ein gesellschaftliches Zusammensein die Behandlung stört, und so wird er gerne darauf verzichten.

Psychoanalytisch orientierte Therapeuten behandeln auch nicht die Ehemänner, Ehefrauen, Kinder und Geschwister der Patienten zur gleichen Zeit. Dies ist einer der Aspekte der Technik, worin sie sich sehr von der nicht-psychoanalytisch orientierten unterscheidet. Der wesentliche und unserer Meinung nach alles überragende Grund dafür ist wieder die Anwendung der Übertragung als wichtigstes Werkzeug in der Behandlung. Beziehungen zu einem anderen Familienmitglied müssen sie notwendigerweise stören. Man könnte auch die gegenteiligen Gründe anführen. Einer der überzeugendsten ist der, daß der Therapeut, der sowohl die Frau als auch ihren Mann sieht, viel über die Wechselwirkung lernt. Das kann man nicht leugnen. Unsere einzige Sorge ist aber, was man mit diesem Wissen anfängt. Man kann den Patienten in der Anwesenheit des Ehegatten oder auch ein anderes Mal mit seinem Verhalten und dessen Einwirken auf die andere Person konfrontieren. Die ich-psychologische Methode glaubt aber, daß eine Konfrontation von außen her dem Patienten etwas zu verstehen gibt, was er — wenn es nicht ich-gerecht ist — schon von selber weiß, nämlich, daß sein Verhalten für andere unannehmbar ist. Das Peinvolle eines solchen Wissens wird noch dadurch verschlimmert, daß die Veränderung, die gefordert wird, gewöhnlich jenseits seines Entwicklungsniveaus liegt. Wenn er sich anders verhalten könnte, so würde er es schon tun. Und so ziehen wir es vor, die Konfrontationen intrasystemisch sein zu lassen, wenn erst das Ich in der Lage ist, zu beobachten und sein Verhalten zu ändern, weil die Entwicklung vorwärtsgegangen ist. Es ist sinnlos zu sagen: »Sie nehmen auf Ihren Mann keine Rücksicht«, solange die Frau auf der bedürfnisbefriedigenden Stufe der Objektbeziehungen steht. Wenn ihre Objektbeziehungen anfangen, unabhängig von eigenen Bedürfnissen Rücksicht auf das Objekt zu umfassen, so wird sie rücksichtsvoller werden, ohne für das, was sie noch nicht hatte leisten können, gescholten worden zu sein.

Das Hauptargument gegen gleichzeitige Behandlung bleibt die Aufrechterhaltung der therapeutischen Allianz. Es ist wesentlich, daß der Patient fühlt, der Therapeut ist ganz für ihn da. Es gibt Therapeuten, die aufrichtig glauben, daß sie objektiv sind. Wenn sie aber auch an das feine, unbewußte Wirken des Wiederholungszwanges denken, so werden sie sich hüten, Vorkehrungen zu treffen, die eine Gefahr für die Therapie in sich tragen. So zum Beispiel mag ein Patient vielleicht unbewußt Haltungen bei dem Therapeuten hervorrufen, die die Bevorzugung eines der Geschwister durch die Eltern wiederholen. Bewußt würde der Therapeut natürlich unparteiisch bleiben wollen. Aber der Sieg des Wiederholungszwanges kann unbemerkbar bleiben und so schädlich für die Behandlung sein, daß auch der objektivste Therapeut finden mag, daß er in eine Situation hineingezogen worden sei, die kaum wiedergutzumachen ist.

Diese Überlegungen müssen nichtsdestoweniger flexibel angewandt und zu der Fähigkeit des Ichs des Patienten, innerhalb dieses Rahmens zu operieren, in Beziehung gesetzt werden. Zum Beispiel bitten verheiratete Paare oft, zusammen kommen zu dürfen. Wenn der Grund dafür nur der ist, daß sie denken, dies sei eine bessere Methode der Eheberatung, dann ist es gewöhnlich leicht für sie, den Vorschlag, getrennt zu kommen, anzunehmen. Ganz besonders wenig imstande, ein solches Arrangement — bei dem sie getrennt sind — anzunehmen, sind Paare, die symbiotisch miteinander verbunden sind. Dies sind Situationen, wie sie von Anfang an flexibel gehandhabt werden müssen. Man kann vielleicht fragen: »Denken Sie, daß Sie in Anwesenheit Ihrer Frau frei sprechen können?« Wenn die Antwort dann etwa ist: »O ja, wir machen alles gemeinsam«, ist wenig damit gewonnen, daß man versucht, den symbiotischen Mechanismus zu behandeln, indem man sich weigert, das Paar am Anfang zusammen zu sehen. Im Verlaufe der Therapie wird es dann Gelegenheiten geben, bei denen dieses gemeinsame Problem im Hinblick auf eine individuelle Behandlung durch Interpretation angegangen werden kann, vorzugsweise durch verschiedene Therapeuten.

Berufliche Höflichkeit und Berufsethik sind oft vernachlässigte Aspekte beim Verhalten gegenüber Kollegen und Patienten. Wir sind manchmal überrascht, wie sehr es an Kommunikation mit den Kollegen fehlt, wo es sich um gemeinsame Interessen handelt. Die meisten Therapeuten verlassen sich auf die Überweisung von Patienten durch Kollegen. Höflich wäre es, den Kollegen, dem man den Fall überweisen will, anzurufen und zu fragen, ob er auch Zeit habe und ob er an dem bestimmten Fall interessiert sei. Das ist auch gut für den Patienten, denn es erspart ihm die Mühe und oft auch die Unannehmlichkeit, mit einem Therapeuten in Verbindung zu treten, der ihm dann sagt, daß er keine Zeit mehr frei habe. Wenn man dann den Patienten gesehen hat, gehört es sich, den überweisenden Therapeuten davon zu informieren und ihm zu sagen, was man mit ihm angefangen hat. Ein Therapeut mag einen Patienten überweisen, aber der Patient wird vielleicht nicht kommen. Der überweisende Therapeut möchte darüber Bescheid wissen, wie er auch wissen möchte, ob der Patient zur Behandlung angenommen worden ist. Wir schicken einen Patienten, der uns überwiesen wurde, nicht weiter ohne die Höflichkeit, den überweisenden Therapeuten zu fragen, ob er damit einverstanden ist oder ob es ihm lieber ist, wenn der Patient zu ihm zurückgeschickt wird, damit er selbst weiter entscheiden kann. Vielleicht hat er einen bestimmten anderen Therapeuten ausgesucht und möchte nicht, daß der Patient bei den Kollegen herumgereicht wird. Wenn ein Fall zur Behandlung angenommen oder irgendwie anders über ihn bestimmt worden ist, ist es wünschenswert, eine kurze Mitteilung an den überweisenden Therapeuten zu schreiben, ihm für die Überweisung zu danken und ihn über die weiteren Vorgänge zu informieren. Wenn man den Therapeuten und seine Arbeitseinteilung nicht sehr gut kennt, sind Telefonanrufe in dieser Sache nur aufdringlich.

Die Ethik ist bei den Fachgesellschaften nicht gerade klar niedergelegt. Während es Beschränkungen in bezug auf Inserieren und ähnliches kommerzielles Verhalten gibt, was ganz allgemein von keinem der akademischen Berufe gern gesehen wird, wird doch nicht genügend betont, daß die Ethik nur einen Wert hat, wenn sie auf das Interesse des Patienten ausgerichtet ist. Ein Arzt wird nicht bewußt den Patienten eines anderen behandeln. Aber dieser Leitsatz ist nicht, wie manche annehmen, dazu da, die Praxis des einen dagegen zu schützen, daß der andere ihm Patienten »stiehlt«. Er ist dazu bestimmt, den Patienten dagegen zu schützen, daß er gleichzeitig mit entgegengesetzten Methoden behandelt wird. In der Psychotherapie »stehlen« wir auch nicht Patienten von einem anderen Therapeuten. Wenn ein Patient uns über die Behandlung bei einem anderen konsultiert, ziehen wir es vor, daß dieser davon unterrichtet wird. Es ist aber niemals ethisch oder wünschenswert, einen Therapeuten zu schützen, der einen Patienten falsch behandelt. Wenn der Patient bei einem Therapeuten in Behandlung ist, der innerhalb eines theoretischen Bezugsrahmens arbeitet, der dem unseren ähnlich ist, so könnte der andere nur froh sein, wenn man ihn auf einen Fehler aufmerksam machen würde, so daß er ihn korrigieren kann. Die Übertragung ist immer ein Aspekt, der berücksichtigt werden muß, wenn ein Patient noch in Behandlung bei einem anderen Therapeuten ist oder sie gerade beendet hat. Wenn der Patient gegen sein eigenes Interesse handelt, wie es bei einer negativen Übertragung der Fall sein kann, so muß ihm das interpretiert werden, damit er versteht, was er tut, und zu seinem Therapeuten zurückkehrt, um dies mit ihm durchzuarbeiten.

Es gibt noch einen sehr delikaten Punkt in den kollegialen Beziehungen, der sich mehr auf die Psychotherapie als auf die Medizin oder Jura oder andere akademische Berufe bezieht. Bei jenen Berufen sind akzeptierte

Methoden mehr oder weniger fest etabliert und werden im wesentlichen an allen Fachschulen auf dieselbe Art gelehrt. Über Abweichungen von gewissen Standardmethoden z. B. durch einen Arzt kann man gewöhnlich nicht diskutieren. Die Psychotherapie ist aber ein Gebiet, auf dem mehr unterschiedliche als übereinstimmende Meinungen über wesentliche Punkte des professionellen Verhaltens bestehen — in Theorie und Methodik. Die Überzeugung des einen mag einem anderen Therapeuten als irregulär erscheinen, wenn er auf eine andere Schule eingestellt ist. Es gibt heutzutage viele Therapien, die den Standpunkt der psychoanalytischen Entwicklungspsychologie ablehnen — bedauerlicherweise oft, ohne sie zu verstehen. Und wir denken, daß es nicht nur ethisch ist, sondern sogar eine Verpflichtung gegenüber dem Patienten darstellt, eine Meinung auszusprechen, wenn wir finden, daß die Therapie, der er ausgesetzt ist, ihm schadet. Die Ethik, um es zu wiederholen, ist nicht für den Schutz des Therapeuten da, sondern für den des Patienten.

In der Tat ist der Schutz der Behandlung der leitende Gedanke bei allen Vorgängen, die mit der Therapie zu tun haben. Während einiges von dem Verhalten, das für den psychoanalytisch orientierten Psychotherapeuten reserviert ist, in diesen Tagen der zunehmenden Formlosigkeit als unnötig und zu hart kritisiert worden ist, haben wir versucht, zum Ausdruck zu bringen, daß die Arrangements flexibel und natürlich gemacht werden können. Noch einmal: Wenn der ich-aufbauende Zweck im Rahmen der psychoanalytischen Entwicklungspsychologie richtig verstanden wird, dann wird auch das sonst unerklärliche Verhalten des Therapeuten verstanden.

11

Der unmotivierte Patient

Der »unmotivierte Patient« ist ein Widerspruch in sich, der aber gerade in seiner Paradoxität ganz besonders gut zum Unbewußten paßt, von dem Widersprüche gut ertragen werden. Wenn ein Mensch sich schon dem Therapeuten zur Konsultation stellt, möchte er Hilfe haben. Wo aber seine Abwehr mit den Mechanismen der Projektion und Verschiebung funktioniert und ein bewußtes Zögern hervorruft, in die therapeutische Situation einzutreten, wird er als »unmotiviert« bezeichnet. Individuen mit »dürftiger Motivation« stellen einen großen Teil der Patientenklientel vieler Psychotherapeuten. Wahrscheinlich gehören z. B. die meisten Kinder in diese Kategorie, da sie ja von den Eltern zur Behandlung gebracht werden. Wir haben anderenorts[1] gezeigt, daß eheliche Beziehungen sich auch zur Projektion und zur Verschiebung eignen und Patienten in die Sprechstunde bringen, die im Grunde Selbstrechtfertigung suchen und nicht Einsicht in ihre Entwicklungsstörungen. Schulen, für die die psychischen Probleme in den Transaktionen und Interaktionen zwischen Menschen liegen, neigen dazu, die defensiven Projektionen und Verschiebungen zu bestätigen. Die gesetzlich geforderte Behandlung von Personen, die das Gesetz übertreten haben, sowie von Süchtigen, ferner die Scheidungsgesetze, die vor der Scheidung eine Eheberatung fordern, beides trägt zu dem unmotivierten oder dürftig motivierten Heer von Patienten bei. Wir glauben, daß all dies nützliche Versuche sind, jene Personen zur Behandlung zu bringen, die freiwillig nicht gekommen wären. Gerade weil wir diese Versuche gutheißen, möchten wir Techniken für das schwierige Problem vorschlagen, wie man unwillige Personen dazu bringt, willige Teilnehmer am Behandlungsprozeß zu werden. Unbeabsichtigt und entgegen ihrem bewußten professionellen Selbstverständnis neigen die Therapeuten dazu, in bezug auf Motivation Werturteile anzuwenden. Das ist im Hinblick auf die Schwierigkeiten in der Arbeit mit unmotivierten Patienten verständlich. Wie viel leichter ist es doch, wenn der Patient fest seinen Wunsch erklärt, behandelt zu werden, und der Therapeut erst dann die vertrauteren, unbewußt bestimmten Widerstände erforscht, die die Psychoanalyse und Psychotherapie schon lange zu behandeln verstehen. Vielleicht erwirbt der Thera-

---

[1] R. Blanck und G. Blanck, *Marriage and Personal Development.*

peut schon während seiner Ausbildung dieses Vorurteil gegen den unmotivierten Patienten. Wegen der weitverbreiteten Angst angehender Therapeuten in ihrer Ausbildungszeit suchen die Lehrinstitute üblicherweise möglichst kooperative, gut motivierte Therapiekandidaten aus. Es wird also großer Wert auf die anfängliche Haltung des Bewerbers und auf seine Verbalisationsfähigkeit gelegt. Auffallend ist, daß die Widerstände mit einer viel wohlwollenderen Reaktion von seiten des Therapeuten beantwortet werden, wenn der Patient erst seinen Wunsch bestätigt hat, Hilfe zu bekommen. An solchen Punkten hört man von unbewußten Faktoren, von der Abwehr, die hinter dem Widerstand steht. Die professionelle Herausforderung tritt an die Stelle der oft beobachteten negativen Reaktion auf das Fehlen der Motivation. Wenn der Therapeut den Widerstand, der in dem unmotivierten Aspekt enthalten ist, nicht mehr als Gegnerschaft gegen sich selbst ansieht, so verleiht seine professionelle Ausbildung schon die nötige Objektivität, die für den Verlauf der Arbeit so wesentlich ist. Wir sehen keinen Grund, Mangel an Motivation für etwas anderes als einen Widerstand im allgemeinen zu halten. Während es auf der Hand liegt, daß man sich mit dem Widerstand eines Patienten nicht auseinandersetzen kann, wenn er überhaupt nicht erscheint, so wirft doch das Verhalten so vieler Patienten, die mehr oder weniger unfreiwillig zur Behandlung gebracht werden, Licht auf jene, die überhaupt nicht kommen. Bei vielen macht die Lebenssituation anderer, die ihnen nahestehen, das Bedürfnis nach Hilfe nur zu klar, und dies ist etwas, das der unmotivierte Patient auf die Dauer nicht ignorieren kann.

Widerstand wird traditionsgemäß als Ausdruck der Abwehr definiert, die unbewußt entsteht und gegen die aus dem Konflikt erwachsende Angst eingesetzt wird. So kommt es denn zu der typischen Blockierung von Erinnerungen, von Wörtern usw., wenn der Patient sich dem Gebiet des Konfliktes nähert, der sich während des Wachstums nicht befriedigend gelöst hat. Diese Definition, die sich ja auf die Triebtheorie und den intersystemischen Konflikt stützt, kann nach dem heutigen Stand unseres Wissens von der Strukturierung nicht länger gelten. Entwicklung, wie wir sie jetzt kennen, entsteht nicht ausschließlich aus dem Konflikt. Opposition und Negativismus, so oft ausschließlich als Widerstand, der sich auf die Abwehr der Reaktionsbildung stützt, angesehen, können auch einen Kampf zur Aufrichtung und Aufrechterhaltung der Identität darstellen. Sicher mag auch das eine Abwehr ausdrücken, in diesem Falle gegen symbiotische Wünsche. Andererseits kann es auch als ein normaler Schritt auf die Trennung und Individuation hin angesehen werden. Wenn der Widerstand als »... ein Teil der Wünsche des Patienten, ein Teil seiner Hoffnung, ein Teil seiner Identität und auch ein Teil seiner Behinderung«[2] angesehen wird, dann liegt es auf der Hand, daß technische Methoden gefunden werden müssen, um jene Teile des Widerstandes zu bestätigen, die das Verlangen des Patienten, seine Hoffnung und seine Identität ausdrücken.

Es ist recht interessant, die Entwicklung in der Haltung der Therapeuten gegenüber dem Widerstand zurückzuverfolgen; denn wenn man das tut, gewinnt man eine historische Perspektive für den überraschenden Grad, bis zu dem überholte Formulierungen noch beibehalten werden. Freuds frühe Versuche, den Widerstand als ein Hindernis für die Heilung zu eliminieren, führten ganz natürlich zu Bemerkungen wie »... das defensive Ich (ist) unser Feind«[3] oder »Widerstand bedeutet Opposition ... die gegen den Fortschritt der Analyse, gegen den Analytiker und sein Verfahren arbeitet«[4]. Und ähnlich heißt es: »Wichtig ist nur, daß Widerstand existiert, daß er sich gegen die Behandlung richtet, daß er aggressiv und selbstzerstörerisch ist.«[5] Aber Freud selbst war schon weit darüber hinaus, Widerstand mit »peinlicher Verlegenheit« zu betrachten[6]. Gerade der Umstand, daß eine seiner wichtigsten Fallgeschichten sich auf einen höchst passiven, unwilligen Patienten — den Wolfsmann[7] — bezieht, zeigt seine Fähigkeit, mit dem Widerstand und nicht gegen ihn zu arbeiten. Schon im Jahre 1917 bemerkte er, daß »Widerstände nicht einseitig verurteilt werden sollten. ... Sie werden zu den besten Stützen der Analyse, wenn eine geschickte Technik es versteht, ihnen die richtige Wendung zu geben.«[8]

Es war Glover, der bemerkte, daß bei der Therapie die Widerstände Formen annehmen, welche mit der Ebene der Objektbeziehungen übereinstimmen, die erreicht worden war, als der Konflikt entstand. Wenn der Therapeut diese Konzeption, daß nämlich die Formen des Widerstandes verschiedene Ebenen und Linien der Entwicklung widerspiegeln, annimmt und erweitert, so kann er bei seinem Eingreifen präziser vorgehen. Um nur ein paar Beispiele zu geben:

1. Die dem Ich zur Verfügung stehenden Arten der Abwehr zeigen das Ausmaß der Entwicklung an. Wenn der unwillige Ehemann, der zu seiner ersten Beratung erscheint, so schwitzt, daß er die beschlagene Brille

[2] L. Friedman, *The Therapeutic Alliance*.

[3] O. Fenichel, *Problems of Psychoanalytic Technique*.

[4] R. R. Greenson, *Technik und Praxis der Psychoanalyse*.

[5] K. Menninger, *Theory of Psychoanalytic Technique*.

[6] S. Freud, *Widerstand und Verdrängung*.

[7] S. Freud, *Aus der Geschichte einer infantilen Neurose*.

[8] S. Freud, *Widerstand und Verdrängung*.

abnehmen muß, und mit den Knien zuckt, kann man annehmen, daß hier Angst nicht als Signal benutzt wird; er ist so ängstlich geworden, daß seine Angst ihn fast überwältigt. Diese Art von Patienten brauchen eine unterstützende Begrüßung, die bestätigt, daß sie schon eine Menge für sich getan haben, indem sie die Verabredung überhaupt einhielten, obwohl es ihnen offensichtlich sehr schwergefallen war. Es ist die Aufgabe des Therapeuten, alles zu unterlassen, was diese Patienten noch ängstlicher machen könnte, denn sie laufen wahrscheinlich vor ihrer Angst davon, weil die anderen Mechanismen zu schwach sind.

2. Die Internalisierung der Objekt-Repräsentanzen spielt eine wesentliche Rolle. Unmotiviert sein, bedeutet nicht, daß hier der Wunsch fehlt, sich besser zu fühlen. Es hat weit mehr mit negativen (aggressiven) Internalisierungen zu tun, die auf Verzerrungen und Versagen in frühen Erlebnissen basieren, und verhindert eine optimistische Antizipation sowie das Verständnis der therapeutischen Erfahrung als einer dyadischen Wechselbeziehung, die günstige Möglichkeiten verspricht. Meistens sehen diese Patienten der Therapie mit bösen Ahnungen entgegen, mit Furcht vor Verletzung für sich selbst und den Therapeuten, da die Selbst- und Objekt-Repräsentanzen mit Aggression besetzt sind.

3. Probleme bei den Objektbeziehungen, die am Anfang der Behandlung stören, können jetzt im Sinne der Entwicklungsstadien neu beschrieben werden. So liegt es z. B. auf der Hand, daß sich eine Fixierung auf ein frühes Stadium der Bedürfnisbefriedigung in der Unfähigkeit widerspiegelt, die Frustrationen der therapeutischen Abstinenz zu akzeptieren. Für solche Patienten kann ein maßgerechter Ausgleich zwischen Befriedigung und Frustration, der in der frühen Entwicklung gefehlt hat, erfolgreich als Motivationsfaktor benutzt werden. Besonders dort, wo Vermeidungshaltung schon in die Charakterstruktur eingebettet ist, muß nach technischen Mitteln und Wegen gesucht werden, um das ernste Mißverständnis über die Absichten des Objekts von seiten dieser Patienten zu überwinden. Wenn der Patient mit einer typisch passiven Haltung ankommt, die sich auf magische Erwartungen dem Therapeuten gegenüber stützt, so ist er schon einen Schritt weiter als ein Patient, der mit negativen Erwartungen kommt. Er nimmt seine Objekte, wenn auch von der infantilen Position der Omnipotenz aus, doch wenigstens als gut wahr. Das ernstere Entwicklungsversagen zeigt sich darin, daß der Patient selbst dazu unfähig ist, den Therapeuten als bedürfnisbefriedigendes Objekt *mißzuverstehen*.

Der »unmotivierte« Patient muß schwer für sein Widerstreben büßen. Herausforderungen, die sich an die Motivationen des prospektiven Patienten richten, sind oft ein Teil der ersten Konsultationen. Wir haben schon erwähnt, daß der Therapeut dazu neigt, gegenüber dem Widerstand in seiner unbewußten Form weit mehr Toleranz zu haben als gegenüber dem, der bewußt rationalisiert und beim Beginn der Behandlung verschoben worden ist. Trotzdem ist es theoretisch unvorstellbar, daß es mehr oder weniger bevorzugte Arten des Widerstandes geben sollte. Weil das Unbewußte immer da ist und nie übersehen werden darf, kann der Therapeut fast immer sicher sein, daß das Annäherungsverhalten des Patienten sowohl den Wunsch, Hilfe zu bekommen, enthält (ganz egal, wie gut er verborgen ist) als auch die Abwehr gegen die Angst, die unvermeidlich gegen jenen Versuch kämpfen muß. Glover sagt, daß »der Patient unbewußt seine Kühnheit bereut, von dem Moment an, wo er an der Tür geklingelt hat«[9]. Ebenso wie die Jungen, die darüber scherzen, wie sie rückwärts in ein Theater hineingehen werden, so daß der Billetkontrolleur denken soll, sie gingen weg, so kommt der prospektive Patient rückwärts zur Tür hinein. Warum sollte man dem Patienten mehr glauben, der kommt und sagt, er möchte behandelt werden, als dem, der sagt, er brauche »nur ein bißchen Hilfe«? Freud sagt dazu: »Seine Kritik ist also keine selbständige, als solche zu respektierende Funktion, sie ist der Handlanger seiner affektiven Einstellung und wird von seinem Widerstand dirigiert.«[10] Was also soll man mit der jungen Frau anfangen, der es nur um die Gelegenheit zu tun ist, einmal ihre Situation durchzusprechen, und die behauptet – trotz der paradoxen Tatsache, daß sie zur Konsultation erscheint –, ihr sei der richtige Weg schon klar? Oder der College-Student, der allzu eifrig ist, Rat anzunehmen, und sogar Anleitung fordert. Oder der impotente Ehemann, der dem *Therapeuten* versichert, daß er nicht an die Therapie glaube, oder die unwillige Frau, die sagt: »Mein Mann denkt, daß mir die Therapie etwas helfen wird.« Oder ebenso die Mutter, die sagt: »Mein Sohn hat ein Problem.« Wäre es sehr viel anders, wenn sie gesagt hätte: »Ich habe ein Problem mit meinem Sohn«? Oder: »Mein Mann will mich verlassen, und ich möchte einfach sterben.« Sind dies eigentlich Patienten, oder könnten sie es sein, und wenn sie es sind, welche Techniken soll man anwenden, um den Widerstand zu behandeln, der sich in solchen mangelhaften Motivationshaltungen ausdrückt?

Wenn wir der Regel folgen, daß wir nur das benutzen können, was der Patient uns als Material liefert, wird es nötig sein, das Entwicklungsniveau der bewußten Darstellung zu erkennen, so daß der Therapeut ein Gefühl der Verbindung mit diesem Niveau vermitteln kann. Dies muß

---

[9] E. Glover, *The Technique of Psychoanalysis.*
[10] S. Freud, *Widerstand und Verdrängung.*

den Patienten überzeugen, daß man ihm zugehört hat, und entweder, daß man ihn versteht oder daß man wenigstens einen Versuch gemacht hat, ihn zu verstehen, der stark genug ist, um erkennbar zu sein. Wie Friedman betont hat, kann ein Zugang zu der Es-Verbindung in einer Weise angewandt werden, die den Analytiker als erkennbar und nicht als Fremden darstellt. Zu dieser technischen Anregung können wir nun hinzufügen, daß es ebenso wichtig ist, sich mit dem Entwicklungsniveau in Verbindung zu setzen wie mit dem Es.

Wenn man die Methoden betrachtet, die angewandt werden, um mit dem Widerstand fertigzuwerden, wie er sich auf dem vorläufigen Niveau des Fehlens einer Motivation darstellt, so wird die Klassifikation des Widerstandes, ob er vom Ich ausgeht, vom Über-Ich oder vom Es, nur von akademischem Interesse sein. Da Widerstände sich durch das Ich manifestieren, spiegeln sie den relativen Erfolg oder Mißerfolg des Ichs bei den Prozessen der Strukturierung und der Entwicklung wider. Daher bleibt es also die Aufgabe des Therapeuten, die Entwicklungsebene festzustellen, die erreicht worden ist, wenn er sich diagnostisch in bezug auf die Motivation zurechtfinden will. Hier stoßen wir direkt auf das Konzept, daß Widerstand »... sich auf eine spezielle Manifestation bezieht, die in den zwischenpersönlichen Beziehungen einer Übertragungssituation stattfindet«[11]. Das ist genau das, was der Patient haben will, wenn man es ihm erlaubt. Die korrekte Technik verlangt, daß es ihm nicht erlaubt wird, in jenem Zustand der Projektion und Verschiebung zu verbleiben. Berücksichtigung der Diagnose und Takt in bezug auf den richtigen Zeitpunkt diktieren, wann sie durch Interpretation reduziert werden müssen. Es ist aber nützlich, sich daran zu erinnern, daß die Übertragung nur dazu dient aufzuklären, aber nicht der endgültige Kampfplatz in solchen Fällen werden darf, denn nur, wenn der Patient aufhört, mit dem Therapeuten zu kämpfen, kann er sich mit seinen innerpsychischen und intersystemischen Konflikten befassen und, wie dieser Beitrag nahelegt, auch mit den Verzögerungen in seiner Entwicklung.

Dieser Zugang zu den Problemen erfordert eine spezielle Qualität der therapeutischen Allianz, die gewöhnlich als auf das intakte Ich des Patienten beschränkt angesehen wird. Hier kommen wir zu zwei Erweiterungen des Konzepts der therapeutischen Allianz. Zuerst die pragmatische, daß der Therapeut sich mit dem alliiert, was sich ihm als Verbündeter anbietet und mit der Realität übereinstimmt. In der Tat gibt es nur wenige Patienten, die vom Therapeuten nicht eine magische Lösung für ihre

[11] E. R. Zetzel (Berichterstatter), »Defense Mechanisms and Psychoanalytic Technique«.

Schwierigkeiten erwarten, eben durch die Allianz mit einer omnipotenten, überidealisierten Figur. Außer in den besonderen Situationen, die von Kohut beschrieben worden sind, ist es nicht ratsam, bei solchen magischen Erwartungen mitzuspielen. Der Therapeut sollte sich nicht beirren lassen, sondern mit der größten Bescheidenheit reagieren, die Zauberkraft ablehnen, die ihm zugeschrieben wird, aber zugleich die unbewußten Wünsche des Patienten respektieren, um eine gemeinsame Basis zu finden. Patienten wollen keine Besserung aus den »richtigen Gründen«, und immer, wenn der Widerstand stärker wird, bleibt es noch eine wichtige Aufgabe, ihnen zu helfen, daß sie überhaupt Besserung wollen. Man braucht sich bei der temporären Allianz nicht vor Kompromissen zu fürchten, was immer der Patient auch am Anfang anbietet. Der Chirurg zögert nicht, sich auf Nähte zu verlassen, die das Gewebe so lange zusammenhalten, bis die Heilung eintritt. Ebenso kann der Therapeut bei der Unterstützung und oft sogar bei der Schaffung von Motivationen helfen, indem er den Widerstand als eine Manifestation des Niveaus der Entwicklung akzeptiert — der Objektbeziehungen, der Angst, der Identität, der positiven und negativen Ich-Identifizierungen und ähnlichem. Dieser Standpunkt beseitigt die Gefahr, die anfänglichen Widerstände als realistische Opposition zu werten.

Es ist auch gut, im Auge zu behalten, daß die therapeutische Allianz, im besten Falle, nicht wechselseitig ist. Der Therapeut bleibt ein Verbündeter, auch wenn sich der Patient noch so große Mühe gibt, ihn aus dieser Position zu verdrängen. Die therapeutische Allianz fluktuiert auf seiten des Patienten stark, wenn nicht sogar wild, trotz des weitverbreiteten Glaubens, es gebe ein standhaftes Ich, das in der Behandlung konstant bleibt. Es quält den Patienten, wenn man von ihm z. B. Objektkonstanz verlangt, bevor die Therapie Gelegenheit gehabt hat, ihm zu helfen, jenes bestimmte Entwicklungsstadium zu erreichen, wenn gerade das sein Problem ist. Besonders Anfänger fühlen sich durch die Illusion belastet, daß man einen Patienten finden könne, der gegenüber Anfängerfehlern standhaft bleibt, da er eine »gute Motivation« hat. Es ist keine leere Phrase, wenn man sagt: Je »besser« die Motivation, desto kleiner der Widerstand. Wir finden es gar nicht so wünschenswert, Patienten ohne Widerstand zu haben, wenn dieser auch die Form einer fehlenden Motivation annimmt und uns mit schwierigen technischen Problemen konfrontiert. Da Widerstand ubiquitär ist, besitzt der gut motivierte Patient nicht weniger davon als der unmotivierte.

Es kann keine größere Anerkennung für den Wert des Widerstands bei den therapeutischen Bemühungen geben als die, die Freud ausspricht: »So illustriert der Verlauf dieser Behandlung den von der analytischen

Technik längst gewürdigten Satz, daß die Länge des Weges, welchen die Analyse mit dem Patienten zurückzulegen hat, und die Fülle des Materials, welches auf diesem Weg zu bewältigen ist, nicht in Betracht kommen gegen den Widerstand, den man während der Arbeit antrifft, und nur insoweit in Betracht kommen, als sie dem Widerstande notwendigerweise proportional sind.«[12]

Wenn wir wieder zu den klinischen Vignetten zurückkehren, die im Vorhergehenden erwähnt worden sind, möchten wir uns jetzt genauer mit dem technischen Vorgehen befassen. Der Patient, der mit dem Wunsch nach »nur ein bißchen Hilfe« angefangen hat, hat seinen Konflikt festgestellt, wenn auch noch nicht klar ist, woraus er entstanden ist. Die Möglichkeiten erstrecken sich von Furcht vor dem symbiotischen Wunsch nach dem Zusammenfließen mit dem negativ besetzten, dürftig differenzierten Selbst-Objekt an dem einen diagnostischen Pol bis zu dem anderen, bei dem ein verhältnismäßig gut strukturierter Mensch durch unbewußten Druck, den er nicht versteht, verwirrt worden ist. Ein ganz gewöhnliches Beispiel für das letztere sind die recht guten Eltern, die durch die sporadischen Wutanfälle eines Adoleszenten, die mit friedlicheren Intervallen abwechseln, verwirrt sind. Die Reaktion des Therapeuten muß daher Raum für alle Eventualitäten lassen — sogar dafür, daß tatsächlich »nur ein bißchen Hilfe« erforderlich ist. »Wenn ich Ihre Situation besser kenne, werde ich besser imstande sein, auf das zu reagieren, was Sie brauchen.« Auf diese Weise läßt sich der Therapeut gar nicht erst auf die Form der Bitte ein. Dies ist ein fundamentaler Schritt zur Errichtung einer therapeutischen Allianz. Er akzeptiert die Autonomie des Patienten, seine eigene Form der Annäherung zu bestimmen, läßt aber den Weg dazu offen, daß der Therapeut seine professionelle Meinung einführt, wenn er sie erst gebildet hat.

Diese technischen Richtlinien beziehen sich auf Patienten wie z. B. den Mann, der so tief verschreckt war, daß seine Bitte um »ein bißchen Hilfe« in krassem Gegensatz zu seiner Angst stand, sowie auf Eltern, denen man das Adoleszenzverhalten ihrer Kinder in verhältnismäßig kurzer Zeit zu verstehen helfen kann. In letzterem Falle ist es — selbst wenn die Eltern deutlich ihre übermäßige Verwicklung in die Sache zeigen, etwa ihr eigenes Problem in bezug auf die Trennung und Individuation — nicht immer angebracht, sie von Anfang an in die Behandlung einzubeziehen. Sie könnten diese therapeutische Miteinbeziehung sehr wohl falsch verstehen als ein Mittel, ihre eigene Angst in bezug auf die Trennung abzuwehren. Damit würden sie die Behandlung unter der äußerst schwerwiegenden

---

[12] S. Freud, *Aus der Geschichte einer infantilen Neurose.*

Fehlkonzeption anfangen, sie könnten nützlicherweise extrem in die konfusen Schwankungen des Adoleszenten verwickelt bleiben und auch weiterhin daran teilnehmen. Das erstrebenswertere Ziel würde sein, ihnen zu helfen, daß sie sich aus der Konfliktsphäre ihres Kindes herausziehen und damit sich selbst und ihr Kind davor bewahren, sich in seinem Entwicklungskampf aufzureiben.

Wir haben gefunden, daß es ganz gut ist, den Eröffnungssatz in bezug auf Motivationsform zu zerlegen (nicht in bezug auf Grammatik). »Ich brauche nur ein bißchen Hilfe« hat fünf bedeutsame Wörter. Das dritte (»nur«) und das vierte (»ein bißchen«) Wort drücken das Motivationsproblem aus, das durch den Widerstand hervorgerufen wird, während das erste, zweite und fünfte deutlich sagen: »Ich brauche Hilfe.« Dies ist ein ausgezeichnetes Beispiel für die gleichmäßig verteilte Aufmerksamkeit, wie sie von Freud beschrieben worden ist.

Der jungen Frau, die sich schon über ihre Richtung klar ist und nur ihre Lage durchsprechen möchte, kann man auch entsprechend ihrer Annäherungsform begegnen. »Da Sie sich die Mühe gemacht haben, diese Konsultation zu verabreden, bin ich natürlich gern bereit, Ihre Lage mit Ihnen zusammen zu überdenken. Ich muß aber hinzufügen, daß ich an diesem Punkt nicht sicher bin, ob wir imstande sein werden, Ihre Hoffnung zu erfüllen und die Unsicherheit, die Sie hierher geführt hat, ganz zu lösen; aber wir können es ja versuchen.« Wieder wird hier ihr Eröffnungsmanöver nicht in Frage gestellt, aber der Weg steht jetzt offen, um die Situation weiter zu untersuchen. Auf diese Weise wird für den Augenblick eine Arbeitsallianz zu ihren Bedingungen angeboten. Im Verlaufe der weiteren Besprechungen kann sich der Therapeut manche professionellen Urteile darüber bilden, was da eigentlich verteidigt wird, und auch den Zustand ihrer Objektbeziehungen feststellen.

Während diese Aspekte der Internalisierung in der Diskussion geklärt werden, eröffnen sich Möglichkeiten für ein weiteres Vorgehen in der Therapie, sofern das angezeigt ist, Möglichkeiten, die jetzt unbedenklich angewandt werden können. In dieser bestimmten Situation — einer ins Auge gefaßten Trennung und Scheidung — manifestierte sich die Unzufriedenheit mit dem Ehepartner hauptsächlich in der Verschiedenheit ihrer Interessen und der Schwierigkeit, einen gemeinsamen Boden zu finden. Da diese Verschiedenheiten während des ersten Jahres der Ehe, in dem ein gewolltes Kind geboren wurde, nicht ihre gemeinsame Freude an der Ehe gestört hatte, war die nächste Frage nicht nur dem Therapeuten klar, sondern hatte auch Relevanz und Interesse für die Patientin: »Was hatte diese Veränderung hervorgerufen?« Hier gibt es viele Möglichkeiten. Ist es die Schwierigkeit, die Verschiedenheiten zu tolerieren (symbio-

tische Bedürfnisse), die eine Zeitlang durch die sexuellen Bedürfnisse über-
lagert worden waren? Hatte die Geburt des Kindes und damit die Notwendigkeit, zu der Entwicklungsebene der Elternschaft vorzuschreiten,
sie unvorbereitet angetroffen? Welches Problem auch immer sich offenbaren wird, es kann für die Therapie nur von Nutzen sein.

Dem College-Studenten, der Anleitung sucht, scheint es auf den ersten
Blick nicht an einer anfänglichen Motivation zu fehlen. Er wird hier mit
aufgeführt, um die Tatsache zu illustrieren, daß die Probleme, die er bei
der Behandlung zeigen wird, ernst sind. Wo Widerstand besteht, können
wir sicher sein, daß ein Ich defensiv funktioniert. Für die Diagnose ist es
hier wesentlich, ob das Ersuchen des jungen Mannes die vertrauens-
volle Erwartung einer benignen Erfahrung darstellt, oder ob es der
weit morbidere Ausdruck eines totalen Nachgebens ist, was eine zu große
Bereitschaft zeigt, die Prärogative der Identität und der Autonomie aufzugeben. Wenn letzteres der Fall ist, so ist das die dürftigste Art der
Motivation, da nicht Wachstum, sondern regressive Symbiose gesucht
wird. »Da Sie so bereit sind, sich in meine Hände zu geben, müssen Sie
vollkommen verwirrt sein. Wenn wir über Ihre Schwierigkeiten sprechen, werden wir vielleicht imstande sein zu sehen, warum Ihre eigenen
Versuche, die Probleme zu lösen, mißlungen sind.« Solch eine Eröff-
nungsreaktion schützt den Patienten vor schneller Regression im Hinblick auf seine symbiotischen Wünsche oder bewahrt seine Autonomie,
sofern er sich auf einem höheren Niveau der Entwicklung befindet.

Oft werden Schlüsse gezogen in dem Versuch, zwischen der Formulierung »Mein Sohn hat ein Problem« und »Ich habe ein Problem mit meinem Sohn« zu unterscheiden. Die zweite Aussage scheint sagen zu wollen, daß die Patientin näher daran ist, das Problem in sich selbst zu ver-
legen, und daher besser motiviert ist. Wieder muß betont werden, daß
sich das auf die Illusion stützt, es gebe Menschen, die mehr und solche, die weniger Widerstand leisten. In beiden Fällen ist das, was wirklich den Ausschlag gibt, die Therapie selbst und wie man dem Patienten
dazu verhelfen kann, am therapeutischen Prozeß teilzunehmen. Da sicherlich Abwehr vorhanden sein wird, Unbewußtes, Verzögerungen und
Behinderungen in der Unzahl der Entwicklungslinien, muß der Therapeut zuerst nur den Pfad verfolgen, den der Patient freiwillig einschlägt.
Von diesem Punkte an kann das Wissen des Therapeuten ihm helfen, irgendeinen Weg zu finden, sich mit dem Widerstand zu verbünden und
ihn nicht zu bekämpfen. Auf das »Ich glaube nicht an die Therapie«
kann die Antwort sein: »Ich bin sicher, daß Sie sehr gute Gründe dafür
haben, so zu fühlen, aber da Sie sich die Mühe gemacht haben herzukom-
men, wollen wir doch versuchen, ob es nicht für mich einen Weg gibt,

Ihnen zu helfen. Glaube ist keine Voraussetzung dafür und kann sogar hinderlich sein.«

Die Patientin, deren Angst vor der Trennung so intensiv ist, daß sie »einfach sterben möchte«, zeigt eine krankhafte Furcht vor dem Verlassenwerden. Während ihre psychische Struktur vielleicht nicht auf dem Niveau der Vernichtungsangst steht, ist es doch wichtig, wenigstens irgendwie zu bestimmen, ob ihre Lage der des infantilen Marasmus gleichkommt oder eine Dramatisierung darstellt, die eine höhere Stufe der Entwicklung bedeuten könnte. »Sie fühlen sich offenbar ganz hoffnungslos in bezug auf sich selbst. Wollen *wir* doch zusammen versuchen festzustellen, was Ihnen wohl solchen Kummer macht.« Hier kann das Angebot, eine therapeutische Allianz zu schaffen, genügende, wenn auch abgeschwächte symbiotische Befriedigung verschaffen, und zwar dadurch, daß man die Patientin in die Lage versetzt, sich an der Exploration der bevorstehenden Trennung und früherer Trennungserfahrungen zu beteiligen, um festzustellen, welches ihre Reaktionen damals waren. Wenn diese Patientin sich wirklich auf einem frühen Niveau der Bedürfnisbefriedigung und der Vernichtungsangst befindet, so ist für sie ein ausgewogenes Maß von Befriedigung und Frustration in der Therapie nötig. Solch einer Patientin kann man häufigere Sitzungen anbieten und ihr auch das Vorrecht von Telefonaten einräumen. Wenn sie andererseits etwa um 2 Uhr nachts anruft und sich dann beklagt, daß die Stimme des Therapeuten schläfrig klinge, mag man sie wohl fragen: »Ja, was haben Sie denn erwartet?« Ihr Bedürfnis, das die frühe Erfahrung des Säuglings, der nach der Mutter schreit, reproduziert, kann dann dazu benutzt werden, ihr in der benignen Atmosphäre der therapeutischen Allianz zu helfen, größere Frustrationstoleranz zu entwickeln.

Wo die Motivation durch gerichtliche Maßnahmen verdunkelt ist, ist die Aufgabe, sie zu entdecken, schwieriger. Ein Ehepaar, das von einem Familiengericht überwiesen wird, mag dies übelnehmen und voll von Ressentiments in die Sprechstunde kommen. Der Therapeut kann den beiden trotzdem einen guten Dienst leisten, indem er darauf hinweist, daß sie durch ihr Kommen die gesetzlichen Verpflichtungen schon erfüllt hätten; »aber wenn Sie schon einmal hier sind, könnte man ja vielleicht die Zeit ausnutzen«. Jugendliche Gesetzesbrecher, die zur Behandlung überwiesen werden, brauchen, und das ist wesentlich schwieriger, auch eine gewisse Bestätigung ihrer Autonomie, indem man ihnen die Wahl läßt, die Zeit zu nützen oder zu verschwenden, sogar wenn sie der Gelegenheit beraubt worden waren, freiwillig zu entscheiden, ob sie behandelt werden wollten. In dieser Weise sagt sich der Therapeut von den legalen Forderungen los und versucht damit, eine therapeutische Allianz herzustellen. Trotzdem sollte der Therapeut, wenn er auch die Autonomie bestätigt, seine Augen nicht vor der tatsächlichen Situation verschließen. »Es war Ihr eigenes Tun, das Sie hierher gebracht hat, und es könnte für Sie nützlich sein, wenn man Ihnen helfen würde zu erfahren, wie es dazu gekommen ist.« Dies zollt den Tatsachen, aber auch der Autonomie des Patienten den nötigen Respekt.

Die Konzepte der psychoanalytischen Theorie haben die verschiedensten Wege verfolgt. Hier haben wir eine kleine Probe davon gegeben, wie sich der Zugang zu der schwachen oder unsicheren Motivation entwickelt hat. Der technische Zugang ist von Freud gut formuliert, in seinen Arbeiten über die Technik konzeptualisiert und durch Krankengeschichten belegt worden, besonders durch die vom »Wolfsmann«. In der Zeit vor der Ausbreitung der Ich-Psychologie hat Sharpe intuitiv verstanden, daß es gut sei, auf den Patienten einzugehen[13]. Hartmann erweiterte die theoretische Begründung, besonders in bezug auf die Wichtigkeit, die Rolle des Ichs zurückzuverfolgen: »Richtig und selbstverständlich ist es, daß der rein deskriptive, der phänomenologische Aspekt für die Ich-Psychologie eine besondere Bedeutung gewinnt. Details der psychischen Oberfläche werden für sie wesentlich, die früher vernachlässigt werden konnten. Aber ich glaube, wir sind uns darüber einig, daß die phänomenologischen Details, die heute unsere Aufmerksamkeit erwecken, für uns nur einen Zugang, einen Ausgangspunkt bilden.«[14]

Seit der Zeit haben viele Autoren die Anwendung dieser Konzepte genau beschrieben und vorgeschlagen, wie man sie erweitern könnte. So sind wir also zu einer genauen Untersuchung der Oberfläche der vorgebrachten Bitte gekommen, was als Ausgangspunkt sowohl für die diagnostische Untersuchung wie für das therapeutische Eingreifen dient.

---

[13] E. F. Sharpe, *Collected Papers on Psycho-Analysis*.
[14] H. Hartmann, *Ich-Psychologie und Anpassungsproblem*.

12

Rekonstruktion der präverbalen Erfahrung

Die ersten Lebensjahre werden in einer besonderen Art des Schweigens verbracht. Bevor das Kind anfängt zu sprechen, vokalisiert es. Die Vokalisation ist aber eine Kommunikation, die für den Ausdruck von Gedanken absolut ungeeignet und auch zum Ausdruck von Affekten nur sehr begrenzt brauchbar ist. Am Anfang des Lebens besteht noch kein strukturiertes Ich, durch das die Abfuhr abgeleitet werden kann. Sogar wenn die Sprachfähigkeit schon erworben ist, wird, obwohl zu dieser Zeit die Strukturierung schon gut vorwärtsgekommen ist, viel in nicht-verbalisierter Form erlebt. Auch nachdem die Sprache erworben ist, dauert es noch mindestens sieben Jahre, bevor das Kind imstande ist, abstrakt zu denken und Gedanken mitzuteilen. Für den Therapeuten, der viele Jahre später einen erwachsenen Patienten behandeln muß, ist es gut zu wissen, daß dieser als Säugling und kleines Kind in einem Zustand gelebt hat, in dem Emotionen und komplizierte Gedanken nicht sprachlich besetzt waren.

Die auf das Kind eingestellte Mutter wird wohl behaupten, daß die Vokalisationen des Säuglings eine ganze Menge besagen, und es ist für den Zuhörer in der Tat nicht schwer, bei dem Kind den Ton des Zornes oder Kummers von seinem zufriedenen Girren zu unterscheiden. Trotzdem geht im Innern viel vor sich, das nicht durch Vokalisation mitgeteilt werden kann. Ein Kind, das in der glücklichen Lage ist, bei der Geburt mit ausreichenden eingeborenen Ich-Apparaten ausgestattet zu sein und das in eine als durchschnittlich zu erwartende Umgebung hineingeboren wird, erlebt Wohlbehagen und Frustration im Rahmen der knospenden Objektbeziehungen. Die Übertragung libidinöser und aggressiver Energie liefert dem Ich die motivierende Kraft, seine Funktionen aufzubauen, was die sehr komplizierte Funktion der Verbalisation einbezieht. Aber in den ersten Lebenswochen vor der Triebdifferenzierung findet die Abfuhr hauptsächlich nach innen statt. Sogar die Vokalisation ist durch die zur Verfügung stehende Zeit begrenzt: Die meiste Zeit schläft das Neugeborene. Wenn der Schlaf-Wachsein-Zyklus sich umkehrt, erzeugt die stetig zunehmende Gelegenheit zur Perzeption weit geöffnete, verwunderte Augen und führt zum Experimentieren mit den motorischen, taktilen, auditorischen, olfaktorischen und visuellen Fähigkeiten. Der Wohlbehagen-Mißbehagen-Zyklus dreht sich hauptsächlich um die »Gestalt« des

Fütterungserlebnisses, bei dem Repräsentanzen des Selbst und des Objekts, wenn auch vorläufig noch verschmolzen, das »glückliche« Kind zu optimistischen Erwartungen veranlassen. Obgleich sie niemals direkt erinnert und verbalisiert werden, wirken sie sich doch in späteren Haltungen gegenüber dem Selbst und den anderen aus. Die Wichtigkeit der Selbst- und Objekt-Repräsentanzen für die Motivation zur Behandlung wurde schon in Kap. 11 besprochen. Auch sie bestimmen in weitem Ausmaß, ob die Übertragung und die Arbeitsallianz überwiegend positiv und kooperativ sein werden. Der Mensch, der in der Kindheit gute Objekte gehabt hat, erwartet natürlich gute Resultate seiner eigenen Bemühung und der des Therapeuten. Wenn der Therapeut sich darin übt, in entwicklungsdiagnostischen Bahnen zu denken, denkt er die ganze Zeit an diese Widerspiegelungen aus der Vergangenheit.

In der zweiten Hälfte des ersten Lebensjahres, wenn die Beweglichkeit und die Intentionalität zunehmen, wird der Prozeß der allmählichen Differenzierung zwischen Selbst- und Objekt-Repräsentanzen durch die Fähigkeit beschleunigt, sich umzudrehen, zu kriechen, zu sitzen, zu stehen und schließlich zu gehen und zu laufen. Da das Schreien und andere Vokalisationen zum Teil motorisch sind, können sie in diese Betrachtung mit einbezogen werden, da sie die Reichweite der Fähigkeit des Kindes behandeln, sich auszudrücken, sich zu bewegen, wahrzunehmen, zu denken, zu fühlen und so Unterschiede zwischen den Selbst- und den Objekt-Repräsentanzen zu entdecken, und zwar auf dem Wege zur Aufrichtung einer separaten Identität. In diesem Stadium werden die Bedürfnisse des Kindes von der ausreichend guten Mutter (»good-enough mother«)[1] verstanden, da ihre Bereitschaft, sich diesen Bedürfnissen zu widmen, durch deren Einfachheit erleichtert wird. Schreien kann bedeuten: »Ich bin hungrig, einsam, mir tut etwas weh, mir ist kalt, ich fühle mich frustriert« und nicht viel mehr. Es gibt aber Emotionen, die nicht so einfach sind, wie z. B. Überraschung, Schmerz, Ärger, Enttäuschung und, vor allem, Wut. Außer der Wut sind diese nicht so einfach »abzulesen«. Vokalisationen anderer Art als der des Schreiens drücken gewöhnlich Gefühle der Lust aus, einschließlich der Lust, den Vokalapparat in Vorbereitung auf das Sprechen zu betätigen. Unter günstigen Bedingungen werden das Schreien, das Girren und Gurgeln in den Dienst der wachsenden Objektbeziehungen gestellt, und zwar durch die Neigung der Mutter, in derselben »Sprache« zu antworten. Der Klang der eigenen Stimme und die antwortenden menschlichen Stimmen bahnen den Weg zum Erwerb der Sprache als der einzigartig menschlichen Form der Kommunikation.

---

[1] D. W. Winnicott, »Übergangsobjekte und Übergangsphänomene«.

Ein anderer Weg der präverbalen Abfuhr, der psychosomatische, ist schon lange bekannt, wird aber wenig verstanden. Man spricht von »Körpersprache« oder »Organsprache«. Diese Ausdrücke sind in ihrer Einfachheit bestechend, bleiben aber mehr deskriptiv, als daß sie etwas erklären. Zugegeben, der Säugling »spricht« mit seinem Körper, bevor sein Vokalapparat gereift ist und bevor ihm ein Vokabularium zur Verfügung steht, und eine Art »Körpersprache« bleibt unser ganzes Leben lang in Gesten und Gebärden erhalten, die manchmal die Sprache begleiten, sie manchmal ersetzen. Aber der Prozeß der Übersetzung der sogenannten Organsprache in etwas Mitteilbares ist enorm kompliziert. Wenn der Körper spricht, spricht er zu sich selbst. Außer den allerersten Lebenswochen, wenn die schweigende physiologische Abfuhr nach innen das Normale ist, verzerrt sich der Körper, wenn Organe mit speziellen Funktionen für Zwecke mißbraucht werden, für die sie nicht bestimmt sind. Die drei wesentlichen Bahnen für die Triebabfuhr beim Erwachsenen sind der vokale, der genitale und der motorische Apparat. Sie liefern optimale Erleichterung der Triebspannung, wenn sie im Dienst des Ichs benutzt werden. Wir wollen damit nicht andeuten, daß jeder Fall von Gebrauch anderer Organe unbedingt pathologisch sein muß. Der gestikulierende Arm bleibt nicht für immer verdreht, noch bleibt eine momentane Grimasse für immer auf dem Gesicht festgefroren. Aber wiederholter automatischer Gebrauch von »lebenswichtigen« Organen als Bahn für die Abfuhr, anstelle von Kommunikation durch den Vokalapparat, kann diese Organe manchmal irreversibel schädigen, wie z. B. die Benutzung des Gastrointestinaltrakts, wenn er zur Triebabfuhr statt zur Verdauung und Ausscheidung gebraucht wird. Ob der Organgebrauch zum Mißbrauch wird, hängt davon ab, ob die spezialisierten Funktionen entwickelt sind und aufrechterhalten werden. Wenn das Ich die Sprachorgane beherrscht, so können andere Körperteile in gewissem Ausmaße als Hilfsmittel zur Verbalisation benutzt werden, bilden dann aber nie die vorherrschende Ausdrucks- und Abfuhrbahn. Schurs technische Methode für die Umkehrung der Somatisierung zieht die Zentralität der Objektbeziehungen in der heutigen Ich-Psychologie in Betracht. Indem man Objektbeziehungen wiederaufbaut, wird die Deneutralisierung umgekehrt. Das Ich, auf diese Weise gestärkt, wird zur Benutzung der verbalen statt der somatischen Bahnen für die Abfuhr ermutigt.

Schurs Beitrag zum Verständnis der Somatisierung erweitert Freuds Werk über das »Ausagieren« im Gegensatz zum Erinnern. Freud empfahl die Technik, bei der das, was motorisch ausgedrückt wird, statt dessen verbalisiert werden soll. Er bezog sich dabei aber auf verbal besetzte Erinnerungen, die verdrängt waren und die durch Überbesetzung wiedergefunden werden können. Diese Technik kann man in bezug auf Erinnerungen aus der späteren Kindheit benutzen, wenn normalerweise die Strukturierung schon fortgeschritten ist. Die Erlebnisse des kleineren Kindes liegen lange vor der Strukturierung und bevor es noch sprechen kann. Es wird weitgehend angenommen, daß präverbale Erfahrungen unwiederbringlich sind. Greenacre meint, daß Agieren ein Ausdruck von Gedanken sein kann und besonders von Affekten, die niemals sprachlich besetzt waren. Und so ist es manchmal bei der Behandlung von Erwachsenen angebracht, sie zur verbalen Besetzung von präverbalen Erlebnissen zu ermutigen, als einem Weg, das jetzt strukturierte Ich in die Lage zu versetzen, retroaktiv die Kontrolle zu übernehmen. Aber das Ausagieren, ob nun im Sinne von Freud als Widerstand gegen die Therapie oder im Sinne von Greenacre als ein Weg, präverbale Traumen auszudrücken, ist nicht dasselbe wie Somatisierung. In einem Kontinuum kann man sich Somatisierung als eine Regresssion über das Ausagieren hinaus vorstellen — d. h. Abfuhr auf das Soma findet in einem weniger strukturierten Zustand statt, als dies bei der motorischen Abfuhr der Fall ist, und weder die Somatisierung noch das Ausagieren stehen so sehr unter der Kontrolle des gut strukturierten Ichs wie die Verbalisierung.

Die Wirkung dieser Gedanken auf Freuds metapsychologische Betrachtungen kann bei der Behandlung des nicht-neurotischen Patienten gar nicht genug betont werden, dessen frühe und daher präverbale Erfahrungen so traumatisch waren, daß das Ich sich nicht so weit entwickeln konnte, um eine Neurose zu organisieren. Solche Patienten neigen zum Agieren. Manche Therapeuten hoffen, daß Interpretation dem Agieren ein Ende bereiten werde. Enttäuschte Therapeuten berichten, sie hätten »interpretiert, und er machte immer weiter mit dem Ausagieren«. Der technische Irrtum ist hier, nicht verstanden zu haben, daß Interpretation den Patienten nur erreichen kann, wenn sie mit verbal besetztem Material verbunden wird. Der nicht-neurotische Patient agiert das, woran er sich nicht erinnern kann, nicht als Widerstand, sondern er agiert deswegen, weil das Agieren seine Form des »Erinnerns« des präverbalen Traumas *ist*. Er *spricht* mit seinen Füßen, wenn er z. B. die Sitzung verläßt. Er mag damit sagen: »Was mich als Baby am meisten verletzt hat, war, alleingelassen zu werden. Sobald ich laufen konnte, habe ich mich entschlossen, dem anderen zu zeigen, was das für ein Gefühl ist, indem ich ihm dasselbe antat.« Die Interpretation ist hier oft wirksam, wenn sie dazu dient, dem Patienten zu helfen, die Erinnerung und den Affekt zu besetzen. Der Anfänger muß aber davor gewarnt werden, das Prinzip der Durcharbeitung zu vergessen, da er andernfalls enttäuscht ist, wenn eine einzige Interpretation nicht das Agieren ein für allemal beendet.

Wenn der Therapeut zu warten versteht, kann er sich darauf verlassen, daß der Wiederholungszwang die Vergangenheit in die Gegenwart befördert. Wird die therapeutische Situation zur Arena des wiederbelebten Traumas, dann bietet sie dem Therapeuten die einzigartige Gelegenheit, dem Ich zur wahren Bemeisterung zu verhelfen. Therapie kann als der Ort bezeichnet werden, an dem der Zwang zur Wiederholung zu einem Ende gebracht wird. Dies ist ein anderer Grund, warum der Therapeut sich nicht beteiligt. »Interaktion« verlängert in den meisten Fällen die Dauer des Wiederholungszwanges. Insoweit als sie die Rekonstruktion beeinflußt, macht die Tatsache, daß die präverbale Erfahrung sich wiederholt, sie wiederauffindbar, wenn der Therapeut, anders als der Patient, genau zwischen Vergangenheit und Gegenwart unterscheidet.

Bei der 18. Freud Anniversary Lecture der New Yorker Psychoanalytischen Gesellschaft sagte Anna Freud, ihr Vater habe wenig oder gar keine Beweise dafür gefunden, daß es möglich ist, sich therapeutisch mit der präverbalen Erfahrung zu befassen, wenn er auch anerkannte, daß die präverbale Periode eine wichtige Entwicklungsspanne ist. Eine beträchtliche Anzahl von Analytikern weichen heute, so sagte sie, von dieser Ansicht ab und versuchen, das erste Lebensjahr zu analysieren. Sie meinte:

»Jeder Versuch, die Analyse aus der verbalen in die präverbale Entwicklungsperiode zu tragen, bringt praktische und technische Neuerungen wie auch theoretische Implikationen mit sich, von denen viele strittig sind.

Was dem Beobachter zuerst auffällt, ist die Veränderung der Art des *psychischen Materials*, mit dem die Analyse sich befaßt. Statt Disharmonien zu erforschen, die sich auf die verschiedenen Instanzen innerhalb der strukturierten Persönlichkeit beziehen, befaßt sich der Analytiker mit den Ereignissen, die aus dem chaotischen, undifferenzierten Zustand heraus- und zum ersten Aufbau einer psychischen Struktur führen. Das bedeutet, über das Gebiet der intrapsychischen Konflikte hinauszugehen, was stets das legitime Ziel für die Psychoanalyse war, und damit in die dunkleren Gebiete der Interaktion zwischen eingeborener Ausstattung und Umwelteinflüssen vorzustoßen. Das hier implicite enthaltene Ziel ist das Ungeschehenmachen oder die Gegenaktion gegen den Impakt gerade jener Kräfte, auf denen die Rudimente der Persönlichkeitsentwicklung beruhen.

Analytiker, die auf dieses Ziel hinarbeiten, versichern uns, daß dies möglich sei ... Ich kann mir nicht helfen, aber ich hege meine Zweifel, wenn man versucht, in das Gebiet der primären Verdrängung vorzudringen, d. h. sich mit Prozessen zu befassen, die — ihrer Natur nach — total verschieden sind von den Ergebnissen der Defensivmanöver des Ichs, mit denen wir vertraut sind.«[2]

---

[2] A. Freud, *Difficulties in the Path of Psychoanalysis: A Confrontation of Past with Present Viewpoints.*

Anna Freud ging dann dazu über, die erhöhte Signifikanz der Kommunikation durch Übertragung zu besprechen, und fügte hinzu:

»In der Tat bildet diese zentrale und einzigartige Rolle, die der Übertragung im psychoanalytischen Prozeß eingeräumt wird, und zwar unter Ausschluß aller anderen Kommunikationswege, heute einen der umstrittenen Punkte in der Psychoanalyse. Da ist weiter die Frage, ob die Übertragung wirklich die Macht hat, den Patienten bis ganz zum Anfang des Lebens zurückzutransportieren. Viele sind davon überzeugt, daß dies der Fall ist. Andere, und ich mit ihnen, glauben, daß es eines ist, wenn vorgeformte, objektbezogene Phantasien aus der Verdrängung zurückkehren und von der inneren in die äußere Welt gelenkt werden (d. h. auf die Person des Analytikers), aber etwas ganz anderes, wenn man in fast magischer Weise erwartet, daß der Patient sich in der Analyse in den präpsychologischen, undifferenzierten und unstrukturierten Zustand zurückversetzt, in dem keine Trennung zwischen Körper und Geist oder zwischen Selbst und Objekt bestand.«[3]

Brenner stellt nicht nur die Gültigkeit der präverbalen Interpretation an sich in Frage, sondern das ganze Gebiet der Untersuchung präverbaler Lebensperioden mit Hilfe direkter Beobachtung an Säuglingen. Wenn aber die Untersuchung des präverbalen Lebens aus den akzeptablen wissenschaftlichen Bemühungen ausgeschaltet wird, ist es logisch anzunehmen, daß die Daten, von denen die Techniken für die präverbale Interpretation abhängen, ungültig sind, und die Behandlung, die sich auf solche Theorien und Techniken stützt, nicht akzeptabel ist. Brenner sagt:

»Die psychoanalytische Methode hängt von Kommunikation ab und primär von der verbalen Kommunikation, d. h. von der Sprache. Ihre Anwendung ergibt zuverlässige Ergebnisse in bezug auf die mentalen Prozesse von Individuen, die genügend entwickelt sind, um die Sprache zu erwerben und, in den meisten Fällen, anzuwenden ... Tatsache ist, daß wir vorläufig weit weniger zuverlässige Kenntnis von der Psychologie der Frühperiode des postnatalen Lebens haben, als wir gerne hätten, trotz mehrerer Studienprojekte, die in den letzten Jahren von psychoanalytisch geschulten Beobachtern unternommen worden sind.«[4]

Anna Freuds und Brenners Haltung sind heute für eine Anzahl von Psychoanalytikern repräsentativ.
Bei der 20. Freud Anniversary Lecture der New Yorker Psychoanalytischen Gesellschaft wandte sich Mahler indirekt gegen Anna Freuds Standpunkt, den diese bei der 18. eingenommen hatte. »Psychoanalytische Beobachtungsforschung des ersten Lebensjahres«, so sagte sie, »berührt

[3] A. Freud, *Difficulties* ...
[4] C. Brenner, »The Psycho-Analytic Concept of Aggression«.

den Kern der Rekonstruktion und das Problem der koenästhetischen Empathie, die beide so wesentlich für die klinische Wirksamkeit der Psychoanalyse sind.«[5] Es bestehe da, so fuhr sie fort, ein ganzes Spektrum von Meinungen. An dem einen Ende stünden Melanie Klein und ihre Anhänger mit ihren A-priori-Meinungen, die nicht durch Verhaltensdaten widerlegt werden könnten.

»Am anderen Ende der Skala stehen jene unter uns Freudschen Analytikern, die eine günstigere Meinung von dem streng verbalen und rekonstruktiven Beweismaterial haben, wie wir es auf Grund von Freuds metapsychologischen Konstrukten organisiert haben. Trotzdem scheint es, als ob einige von uns dem präverbalen Material nicht das Recht einräumen, als Grundlage sogar nur für die vorsichtigste und tentative Erweiterung der Hauptmasse unserer Hypothesen zu dienen, wenn sie nicht auch durch Rekonstruktion, das heißt durch klinisches und natürlich hauptsächlich verbales Material, unterbaut sind.
Trotzdem hatte Freud gehofft, daß seine fundamentale Theorie — diese wirklich monumentale Basis für die klinische und theoretische Arbeit — eine *lebendige Erbschaft* bleiben würde. Sogar ein Genie, wie er es war, konnte nicht während einer Lebenszeit jede Einzelheit ausarbeiten. Wenn Stück für Stück dazugefügt werden würde, würde es schließlich zu einer Form der allgemeinen Psychologie zusammenfließen.«[6]

Freud selbst war in dieser Angelegenheit etwas aufgeschlossener, als Anna Freud es andeutete. Er sagte: »Die Kindheitsbeobachtung hat den Nachteil, daß sie leicht mißzuverstehende Objekte bearbeitet; die Psychoanalyse wird dadurch erschwert, daß sie zu ihren Objekten wie zu ihren Schlüssen nur auf großen Umwegen gelangen kann; in ihrem Zusammenwirken erzielen aber beide Methoden einen genügenden Grad der Sicherheit der Erkenntnis.«[7]
Am verwirrendsten sind für den Analytiker die schweigenden und die sogenannten ausagierenden Patienten. Das Schweigen wird nur zu oft (und dies mindestens verdrießlich, schlimmstenfalls aber verurteilend) als die schwerste Verletzung der freien Assoziation angesehen. Das Schweigen ist mit der Konzeption der »Redekur« (talking cure) unvereinbar. Traditionsgemäß wird es als ein Widerstand angesehen, gewöhnlich als das Vorenthalten negativer Gedanken in der Übertragung. Im Jahre 1961 hielt die American Psychoanalytic Association ein ganztätiges Symposion über dieses lästige Problem ab, und man begann anzu-

---

[5] M. S. Mahler, »A Study of the Separation-Individuation Process: And its Possible Application to Borderline Phenomena in the Psychoanalytic Situation«.
[6] Ibid.
[7] S. Freud, *Drei Abhandlungen zur Sexualtheorie.*

deuten, daß mehr dahinterstecken könnte — daß vielleicht das Schweigen den Wunsch darstelle, mit der Mutter zusammenzusein. Darauf folgte eine Flut von Interpretationen des Schweigens als »Ich bin dein Babysitter«. Dies ist nur eine Halbwahrheit, denn weder die Theorie noch die Technik waren damals so weit entwickelt, daß sie diese Art von Schweigen hätten richtig verstehen können. 1971 bei der Sitzung derselben Gesellschaft wies Ross darauf hin, daß diese Art des Schweigens den Wunsch nach der Symbiose darstelle. So dauerte es also zehn Jahre, bis Theorie und Technik so weit waren, daß sie einen Aspekt des Schweigens erklären konnten, der aus dem präverbalen Leben widerhallt. Schon nach der Definition kann diese Art von Schweigen nicht verbalisiert werden. Es ist an dem Therapeuten, dem Patienten zu helfen, Worte für den Wunsch zu finden, ohne Worte zusammenzusein, ohne Worte verstanden zu werden, eins mit dem Therapeuten zu sein. Das ist weit entfernt von dem Urteil: »Sie enthalten mir etwas vor.« Es gibt Menschen, die schweigen, weil sie etwas zurückhalten. Aber das sind neurotische Strukturen, die anal fixiert oder regressiv sind. Sogar in solchen Fällen ist es uns noch nicht vorgekommen, daß diese Art von Schweigen auf eine Anschuldigung anspricht, die als Interpretation verkleidet ist.

Der Patient Dickens telefonierte eines Abends — an sich schon etwas Ungewöhnliches —, da er vor einer schwierigen geschäftlichen Zusammenkunft stand, die am nächsten Morgen stattfinden sollte. Er gab seinen Namen nicht an, sondern erwartete, daß der Therapeut ihn an seiner Stimme erkennen würde, was auch der Fall war. Dann sagte er: »Wegen morgen früh«, worauf der Therapeut, noch immer am Telefon, sagte: »Wie kann ich Ihnen dabei helfen?« Es folgte eine kurze Unterhaltung, und Dickens schien sich danach besser zu fühlen. Bei der nächsten Sitzung berichtete er, daß das Treffen gut verlaufen, daß er aber deprimiert sei. Während er weiter daran arbeitete, stellte sich heraus, daß er deprimiert war, weil der Therapeut nicht den Zweck seines Anrufs gekannt hatte, ohne daß er ihm mitgeteilt worden war. Es war nicht genug, daß er seine Stimme erkannt und sich an seine geschäftlichen Probleme erinnert hatte. Er hätte auf den Telefonanruf in absolut symbiotischer Weise reagieren sollen. Wenn wir auch gesagt haben, daß der symbiotisch zu kurz gekommene Patient etwas symbiotische Befriedigung von seiten des Therapeuten braucht, so zeigt doch dieser Fall, wie unmöglich es ist, ihn ganz zufriedenzustellen. Trotzdem kann das Problem mit Empathie behandelt werden und mit der Bereitschaft, eine verbale Besetzung zu liefern. Manchmal ist es sogar wünschenswert, schweigend mit dem Patienten zusammenzusitzen; aber nur, wenn beide, der Patient und der Therapeut, sich in dieser Situation wohl fühlen. Wir haben von empörendem Verhalten gehört, wie z. B. dem, daß der Therapeut ein Buch liest oder seine Korrespondenz erledigt, weil der Patient ja nicht spricht. Ein respektvollerer Weg wäre der, zu sagen: »Ich bin nicht sicher, ob Sie wollen, daß ich das Schweigen breche.«

Das präverbale Kind hat keinen Zeitsinn. Dies zeigt sich in einer häufig angetroffenen Ich-Regression beim erwachsenen Patienten. G. Blanck schreibt darüber:

». . . Ein Patient muß warten oder denkt, er müsse es. Er betritt das Sprechzimmer in großer Angst. Die traditionelle Interpretation würde Todeswünsche gegen den Therapeuten erwähnen. Das liegt tatsächlich nahe. Aber eine Untersuchung der Phantasien, die während des Wartens aufgetreten sind, bringt oft Material zum Vorschein, das sich für eine präzisere Interpretation eignet in bezug auf das, was zu den aggressiven Wünschen der Kindheit geführt hat. Es ermöglicht die Rekonstruktion des präverbalen Traumas und liefert damit dem Ich die Möglichkeit, es zu meistern. Die Technik, die diesem Zweck dienen würde, ist die, die kleinsten Einzelheiten der Phantasie herauszuholen. Diese könnten sich darauf richten, ob der Therapeut da oder fortgegangen ist, ob er den Patienten vergessen hat, ob er vielleicht gerade mit jemandem im Bett liegt, ob er anderweitig in Anspruch genommen oder überhaupt zu beschäftigt ist, um sich um den Patienten zu kümmern, ob er böse auf ihn ist, weil dieser ihn brauchte usf. All das liefert den Schlüssel zum ursprünglichen Trauma, wie es in der Übertragung wiederbelebt wird. Ein anderer Patient, der an funktioneller Gastritis leidet, klammert sich an hauptsächlich negative Objekt-Repräsentanzen. Das klinische Bild ist dem des Masochismus ähnlich. Es macht den Eindruck, als ob die Objektbeziehungen mit unlustvollen frühen Erfahrungen mit einer aggressiven, lieblosen Mutter verbunden seien — während sie in der Tat fest etabliert sind. Die genaue Natur dieses frühen Traumas wurde aufgeklärt, als der Patient berichtete, daß er eines Abends, als er sich deprimiert fühlte, bei dem Analytiker habe anrufen wollen, sich aber entschlossen habe, es nicht zu tun. Eine ins einzelne gehende Befragung darüber, was wohl hinter diesem Entschluß gelegen habe, war die Technik, die zum Verständnis von frühen Fütterungserlebnissen führte. Der nächste Gedanke, nach dem Wunsch zu telefonieren, war der, daß der Analytiker ungeduldig mit ihm sein würde, ihn zur Eile antreiben und auflegen würde, wenn er nicht schnell genug sagen könnte, was er meinte. Hier finden wir die Wiederholung des eiligen und unbefriedigenden Fütterns. Wir fragten den Patienten, ob er die Angewohnheit habe, schnell zu essen. Er war über diese Frage überhaupt nicht überrascht und war imstande, seine momentanen Haltungen mit der genetischen Erfahrung zu verbinden und mehr über seine ›Loyalität‹ gegenüber dem negativen Primärobjekt zu verstehen.«[8]

Die umstrittenen therapeutischen Möglichkeiten von Versuchen, sich mit der präverbalen Erfahrung zu befassen, werden bei dem heutigen Stand

---

[8] G. Blanck, »Some Technical Implications of Ego Psychology«.

unseres Wissens und unserer Erfahrung günstig beurteilt, obwohl, das muß zugegeben werden, eine erfolgreiche Rekonstruktion präverbaler Erfahrung vorläufig selten ist. Wir befinden uns hier wieder auf Neuland, und nur die Zeit und Erfahrung werden solche Modifikationen in der Technik ermöglichen, um häufige Erfolge zu erzielen. Inzwischen ist es wertvoll, das Verhalten des Patienten im Lichte der Wiederholung seiner präverbalen Erfahrung zu sehen, sogar wenn dies nicht direkt als eine rekonstruktive Interpretation gebraucht werden kann. Dieses Verständnis von seiten des Therapeuten kann diagnostisch verwertet werden und kann, wie wir zeigen werden, unermeßlich zum Verständnis des Falles beitragen. Es war Kris' Pionierwerk, das die therapeutische Wichtigkeit beleuchtete, ein dem Sich-Erinnern günstiges Klima herzustellen. Auch Kris glaubte, daß anamnestische Daten wegen der sich ineinanderschiebenden Ereignisse, ihrer Kondensierung, ihrer Verzerrung und anderer defensiver Schwankungen an sich nicht wiedererlangt werden können. Dennoch meinte er, es sei von großem Nutzen, die Abwehrtypen aufzudecken, was dann auch zur Aufhebung defensiver Gegenbesetzungen führen könne. Präverbale Erfahrungen tragen fraglos zum Entstehen von Verhaltensformen bei. Eine Anerkennung der Existenz solcher Formen vermag dem Patienten wie dem Therapeuten zu tieferem Einblick in die Vergangenheit des Patienten zu verhelfen.

Man kann wohl die Frage aufwerfen, warum die Verbalisierung von so zentraler Bedeutung für den psychoanalytisch orientierten Psychotherapeuten ist, wenn doch so viele nicht-analytische Therapieformen zu einer primitiveren Art des Ausdrucks raten, etwa dem Ausagieren, der Erörterung, Erfahrung, Begegnung, Berührung, Konfrontierung usw. Wir haben schon erwähnt, daß Verbalisieren nicht ein einfacher Vorgang, sondern ein komplizierter Prozeß ist. Sprache und Verbalisation sind nicht dasselbe. Hartmann zeigt, wie der Schizophrene, der sprechen gelernt hat, Dinge durch Wörter ersetzt. Ohne die Brücke der deutlich unterschiedenen Selbst- und Objekt-Repräsentanzen und ohne das Akzeptieren des Realitätsprinzips hat der psychotische Patient den Sekundärdenkprozeß nicht erworben (oder ihn regressiv wieder verloren). Er hat auch kein echtes Objekt, dem er sich mitteilen könnte. Die wesentlichen Ich-Funktionen, die in die komplexe Funktion der Verbalisation eingehen, sind — mehr oder weniger in der Reihenfolge ihrer Entwicklung genannt —: Objektverständnis, Intentionalität, Objektbeziehungen, Symbolisierung, Sprache, sprachliche Kommunikation. Sie alle werden von der neutralisierten Triebenergie gespeist.

Am Anfang besteht die Sprache aus globalen Worten. Spitz verfolgt bis in die feinsten Einzelheiten die komplexe Ich-Entwicklung, die den Weg zur Sprache bahnt. Und doch bleibt der Gedanke oder der Affekt, der hinter den ersten gesprochenen Worten liegt, verhältnismäßig unausgedrückt. Ein Wort, das in der symbiotischen Vereinigung von der darauf eingestellten Mutter am besten verstanden wird, kann unzählige Dinge bedeuten. Piaget glaubt, daß das Wort »Mama« durch Kiefer- und Mundbewegungen geformt wird, die gerade nur einen Schritt über das Saugen hinausgehen. Das Kind, das dieses globale Wort ausspricht, mag damit sagen: »Ich bin hungrig«, »Ich habe Angst«, »Ich bin zufrieden«, »Wo bist du?«, »Ich sehe dich und erinnere mich, daß du es bist, die mir gewöhnlich Wohlbehagen bereitet«, und so weiter. Vielleicht aber kommuniziert es noch nicht bis zu diesem Grade: vielleicht bewegt es Lippen und Kiefer in Koordination mit dem Vokalapparat, sie auf diese Weise beim Erkennen des Objekts zu Beginn des Symbolisierungsprozesses durch die besetzende mentale Repräsentanz mit dem Wort vereinend.

Wenn das Kind in der Eroberung der Sprache fortschreitet und in grammatikalisch konstruierten Sätzen zu sprechen anfängt, sind diese zunächst konkret: »Ich will meinen Teddybär haben.« Subjekt, Verb und Prädikat. Sie vermitteln aber nicht zugleich: »Ich fühle mich einsam« und »Wie der Teddybär sich anfühlt, sein Geruch und das Nahe-bei-ihm-Sein — all das tröstet mich, denn es erinnert mich an das Nahe-beieinander-Sein meines Selbst mit der Mutter, was in der Vergangenheit ein so gutes Gefühl war.« Oder nehmen wir den Satz: »Ich will nicht.« Ein Satz, das stimmt; aber er braucht nicht unbedingt zu bedeuten: »Ich weigere mich, das zu tun, was du von mir willst.« Er kann auch bedeuten: »Ich fange an, mich mehr als eine Person mit eigenem Recht zu fühlen, und ich habe bemerkt, daß meine Weigerung Aufregung auslöst; so probiere ich also meine neugewonnene Macht aus — um die Erwachsenen aus der Fassung zu bringen.« Oder: »Du hast so oft ›nein‹ zu mir gesagt, was mich frustriert und böse gemacht hat, und weil ich mich in solchen Momenten so sehr von dir getrennt fühlte, kam die Angst, denn ich verstand, daß wir nicht mehr eins sind. Aber es hat auch seine guten Seiten, denn jetzt habe ich dieselbe Macht, indem ich deine Weigerung nachmache, der ich so viele kummervolle Male ausgesetzt gewesen bin, und das wird dir zeigen, wie es tut, der Empfänger eines ›Nein‹ zu sein.«

Man muß sich daran erinnern, daß die Psychoanalyse eine »Redekur« (talking cure) genannt worden ist. Psychoanalyse und psychoanalytisch orientierte Psychotherapie bleiben bis auf den heutigen Tag verbale Behandlungsformen trotz neuer Therapien, die die regressive Form der Abfuhr fördern. Fromm erörtert sogar nostalgisch *Die vergessene Sprache* des Primärprozesses. Vom ich-psychologischen Standpunkt aus gesehen, ist die Fähigkeit, zu kommunizieren und die Kommunikationen anderer im Primärprozeß zu verstehen, als therapeutisches Ziel fragwürdig, außer bei Psychotikern; denn sie würde die Identität, die Autonomie angreifen und viele Ich-Funktionen behindern, besonders die synthetische und integrative Funktion, aber auch die Symbolisierung, die Objektbeziehungen, die Intentionalität, die Frustrationstoleranz, die Realitätsprüfung — einschließlich der Fähigkeit, das Innen vom Außen zu unterscheiden — und die Abwehrfunktion. Um es noch anders auszudrücken: Das Ich würde verhältnismäßig lahmgelegt sein, und die Strukturierung würde leiden.

Auch ist nicht jede Erfahrung unbedingt therapeutisch. Wir haben z. B. aufrichtige Berichte von freudigen Erfahrungen in Begegnungsgruppen gehört. Hemmungen zu überwinden, das Nahesein zu fördern, die Abwehr anzugreifen, unneutralisierte Libido und Aggression zu ventilieren — all das ist nicht ich-aufbauend. In der Tat ist es für den nichtneurotischen Patienten ein notwendiges therapeutisches Ziel, ihm zu helfen, als ein Teil des Prozesses des Erwerbs einer Identität Abstand von anderen zu bekommen. Der unbeteiligte Patient ist gewöhnlich so, weil er keine Objekte hat, oder, wenn er weniger gestört ist, weil er dadurch, daß er einen Abstand aufrechterhält, sich gegen einen Identitätsverlust durch Zusammenfließen wehrt. Bei beiden Arten von Strukturen, der psychotischen und der Grenzfall-Struktur, ist es schädlich, dem Patienten Nahesein aufzuzwingen. Das Sich-Aussprechen setzt das Ich dem aus, mehr zu ertragen, als ihm möglich ist, wie freudig eine solche Erfahrung auch sein mag. Schur erklärt, daß der Affekt, um vom Ich gemeistert zu werden, im Hinblick auf seine Entstehung verstanden werden muß. Sich-Aussprechen ohne diese Verbindung kann keinen therapeutischen Erfolg haben. Das mechanistische Prinzip, daß ein Mensch wie eine Maschine Dampf ablassen müsse, widerlegt sich selbst.

Die Verbalisierung schützt die Identität, indem sie den Patienten für sich allein läßt. Die Tatsache, daß man seine Gedanken einer anderen Person mitteilen muß, schließt die Differenzierung zwischen dem Selbst und dem anderen ein. Viele Grenzfallpatienten und Psychotiker kommen zum Therapeuten mit der Überzeugung, daß dieser ihre Gedanken lesen kann. Sie haben solche Vorstellungen, weil sie — in der symbiotischen Weise — annehmen, daß keine Grenzen zwischen ihnen und anderen bestehen. Manche erschreckt diese Bedrohung ihrer ohnehin schon unsicheren Identität gehörig, und sie sind erleichtert, wenn sie erfahren, daß der Therapeut nichts wissen kann, was sie ihm nicht mitteilen. Andere, die ein symbiotisches Verlangen haben, sind enttäuscht, wenn der

Therapeut nicht ihre Gedanken lesen kann. Frau Hartley (Kapitel 9) wurde wütend, da der Therapeut nicht den Namen ihres Mannes und den Vornamen seiner Sekretärin kannte. Diese Wut ging aus der Enttäuschung über das Getrenntsein hervor und aus der Mühe, die damit verbunden war, alles noch einmal erzählen zu müssen. Manche Patienten geben offen zu, daß sie es gerne hätten, wenn der Therapeut alles wüßte, ohne daß sie sich die Mühe machen müßten, es ihm zu erzählen. Wieder andere befürchten, daß der Therapeut zu viel weiß, und solche Patienten nehmen zu interessanten Abwehrformen Zuflucht, um dies zu verhüten. So versuchen manche, während der Sitzungen keine Gedanken zu haben, so daß es für den Therapeuten nichts zu »lesen« gäbe. Bei Patienten mit so großer Furcht vor dem Nahesein ist es die beste Methode, ihnen zu erlauben, ihren Abstand so lange aufrechtzuerhalten, bis sie sicher sind, daß die Gefahr sich verringert hat. Im absoluten Gegensatz zu der Grundregel von den freien Assoziationen, deren Anwendung bei der psychoanalytischen Behandlung der Neurose unabdingbar ist, muß der Grenzfall-Patient dazu ermutigt werden, seine Abwehr, die sich in der Aufrechterhaltung des Abstands zeigt, zu respektieren, ja, manchmal muß man ihm sogar versichern, daß er nicht alles zu sagen braucht. Dies baut seine Entscheidungsfähigkeit auf, so daß er schließlich, wenn er sich sicherer fühlt, doch alles sagen wird. Aber dann wird er es freiwillig tun, in der Zusammenarbeit auf das therapeutische Ziel hin, und nicht, weil der Therapeut sich ihm aufdrängen will.

Die Patientin Rosenberg hatte solche Angst davor, ihre Identität zu verlieren, indem sie in dem Therapeuten aufgehen würde, daß sie sich über ein Jahr lang am anderen Ende des Zimmers hinsetzte, bevor sie es riskieren konnte, näher zu kommen. Sie sagte wenig und hütete sorgsam ihre Privatsphäre. Von den Verabredungen beispielsweise in bezug auf die Häufigkeit und die Tageszeit der Sitzungen glaubte sie, daß sie damit dem Therapeuten einen Gefallen tue. Dieser paranoide Zug war besonders auffallend in ihren Anschuldigungen, daß, was auch immer sie dem Therapeuten erzählen würde, sie es für ihn tun würde. »Wenn es meinetwegen ist, dann tun Sie es nicht«, sagte der Therapeut und machte es ihr so möglich, sich schließlich den therapeutischen Notwendigkeiten für sich selbst zu fügen.

Es ist nicht schwer, Patienten dazu zu bringen, sich an Regeln zu halten. Der Grund, aus dem heraus sie es tun, ist von zentraler Bedeutung im Ich-Aufbau, denn wenn sie damit dem Therapeuten einen Gefallen tun wollen, so wird das nicht dem Wachstum dienen. In unserer sophistischen Zeit muß man den Patienten versichern, daß ihr Wunsch, ihre Privatsphäre zu wahren, nicht »Widerstand« bedeutet. Solch eine Versicherung fängt die Entwicklungsstörung aus der Kindheit ab, als der Patient, sagen wir, den Anfang der Trennung und Individuation erreicht hatte und nur durch einen Rest nicht-neutralisierter Aggression zurückgehalten wurde. Mahler und Spitz zeigen, daß Aggression zur Wachstumsförderung nur in der neutralisierten Form gebraucht werden kann. Viele bleiben in der symbiotischen Vereinigung fixiert, weil sie fürchten, daß die Trennung sowohl sie als auch das Objekt zerstören könnte.

Der Patient Sweeney fürchtete die Einmischung des Therapeuten. Er kam zur Behandlung, weil er die Forderung seiner Frau, ständig mit ihr zusammenzusein und ihr alles zu sagen, nicht ertragen konnte. Sie hatte sogar etwas dagegen, daß er zur Arbeit ging. Er fühlte sich schuldig, weil er sich von ihr zurückzog, und wollte dies gern in Ordnung bringen. Der Therapeut sagte, daß jeder Mensch hin und wieder mit sich allein zu sein hat. Sweeney war dadurch sehr erleichtert. Der Zweck war hier nicht nur, sein Schuldgefühl zu vermindern, sondern den Weg der Erkenntnis dessen zu bahnen, wo in seiner Kindheit sein Streben nach Trennung und Individuation in eine Sackgasse geraten war. Es stellte sich heraus, daß seine Mutter, eine manisch-depressive Frau, ins Krankenhaus mußte, als er zwei Jahre alt war, und daß seine Kindheitsphantasien unvermeidlich ihr Verschwinden mit seinen aggressiven Gedanken und Gefühlen verbanden. Danach fühlte er sich schuldig, wann immer er es wagte, die Aggression im Dienste des Fortschreitens seiner behinderten Entwicklung zu benutzen, und so bildete dies den Fixationspunkt seiner Ich-Entwicklung, die schon an sich brüchig war, da er eine psychisch kranke Mutter hatte.

Die Entwicklung des Ichs und seiner Funktionen wird als der entscheidende Faktor angesehen, wenn festgestellt werden soll, ob die Form des Ausdrucks mit dem Ziel der Behandlung in Einklang steht. Manche Patienten schreiben dem Therapeuten zwischen den Sitzungen Briefe oder führen ein Tagebuch, das der Therapeut lesen soll. In vielen Fällen, besonders am Anfang der Behandlung, wäre es unhöflich, solches Material einfach zurückzuweisen. Der Therapeut muß dann einen Kompromiß schließen und das geschriebene Material vorläufig annehmen. Immer ist es aber das Ziel, den Patienten zu ermutigen, dem Therapeuten direkt zu sagen, was er ihn wissen lassen will. Künstler bringen ab und zu ihre Bilder, aus denen man manchmal eine Menge lernen kann. Es ist aber der Therapeut, der entscheiden muß, ob das Umgehen der Verbalisierung in solchen Fällen das Wachstum des Patienten fördert. Oft kann man dem Patienten vermitteln, wie wünschenswert das Verbalisieren ist, ohne geradezu grob zu sein oder den Narzißmus dieser sehr sensitiven Patienten zu verletzen. »Ich habe Ihre Briefe gelesen und schätze die Mühe, die Sie sich machen, um eine Kommunikation mit mir herzustellen. Wäre es nicht großartig, wenn Sie mir das alles ins Gesicht sagen könnten und sich nicht die Mühe des Schreibens machen müßten?«

Um Techniken für die Rekonstruktion des präverbalen Materials vorzuschlagen, dehnen wir die präverbale Periode so weit aus, daß sie sich auch auf die Zeit erstreckt, in der die Sprache als Ich-Funktion schon erworben ist, aber noch nicht dominiert. Die Dauer dieser »schweigenden« Periode des Lebens ist länger, als man gewöhnlich glaubt. Kindertherapeuten erkennen dies an, indem sie das Verbalisieren durch Spiel ersetzen, da das Kind nicht die Komplexität seiner Gedanken und Affekte in Worten ausdrücken kann. Dem erwachsenen Patienten muß man helfen, Funktionen zu erwerben oder zu verbessern, wofür sogar in der normalen Kindheit Jahre gebraucht werden. In den folgenden Krankengeschichten wird gezeigt, wie das Verständnis des präverbalen Lebens die Diagnose vertieft und in manchen Fällen die Rekonstruktion ermöglicht.

Der Patient Turner, der schon über ein Jahr in Behandlung war, kam immer pünktlich zu den Sitzungen. Er klingelte an der Tür und wartete dann, bis er das vertraute Summen hörte, das ihm die Tür öffnete. Ohne daß der Therapeut es wußte, der auf den Knopf gedrückt hatte, funktionierte der Mechanismus einmal nicht, und der Patient konnte nicht herein. Nach nicht mehr als zwei Minuten, als der Therapeut merkte, daß Turner nicht im Wartezimmer war, ging er zur Türe. Der Patient war deprimiert, und diese Stimmung konnte nicht schnell vertrieben werden, sogar als die Sitzung schon gut im Gange war. Solch ein zufälliges Ereignis wird zum ausgezeichneten Material für die Sitzung, wenn nicht seit der letzten Sitzung etwas von großer Bedeutung im Leben des Patienten vorgefallen ist. Als der Therapeut zu erkennen gab, daß er den Grund für diese Verstimmung erkannte, kommentierte Turner, daß es ihm immer so gehe, wenn man ihn warten lasse. Der Therapeut fragte ihn, ob es für ihn dasselbe sei, vor der Tür oder bei anderen Gelegenheiten warten zu müssen. In früheren Sitzungen hatte Turner beschrieben, wie ungeduldig er wurde, wenn er bei einer Verkehrsampel oder auf Bedienung im Restaurant warten mußte oder darauf, daß seine Frau fertig würde, wenn sie etwas zusammen unternehmen wollten, und hatte sogar seine Neigung zur vorzeitigen Ejakulation beschrieben, da er es nicht immer fertigbrachte zu warten[9].

---

[9] Wir schlagen hier nicht eine einfache Ätiologie der sexuellen Probleme vor. Bei der vorzeitigen Ejakulation ist Ungeduld nicht die einzige Determinante, trägt aber sehr oft dazu bei. Kastrationsangst, die ein zentraler Faktor ist, wird

An der Türe hatte er diesmal keine Wahl. Turner sagte, daß er, wenn es noch viel länger gedauert hätte, weggegangen wäre. Das ist die direkte therapeutische Gelegenheit herauszubekommen, was er sich wohl dabei dachte. Auf diese Weise erfuhr der Therapeut, daß Turner keine Ahnung hatte, wie lange er gewartet hatte; es war ihm sehr lange vorgekommen. Der Therapeut unterbrach ihn nicht, um zu sagen — ob nun defensiv oder informativ —, daß es nur zwei Minuten waren. Statt dessen merkte er sich, daß eine Ich-Regression vorlag, bei der das Zeiturteil verlorengeht, und fragte sich: Ist Ich-Regression für diesen Patienten, wenn er unter Streß steht, charakteristisch?

Durch weiteres Nachforschen erfuhr der Therapeut auch, daß Turner gedacht hatte, er sei an jenem Tage überhaupt nicht da und habe ihn wahrscheinlich vergessen. Und wieder bildete der Therapeut sich im Geiste eine Hypothese: Hatte man Turner, als er ein Säugling war, zu lange warten lassen? Man sollte nicht zu eifrig auf diese Hypothese springen. Auch das Gegenteil könnte richtig sein. Vielleicht wurde ihm damals jede Laune erfüllt, zu einer Zeit, als die Entwicklung besser dadurch gefördert worden wäre, daß man die Frustrationstoleranz gestärkt hätte und ihn eine vernünftige Zeitlang hätte warten lassen. Der Augenschein liegt aber in der anderen Richtung, da der Patient sagte, er wäre fortgegangen, wenn der Therapeut nicht nach einer oder zwei Minuten gekommen wäre. Das deutete recht stark darauf hin, daß in seiner Säuglingszeit das Warten nicht durch Befriedigung belohnt worden war: es hätte also keinen Zweck, auf den Therapeuten zu warten. Und Turner dachte auch, man habe ihn vergessen. Dies sagte dem Therapeuten, daß sehr wahrscheinlich die Selbst- und Objekt-Repräsentanzen nicht ganz ausreichend waren. Turner machte sich nicht klar, daß er für den Therapeuten hinreichend besetzt war, so daß er nicht so nachlässig vergessen werden konnte. Und so spricht die Phantasie-Verbalisierung des Erwachsenen (»ich dachte, Sie hätten mich vergessen«) die präverbale Erfahrung ohne direkte Erinnerung aus. Wir sagen »spricht aus«, nicht »verbalisiert«, da wir letzteren Terminus für den Prozeß reservieren, bei dem

hier nicht erörtert, da wir den Fall von Turner benutzen, um zu illustrieren, daß man bei den psychotherapeutischen Bemühungen manchmal nicht auf Dinge eingeht, die wegzulassen bei der Psychoanalyse eine sehr ernste Unterlassung wäre. Durch solche Illustrationen möchten wir zeigen, daß — während psychoanalytische Prozeduren es verlangen würden, sich an die Kastrationsangst und deren Begleitprobleme zu wenden, die aus der phallisch-ödipalen Phase hervorgehen — der Psychotherapie-Patient mit dem weit schwächeren Ich öfter als man denkt grundlegende Arbeit im Ich-Aufbau braucht, besonders auf solchen Ebenen der Angst wie Furcht vor Objektverlust, wie in Turners Fall, bevor man die Kastrationsangst angehen kann.

das Ich Erfahrung mit Worten besetzt, die für die semantische Kommunikation gebraucht werden.

Dieser Fall zeigt, wie das Tiefenverständnis dadurch erleichtert wird, daß man genau auf Reflexionen aus der präverbalen Erfahrung achtet. Aber wie hilft das der Therapie? Manchmal durch eine Rekonstruktion: »Sie mußten zu lange warten, bevor Sie noch imstande waren, dies zu ertragen, und sogar, bevor Sie solche Gedanken in Worte kleiden konnten, haben Sie dann gedacht, daß man Sie vergessen habe.« Diese Art von Rekonstruktion muß für den Patienten recht überzeugend sein; es kommt nicht darauf an, wie sehr der Therapeut von der Schönheit dieser Hypothese überzeugt ist. In unserem Falle, wie in vielen anderen, ist es klüger, die Hypothese für sich zu behalten und abzuwarten, bis sich genügend Beweismaterial angehäuft hat und sich für den Patienten selbst eine bessere Gelegenheit bietet, die Verbindung herzustellen.

Es ist wesentlich, daß solche Situationen auf keinen Fall künstlich herbeigeführt werden dürfen, z. B. indem man den Patienten absichtlich warten läßt. Wir würden das sogar für falsch halten. Wenn therapeutisch eine Situation absoluten Vertrauens bestehen soll, sind keine derartigen Arrangements und keine irgendwelchen Tricks erlaubt. Ein unglücklicher Zufall kann benutzt werden, aber wenn die Szene gestellt ist, vermindert sich die Nützlichkeit bis zu dem Punkt, von dem es kein Zurück mehr gibt. Manche Patienten werden behaupten, solche Vorkommnisse, die ja in der Praxis eines jeden Therapeuten passieren können, seien arrangiert worden, um die Patienten zu testen; aber dies ist ein anderes entwicklungsdiagnostisches Problem. Solche Reaktionen, die an das Paranoide grenzen, sind immer ein krankhaftes Zeichen, insofern als es die Entwicklung des Ichs betrifft. Sie zeigen gewöhnlich einen Grad des Narzißmus an, der pathologisch ist, wenn er über die Säuglingszeit hinaus besteht, in der das Kind meint, die ganze Welt drehe sich um es. Die Tatsache, daß es erwachsene Patienten gibt, die so fixiert oder so regressiv sind, ist an sich schon ein starkes Argument gegen ein künstliches Arrangieren, das nur dazu dienen würde, die Auf-sich-selbst-Bezogenheit auf Kosten der Realitätsprüfung zu bestätigen. Es ist wesentlich für die Unterstützung und den Aufbau realistischer Selbst- und Objekt-Repräsentanzen, daß der Patient Vertrauen zu dem haben kann, was vor sich geht.

Mit Turner war es so, daß der Therapeut mehrere Sitzungen lang abwartete, während der Patient sich mehr oder weniger immer an dasselbe Thema — das Problem des Wartens — hielt. Dieses konsequente Verfolgen eines Themas ist die therapeutische Belohnung dafür, daß der Therapeut das Material in der oben beschriebenen Sitzung ausgenutzt hatte. Dem Patienten wird die Bedeutung eines scheinbar trivialen Geschehnisses, das leicht übersehen werden kann, deutlich, und er arbeitet weiter an ihm. So steht der Fall weniger in Gefahr, chaotisch zu werden, da der Patient ein Thema gefunden hat, von dem er fühlt, daß es »richtig« ist und das er weiter erforschen möchte. Deshalb erörterte Turner in der darauffolgenden Sitzung seine Ungeduld beim Warten auf das grüne Ampelsignal, als er mit dem Auto zu der Sitzung fuhr. Beinahe hätte er die Ampel einfach nicht beachtet, aber er hatte schon genug Verkehrsdelikte auf dem Kerbholz. Er konnte es eben kaum erwarten, zu dieser Sitzung zu kommen. Der Therapeut fragte ihn, ob ihm das Warten bei früheren Sitzungen leichter gefallen sei. Turner bejahte das. Er bekannte, daß er bei dieser Sitzung so darauf aus war, an seiner Ungeduld zu arbeiten, und er führte das weiter mit Material der Sitzung vom Tage vorher aus. Seine Frau hatte ihn wieder warten lassen, als sie zu einer gesellschaftlichen Verabredung gehen wollten. Der Therapeut dachte — sagte es aber nicht —, daß Turner das vielleicht mit seinem sexuellen Problem in Verbindung bringen würde. Es stellte sich aber heraus, daß er das nicht so bereitwillig tat, wie der Therapeut gehofft hatte. Man sollte eben nicht zu sehr auf ein sofortiges Resultat bauen. Es handelt sich ja um die Behandlung des Patienten, und der läßt sich sein Tempo nicht vorschreiben. Es passierte in diesem Falle (der in der Psychotherapie nicht ungewöhnlich ist), daß das sexuelle Problem selbst nicht so direkt erörtert wurde, wie der Therapeut sich das gedacht hatte; aber sein Verständnis genügte doch, um dem Patienten zu helfen, sich mit dem allgemeinen Thema der Frustrationstoleranz zu befassen, bis zu dem Punkt, wo sich seine sexuelle Funktion etwas besserte. Das geschah, als Turner das Thema aufgriff und zu seinem eigenen machte. Wenn wir Anfänger unterrichten und beaufsichtigen, weisen wir manchmal darauf hin, daß, als Nebenergebnis der ich-psychologischen Methode, die Arbeit des Therapeuten leichter wird, wenn der Patient mehr und mehr Verantwortung für seine eigene Behandlung übernimmt. Unser wahrer Zweck dabei ist nicht, dem Therapeuten unnütze Arbeit abzunehmen, sondern ihm zu helfen, seine Arbeit so einzuteilen, daß, wenn der Patient seinen Teil tut, der Therapeut Zeit zu entwicklungsdiagnostischem Denken hat und dies zu den vielen stummen Prozessen hinzufügt, die in seinem Geiste im Dienste des Patienten vor sich gehen.

Im weiteren Verlaufe seiner therapeutischen Arbeit begann Turner Fragen zu stellen, die sich auf seine verminderte Fähigkeit zum Warten bezogen. Der Therapeut behandelte sie als rhetorische Fragen und ermutigte ihn so, in seinen Bemühungen fortzufahren, seine eigenen Fragen zu beantworten. Indem er ihm hier und da eine helfende Hand bot — so wie die gute Mutter, die sich der jeweiligen Phase und dem Grade der Fähigkeit des Kindes, selbst etwas zu tun, anpaßt —, schob der Therapeut den Patienten vorwärts mit Fragen wie: »Also versuchen Sie doch herauszufinden, wo und wann das Ganze angefangen hat.« Es wäre irreführend zu versprechen, daß so etwas sofortige und magische Resultate zeitigt. Turners Reaktion darauf war: »Ich kann nicht.« Der Therapeut, der dies als »Tu du es für mich« versteht, hat recht, sollte dem aber nicht entgegenkommen. Es ist besser, aber nicht sehr viel, zu sagen: »Versuchen Sie es.« Die beste Antwort wäre: »Wollen wir doch zusammen daran arbeiten.« Dies überbrückt den Abstand zwischen Turners begrenzter Fähigkeit und dem Wünschenswerten, ihn soviel wie möglich selbst tun zu lassen. Es ist wie eine gute Bemutterung, die gerade genug Frustration liefert, um dem Ich zur Entwicklung zu verhelfen, aber nicht mehr.

»Wollen wir doch zusammen daran arbeiten«, ist ein Angebot und deutet an, daß der Therapeut den nächsten Zug machen wird. Er muß das dann auch tun, damit er nicht enttäuscht, und doch darf er nicht die Aufgaben übernehmen, die am besten dem Ich des Patienten überlassen bleiben sollen. Der Therapeut sagte: »Es gibt eine Zeit in unserem Leben, wo es einem schwer ist zu warten«, und Turner antwortete: »Meinen Sie, wenn wir noch Babys sind?« Der Therapeut ignorierte das Fragezeichen. Während hier ein zustimmendes Nicken keinen großen Schaden angerichtet hätte, war es doch besser, sich an das Prinzip zu halten, daß nicht alle Fragen beantwortet werden müssen. Hier war es so, daß der Therapeut nicht unterbrechen wollte, noch nicht einmal mit einem Nikken, denn Turner war gerade dabei, so nah, wie es überhaupt möglich war, an die verschwommene Säuglingszeit heranzukommen. Er erinnerte sich an seine Mutter aus den späteren Jahren. Er sagte: »Wie ich meine Mutter kenne, machte sie wahrscheinlich alles nach Vorschrift und fütterte mich alle vier Stunden, ganz egal, was.« Wir wissen, daß unter dem Einfluß des Behaviorismus in den zwanziger und dreißiger Jahren manchen Babys Frustration über das Erträgliche hinaus auferlegt wurde. Turners Bemerkung über die starre Unnachgiebigkeit der Mutter rundete das Bild ab, das der Therapeut sich im Geiste von ihr aufzubauen versucht hatte. Es paßte zu dem anderen Material, das Turner über seine Mutter schon geliefert hatte: ihrem Buchwissen, ihrer Neigung zum Intellektualisieren auf Kosten der spontanen Eingebung. Dazu kam das Fehlen der mütterlichen Einstellung, das im Einklang mit den Aufzuchtsmethoden jener Zeit stand.

Dieser Fall illustriert drei wichtige technische Punkte. Erstens: Manchmal bringen scheinbar triviale Vorkommnisse Phantasien an die Oberfläche, die, wenn sie hervorgelockt werden, viel über Haltungen enthüllen, welche sich seit der Kindheit tief eingegraben haben. Zweitens: Der Therapeut kann eine solche Information zumindest dazu benutzen, im Geiste historisch-diagnostische Hypothesen zu formulieren, um den Patienten dadurch noch tiefer zu verstehen. Drittens: Bei optimaler therapeutischer Gelegenheit ist eine Rekonstruktion präverbaler Erfahrungen möglich.

Das Verhalten der Patientin Loran war typisch für das vieler anderer Patienten, die zwar sprechen können, aber doch Vokalisation gebrauchen oder eine Kombination von Sprache und Vokalisation, in einer Weise, die für den Zuhörer oft verwirrend ist. Es bestand mangelnde Neutralisierung beider Triebe als Resultat davon, daß ihre Mutter sich gegen sie, als sie ein Säugling war, gefühllos verhalten hatte. Sie kam als Erwachsene zur Behandlung, so voll von Wut, daß sie dadurch fast erstarrt war, außerstande, in der Welt der Erwachsenen zu funktionieren, ihren Lebensunterhalt zu verdienen oder sinnvolle Beziehungen anzuknüpfen. Obgleich sie Worte gebrauchte, schrie sie den Therapeuten damit an, und es war unmöglich, den Grund für ihre momentane Wut zu eruieren. Sie knüpfte sie an wirkliche Ereignisse des Augenblicks an, wie z. B. die Farbe der Krawatte des Therapeuten. Aber das Ausmaß ihrer Unlust war so unverhältnismäßig groß, daß der Therapeut, als er sich erst mit diesem Verhalten vertraut gemacht hatte, sich darüber klar wurde, daß es ein Ausdruck der unneutralisierten Aggression aus der frühen Kindheit war, aus einer Zeit, in der die Gefühle des Unbefriedigtseins nicht in Worten definiert werden können. Sie drückte Unlust aus, die sie auf die Krawatte projizierte. Der Therapeut versuchte keine direkte rekonstruktive Interpretation, denn dies wäre zu weit davon entfernt gewesen, sie zu erreichen. Er sagte: »Dies hier mag der häßlichste Schlips in der Welt sein, aber das ist es nicht, was Sie so andauernd wütend macht.« Wiederholte Bemerkungen dieser Art, mit kleinen Variationen, wie sie sich aus der Situation ergeben, müssen geduldig gemacht werden, ohne dabei einen dramatischen Erfolg zu erwarten. Der Schaden kann sogar so groß sein, daß das Ich auf diesen Versuch, Gegenwärtiges von Vergangenem zu trennen, nicht reagieren kann, und das wäre als erster Schritt erforderlich. Reagiert das Ich, so wäre als nächster Schritt die Neutralisierung zu fördern, in diesem Falle dadurch, daß der Therapeut zu den Gefühlen übergeht, welche die Patientin zu dem Objekt als einer Person hat und nicht zu dessen Krawatte.

Der folgende Fall illustriert, wie die präverbale Erfahrung manchmal so grundlegend für die Entwicklung ist, daß man sich mit ihr auf der verbalen Ebene nicht erfolgreich befassen kann, bevor die früheren Traumen durchgearbeitet worden sind.

Die Klagen, die der Patient Ventnor vorzubringen hatte, deuteten auf Konversion hin, was traditionell als ein Symptom der Hysterie angesehen wird. Er hatte eine manuelle Beschäftigung, befand sich aber auf einem langen Krankenurlaub, als er an den Therapeuten überwiesen wurde, da man nach genauer körperlicher Untersuchung keine Ursache für starke Schmerzen im einen Bein hatte finden können. Rangell, der Konversionserscheinungen von der Somatisation unterscheidet, bemerkt, daß Konversion eine höhere Ebene der Ich-Organisation darstellt und Symbolisierung mit einschließt, während die Somatisation ohne eine solche Einbeziehung des Ichs vor sich gehen kann. Eine Differential-diagnose ist wesentlich, denn die ich-psychologische Methode der Therapie erfordert, daß der Therapeut sich genau an die Ich-Verletzung wenden kann. Im Falle von Ventnor zeigte die Suche nach auslösenden Faktoren, daß der Anfang der Schmerzen mit der fünften Schwangerschaft seiner Frau zusammenfiel. Frau Ventnor litt aber nicht an Phlebitis, und so konnte eine Hypothese der einfachen hysterischen Identifizierung ausgeschlossen werden.

Als der Patient kaum 14 Monate alt war, war ein Geschwisterchen geboren worden. So war also die nächste diagnostische Hypothese, daß seine Mutter, die schwanger wurde, als er noch ein Säugling war, vielleicht Phlebitis gehabt hatte und somit ein dunkel erinnertes Beinproblem lieferte, mit dem sich Ventnor als Kleinkind identifizierte. Dies ist haltbar, da in diesem Lebensstadium, bevor noch die Identität etabliert ist, die verschmolzenen Selbst- und Objekt-Repräsentanzen auf eine primitive Identifizierung mit dem Objekt, das als Teil seiner selbst wahrgenommen wird, hinarbeiten. Konversion wurde also ausgeschlossen, da das Ich in jenem Stadium der Entwicklung noch nicht die Gelegenheit gehabt hatte, die volle Symbolisierfähigkeit zu erreichen. Dies war auch keine echte Somatisation im Sinne von Schur, da das erwachsene Symptom sich nur zum Teil auf Deneutralisierung stützte.

Der Therapeut entschied sich, dies als Stillstand auf der prä-ödipalen Stufe der mütterlichen Identifizierung anzusehen. Solch eine feminine Identifizierung blieb bestehen und wurde während der Schwangerschaft der Frau wiederbelebt. Aber dann erhob sich die interessante Frage: Warum erst bei der fünften Schwangerschaft? Es handelte sich um Katholiken der unteren Mittelschicht, die keine Geburtenkontrolle ausübten und die, als sie Anfang dreißig waren, der Aussicht auf eine größere Familie gegenüberstanden, der sie finanziell und psychologisch nicht gewachsen waren. Ventnors verdrängte feindliche Einstellung zu seinen eigenen Kindern hatte ihre Basis in seinen frühen Jahren, als keine solchen Gefühle den Geschwistern gegenüber zulässig waren. In kirchlichen Schulen erzogen und sehr religiös, glaubte er bewußt, was er gelernt hatte — daß er seine Verpflichtungen als Mann dadurch erfülle, ein Ehe-

234

mann, Vater und Ernährer zu sein. Zu dieser Zeit brach der Konflikt aus und fand seine Lösung in der Regression zu der Undifferenziertheit. Nun konnte Ventnor also wegen seiner Schmerzen ohne Schuldgefühl aufhören zu arbeiten. Er konnte sich mit seiner Mutter in der verschmolzenen Ich-Identifikation jener frühen Lebensperiode wiedervereinigen, mit dem unbewußten Ziel, einige der Befriedigungen dieses verschmolzenen Zustandes wiederzuerlangen anstelle der strengen Forderungen der erwachsenen maskulinen Rolle, die ihm verfrüht auferlegt worden war, da er zu wenig Symbiose erfahren hatte, um imstande zu sein, die Rolle des Erwachsenen leicht auf sich zu nehmen.

Außer den Beinsymptomen litt der Patient auch an leichten bis schweren Angstzuständen. In seiner sozio-kulturellen Stellung würde er nicht direkt zum Therapeuten gegangen sein, obgleich er an schwerer Angst litt. Sein Arzt, der keinen organischen Grund für die Symptome fand, überwies ihn zuerst an einen Psychiater, der versuchte, die Angst mit Chemotherapie zu behandeln. Nachdem Tranquilizer versagt hatten, wurde er zur Psychotherapie überwiesen. Ventnor verbalisierte gegenüber dem Therapeuten: »Sie sagen, daß ich mich dann besser fühlen werde; aber nichts kann mir helfen. Ich habe Freunde, die sich nach Thorazin besser fühlen, aber mir hilft nichts.« Der Therapeut hätte sehr leicht entmutigt werden können, denn er hörte in einer Sitzung nach der anderen nur immer wieder, daß alles nichts helfe. Indem er aber im Auge behielt, daß dies vielleicht präverbale Affekte und Haltungen ausdrückte, meinte der Therapeut, daß sich dies auf die Zeit bezog, als die Versorgung durch die Mutter, besonders das Füttern, keine volle emotionale Befriedigung gegeben hatte. Wir wissen, daß es nicht die Nahrung allein ist, die für den Säugling befriedigend ist, sondern die »Gestalt« des Fütterungsmilieus. Wollte Ventnor damit sagen, daß das Einnehmen von Drogen allein, ohne Liebe und Verständnis, das Füttern nur um der Nahrung willen wiederholte und daher die anderen Bedürfnisse nicht befriedigen konnte? Und seine Freunde, bei denen Tranquilizer doch halfen, stellten sie nicht das Geschwisterchen dar, das genährt und liebevoll behandelt wurde, während er dabeistand und voll Neid zusah?

Der Therapeut versuchte nicht, Ventnor dazu zu bringen, sich an diese frühe Periode zu erinnern oder sie zu rekonstruieren, sondern er entschloß sich, sich statt dessen mit dem Ich-Aufbau auf lange Sicht zu befassen, was dem Patienten helfen sollte, die Selbst- von den Objekt-Repräsentanzen zu trennen und seine Geschlechtsidentität fester als in der Kindheit wiederaufzurichten zum Unterschied von prä-ödipalen mütterlichen Identifizierungen. Das würde ihm dann auch helfen, sich von homosexuellen Befürchtungen zu befreien. So ein Ziel wird nicht schnell erreicht, denn ein langer Entwicklungsweg muß wieder zurückgelegt werden, und zwar in einer Weise, die dem Patienten hilft, seinen Stillstand zu verstehen, ohne das zu bedrohen, was in Wirklichkeit an maskulinen Identifizierungen besteht. So wurde also Ventnors Angewohnheit, die Abende mit dem Trinken von rund drei Liter Bier zu verbringen, akzeptiert als in sehr geringem Maße kulturell bedingt. Von weit größerer Bedeutung war die symbiotische Wiedervereinigung, die der alkoholische Dusel ihm brachte. Ventnor dachte bewußt an sich selbst als an einen Mann, denn er hatte einen Vater, der sich zur Identifizierung eignete (wenn auch nicht genug, um dem Jungen zu helfen, sich genügend von der prä-ödipalen Mutter zu lösen). Diese Entwicklungsebene war daher brüchig und sollte nicht noch brüchiger gemacht werden. Das illustriert die ich-psychologische Bedeutung der Unterstützung. Auf welcher Entwicklungslinie auch immer ein maximales Niveau erreicht worden ist, zuerst muß man Unterstützung geben und dann fördern. Wir erörtern hier Ventnors Geschlechtsidentität, aber die gleiche technische Regel würde auch bei jedem anderen Entwicklungszug angewandt werden: Zuerst Unterstützung, um darauf aufzubauen. Das erfordert aber, daß der Therapeut genau weiß, was er unterstützt, denn irgendeine allgemeine Beruhigung ist zu unspezifisch, um therapeutisch wirksam zu sein.

Für diesen Mann wie für viele andere gab es keine klare Grenze zwischen »aktiv« und »passiv«. Wir definieren »passiv« als weitgehend prä-ödipal sowohl für Knaben wie für Mädchen, da es sich auf die Zeit bezieht, in welcher der Trennungs-Individuations-Prozeß noch nicht vollendet ist. Der Übergang vom Passiven zum Aktiven erfordert mehr väterliche Hilfe, als Ventnor zur Verfügung stand. Greenacre führt das weiter so aus: Im zweiten Lebensjahr wird die Trennungs-Individuation durch den Vater unterstützt, der jetzt als eine großartige, mysteriöse, idealisierte Figur wahrgenommen zu werden beginnt und seine Kinder beiderlei Geschlechts mit Erfahrungen versorgt, die anders und verlockender sind als die symbiotische Vereinigung mit der Mutter. Auf diese Weise beschleunigt er die Trennungs-Individuation. Seine maskuline Muskulatur gibt seinen Kindern eine andere sensuelle und taktile Erfahrung. Sein Spiel hat eine verlockende Qualität. Er neigt dazu, das Kind in die Höhe zu werfen, es ganz anders zu tragen, es herumzubewegen und ihm dadurch Erfahrung in Raum und Bewegung zu verschaffen. Das Kind beginnt, sich mit seiner Kraft zu identifizieren, und entwickelt viel Phantasie über das idealisierte Leben, das der Vater führt, wenn er nicht zu Hause ist. Sein Erscheinen am Abend und an Wochenenden wird von dem Kind als eine lustvolle Befreiung von der schwindenden Symbiose begrüßt. Der Knabe erwirbt — als eine wichtige Facette seiner Identität

— ein Geschlechtsgefühl. Dann kann er sich in die eigentliche ödipale Situation in der Atmosphäre einer dauernden benignen väterlichen Ermutigung und minimaler mütterlicher Verführung hineinbewegen.

Von Ventnor müssen wir sagen, daß er in die Ödipalphase »hineingehinkt« war. Dies könnte man im Hinblick auf das Beinproblem, das soviel später in seinem Leben auftrat, fast wörtlich verstehen. Wir meinen es jedoch bildlich und werden beschreiben, wie der Therapeut zum Verständnis der Entwicklungshemmungen kam, aus denen sich trotzdem Ventnors bewußtes maskulines Image entwickelte, denn er ergriff einen männlichen Beruf, er heiratete und lebte als ein Heterosexueller. Er war imstande, genügend erinnerte Geschichte zu liefern, so daß man einige Aspekte seiner Entwicklung und ihrer Verzögerungen umreißen konnte. Wir wissen schon, daß ein Geschwisterchen geboren wurde, als der Patient 14 Monate alt war. Das Symptom, das er darbot, ist also wenigstens doppelt bestimmt: durch die mütterliche Identifizierung und die Wahrscheinlichkeit, daß 14 Monate das Alter sein könnte, in dem er bereit war, laufen zu lernen. Es kann für ein Kind schmerzlich sein, daß es laufen lernen muß, während das Baby getragen wird. Obgleich der Therapeut an so etwas dachte, hielt er sich doch mit dieser Mitteilung an den Patienten zurück. Er dachte ferner daran, daß die Mutter ja schwanger wurde, als Ventnor 5 Monate alt war, und daß dies in irgendeiner Weise die symbiotische Befriedigung störte, weil, ob nun positiv oder negativ, die Mutter mit dem ungeborenen Kind beschäftigt war. Selbst wenn es sich um eine ungeplante Schwangerschaft handelte, was anzunehmen ist, lenkte sie doch von der Symbiose ab, die zu jener Zeit Ventnors phasenspezifisches »Recht« war. Ventnors Vater, ein Untergrundbahnführer, arbeitete in unregelmäßigen Schichten und interessierte sich nicht sehr für die Kinder, wenn er zu Hause war. Wenn er am Tage schlafen mußte, drehte sich in der Familie alles darum, die Kinder ruhig zu halten. Seine Erholung lag außerhalb des Hauses, mit seinen Trinkkumpanen. Der Patient erinnerte sich mit soviel Ressentiment, wie seine strenge Erziehung erlaubte, daran, daß sein Vater sich später nicht viel für seine Schularbeiten oder seine turnerischen Bemühungen interessierte und ihm nicht die Kameradschaft bot, die andere Kinder mit ihren Vätern genossen. Dies ist eine bedeutende Abweichung von Greenacres Beschreibung der normalen Rolle des Vaters im zweiten Lebensjahr.

Ventnor hatte, oder man dachte, daß er es hatte, im Alter von 7 Jahren Gelenkrheumatismus. Er wurde mehrere Monate lang im Bett gehalten, während der Vater bei der Arbeit und die Geschwister in der Schule waren. So hatte er also Mutter ganz für sich allein und erreichte damit so etwas wie die ersehnte Symbiose zu einer Zeit, als sie nicht mehr phasengerecht war. Diese Maßnahme hatte keine reparative Wirkung, konnte sie auch nicht haben, bestimmte aber für den Patienten das Grundmuster für sein Leben als Erwachsener: Der angenehme Weg zurück zur ersehnten Symbiose führt über die Krankheit. Eine derartige Methode beschwichtigt das Über-Ich, fördert aber nicht das Ich-Wachstum. Sein Erreichen der symbiotischen Befriedigung in einer unpassenden Entwicklungsphase war eher schädlich, als daß es das Wachstum förderte. Dies unterstützt unsere Ansicht, daß im großen und ganzen korrektive emotionale Erfahrung, die nicht phasengerecht ist, nicht für ihr Fehlen in der phasengerechten Zeit entschädigen kann.

Die Erkrankung in der Kindheit verstärkte schon vorhandene regressive Bahnen und führte zu einem Symptom, das »Körpersprache« statt der Verbalisation benutzte. Es wäre aber eine zu große Vereinfachung, wenn man das Symptom einfach in ein »Ich bin zu klein, um zu laufen« übersetzte. Die Übersetzung (die wir hier nur zum Zwecke des Verständnisses und nicht für eine Interpretation vorschlagen) würde biographisch wie folgt lauten:

Zuerst, d. h. in den ersten Monaten, gab meine Mutter, wegen ihrer eigenen emotionalen Verarmung in ihrer Kindheit und wegen der fehlenden Unterstützung durch ihren infantilen Mann, gerade eben genug von guter Bemutterung, so daß Triebdifferenzierung und Fusion, Neutralisierung, Objektbeziehungen und andere Ich-Funktionen stattfinden konnten. Dies verhinderte eine Psychose. Dann aber hatte sie eine neue, unerwünschte Schwangerschaft und entwöhnte mich, wahrscheinlich recht abrupt, wenn wir ihre kulturelle Orientierung in Betracht ziehen. Sie fühlte sich wahrscheinlich während der Schwangerschaft elend, psychisch und physisch, und das entzog mir zu einer Zeit ihr Interesse, als ich ihre symbiotische Nähe für meine eigene Entwicklung brauchte. Sie hat vielleicht Phlebitis gehabt, und als ich anfing zu laufen, kam sie ins Krankenhaus, wo mein Bruder geboren wurde.

Damals dauerte das Wochenbett zehn Tage, die mir wie eine Ewigkeit vorkamen. Ich wurde von der Schwester meiner Mutter versorgt, die mir gegenüber immer sehr kühl war. Meine älteren Geschwister sorgten für sich selbst. Mutters Abwesenheit bedrückte mich, und daher trinke ich jetzt soviel Bier, wenn ich mich elend fühle. Dann brauche ich nicht zu denken oder zu fühlen, außer wieder etwas von dem symbiotischen Glück aus meinen ersten Monaten.

Als Mutter aus dem Krankenhaus nach Hause kam, war dieses Baby da, und ich sah zu, wie sie es nährte, während ich dabeistand und unter meinem intensiven Neid litt. Ich hatte gerade angefangen zu laufen, aber es war schöner, ein Baby zu sein und getragen zu werden. Dann erinnerte ich mich daran, daß meine Mutter ganz kurze Zeit vorher Beschwerden mit ihren Beinen gehabt hatte. Zu der Zeit unternahm ich nichts in dieser Richtung, sondern war ein artiges Kind, zeigte keine Eifersucht, fuhr mit meiner Trennungs-Individuations-Phase fort mit nur gelegentlicher Hilfe von meiner Mutter. Wenn ich mich wegtrollte, wurde dies manchmal von ihr als Erleichterung begrüßt, aber sie schrie mich auch an, wenn ich zu Zeiten fortlief oder zurückkam, die ihr unbequem waren. Sie mußte sich um die anderen Kinder kümmern, und wenn die älteren aus der Schule alle auf einmal zum Essen kamen, war sie wirklich zu beschäftigt, um an mich zu denken. Wieder, wie in der Zeit, als sie im Krankenhaus war, sehnte ich mich nach ihr, wenn sie nicht da war, und es überkam mich panische Angst, allein zu sein.

Von meinem Vater hatte ich wenig. Wenn er zu Hause und in einer seiner seltenen guten Launen war, teilte ich ihn mit den anderen. Ich habe ihn niemals richtig kennengelernt, noch nicht einmal, als ich heranwuchs. Ich habe aber von ihm die Vorstellungen von Maskulinität. Es schien, daß er niemals etwas brauchte. Jetzt ist mir klar, daß er es aufgegeben hatte zu versuchen, daß seine Bedürfnisse zu Hause befriedigt wurden, und er verbrachte die meiste Zeit im Wirtshaus mit seinen Freunden. Zu jener Zeit aber schien es mir, als ob ein Mann eben nichts braucht. Ich dachte über Sexualität nach und hörte eine Menge darüber, was ich kaum verstand, aber es regte mich auf. Niemand kümmerte sich viel darum, wie irgend etwas auf mich wirkte.

Als die Zeit herankam, mußte ich in die Schule. Die Schwestern (Nonnen) waren oft grausam gegen Jungen, wenn sie ungezogen waren; aber ich versuchte, artig zu sein und nicht einmal schlimme Gedanken zu haben. Und so machte ich weiter, entwickelte mich nicht voll, kam aber mit. In der Oberschule gab es ein paar Eskapaden, wobei andere Jungen die Führer waren; aber am heutigen Standard gemessen, war nicht viel dran. Wir hatten auch ein paar Parties mit Mädchen, rauchten und tranken Bier. Ich hatte Angst, ein Mädchen anzufassen.

Ich lernte meine Frau kennen, als ich 19 war. Sie kam genau wie ich aus einer gutkatholischen Familie. Ich erhielt diesen Job, und wir heirateten. Die Verantwortungen fingen an, immer mehr zu werden. Als die Babys ankamen, war meine Frau immer mehr mit ihnen beschäftigt, und es war wieder genauso wie in meinen früheren Jahren. Ich versuchte, mich wie ein guter Vater in meine Pflichten zu stürzen, wie ich es gelernt hatte, aber ich hatte kein internalisiertes Vorbild der Väterlichkeit. Es war alles immer nur Pflicht. Als das fünfte Baby ankam, konnte ich es nicht länger aushalten, aber ich war mein ganzes Leben lang dazu erzogen worden, keine Gefühle und Bedürfnisse anzuerkennen. Sie verdar-

ben mein eigenes Image der Maskulinität. Ich fürchtete mich vor dem Ge-
danken, den ich durch meine ganze Adoleszenz hindurch gehabt hatte:
daß ich vielleicht homosexuelle Neigungen hätte. Sie tauchten allmählich
wieder auf, aber ich fegte sie zur Seite. Ich wollte an nichts denken, was
ich nachher beichten müßte. Als es zu viel für mich wurde, war es ge-
nauso wie zu der Zeit, als mein Bruder geboren wurde, wenn ich auch
nicht wußte, daß ich mich daran »erinnerte«. Ich bekam aber diese Schmer-
zen im Bein und konnte nicht arbeiten. Es war ein unbewußter Versuch,
nahe bei meiner Mutter zu sein, ohne mein maskulines Selbst-Image zu
zerstören. Der Arzt war interessiert und machte alle diese Tests. Meine
Frau fing an, sich zu sorgen, was mir Schuldgefühle gab, aber ich wollte
auch, daß sie sich sorgte. So liegt also mein Punkt des Stillstandes in den
Annäherungs- und Übungs-Subphasen der Trennungs-Individuation mit
etwas Regression zur Symbiose. Meine maskuline Identität ist brüchig, da
die mütterliche Identifizierung vorherrscht; aber ich werde das nie zuge-
ben. Der Doktor sagte, ich solle zu einem Therapeuten gehen, da mit
meinem Bein alles in Ordnung sei. Sogar während ich hier bei Ihnen sitze,
fürchte ich mich vor den Gefühlen und dem abhängigen Verlangen, die
sich bei mir bilden.

Diese Art einer hypothetischen »Übersetzung« der präverbalen Erfahrung des Patienten ist nützlich, denn sie stellt ihn im Geiste des Therapeuten in einen diagnostischen Bezugsrahmen und schafft ein therapeutisches Milieu, in dem Ventnor immer in historischer Tiefe verstanden
wird. Es kommt fast nie bei der psychotherapeutischen Behandlung vor,
daß der Patient ein solch komplettes Wissen von sich selbst erlangt. Aber
immer sind seine eigenen Interpretationen denen des Therapeuten vorzuziehen. Die anfängliche Aufgabe in diesem Falle war nicht, Einsicht zu
vermitteln, sondern, sich mit Ventnors Klage zu beschäftigen, daß bei
ihm nichts helfe. Mit großem Respekt vor der Hartnäckigkeit des Wiederholungszwanges vermied der Therapeut aber Beruhigung oder das
Versprechen zu helfen, sondern befaßte sich statt dessen mit den Gefühlen, die Ventnor durch seine Klagen zum Ausdruck brachte. Psychisch gesehen war es die Wahrheit, daß in der Erfahrung des Patienten nichts,
was von außen kam, je geholfen hatte.

Indem der Therapeut dieses Wissen mit der Notwendigkeit kombinierte,
Ventnors teuer erkaufte maskuline Position zu unterstützen, sagte er:
»Wissen Sie, Sie sind auf Ihre Leistungen im Leben stolz, die so sehr für
Sie sprechen; und da Sie alles das so ganz und gar allein geschafft haben,
ist es für Sie jetzt schwierig, Hilfe von außen anzunehmen.« So etwas
wirkt unterstützend, ohne ein oberflächliches Auf-die-Schulter-Klopfen.
Es kommt dem Patienten da entgegen, wo er psychologisch steht, wo-

durch die therapeutische Allianz verstärkt wird. Es läßt ihn ohne An-klage, die zu Schuldgefühlen führen würde, wissen, daß seine defensive Unabhängigkeit ein bereitwilliges Eingehen auf Hilfe ausschließt. Das bedeutet, daß die Verleugnung von oralen Wünschen sogar die Tran-quilizer daran hinderte, seine Angst zu beheben. Es hat auch das Ziel, ihn zu beruhigen, indem es zeigt, daß die Hilfe, die der Therapeut anbieten kann, mit dieser Interpretation der anfänglichen Angst als Beispiel, nie-mals sein maskulines Selbst-Image untergraben wird. Dies wird dann den Weg für eine zunehmende Rezeptivität für die folgenden Interpretatio-nen bahnen. Das Gleichgewicht wird sich von der Abwehr gegen die Ab-hängigkeit dahin verschieben, ihr nachzugeben, um sie ohne Angst und Schuldgefühle zu verstehen und sie schließlich fester zu überwinden als in der Kindheit. Ventnor wird lernen, daß ein Mann Bedürfnisse haben kann und trotzdem immer noch ein Mann bleibt. Er wird dazu kommen, seine Bedürfnisse zu respektieren, so wie der Therapeut im Rahmen einer festen therapeutischen Allianz einen stetigen Respekt zeigt, so daß der Patient anfangen wird, sich damit zu identifizieren. Allmählich wird sich sein Wertsystem ändern, nicht unter dem Einfluß einer äußeren Autori-tät, die ihn immer geleitet hat, sondern weil sein Über-Ich toleranter wird. Ich-Syntonizität wird die Schuldgefühle als Leitkraft für das Ver-halten ersetzen. Der Therapeut kann nicht allen psychischen Entzug sei-ner Kindheit wiedergutmachen, wohl aber dem Patienten helfen, daß er manches davon versteht. Ein derartiger Patient muß Selbst-Empathie zu entwickeln lernen, nicht nur für seine libidinösen Bedürfnisse, sondern auch für die Aggression, die so sehr verdrängt worden ist. Wenn die Aggression aufgedeckt, verstanden und akzeptiert worden ist, wird Ventnor vielleicht in der Lage sein, seine Kinder weniger zu beneiden, dadurch ein besserer Vater werden und sein maskulines Image stärken. Auf diese Weise wird der Circulus vitiosus unterbrochen und durch einen benignen ersetzt[10].

Der Therapeut tut gut daran, sich darin zu üben, in solchen historischen, diagnostisch-entwicklungsmäßigen Vorstellungen zu denken. Wenn diese erst ein Teil seines professionellen Denkens geworden sind, wird er schärfer auf präverbale Emanationen eingestellt sein, ob sie nun in der Form von Handlungen oder sogar, irreführenderweise, als Worte er-scheinen. Es ist wohl am allerschwierigsten zu unterscheiden, ob der Pa-tient sich präverbal ausdrückt, wenn er in Wirklichkeit nur das Medium der Sprache gebraucht. Ein großer Unterschied zwischen der momenta-nen Provokation und der überstarken Affektreaktion ist aufschlußreich,

---

[10] Material von Joyce Edward zur Verfügung gestellt.

wie im Falle der Patientin Loran. Agieren anstelle des Verbalisierens ist ein anderer solcher Hinweis. Somatisierung ist immer ein Hinweis darauf, daß präverbale Bahnen für die Abfuhr benutzt werden.

Die Patientin Weber würde traditionell als ein zwanghafter Charakter mit Neigung zum Intellektualisieren auf Kosten des Affekts diagnostiziert werden, mit evident anal-retentiven Zügen und einer schwelenden Aggression, die sich hinter einer Fassade von Ausdruckslosigkeit verbirgt. Wenn sie ärgerlich war, konnte sie nichts sagen. Ihr Schweigen war eine Revanche gegen den Therapeuten, der ja auch schwieg. Jeder Therapeut würde in einem solchen Falle theoretisch damit übereinstimmen, daß hier Aggression vorliegt, und die klassische Technik gebietet, sie als Analphänomen zu interpretieren. So richtig das vom theoretischen Standpunkt aus auch sein mag, glauben wir doch, daß die Patienten eine solche Interpretation als Gegenaggression empfinden würden, als Über-Ich-Emanation, als einen toten Punkt, an welchem etwas von ihnen verlangt wird und auf den sie nur mit noch entschiedenerem Zurückhalten reagieren können, wenn der Interpretation des Widerstands als eine Triebmanifestation nicht eine ich-psychologische Deutung vorausgeht.

Nach der Ursache ihres Schweigens befragt, antwortete Frau Weber: »Sie haben gestern nicht viel gesagt, mir also keine Erleichterung verschafft.« Dies scheint die Hypothese zu unterstützen, daß hier mit gleicher Münze heimgezahlt werden sollte. Da das Schweigen eine spezielle Form der Revanche ist und hier das Moment der Erleichterung betont wurde, schlug der Therapeut vor: »Sie erleben wohl Gefühle, die Sie hatten, bevor Sie sprechen konnten.« Daraufhin zeigte die Patientin anstelle ihres Eigensinns Interesse. Dies führte zur Rekonstruktion ihres Zustands, als die Mutter ihr in subtiler Weise die libidinöse Verfügbarkeit in der oralen Phase, bevor anales Zurückhalten eintritt, vorenthielt. Die Mutter, so wurde angenommen, war in bezug auf das Füttern, das Baden und die anderen mechanischen Aspekte der Kinderpflege in Ordnung. Dies alles aber ging in einem Klima der emotionalen Kälte vor sich, die Frau Weber nun, im Alter von 28 Jahren, umgekehrt in der Übertragung wiederholte.

Rekonstruktive Interpretation des Fehlens libidinöser Verfügbarkeit ließ Frau Weber zum ersten Male in ihrem Leben bemerken, daß sie gefühlt hatte, aber nie hatte in Worten ausdrücken können, daß ihr irgend etwas fehlte. Ihre Klage, daß der Therapeut in der vorigen Sitzung nicht genug gesprochen hätte, kam der Sache noch am nächsten. Wenn die eigene libidinöse Verfügbarkeit den Therapeuten befähigt, dem Patienten wirklich zuzuhören, wird er finden, daß er auf die Klage in einer Weise eingestellt ist, die es ihm möglich macht, tief in die »stumme« Vergangenheit einzutauchen. Er wird sich nicht versucht fühlen, die Aggression zu interpretieren, bevor er nicht den Klagen, daß etwas nicht befriedigt worden ist, volle Gerechtigkeit hat widerfahren lassen. Dies dient zur Illustration, daß, wenn wir nur sorgfältig genug zuhören, es immer einen Gesichtswinkel gibt, von dem aus der Patient recht hat. Dieses »Rechthaben« muß an den Tag gebracht, verbalisiert und anerkannt werden. Schließlich, wie kann präverbale Erfahrung dem Therapeuten anders mitgeteilt werden als durch stumme Demonstration? Das ist schon an sich eine Kommunikation, welche der sensitive Therapeut in Sprache zu übersetzen helfen kann. Als der Therapeut in der vorhergehenden Sitzung nicht gesprochen hatte, erinnerte dies die Patientin an ihre präverbalen Tage, als ihre Mutter ihr stumm irgend etwas Ungreifbares vorenthalten hatte, das aber für die libidinösen Bedürfnisse des Kindes so wesentlich war. Mit dieser Art von therapeutischer Korrektur eines frühen libidinösen Entzugs wird der Therapeut später viel besser in der Lage sein, die anale Aggression als ein verständliches und akzeptables Phänomen zu interpretieren. Die libidinöse Verfügbarkeit des Therapeuten ist nun innerhalb der Abstinenzregel etabliert. Er wird die therapeutisch wirksamste aller Befriedigungen geliefert haben: eine gut abgestimmte Interpretation. Der Therapeut, der dies tun kann, braucht dem Patienten niemals Pseudo-Befriedigung zu bieten, wie Liebe, Kaffee, Zigaretten, Berührung, Selbstenthüllung, lange Telefongespräche, gesellschaftliches Zusammensein und ähnliches. Wieviel tiefer geht die Hilfe, wenn der Patient weiß, daß seine Klage über das Fehlen einer wesentlichen Qualität in seinem präverbalen Leben wirklich korrekt und berechtigt ist!

13

Die Verwendung des Traumes in der Psychotherapie

Das Geheimnis des Traumes war schon immer faszinierend — für die Naturvölker, die alten Griechen und Römer, in der Bibel, in der Literatur. Trotzdem blieb es Freud vorbehalten, tiefer in dieses Geheimnis einzudringen, indem er ihm eine wissenschaftliche Erklärung gab. Sein Meisterwerk »Die Traumdeutung« wurde 1900 veröffentlicht. Wenn er nichts weiter geschrieben hätte, so würde ihm dieses Werk allein dauernden Ruhm eingetragen haben. Er benutzte seine eigenen Träume, um die Arbeit des Traums zu beschreiben: wie Tagesreste und infantiles Material in der Traumarbeit verwoben sind, wie der manifeste Trauminhalt verborgen die latente Bedeutung enthält, wie die Traumarbeit im Primärprozeß-Denken mit Verdichtung und Verschiebung vor sich geht. Im Schlaf ist dem motorischen Apparat die Besetzung entzogen, und so bleibt nur der sensorische Apparat, der die Energien des Verdrängten in der Form von Bildern zur Abfuhr bringt. Normalerweise gibt es dann also keine oder nur wenig motorische Aktivität. Mit solchen Mitteln erfüllt der Traum die Aufgabe, den Schlaf zu beschützen. Durch sekundäre Revision organisiert das intakte Ich die Traumgedanken in eine kohärente, logische Sequenz. Ein wesentlicher Unterschied zwischen dem Traum des normalen oder neurotischen Ichs und dem der weniger intakten Strukturen ist, daß bei letzteren die Fähigkeit zu einer sekundären Revision fehlerhaft ist und der Traum der weniger strukturierten Persönlichkeit nicht immer den Schlaf beschützt. Motorische Aktivität kann vorkommen, ebenso Im-Schlaf-Sprechen und sogar Erwachen durch im Traum entstandene Angst.

In letzter Zeit sind bedeutende Untersuchungen über den Schlaf und das Träumen gemacht worden. Die modernen Instrumente ermöglichen es dem Forscher, sowohl den Schlaf wie das Träumen im Schlaflaboratorium zu überwachen. Viele Aspekte dieser Untersuchungen bestätigen Freuds Entdeckungen, keine widerlegt sie. Sie fügen aber interessante und wichtige Informationen hinzu, wie z. B. die Häufigkeit und Dauer der Träume einer Person in einer bestimmten Nacht. Ferner, daß das Niveau des Schlafes fluktuiert und daß Träume im REM-Schlaf auftreten[1].

---

[1] C. Fisher, »Psychoanalytic Implications of Recent Research on Sleep and Dreaming«.

Freud beschrieb den Traum als die »Via regia zur Kenntnis des Unbewußten«[2]. Obgleich Brenner[3] gegen die besondere Bedeutung des Traumes in der Psychoanalyse auftrat und behauptete, daß analytische Behandlung auch ohne Träume durchgeführt werden könne, teilen doch die meisten Analytiker nicht seine Meinung. Greenson[4], der Brenners Ansicht zurückweist, meint, daß es etwas Einmaliges um die Träume sei. Bei der Behandlung jedoch wird technisch gewöhnlich die Position eingenommen, die von Waldhorn[5] immer wieder betont worden ist: daß alles Material, das der Patient hervorbringt, als gleichwertig betrachtet werden muß. Der Traum ist immer noch die »Via regia«, aber Psychoanalytiker und Psychotherapeuten werden davor gewarnt, an dem anderen Material vorbeizugehen, indem sie das Traummaterial überschätzen. Kris, der die ich-psychologische Methode in die Technik einführte, behauptet, daß das schnelle Aufdecken von Es-Inhalten noch nicht einmal mehr in der Psychoanalyse das Hauptziel sei. Wir glauben, daß es in vielen Psychotherapiefällen überhaupt kein Ziel darstellt.

Es liegen verführerische Implikationen in dem Ausdruck »die Via regia«, die über Freuds Absicht hinausgehen. Überall besteht der Wunsch nach einer schnellen, magischen Heilung. Sogar das gut strukturierte Ich hat Erinnerungsspuren der symbiotischen Phase, als die Linderung der Not noch magisch erschien. In der Frühzeit der psychoanalytischen Theorie und Technik — der Abreaktionsperiode — wurde angenommen, die Heilung werde dadurch erreicht, daß die Verdrängung behoben wird. Freud revidierte sich dabei selbst schon in den Jahren 1912—13, als er entdeckte, daß die einzelne Auffindung einer Erinnerung oder die einzelne Interpretation an sich nicht schon heilend wirkt, sondern daß ein langsamerer Prozeß des *Durcharbeitens* folgen müsse; denn emotionale Probleme haben viele Facetten und sind vielseitig bestimmt. Jede Erinnerung, jede Erfahrung, Phantasie usw. muß immer wieder der Interpretation und Re-Interpretation unterworfen werden, jetzt von dem einen Standpunkt und jetzt von dem anderen, bevor das Symptom nachgibt. Freud benutzte die Analogie von dem Schiff, das mit mehreren Tauen an der Landungsbrücke festgemacht ist. Die Taue werden eines nach dem anderen gelöst, aber die Reise kann nicht losgehen, bevor nicht das letzte

---

[2] S. Freud, *Die Traumdeutung.*

[3] E. D. Joseph (Hrsg.), *The Place of the Dream in Clinical Psychoanalysis.*

[4] R. R. Greenson, »The Exceptional Position of the Dream in Psychoanalytic Practice«.

[5] E. D. Joseph (Hrsg.), *The Place of the Dream in Clinical Psychoanalysis.*

Tau gelöst ist. Freud bemerkte auch, daß es nicht die Menge des Mate-· rials sei, das die Wirksamkeit der Therapie bestimmt. Es sind statt dessen die Widerstände, die gemeistert werden — ein einfacher Weg, um strukturelle Veränderungen zu beschreiben. Trotzdem besteht ein populärer Glaube, daß eine plötzliche Einsicht dauernde therapeutische Erfolge zeitigen könne, was in einem gewissen Sinne die Richtigkeit eines Aspekts der Traumtheorie beweist. Die Stärke des Wunsches, die Dinge so zu haben, wie man sie gerne haben möchte, ist erschreckend.

Freuds Werk war so gründlich, daß wenig anderes über die Technik der Traumdeutung geschrieben worden ist. Sharpe und Altman sind unter den wenigen, die sich an die Ausarbeitung des technischen Gebrauchs der Träume heranwagten. Es war nicht Freuds Absicht, die Assoziationen und Deutungen seiner eigenen Träume als Illustrationen der Technik der Traumdeutung zu benutzen. Er wollte damit nur die Natur der Traumarbeit demonstrieren. Trotzdem folgen mit der Traumanalyse beschäftigte Forscher zuweilen Freuds Methode, als ob jedes Traumelement direkte Relevanz für die therapeutische Aufgabe habe. Das ist selten richtig. In der Therapie geht durch das zwanghafte Bestehen auf Assoziationen mit jedem Traumelement mehr verloren, als wenn man den Traum überhaupt nicht verstanden hätte. Der latente Inhalt eines unanalysierten Traumes bleibt im Unbewußten und wird erneut in einer anderen manifesten Form geträumt. Das strenge Festhalten an der Prozedur, Assoziationen für jedes Traumelement zu verlangen, läßt die ich-aufbauenden Ziele aus dem Auge und verwischt die technischen Unterschiede zwischen Psychoanalyse und Psychotherapie in bezug auf die Verwendung des Traumes. Sogar bei der eigentlichen Psychoanalyse ist das zwanghafte Sich-Befassen mit jedem Element des Traumes das Gegenteil von der entspannten, frei schwebenden analytischen Aufmerksamkeit.

Ein Grenzfall-Psychotiker mag einen Traum erzählen und dann sagen, daß er nicht wisse, ob es ein Traum war oder etwas, das wirklich vorgefallen sei. Bei solchen Gelegenheiten wirft man am besten den ganzen Traum über Bord zugunsten des wertvolleren Ziels, dem Ich zu helfen, daß es schärfer zwischen dem Zustand des Schlafens und des Wachens unterscheiden lernt. In der Psychotherapie wie in der Psychoanalyse können Träume als Widerstand benutzt werden. Manche Patienten, die befürchten, daß ihre Reproduktionen zu leer sind, sagen vielleicht, daß sie wünschten, einen Traum gehabt zu haben, damit irgend etwas da wäre, worüber man reden könnte. Andere erzählen einen Traum mit einer großen Genugtuung, daß sie sich an ihn erinnert haben, arbeiten dann aber nicht mit ihm. Diese Art von Verwendung des Traumes wird traditionell so angesehen, daß er ein Geschenk für den Therapeuten bedeutet. Das mag in manchen Fällen so sein, aber es ist sicherlich nicht die einzige Erklärung, und die Reaktion des Therapeuten kann dadurch stereotyp werden, daß er an das anale Geschenk als den einzigen Grund dafür denkt, warum Träume bei ihm »abgelagert« werden. Unseres Erachtens geschieht es öfter, daß der Patient dem Therapeuten den Traum »gibt«, damit dieser daran arbeiten kann. Dies ist eine der technischen Gelegenheiten, den Patienten zu seinem Anteil an der therapeutischen Aufgabe zu erziehen, indem man sie nicht an seiner Stelle übernimmt.

Wir stimmen mit der traditionellen Haltung überein, ob nun in der Psychoanalyse oder Psychotherapie, daß der Analytiker oder der Therapeut gewöhnlich den Traum nicht ohne Assoziationen verstehen kann. Es gibt aber Ausnahmen. Der sehr erfahrene Analytiker kann oft einen Traum verstehen, besonders wenn er den Patienten gut kennt. Manche Träume sind einfach und durchsichtig. Manche benutzen Standardsymbole, die den Schlüssel zu ihren Themen geben, wenn sie auch nicht ganz die volle Bedeutung enthüllen. Zum Ich-Aufbau ist es aber für den Therapeuten besser, den Patienten zu lehren, wie er an seinen eigenen Träumen arbeiten kann, oder wenigstens herauszufinden, warum er es nicht tut, statt ihm den Gefallen einer Deutung zu tun, sogar wenn dies möglich ist.

Die »Via regia« ist immer noch da, um benutzt zu werden, wenn die Ich-Stärke und die therapeutische Allianz so sind, daß die Deutung den Fall vorwärtsbringen kann. Aber Träume sollten nicht vom Therapeuten als etwas Spezielles ausgesucht und vom Patienten verlangt werden. Dies könnte zum Ergebnis haben, daß der Patient auf Verlangen des Therapeuten gehorsam Träume produziert, was einem Angriff auf seine Autonomie gleichkäme; oder aber, daß er Träume zurückhält, was zwar besser wäre als eine solche Willfährigkeit, aber doch mehr aus Opposition als aus Willenskraft geschähe. Am besten ist es, wenn die Träume spontan im Kontext einer Kette von Assoziationen kommen und der Patient mehr und mehr Verantwortung für ihre Zuordnung übernimmt und auch dafür, seine Assoziationen in Deutungen zusammenzufassen. Dies setzt voraus, daß ein intaktes Ich und wahre Unabhängigkeit vorhanden sind, die dies ermöglichen. Natürlich hat der gewöhnliche Psychotherapie-Patient kein leistungsfähiges Ich, und so möchten wir hier Techniken vorschlagen, wie der Traum — und auch anderes Material — zu behandeln ist, Techniken, die den Patienten zu einer größeren Intaktheit bringen. Diese Techniken, die schon erwähnt worden sind, schließen ein, daß man den Traum überhaupt zugunsten der Ich-Stärkung ignoriert, indem man die Grenzen zwischen dem Schlaf- und dem Wachzustand klärt und den Patienten »lehrt«, wie er an seinen eigenen Träumen arbeiten kann. Wir möchten noch hinzufügen, daß man, in der Psychotherapie weit öfter als in der

Psychoanalyse, auch vermeiden sollte, sich mit einem Traum zu befassen, wenn die Realität des Patienten das Material der Wahl ist. Einem Psychoanalyse-Patienten kann man es viel gefahrloser überlassen, sich ohne Hilfe vom Analytiker mit seiner Realität zu befassen. Ein Psychotherapie-Patient braucht oft Hilfe für die Realität, manchmal trotz des Therapeuten Vorliebe für Träume. Zu solchen Zeiten folgt die Auswahl des Materials für die Sitzung immer noch der klassischen Regel, daß es der Patient ist, der bestimmt, wie er anfangen und was er anbieten möchte, während der Therapeut darüber entscheidet, welches Material am nützlichsten für den Ich-Aufbau ist.

Der Patient Mason brachte ein Durcheinander von Träumen und Realität vor, das dem Therapeuten sagte, daß fehlerhafte Ich-Funktionen einschließlich falscher Perzeption von Größendifferenzen mit zu seiner Grenzfall-Struktur gehörten. Er träumte, daß er in seinen Wagen stieg, daß er aber seine Schuhe nicht ordentlich anziehen konnte, weil sie zu groß waren. Der Therapeut deutete das so: »Als Sie ein Junge waren, dachten Sie, daß Sie niemals die Größe Ihres Vaters erreichen würden.« Auf den ersten Blick erscheint das der ödipalen Deutung recht ähnlich, die man einem psychoanalytischen Patienten vorschlagen würde. Das war aber nicht die Absicht, und der Patient selbst verstand es auch anders. Die Absicht war, dem Ich zu helfen, zwischen Vergangenheit und Gegenwart zu unterscheiden, zwischen Knaben- und Mannesalter, d. h. einen Sinn für Zeit zu bekommen, und auf die Kontinuität bei einem Ich hinzuweisen, das zu fragmentiert war, um ohne Hilfe zu erfassen, was bei dem intakten Ich als selbstverständlich vorausgesetzt wird — nämlich, daß ein Junge zum Mann heranwächst und trotzdem derselbe Mensch bleibt. Er gab dem Patienten auch zu verstehen, daß er nicht ewig an die Perzeptionen seiner Kindheit und an das Körperbild eines Knaben fixiert zu bleiben brauche. Speziell wurde so die sehr verführerische, aber unzeitige ödipale Deutung vermieden, nämlich die des Wunsches, seines Vaters Schuhe auszufüllen. Da eine solche Deutung vielen Therapeuten nicht falsch erscheinen würde, geben wir hier diesen Fall als eine interessante und wichtige Illustration davon, wie nötig es ist, die Diagnose und das Entwicklungsniveau zu kennen, wenn man entscheidet, wie eine Deutung formuliert werden soll. Mason wird viele Jahre der ich-aufbauenden Psychotherapie benötigen, bevor die Interpretation von ödipalen Wünschen ihm nützen kann. In der Tat wird in vielen solchen Fällen dieser Punkt niemals erreicht, und die Therapie endet erfolgreich mit einem stärkeren Ich, einem höheren Niveau der Objektbeziehungen, verminderter Angst, einem festeren Gefühl der Identität, aber nicht unbedingt mit dem Aufdecken unbewußter Phantasien. Und so wird die Via regia manchmal nicht beschritten, aber andere Wege werden gewählt, da sie zu Zielen führen, die nötiger sind als der direkte Zugang zum Es[6].

Den Träumen wird von manchen Patienten so viel Wert beigemessen, daß sie versuchen, sich an sie durch Niederschreiben zu erinnern. So etwas soll der Therapeut niemals verlangen, und er soll auch den Patienten nicht noch ermuntern, wenn er es von selbst tut. Man muß aber immer darauf achten, den Patienten nicht zu beleidigen, der glaubt, daß er sich Mühe gibt, ernsthaft an seiner Therapie zu arbeiten, indem er seine Träume niederschreibt. Man kann sagen: »Versuchen Sie, es mir zu sagen, ohne in Ihre Notizen zu sehen.« Oft genügt das, um das Aufschreiben abzuschaffen. Wenn nicht, ist nichts dagegen einzuwenden, die technischen Gründe zu erklären — daß der vergessene Traum genauso wertvoll ist wie der erinnerte. Er gibt Gelegenheit, sich mit den Gründen, die zu seinem Vergessen führen, dem Widerstand, zu befassen. Anna Freud wies darauf hin, daß es ebenso wertvoll ist, das Funktionieren des Ichs im Abwehrprozeß zu verstehen, wie das Verdrängte wieder heraufzuholen. In der Psychotherapie ist es sogar noch wichtiger zu versuchen, nicht gegen das Ich in seinen Abwehrfunktionen zu kämpfen. Oft wird im Verlaufe von freien Assoziationen ein vergessener Traum im Zusammenhang der Assoziationen erinnert, und dies ist immer angemessener für die Therapie als ein künstlich »erinnerter« Traum — d. h. einer, der zum Zwecke der Vernachlässigung der Ich-Funktion des Erinnerns oder um den Widerstand zu umgehen, niedergeschrieben worden ist.

Wir kennen Therapeuten, die niedergeschriebene Träume angenommen haben, nicht nur, indem sie sich diese vom Patienten vorlesen ließen, sondern das Dokument selbst an sich nahmen. Nach einiger Zeit hat so der Therapeut eine Mappe voll von Träumen. Bei manchen recht häufigen Grenzfall-Strukturen mag der Patient fühlen, daß er einen Teil von sich selbst bei dem Therapeuten deponiert hat. Manchmal wird er seine Niederschriften zurückerbitten, mit dem ausdrücklichen Hinweis, er empfinde sie als einen Teil seiner Person (Körper-Ich). Dies bedeutet nicht unbedingt, daß der Therapeut sie erst gar nicht hätte annehmen sollen. Wenn der Patient es nötig hat, sich für eine Weile bei dem Therapeuten zu deponieren, so kann das in gewissen Fällen angenommen werden, aber immer mit irgendeinem Hinweis darauf, daß er sich eines Tages zurückbekommen wird. Ist dies jedoch das Problem, so befassen wir uns hier nicht mit Traumdeutung, sondern mit einem modifizierten Ich. Der Versuch, sich mit solchen Träumen interpretativ zu befassen, ist nicht nur wertlos, sondern geht am Ziel vorbei.

---

[6] Material von Louis Schneider zur Verfügung gestellt.

Sogar bei einem besser strukturierten Ich ist es eine dankbarere Methode zu versuchen herauszubekommen, warum das Bedürfnis besteht, die Träume niederzuschreiben. Welche Angst liegt hinter diesem Bedürfnis? Wir kennen den Fall einer Stenographin, die ihre Träume in Stenographie niederschrieb. Sie war aber nie imstande, ihre Notizen zu lesen, wenn sie zur Sitzung kam, da der Widerstand trotz des Tricks, ihn zu umgehen, die Oberhand behielt. Der Therapeut hatte es nicht schwer, ihr von weiteren Versuchen abzuraten. Die Patientin verstand ihre eigene Botschaft. Die Therapie ging zu dem wichtigeren Punkt über, was sie denn zu verlieren befürchtete, wenn der Traum vergessen würde. Wir haben schon erwähnt, daß kein Grund zur Besorgnis besteht, wenn der manifeste Inhalt des Traumes verlorengeht. Solange das latente Material existiert, erscheint es in einer anderen manifesten Form wieder.

Wenn ein Psychoanalyse-Patient von Autoritätsfiguren träumt — Arzt, Lehrer oder sogar dem Analytiker selbst —, so sind das zweifellos Übertragungsträume, und die Deutung geht in dieser Richtung. Bei der Psychotherapie ähneln solche Träume manchmal denen des psychoanalytischen Patienten, sowohl im Inhalt wie in der Bedeutung. Manchmal mag der Inhalt zwar scheinbar derselbe sein, aber die Bedeutung nicht, oder sollte nicht so interpretiert werden. Zum Beispiel wird ein Traum, der offene Aggression gegen den Therapeuten ausdrückt, oft am besten ungedeutet gelassen oder nur so gedeutet, daß der Patient nicht wegen seiner schon unerträglichen unneutralisierten Aggression noch ängstlicher wird.

Der psychoanalytische Patient mag in der positiven ödipalen Phase davon träumen, daß er den Analytiker tötet; dies wäre aber im Kontext von neutralisierter Aggression und Libido. Er würde fähig sein, gegenüber dem Therapeuten Dankbarkeit für seine Hilfe zu empfinden, ebenso wie gegenüber dem Vater seiner Kindheit, der keine vergeltenden Todeswünsche gegen seinen Sohn gehegt hatte. In solch einem Rahmen kann der Patient die Kenntnis seiner Todeswünsche ertragen. Der Grenzfall-Psychotiker mag vielleicht von gewalttätigen und sadistischen Handlungen träumen, die er bei dem Therapeuten ganz erschreckt vorbringt. Hier ist es nicht die Aufgabe der Therapie, die Aggression zu betonen, deren sich der Patient selbst schon schmerzlich und ängstlich bewußt ist, sondern beim Ich-Aufbau zu helfen, indem er ihn lehrt, zwischen Gedanke und Tat zu unterscheiden, und ihm zeigt, daß er nicht mehr so von seinen Gedanken und Wünschen erschreckt sein wird, wenn er lernt, den Gedanken der Aktion vorausgehen zu lassen. Daß diese Gedanken und Wünsche zufällig aggressiv sind, wird nicht weiter betont. Der Traum wird dazu gebraucht, das Ich aufzubauen, und nicht, es mit dem mächtigen und erschreckenden Es zu konfrontieren.

Manche Patienten in der Psychotherapie träumen selten. Wenn sie einen Traum bringen, und besonders einen, der wie ein Übertragungstraum erscheint, in dem der Therapeut nun manifest oder in verkleideter Form einbezogen ist, so mag dies den Anfang einer neuen, wünschenswerten Ebene der Objektbeziehungen anzeigen. Die Patientin Epstein (Kap. 8) kam jahrelang zu den Sitzungen, ohne je einen Traum vorzubringen. Sie hatte eine enge symbiotische Beziehung zu einer alternden Mutter, von der sie sich psychisch und sogar physisch nicht hatte trennen können. Die Sitzungen mit ihr waren weitgehend mit Problemen der Objektbeziehungen ausgefüllt, denn sie konnte mit Menschen nur auf der Basis umgehen, wieviel oder wiewenig Befriedigung sie ihr gaben. Im letzteren Falle baute sie sich eine enorme Aggression auf. Sie zeigte nicht, daß sie den Therapeuten als Person bemerkte, sondern verhandelte mit ihm nur im Hinblick auf ihre verzweifelten Bedürfnisse. Ein Wendepunkt trat ein, als sie einen Traum mitbrachte, in dem sie und der Therapeut zusammen die Straße hinuntergingen und sie bemerkte, wie er sich den Kragen lockerte, weil es so heiß war. Im Gegensatz zur psychoanalytischen Prozedur deutete der Therapeut diesen Traum nicht als einen Wunsch, noch befaßte er sich mit dem Symbol der Hitze. Er bemerkte nur: »Ist es nicht nett, daß wir in Ihrem Traum zusammen sind und Sie sogar bemerken, ob ich mich wohl fühle?«

In diesem scheinbar so einfachen Satz sind drei technische Ziele enthalten, in die Form einer rhetorischen Frage gekleidet. Diese Formulierung wurde gewählt, um den Eindruck eines Orakels zu vermeiden, das aus delphischer Höhe eine Traumdeutung niederlegt und damit eine Geschicklichkeit beweist, die weit über die gerade knospenden Fähigkeiten des Patienten hinausgeht. Da die Patientin sich selbst auf »Straßenhöhe« mit dem Therapeuten brachte, arbeitet er mit ihr auf gleiche Weise an dem Traum. »Ist es nicht nett« bestätigt den positiven Wert davon, daß die Patientin den Therapeuten als Objekt akzeptiert hat und daher als jemanden, über den man träumen kann. Dies wird ohne lange intellektuelle und daher weniger wirksame Anerkennung geleistet. Im zweiten Teil der Bemerkung des Therapeuten wird besonders die zunehmende Fähigkeit der Patientin betont, ihn nicht nur als Objekt zu haben, sondern sich auch um seine Bedürfnisse zu kümmern. Wieder wird das dadurch unterstrichen, daß die Patientin das Unbehagen des Therapeuten im Traume bemerkt hatte und ihm sogar helfen wollte. Diese Technik ist besser, als einen Vortrag zu halten darüber, wie gut es ist, die Bedürfnisse anderer Menschen zu bemerken. Der Appell geht nämlich auf diese Weise an das Ich und nicht an das Über-Ich. Damit unterstützt er die Fortschritte des Ichs in der Therapie.

Bergmann[7] bemerkt, daß es Patienten gibt, die — trotz seltenen Kontakten mit dem Therapeuten — ihre wertvolle Therapie-»Stunde« dazu benutzen, einen Traum zu erzählen, und damit wenig oder gar keine Zeit übriglassen für anderes Material oder sogar für eine Deutung. Er schließt daraus, daß der Traum eine kommunikative Funktion hat und daß der Patient nicht wirklich die Zeit der Sitzung »verschwendet«, sondern dem Therapeuten etwas mitteilen möchte, das er nicht direkt sagen kann. Wie Bergmann bemerkt, wurden Träume durch alle Zeiten als Kommunikation benutzt, in den Mythen und Prophezeiungen. Es kommt recht oft vor, daß der Patient dem Therapeuten einen Traum erzählt, den er seiner Frau schon beim Frühstück berichtet hat. Die psychoanalytische Regel, daß, wenn ein Traum irgend jemand anderem als dem Therapeuten erzählt wird, dies Widerstand bedeutet, erfordert — so richtig das auch ist — doch eine Modifikation. Es ist wahr, daß der Traum, wenn er schon in irgendeiner Weise benutzt worden ist, nicht mehr für analytische Zwecke benutzt werden kann. Das beraubt ihn nicht allen therapeutischen Wertes. Gerade der Umstand, daß er schon benutzt worden ist, sogar als Widerstand, muß von dem Therapeuten verstanden und interpretiert werden, wenn der passende Moment dafür gekommen ist. Weil der Patient seiner Frau beim Frühstück schon den Traum erzählt hat, muß der Therapeut wenigstens verstehen, daß der Patient seiner Frau damit irgend etwas mitteilen wollte. Von diesem Standpunkt aus hat man eine Chance, dem Patienten zu helfen herauszufinden, was es war, das er versucht hatte, ihr mitzuteilen. Wenn man aber verbietet, den Traum irgendwo außerhalb der Behandlung zu erzählen, führt das zu nichts, außer vielleicht zu der unerwünschten Schaffung einer harten und abstoßenden Über-Ich-Figur. Der Patient mag dann gehorchen oder nicht, in jedem Fall aber geht wertvolles Material verloren. Im Rahmen desselben Gedankenganges schlagen wir vor, daß der Patient sogar seine ganze Therapiesitzung dazu benutzen soll, einen Traum zu erzählen, der für ihn selbst wie für den Therapeuten unverständlich ist. Wenn nichts anderes, so hat man damit erreicht zu wissen, daß man nach irgendeinem Zwecke suchen muß.

Ein Patient mit einer Grenzfall-Struktur war infolge seiner Undifferenziertheit oder, nach Spitz, seiner Unfähigkeit, »nein« zu sagen, seiner Frau gegenüber übermäßig nachgiebig. Er träumte, daß er mit seiner Frau in einem teuren Warenhaus einkaufen gegangen war. »Sie wollte, daß ich ihr ein teures Cocktail-Kleid kaufen sollte, aber ich sagte, ich hätte kein

[7] M. S. Bergmann, »The Intrapsychic and Communicative Aspects of the Dream«.

Geld dafür; so bat sie mich also, es für sie zu stehlen. Ich wollte das nicht tun, stimmte aber zu, da ich es ihr nicht abschlagen konnte. Wir beide rannten von Detektiven verfolgt aus dem Warenhaus.«

In diesem Traum gibt es viele latente Elemente, die dem Therapeuten beim Zuhören einfallen können — Über-Ich-Konflikt, Projektion auf die Frau, homosexuelle und transvestitische Wünsche usw. Da er aber eine Grenzfall-Struktur vor sich hatte, verfolgte der Therapeut keine dieser psychoanalytischen Bahnen, sondern konzentrierte sich auf den symbiotischen Zustand des Patienten und seine Unfähigkeit, »nein« zu sagen. Er benutzte daher den Traum, um einen fundamentalen Mangel in der Ich-Entwicklung zu illustrieren mit dem Ziel, sein Interesse für die gemeinsame Arbeit an ihr zu gewinnen[8].

Der Patient Nelson kam zur Behandlung, da er sich dem mittleren Alter näherte, ohne fähig gewesen zu sein, eine befriedigende heterosexuelle Beziehung anzuknüpfen oder auch nur eine gewöhnliche Freundschaft; er war auch nicht ausgesprochen homosexuell. Er verblieb in einem aggressiv gefärbten symbiotischen Verhältnis zu seiner Mutter, die er im Sinne einer Abwehr überidealisierte. Der wichtigste genetische Zug war, daß sie ihn in den ersten drei Lebensjahren kurzen, aber häufigen Trennungen ausgesetzt hatte. Er behielt eine intensive Trennungsangst zurück, und der Übergang zur Objektkonstanz blieb unvollständig.

Wir haben hier beschrieben, wie exzessiv unneutralisierte Aggression den reibungslosen Gebrauch des Aggressionstriebes im Dienste der Trennung verhindert. Nelson träumte, daß er in einem Restaurant war, von dem sich herausstellte, daß es ein Nepplokal war. Er bekam nur einen Aperitif serviert, mußte aber für ein ganzes Essen bezahlen. Der Preis wäre sogar für eine volle Mahlzeit exzessiv gewesen. Daß sich dieser Traum auf der oralen Ebene abspielte, liegt auf der Hand. Man hätte ihn ohne Assoziationen so deuten können, daß der Therapeut ein übertrieben hohes Honorar dafür berechnete, seinen Appetit anzuregen, ohne ihn zu befriedigen. Der Therapeut übersah nicht diese klassische psychoanalytische Interpretation, nahm ihr aber die Betonung und stellte Nelsons Mut heraus, daß er sich so viel Aggression gegenüber dem Therapeuten geleistet hatte, wenn auch nur im Traum. Das regte Nelson dazu an, die augenblickliche Therapie mit seiner früheren zu vergleichen, in der man ihn ermahnt hatte, »mehr Mann« zu sein. Bei der jetzigen Therapie wurde die Aggression durch die Dankbarkeit gegenüber dem Therapeuten, der imstande war, sie zu akzeptieren, abgeschwächt. Man muß mit seinem eigenen Narzißmus vorsichtig sein, denn die Sequenz deutet auf einen

---

[8] Material von Dr. Rena Shadmi zur Verfügung gestellt.

Versuch hin, den Therapeuten mit einem ihn günstig hinstellenden Traum freundlich zu stimmen und dabei schnell die aggressiven Traumgedanken zu vertuschen. Daß dies aber nur teilweise so war, wird dadurch bewiesen, daß Nelson dann einen Traum erzählte, den er während seiner vorigen Behandlung gehabt hatte, nebst der Deutung durch den vorigen Therapeuten.

Er hatte geträumt, daß er an dem Therapeuten eine fellatio begehen wollte. Die Deutung war dann: »Sie wollen durch mich ein Mann werden.« Das wäre ganz korrekt gewesen, hätte der Therapeut wissentlich an der Identifizierung mit seiner Männlichkeit gearbeitet. Der Patient war aber noch nicht an diesem Entwicklungspunkt angelangt und empfand so die Deutung als einen Vorwurf. Was der erste Therapeut übersehen hatte, war die orale Natur des Traumes, die einen Schlüssel zu der diagnostischen Tatsache gab, daß Nelson immer noch mit einer prä-ödipalen Mutter verwickelt und daher nicht bereit war, eine eigene Persönlichkeit anderen Geschlechts zu werden. Daß sich die Deutung wie ein Vorwurf anhörte (vorausgesetzt, daß der Therapeut dies nicht bezweckt hatte), wird durch die symbiotische Bindung an die unbefriedigende, ihm orale Befriedigung vorenthaltende Mutter erklärt. Im wesentlichen wurde also die Deutung so gehört, als ob sie von dem Entwöhnenden ausging: »Du kannst nicht eng mit mir zusammensein und an meiner Brust trinken.« Wir wollen hier dem Therapeuten zugute halten, er habe damit wohl andeuten wollen, daß es der falsche Weg sei, wenn der Patient durch ihn ein Mann werden wolle. Das hätte aber den Fehler noch vergrößert. Wenn der Patient seine Bindungen an seine prä-ödipale Mutter löst, wird er höchstwahrscheinlich aus vollerem Herzen wünschen, ein Mann zu werden. Der beste Weg würde jener der Identifizierung mit dem Therapeuten sein, verstärkt durch interpretative Stärkung der genetischen maskulinen Identifizierungen. Dann würde also die korrekte Interpretation diese sein: »Sie wollen durch mich ein Mann werden, und das ist ein guter Weg dazu.«

Unsere Erörterung der korrekten und inkorrekten Interpretation des Traumes unterstreicht die wesentliche Bedeutung, im Sinne einer beschreibenden Entwicklungsdiagnose, davon zu wissen, wo die Störung liegt und wie man ihr begegnen kann. Der zweite Therapeut sagte in der Absicht, die Deutung des ersten zu korrigieren: »Warum nicht?« Wir weisen hier nochmals darauf hin, wie täuschend einfach die meisten Interpretationen sind, zu denen wir raten. Unter den sorgfältig und sparsam gewählten Worten liegt die tiefe technische Implikation, die wir aus der psychoanalytischen Entwicklungstheorie abgeleitet haben. Einfache, aber gut durchdachte Interpretationen, oft in der Form von Fragen, benutzen diese Theorie, ohne den Patienten zu überlasten und ohne ihn durch die Überlegenheit, die Grandiosität und die Omnipotenz des Therapeuten zu überwältigen. Als Förderer des Wachstums läßt der Therapeut genug Raum für die Einsicht des Patienten. Natürlich müssen wir in Theorie und Technik sehr gut Bescheid wissen, aber der Patient muß von unserem beruflichen Wissen profitieren und nicht von ihm eingeschüchtert werden.

Der Patient Osborne war in den späten Vierzigern, als er zur Behandlung kam, nachdem er an einer Gruppentherapie teilgenommen hatte, wo sein passives Verhalten immer wieder herausgefordert wurde, ohne daß es gelang, es zu ändern. Er hatte eine recht gleichgültige Mutter gehabt, einen psychotischen Vater und eine ältere Schwester, die sein ganzes Leben hindurch immer für ihn alle Beschlüsse, einschließlich der Wahl einer Frau, gefaßt hatte. Die Behandlung war dadurch charakterisiert, daß von dem Therapeuten erwartet wurde, er mit seiner größeren Weisheit würde ab nun die Rolle des Ratgebers in allen Dingen übernehmen. Die Therapie hätte nicht gelingen können, wenn der Therapeut sich abrupt geweigert hätte, diese Rolle der Omnipotenz auf sich zu nehmen, denn für eine Weile brauchte der Patient symbiotisches Nahesein. Statt dessen wurden jene Ich-Funktionen, die zuerst und am leichtesten dem Patienten überlassen werden konnten, als Ausgangspunkt gewählt. Wenn Osborne fragte, was er bei einem bestimmten Problem in Verbindung mit einem seiner Kinder tun solle, ob er einen neuen Wagen kaufen solle, oder sogar, welches das Thema in der Sitzung sein würde, sagte der Therapeut immer zuerst: »Wollen wir uns doch ein paar Minuten Zeit lassen und sehen, was Ihre Ideen in der Sache sind.« Am Anfang hatte der Patient keine Ideen. Allmählich fing er aber an, einige zu produzieren. Seine Ich-Funktionen wurden unterstützt, selbst wenn seine »Entschlüsse« nach der Meinung des Therapeuten falsch waren. So zum Beispiel ließ man ihn eine Weile frei das Thema der Sitzung wählen. Dies scheint die einfache Anwendung der therapeutischen Regel zu sein, daß der Patient den Inhalt der Sitzung bestimmen soll. Jedoch, hätte man einem solchen Patienten freie Assoziationen erlaubt, so würde ihn das insofern in eine Sackgasse geführt haben, als er immer wieder in irgendeiner Form auf seine Bitte zurückgekommen wäre, daß der Therapeut für ihn sein Leben führen sollte.

Der Therapeut fing dann an, Fragen hineinzubringen wie: »Sind Sie sicher, daß Sie möchten, daß ich Ihr Leben übernehmen soll?« Gerade genug, um etwas Zweifel aufkommen zu lassen, ohne aber eine neue Richtung vorzuschreiben. Und so gewöhnte sich der Patient daran, therapeutisch zu arbeiten, indem er mehr daran dachte, was sein direktes Ziel war, statt vorwärtszustürzen in der Hoffnung, daß der Therapeut — wie seine Schwester — *seine* Ich-Funktionen benutzen würde, um für ihn auszuwählen, zu entscheiden, beraten, interpretieren usw. Nachdem dieses Vorgehen in der Therapie gut eingefahren war, hatte es zwar nicht den magischen Effekt, Osborne so viel Selbstvertrauen zu geben, daß er alle Versuche aufgegeben hätte, seine Ich-Funktionen jemand anders zu überlassen. Er akzeptierte, daß er bei unwichtigen Angelegenheiten die Dinge selbst übernehmen mußte, bestand aber weiter darauf, daß er das größere Wissen des Therapeuten bei wichtigeren Angelegenheiten brauchte. Eines Sommers wollte er ins Ausland reisen und nahm an, daß der Therapeut, der viel gereist war, ihm genau sagen würde, wie er das bewerkstelligen müsse. Er brachte es fertig zu reisen, aber es gelang ihm nur dadurch, daß der Therapeut ihn der aufmerksamen Fürsorge eines Reisebüros überließ, das er selbst ausgewählt hatte. Natürlich nahm das Reisebüro die Sache in die Hand, aber der Therapeut konnte der Hüter seiner Autonomie bleiben.

Der Wendepunkt kam, als Osborne, der Lehrer war, einen Plan für seine Lektionen ausarbeiten mußte. Er bat den Therapeuten, ihm dabei zu helfen, wenn er auch nach seiner Ausbildung selbst besser dazu geeignet war. Da es an der Zeit schien, das Ich weiter auszudehnen, fragte ihn der Therapeut, ob er nicht einige Zeit in der Bibliothek verbringen wolle, um eine Bibliographie zusammenzustellen. Zuerst war die Antwort, er wisse nicht, wie man das anfängt. Er wurde dann gefragt, ob er denn niemals Kartenkataloge benutzt hätte. Natürlich hatte er das, aber sie verwirrten ihn. Er wurde angeregt, es zu versuchen und dann in der nächsten Sitzung zu berichten, auf welche Schwierigkeiten er gestoßen sei. Zu der nächsten Sitzung erschien er mit einem Traum: »Ich treffe Sie auf der Straße und teile Ihnen mit, daß ich von jetzt ab tun würde, was ich will.« Die Aggression in diesem Traum war nur begrüßenswert. Der Therapeut erkannte dies als Anwendung des Aggressionstriebes im Dienste der Trennung. Die Interpretation des Therapeuten bestand nur aus der kurzen Bemerkung: »Fein.« Natürlich überging er damit all die anderen Traumelemente, besonders den Groll und den Wunsch, den Therapeuten loszuwerden. Jedoch tat das der Therapeut absichtlich — damit der Patient sich mit seiner Aggression wohl fühlen sollte und sich nicht von der Furcht überwältigen ließ, den Therapeuten wegen seiner Enttäuschung und seiner Destruktionswünsche zu verlieren. Um es anders auszudrücken: Der am meisten neutralisierbare und wachstumsfördernde Aspekt des aggressiven Wunsches wurde für die Therapie gewählt.

Das Folgende ist der Fall eines Patienten, der, obgleich er eine neurotische Ich-Struktur besaß, am besten so verstanden wird, daß er ein schwankendes Verhalten zeigte, nicht nur wegen der klassischen Ambivalenz des Zwangsneurotikers, sondern gleichzeitig wegen prolongierter symbiotischer Überbefriedigung. Solche Fälle können erfolgreich analysiert werden, wenn die zwanghaften Züge in der traditionellen Weise interpretiert werden. In der Theorie koinzidiert die anal-sadistische Phase mit der späteren Subphase der Trennung und Individuation. Die Technik, die hier beschrieben werden soll, befaßt sich mit den beiden Facetten der Reifung und Entwicklung, der psychosexuellen und der des Ich-Wachstums. Zu diesem Vorteil, der eine Gründlichkeit garantiert, die dem psychosexuellen Zugang allein fehlt, kommt hinzu, daß diese technische Methode von der Ich-Seite her das Risiko jener Art von Sackgasse vermindert, welches unvermeidlich ist, wenn man sich mit dem analen Aspekt allein befaßt. Ein Übertragungswiderstand, der oft zu einer Patt-Situation führt, wird so vermieden.

Der Patient Palmer kam zur Behandlung, weil er sich nicht entscheiden konnte, ob er bei seiner Frau und seinen Kindern bleiben, allein leben oder versuchen sollte, mit seiner Geliebten zusammenzuziehen. Er hatte viele außereheliche Affären gehabt, und es war zweifelhaft, ob die vorliegende länger dauern würde als die anderen. Auch alleine zu leben, war keine Lösung für ihn, denn wenn er es versuchte, war ihm die Einsamkeit zu groß. Eine sorgfältige Untersuchung seines Schwankens zeigte, daß das, was zuerst als klassische Ambivalenz erschien und eine Zwangsneurose andeutete, zum Zwecke der Behandlung besser als das Mißlingen einer vollständigen Trennung und Individuation beschrieben (diagnostiziert) werden könnte. Palmer beklagte sich, daß seine Frau ihn besitzen wolle, ihn einwickeln, ihn aufsaugen wolle und so weiter. Der Therapeut verstand das als Angst des Patienten vor seinem eigenen Wunsch nach symbiotischer Wiedervereinigung. Seine Lebensgeschichte bestätigte das. Er war ein einziges Kind mit einer ihm ganz ergebenen Mutter sowie einem Kindermädchen, das alles für ihn tat, bis er 9 Jahre alt war. Da er doch ein Junge war, übernahm ihn dann sein ebenso dominierender Vater, um ihn für eine Karriere in seinem Geschäft zu formen. Die Trennung und Individuation war unvollständig, da die übermäßige Befriedigung der symbiotischen Wünsche einen Stillstand verursachte. Daher hatte sich, was immer an natürlichem Antrieb zu einer Trennung und Individuation dennoch da war, nicht hinreichend durchsetzen können.

Als Erwachsener heiratete Palmer, fand es aber unerträglich, friedlich mit einer Frau zusammenzuleben. Sein dauernder Wechsel von der einen zu der anderen war eine Wiederholung seines verzweifelten, aber vergeblichen Versuches, die Trennung und Individuation innerhalb der widersprüchlichen Sehnsucht nach einem symbiotischen Zustand zu vervollständigen. In die Behandlung kam er mit logischen Argumenten, indem er die Vorzüge der einen Frau gegen die der anderen abwog, als ob solch eine verstandesmäßige Inventur zu einem Entschluß führen könne. Zuerst schlug der Therapeut den Weg ein, ihm zu einer Entscheidung zu verhelfen. Palmer träumte, daß ein Mann ihm befahl, über einen Berg zu steigen. Er gehorchte, tat es aber auf allen vieren. Daß dieser Mann seinen Therapeuten-Vater darstellte, liegt auf der Hand. Der Therapeut bemerkte, daß Palmer vielleicht empfand, man verlange zuviel von ihm. Er antwortete: »Ja, aber ich tue es doch.« Der Therapeut sagte darauf: »Haben Sie aber auch bemerkt, daß Sie es auf allen vieren tun? Warum wohl?« Darauf antwortete der Patient: »Wie ein Baby.« Der Traum erhellte, daß sein vaszillierender Lebensstil einen Versuch auf einen Entwicklungsvorstoß hin darstellte, daß aber der Konflikt einen Fortschritt ohne therapeutische Hilfe unmöglich gemacht hatte. Im Traum zeigte sich das deutlich durch das Bild eines Babys, das versuchte, über das hinauszugehen, was ein Baby leisten kann. Aus diesem Grunde versagte er, und auch sein Versuch, wie ein Mann zu funktionieren, mußte fehlschlagen, weil er ihn nur aus Gehorsam und nicht autonom unternahm. So blieb das Vorherrschen des Objekts, wenn auch die Real-Objekte wechselten. Die Interpretation erhellte den Konflikt, indem sie den Traum dazu benutzte, dem Patienten seine Entwicklungsschädigung bewußtzumachen und ihn damit zum Verständnis dessen zu führen, daß sein Verhalten durch den unbewußten Konflikt zwischen Symbiose und Überschreiten der Trennungs-Individuations-Schwelle bestimmt war[9].

Früher dachte man, daß das Ich, wie Freud dieses Konzept 1900 noch verstand, im Schlafzustand weitgehend ausgeschaltet sei. Erst vor kurzem hat man angefangen, das Ich, wie es in der post-strukturellen Konzeptualisation verstanden wird, auch für den Traum zu berücksichtigen. Wir wissen z. B., daß die Abwehrfunktionen im Traum operieren, wenn auch regressivere Abwehrmechanismen angewendet werden als im Wachzustand. In Übereinstimmung mit dem Begriff der Signalangst kann das intakte Ich im Traum Angst ertragen, Abwehr einsetzen und seine Funktion ausüben, den Schlaf aufrechtzuerhalten. Dem weniger intakten Ich fehlt es im Wachen wie im Schlafen an Abwehrfähigkeit. Daher sind die Grenzfall-Strukturen durch Angstträume verwundbarer. Die besten diagnostischen und prognostischen Zeichen im Traume werden bei jenen Schläfern gefunden, die Angst ertragen und sich gegen sie wehren können und so durch die Angst im Traum hindurchschlafen. Diagnostisch und

---

[9] Material von Dr. George Bryan zur Verfügung gestellt.

prognostisch am schlimmsten ist die Unfähigkeit, die Angst überhaupt zu handhaben, so z. B., wenn der Schläfer träumt, daß er sterben muß und dies nicht aufhalten kann. Wenn der Traum tatsächlich zum Tode übergeht, dann gibt das Anlaß zu ernster Besorgnis. Besser dran sind jene Grenzfall-Strukturen, die aufwachen, wenn auch in großer Angst, und so den Traum daran hindern, sich vom Ich unkontrolliert weiterzuentwickeln. Auf dem Wege des Aufbaus von Abwehrfunktionen hilft der Therapeut in solchen Fällen der Selbsterhaltung mit Bemerkungen wie: »Es ist gut, daß Sie sich wenigstens zum Aufwachen bringen konnten, bevor das Unglück eintrat.« Das einfache Wort »wenigstens« kann gar nicht oft genug gebraucht werden, um das Ich auf seiner optimalen Funktionsebene zu unterstützen. In diesem Falle tun sich Patient und Therapeut in der Anerkennung der Entwicklung, die erreicht worden ist, zusammen und machen es so möglich, daß sie zum Grundstein der weiteren Entwicklung wird. Das ist die wahre Bedeutung der »Ich-Unterstützung«. Sie wendet sich an das höchste Niveau der Entwicklung, so wie ein Bauarbeiter das höchste schon erreichte Stockwerk eines Gebäudes abstützt, damit er das nächste darauf bauen kann. Dieses Vorgehen unterscheidet sich von der wahllosen Unterstützung in seiner Präzision und Spezifität und auch von Belobigungen, die therapeutisch wertlos sind und gewöhnlich vom Patienten falsch verstanden werden.

Bei dem nächsten Fall beschreiben wir Sitzungen in der Mittelphase der Behandlung einer Grenzfall-Struktur, einschließlich mehrerer Träume. Er wird hier als illustrativ für die Natur und den Inhalt der Therapie nach etwa zwei Jahren der Behandlung gebracht und zeigt, wie Träume benutzt werden, um die synthetische Funktion dabei zu unterstützen, eine sehr neurotische Struktur zu organisieren.

Der Patient Quinn berichtete in einer Sitzung, daß sein Zimmergenosse an einer Gruppentherapie teilnahm. Der Leiter habe ihm angedeutet, daß Quinn doch nur Zeit und Geld in einer langen Freudschen Therapie verschwende, und ihn eingeladen, sich der Gruppe anzuschließen. Der Therapeut ließ ihn nicht im unklaren über seine ambivalenten Gefühle gegenüber der Therapie. Quinn glaubte, in der Gruppe wäre es billiger und ginge es schneller. Andererseits hatte er schon genug Erfolg seiner individuellen Therapie zu verzeichnen und wollte diesen Gewinn nicht aufs Spiel setzen. Er beschrieb einige der Gruppenaktivitäten. Was ihn besonders beeindruckte, war, daß die Patienten dazu ermuntert wurden, sich gegenseitig libidinös zu berühren. Andererseits gefiel es ihm aber nicht, daß sie sich auch aggressiv angriffen. Er verblieb bei dem Thema des Berührens und fragte, warum er nicht in einem Moment der Zuneigung die Therapeutin umarmen könnte. Sie fragte ihn, ob er sich auch das Für und Wider überlegt habe. Er meinte, es würde ihm ein gutes Gefühl geben. Auf ihre Frage nach dem Kontra fiel ihm ein, daß er dabei vielleicht eine Erektion haben und er sich dann schämen würde. Die Therapeutin sagte, das würde nur natürlich sein, aber warum sollte er es sich so schwierig machen? Er verließ die Sitzung, ohne überzeugt zu sein, daß das Berühren der Therapeutin untherapeutisch gewesen wäre.

Er kam dann wieder mit einem Traum, *der nicht geträumt worden wäre, wenn die Therapeutin seinem Wunsch, sie zu berühren, entsprochen hätte.* Er erzählte den Traum recht zornig. Er sagte, es sei ein homosexueller Traum, was nach so vielen Jahren der Therapie nicht hätte passieren dürfen. Die Therapeutin ging nicht gegen die Aggression vor, die als Ergebnis der Frustration in der letzten Sitzung verstanden wurde, sondern wartete ab, um sich den Traum anzuhören. Er hatte geträumt, daß sein Zimmergenosse an ihn herangekommen war und seinen Penis gestreichelt hätte. Er wachte mit einer Ejakulation auf. Er begann spontan mit Assoziationen, da er jahrelang daran gewöhnt war, an seinem eigenen Material zu arbeiten. Es fiel ihm ein, daß der Zimmergenosse wohl ihn selbst darstelle. Die Therapeutin stieß ihn sanft vorwärts mit einem »Und was würde das bedeuten?«. »Es könnte ein Masturbationstraum sein«, antwortete er. Die Therapeutin interpretierte: »Sie brauchen also nicht immer jemand anders, um alles für Sie zu tun. Sie können sich selbst befriedigen.« Die Sitzung endete damit, daß der Patient sich viel besser fühlte und weniger aggressiv war als am Anfang.

Hier haben wir ein Beispiel der Anwendung der Abstinenzregel (kein Berühren), sogar nachdem der Patient seinen Berührungswunsch in der Form eines positiven Gefühls für die Therapeutin und den unschuldigen Wunsch, sie zu umarmen, vorgebracht hatte. Während an solchen Wünschen nichts auszusetzen ist, würde ihre Erfüllung den schädlichen Erfolg haben, die symbiotische Fixierung zu verstärken. Ödipale Wünsche würden sich auch mit eingeschlichen und das symbiotische Problem verschärft haben, denn die Symbiose ist eine sichere Zuflucht vor dem wütenden Konflikt der Ödipalphase, besonders für ein Ich, das nicht stark genug ist, den Konflikt zu ertragen oder eine neurotische Abwehr zu finden. Die Frustration des Wunsches, jemandem nahe zu sein, führte zur Aggression, die die Form annahm, die sie in einer normalen Kindheitsentwicklung angenommen hätte, d. h. gegen die Mutter, die auf eine allmähliche Beendigung der Symbiose eingestellt ist und dem Kind durch seine Entwicklung hindurch folgt und sich durch die Subphase der Trennung und Individuation die Aggression des Kindes zuzieht, die es dann neutralisieren und zur Selbst-Befriedigung benutzen kann. Zur Unterstützung der Trennung wendet sich das Kind auf sich selbst zurück und tritt in die phallische Phase ein. Nun kann es seine neugewonnene Fähigkeit, sich unabhängig selbst zu befriedigen, genießen. Bei einer erneuten Untersuchung der Funktion des autoerotischen Verhaltens im Dienste der Trennung beschreibt Spitz genau den Entwicklungsprozeß, den dieser Patient therapeutisch erlebte. Während es nicht ein Ziel unserer Therapie ist, erwachsene Patienten zur Masturbation anzuregen, muß man doch zugeben, daß dies in der Kindheit ein wachstumsfördernder Schritt ist. In der Entwicklung wird er natürlich durch heterosexuelle Interessen ersetzt.

Einige Wochen später plante Quinn einen Winterurlaub, obwohl er wußte, daß dieser nicht mit dem der Therapeutin zusammenfallen würde, über deren Ferienpläne er sich schon informiert hatte. Die Therapeutin erkannte dies als ein anderes Wagnis im Gebrauch der Aggression im Dienste der Trennung und Unabhängigkeit. Es ist gut, uns hier wieder daran zu erinnern, daß wir uns auf Mahlers Konzept der Trennung als dem inneren Erlebnis, eine separate Person zu werden, beziehen und nicht auf die physische Trennung. Während wir gesagt haben, es sei wünschenswert, daß der Patient seinen Urlaub mit dem des Therapeuten zusammenfallen lasse, so ist das doch nicht immer möglich und war in diesem Falle noch nicht einmal erwünscht. Quinn legte seinen Plan etwas ängstlich vor, aber die Therapeutin reagierte mit mäßiger Begeisterung in der Absicht, das Gefühl eines persönlichen Affronts zu zerstreuen und den unabhängigen Plan zu unterstützen. Hier wurde also Neutralisierung im Rahmen der Übertragung gefördert, was frühere Verzerrungen korrigierte. Das Objekt begrüßte die Aggression, denn sie stand im Dienste der Entwicklung.

Kurz vor seinem Urlaub fing Quinn die Sitzung in trübseliger Stimmung an. Er bemerkte, daß nur noch eine so kurze Zeit bis zu seiner Reise verbleibe. Die Therapeutin, die sich auf den Schmerz der Trennung konzentrieren wollte, wies darauf hin, daß er ein so schlechtes Gefühl habe, weil sie selbst bald nach seiner Rückkunft verreisen würde. Zuerst vermied er, darauf einzugehen; aber die Therapeutin brachte das mit dem Gedanken vor, daß vielleicht im Hinblick auf die Trennung eine leichte Depression entstehen könnte, wenn man sich nicht zuvor damit befaßte. Quinn nahm das später auf. In derselben Sitzung erwähnte er einen Traum, an den er sich nur ungenau erinnerte. Im Traum kam Blut vor. Er konnte sich nicht klar erinnern. Er sprach von seiner Angst, bei einem Ski-Unfall zu sterben. Die Therapeutin fragte weiter danach und bemerkte, daß man gewöhnlich nur Angst vor einem Knochenbruch hätte. Aber warum Angst zu sterben? Quinn meinte, er hätte keine Angst vor einem gewöhnlichen Ski-Unfall, sondern davor, vielleicht zwanzig

Meter tief von einem Ski-Lift abzustürzen. Er verbreitete sich über seine Angst vor Höhen und offenen Räumen, schwenkte dann von dem Thema ab und ging zu einem intellektuellen Vergleich zwischen dieser Art von Furcht und der seiner Freunde über, die sich in der Nacht auf den Straßen der Stadt fürchteten. Er selbst hätte niemals Angst, nachts auszugehen, sogar in einen Park. Die Therapeutin leitete ihn von dieser Abwehr-Intellektualisierung weg. Wie wünschenswert es auch für die meisten Grenzfall-Strukturen sein mag, eine so neurotische Abwehr wie die Intellektualisierung zu haben, so war doch anzunehmen, daß Quinn die Angst, zu deren Abwehr seine Phobien aufgebaut waren, ertragen könnte, da das Ich in dieser Hinsicht relativ stark war, und so fragte sie weiter danach. Er führte das Thema der Angst vor dem Fallen weiter aus, erinnerte sich an seinen Traum von Blut und meinte dann, daß er sich ganz verschwommen bewußt gewesen war, während dieses Traums eine Erektion gehabt zu haben. Er fuhr in dem Sinne fort, daß er befürchtete, die Dinge könnten ihm aus der Hand gleiten. Er erwähnte im besonderen den Verlust von Körperteilen — Blut, Faeces, sogar von Gefühlen.

Die Therapeutin bemerkte im stillen, daß die Kastrationsfurcht auffallenderweise in seiner Liste fehlte. Sie hob sich diese Beobachtung aber für später auf und erlaubte ihm, mit seinen Assoziationen fortzufahren. Er beschrieb, wie ein Schneeball, den man auf das Ende einer Stahlstange aufgespießt hat, zerbricht, wenn man damit gegen eine Wand stößt. Die Stange würde dann aufrecht stehen. Die Therapeutin sagte: »Sie sehen sich selbst als den Schneeball und fürchten, daß Ihre Erektionen die Oberhand über Sie gewinnen werden. Sie haben einfach das Gefühl, als ob jeder Ihrer Körperteile eine unabhängige Existenz führen würde.« Er stimmte zu: »Ja, und sie können verlorengehen.«

Quinn sprach weiter über das Thema des Verlusts und auch von der Wiedererlangung dessen, was verlorengegangen war. Er sprach von den unabhängigen Wünschen und nahm jetzt den Faden auf, der vorher von der Therapeutin angesponnen worden war, nämlich, daß sie von ihm fort sein würde. Dazu fügte er seine abhängigen Wünsche und seine Angst, daß er, wenn er einmal weg wäre, zu ihr zurückkommen wollen würde. Er konnte nicht sehen, wie er selbständig weggehen könnte, wenn er nicht seine Säuglingswünsche zertrümmern würde. Die Therapeutin fragte: »Warum denn zertrümmern? Warum nicht mit ihnen sympathisieren?« Das wurde so gesagt, um ihm zu helfen, Gefühle der Einsamkeit und Abhängigkeit zu tolerieren und zu überwinden, und dies nicht durch Wiedervereinigung mit dem symbiotischen Objekt, sondern dadurch, daß man Gelegenheit zur Umwandlung der Internalisierung und

Selbst-Empathie gab. Er bestand darauf, daß er nicht imstande sein würde wegzugehen. Die Therapeutin sagte: »Jetzt verstehe ich es besser. Da ist kein zentraler Kontrollmechanismus für Gefühle und Körperteile, sie haben alle ihren eigenen Willen.« Er stimmte zu: »Sie werden mich zertrümmern, als ob ich wirklich ein Schneeball wäre.«

Die Therapeutin, die sich in der Naturwissenschaft wenig auskannte, aber wußte, daß Quinn Naturwissenschaftler war, sagte: »Ich muß bis zu den Tagen der Pferdekutsche zurückgehen, um eine Analogie zu finden, die ich benutzen kann. Wenn Sie einen Wagen lenken, der von ein paar Pferden gezogen wird, so kann es sein, daß jedes von ihnen in eine andere Richtung zieht. Aber wenn sie ordentlich eingespannt sind und Sie die Zügel halten, müssen sie dahin gehen, wo Sie wollen.« Quinn stimmte mit großem Eifer zu. (Der Therapeut braucht nicht auf allen Gebieten sehr klug und gebildet zu sein. Im Gegenteil, es gibt dem Patienten mehr Spielraum, wenn der Therapeut nicht alles weiß. Aber man darf sich auch nicht verstellen.)

Der Patient sagte: »Ich verstehe es jetzt. Ich möchte hier sein, und ich möchte weggehen, aber ich kann es nicht ohne den Teil, der hierbleiben möchte und den unabhängigen Teil angreift.« Worauf die Therapeutin sagte: »Und dem wollen wir noch hinzufügen: Warum kann nicht ein Teil von Ihnen gleichzeitig zwei oder mehr verschiedene Gefühle haben? Wenn Sie die Pferde zügeln können, und wenn diese Ihre Gefühle und die Körperteile darstellen, dann müßten Sie wissen, daß das alles Teile *von Ihnen* sind. Ihr Penis benimmt sich, als ob er von Ihnen unabhängig sei, wenn er manchmal gegen Ihren Willen erigiert; aber das ist seine Natur. Faeces sind nicht unbedingt Teile von Ihnen, wie es der Penis ist, wenn Sie sie auch beide gleichsetzten, als Sie ein Kind waren. Und Gefühle sind das Beherrschbarste von allem — Sie können viele widersprechende auf einmal haben, aber Sie brauchen nicht nach allen und nicht einmal nach einem von ihnen zu handeln.«

Die Sitzung endete damit, daß der Patient sich sehr freute über das, was geleistet worden war. »Ich möchte noch mehr darüber reden«, sagte er im Fortgehen.

Dieser letzte Fall ist ziemlich detailliert dargestellt worden, weil er so gut illustriert, wie die Grenzfall-Struktur aus einigen neurotischen und einigen weniger entwickelten Zügen besteht. Die Therapie zeigt, wie die entwickelteren Aspekte des Ichs benutzt werden, um das Wachstum jener Aspekte zu fördern, die in der Kindheitsentwicklung gehemmt waren. Sie führt vor, wie die höchste Ebene der Ich-Entwicklung unterstützt und die Organisationsfunktion mit hereingebracht wird, um Fragmentation zu vermeiden.

Unsere Erörterung des Gebrauchs der Träume in der Psychotherapie unterstreicht, daß die Richtlinien für die Technik sich aus dem Verständnis der Entwicklungslinien ergeben. Sie können daher nicht als fest aufgestellte Regeln betrachtet werden. Ein Traum tritt in einem spezifischen Moment während des therapeutischen Prozesses auf und erfordert daher, daß der Therapeut den Zusammenhang zwischen der Entwicklungsstörung und diesem Moment versteht. Außerdem sind die Einstellung des Patienten zu seinem Traum, die Art, wie er ihn erzählt, wie er daran arbeitet, so entscheidend wie der manifeste und der latente Trauminhalt, und alle jene Dinge haben gewöhnlich therapeutischen Vorrang vor dem Inhalt. Sowohl die Einstellung wie der Inhalt geben dem Therapeuten Material, das, wenn es geschickt ausgenutzt wird, für die weitere Entwicklung angewandt werden kann.

»Was uns zum Menschen macht, ist in der Tat nicht nur die Organisation unserer Gedankenprozesse, sondern auch eines weiten Bereiches von Gefühlen, von komplexen emotionalen Haltungen und Affektivzuständen, die dem Tier fremd sind.«[1]

14
Die Depression

Menschsein bedeutet, imstande zu sein, die lustbetonten Affekte — Liebe, Freude, manchmal sogar Ekstase — zu genießen. Als Preis dafür müssen wir aber auch Unlustaffekte ertragen — Trauer, Kummer, Schuld, Enttäuschung, Angst und, vielleicht den schlimmsten von allen, die Depression. Mehr noch als die Angst ist die Depression der Affekt, mit dem sich der Therapeut aufgrund seiner Einfühlung in den Patienten, der eine solche Qual erlebt, sowie wegen der bei manchen Depressionszuständen bestehenden Suizidgefahr befassen muß. Schattierungen von Affekten, wie Trauer, Kummer, Enttäuschung und ähnliches, spiegeln die Reaktion auf ein äußeres Geschehnis wider. Anders bei der Depression. Sie kann, oder kann auch nicht, von äußeren Faktoren beschleunigt werden, aber ihre Ätiologie liegt in der Struktur der Persönlichkeit, einer Struktur, die zur pathologischen Depression prädisponiert. Ein äußeres Vorkommnis, wenn eines besteht, fällt dann auf den fruchtbaren Boden einer schon bestehenden inneren Bereitschaft zu diesem unglücklichen Affekt. Wie wir es heute verstehen, hat die Disposition zur Depression ihre Wurzeln im frühen Objektverlust, d. h. dem Objektverlust in einem Entwicklungsstadium, in dem das Ich noch nicht zur Trauer und zur Auflösung der Ambivalenz und der narzißtischen Verwundung fähig ist. Der Objektverlust kann real sein — z. B. der Tod der Mutter — oder mag auch die Folge der Zerstörung der Objekt-Repräsentanz durch aggressive Besetzung sein.

Von der psychotischen Depression glaubt man jetzt, daß sie ihren Ursprung in der Unfähigkeit des undifferenzierten Selbst-Objekts hat, Enttäuschung und Verlassenwerden zu bewältigen. Bewältigungsmechanismen werden ausprobiert, die hauptsächlich in der Aufstellung von überidealisierten und überschätzten Objekt-Repräsentanzen bestehen. Während auch die neurotische Depression aus der Überidealisierung des Objekts auf Kosten des Selbst entspringen kann, so besteht doch bei der neurotischen Struktur ein differenziertes Objekt. Bei der psychotischen Struktur andererseits erstrecken sich Überidealisierung und Überschät-

---

[1] E. Jacobson, *Depression*.

zung der Objekt-Repräsentanzen auf die Selbst-Repräsentanzen und arbeiten dort auf Wunschbilder hin, die niemals erfüllt werden können. Daraus ergibt sich ein brüchiges, im wesentlichen narzißtisches Gleichgewicht, das durch Enttäuschung oder narzißtische Verletzung, Objektverlust oder Verlust der Selbstachtung der Auflösung anheimfällt.

So ist also die Depression als ein Affektivzustand zu verstehen, der im wesentlichen die Folge von Objektverlust und einer Über-Ich-Pathologie ist. Wir sind immer ein wenig in einem theoretischen Dilemma, wenn wir vom Über-Ich und der Über-Ich-Pathologie bei der unstrukturierten Persönlichkeit sprechen, denn wir sind ja zugleich Anhänger des Gedankens, daß das Über-Ich der Erbe des Ödipuskonflikts sei und die letzte Instanz, die im Prozeß der Strukturierung gebildet wird. Bis dieser theoretische Aspekt in eleganterer Weise beschrieben werden kann, ist es gut, im Auge zu behalten, daß der Prozeß der Über-Ich-Bildung im frühen Leben beginnt — mit dem ersten Verbot, das die Entwöhnung darstellt — und durch das Aufeinanderprallen von Trieb und äußerer Kritik in der Analphase sehr verstärkt wird. Daher bestehen bei der unstrukturierten Persönlichkeit Über-Ich-Komponenten, die manchmal recht plump als archaisches Über-Ich, primitives Über-Ich usw. bezeichnet werden. Der passendste Terminus für die Beschreibung früher Teile, die noch nicht in die kohäsive Struktur eingetreten sind, ist unserer Meinung nach der der *Über-Ich-Komponenten*[2].

Bei der besser strukturierten Persönlichkeit kann die Depression etwa als Grenzfallphänomen oder neurotische Depression beschrieben werden. Wir müssen uns daran erinnern, daß wir es hier nicht mit eigentlichen Diagnosen zu tun haben, sondern mit abgekürzten Beschreibungen davon, daß der Affekt, nämlich die Depression, in einer gegebenen Struktur vorhanden ist. Eine recht häufige Form der Depression besteht aus einfacher Identifizierung mit dem affektiven Zustand des Objekts — z. B. einer depressiven Mutter. Dies ist eine Folge des Verschmelzens der Selbst- und der Objekt-Repräsentanzen im symbiotischen Zustand oder des Beibehaltens des Objekts in der Abwehr. Dies scheint dem, was wir schon als den psychotischen Depressionszustand beschrieben haben, zu ähneln, unterscheidet sich aber von der Psychose durch den höheren Grad der Differenzierung zwischen Selbst- und Objekt-Repräsentanz. Öfter als bei der eigentlichen Psychose kann sie — als Ergebnis eines Traumas — aus einer Regression von einem höheren Differenzierungsgrad bestehen. Diese Art von Abwehr-Identifizierung kann sogar bei neurotischen Strukturen vorkommen, muß aber von der Identifizierung als einem normalen

---

[2] S. Kap. 2, wo eine eingehende Diskussion dieses Aspektes gebracht wurde.

Entwicklungsprozeß unterschieden werden. Wenn solch eine Abwehr-Differenzierung von einem neurotischen Ich benutzt wird, und zwar bei einem Individuum, das schon Struktur besitzt, so handelt es sich um eine Regression, die aus einem Trauma entstanden ist. Man behält das Objekt, indem man den Affektzustand des Objekts beibehält. Die Regression ist nur partiell, da die neurotische Persönlichkeit in allen anderen Aspekten der Identität differenziert ist.

Suizidale Depression kommt am ehesten bei psychotischen Strukturen vor, bei denen die narzißtische Verletzung so groß ist, daß die Selbstachtung geschwunden und die Objektwelt durch aggressive Besetzung zerstört ist. Aber auch bei der besser strukturierten Persönlichkeit kann das Risiko des Selbstmords nicht ausgeschlossen werden. Besonders bei Grenzfall-Strukturen kann er die Verwirklichung eines symbiotischen Wunsches darstellen. Es läßt sich daher nicht immer sagen, daß der Selbstmord den Endsieg des Aggressionstriebs allein darstelle. Er kann auch die Erfüllung weitgehender libidinöser Wünsche sein.

Wir möchten hier auch die leichteren Depressionen erwähnen, die das Erringen einer Entwicklungsphase begleiten. Melanie Klein betont mit einem nicht unbedeutenden Körnchen von Wahrheit in ihrer sonst höchst unwahrscheinlichen Theorie diesen Entwicklungsaspekt, indem sie andeutet, daß der Säugling normalerweise deprimiert wird oder, mit einem Kleinschen Ausdruck, eine *depressive Position* erreicht, wenn er bemerkt, daß das früher »gute« Objekt, das Befriedigung, und das »böse« Objekt, das Frustration lieferte, in Wirklichkeit ein und dieselbe Person sind. Wir können mit der Autorin in dem weiteren philosophischen Sinne übereinstimmen, daß Depression die Folge der Erkenntnis ist, daß das Paradies verloren ist. Normalerweise geht eine solche Depression vorüber, und das Kind arrangiert sich bald mit der Realität. Mahler meint — und dies auf einer festeren Basis als Melanie Klein, da ihre Schlüsse aus experimentellem Boden erwachsen und nicht aus subjektivem »Nachsinnen« —, daß eine Prädisposition zur Depression aus der Subphase der Annäherung bei der Trennungs-Individuation stammt, wenn die nicht-eingestellte Mutter auf die Bedürfnisse dieser Subphase nicht reagiert. Sogar die erfolgreiche Meisterung der Trennung und Individuation kommt dann nur um den Preis eines depressiven Affekts zustande, weil das Objekt als Teil des Selbst verlorengegangen ist. Besonders in der Adoleszenz, in der wir eine neue Runde im Trennungs-Individuations-Prozeß vor uns haben, ist die Depression eine normale, vorübergehende Begleiterscheinung dieser Entwicklungsphase. Es erfordert diagnostische Geschicklichkeit, um hier zwischen der normalen und der pathologischen Depression unter anderen Adoleszenz-Phänomenen zu unterscheiden.

267

Es gibt auch normale, vorübergehende Depressionen in erwachsenen Entwicklungsphasen. Das elterliche Haus zu verlassen oder zu heiraten, mag eine gewisse Depression auslösen. Elternschaft als Entwicklungsphase, die eine Neuverteilung der libidinösen Besetzung erfordert, um noch eine Person mit einzuschließen, wirkt sich auch in vorübergehendem Objektverlust aus und kann daher zur Depression führen. Es wird auch behauptet, daß für die Mutter der Geburtsprozeß im Hinblick auf die physische Trennung von dem Kinde eine kurze Depression einschließt. Das muß natürlich von einer echten Post-partum-Depression unterschieden werden, die ihren Ursprung in der Pathologie der frühen Strukturierung hat, besonders jenes Aspekts des Selbstbildes, der das Körper-Ich einschließt. Wir finden die psychiatrische Diagnose der *Involutionsmelancholie* nicht sehr gelungen. Wir haben von Fällen gehört, bei denen diese Diagnose ausschließlich aufgrund des Alters gestellt wurde. In solchen Fällen nehmen wir zu einem heuristischen Mittel Zuflucht: wir fragen unsere Schüler, wie sie dasselbe Problem diagnostizieren würden, wenn der Patient 20 Jahre jünger wäre. Es ist mehr im Sinne der Entwicklungstheorie anzunehmen, daß die Depression im mittleren Alter auf einer Prädisposition basiert, die es schwierig macht, die Entwicklungsforderungen dieses Alters zu erfassen. Während diese Formulierung nicht viel anders als die des Involutionskonzepts zu sein scheint, wird sie es, wenn wir den Brennpunkt etwas verschieben. Nicht *wegen* der Enttäuschungen des mittleren Alters stellt sich die Depression ein, sondern eher, weil diese Enttäuschungen das Trauma darstellen, das sich mit einer bereits vorhandenen Prädisposition verbindet.

Einer von Freuds berühmtesten Aufsätzen ist der über die Depression. Schon aus diesem Grunde kann bei einer Erörterung der Depression diese Arbeit nicht übergangen werden. Schon interessant und bedeutend an sich, liefert sie darüber hinaus die theoretische Grundlage für eine erneute Überprüfung einiger Techniken, die sich unserer Ansicht nach irrtümlicherweise auf diese Arbeit stützen. Freud selbst hat in diesem Zusammenhang keine technischen Empfehlungen gegeben. Er unterscheidet zwischen der Trauer als der normalen Reaktion auf einen echten Objektverlust (die Welt wird kalt und leer) und der Depression, in der das Ich (Selbst) kalt und leer wird. Der normale Prozeß des Trauerns besteht im allmählichen Zurücknehmen der Besetzung von einem Objekt, das in der Realität nicht mehr vorhanden ist. Wenn dies vollbracht ist, können neue Objektbeziehungen hergestellt werden. Die normale Trauer ist zeitbegrenzt; sie geht einmal zu Ende. Die melancholische Depression andererseits kann — oder kann auch nicht — einer spontanen Remission unterliegen. In der manisch-depressiven Psychose scheinen Remissionen vorzukommen, wenn die Depression von Hochstimmung abgelöst wird, da sich Ich und Über-Ich vereinigen. Meistens aber ist therapeutisches Eingreifen notwendig, um die Depression zu beheben.

Vieles wird klar, wenn wir das theoretische Klima verstehen, in dem Freud bei der Abfassung dieses Aufsatzes arbeitete. In jener Periode des Theorienaufbaus dachten Freud und seine Schüler, besonders Abraham, über Depression (und Narzißmus) im Sinne eines Hinüberfließens der Libido vom Es zum Ich, dann zur Außenwelt und dann zurück zum Ich. Es war nicht nur eine prä-strukturelle Theorie, die das Wort *Ich* anstelle von *Selbst* verwandte, sondern auch eine Theorie der Libido und nicht die eines dualen Triebs. Freud und Abraham dachten zu jener Zeit auch hauptsächlich in der oralen Richtung. So betrachteten sie den grundlegenden Mechanismus bei der Depression als *Introjektion*, einen oralen Prozeß. Viel später beschrieb Jacobson Prozesse der Internalisierung als wesentlich für die normale Ich- und Über-Ich-Entwicklung. Zu Freuds Zeit wurden sie nur als Abwehr angesehen. Freud beschrieb das in einer seiner bemerkenswertesten Feststellungen wie folgt: »Der Schatten des Objekts fiel so auf das Ich.«[3] Er meinte natürlich, daß eine Kompensation für den Objektverlust durch einen internalisierenden Mechanismus versucht wird. Er beschreibt, wie das Individuum in diesem Prozeß wie das verlorene Objekt (oder das Objekt der Aggression) wird. Der wesentliche Unterschied zwischen normaler Trauer (Kummer) und Melancholie (Depression) ist, daß im ersten Falle das Objekt geliebt und verloren wurde, im zweiten aber Liebe durch Aggression ersetzt wird. Er zeigt, wie bei der Depression Klagen, die auf das »arme und leere«[4] Selbst gerichtet zu sein scheinen, eine Beschreibung des Versagens des Objekts darstellen und so klinisch einen Schlüssel zu dem wahren Objekt der Aggression liefern. Wenn das ambivalent geliebte, jetzt internalisierte Objekt mit Aggression übersetzt ist, wird der Selbstmord zum Extrem der aggressiven Absicht.

Aus Freuds frühen Formulierungen ist eine Technik entwickelt worden, die wir die »Wendemantel-Methode« genannt haben: Man glaubt, die Depression müsse dadurch behandelt werden, daß man den Patienten dazu ermuntert, die Aggression zu externalisieren. Da sie auf einer prä-strukturellen und einer Prä-Dualtrieb-Theorie basiert, erscheint diese Methode uns jetzt zu simpel, um wirksam zu sein. In manchen Fällen ist sie sogar gefährlich. Man kann heute nicht mehr anneh-

---

[3] S. Freud, *Trauer und Melancholie*.
[4] Ibid.

men, daß der Fluß der Triebenergie, besonders beim modernen Menschen, mit Hilfe dieser besonderen Technik umgekehrt werden kann dadurch, daß die Aggression auf den Therapeuten gerichtet wird. Wir haben schon andernorts betont, daß Objekt-Repräsentanzen nicht zerstört werden dürfen, indem man Aggression gegen sie auslöst, bevor sie nicht durch libidinös besetzte Selbst- und Objekt-Repräsentanzen ersetzt werden können. Nirgends ist das so wichtig wie bei der Behandlung der Depression. Auch kann die Vergangenheit nicht durch eine »Ventilation« in der Gegenwart repariert werden. Wenn wir auch von guten Erfolgen der »Ventilation« gehört haben, so lassen diese sich wohl dadurch erklären, daß sie eine begrenzte Abfuhr ermöglicht, was temporär Erleichterung verschafft. Warum also nicht? Weil das Risiko des Objektverlusts bei der aggressiven Ventilierung zu groß ist. Praktiker, die diese Methode anwenden, haben die Befunde der psychoanalytischen Entwicklungspsychologie nicht in ihre Gedankengänge aufgenommen. Um es moderner auszudrücken: Wir denken dabei nicht nur an das Ungleichgewicht zwischen Libido und Aggression, sondern auch an den Grad, bis zu welchem diese Triebe neutralisiert worden sind, und vor allem an das Ausmaß, in dem ein Objekt getrennt vom Selbst existiert. Fassen wir also die Hauptfaktoren in der Ätiologie der Depression so zusammen: Sie haben weitgehend mit dem Grad der Strukturierung und Internalisierung und mit der Verteilung und Neutralisierung der aggressiven und libidinösen Besetzung zu tun. So kommt es also sehr darauf an, ob die Über-Ich-Bildung in dem harten und überkritischen Stadium fixiert geblieben ist, bevor eine benignere Struktur entstanden ist; ob unneutralisierte, aggressive Besetzungen die Objekt-Repräsentanz abwerten und zerstören, und ferner, ob das in eines verschmolzene Selbst-Objekt auch zerstört ist. Bei der Grenzfall-Depression und der neurotischen Depression mögen depressive Identifizierungen mitwirken, obgleich unterschiedliche Grade der Differenzierung erreicht worden sind.

Die Behandlung der Depression

Wenn Depression ein affektiver Zustand ist, so ist es theoretisch inkorrekt, von einer Behandlung der *Depression* zu sprechen. Wir behandeln auch nicht Angst, Freude oder irgendeinen anderen Affekt als solchen. Wo ein pathologischer Affekt besteht, z. B. Angst, Schuld, Depression oder Hochstimmung, behandeln wir das Ich, das diesen Affekt erlebt. Jedoch im Hinblick auf die Suizidgefahr und das intensive Leiden bei der Depression müssen oft Notmaßnahmen ergriffen werden, um die Krise zu bewältigen. Lebensrettende Maßnahmen haben immer zeitlichen

Vorrang. Zunächst gilt es den Patienten am Leben zu erhalten; danach können wir ihn in aller Ruhe behandeln.

Die Kardinalregel ist die, daß *jede* Depression ernst genommen werden muß. Wir lehnen es ab, den Techniken zu folgen, die anraten, die Depression und besonders die suizidale Depression als eine feindselige Einstellung anzusehen oder als einen Trick, die Aufmerksamkeit auf sich zu lenken, entweder um dem Therapeuten einen Gefallen zu tun oder um ihn in große Angst zu versetzen. Niemals ist die Depression ein Problem der zwischenpersönlichen Beziehungen zwischen Patient und Therapeut (obgleich sie zu einem Problem für den Therapeuten werden kann, wenn er sie persönlich nimmt). Man hört manchmal die leicht hingesprochene Feststellung, daß Gegenaggression von seiten des Therapeuten die offene Aggression des Patienten anrege und so genügend Abfuhr liefere, um den Selbstmord zu verhüten. In der Tat haben wir das oft genug gehört, um kaum daran zu zweifeln, daß dies — mit den Worten jener Therapeuten — »funktioniert«. Auf einen solchen Pragmatismus können wir nur antworten: »Um welchen Preis?« Mit Jacobsen meinen wir, daß das, was hier den bereits überaggressiv besetzten Selbst- und Objekt-Repräsentanzen geschieht, auf eine Verstärkung der negativen Besetzung hinausläuft und die Situation dadurch unbehandelbar machen kann. So gelingt es jenen Therapeuten zwar, den Patienten am Leben zu erhalten, vielleicht nur vorübergehend; er ist dann aber zu einem endlosen Elend verdammt. Wir schulden es dem Patienten, wenn wir ihn schon am Leben erhalten, ihm auch die Chance zu geben, das Leben zu genießen. Und so neigen wir dazu, jede Selbstmorddrohung ernst zu nehmen und nachzuforschen, warum eine solche Verzweiflung besteht. Bei unmittelbarer Gefahr wird der Patient am besten in einer protektiven Umgebung behandelt.

Die Umgebung ist wichtig. Manchmal ist dies die Lebenssituation. Wir haben schon den Fall Andrews besprochen, bei dem es nicht für wünschenswert erachtet wurde, eine Patientin in der Depression nur einmal in der Woche, und ohne daß die Familie davon wußte, zu sehen. Die Patientin war in der Adoleszenz, und die letzte Runde ihrer Loslösung und Individuation war noch nicht vollendet. Viele schwer depressive Adoleszenten haben übermäßige Schwierigkeiten mit der Trennung und Individuation, denn bei ihnen ist die erste Runde in der phasengerechten Zeit nicht befriedigend zu Ende gebracht worden. In diesem Falle schien es lohnend nachzuforschen, ob die Umgebung — hier durch das Interesse der Eltern und ihre finanzielle Unterstützung dargestellt — nicht verbessert werden könnte und die Behandlung nicht so vor sich gehen sollte, wie die junge Patientin es sich ursprünglich gedacht hatte.

Wir empfehlen nicht immer, daß bei der suizidalen Depression die Verwandten zugezogen werden. Jeder Fall muß nach den jeweils besonderen Umständen beurteilt werden. In vielen Fällen ist es gerade die Familienumgebung, die die verzweifelte Situation geschaffen und perpetuiert hat und daher keine geeignete Hilfe bei der Behandlung leisten kann. So kann z. B. der nächste Verwandte einer suizidalen Frau ihr ebenso gestörter Mann sein, von dem sie getrennt lebt, oder der — wenn sie noch mit ihm zusammenlebt — selbst nicht jene Art von Objektbeziehungen hat, die ihn zu einem zuverlässigen Helfer machen würden. Eine protektive Umgebung braucht nicht gerade ein Krankenhaus zu sein, wenn fürsorgliche Aufsicht arrangiert werden kann, was aber gewöhnlich schwierig ist, weil Verwandte, die sich vor der Krise nicht genug um den Patienten gekümmert haben, wahrscheinlich nicht damit anfangen werden, wenn Suizidgefahr besteht. Unbewußte oder sogar bewußte Todeswünsche von seiten der Verwandten schaffen eine nicht gerade günstige Atmosphäre.

Antidepressive Medikamente sind insofern von einigem Wert, als sie den Patienten über die Krise hinwegbringen können, besonders wenn man sich zur ambulanten Behandlung entschlossen hat. Bisher war ihre Wirksamkeit dadurch begrenzt, daß sie nur langsam wirkten. In letzter Zeit sind schneller wirkende Mittel entwickelt worden. Auch muß in Betracht gezogen werden, daß nicht jedes dieser Medikamente für jeden Patienten gleich wirksam ist. Sie sollten auch nur kurz, als lebensrettende Mittel, gebraucht werden. Sie heilen die Depression nicht, können aber den Patienten am Leben erhalten und eine Behandlung ermöglichen. Selbst wenn der Therapeut Arzt ist, empfiehlt es sich meistens, daß ein anderer das Rezept ausstellt. Der Grund für diese Vorsichtsmaßregel: Die offenbar orale Befriedigung, die mit dem Verschreiben eines Medikaments geliefert wird, bringt zwar eine heilsame regressive Befriedigung für den Depressionszustand, kann aber eine Fixierung bis zu dem Punkt verstärken, wo sie unauslöschbar wird. Will man antidepressive Medikamente oder Tranquilizer, die angezeigt sind, verordnen, so ist die beste Methode die, zunächst mit dem Patienten zusammen herauszufinden, welches seine eigenen Hilfsquellen sind. Wenn er einen behandelnden Arzt hat, so können der Therapeut und der Arzt zusammenarbeiten und verschreiben, was nötig ist. Wir sind gewöhnlich nicht dafür, den Patienten an einen Arzt zu überweisen, und zwar aus dem ich-psychologischen Grunde, daß es am besten für ihn ist, wenn er seine eigene Findigkeit benutzt, um seine Hilfsquellen herauszufinden. Das bedeutet aber nicht, ihn sich selbst zu überlassen. Es bedeutet, daß man mit ihm arbeiten muß, um seine Hilflosigkeit zu überwinden. Wenn er sagt: »Ich kenne niemanden, der mir helfen kann«, so kann man antworten: »Haben Sie schon Ihre Freunde gefragt, wer ihr Arzt ist?« Rigidität muß vermieden werden. Wenn das Ich so schwach ist, daß das Eingreifen des Therapeuten notwendig wird, sollte er dies tun und ihn überweisen.

Die Einweisung in ein Krankenhaus ist ein schwieriges Problem sowohl wegen des Mangels an ausreichenden psychiatrischen Einrichtungen als auch im Hinblick auf die gesamte Struktur unserer Gesundheitsdienste. In der Psychiatrie, wie in anderen Zweigen der Medizin, können nur Ärzte, die zum Krankenhaus gehören, oder Belegärzte Patienten dort behandeln. Für die Psychotherapie-Patienten ist dies nicht gut. Wenn wir auch nicht hoffen können, die Struktur unserer Gesundheitsdienste zu verändern, können wir doch darauf hinweisen, daß es schwer ist, Objektbeziehungen aufzubauen, wenn die Therapeuten wechseln, selbst wenn es nur zwei sind — einer innerhalb und einer außerhalb des Krankenhauses. In praxi gibt es gewöhnlich mehr als zwei, da die Ärzte im Krankenhaus wechseln. Die meisten Therapeuten, ob sie nun Psychiater sind oder nicht, haben nicht die Verbindung zu den Krankenhäusern, die es ermöglichen würde, die Patienten dort zu behandeln und sie dann später wieder ambulant zu übernehmen, wenn das angezeigt ist. Daher bedeutet eine Krankenhausaufnahme sehr zum Nachteil des Patienten, daß man den Fall aufgeben muß. Trotzdem hat man keine Wahl, wenn Lebensgefahr besteht.

Ein anderes Sozialproblem, bei dem wir nicht sehr optimistisch sind, ist die Qualität der Pflege und Behandlung in den Krankenhäusern. Die »therapeutische Umgebung« bieten peinlich wenige, exklusive und sehr teure Anstalten. Die meisten Patienten, die in städtische oder staatliche, Provinzial- oder Militärkrankenhäuser eingeliefert werden müssen, werden von ungeschultem Personal versorgt und von sehr wenigen, wenn überhaupt, gut ausgebildeten Psychotherapeuten. Das Anstaltsarztsystem bringt es mit sich, daß der behandelnde Arzt vielleicht ein Anfänger ist oder den Patienten ohne Rücksicht auf die Erfordernisse der Behandlung verlassen muß, wenn seine Zeit um ist oder er in eine andere Station versetzt wird. In Privatkliniken, deren einige besser organisiert sind als öffentliche Institutionen, wird eine Methode praktiziert, die den Bedürfnissen des Patienten überhaupt keine Rechnung trägt: Er wird nur für den Zeitraum aufgenommen, welchen die Krankenversicherung bezahlt. Dies sind Realitäten, zwischen denen der Therapeut seinen Weg finden und seine professionellen Entscheidungen treffen muß, die im besten Falle Kompromisse sind. Wenn das Risiko nicht zu groß ist und genau bedacht wurde, ist es manchmal besser, den Patienten täglich ambulant zu empfangen, bis die Krise vorüber ist, besonders, wenn er in einer schützenden Umgebung lebt und die Prognose günstig ist.

Dies bringt uns aber zu einem schon erwähnten Punkt zurück, nämlich dem, ob man die Behandlung des Falles überhaupt übernehmen soll. Der Therapeut, der einen depressiven Psychotiker zur Behandlung annehmen will, muß sich das gut überlegen. Hat er genügend Libido, um die verzweifelten Forderungen des Patienten zu erfüllen? Kann er 24 Stunden am Tage zur Verfügung stehen, die ganze Woche hindurch? (Es ist nicht wie in der Allgemeinpraxis, wo auch ein Vertreter ausreicht.) Wieviel andere Depressive hat er schon in Behandlung? Würde ein zusätzlicher ihn überlasten? Erlauben ihm seine Lebensführung und seine Verpflichtungen, so viel von seiner Libido an die Patienten zu geben? Diese Fragen sollten beantwortet werden, bevor er eine Verpflichtung eingeht. Wenn der Patient erst einmal zur Behandlung angenommen ist, gibt es kein Zurück mehr. Der Patient, von seinen Objekten schon ohnehin so tief enttäuscht, kann von einem Therapeuten, der den Fall mitten in der Behandlung aufgibt, irreparabel geschädigt werden. Jeder therapeutische Behandlungsplan muß die Wiederholung der traumatischen Vergangenheit vermeiden. Dies trifft auf die Depression genauso zu wie auf jeden anderen pathologischen Zustand.

Bevor wir die Langzeitbehandlung chronisch depressiver Zustände besprechen, möchten wir hier im einzelnen die Notfallmaßnahmen erwähnen, die bei der Selbstmordkrise angezeigt sind. Der Impuls zum Selbstmord muß ernst genommen werden und nicht als eine leere Drohung. Wir ziehen dabei in Betracht, daß es einige Patienten gibt, die solche Drohungen ausstoßen, um den Therapeuten zu erschrecken. Das geschieht aber, weil eine infantile Persönlichkeit in dieser Form mit ihren Objekten umgeht. Deshalb meinen wir, daß bei dieser Drohung immer versucht werden muß herauszufinden, was der Patient damit sagen will. Wir fühlen uns auch nicht so sicher wie manche andere Therapeuten, wenn es sich um einen mißlungenen Selbstmordversuch handelt. Der Patient, der sich die Pulsadern oberflächlich aufschneidet oder eine nicht ganz letale Dosis einnimmt, gibt damit auch etwas zu verstehen. Niemand, auch nicht mit dem größten pharmakologischen Wissen, kann sich im Zustand der Depression genau ausrechnen, wieviel von einem bestimmten Mittel gerade eben noch nicht tödlich wirkt. Und es ist charakteristisch für die Barbiturate und ähnliche Stoffe, daß der Patient, wenn er erst eine kleine Menge genommen hat, sich nicht mehr erinnert, wieviel das war. Wir können nicht wissen, wieviel gelungene Selbstmorde so geplant waren, daß sie beinahe erfolgreich hätten sein sollen — nur »um Aufmerksamkeit hervorzurufen«. Wir kennen mindestens einen Patienten, der eine überdosierte Menge von einem Barbiturat genommen hatte und einen Arzt rief, weil er es sich anders überlegt hatte, aber starb, bevor der Arzt ihm helfen konnte. Und so raten wir nicht zu der »harten Methode«, dem Patienten zu zeigen, daß man seinen »Bluff« durchschaut. »Wollen wir doch herausfinden, was Sie so verzweifelt macht, daß Sie daran denken, sich selbst umzubringen«, ist hilfreicher und verrät mehr Achtung, als die Worte des Patienten als leere Drohung und bloßen »Bluff« anzusehen. »Da Sie sich jetzt so verzweifelt fühlen, treffen wir doch ein paar Vorkehrungen zu Ihrem Schutz. Sie werden ganz anders denken, wenn Sie sich besser fühlen.« Das gibt dem Patienten das Gefühl, beschützt zu werden, daß man sich um ihn kümmert, und, was vielleicht das Wichtigste ist, das Gefühl, daß es eine hellere Zukunft gibt.

Wir sind auch an der Methode des Selbstmords interessiert, die der Patient ins Auge faßt, hauptsächlich, weil wir wissen möchten, wieweit sein Plan ausgereift ist. Bis zu einem gewissen Grade ist die Form des Selbstmords ein — wenn auch nicht immer zuverlässiger — Schlüssel zur Diagnose. Man kann aus ihr in rohen Umrissen auf das Niveau der Regression schließen. So z. B. deuten Schlaftabletten auf die Suche nach Symbiose hin. Die Verblutungsmethode deutet Kastration an, usw. Die Kenntnis der Methode liefert nicht immer genaue Hinweise auf die Diagnose. Aggressiv gefärbte Selbst-Repräsentanzen, besonders wenn sie nicht von den auch aggressiv besetzten Objekt-Repräsentanzen differenziert sind, können zu zufälligen Selbstverstümmelungen führen. Wenn der Patient jede Einzelheit gut ausgearbeitet hat, so ist das ein krankhaftes Zeichen. Wir fragen nicht: »Wie wollen Sie es denn machen?« — eine Frage, die, wie wir gehört haben, einem Patienten gestellt wurde —, denn dies würde eine Teilnahme an der Planung des Selbstmords bedeuten, die der Patient allein nicht so weit entwickelt hätte. Man kann aber, wenn nötig, fragen: »Sind Sie in Ihrer Verzweiflung so weit gegangen, daß Sie darüber nachgedacht haben, was Sie tun könnten?« Die Antwort auf solch eine Frage kann dem Therapeuten viel erklären; aber die Worte sind sorgfältig gewählt, um zu vermeiden, daß man zum Verbündeten bei dem Plan wird, und sie sollen ihm zeigen, daß dies verzweifelte, impulsive, aber keine wirksamen Lösungen sind. Die Prognose ist am günstigsten, wenn der Patient, obgleich deprimiert und mit Selbstmordgedanken beschäftigt, an die denkt, denen er durch seine Tat Leid zufügen würde. Hier ist die libidinöse Objektbesetzung die Verbündete des Lebens.

Wenn der Therapeut sich erst einmal zur Behandlung verpflichtet hat, muß er jederzeit, zu jeder Stunde verfügbar sein. Viel kann am Telefon erledigt werden. Der Patient mit einer Depression ist nachts, wenn er nicht schlafen kann, wirklich einsam, und sein Hilferuf verlangt eine geduldige Antwort. Die libidinöse Verfügbarkeit des Therapeuten für die Einsamkeit des Patienten und seinen Kummer stellt eine Haltung des Objekts dar, die anders ist als die des ursprünglichen, das libidinös abwesend war. Während wir nicht glauben, daß die benignere Haltung an sich und für sich allein heilend wirkt — denn die verzerrten Selbst- und Objekt-Repräsentanzen bleiben ja bestehen —, meinen wir doch, daß eine stetig benigne Atmosphäre etwas ist, auf das sich der Patient verlassen kann, wenn seine Verzerrungen erst einmal korrigiert sind. Dann wird er imstande sein, die libidinösen Besetzungen des Therapeuten zu benutzen, um »gute« Selbst- und Objekt-Repräsentanzen aufzubauen. Das Klima bildet sich zu Beginn der Behandlung, und später wird sich der Patient daran erinnern. Und wenn auch nur ein bißchen an Libido in den Selbst- und Objekt-Repräsentanzen da ist, wird der Patient imstande sein, sofort auf das freundliche Interesse des Therapeuten zu reagieren. Wenn die Selbst- und Objekt-Repräsentanzen allzu aggressiv gefärbt sind, ist die Prognose ungünstig.

Es ist immer gut, Interesse an dem zu zeigen, was der Patient mitteilen möchte, wenn sich das auch nicht immer sofort auszahlt. Suizidwünsche, -impulse oder -gesten müssen als eine Form der präverbalen Kommunikation aufgefaßt werden. Bekundet man Interesse an dem, was der Patient meint, so wird ihm das wenigstens zeigen, daß wir verstehen, daß er uns etwas mitteilen möchte. Auf diese Weise wird das Ich alarmiert und dazu angeregt, seine Gefühle und Wünsche in Worten auszudrücken und nicht in einer Tat, die nicht wiedergutzumachen ist. Selbst wenn die Verbalisierung nicht sofort erfolgreich ist, so wirkt es doch schon ich-aufbauend, daß man den Patienten anregt, seine Aufmerksamkeit und seine Bemühungen auf Verbalisierung zu richten. Man fördert damit den Aufschub, das Denken als Probehandlung, die Symbolisierung und die semantische Kommunikation, die sich alle auf höheren Ebenen der Objektbeziehungen abspielen. Wir wollen damit nicht sagen, daß man all das mitten in der Nacht am Telefon fertigbringen kann. Gewöhnlich ist es schon das Fragen an sich, das dem Patienten etwas zum Nachdenken gibt, ihm Zeit kauft. Während sein Ich vor der unvollendeten Aufgabe steht, die Antwort zu finden, braucht er sich nicht sofort umzubringen. Wenn es nötig ist, sollte der Therapeut anbieten hinzukommen, aber er sollte es mit diesem Angebot aufrichtig meinen. Und wieder: Wenn auch nur ein weniges an Objektlibido vorhanden ist, wird der Patient den Therapeuten nicht in der Nacht stören wollen. In den vielen Jahren der Praxis, in denen wir es den Patienten vollkommen freigestellt haben, anzurufen, wann immer es nötig ist, ist dies nur sehr selten in der Nacht geschehen. Der Patient möchte sich das »gute« Objekt erhalten.

Zur-Verfügung-Stehen bedeutet aber mehr als das körperliche Zur-Stelle-Sein oder ein guter Telefon-Antwortdienst. Es ist eine Haltung. Am Anfang der Behandlung ist es natürlich schwierig, sie ganz zum Ausdruck zu bringen. Es muß wiederholt und konsequent daran gearbeitet werden. Daher ist es wichtig, in kritischen Fällen den Patienten oft kommen zu lassen. Allmählich wird man dann zu einem zuverlässigen, »guten« Objekt, und das kann in Zeiten der Belastung den Ausschlag geben. Wenn dann ein Nachtanruf kommt, ist es gut, schon solch ein günstiges Gleichgewicht aufgebaut zu haben. Man kann dann sagen: »Wir werden morgen weiter darüber sprechen.« Wieder vermag sich der Suizidimpuls dem Aufschub zu fügen, wenn der Patient etwas hat, dem er entgegensehen kann. Für depressive Patienten ist eine bestimmte Tageszeit die schlimmste. Oft fällt es ihnen schwer, morgens aufzustehen, manche finden die Dämmerung schwierig, für manche ist die Zeit im Bett besonders schwer. Der Therapeut sollte herausfinden, welche Tageszeit für einen bestimmten Patienten besonders schwierig ist, und es so einrichten, daß er dann zur Verfügung stehen kann.

Beim appetitlosen Patienten und sogar dann, wenn die Depression nur leicht ist, ist es wichtig, sich für seine Ernährung zu interessieren. Es kann für ihn lebensrettend sein, wenn man sich versichert, daß er sich nicht langsam zu Tode hungert, und wenn das der Fall ist, muß man sich große Mühe geben. Man muß ihn vielleicht sogar ins Krankenhaus schikken, damit er dort ernährt wird. Aber auch sonst kann Interesse an seiner Ernährung seinen Appetit anregen. Wieder ist es so, daß man der Besetzung für das »gute« Objekt begegnen und sie verstärken muß, wenn auch nur ein wenig davon da ist. Sogar wenn der Patient gut ernährt ist, trifft ihn Interesse an dem, was er ißt, auf der primitivsten infantilen Ebene der Sorge um körperliche Bedürfnisse und orale Befriedigung. Nach unserer Erfahrung stößt aber der Ausdruck eines solchen Interesses gewöhnlich auf Abwehr und nicht auf befriedigende Reaktionen. Der Therapeut darf aber darüber nicht verärgert sein. In der Depression dominieren das »böse« Objekt und das strafende Über-Ich. Eine Patientin machte sich dauernd über das Interesse des Therapeuten an dem, was sie aß, lustig. Trotzdem sah sie solchen Sitzungen mit einigem Vergnügen entgegen. Nachdem sie sich versichert hatte, daß der Therapeut immer weiter daran interessiert sein würde, auch wenn er wiederholt vor den Kopf gestoßen wurde, fing sie die Sitzungen an mit einem »Ich nehme an, Sie werden mich jetzt wieder fragen, was ich gegessen habe«. Die sachliche Antwort des Therapeuten war: »Ja, natürlich«, indem er auf die Aggression in dieser Herausforderung nicht reagierte, sondern sie begrüßte.

Die Tatsache, daß es ein Morgen, eine Zukunft gibt, muß immer wieder betont werden. Nicht nur während der verzweifelten Telefonanrufe sollte der Therapeut seine Sätze so formulieren, daß sie eine völlige Überzeugung von der Zukunft ausdrücken. Feststellungen im Futurum, sogar in bezug auf die nächste Zukunft, sind erwünscht: »Wenn wir uns morgen sehen, werden wir versuchen, mehr davon zu verstehen.« Solche Bemerkungen sind für den depressiven Patienten reserviert und werden aus dem speziellen Grunde angewandt, ihn an die Zukunft zu erinnern. In allen anderen Fällen sind sie kontraindiziert, weil sie dann die gewohnheitsmäßige Form darstellen, die Sitzung zu beenden.

Einiges, was in der Besprechung der Notfallmaßnahmen bei der Depression bemerkt worden ist, bezieht sich auch auf die Dauerbehandlung. In anderen Beziehungen hängt langfristige Behandlung der Depression von der Diagnose ab — von der Struktur des Ichs, das diesen Affekt erleidet. Besonders sollte man immer annehmen, daß ein Objektverlust besteht, und man sollte in der Lebensgeschichte nach seinem Ursprung suchen und auch nach jenen repetitiven Erfahrungen, die ihn verstärkt haben. Das erklärt, warum es bei der Depression für den Therapeuten wichtig ist, ein zuverlässiges Objekt zu bleiben. Die Verzerrungen in den Selbst- und den Objekt-Repräsentanzen müssen aufgefunden werden. Es ist wichtig, das Ausmaß der Differenzierung zu kennen. Allmählich, in dem Maße, in dem der Therapeut genau das Erlebnis versteht, durch das die Selbst-Achtung geschädigt worden ist und die Objekte verlorengingen, entweder in Wirklichkeit oder durch eine aggressive Besetzung, frühe Enttäuschungen und ähnliches, fängt er an, die Selbst-Achtung wieder aufzubauen, indem er dem erwachsenen Ich zeigt, wo dies nicht die Schuld des Patienten und möglicherweise auch nicht immer die Schuld des Objekts war.

Der Patient Xavier, 30 Jahre alt, kam zur Behandlung, weil seine Ehe gescheitert war, er in seinem Beruf nicht vorwärtskam und auch, weil er deprimiert war. Er war im Alter von 20 Monaten wegen einer Lungenentzündung im Krankenhaus gewesen. Der Therapeut rekonstruierte mit ihm zusammen dieses Ereignis — den Schmerz der Trennung, die Tatsache, an einem fremden Ort zu sein, die unvermeidliche Wut und Regression, die Enttäuschung über die omnipotenten Objekte und auch den Angriff auf die Selbst-Repräsentanzen, da in jenem Alter die Differenzierung noch nicht vollständig ist, ferner den Wunsch zur Regression zu einem glücklicheren Zustand, der in diesem Fall, wie in vielen anderen, durch den Suizidwunsch dargestellt wird, den wirklichen Schmerz und das Leiden durch die Krankheit und die Schädigung des noch verschwommenen Körperbildes. All dies wurde verstanden und in schmerzlichen schlaflosen Nächten wiedererlebt. Er mochte sagen: »Sie wissen ja nicht, wie schlimm das ist.« Der Therapeut protestierte nicht dagegen mit der Behauptung, daß er es doch wisse. Das war eben die Art des Patienten, die Gefühle der vorzeitigen Trennung und der Einsamkeit in Worte umzusetzen.

Als viel von alldem durchgearbeitet worden war, wurde die Realitätsprüfung des Patienten mobilisiert. Wenn auch jener Krankenhausaufenthalt für ihn ein unglücklicher Umstand war — und so sehr das kleine Kind das Ganze als Versagen und Verrat von seiten der omnipotenten Objekte erlebte —, so konnte doch sein erwachsenes Ich sich klarmachen, daß weder er noch seine Eltern an irgend etwas schuld waren. Man muß sich hüten, dem Patienten diese Art von Logik zu früh aufzudrängen, sonst wird sie zur Apologie für die Eltern, entgegen seinen eigenen Gefühlen. Bevor solch eine Erkenntnis integriert werden konnte, war Xavier ein entmutigender Patient. Er hatte in seinem frühen Trauma die Abwehrstellung eingenommen, niemals einer anderen Person zu trauen und niemals jemanden zu brauchen. Das war im wesentlichen der Grund, warum auch seine Ehe gescheitert war. In der Übertragung weigerte er sich, den Therapeuten als das »gute« Objekt zu akzeptieren, und machte sich oft über seine Bemühungen lustig. »Sie sind aber wirklich beharrlich«, pflegte er zu sagen. Die Beharrlichkeit und Konsequenz erhielten aber ihren Lohn. Als nämlich die Verzerrungen korrigiert waren und der Patient anfing, sich mit dem Therapeuten zu identifizieren, verbalisierte er es so, daß er selbst so nett und freundlich sein möchte wie dieser.

Der Patient Young war einer der vielen, die an einer chronischen Depression leiden, weil sie sich mit einem depressiven Elternteil identifizieren. Sein Vater starb plötzlich, als der Patient drei Wochen alt war. Daß die Depression der Mutter eine Form von Melancholie und nicht normales Trauern war, ergibt sich aus der Tatsache, daß sie nie wieder heiratete, obgleich sie Gelegenheit dazu gehabt hätte, wie der Patient wußte. Er hatte das Gefühl, daß die Mutter nur für ihre Kinder lebte. Sein Beweis dafür war, daß sie nie etwas anderes tat. Sie ging nie aus und hatte keine Freunde. Aus der Art der Übertragung ersah der Therapeut aber, daß ihr »Zur-Verfügung-Stehen« nur physischer Art war. Das ergab sich aus den sehr begrenzten Forderungen, die der Patient an den Therapeuten stellte. Da er in einer unempfänglichen und nicht auf ihn abgestimmten Atmosphäre aufgewachsen war, erwartete er nicht mehr. Er war überrascht, aber nicht erfreut, daß der Therapeut in seinem Ton und seiner Ausdrucksweise nicht deprimiert erschien. Er würde das symbiotische Eins-Sein vorgezogen haben, in dem sich der

Therapeut seiner Depression angeschlossen hätte. Es ist aber einfach zu erkennen, daß nach zahlreichen Interpretationen in dem Sinne, daß Youngs Identifizierung mit der einzigen Elternfigur, die er gehabt hatte, ihn in der Depression festhielt, er anfangen würde, sich etwas davon zu lösen, wenn der normale Zustand des Therapeuten ihm Gelegenheit zu einer gesünderen Identifizierung geben würde.

Das Problem der Übertragung bei der Depression in Borderline-Fällen und psychotischen Strukturen wird von Jacobson erörtert. Für die Autorin unterscheidet sich die Struktur der Borderline-Persönlichkeit graduell von der des Neurotikers: »Diese Patienten zeigen Ich-Verzerrungen und Über-Ich-Defekte, Störungen in ihren Objektbeziehungen und eine Affektpathologie, die über das hinausgeht, was wir bei den gewöhnlichen Neurotikern finden.«[5] Und sie fährt fort: ».. . Depressive versuchen, ihren Verlust an Liebesfähigkeit zurückzugewinnen und kraft einer exzessiven magischen Liebe von seiten des Liebesobjekts zu funktionieren. Ein melancholischer Patient sagte: ›Liebe ist für mich wie Sauerstoff.‹«[6]

Da bei der Behandlung der Therapeut unvermeidlich zum Liebesobjekt und zum Mittelpunkt des depressiven Konflikts wird, glaubt die Autorin, daß die Voraussetzung für eine Psychotherapie in der Fähigkeit liegt, zu einer Übertragung zu kommen. Dies stimmt mit unserem eigenen Standpunkt überein, nämlich dem, daß, um zu einer günstigen Prognose zu gelangen, etwas von einer libidinösen Besetzung des Objekts vorhanden sein muß. Jacobson empfiehlt, während einer Krise häufige Sitzungen anzusetzen, warnt aber davor, den häufigen Kontakt über die Krise hinaus aufrechtzuerhalten. Tägliche Sitzungen können als verführerische Versprechungen ausgelegt werden, die aber zu groß sind, um erfüllt zu werden — als eine Verpflichtung, die eine masochistische Unterwerfung herausfordert, und als eine Gelegenheit, um die Ambivalenz wieder aufflackern zu lassen. Sie rät daher zu einem Turnus von drei bis vier Sitzungen wöchentlich und nicht zu einem von fünf, sechs oder sieben. Sie sagt: »Ich glaube, daß die emotionale Qualität der Reaktion des Analytikers wichtiger ist als die Zahl der Sitzungen.« Und: »Es muß eine fortlaufende, zarte, empathische Verbindung zwischen dem Analytiker und dem depressiven Patienten bestehen. Man muß sehr aufpassen, daß keine leere Stille eintritt, aber auch, daß wir nicht zu schnell und zu emphatisch sprechen, d. h., wir dürfen niemals zuviel, aber auch nicht zuwenig geben.«[7] Die Autorin spricht auch von der Notwendigkeit, daß

---

[5] E. Jacobson, *Depression*.
[6] Ibid.
[7] Ibid.

der Therapeut Spontaneität, eine flexible Anpassung an Launen, ein warmes Verständnis und einen unverrückbaren Respekt haben muß. All dies ist wichtiger als übermäßige Herzlichkeit, Sympathie und Beruhigung.

Ein anderer Autor, der sich mit der Technik der Behandlung der Depression beschäftigt hat, Levin[8], gibt eine interessante Liste von Notfallmaßnahmen. Wir stimmen nicht völlig mit seiner Methode überein, da sie den Anschein erweckt, als ob die Depression eine deutlich abgegrenzte diagnostische Einheit wäre. Diese Art der Behandlung ignoriert die Entwicklungsdiagnose und stellt eine Einheitstechnik für alle Arten der Depression dar. Wir möchten im folgenden unsere eigenen Vorschläge illustrieren:

Die Patientin Ziegler, 21 Jahre alt, wurde während einer Suizidkrise, die von ihrer Familie nicht ernst genommen wurde, zur Therapie überwiesen. Sie war gerade von zu Hause hinausgeworfen worden, da ihre Stiefmutter dachte, sie sei alt genug, um auf eigenen Füßen zu stehen. Ihr Vater war ein passiver Mensch, der alles tat, was seine zweite Frau verlangte. Die Mutter der Patientin war gestorben, als diese zwei Jahre alt war, und der Vater heiratete sehr bald wieder. Aus dieser zweiten Ehe gingen zwei Kinder hervor. Wenn die Stiefmutter ihr auch ein Heim bereitete und sich auch um die physische Pflege kümmerte, war sie doch niemals emotional an der Patientin interessiert gewesen und zog ihre eigenen Kinder vor. In der frühen Kindheit, in der Latenzzeit und in der Adoleszenz stand ihr der Vater sehr nahe, und er gab der Eifersucht seiner Frau erst nach, als das Mädchen das frühe Erwachsenenalter erreicht hatte. Als der Therapeut die Patientin sah, war sie verzweifelt. Sie wohnte vorübergehend bei einer Freundin, und der Vater kam für ihren Lebensunterhalt auf und war auch bereit, für die Therapie zu bezahlen. Die Patientin hatte versucht, mit dem College anzufangen, konnte dies aber nicht durchhalten. Über die momentane Krise brachte der Therapeut sie durch häufige Sitzungen und auch dadurch hinweg, daß er sich der libidinösen wie auch der finanziellen Unterstützung des Vaters versicherte. Er riet auch zu stabileren und für sie günstigeren Lebensbedingungen in der Wohnungsfrage. Die Patientin reagierte gut. Wenn sie auch depressiv blieb, so ging die suizidale Krise doch vorüber, was dem Therapeuten Gelegenheit gab, eine genauere Diagnose zu stellen und die Behandlung auf die traumatischen Störungen zu lenken. Wir möchten diesen Fall dazu benutzen, um zu illustrieren, warum eine Ventilation der Aggression unerwünscht ist. Es wäre ganz einfach gewe-

[8] S. Levin, »Some Suggestions for Treating the Depressed Patient«.

sen, Aggression gegen die Stiefmutter auszulösen, die ja das wichtigste »böse« Objekt in den unbewußten Phantasien und in den Märchen darstellt, und auch gegen den Vater, der sie nicht genügend beschützt hatte. Jedoch litt diese Patientin, wie so viele andere Depressive, unter einem unerträglichen Objektverlust. Ziel der Therapie war es daher, »gute« Selbst- und Objekt-Repräsentanzen aufzubauen, damit das gestärkte Ich später imstande sein würde, auch die Realität des »Bösen« zu ertragen. In diesem Falle gab es Gründe anzunehmen, daß die Mutter ihrer Säuglingszeit adäquat gewesen war. Dies ergab sich aus der Fähigkeit der Patientin zur positiven Übertragung, aus ihrer Anerkennung der Hilfe des Therapeuten und ihrer Reaktion darauf. In diesem Zusammenhang ist eine »adäquate« Mutter eine, die befriedigende orale und symbiotische Erfahrungen liefert, den Katalysator für die Ich-Entwicklung abgibt, in kritischen Perioden zur Verfügung steht, um die Reifung und Ich-Entwicklung zu koordinieren, und das Kind befähigt, mehr libidinös als aggressiv besetzte Selbst- und Objekt-Repräsentanzen aufzubauen. Unglücklicherweise war in diesem Fall die Mutter in einem Entwicklungsstadium des Kindes gestorben, als die Trennungs-Individuation noch nicht vollständig war, der Objektverlust als der Verlust eines Teiles seiner selbst empfunden wurde und die Enttäuschung über das Versagen der Omnipotenz der Mutter sich in Ernüchterung, Aggression und Verlust der Selbstachtung ausdrücken mußte. Dies alles geschah zu einer Zeit, als die Trennungsangst sehr stark war und die Fähigkeit, zu trauern und so den Verlust zu überwinden, noch nicht bestand.

Was hier beschrieben worden ist, ist eine Situation im frühen Leben, die zur Depression prädisponiert. Diese Patientin hätte durch die Latenzzeit und die Adoleszenz in einem Zustand hindurchgehen können, den die ihr Nahestehenden als schwermütig angesehen hätten und den wir als chronisch-depressiv beschreiben möchten. Die Nähe des Vaters lieferte aber irgendeine Form der Fortsetzung der symbiotischen Befriedigung; aber solch ein Verhältnis kann nicht unbedingt als wachstumsfördernd betrachtet werden, da es nicht phasengerecht ist. Es ist mehr durch das Bedürfnis des Vaters als durch das des Kindes bestimmt und ist von ununterdrückbaren ödipalen Obertönen durchtränkt. Die suizidale Depression trat dann ein, als die Loyalität des Vaters zu seiner zweiten Frau einen zweiten Objektverlust für die Tochter darstellte. Die Veranlagung traf hier mit einem auslösenden psychischen Vorgang zusammen, der unneutralisierte Aggression gegen die Selbst- und Objekt-Repräsentanzen wieder mobil machte und im Verlust des Objekts und Verlust der Selbstachtung resultierte. Ödipale Schuldgefühle spielten beim Ausbruch der Depression auch eine Rolle.

Der größte Teil des ersten Jahres der Behandlung hatte zum wichtigsten Ziel die Verstärkung der positiv besetzten Selbst- und Objekt-Repräsentanzen — und zwar in den momentanen Beziehungen, in der Übertragung und in den Primärobjekten. Dies darf niemals vorgetäuscht werden und muß stets den Realitäten entsprechen. Der Therapeut sucht jene positiven Besetzungen heraus, die tatsächlich bestanden, aber durch die Aggression fast ganz zerstört worden sind. Erst als die Patientin mehr von sich und ihren Objekten hielt, half ihr der Therapeut, ihre Aggressionen, die sie berechtigterweise hatte, zu verbalisieren. Wir versuchen nicht, den Patienten von der Aggression zu befreien, weil sie »unrecht« oder »negativ« ist, sondern nur, weil sie, in der unneutralisierten Form, dem Ich nicht zu dem Zweck zur Verfügung steht, ihm zu dienen. Die Patientin Ziegler z. B. war nicht imstande gewesen, ihre Studien fortzusetzen, da dem Ich keine neutralisierte Aggression für diese Aufgabe zur Verfügung stand. Sie konnte auch nicht mit ihrem Vater in dem Sinne darüber verhandeln, was er realiter und in phasengerechter Weise für sie tun könne, solange sie so außerordentlich böse auf ihn war, daß sie innerhalb des Circulus vitiosus verblieb, indem sie ihn zu vernichten wünschte und dann einen weiteren Objektverlust fürchtete[9].

Im folgenden möchten wir eine klinische Illustration einer Technik geben, die auf der Erkenntnis des Analytikers beruht, daß es bei einem Suizidpatienten seine Aufgabe ist, die Trennung der Selbst-Repräsentanzen von den negativen Objekt-Repräsentanzen zu betreiben. Eine junge Frau, Anfang dreißig, hatte eine psychotische Mutter gehabt, die starb, als die Patientin vier Jahre alt war. Die junge Frau selbst wachte eines Morgens mit einer Depression auf und dachte, daß sie sterben würde, wenn sie lange genug den Atem anhalten könnte. Sie fing also damit an und dachte weiter daran, sich mit einem Kissen zu ersticken, und dann, wie sie nachher der Therapeutin erzählte, dachte sie an sie (die Therapeutin) und erkannte, daß diese gewollt hätte, daß sie am Leben blieb. So hörte sie also auf, sich töten zu wollen. Die Tatsache, daß sie imstande war, in einem so wesentlichen Moment an die Therapeutin als an ein separates, aber positives Objekt zu denken, zeigte, daß das therapeutische Milieu ihren libidinösen Impulsen zum Sieg verholfen und sie von den negativen Objekt-Repräsentanzen der toten Mutter getrennt hatte. Das war die Frucht von vielen Monaten der Behandlung gewesen. Mangel an Reaktion in der Verkleidung einer gutartigen Neutralität wäre von dieser Patientin als feindliche Indifferenz aufgenommen worden, etwas, das sie oft bei ihrer in sich zurückgezogenen Mutter gefühlt hatte.

---

[9] Material von Joyce Edward zur Verfügung gestellt.

Es hätte ihre Furcht bestätigt, daß niemand sich um sie kümmere oder es jemals tun würde, und hätte sehr wohl das Ich-Wachstum zerstören können, das so peinvoll und unsicher vor sich gegangen war. Wenn die Therapeutin an diesem Punkt versucht hätte, die Aggression zu explorieren, die im ursprünglichen suizidalen Impuls enthalten war, so hätte diese Patientin, die der Selbstbeschuldigung verfallen war, dies als eine verurteilende Kritik und als ein grobes Mißverstehen erlebt. Der Triumph der libidinösen Besetzung der Selbst- und Objekt-Repräsentanzen wäre verlorengegangen[10].

Die Patientin Allen war zweiundeinhalb Jahre lang einmal in der Woche zur Behandlung gekommen. Sie war 54 Jahre alt, Mutter von zwei Söhnen, war 25 Jahre lang verheiratet, als die Behandlung anfing, und eine mäßig korpulente, unordentlich aussehende Frau. Ihr Gesichtsausdruck verriet eine chronische böse Unzufriedenheit, und sie war immer den Tränen nah. Ihre Sprache war oft grob, und es fiel ihr schwer, das, was sie als »richtige« Worte bezeichnete, zu finden, um Geschehnisse und besonders Gefühle zu beschreiben. Sie beklagte sich über Depression, über »böse Gedanken«, über eine intensive Furcht vor schweren Krankheiten, hatte nur Haß und Verachtung für ihren Mann, wollte auch keine Freunde haben und fühlte ihre Inferiorität und ihren eigenen Unwert. Sie war schon vorher für Perioden zwischen einem und zwei Jahren bei drei verschiedenen Therapeuten in Behandlung gewesen und hatte ihre letzte Behandlung etwa ein Jahr zuvor abgebrochen, weil sie glaubte, der Therapeut hätte nicht genug Interesse an ihr.

Sie erinnerte sich mit einem ungeheuren Zorn und mit Selbstmitleid an ihre Kindheit und beschrieb ihre Mutter als eine abscheuliche, bittere Frau, die sich dauernd in Krankheiten flüchtete und ihren geizigen, untüchtigen und ehrgeizlosen Mann ständig heruntersetzte und beschimpfte. Sie selbst fühlte sich vernachlässigt, angegriffen, zurückgewiesen und empfand sich als Gegenstand der Wut und Verachtung ihrer Mutter. Ihr Vater nahm sich etwa drei Jahre, nachdem die Mutter an Krebs gestorben war, das Leben, als die Patientin 30 Jahre alt war. Sie glaubte, daß sie von seiten ihrer Eltern nicht wiedergutzumachenden Schaden davongetragen hätte. Sie hatte eine Schwester, die vier Jahre jünger war als sie und von ihr, wie sie sagt, großgezogen wurde. Es sei ein kränkliches, stilles Kind gewesen. Sie standen sich in einer verdeckt feindlichen Weise nahe bis zu dem Tag, als die Schwester sie beschimpfte, weil sie als Kind von ihr mißhandelt worden wäre. Das war kurze Zeit bevor die Patientin zur Psychotherapie kam.

---

[10] Material von Dr. Marjorie T. White zur Verfügung gestellt.

Im Alter von 29 Jahren heiratete sie einen geschiedenen Mann. Er hatte einen Sohn, zu dem sie niemals irgendeine Beziehung unterhielt. Sie gab an, daß sie ihren Mann nie geliebt, sondern ihn nur geheiratet hätte, weil niemand anders da war. Als Quelle der finanziellen und emotionalen Unterstützung hielt sie ihn für einen absoluten Versager. Er wurde dann teilweise impotent, so daß er ihr noch nicht einmal physisch Befriedigung geben konnte. Sie beschrieb ihren älteren Sohn als dauernd mit Problemen behaftet, als unglücklich und unbeständig, was seine Arbeit anbetraf. Ihren jüngeren Sohn dagegen beschrieb sie als einen intellektuell begabten Menschen, der eine akademische Karriere verfolgte. Sie selbst hatte jahrelang als Stenosekretärin gearbeitet, hatte aber diesen Posten aufgegeben, weil er ihr zu langweilig wurde und sie ihren Chef verachtete. Danach arbeitete sie eine Zeitlang überhaupt nicht. Als die Behandlung anfing, hatte sie fast zwei Jahre lang einen ähnlichen Posten gehabt.

Bei Beginn der Behandlung wurde versuchsweise eine diagnostische Kurve von ihr angelegt: ihr psychosexuelles Niveau war in erster Linie oral mit Vorstößen ins Anale. Aggressive und libidinöse Strebungen waren nicht gut neutralisiert, und ihre Frustrationstoleranz war gering. Die Objektbeziehungen waren auf der Ebene der Bedürfnisbefriedigung mit etwas Fortschritt zur Objektkonstanz, die sich besonders in ihrer Beziehung zu dem jüngeren Sohn äußerte. Die Differenzierung war nicht ausreichend. Das meiste vollzog sich bei ihr auf der symbiotischen Ebene. Sie konnte Angst nicht als Signal behandeln und neigte so dazu, von ihr überwältigt zu werden. Sie konnte nicht gut Abwehr anwenden und fürchtete sich vor der Vernichtung. Die Unterscheidung zwischen den Selbst- und den Objekt-Repräsentanzen war verwischt. Ihre prä-ödipale Über-Ich-Entwicklung war hart und streng. Ihre Abwehr bestand hauptsächlich in Projektion, in Ableugnung, in einem Gegen-sich-selbst-gewendet-Sein und Isolierung. Die therapeutische Aufgabe wurde hier so aufgefaßt, daß man herausfinden müßte, ob ein irreversibler Ich-Defekt oder Ich-Verzerrungen bestünden, die man vielleicht beeinflussen könnte und die die Patientin befähigen würden, damit anzufangen, ihre Ich-Funktionen zu gebrauchen, die zwar vorhanden, aber bisher nicht wirksam eingesetzt worden waren. Wenn die Ich-Funktionen der Realitätsprüfung und Urteilsfähigkeit verbessert werden könnten, könnte die Therapie über die Patt-Situation hinausgeführt werden, mit der die frühere Behandlung geendet hatte. Bevor aber ein Fortschritt in dieser Richtung gemacht werden konnte, mußte sie sich von der Symbiose auf die Trennung und Individuation hinbewegen, die Aggression mußte neutralisiert werden, und ihr Über-Ich mußte weniger hart und weniger überkritisch werden.

Am Anfang beklagte sie sich, daß sie die Fragen des Therapeuten nicht »beantworten« könne und sich nicht erklären könne, und daß »sie sich gegen die Wand gedrückt« fühle, wenn man sie aufforderte, über ein Ereignis nachzudenken. Erst als sich herausstellte, daß sich dies in ihrem Geiste mit den zornigen Zusammenstößen mit ihrer Mutter verband, bei denen sie sich hilflos und attackiert gefühlt hatte, und mit mehreren Vorkommnissen in ihren Schuljahren, als sie sich voller Wut unfähig fühlte, sich gegen ihre Lehrer zu behaupten und ihnen zu »widersprechen«, war sie imstande, vorwärtszukommen. Da ihre Furcht, den Therapeuten mit ihrer unneutralisierten Aggression zu verletzen, auch eine Rolle dabei spielte, beruhigte es sie, daß man ihr — wenn sich die Gelegenheit dazu bot — sagte, daß »Worte nicht töten« könnten. Der Therapeut war anfangs auch sehr behutsam, sie nicht zu sehr zur Ventilation ihrer Aggression zu ermutigen, und zwar im Hinblick auf ihren festen Glauben, daß sie durch ihren Wunsch töten könne.

Sie erklärte, daß der Therapeut wahrscheinlich dächte, sie sei ein »hoffnungsloser Fall« und daß niemand ihr helfen könne. Sie wurde wiederholt darauf aufmerksam gemacht, daß dies ihre eigene Schlußfolgerung sei, und daß der Therapeut sich nicht so hoffnungslos und hilflos vorkam wie sie. Er sagte ihr aber, daß er nicht omnipotent sei, nicht ihre Gedanken lesen könne und ihre Hilfe brauche, um sie zu verstehen. Die Aufgabe müsse eine gemeinsame sein, wenn auch mit verschiedenen Funktionen. Auf diese Weise wurde die Hilfe ihres Ichs mobilisiert, so daß die Arbeit, wenn auch langsam, weitergehen konnte. Der Unterschied zwischen ihren Gedanken und denen des Therapeuten wurde immer betont, wenn sie eine Erklärung mit den Worten anfing: »Ich weiß, was Sie denken . . .« Sie liebte überhaupt Feststellungen wie »Das weiß doch jeder, daß . . .« oder »Fühlt nicht jeder dasselbe wie ich in bezug auf . . .« Solche Erklärungen wurden ganz genau untersucht, damit sie sehen konnte, daß das, was sie dachte, oder die Schlüsse, die sie zog, nicht unbedingt dieselben waren wie bei anderen. Wenn sie die Gründe oder wahrscheinlichen Folgen für ein besonderes Verhalten angab, als ob sie Tatsachen wären, konnte man gewöhnlich mit ihr zusammen feststellen, daß sie die Schlüsse aus ihren eigenen Überzeugungen statt aus Tatsachen gezogen hatte, nach denen sie nicht einmal gefragt hatte. Dann erklärte sie z. B. auch: »Ich weiß, Sie möchten, ich sollte Freunde haben« oder »Ich kann niemanden einladen, wenn Sie das auch gerne sehen würden.« Der Therapeut antwortete dann wohl: »Sie brauchen es nicht für mich zu tun.« Sie sprach darüber, wie schrecklich es für ihren älteren Sohn gewesen sein mußte, als er mit zwei Jahren ein Brüderchen bekam. Die Frage, wieso sie seine Gefühle so tief zu verstehen glaubte, erweckte in ihr die Erinnerung, daß ihre Mutter eine Totgeburt, einen Sohn, gehabt hatte, als sie zwei Jahre alt war.

Gelegenheiten, die Neutralisierung der Aggression zu unterstützen, boten sich besonders in Verbindung mit ihrer Beziehung zu ihrem Sohn. Wenn sie sehr böse auf ihn war, wurde sie dazu ermutigt, ihre wütende Reaktion aufzuschieben, wenn nötig wegzugehen, Worte und Aktionen hinauszuschieben. Sie lernte im Laufe der Zeit, daß es für sie leichter war, böse auf ihn zu sein, als ihn zu bedauern, und daß ihr Zorn nur ihre Traurigkeit darüber verbarg, daß er es so schwer hatte. Als die Therapie voranschritt, wenn auch ungleichmäßig und mit vielen Rückschlägen, war die Patientin schließlich imstande, zwischen Depression, Mißmut und Traurigkeit zu unterscheiden. Als ihr Sohn einmal Geschirr zerbrochen hatte, bemerkte sie: »Wissen Sie, ich war noch nicht einmal innerlich auf ihn böse. Ich half ihm, die Scherben aufzuräumen, und er tat mir sehr leid.«

Die Gelegenheit, mit ihren harten Über-Ich-Komponenten zu arbeiten, bot sich, als sie mit viel Scham und Selbstbeschuldigung einige ihrer außerehelichen Affären beschrieb. Sie hatte sich die allerungeeignetsten Partner dazu ausgesucht, und sie endeten immer damit, daß sie sich zurückgewiesen und im Stich gelassen fühlte. Der Therapeut konnte dann sagen: »Wie gut, daß Sie versuchen konnten, sich ein bißchen Vergnügen zu verschaffen. Aber wollen wir doch mal sehen, wie Sie das angefangen haben.« Als sie einmal herausfordernd sagte, daß ihr Arzt ihr zwar geraten hätte abzunehmen, sie aber keine Diät halten würde, sagte der Therapeut: »Manchmal, wenn Sie sich eine Freude bereiten wollen, neigen Sie dazu, sich auch zu verletzen.« Daß sie anfing, sich besser zu fühlen, zeigte sich in ihrem täglichen Leben. Sie weinte auch weniger in den Sitzungen; es machte ihr Spaß, einen Teil ihrer Wohnung neu einzurichten, sie ging mehr in Gesellschaft und ging sogar eine Beziehung ein, die sie »Freundschaft« nannte. Sie konnte es jedoch dem Therapeuten nicht gestatten zu fühlen, daß er ihr irgendwie geholfen hatte.

Sie hatte immer behauptet, daß ihre Mutter durch und durch schlecht gewesen sei. Der Grad der Besserung zeigte sich dann darin, daß sie dies in Frage stellte. Eine sorgfältige Untersuchung dieser Frage zeigte, daß die Mutter zwar höchst unberechenbar und inkonsequent war, aber nicht »schlecht«. Es hatte sogar Zeiten gegeben, in denen sie sich wirklich sehr liebevoll zu ihr verhalten hatte. Sie hatte sie mit ihrem Kosenamen gerufen. Sie hatte mit dem Vater gekämpft, um Geld für Kleider für die Kinder zu bekommen; sie hatte ihnen gutes Essen gekocht. Eine ganze Anzahl von positiven Erinnerungen fingen an aufzutauchen. Als sie davon sprach, wie unglücklich sie in der Schule gewesen war, beschrieb sie ein Ereignis im Detail. Der Therapeut fragte sie, ob die Mutter irgend etwas hätte dagegen tun können. Sie sah ganz erschreckt aus und sagte, daß sie niemals ihrer Mutter erzählt hätte, was damals geschehen war. Nun dachte sie darüber nach und konnte zugeben, daß ihre Mutter ihr gar nicht hätte helfen können, da sie von ihrem Schmerz ja nichts wußte. Als man sie nun fragte, ob die Mutter jemals bei anderen Gelegenheiten eingegriffen hätte, erinnerte sie sich an mehrere Ereignisse, von denen sie der Mutter erzählt hatte, die dann auch wirklich versucht hatte, ihr zu helfen und sie zu beschützen. Die Patientin hörte gern Geschichten über das Unglück anderer, besonders, wenn sie sie nicht leiden konnte. Ihre Schwester hatte ihr einmal erzählt, daß ihre Kusine Geldsorgen habe, weil sie so viele Kinder hatte, und daß sie gehört habe, ihr Haus sei sehr unordentlich. Die Patientin erzählte darauf den folgenden Traum: »Ich ging, um meine Kusine zu besuchen. Das Haus war wundervoll, alles ordentlich und gut eingerichtet.« Die Deutung war: »Sie scheinen viele liebevolle Wünsche zu haben, die Sie aber verbergen müssen.«

Sie wehrte sich gegen liebevolle Gefühle. Sie hatte gelernt, gute Gefühle zu vermeiden, denn es tat so weh, wenn man sie dann verlor. Statt dessen zog sie es vor, ein konstantes Objekt zu haben, wenn es auch ein konstant schlechtes war. Positive Gefühle gegenüber dem Therapeuten hatte man ebenfalls abzuwehren. Sie konnte keine Dankbarkeit empfinden. Die Objektwelt mußte verzerrt bleiben. Im Verlaufe der Arbeit an diesem Aspekt fing die Patientin an, ihre Verzerrungen zu korrigieren. Dann kam eine Sitzung, in der sie erklärte, daß sie sich »recht gut« fühle, und einiges Gute beschrieb, das sie erlebt hatte. Sie konnte sogar lachen, was immer ein Zeichen dafür ist, daß das Ich stärker geworden ist[11].

In diesem Falle deuteten die Depression und das scheinbare Niveau des Ich-Funktionierens, die Selbst- und Objekt-Unterscheidung, das Abwehrsystem und die Triebabschwächung usw. auf eine ernstere Diagnose und Prognose hin, als die sie sich nach einiger Zeit der Behandlung herausstellten. Der Fall ist hier recht detailliert beschrieben worden, um auf einige der ich-psychologischen Techniken hinzuweisen, die unabhängig von der Prognose angewendet werden müssen. Die besondere Wichtigkeit dieser Diskussion über die Depression liegt darin, daß sie illustriert, wie die Identifizierung mit der verläßlichen Facette in dem inkonsequenten Verhalten der Mutter zu aggressiv besetzten Selbst- und Objekt-Repräsentanten führte. Am Anfang der Behandlung ist es nicht möglich, den Grad der Differenzierung genau einzuschätzen. Eine unzureichende Differenzierung, die auf eine Grenzfall-Struktur hinweist, schien hier mög-

---

[11] Material von Nathene Ruskin zur Verfügung gestellt.

lich. Ich-aufbauende Maßnahmen, zu Beginn angewandt, setzten die Vollendung der Differenzierung in Gang. Besonders deutlich wird, wie Behandlung die Strukturierung fördern kann. Es wird hier gezeigt, daß ein Affekt, die Depression, sich zur Abwehr benutzen läßt. Der letzte Aspekt in der beschriebenen Behandlung ist die Fähigkeit zu lachen, in der sich das Ich-Wachstum zeigt. Im wesentlichen unterscheiden sich unsere Techniken für die Behandlung einer nicht-suizidalen Depression nicht von der allgemein ich-fördernden Therapie. Die Struktur des Ichs, in die das Symptom (oder der Affekt) eingebettet ist, ist von größerem therapeutischen Interesse als das Symptom selbst.

Der Affekt, die Depression, ist schwer zu behandeln, nicht in erster Linie deshalb, weil oft Lebensgefahr besteht und weil sie Empathie und Besorgnis bei dem Therapeuten hervorruft, sondern weil ihre theoretischen Aspekte und daher die technischen Implikationen noch nicht ganz bekannt sind. Wir besitzen noch keine umfassende Affekt-Theorie, trotz der Arbeiten einiger hervorragender psychoanalytischer Theoretiker. Nicht nur Freud, sondern auch Abraham, Bibring, Brierley, Fenichel, Glover, Jacobson, Rapaport, Zetzel und andere haben sich damit beschäftigt, eine Theorie des Affekts zu entwickeln. Wenn auch manche dieser Beiträge so signifikant sind, wie man es von diesen großen Theoretikern nur erwarten kann, besteht doch ein doppelter Grund, warum sie bisher noch keine verläßliche Theorie geliefert haben, wie wir sie auf anderen Gebieten der Psychoanalyse finden. Erstens hat man vom Affekt immer angenommen, daß er dem Modell der Angst folgt. Freud ging sein ganzes Leben lang beim Aufbau von Theorien immer vorwärts und wandte sich nur selten zurück, um frühere Formulierungen zu revidieren. Seine Theorie der Angst war aber eine der wenigen, an denen er eine große Revision vornahm. Einige zeitgenössische Theoretiker arbeiten noch immer an dem Problem der Angst und überlegen, ob Freuds zweite Theorie die erste ganz ersetzt.

Ein zweiter Grund, der sich aber aus dem ersten ergibt, ist der, daß die Affekttheorie noch nicht ganz mit der ich-psychologischen Theorie integriert worden ist. Rapaport[12] und Jacobson[13] haben versucht, die Affekttheorie zu systematisieren, aber erst vor kurzem hat ein anderer, Ross[14], einen Aspekt, nämlich die Beziehung zwischen Affekt und Kognition, ausgesucht, um ihn als Teil eines umfassenden Versuchs anzusehen, die Affekttheorie zu vereinheitlichen und mit der psychoanalytischen Ent-

---

[12] D. Rapaport, »On the Psycho-Analytic Theory of Affects«.
[13] E. Jacobson, *Depression*.
[14] N. Ross, »Affect as Cognition«.

wicklungstheorie zu integrieren. Ebenso wie die Ich-Psychologen nach Hartmann, erweitert Ross das Postulat einer undifferenzierten Matrix. Er nimmt an, daß am Beginn des Lebens eine undifferenzierte Masse von equilibrialen, propriozeptiven, thermalen, vibratorischen, taktilen, rhythmischen, sonalen und tonalen Phänomenen besteht, die beim Neugeborenen zu einem diffusen Zustand der Affektivität führen. Er betrachtet Empathie als die Synonymität von Fühlen und Wissen und zeigt, daß am Anfang Affekt und Kognition eins sind und sich erst im Verlaufe der Entwicklung differenzieren. Nach der Differenzierung mögen dann normale affektive Erfahrungen dem Pfad der Regression im Dienste des Ichs folgen. Diese Richtung im Theorienaufbau weist den Weg zu einer ich-psychologischen, vereinheitlichten Theorie des Affekts. Sie stimmt besonders gut mit dem Konzept von Spitz[15] überein, nach dem Affekt und Perzept das Band darstellen, das es dem Neugeborenen ermöglicht, das Gebiet zwischen Soma und Psyche zu überbrücken. Diese theoretischen Untersuchungen versprechen das Körper-Geist-Problem zu lösen — der sogenannte geheimnisvolle Sprung vom Soma zur Psyche —, da die sorgfältigen theoretischen Betrachtungen der Affektivität in den ersten Lebenswochen zur Aufklärung darüber führen können, wie dieser Sprung gemacht wird.

---

[15] R. A. Spitz, »Brücken. Zur Genese der Sinngebung«.

Im folgenden soll gezeigt werden, wie diejenigen Ich-Modifikationen, die sich im Sexualverhalten manifestieren, im Zusammenhang mit der psychoanalytischen Entwicklungspsychologie verstanden werden können. Wir meinen damit Aspekte der Sexualität, die gewöhnlich dem Gebiete der Perversionen zugerechnet werden — Homosexualität, Transvestitismus, Fetischismus und ähnliches. Die normale Sexualität ist der Ausdruck des Erreichens der

15
Besondere Formen der Ich-Modifikation

Genitalität, deren psychosexuelles Niveau sich erweiterte, um die Fähigkeit der Objektliebe mit einzuschließen, und deren am meisten erwünschte Ausübung die mit einem nichtinzestuösen Partner ist, d. h. nach der Auflösung des Ödipuskonflikts. Diese Definition läßt schon erkennen, daß entlang dem schwierigen Entwicklungsweg hin zu diesem vielleicht idealen Zustande reifer Sexualität unzählige Fallgruben liegen.

Es ist heute schwer, sich den Sturm vorzustellen, den vor ungefähr 60 Jahren Freuds Entdeckung der kindlichen Sexualität ausgelöst hat. Mehr als irgendein anderer Aspekt der Psychoanalyse war es dieser, der praktisch zu Freuds Exkommunikation aus der wissenschaftlichen Gemeinschaft jener Tage führte. Ganz offenbar hatte die Wissenschaft die Färbung der viktorianischen Heuchelei beibehalten. Sexualität konnte zwar ausgeübt, aber nicht erwähnt werden. In seiner Verzweiflung sagte Freud, daß es sein Schicksal war, das zu entdecken, was jedes Kindermädchen schon lange wußte: Sexualität wurde im Kinderzimmer ausgeübt, aber im Salon nicht erwähnt.

Aber die kindliche Sexualität unterscheidet sich sehr von echter, erwachsener Sexualität. In vielen populären Vorstellungen und Schriften werden die infantilen Geschlechtspraktiken mit der erwachsenen Sexualität verwechselt. Die meisten niederen Tiere erreichen die sexuelle Reife gleichzeitig mit der physischen Fähigkeit zu ihrer Anwendung. Beim Menschen hingegen findet die sexuelle Reifung in zwei Phasen statt. Sie geht durch die prägenitalen Phasen — die orale, die anale und die phallische — in der Kindheit (von der Geburt bis zum fünften Jahr) und wird dann latent, bis die Pubertät und Adoleszenz ein Wiederaufleben der Sexualität bringen, die jetzt mit der physischen Ausübung zusammengeht. Normalerweise wird die Genitalität in der Spät-Adoleszenz erreicht. Die genitale und die phallische Phase sind nicht dasselbe. Die phallische Phase ist prägenital und wird oft fälschlich mit der genitalen verwechselt, weil bei beiden der *physische* Genitalapparat teilnimmt. Echte Genitalität bedeutet die Verbindung der physischen Fähigkeit mit der Fähigkeit zur Objektliebe und unterscheidet sich so von den prägenitalen Phasen, einschließlich der phallischen, die mit dem physischen Apparat mehr für narzißtische und exhibitionistische Zwecke als zum Ausdruck der Liebe zu einem Objekt verbunden ist.

Dieser Rahmen der normalen sexuellen Entwicklung ermöglicht es uns, jede Art von sexuellen Abweichungen zu verstehen. Der Terminus *Perversion* ist ein weiterer psychoanalytischer Ausdruck, der im allgemeinen Denken negativ gefärbt ist, bedeutet aber nichts anderes als ein prägenitales Verharren oder eine Regression zu der Lebensphase, in der normalerweise die prägentitale Sexualität durch Genitalität abgelöst wird. Daß ein normales sexuelles Funktionieren davon abhängt, daß das genitale Primat erreicht wird, ist schon lange ein grundlegender Lehrsatz der psychoanalytischen Theorie. Das genitale Primat wird als jenes Niveau des sexuellen Funktionierens angesehen, das aus der psychosexuellen Reife durch die orale, die anale und die phallische Phase hindurch zur genitalen heranreift. Der Ausdruck *Primat* wurde hinzugefügt, weil die Prägenitalität niemals ganz verlorengeht. Prägenitale Wünsche treten in den Hintergrund und machen der Genitalität Platz, bleiben aber für die Lust verfügbar — z. B. im »Vorspiel« — unter der Vorherrschaft der Genitalität. Daher genitales *Primat*.

Einschneidende Modifikationen in der Theorie des genitalen Primats wurden von Ross vorgeschlagen, als er den Vorsitz in der Gruppendiskussion über »Die Theorie des genitalen Primats im Lichte der Ich-Psychologie« im Jahre 1968 führte[1]. In seinen einleitenden Bemerkungen sagte er: »Das Konzept des genitalen Primats scheint eine der festesten Bastionen in der Struktur der psychoanalytischen Theorie zu sein.«[2] Er wies auf das offensichtliche Paradox hin, daß es Patienten mit schwerer neurotischer, sogar psychotischer Symptomatologie gibt, die trotzdem voll zum Orgasmus kommen. Das veranlaßte ihn zu empfehlen, daß man die Theorie des genitalen Primats erneut prüfen sollte. Um das zu tun, schlug er vor, das besondere Problem des weiblichen Orgasmus zu besprechen. Dieses ganze Feld sei durch unkontrollierte Beobachtungsmethoden, durch Verwechslung von Anatomie mit Psychologie und durch fehlende Objektivität in Verwirrung geraten. Ross glaubt, daß vie-

---

[1] M. A. Berezin (Berichterstatter), »The Theory of Genital Primacy in the Light of Ego-Psychology«.

[2] N. Ross, »The Primacy of Genitality in the Light of Ego-Psychology: Introductory Remarks«.

les, was für weibliche Frigidität gehalten wird, durch Überstürzung und Mangel an Vorspiel von seiten des Mannes ausgelöst wird. Er meint, daß die meisten Frauen klitorischen Orgasmus verhältnismäßig schnell und ohne viel Vorspiel erreichen können. Wenn das Liebesspiel verlängert wird, können dieselben Frauen zum vaginalen Orgasmus kommen.

Auf dasselbe Thema des genitalen Primats zurückkommend, wies er auf die klinische Tatsache hin, daß

»Männer wie Frauen diese genitale Ebene erreichen, ohne zu einem reifen Funktionieren fähig zu sein, nicht nur im Bereiche der Objektbeziehungen, sondern auch auf anderen Gebieten des Ich-Funktionierens ... Es bleibt eine offene Frage, ob es genug ist, orgastische Potenz einfach mit reifen Objektbeziehungen in Beziehung zu setzen, oder ob man andere Ich-Funktionen unter eine breitere Kategorie der Persönlichkeit, als diese Theorie jetzt umfaßt, subsumieren soll.«[3]

Ein anderes klinisches Phänomen ist das Problem jener Personen, die ein höheres Niveau des Ich-Funktionierens besitzen, deren sexuelles Funktionieren aber trotzdem unzureichender ist als das der unreiferen Persönlichkeit. Ross beantwortet diese Frage selbst, indem er feststellt: »Ich bin weit davon entfernt zu übersehen, daß der Genitalapparat oft die Abfuhrbahn für Impulse und Phantasien prägenitaler und nicht-genitaler Natur ist.«[4]

Wir glauben, daß das Paradox des Konzepts des genitalen Primats durch das ich-psychologische Addendum zur psychoanalytischen Theorie ausgeglichen wird — nämlich, daß die psychosexuelle Reifungslinie nicht die einzige Komponente in der Gesamtheit der Entwicklung darstellt. Unsere eigene Beobachtung stimmt mit der von Ross überein. Der Sexualapparat kann biologisch reif werden, während die Ich-Entwicklung schwere Fehler aufweist. Patienten mit beeinträchtigtem Funktionieren des Ichs berichten glaubhaft über zulängliches Sexualfunktionieren, während solche mit einem höheren Niveau der Ich-Entwicklung zur sexuellen Mißfunktion neigen — gewöhnlich Impotenz oder Frigidität. Besonders bei Frauen ist diese Disparität bemerkbar, da der weibliche Sexualapparat komplizierter ist als der männliche. Die Impotenz beim Manne reicht von völliger Unfähigkeit zur Erektion über schwache Erektion, vorzeitige Ejakulation, verzögerte Ejakulation, Ejakulation ohne Orgasmus bis zur völligen Ejakulationsunfähigkeit. Bei der Frau reicht die Frigidität von einer totalen Unempfindlichkeit der Sexualorgane über vaginale

---

[3] N. Ross, »The Primacy ...«
[4] Ibid.

Unempfindlichkeit mit klitoraler Orgasmusfähigkeit bis zur teilweise vaginalen Sensibilität ohne orgastische Intensität. Besonders wichtig ist im Zusammenhang mit dem Problem der perversen Sexualität die Beobachtung, daß die befriedigende heterosexuelle Abfuhr in manchen Fällen trotzdem keine libidinöse Befriedigung gibt. Ross schließt daraus, daß, »wenn auch kein Zweifel zu bestehen scheint, daß Sexualität eine einzigartige und führende Rolle in der psychischen Entwicklung spielt, es doch mit dem Fortschreiten der Ich-Psychologie nicht mehr aufrechtzuerhalten ist . . ., daß die libidinöse Entwicklung und die Reifung der Persönlichkeit voneinander abhängige Variable sind. Die Theorie des genitalen Primats, wie am Anfang gesagt, nimmt an, daß sie das sind.«[5]

Im Lichte der zeitgenössischen Theorie sollte das Konzept des genitalen Primats noch einmal überdacht werden. Wir glauben, daß Freud immer die entscheidende Beziehung zwischen dem Selbst und dem anderen im Auge hatte, und daß es den Ich-Psychologen, angefangen mit Hartmann, vorbehalten blieb, die Entwicklung der Objektbeziehungen und der triebzähmenden Prozesse schärfer zu definieren. So ist es z. B. klar, daß bei unzureichender Neutralisierung die Aggression vorherrschen kann und daß abweichendes Sexualverhalten, wie Sadismus, die logische Konsequenz ist. Wenn wir die Entwicklungslinie der Objektbeziehungen bedenken, liegt es auf der Hand, daß die Sexualität in Verbindung mit der Beziehung zu einer anderen Person aus einer Kombination von Entwicklungszügen besteht. Es ist daher ein Entwicklungsfehler, der für die Schwierigkeiten beim Erreichen des »genitalen Primats« verantwortlich zu machen ist.

Die Patientin Judson, jetzt 33, erfuhr von ihrer manisch-depressiven Mutter, daß sie während der zwei ersten Jahre ihres Lebens ungefähr 25 Kinderpflegerinnen gehabt hatte — eine »ganze Parade von Pflegerinnen«, wie sie sagte. Die Patientin selbst erinnert sich an fünf oder mehr für die Zeit, für die sie eine zusammenhängende Erinnerung hat. Wahrscheinlich wegen der lebenslänglichen psychischen Krankheit der Mutter schlossen sich die Eltern von dem Kinde ab. Seit ihrer Adoleszenz hatte die Patientin zahllose sexuelle Erlebnisse gehabt, bei denen es bis zum Orgasmus kam. Sie hatte geheiratet, war aber jetzt geschieden. Sie hat jetzt Verabredungen mit vier oder fünf Männern und genießt sie alle sexuell — was sie als ein Problem ansieht, das in der Therapie durchgearbeitet werden müsse. Es ist in Wirklichkeit ein Problem der Objektbeziehungen, denn als Säugling hatte sie lernen müssen, aus ihrer Umgebung (Mahler) das, was sie zu ihrer Entwicklung brauchte, herauszuzie-

[5] N. Ross, »The Primacy . . .«

hen. Dies bewahrte sie zwar vor der Psychose, hielt sie aber in bezug auf die Objektbeziehungen auf der Ebene der Bedürfnisbefriedigung fest. Sie konnte auf jeden reagieren, der gerade da war. Trotzdem kam sie zur Behandlung, da sie nicht einfach orgastische Befriedigung, sondern auch die Fähigkeit zu lieben haben wollte.

Und so ist es nicht mehr zulässig, von der psychosexuellen Reifung als der einzigen Determinante des sexuellen Funktionierens zu sprechen, und wir glauben auch nicht, daß Freud diese Theorie so simplizistisch verstanden haben wollte. Das heutige und das frühere psychoanalytische Denken in bezug auf die Sexualität steht im Gegensatz zu den behavioristisch bestimmten Schlüssen einer immer größer werdenden Zahl von Sexologen, deren Hauptrepräsentanten Masters und Johnson sind. Sie betrachten das sexuelle Funktionieren in einem mechanistischen Sinne und haben Kuren für sexuelle Störungen vorgeschlagen, die darin bestehen, zwei beliebige Personen zu unterweisen, wie sie sich mechanisch aneinander anpassen können. Vorläufig ist diese Form des Sexualtrainings auf zwei Personen verschiedenen Geschlechts beschränkt; aber das kann sich bald ändern. Wenn man zwei beliebigen Personen beibringen kann, wie sie sich gegenseitig Befriedigung geben können, unabhängig von dem Niveau der Objektbeziehungen, manchmal sogar, ohne daß sie sich vor der Trainingssitzung gekannt haben, könnten sehr wohl homosexuelle Paare ähnlich behandelt werden. Man kann aber nicht vorhersagen, wo bei solch einer Art der Behandlung die Grenze gezogen wird. Werden sie z. B. Masochisten mit Sadisten paaren, damit die Partner in solch einem Arrangement Befriedigung finden? Was könnte man tun, um das sexuelle Funktionieren des Fetischisten zu verbessern? Wir werden die psychoanalytische Ansicht zu diesen Sexualproblemen bald näher besprechen. Hier möchten wir nur darauf hinweisen, daß nicht-psychoanalytisch orientierte Behandlung sexueller Störungen zu logisch unhaltbaren Schlüssen führt, da sie sich auf flache Konzeptualisierungen stützt.

Trotzdem haben Masters und Johnson in ihrem ersten Buch[6] einige wertvolle Hinweise zum Verständnis der weiblichen Sexualität gegeben, und zwar durch ihre sorgfältigen Untersuchungen der Physiologie und Funktion des weiblichen Sexualapparats. Sie machen aber Vorbehalte in bezug auf Kinseys irrigen Schluß, daß die Freudsche Vorstellung des vaginalen Orgasmus eine Fiktion sei, weil es in der Vagina nur wenig Nervenenden gibt. Masters und Johnson glauben, daß die Vagina und die Klitoris zusammenwirken, daß aber die Klitoris das echte Abfuhrorgan bleibt. Hier verfallen sie in denselben Fehler wie Kinsey und seine

---

[6] W. H. Masters und V. E. Johnson, *Die sexuelle Reaktion.*

Mitarbeiter, die es auch versäumen, die psychologischen Aspekte zu den biologischen in Beziehung zu setzen. Nicht zufrieden mit seinen gynäkologischen Untersuchungen, die ja sein Gebiet sind, hat sich Masters zusammen mit Johnson leider auf das Gebiet der Therapie der sexuellen Störungen, wie sie es nennen[7], vorgewagt. Hier wenden sie nun die nicht-psychoanalytischen Methoden an, die wir schon erwähnt haben.

Bei der psychoanalytisch orientierten Psychotherapie ist der Weg zum adäquaten sexuellen Funktionieren und besonders zum genitalen Primat sehr viel schwieriger, denn hier sind wir an der Heilung von mehr als einem einzelnen Symptom interessiert. Während es in einigen Fällen erwünscht zu sein scheint, Symptome zu heilen, so ist doch zweifelhaft, ob solch eine Heilung auch von Dauer ist. Aber die Dauer ist noch das wenigste. Das Wichtigste ist, daß die Genitalität unauflöslich mit der Objektkonstanz verbunden ist. Wir haben daher das Gefühl, daß, wer bereit ist, sich mit einem mechanischen Orgasmus ohne Liebe abzufinden, sich mit weniger abfindet, als das Leben zu bieten hat. Dies ist das Problem, das die Ross-Gruppe in Angriff nahm. Da sie als Psychoanalytiker nicht gewillt waren, nach simplizistischen Lösungen zu greifen, untersuchten die Teilnehmer der Gruppe Verbindungen zwischen Frigidität, Genitalität und Objektbeziehungen, und als Wissenschaftler stellten sie die Forderung nach unvoreingenommenem Forschen sowie nach weiteren Untersuchungen. Unsere eigene Hypothese in bezug auf die Aufgabe, die die Gruppe sich stellte — nämlich die, daß der Kliniker oft frigide oder impotente Personen antrifft, deren psychische Strukturentwicklung höher ist als die anderer, die trotzdem orgasmusfähig sind —, ist, daß die gut strukturierte Persönlichkeit gerade wegen ihrer höheren Entwicklung mit Objektbeziehungen und unbewußten (gewöhnlich ödipalen, inzestuösen) Phantasien fertigwerden muß. Um nun an das andere Ende des diagnostischen Spektrums zu gehen, kann man sagen, daß daher die psychotische Frau als verhältnismäßig objektlos orgasmusfähig sein kann, da sie nicht durch die höhere Strukturierung, wie sie die neurotische Frau aufweist, »belastet« ist. Die geringere Strukturierung des Psychotikers erleichtert die einfache physiologische Reaktion auf einen Reiz. Bei den Borderline-Strukturen muß man die unzähligen Probleme des sexuellen Funktionierens in Betracht ziehen, wie die Geschlechtsidentität, die Furcht vor der irreparablen Regression im Orgasmus, in dem die kaum differenzierten Selbst- und Objekt-Repräsentanzen undifferenziert werden können. Oder, um diese Konzepte von Jacobson in Mahlers Gedanken zu sehen: Die Furcht vor dem symbioti-

---

[7] W. H. Masters und V. E. Johnson, »Human Sexual Inadequacy«.

schen Zusammenfließen und vor dem Verlust der Identität kann die orgastische Regression hemmen. Das intaktere Ich kann die momentane Regression beim Orgasmus besser ertragen, da sie reversibel ist — wie Kris es ausdrückt, im Dienste des Ichs. Andere Probleme, die bei den Grenzfall-Strukturen in Betracht gezogen werden müssen, sind die Furcht vor dem Dominieren der unneutralisierten Aggression, Furcht vor dem Verlust der Sphinkterkontrolle und, was am krankhaftesten ist, das Fehlen solcher Furcht mit sich daraus ergebender Dekompensation.

Die neurotisch strukturierte Frau kann sich dem Analytiker vielleicht als in gewissem Grade frigid darstellen, oder die Frigidität kann ans Licht kommen, nachdem Abwehrmaßnahmen, die scheinbar ein adäquates sexuelles Funktionieren ermöglicht haben, beiseite gefegt worden sind. Während, oberflächlich gesehen, eine solche temporäre Frigidität im Verlauf der Analyse einer Neurose den Anschein erweckt, als ob sie den Zustand der Patientin eher verschlechtert als verbessert hätte, wird das abwehrbestimmte sexuelle Funktionieren später durch das echte Genital-primat ersetzt. Bei der Psychoanalyse einer Neurotikerin und bei der Psychotherapie der höher strukturierten Grenzfall-Persönlichkeit kann es auf diesem Gebiet Ziel der Behandlung sein, unbewußte Phantasien aufzudecken, ödipale Bindungen zu lösen und so das Potential an Orgas-musfähigkeit im Rahmen der schon vorhandenen Liebesfähigkeit freizu-setzen. Wo die Liebesfähigkeit auf Grund von Problemen in den Ob-jektbeziehungen fehlt, erfordert diese wichtige Entwicklungslinie unsere therapeutische Aufmerksamkeit.

Eine weitere Diskussion über die Probleme der weiblichen Sexualität, die ebenfalls von der American Psychoanalytic Association veranstaltet wurde, unterzog die psychoanalytische Position in bezug auf die weib-liche Sexualität einer neuen Betrachtung im Lichte der Herausforderung an die Übertragungstheorie durch Masters und Johnson und durch Sherfey[8]. Diese Theorie behauptet, daß die psychosexuelle Reifung beim Knaben wie beim Mädchen durch die phallische Phase hindurch ähn-lich sei, daß aber beim Erreichen der Genitalität das Mädchen die Beset-zung von der Klitoris zur Vagina übertrage. Die Gruppe würdigte die Beiträge von Masters und Johnson zur Physiologie. Kinseys Schlüsse wie auch seine Methodologie waren schon als naiv abgetan worden, da er das Unbewußte nicht in Betracht gezogen hatte[9]. Diese Gruppe stellte

---

[8] M. Heiman, J. S. Kestenberg, T. Benedek und S. Keiser, »Discussion of Mary Jane Sherfey: The Evolution and the Nature of Female Sexuality in Rela-tion to Psychoanalytic Theory«.

[9] R. P. Knight, »Psychiatric Issues in the Kinsey Report on Males«.

nun fest, daß die vaginale Fähigkeit zum Orgasmus, wenn er nicht reflektorisch ist, die weibliche Identifizierung tief einbezieht. Trotz der wenigen Nervenenden in der Vagina ist der vaginale Orgasmus möglich, da die weibliche Geschlechtsidentität, unbewußt oder bewußt, die Vagina als das Organ der sexuellen Rezeptivität besetzt. Dadurch ermöglicht, funktioniert der ganze weibliche Sexualapparat koordiniert und konzentriert dabei die Sensation in der Vagina. So wird also die Übertragungstheorie aufrechterhalten, wenn die unbewußten Entwicklungszüge bei der weiblichen Sexualität in die Betrachtung dieses wichtigen Themas mit einbezogen werden.

Es liegt auf der Hand, daß die physiologischen Einzelheiten der obigen Diskussion der Sexualität nicht auf das Männliche übertragen werden können. Jedoch sind die wichtigsten psychologischen und besonders die entwicklungsmäßigen Züge dieselben — nämlich psychosexuelle Reifung, Ich-Entwicklung mit besonderer Betonung der Geschlechtsidentität und der Objektbeziehungen, der Triebzähmung usw. In der höher strukturierten Persönlichkeit steht die unbewußte Phantasie im Mittelpunkt und ist für die Psychoanalyse einzigartig, zum Unterschied von allen anderen Theorien. Die männliche Pathologie ist nicht weniger komplex als die weibliche, wenn auch die männliche Physiologie einfacher ist. Von besonderer Wichtigkeit ist der Passiv-Aktiv-Aspekt. Viel von der männlichen Impotenz kann Problemen der feinen Verschiebungen in den Objektbeziehungen zugeschrieben werden, von der Besetzung der prä-ödipalen zur ödipalen Mutter als des ersten Sexualobjekts. Während dies, von außen gesehen, ein und dieselbe Person ist, kann die passive Rolle des Knaben als der Rezipient der mütterlichen Betreuung — wenn sie bis in das Erwachsenenalter fortdauert — zu den verschiedenen Graden der Impotenz führen.

Die Unterschiede bei der Bildung der männlichen und der weiblichen Geschlechtsidentität, in bezug auf den Ödipus-Konflikt und bei den Schwankungen der Über-Ich-Bildung sind von Jacobson (s. Kap. 5) gut beschrieben worden. Die sexuelle Pathologie bei Männern und Frauen kann dem Versagen bei irgendeiner der Entwicklungslinien zugeschrieben werden — Verharren oder Fixierung in prägenitalen psychosexuellen Stadien oder Versagen bei der Triebzähmung, bei den Objektbeziehungen und anderen Entwicklungsschwankungen, wie sie in Fig. 1 dargestellt sind (Seite 122/123).

Mit der Erklärung, daß sexuelles Verhalten auf andere Zwecke als auf genitale Abfuhr gelenkt werden kann — wie z. B. auf prägenitale Bedürfnisse oder physischen Kontakt, dessen Hauptzweck es ist, symbiotische Bedürfnisse zu befriedigen, oder auf objektlose Abfuhr, sogar wenn eine andere Person offen verstrickt ist —, sind wir imstande zu zeigen, wie die sexuelle Pathologie, einschließlich der Perversionen, im Rahmen der psychoanalytischen Entwicklungspsychologie verstanden werden kann. Da eine Diagnose nicht auf der Basis der Symptomatologie allein erstellt wird, können wir Homosexualität, Fetischismus, Masochismus, Exhibitionismus und ähnliches nicht als klinische Einheiten betrachten. Trotzdem gibt es gewisse strukturelle Erwägungen in bezug auf die Perversionen, die eine weitere Ausarbeitung erfordern, unabhängig von der Stellung, die sie innerhalb der entwicklungsmäßigen Betrachtungsweise einnehmen.

Es besteht eine umfangreiche Literatur, sowohl populäre wie wissenschaftliche, über alle Aspekte der Sexualität und der Perversionen. Pionierarbeiten einer anderen Ära, die jetzt überholt sind, waren die von Havelock Ellis und Krafft-Ebing. Eine Übersicht über die wichtigste wissenschaftliche Literatur über die Perversionen muß mit Freuds »Drei Abhandlungen über die Theorie der Sexualität« anfangen, in denen er den Mythos, daß Homosexualität genetisch bedingt sein kann, abschafft. Er dachte damals, daß die Quelle jeder Sexualität einschließlich der Perversionen eine allgemeine eingeborene Bisexualität ist. Er schloß dies aus der Beobachtung, daß bei beiden Geschlechtern anatomische Spuren des anderen Geschlechts bestehen. Als er diese physiologische Tatsache auf das Psychische ausdehnte, war er von Fließ beeinflußt, der zwar Arzt, aber kein Psychoanalytiker war. Die Vorstellung der Bisexualität wird in der modernen Genetik nicht mehr aufrechterhalten, da sich gezeigt hat, daß ein Wesen in seinen Chromosomen entweder weiblich oder männlich angelegt ist. Zu jener Zeit war dies aber noch unbekannt, und es war Freuds Ziel, die Homosexualität und andere sexuelle Abweichungen in den Gesichtskreis der psychoanalytischen Theorie zu bringen, die damals dazu neigte, alle Pathologie als im phallisch-ödipalen Konflikt verwurzelt anzusehen. Die Schwankungen der Triebe in bezug auf Quelle, Ziel und Objekt konnten so angesehen werden, daß sie es waren, die bestimmten, daß Bisexualität zur Homosexualität führen könne, d. h. zu einer Manifestation der negativen Seite des Ödipuskonflikts — beim Manne eher zur Liebe zum Vater als zur Rivalität mit ihm.

In demselben Aufsatz und auch in »Die infantile Genitalorganisation«, in »Fetischismus« und in »Die Ichspaltung im Abwehrvorgang« betonte Freud die zentrale Stellung des Kastrationskomplexes, welcher in der phallischen Phase verwurzelt ist, als die Grundlage der sexuellen Abweichungen. Einzigartig für den Fetischismus ist das Konzept der Spaltung im Ich, womit Freud meinte, daß ein Teil des Ichs die illusionäre Vorstellung des weiblichen Phallus aufrechterhalten kann, während im Rest des

Ichs die Realitätsprüfung intakt weitergehen kann. Freud nahm an, daß ein gewisser Grad von Fetischismus auch bei der normalen Sexualität besteht. Im Jahre 1927 definierte er den Fetisch als das »Zeichen des Triumphs über die Kastrationsdrohung und den Schutz gegen sie«.[10] Er hielt auch den Fetisch für eine Sicherung gegen die Homosexualität.

Da Freud die Betonung auf die Bedeutung des Kastrationskomplexes und der phallischen und ödipalen Betrachtungen in der Ätiologie der sexuellen Störungen legte, konnte er auf diese Weise den Fetischismus erklären. Der Fetischismus gewinnt aber weit über Freuds Erwartungen hinaus an Bedeutung, da die Untersuchungen der Kindheitsentwicklung zeigen, daß überall unbelebte Objekte in der präphallischen Periode zu anderen Zwecken als zur Lösung der Konflikte auf der phallisch-ödipalen Ebene benutzt werden.

Fetischismus an sich wird selten in der Klinik gesehen. Das trifft auch auf andere Perversionen zu, da gewöhnlich niemand zur Behandlung kommt, solange Befriedigung möglich ist. Ein Fetischist z. B., dessen Frau ihm zuliebe einen Strumpf, Straps oder einen besonderen Schlüpfer trägt, fühlt sich gewöhnlich nicht dazu gezwungen, Behandlung zu suchen, weil er dieses Vorspiel für den Sexualakt braucht. Ein Masochist, der einen Partner finden kann, der ihn vor der Sexualbefriedigung schlägt und erniedrigt, ist gewöhnlich zufrieden, ebenso wie sein sadistischer Partner, der die entsprechende Befriedigung findet. Man sieht oft solche Patienten, aber nur, weil andere Faktoren ihr Leben stören. Sie kommen nicht wegen ihrer Perversionen. Manchmal bitten sie sogar den Therapeuten um Hilfe in diesen anderen Angelegenheiten, bitten aber, nicht störend in das Gleichgewicht ihrer Perversionen einzugreifen. (Solchen Ansuchen kann natürlich nicht nachgegeben werden.) Manche Homosexuelle sind auch zufrieden. Jedoch präsentiert sich die Homosexualität mehr als irgendeine andere sexuelle Abweichung klinisch so, daß der Patient schwer leidet, weil er gegen seine biologische Bestimmung leben muß, sogar wenn ein homosexueller Partner vorhanden ist. Darum suchen die vielen, die nicht mit diesem Angriff auf ihre Geschlechtsidentität, den die Homosexualität ihnen auferlegt, zufrieden sind, Behandlung. Wenn auch einige organisierte, militante Gruppen darauf bestehen, daß ihr Zustand nicht pathologisch ist, übersehen sie doch die große Zahl derer, die gerne ihren Zustand ändern würden.

Kurz möchten wir noch den Transsexualismus berühren. Die Geschlechtsumwandlung ist eine Operation, die von Chirurgen in Zusammenarbeit

---

[10] S. Freud, *Fetischismus.*

mit Psychiatern vorgenommen wird, welche keine Ahnung von der psychoanalytischen Entwicklungspsychologie haben. Obgleich es eine ernste Angelegenheit ist, ist der einer vorsätzlichen chirurgischen Deformierung zugrundeliegende Gedanke im psychologischen Sinne nicht ernst zu nehmen.

Wir kommen auf den Fetischismus zurück, weil — wenn man ihn auch selten antrifft — seine Struktur doch das Modell für eine Perversion darstellt. Schon im Jahre 1933 hatte Glover darauf aufmerksam gemacht, daß die Perversionen als ihr grundlegendes Ziel das Flicken von Rissen in der Entwicklung des Realitätssinnes haben. Diese frühen Beiträge erhalten ihre Bestätigung, wenn man sie im Rahmen von Mahlers Betonung der entwicklungsmäßigen Wichtigkeit einer befriedigenden symbiotischen Phase betrachtet, der dann eine vernünftige Trennung und Individuation folgen, sowie im Zusammenhang des Konzeptes von Spitz, demzufolge auf eine Phase der Kumulation jeweils eine Phase der Integration folgt, die wiederum zu höheren Stadien eben dieser Kumulation und Integration führen. Diese neuen Entwicklungstheorien korrigieren eine Anzahl von früher verfochtenen Ansichten, z. B. daß weibliche Homosexualität einzig und allein auf dem Penisneid und auf maskulinen Strebungen beruhe — ein logisches Gegenstück zu dem früheren Konzept, daß die männliche Homosexualität durch die Schwankungen der phallischen Phase bestimmt sei. Sie stehen auch im Gegensatz zu den simplizistischen Vorstellungen, daß ein spezifischer Vorfall oder ein Trauma die einzige Determinante in der Ätiologie dieser dramatischen Pathologie sei. Heute wird der Fetischismus als die Folge einer teilweisen Spaltung im Ich angesehen, die einen spezifischen Fehler in der Realitätsprüfung aufrechterhält, wobei der Fetisch als »Stützpfeiler der schwankenden Genitalität« fungiert[11]. Fetischismus ist das theoretische Modell für die anderen Perversionen, da seine Struktur am klarsten zeigt, wie das sexuelle Funktionieren in der Perversion eine spezifische unbewußte Stütze zur Vorbedingung hat. Für den Fetischisten ist diese Vorbedingung ein Gegenstand, der den imaginären weiblichen Phallus verkörpert, für den Masochisten ist sie der Schmerz, für den Homosexuellen der Partner, der die mangelnde Geschlechtsidentität stützt.

Bak und Greenacre haben viel über den Fetischismus geschrieben. Bak betont die ätiologischen Faktoren, nämlich Störungen in den frühen Mutter-Kind-Beziehungen, die Trennungsprobleme hervorbringen. Er glaubt, daß die Ungewißheit des Körperbildes beim Fetischisten das Er-

---

[11] Ph. Greenacre, »Certain Relationships Between Fetishism and Faulty Development of the Body Image«.

gebnis eines regressiven Phänomens ist, bei dem ein Teil der Realität in Ungewißheit umgewandelt wird, und zwar durch eine Re-Investition des Bildes der phallischen Mutter. Das bringt ihn zu der Feststellung, daß »Kastrationsangst und ihre Spezifität für die phallische Phase die zentrale Rolle bei der Perversion spielen«[12]. Während auch Bak das Problem des Fetischismus von der Kastrationsangst zur präphallischen Ich-Entwicklung zurückverfolgte, fuhr er doch fort zu behaupten, daß die Vorläufer des Kastrationskomplexes die Bedeutung der phallischen Phase nicht vermindern. Obwohl er die Trennungsangst und die Schwäche der Ich-Struktur unterstreicht, bleibt er also dabei, daß die fetischistische Abwehr in der phallischen Phase entstehen muß. Sie stellt dann einen Versuch dar, sich mit der penislosen Mutter zu identifizieren. Ein sehr nützlicher Beitrag ist Baks Abwandlung von Freuds Gedanken, daß der Fetisch Unabhängigkeit vom Liebesobjekt schafft. Wie Bak es sieht, macht der Fetisch die Trennungsdrohung ungeschehen, indem er ein Ersatzding bildet, an das man sich klammern kann, womit Bak die Verwandtschaft zwischen Fetisch und Übergangsobjekt bestätigt. Dies soll weiter unten besprochen werden.

Greenacre begann ihren Beitrag zu der Theorie des Fetischismus damit, daß sie Freuds Gedanken auf der psychologischen Linie weiter ausführte. Anfänglich hatte sie das Körperbild betont, daß Risse in der prägenitalen Entwicklung durch den Gebrauch eines Fetischs geflickt werden. Später verschob sie die Betonung von der Kastrationsangst der phallischen Phase auf frühere prägenitale Erfahrungen, die die Strukturierung verhindern und es so dem Kinde unmöglich machen, die Forderungen der späteren ödipalen Krise zu meistern. Schon 1953 hatte Greenacre das Entwicklungsproblem auf die zweite Hälfte des ersten Jahres oder die erste Hälfte des zweiten festgelegt; 1955 fügte sie hinzu:

»Schwere Störungen in der Zeit von 6 bis 18 Monaten, die das Bedürfnis nach einer Stärkung der sich anklammernden Abhängigkeitsbeziehung zu der Mutter hervorbringen, sind im allgemeinen ernst, durchdringend und wiederholen sich manchmal. Ich glaube, daß es von besonderer Wichtigkeit ist, daß diese schweren Störungen zu einer Zeit des allmählichen Übergangs von der Dominanz des Primärprozesses zu der des Sekundärprozesses vorkommen. Sie stellen einen enormen Anreiz für die Aggression dar (die in der Säuglingszeit eine größere Rolle spielt als in irgendeiner anderen Lebensphase), was alle sich entwickelnden libidinösen Phasen beeinflußt und eine Art Konfluenz der Abfuhrbahnen oder doch die Verfügbarkeit alternativer Bahnen begünstigt.«[13]

[12] R. C. Bak, »The Phallic Woman and the Ubiquitous Fantasy in Perversions«.
[13] Ph. Greenacre, »Further Considerations Regarding Fetishism«.

So betonte die Autorin, daß die ernsthafte Störung der Körperrealität mit Störungen der Realitätsprüfung im allgemeinen verbunden ist. Auch die Rolle der Aggression wird betont, besonders in bezug darauf, daß die Neutralisationsprozesse in gewissem Ausmaß durch die sich aus ihr ergebende Verzögerung der sich entwickelnden Ich-Funktionen behindert werden. Dieses letztere Thema entwickelte die Autorin im Jahre 1968, indem sie die Bedeutung der Objektbeziehungen betonte, ferner die der Trennungs-Individuation, der sich entwickelnden Ich-Funktionen und die Rolle der Aggression bei allen diesen. An diesem Punkt wird die Rolle der Kastrationsangst in einem neuen Bezugsrahmen gesehen. Die Tatsache, daß sie bei Fetischisten in der phallischen Phase so tief eingegraben ist, wird jetzt als das Ergebnis von dürftigen Objektbeziehungen angesehen und als eine Zunahme von narzißtisch angetriebenen aggressiven Komponenten. »Aber diesem strikten, obligatorischen Bedürfnis, an die phallische Mutter zu glauben, müssen in den ersten zwei Lebensjahren Störungen vorausgegangen sein, die den Fortschritt der Trennung und der Individuation drastisch beeinflußt haben (Mahler, 1968) und folglich die sich entwickelnden Objektbeziehungen sowie auch das geordnete Fortschreiten der libidinösen Phasen stören.«[14]

Nachdem sie vorher gesagt hatte, daß die Wirkung eines Traumas vom Alter und damit dem Grade der Strukturierung abhängt, auf die das Trauma trifft, fügt Greenacre hinzu, daß »... die frühe Kastrationsangst eine andere Qualität als die spätere Form hat, wenn sie sich der phallischen Phase nähert und unter dem Druck und Zug des Ödipuskonflikts steht«[15]. Sie meint daher, daß Bedingungen, die das Erreichen der Trennung und Individuation stören, die genitale Verwirrung intensivieren. Schließlich kam Greenacre, nachdem sie mehrere Jahrzehnte lang den Fetischismus studiert hatte, zu einer Konzeptualisierung, die diese Anomalie in den Rahmen der Entwicklung einordnet. Ihre Arbeit, in der sie den Fetisch mit dem Übergangsobjekt, einem normalen Entwicklungsphänomen, vergleicht, zeigt, wie sich Reifungs- und Entwicklungsprozesse kombinieren, um entweder normale oder abnorme Ergebnisse zu zeitigen.

Die fetischistischen Objekte und die Übergangsobjekte haben gemeinsame Eigenschaften: sie sind beide unbelebt und dienen dazu, unter Belastung Gleichgewicht zu erreichen oder aufrechtzuerhalten. Das Übergangsobjekt tritt an dem Punkt in Erscheinung, an dem die physische Se-

---

[14] Ph. Greenacre, »Perversions: General Considerations Regarding their Genetic and Dynamic Background«.
[15] Ibid.

paratheit, die physische Distanz zwischen Mutter und Säugling entdeckt wird. Greenacre nennt das das »Larvenstadium der Selbst-Repräsentanz, das aus schon erfahrenen Bedürfnissen des Säuglings entspringt, die durch die Mutter befriedigt worden sind«[16]. Einbeschlossen in dieser Feststellung ist die Tatsache, daß Erinnerungsspuren der Befriedigung zur Bewältigung nicht allzu schwerer Angstprobleme benutzt werden, die durch das Gewahrwerden der Abwesenheit der Mutter entstehen, und zwar zu einer Zeit, in der magische Lösungen noch altersspezifisch sind. Das Übergangsobjekt ist dann ein libidinös besetztes Objekt, eine unbelebte gute Fee, die immer verfügbar ist und schützend und allwissend die Bedürfnisse des Kindes befriedigt. Seine im wesentlichen taktile Qualität bestätigt nur seine einzigartige Rolle als Brücke zwischen dem Zustand des Naheseins zur Mutter und dem des Fortseins von ihr. Seine Wichtigkeit nimmt in dem Maße allmählich ab, wie die Trennungsangst durch eine Kombination von Wachstumsfaktoren nachläßt. Verbale Kommunikation und visuelle Perzeption vereinigen sich, um zu zeigen, daß die Mutter verfügbar sein kann, sogar wenn kein fühlbarer Kontakt besteht, was die Rolle der Objekt-Repräsentanz im Geiste des Kindes stärkt. Inzwischen beschützt die Auswahl eines Übergangsobjekts und seine magische Ausstattung mit illusionärer Omnipotenz das Kind vor exzessiver Trennungsangst. Die entscheidende Rolle der frühen Objektbeziehungen zu der Mutter beim Erreichen eines Gefühls der Realität wird durch die Tatsache erhellt, daß die Magie des Übergangsobjekts allmählich aufgegeben wird.

Der Fetischist ist weniger gut daran. Anders als das Übergangsobjekt, das die Mutter-Ich-Illusion aufrechterhält, wird der Fetisch zu einem wesentlichen Aspekt, der zum Empfinden eines Körper-Selbst beiträgt. Er ist allgemein auf die Bestätigung der männlichen Genitalien beschränkt, erfordert daher etwas Definitiveres und Dauerhafteres und kann nicht aufgegeben werden, da das Körperbild im wesentlichen fehlerhaft ist und nur durch den Fetisch wiederhergestellt werden kann. So spielen eine weit größere Rolle die Magie und die Illusion. Sie tragen zur »erfolgreichen« Wirkung des Fetischs bei. Er enthält den »eingefrorenen« Zorn, der aus einer ungewöhnlichen Kastrationsangst entstanden ist. Durch sein Auftreten bestätigt der Fetisch, daß die Objektbeziehungen den von traumatischen Erfahrungen überwältigten Säugling nicht hatten aufrechterhalten können. Derartige Erfahrungen bestehen gewöhnlich im sich ständig wiederholenden Anblick des weiblichen Genitales oder darin, daß der Säugling einmal Zeuge einer blutenden Wunde wurde.

---

[16] Ph. Greenacre, »The Fetish and the Transitional Object«.

Wir möchten Greenacres Darstellung der Wirkung eines solchen Traumas noch um den Faktor des Fehlens einer mütterlichen Einstellung ergänzen, das den Säugling traumatischen Erfahrungen aussetzt. Ein Fetisch kann auch als ein magisches Amulett bei sonst normalen Individuen in Zuständen schwerer Belastung in Erscheinung treten. Wir alle kennen den tapferen Kampfflieger, der seinen Lieblingsschal, Lieblingshelm oder sein Lieblingsspielzeug bei sich haben muß, um sich besser beschützt zu fühlen.

Während der Transvestitismus der Homosexualität nah verwandt ist und oft in Verbindung mit ihr gesehen wird, begegnen wir ihm auch bei den Versuchen zum heterosexuellen Funktionieren. Im letzteren Falle verursacht das noch viel größere Leiden, da er weitgehend geheim ausgeführt werden muß, wenn nicht der heterosexuelle Partner gewillt ist, ihn zu tolerieren. Das unbewußte Ziel des Transvestitismus ist dem des Fetischisten ähnlich, nämlich, die Illusion des weiblichen Phallus aufrechtzuerhalten. So wird der männliche Transvestit in Frauenkleidern zur lebenden Verkörperung der Frau mit einem Penis. Daß dies die Suche nach der symbiotischen Mutter darstellt, die genauso ist wie man selbst, oder, genauer gesagt, ein Teil von einem selbst, liegt wohl auf der Hand. Hier herrscht Verleugnung der Geschlechtsunterschiede vor, hauptsächlich deshalb, weil jeder Unterschied geleugnet wird. Wenn sich der Transvestit Frauenkleider angezogen und so sich selbst bewiesen hat, daß die Frau einen Penis besitzt, kann er dann die Abfuhr entweder durch Masturbation (oft vor einem Spiegel) erlangen oder auch, durch die transvestitische Erfahrung unterstützt, im heterosexuellen Verkehr.

Der Gedanke, daß der Wunsch nach Vereinigung mit dem symbiotischen Partner der eigentliche Kern des Transvestitismus ist, wurde am Anfang der Interpretation dieses Entwicklungszuges erfolgreich angewendet, und zwar bei dem Patienten Rosen, einem 30 Jahre alten, verheirateten Mann, der seine transvestitischen Neigungen dem Therapeuten mit großer Verlegenheit eingestand. Seine Frau war für eine Woche weggefahren, um ihre Eltern in einer anderen Stadt zu besuchen. Während ihrer Abwesenheit zog er ihre Kleider an. Er erinnerte sich, daß er, als er etwa 8 Jahre alt war, dasselbe getan hatte, als seine Mutter einmal verreist war. Der Therapeut, der anfangen wollte, an dem symbiotischen Problem zu arbeiten, fragte einfach: »Fühlen Sie sich dann weniger einsam?« In dieser Weise wird der Interpretationsprozeß ohne Verurteilung begonnen, was dem Patienten hilft, seinen einsamen Kampf zu verstehen. Eine einzige solche Interpretation genügt niemals, um all die Fäden des symbiotischen Wunsches, die mit der Verleugnung der mütterlichen »Kastration« verwoben sind, zu entwirren. Aber viele solche Interpretationen, die von verschiedenen Gesichtspunkten ausgehen, erfüllen den therapeutischen Zweck. Dann kann die Interpretation auf die genetische zurückgeführt werden — den Wunsch, ein Teil der symbiotischen, nicht-kastrierten Mutter zu sein[17].

Wie läßt sich nun der Unterschied zwischen den symbiotischen Grenz-fall-Strukturen ohne homosexuelle oder transvestitische Züge und denen mit einer solchen Symptomatologie erklären? Wir haben schon auf den Gebrauch der Verleugnung als Abwehr hingewiesen. Das legt nahe, daß der Transvestit und der männliche Homosexuelle eine recht dürftige Ge-schlechtsidentität haben. Beide suchen nach der Vereinigung mit der phallischen Mutter: der Transvestit, indem er sie in sich selbst darstellt, der Homosexuelle, indem er einen Partner sucht, um das undifferenzierte Selbst-Objekt darzustellen. Dies bringt uns zu der Betrachtung der spe-ziellen Techniken, die bei der Behandlung des Fetischisten angezeigt sind, da er wie der Transvestit die Realität der weiblichen Anatomie leugnet. Öfter als der Transvestit funktioniert der Fetischist heterosexu-ell, braucht aber einen Gegenstand, der unbewußt den weiblichen Phallus darstellt, um seinen heterosexuellen Verkehr zu unterstützen. Die Be-handlung sowohl des Transvestitismus wie des Fetischismus erfordert daher, daß der Mechanismus der Verleugnung in Betracht gezogen wird. Die Methode besteht darin, den spezifischen »Kastrations-schock« herauszufinden, der zu dieser Verleugnung geführt hat. In sol-chen Fällen stellt sich dann heraus, daß dieser Schock erlebt worden ist, bevor das Kind noch eine genügend sichere Struktur erworben hatte, um die Wahrnehmung einer so dramatischen anatomischen Differenz zwi-schen sich selbst und der Mutter zu ertragen. Oft ist es nötig, die allge-mein herrschende Ansicht zu korrigieren, daß die Frau ein kastrierter Mann sei. In jedem solchen Falle, den wir angetroffen haben, war es frü-her oder später nötig, darauf hinzuweisen, daß diese Ansicht falsch ist.

Während das Konzept der Entwicklungslinie einen integrierenden Fak-tor bei der Untersuchung der sexuellen Abweichungen darstellt, kann es doch nicht simplizistisch angewandt werden. Die weitestgehende Unter-suchung der Persönlichkeit in diesen Fällen schließt jene Art der Rekon-struktion ein, die am schwersten zu erreichen ist: die der präverbalen Pe-riode; denn hier hat die Schädigung eingesetzt. Die Bedeutung einer star-ken therapeutischen Allianz kann gar nicht überschätzt werden, denn es wird speziell zur Aufgabe des Patienten, die einzigartige Spezifität seiner eigenen Erfahrung aufzufinden als Reaktion auf das, was bei dem Thera-peuten lediglich weitgefaßte und andeutende Bemerkungen sein können.

---

[17] Material von Dr. Edith Ross zur Verfügung gestellt.

In mehreren seiner Arbeiten, die sich direkt oder indirekt mit dem Problem der Homosexualität befassen, machte Freud einige sehr tiefgründige Beobachtungen. Eine der wichtigsten befindet sich in seiner Analyse der Beziehungen zwischen der Homosexualität und der Paranoia im Falle Schreber[18]. Er zeigte dort, wie die Liebe eines Mannes zur Vaterfigur von einem »Ich liebe ihn« in die paranoide Formulierung »Er liebt mich« durch ein einfaches Austauschen von Subjekt und Prädikat umgewandelt werden kann, indem er die Verleugnung als Abwehr, die von Projektion gefolgt ist, benutzt.

In seinem Aufsatz: »Zur Einführung des Narzißmus« (1914) wies Freud auf die Beziehungen zwischen Homosexualität und Narzißmus hin. Er zeigte hier, daß man das lieben kann, was man einmal war (ein Knabe), was man ist (ein Mann), oder was man sein möchte (Ich-Ideal). Wie schon besprochen, sah Freud die Homosexualität als eine der Folgen der nicht gelösten ödipalen Krise an. Früher hatte er die Perversionen als das Gegenteil der Neurosen betrachtet, insofern als Perversionen die Abfuhr prägenitaler Sexualität erlauben, während man sich in der Neurose gegen Angst wehrt, was in Symptombildung und nicht in direkter Abfuhr resultiert. Diese Formulierung wird im Lichte der Strukturtheorie als nicht mehr haltbar angesehen.

Gillespie faßte bei einem Podiumsgespräch über Homosexualität in der Internationalen Psychoanalytischen Gesellschaft (1955) seine Gedanken über Homosexualität dahingehend zusammen, daß die Abwehrfunktion des Ichs nicht weniger für das Verständnis der Perversionen wichtig sei, als die Triebschwankungen es sind. Bei einer späteren Sitzung im Jahre 1963 beschäftigte er sich mit der Frage, ob Homosexualität als eine der Perversionen anzusehen ist oder eine andere Struktur hat. Freuds frühe Annahme, daß die biologische Bisexualität der bestimmende Faktor bei der Homosexualität sei, wies er zurück — auf Grund der Fortschritte in der Genetik, die uns jetzt zeigt, daß Fließ mit seiner Annahme, die Chromosomenzusammensetzung sei bisexuell, unrecht hatte. Gillespie wollte die Theorie der Homosexualität auch über jenen Punkt hinausführen, an dem ihre Ätiologie ausschließlich mit der Abwehr gegen ödipale Strebungen in Verbindung gebracht wird. Wie er sagte, »bestehen gewichtige psychoanalytische Argumente, die die wesentliche Bedeutung der prä-ödipalen Phantasien betonen . . . Es ist darauf hingewiesen worden, daß

---

[18] S. Freud, *Psychoanalytische Bemerkungen über einen autobiographisch beschriebenen Fall von Paranoia (Dementia paranoides).*

es zwei Arten von homosexueller Aktivität gibt: eine, die auf präödipaler Fixierung beruht . . ., und eine andere, die als regressive Abwehr gegen ödipale Probleme aufzufassen ist«[19]. Es wäre der erstere Typ der Homosexualität, der besser in die Kategorie der Perversionen paßt, d. h. die infantile sexuelle Abfuhr als Lusterfüllung. Gillespie machte die damals radikal erscheinende diagnostische Bemerkung, daß die Homosexualität keine homogene Kategorie sei. Auf demselben Symposion widersprach Pasche ihm und behauptete, Homosexualität sei sowohl ödipal wie prägenital. Sein Zweck war, den vor-ich-psychologischen Standpunkt aufrechtzuerhalten, nämlich den, daß jede Form der Homosexualität eine ödipale Ätiologie habe. Ein anderer Teilnehmer an der Diskussion, Wiedeman, betonte den Bruch in der Entwicklung des Homosexuellen auf der Linie der Triebschwankungen, der Objektbeziehungen und der Ich-Entwicklung und besonders bei der Errichtung der Geschlechtsidentität. Vielleicht als Beispiel für das Widerstreben der Theoretiker, sich von traditionellen Denkformen abzuwenden, behauptete Wiedeman trotzdem: »Ich möchte nicht versuchen, in der Streitfrage ›Prä-ödipale oder ödipale Faktoren in der Genese der offenen Homosexualität?‹ den prä-ödipalen das Wort zu reden.«[20] Bei derselben Diskussion sagte Greenson, daß die Geschlechtsidentität eintrete, wenn das Kind seine anatomische Verschiedenheit bemerkt, was durch drei Faktoren ausgelöst werde:

»a) Das Gewahrwerden der anatomischen und physiologischen Strukturen bei sich selbst. Dies würde Sexualgefühle und das Gewahrwerden von Objekten mit anderen Genitalien einschließen.
b) Die elterlichen und sozialen Figuren, die ihn in Übereinstimmung mit seinen sexuellen Strukturen und andere nach den ihren abstempeln.
c) Eine biologische Kraft, die von Geburt an vorhanden zu sein scheint und entscheidenden Anteil daran haben kann, daß das Kind in Richtung auf ein bestimmtes Geschlecht hin gedrängt wird.«[21]

Der hier erwähnte Ausdruck »biologische Kraft« wurde dem Werke von Stoller entnommen, der eine »kongenitale, vielleicht ererbte biologische Kraft«[22] erwähnt. Diese Formulierung wurde später aufgegeben.
Während Greenson den Schluß zieht, daß verschiedene Faktoren bei der Aufrechterhaltung der Identität an den verschiedenen Stellen der Entwicklung eine Rolle spielen, so bleibt doch seine Abgrenzung dieser Pha-

---

[19] »Symposium on Homosexuality«.
[20] Ibid.
[21] R. R. Greenson, »On Homosexuality and Gender Identity«.
[22] R. J. Stoller, »A Contribution to the Study of Gender Identity«.

sen zu sehr deskriptiv — ich bin ich; ich bin ein Junge; ich, ein Junge, mache gern sexuelle Dinge mit Mädchen. Auch seine Beobachtung, daß der Neurotiker »reagiert, als ob das Geschlecht seines Sexualobjekts sein eigenes Geschlecht bestimmt«[23], ist nicht sehr nützlich, da sie die Tatsache verschleiert, daß der entscheidende Aspekt in der Internalisierung der Geschlechtsidentität liegt und nicht in der Interaktion, selbst wenn sie sexuell ist.

Saul und Beck beschreiben etwas von der Psychodynamik, die bei der männlichen Homosexualität eine Rolle spielt. Während sie Entwicklungsabweichungen im Sinne von Fixierungen und falschen Identifizierungen erwähnen, ist doch ihre Hauptbemühung darauf konzentriert aufzuklären, wie die Homosexualität als Abfuhrbahn oder als Abwehr dient.

Weissman beschäftigte sich mit der psychologischen Bisexualität vom Standpunkt der Struktur aus. In Übereinstimmung mit Freuds Ansicht (1914) über die narzißtische Objektwahl hielt es Weissman für notwendig, diesen Faktor in die Dynamik des Problems mit einzubeziehen. Wenn die Objektwahl homosexuell ist, wird eine sexuelle Kontinuität mit dem männlichen Vorgänger gesucht.

Die einschlägige Literatur spiegelt in ihrer Gesamtheit einen theoretischen Kampf, der sich natürlich über viele Jahre hinzog, angefangen mit dem biologisch orientierten Konzept der Bisexualität, über Freuds Formulierung der Homosexualität als einer regressiven Abwehr gegen den positiven Ödipuskonflikt bis zu der ich-psychologischen Auffassung, daß die Schwankungen der frühen Entwicklung eine größere Rolle in der Ätiologie der meisten Formen der Homosexualität spielen. Wenn es auch Ferenczi schon im Jahre 1914 ablehnte, die Homosexualität als eine homogene Kategorie anzusehen, so waren es doch erst die Befunde der Ich-Psychologie in den späten vierziger und in den fünfziger Jahren, die es den Theoretikern ermöglichten, frühe Entwicklungsprozesse in genügenden Einzelheiten zu definieren, um die Geschehnisse in dieser Lebensperiode zu umreißen, die einfach prä-genital oder prä-ödipal genannt wurden. Beiläufig sei angemerkt, daß diese Termini in einer vagen Weise deskriptiv sind, in demselben Sinne wie »prä-adoleszent« und »vor-erwachsen« (pre-adult). Die psychoanalytische Entwicklungsterminologie ist jetzt viel genauer. Diese Genauigkeit erlaubte es Gillespie (im Jahre 1964) zu bemerken, daß Homosexualität weiter in der allgemeinen Neurosentheorie als Abwehr gegen die ödipale Krise geführt werden würde, daß es aber Homosexuelle gibt, deren Struktur innerhalb des Rahmens der allgemeinen Theorie der Per-

---

[23] R. R. Greenson, »On Homosexuality and Gender Identity«.

versionen verstanden werden muß, welche auch Ich-Modifikationen in Betracht zieht. Unserer Meinung nach gehört der größte Teil der offen Homosexuellen in diese Kategorie.

Bei seinen Einleitungsworten zu einem Podiumsgespräch über Störungen der männlichen und weiblichen Identität bemerkte Morgenthaler, daß »das klinische Bild der Homosexualität in seiner Pathogenese heterogen« sei und . . . »sich auf mannigfaltige Konstellationen und Konfigurationen gründet«[24]. Im weiteren Verlauf seiner Ausführungen zeigte er: Wenn die Ich-Entwicklung derart stark behindert wurde, daß magisches Denken über die phasengerechte Zeit hinaus vorherrscht, so muß der zur phallischen Phase gehörende beschleunigte Trieb zum Versagen der Kontrolle über Sexualität und Aggression führen. D. h., es wird unmöglich, die Reifungsfortschritte mit der psychischen Strukturierung zu integrieren. Socarides führt die Homosexualität zurück auf:

»... fehlerhafte Reifung mit quantitativen Variationen, charakterisiert durch Unfähigkeit, die Trennungs-Individuations-Phase der Ich-Entwicklung zu durchschreiten. Dieses Versagen ist total oder partiell verantwortlich für: 1. die ausgesprochen weibliche Identifizierung mit der Mutter und die sich daraus ergebende Suche nach männlicher Identität, 2. die Furcht davor, das symbiotische Band mit der Mutter zu zerreißen (Trennungsangst), 3. die bei manchem bestehende Neigung, ein kataklystisches Phänomen des Ineinander-Aufgehens und Verschmelzens mit der Mutter zu erleben, wenn er sich anderen Frauen nähert, oder die Furcht, es könnte sein Versuch, in irgendeiner Weise die Mutter zu verlassen, die Drohung der undifferenzierten Phase wahrmachen, nämlich die des Verschlungenwerdens und des Verlustes des Selbst.«[25]

Obgleich sich Socarides darüber durchaus im klaren ist, daß, wie oben zitiert, der Ödipalphasenkonflikt auf einen darunterliegenden prä-ödipalen Kernkonflikt aufgepfropft ist, finden wir es doch bedeutsam, daß er dieser Feststellung folgendes vorausschickt: »Die Struktur der Homosexualität besteht aus Konflikten, die sich um die ödipale Phase gruppieren, und der größere Teil der wirklich analytischen Arbeit dreht sich bei jedem Homosexuellen um die Aufdeckung und Auflösung dieser Konflikte.«[26]

Unsere eigene Erfahrung ist anders. Während die Furcht vor der Homosexualität oft als ein potentiell regressives Phänomen bei einem relativ unmodifizierten Ich dargestellt wird, wenn auch latente Homosexualität als ein Zug bei jeder Psychoanalyse vorkommt, haben wir doch gefun-

[24] F. Morgenthaler, »Disturbances of Male and Female Identity as Met with in Psychoanalytic Practice«.
[25] C. W. Socarides, »Psychoanalytic Therapy of a Male Homosexual«.
[26] Ibid.

den, daß ernstere Strukturierungsfehler bei offener Homosexualität häufiger vorkommen. Sie spiegeln Ich-Abweichungen, besonders in der Verzerrung des Körperbildes. Bei solchen Fällen steht technisch der Ich-Aufbau ganz obenan. Personen mit Perversionen, bei denen das Ich gespalten ist — Fetischismus, Transvestitismus und ähnlichem —, brauchen Hilfe, um die geschädigte Struktur zu reparieren.

Die meisten Autoren, die Probleme der prä-ödipalen Sexualität behandeln, erwähnen als pathogen eine starke Bindung oder Fixierung an die Mutter. Spitz und Mahler beschreiben solche Bindungen genauer. Die Untersuchungen von Spitz über die Fremdenangst und die von Mahler über die symbiotische Vereinigung und über die Schwankungen der Trennungs-Individuations-Phase erhellen die Phasen- oder Entwicklungsspezifität dieser Vereinigung. Im altersgerechten Stadium kann die Bindung an die Mutter nicht als pathologisch angesehen werden. So liefern Spitz und Mahler eine gute Vergleichsbasis für eine normale und eine pathologische Entwicklung. »Starke Bindung« bezieht sich also jetzt auf unerfüllte oder übermäßig erfüllte symbiotische Bedürfnisse oder auf Pathogenität im Trennungs-Individuations-Prozeß. Hatterer andererseits erwähnt den zwischenpersönlichen Aspekt der Homosexualität, so wie z. B., daß ein Junge von seinen Altersgenossen als »Zimperlieschen« abgestempelt wird. Die Schärfe und Tiefe des Problems erscheint klarer in Verbindung mit der Trennungsangst, die so stark ist, daß sie die Bewegung in die Welt der Gleichaltrigen hinein verbietet und das Kind exzessiv empfindlich gegen Neckereien läßt, die sonst nicht so verletzend wären.

Ein Versagen der Triebkontrolle — »exzessive« Aggression oder die »Stärke« der biologischen Faktoren — ordnet sich nun als Manifestation eines Versagens der Entwicklung der Fähigkeit ein, die Triebenergie zu neutralisieren, die sich ihrerseits aus einer inadäquaten Mutter-Kind-Dyade ergibt. Hierher gehört die Nicht-Neutralisierung der Aggression und der Objektbeziehungen in der Ätiologie von Vergewaltigung und anderen sexuellen Psychopathien.

In der Literatur finden sich auch biologische Faktoren, die Entwicklungsstörungen hervorrufen können. Bell erwähnt unwillkürliche testikuläre Kontraktionen, die ein Gefühl der Passivität und Hilflosigkeit auslösen können, und sie schließt daraus, daß »die Entwicklung des Mannes in größerem Ausmaße, als wir zu sehen gewohnt sind, von seiner psychologischen Reaktion auf diesen biologisch hervorgebrachten passiven Zustand abhängt«[27]. Diese Bemerkungen sind interessant und lassen die von

---

[27] A. I. Bell, »Additional Aspects of Passivity and the Feminine Identification in the Male«.

der Autorin gestellte Frage offen, nämlich die, ob es beim Knaben eine testikuläre Phase gibt. Aber eine noch zwingendere Frage beschäftigt uns hier: Wie entrinnen die meisten männlichen Wesen dieser ubiquitären Gefahr? Wieder kommen wir hier auf Mahler zurück (berichtet von Clower)[28], die feststellt, daß das Körper-Ich eine zweifache Selbst-Repräsentanz einbezieht, nämlich gegenüber der inneren wie der äußeren Welt, und daß der symbiotische Partner als Puffer gegen exzessive Reize sowohl von innen wie von außen dienen muß. Daher kann das Gefühl der Hilflosigkeit und der Passivität, das sich aus diesen männlich-genitalen Sensationen ergeben kann (wie Bell berichtet), als Versagen des mütterlichen Objekts erklärt werden. In Bells Fällen war die Mutter, wie wir denken, nicht ausreichend besetzt worden, um als Puffer gegen die Angst zu dienen, die durch jene Kontraktionen ausgelöst wurde.

Diese selbe Art von Versagen in der Mutter-Kind-Dyade spielt auch eine Rolle bei den in Beziehungen herrschenden Problemen, so gewöhnlich in Beziehungen, die durch Perversionen belastet sind.

In der Geschichte des männlichen Homosexuellen wird oft die, wirkliche oder emotionale, Abwesenheit des Vaters beobachtet. Wenn dies aber der einzige Faktor wäre, so würde das Nicht-Vorhandensein einer männlichen Figur zum Zwecke der Bestätigung der Geschlechtsidentität alle diese unglücklichen männlichen Kinder automatisch zu einem Leben der sexuellen Perversion verurteilen. Wieder ordnet sich die übergroße und oft chaotische Verschiedenheit der klinischen Bilder in ein integriertes Schema ein, wenn man auch diesen Zug als einen Teil der Aufrichtung der eigentlichen Identität ansieht. Greenacre bemerkt (berichtet von Clower), daß Identität ein Gefühl des Eins-Seins als eine Einheit und ein Gefühl der Einzigkeit einschließt, was das Ergebnis der erfolgreichen Symbiose und Trennungs-Individuation wäre. Wo der Fortschritt zur Identitätsbildung hin auf vernünftige Weise zustande gekommen ist, werden die biologischen Gegebenheiten nicht besiegt, und die Sexualität wird geschlechtsgerecht sein. So kann einerseits der abwesende oder passive Vater zu schon vorhandenen Identitätsproblemen beitragen, oder er kann »nur« ein hinderndes, aber überwindbares Problem darstellen.

Wir haben Freuds Bemerkung über den narzißtischen Zug in der Homosexualität erwähnt. Die Objektwahl basiert auf dem, was das Individuum war, ist oder sein möchte. Im heutigen Sprachgebrauch bezieht sich dies auf das Weiterbestehen der symbiotischen Bedürfnisse und mangelnde Differenzierung der Selbst- von den Objekt-Repräsentanzen.

---

[28] V. L. Clower (Berichterstatter), »Panel on the Development of the Child's Sense of His Sexual Identity«.

Zuerst verfolgten die Versuche, die Perversionen zu verstehen und zu behandeln, im allgemeinen den Trend zur Einteilung in getrennte Gruppen oder Strukturen. Als sich dann die Homosexualität als eine Einheit herausstellte, entstand wachsende Verwirrung durch die Schwierigkeit, die Kastrationsangst und ödipales Versagen ganz allgemein mit den homosexuellen Manifestationen, sowohl in der männlichen wie in der weiblichen Form, in Verbindung zu bringen. Von dem Fetischismus, Transvestitismus, Sadismus, Masochismus und anderen sexuellen Störungen hatte man auch angenommen, daß sie mit dieser spezifischen Ätiologie in Zusammenhang stünden. Im ich-psychologischen Denken werden diese Erscheinungen durch das Bestehenbleiben des Wunsches nach einer symbiotischen Wiedervereinigung über die phasengerechte Zeit hinaus erklärt, die es nicht zuläßt, ein Objekt zu suchen, das anders als man selber ist. Die Suche nach einem Sexualpartner ist daher auf den beschränkt, der das symbiotische (narzißtische) Bedürfnis befriedigt und daher wahrscheinlich vom selben Geschlecht ist wie man selber. Auf den ersten Blick mag das bei der männlichen Homosexualität paradox erscheinen, wenn es auch ausgezeichnet eine Form der weiblichen Homosexualität erklärt. Wenn das Ziel der Objektsuche das ist, eine Wiedervereinigung mit der symbiotischen Mutter herbeizuführen, warum sucht dann der Mann einen männlichen Partner? Die Antwort liegt natürlich darin, daß die symbiotische Mutter als Teil des Selbst erlebt wird. Bei dem Versuch, diesen verlorenen Teil wiederzufinden, sucht man ein Ebenbild seiner selbst.
Zusammenfassend kann die Homosexualität folgendermaßen eingeteilt werden:
1. Sie kann sich aus der Regression in der Abwehr der positiven ödipalen Position ergeben, wobei die Kastrationsangst die Unterwerfung unter den gleichgeschlechtlichen Elternteil motiviert. Bei Strukturen mit einem intakten Ich bleibt diese »negative« ödipale Position unbewußt und wird zum Anlaß der gewöhnlichen latenten Homosexualität, mit der sich die Psychoanalyse beschäftigt. Offen homosexuelles Experimentieren ist vorübergehend und findet gewöhnlich in der frühen Adoleszenz statt. Einige Theoretiker, besonders Blos, betrachten die Homosexualität in der frühen Adoleszenz als eine normale Entwicklungserscheinung.
2. Sie kann einen Mangel an Differenzierung darstellen (Trennung und Individuation) mit einer sich daraus ergebenden Modifikation der Ich-Struktur, die zu Unsicherheit führt oder dazu, daß einfach keine Geschlechtsidentität erreicht wird. Als Teil der diagnostischen Kategorie der eigentlichen Grenzfall-Struktur mögen diese Probleme entweder an der neurotischen Grenze, im Mittelfeld oder an der Grenze zum Psychotischen liegen.

3. Perversionen werden auch bei objektlosen Psychotikern angetroffen, bei denen Ich-Defekte oder schwere Modifikationen eine ziellose Abfuhr unneutralisierter Triebenergie erlauben. Die kriminellen sexuellen Perversionen wie Vergewaltigung, Belästigung von Kindern oder Sexualbefriedigung mit Tieren gehören zu dieser Kategorie.

Freud war vorsichtig, wenn nicht sogar äußerst pessimistisch, in bezug auf das Ergebnis der psychoanalytischen Behandlung von Homosexuellen. Die Unterschiede aber, die zwischen der Psychoanalyse und der Psychotherapie bestehen, geben Raum für die Entwicklung psychotherapeutischer Techniken, die die Prognose günstiger gestalten, als Freud dachte. Von dem Prokrustesbett der Vorstellung befreit, daß die beste Behandlung die Psychoanalyse sei, können wir jetzt das Konzept der Entwicklungslinien anwenden, um Ordnung in das Heer der Symptome zu bringen, die eine falsche Ich-Entwicklung begleiten. Die Perversionen können dann unter jene Probleme bei Grenzfall-Strukturen eingereiht werden, die aus mangelnder Entwicklung entstehen, mit besonderer Berücksichtigung des Körperbildes, der Geschlechtsidentität und Triebzähmung als Aspekte der Entwicklung, die den Erwerb einer intakten Struktur retardieren.

Der folgende Fall illustriert Homosexualität bei einer Grenzfall-Struktur. Frau Fletcher war eine junge, verheiratete Frau, die von ihrem Mann getrennt lebte. Sie hatte es nicht sehr genossen, verheiratet zu sein, hatte aber getan, was die Gesellschaft von ihr erwartete, als sie in das Heiratsalter kam. Es bestand keine Anamnese von offener Homosexualität, aber auch kein Interesse am heterosexuellen Kontakt, außer, daß sie es gern hatte, wenn man sie im Arm hielt. Sonst war sie frigid und hatte die Vorstellung, daß bei der Frau wie beim Mann eine Ejakulation stattfindet. Sie hatte nie einen Orgasmus gehabt, noch nicht einmal durch Masturbation. Wir haben schon besprochen, daß Selbstbefriedigung in der phallischen Phase eine vorübergehende Erscheinung ist, die den Trennungs-Individuations-Prozeß unterstützt. Sie erlaubt eine Abfuhr, hilft, Unabhängigkeit vom Objekt zu erreichen, fördert das aktive statt des passiven Funktionierens und führt zur ödipalen und schließlich zur nicht-inzestuösen Heterosexualität. Unsere klinische Erfahrung hat uns gelehrt, daß Probleme in der Auflösung der Trennungs-Individuations-Krise bestehen, wenn das Fehlen dieser Übergangsperiode berichtet wird. Eine Ausnahme sind natürlich jene neurotischen Strukturen, bei denen phasen-spezifische Masturbation zwar stattgefunden hatte, aber verdrängt wurde und im Verlaufe der Behandlung aufgedeckt werden wird. Offenbar hatte Frau Fletcher diesen Übergang nicht gemacht.

Im zweiten Jahr der Behandlung war die Angst vor zu großer Intimität mit der Therapeutin im Rahmen des symbiotischen Bedürfnisses und des Umstandes interpretiert worden, daß der jetzt von ihr getrennt lebende Ehemann dieses Bedürfnis nicht befriedigen konnte, außer, wenn er sie im Arm hielt, »weil er Sex haben wollte«. Eine symbiotisch gefärbte Übertragung entwickelte sich, wie sie in dem folgenden Sitzungsbericht der Therapeutin beschrieben ist:

Frau Fletcher: »Ich habe mir überlegt, ob Sie lesbisch (a butch)* sind.«

Therapeutin: »Wie kommen Sie darauf?«

Frau Fletcher: »Nun, Sie sind ledig, und ich überlege mir das immer heimlich, wenn ich jemanden sehe, der attraktiv und unverheiratet ist.«

Therapeutin: »Wann haben Sie solche Gedanken gehabt? Meinen Sie wirklich, immer?«

Frau Fletcher: »Ja, ich habe mich immer von Mädchen angezogen gefühlt, habe aber niemals viel dazu getan, denn ich dachte, das sei schrecklich, und so versuchte ich, es zu vergessen. Einmal, als ich noch ein Teenager war, habe ich mich aber zusammen mit einem anderen Mädchen ausgezogen, und wir haben uns gegenseitig beguckt.«

Therapeutin: »Was, glauben Sie, haben Sie damals gesucht?«

Frau Fletcher: »Nun, ihre Brüste haben mich aufgeregt. Ich ertappe mich jetzt oft dabei, daß ich Frauen auf ihre Brüste schaue, wenn ich mich nicht in acht nehme.«

Augenscheinlich ist ihr Ich gerade noch stark genug, die homosexuellen Wünsche in Schach zu halten, so daß es nicht zum Ausagieren kommt — aber eben nur »gerade noch«.

In der darauffolgenden Sitzung hatte die Patientin große Angst. Sie fürchtete, die Therapeutin würde sie wegschicken, weil sie sie nicht länger behandeln wollte. Die Patientin fühlte sich dabei an die Zeit gemahnt, als sie von ihrer Babysitterin, die sie liebhatte, zurückgewiesen worden war. Das geschah, als die Patientin im Alter von drei Jahren einmal mit ausgestreckten Armen auf sie zu lief: Die Frau tat einen Schritt zur Seite, und das Kind fiel hin.

Therapeutin: »Sie glauben wahrscheinlich, daß ich Sie aus der Behandlung entlassen werde, weil Ihre Gefühle so intensiv sind. Warum sollte ich Sie deswegen wegschicken? Das wäre doch dasselbe, was Ihre Babysitterin getan hat.«

Dahinter liegt natürlich das Erlebnis des Zurückgewiesenwerdens durch die Mutter, das wahrscheinlich am schwersten während der Annäherungsphase empfunden worden war. Die Therapeutin zog es aber vor,

---

* »butch« bedeutet im Amerikanischen den »männlichen« Partner in einem lesbischen Verhältnis (Anmerkung d. Übers.).

die Deckerinnerung der Zurückweisung durch die Babysitterin zu behandeln.

Frau Fletcher: »Ich fühle mich immer unerwünscht. Mein Mann wollte mich nur für Sex haben, aber er hielt mich nie einfach so im Arm, weil er mich gerne hatte.«

Therapeutin: »Jeder Mensch möchte gelegentlich gerne im Arm gehalten werden. Wann brauchen wir das aber am meisten?«

Frau Fletcher: »Sie meinen, wenn wir noch Babys sind? Sie scheinen mir sagen zu wollen, daß ich, wenn ich an eine Frau denke — sogar sexuell — in Wirklichkeit Sehnsucht danach habe, im Arm gehalten, geknuddelt und von meiner Mutter geliebt zu werden?«

Therapeutin: »Verstehen Sie jetzt, warum Sie mich gefragt haben, ob ich lesbisch sei?«

Frau Fletcher: »Das regt mich alles so auf. Ich möchte eine Frau haben.«

Therapeutin: »Aber verstehen Sie, warum?«

Frau Fletcher: »Ich brauche Bemutterung.«

So macht sich die Patientin also klar, daß ihre homosexuellen Wünsche ein intensives Verlangen nach Bemutterung enthalten, das in der altersgerechten, symbiotischen Phase unerfüllt geblieben war. Das lange Fortbestehen dieses Bedürfnisses muß zwangsweise den Genitalapparat mit einbeziehen, der mit fortschreitender Reife zunehmend besetzt wird[29].

Eine Erörterung der Perversionen kann nicht abgeschlossen werden, ohne sich mit dem Aspekt des Aktiv-Passiven zu befassen. Wir haben schon unsere Ansicht ausgesprochen, daß die Passivität mit der Abhängigkeit von der prä-ödipalen Mutter zusammenhängt, und daß die aktive Modalität erst mit der Verschiebung von den prä-ödipalen zu den ödipalen Objektbeziehungen — vom Empfänger zum Geber — erreicht wird. Rapaport hat gezeigt, daß Aktivität mit der Ich-Funktion verbunden ist und keineswegs etwas mit der Motilität zu tun hat oder mit der Zudringlichkeit und der Rezeptivität. Viele Jahre vorher hatte Freud bemerkt, daß es ein Irrtum sein würde, die Maskulinität oder die maskuline Form mit der Aktivität und die feminine Form mit der Passivität gleichzusetzen. Wenn die Ich-Funktionen der Perzeption, des Nachdenkens, der Antizipation, der Intentionalität und ähnliche eingesetzt werden, so handelt es sich um Aktivität, wenn auch nicht um physische. Der Therapeut, der schweigend dasitzt und nachdenkt, ist zum Beispiel sehr aktiv, obwohl er sich nicht bewegt und nichts sagt.

Der folgende Fall beschreibt eine Langzeitbehandlung der Homosexualität:

---

[29] Material von Isabel Sklar zur Verfügung gestellt.

Der Patient Howe, ein männlicher Homosexueller, kam zur Behandlung, weil er kein Homosexueller sein wollte, aber kein Heterosexueller sein konnte. Er hatte im Alter von 15 Jahren mit der Ausübung der Homosexualität angefangen, als er sich einer Gruppe von Jungen anschloß, die sich zunächst mit Gruppen- und gegenseitiger Masturbation beschäftigten. Als sie älter wurden, fingen sie an, Paare zu bilden. Oft wurden die Partner gewechselt. Während einige Homosexuelle es fertigbringen, stabile und lebenslange Treue zu einem Partner zu halten, befinden sich doch die meisten auf der bedürfnisbefriedigenden Ebene der Objektbeziehungen und können daher leicht die Partner wechseln. Alberne Streitereien, kleine Eifersüchteleien und Partnerwechsel kamen fast täglich in dieser Gruppe von Borderline-Adoleszenten vor. Als er älter wurde, versuchte Howe, einen festen Partner zu finden, aber diese Beziehungen kamen immer zu einem Ende, wenn irgendein dummer Streit das »gute« Objekt in ein »schlechtes« verwandelte. Die ewige Suche nach dem »guten« Objekt führte ihn mit einer ganzen Reihe von Partnern zusammen. Nach einiger Zeit wurde Howe ängstlicher, weil er sich seine Partner in Bars, Toiletten, türkischen Bädern und anderen Treffpunkten der Homosexuellen suchen mußte. Obgleich er imstande war, Partner zur sexuellen Abfuhr zu finden, kam er zur Behandlung, weil ihm dieser Lebensstil nicht zusagte.

Er war der jüngere von zwei Söhnen. Wir wollen hier nicht dabei verweilen, ob ein Kind erwünscht war, denn wir glauben, daß der bewußte Wunsch nach einem Kind vor der Empfängnis und Geburt der am wenigsten signifikante unter den vielen unbewußten Faktoren ist, die die Fähigkeit bestimmen, ein Kind zu lieben. Reife Eltern wollen Kinder haben, und sogar wenn es nicht geplant war, kann die Reaktion auf das Kind liebevoll sein, wenn es erst da ist, vorausgesetzt, daß die Eltern überhaupt die Fähigkeit zum Lieben haben. Bei der Mutter des Patienten war der Wunsch nach einem Kinde so narzißtisch bestimmt, daß — wenn befragt, ob ihr zweiter Sohn bewußt gewünscht war — sie dies bejaht hätte, obwohl ihr unbewußter Wunsch war, ein Mädchen zu haben, ein narzißtisches Ebenbild ihrer selbst. Dies wurde dem Kind niemals in Worten mitgeteilt und konnte es auch gar nicht, da dies alles unbewußt war. Trotzdem war der Wunsch der Mutter nach einem Kinde, das so wäre wie sie, ihm in unzähligen feinen Andeutungen zu verstehen gegeben worden. So z. B. identifizierte er sich früh mit ihren Manierismen und fand Ermutigung und Bestärkung in ihrer narzißtischen Zustimmung. Er wurde zu ihrem Freund und Vertrauten. Es war für ihn eine große Freude, daß er so offenbar mehr »Liebe« gefunden hatte, als der Vater und der Bruder je von ihr erhalten zu haben schienen. In Wirklichkeit war das aber keine Liebe im wachstumsfördernden Sinne, sondern viel eher die lebenslange parasitäre Symbiose, die von Mahler beschrieben worden ist. Die Mutter brauchte ihn für ihre eigenen symbiotisch-narzißtischen Zwecke, und so wurde zwar die Trennung und Individuation aus einer befriedigenden symbiotischen Phase erreicht, aber die Fixierung blieb in der Subphase der Trennung und Individuation, der Differenzierung, stecken unter Beibehaltung regressiver Wege zur Symbiose.

Howe mußte seinen Sieg über den Vater und den Bruder als Rivalen für die mütterliche Liebe teuer bezahlen. Er lernte schon früh, für die Bedürfnisse seiner Mutter auf unbewußten und bewußten Ebenen zu sorgen. Er pflegte sie, wenn sie eine ihrer häufigen Erkältungen, ihre Kopfschmerzen und andere leichte Krankheiten hatte. Er lernte es, ihr Tee zu bringen oder Aspirin, ihr den Rücken zu reiben, sich neben sie zu legen, wenn sie sich einsam fühlte. In den Jahren, bevor er zur Schule ging, wenn der Vater bei der Arbeit und der Bruder in der Schule war, badete die Mutter mit ihm zusammen. Er war früh mit ihrem Körper vertraut, mit ihrer Menstruation, ihrem Interesse für Kleider, und unbewußt teilte er ihre Abneigung gegen den männlichen Körper. Wir glauben, daß die treibende Kraft dafür, eine transsexuelle Operation vornehmen zu lassen, beim Mann der unbewußte Wunsch ist, einen Körper wie die Mutter zu haben. Howes Homosexualität erreichte jedoch nicht dieses Extrem des Ausagierens. Bei ihm nahm sie die Form der Verleugnung der Geschlechtsunterschiede an. Nur wenn die Verleugnung nicht funktioniert, folgt der Transsexualismus.

Die Rolle des Vaters bei der Förderung der Trennung und Individuation im zweiten Lebensjahr, wie von Greenacre beschrieben, ist wichtig für Howes Entwicklungsversagen. Der alte Howe war nicht der übliche, offenkundig passive Mann, mit dem sich ein Sohn nicht identifizieren kann. Der ältere Bruder wurde nicht homosexuell, da er bessere Gelegenheiten für eine väterliche Identifizierung gehabt hatte. Der Vater war ein tüchtiger und erfolgreicher Geschäftsmann gewesen, der gut für die Familie sorgte. Für seinen ersten Sohn war er, besonders nach außen hin, ein adäquater Vater gewesen. Er hatte mit ihm all die üblichen Vater-Sohn-Aktivitäten getrieben — Ausflüge, Ballspiele usw. Als der zweite Sohn das Eingreifen des Vaters in die verschlingende Mutter-Kind-Beziehung benötigt hätte, beschäftigten den alten Howe seine Geschäftsinteressen so sehr, daß sie seine Familie ganz ausschlossen. Er verbrachte lange Stunden im Büro und war oft auf ausgedehnten Geschäftsreisen. Seine Inanspruchnahme durch sein Geschäft und seine offenbare Bevorzugung des älteren Sohnes intensivierten das Bedürfnis sowohl seiner Frau wie seines jüngeren Sohnes nach einander. Der Junge schlief, wenn der Vater fort war, in dessen Bett.

318

Im Sinne der älteren psychoanalytischen Theorie würde vieles von der Vorgeschichte, wie wir sie hier dargestellt haben, Haß auf den Vater angedeutet haben, verführerische Überreizung durch die Mutter, Rivalität mit Vater und Bruder, aus denen sich dann ein tiefer ödipaler Konflikt ergab. Die ich-psychologischen Betrachtungen legen ein ganz anderes Bild nahe und kommen zu anderen Schlüssen — daß nämlich der ödipale Konflikt der am wenigsten wichtige bei den entwicklungsmäßigen Betrachtungen ist, denn er wurde kaum erreicht, und, weit davon entfernt, ein starker Kernkonflikt zu sein, war er schwach und fast ganz überdeckt von den folgenden Faktoren:

1. Gelegenheiten zur Neutralisierung sowohl der Libido wie der Aggression waren im Hinblick auf die mangelnde Wachstumsförderung durch die Mutter minimal.

2. Das Ergebnis war, daß er scheinbar der Mutter sehr nahestand, aber dahinter lagen große Mengen von unneutralisierter Aggression. So waren das Sich-Anklammern, die Identifizierung, sein Dienst an ihren narzißtischen Forderungen unbewußt mehr durch die Aggression motiviert als durch die Libido. Die Trennungsangst hielt ihn an ihr fest.

3. Im Zusammenhang mit dem Obigen war nicht genug neutralisierte Aggression verfügbar, um genügend Wachstum zu gewährleisten.

4. Die Ich-Funktionen waren auf dem Gebiete der primären Autonomie, angesichts der guten Ausstattung in der konfliktfreien Sphäre, verhältnismäßig intakt. Viele der Ich-Funktionen waren aber tief in den Konflikt verstrickt.

5. Ganz oben in der Reihe der konfliktbedingten und daher pathologischen Aspekte standen jene, die die Objektbeziehungen, die Geschlechtsidentität, die individuelle Identität (Differenzierung zwischen Selbst- und Objekt-Repräsentanzen) mit einschlossen.

6. Frustrationstoleranz, Fähigkeit zum Aufschub und zur Anwendung wirksamer Abwehrmechanismen waren schwach entwickelt. In der Abwehrstruktur herrschte Verleugnung vor; der sichere Hafen der Symbiose verhinderte das Aushalten einer erträglichen Dosis von Frustration. All das trug zu dem Circulus vitiosus des Mangels an Differenzierung von Selbst- und Objekt-Repräsentanzen bei.

7. Der »Kastrationsschock« kam zu früh. Jedes Kind muß einmal die anatomischen Unterschiede kennenlernen, und die beste Zeit dafür ist die, wenn die Identität schon fest gesichert ist und wenn es mit gleichaltrigen Kindern geschieht und nicht durch den dramatischen Vergleich des kindlichen mit dem erwachsenen Körper. Für den Patienten waren günstige Gelegenheiten dieser Art gleich Null. Er sah den Körper seiner Mutter, sogar die blutenden Genitalien, lange bevor er diese physiologischen Fak-

ten in der psychologischen Sicherheit eines eigenen Körperbildes assimilieren konnte.

8. Der Patient hatte daher kein Selbstbild, keine Geschlechtsidentität, kein Gefühl seiner selbst. Er hatte eine verstörende, aggressionsgefärbte, unbewußte Furcht vor Blut zurückbehalten. Er setzte sich selbst, sein eigenes physisches und vor allem genitales Körper-Ich herunter. Unbewußt verabscheute er das »kastrierte« weibliche Genitale. Er fürchtete es auch, weil es ihn zu verschlingen drohte. Daher war er völlig außerstande, wenn er es sich auch bewußt wünschte, einen heterosexuellen Zugang zu finden.

9. Wir haben schon erwähnt, daß die ödipale Position, wenn sie überhaupt erreicht wurde, nur schwach war, weil er fast völlig in der passiven Lage der Fixierung an die prä-ödipale Mutter verblieb, was aktiv-ödipale Strebungen ausschloß.

10. Vater und Bruder gaben ihm wenig Gelegenheit zur maskulinen Identifizierung. Während sie ihn anfänglich ausschlossen, ging dieses Verhalten in Zurückweisung und Spott über, als seine schwache Männlichkeit mehr und mehr zutage trat. Auch dies stellte einen Circulus vitiosus dar — das verzweifelte Bedürfnis nach einer rettenden maskulinen Identifizierung, die aber immer weniger verfügbar wurde.

11. Trotzdem führte seine intakte Realitätsprüfung den Patienten dahin, daß er wußte, daß er ein Mann war. Er war kein verweiblichter Homosexueller. Wir schrieben das der guten konfliktfreien Sphäre zu, was auch seine bewußten heterosexuellen Wünsche erklärte. Obgleich er sich seines biologischen Geschlechts bewußt war, konnte dieses bewußte Wissen doch nicht das unbewußte Versagen bei dem Erwerb einer festen Geschlechtsidentität überwinden.

12. Auf dem Gebiete der Objektbeziehungen war der Patient ganz offenbar an das Niveau der Bedürfnisbefriedigung fixiert. Der Mangel an neutralisierter Libido schloß Objektliebe aus. In weitem Ausmaße nahm er den Partner als Teil seiner selbst wahr, d. h. als Teilnehmer an der symbiotischen Vereinigung.

Wir haben schon erwähnt, daß die offenbaren (bewußten) Gründe für seinen Wunsch nach Behandlung der Mangel an Zufriedenheit mit seinem Lebensstil und der Wunsch, heterosexuell zu sein, waren. Der unbewußte Grund war aber der, daß er das psychologische Wachstum und die Erfüllung seines biologischen Schicksals nicht ganz aufgegeben hatte. Wir erklären uns diese unbewußten Motivationsfaktoren erstens durch den allgemeinen Vorstoß zum Wachstum hin, besonders wenn er zusammen mit einer guten (primär autonomen) Ausstattung vor sich geht; zweitens durch die schwache, aber dennoch bestehende Identifizierung mit dem väterlichen, so offenkundig männlichen Funktionieren. Besonders in dem wirksamen Funktionieren des Vaters in seinem Geschäft sehen wir den Faktor, der dem Patienten zu einer passenden Karriere und bescheidenem Erfolg verhalf. Auch das brachte ihn in Konflikt mit seiner Homosexualität, nicht, wie viele Laien glauben, weil ihn das bei seiner Arbeit in Verlegenheit gebracht hätte, sondern weil er selbst unbewußt wünschte, so zu sein wie andere Männer. Daher ist die simplizistische, pseudosoziologische Lösung, die darin besteht, seinen Arbeitgeber über seine Homosexualität zu informieren, unwirksam, denn sie läßt den inneren Konflikt unberührt.

Der Patient kam zur Therapie, weil er gehört hatte, Therapeuten könnten einen dadurch glücklich machen, daß sie einen dazu bringen, sein homosexuelles Schicksal zu akzeptieren. Einige Therapeuten verschiedener Orientierung haben zu solch einer wachstumshemmenden »Anpassung« geraten. Howes Therapeut diskutierte nicht mit ihm über seine anfängliche Zielsetzung, noch widersprach er ihm im stillen. Statt dessen behandelte er die anderen Aspekte seiner Entwicklungsschädigungen, wie wir es für die Behandlung anderer Grenzfall-Strukturen beschrieben haben. Besonders wurde sein Wunsch nach symbiotischem Zusammenfließen wiederholt interpretiert. Während der langen Behandlung kam der Patient schließlich dazu, den Therapeuten zu schätzen und zu achten. Die Neutralisierung, maskuline Identifizierung und Objektliebe machten im Rahmen der wachstumsfördernden therapeutischen Allianz Fortschritte. Als die Differenzierung zwischen den Selbst- und den Objekt-Repräsentanzen deutlicher wurde, wurde auch die Geschlechtsidentität klarer. Es gab oft Momente intensiver Trennungsangst, Regression und sogar von aggressiven Ausbrüchen. Aber das homosexuelle Ausagieren nahm ab, ohne daß der Therapeut seine Werte oder Verbote angewandt hätte.

Der Weg zur Heterosexualität war nicht glatt. Viel interpretative Rekonstruktion der präverbalen Ängste vor dem weiblichen Genitale mußte unternommen werden, bevor Howe heterosexuellen Kontakt ohne Schrecken aufnehmen konnte. Seine Wut auf die Frauen wurde mit der Neutralisierung der Aggression und der Interpretation der positiven Werte in der Verteidigung der schwachen Männlichkeit vermindert. Die Errichtung einer Identität verlief in der Behandlung ähnlich wie im Falle des Patienten Forrester, der in Kap. 16 beschrieben werden soll.

Volle Heilung der strukturellen Modifikation wurde nicht erreicht, da wir noch nicht sicher sind, daß die Anwendung der ich-psychologischen Technik in jedem Falle die strukturelle Schädigung repariert. Der Fall von Howe kann mit dem hypothetischen Fall des neurotischen, nicht-ausagierenden, latenten Homosexuellen verglichen werden, dessen Prognose günstiger ist, da sich diese Ich-Struktur zur Anwendung der psychoanalytischen Technik eignet. Es ist von wesentlicher Bedeutung, auch hinzuzufügen, daß der ödipale Konflikt, der in der Kindheit nicht in voller Stärke erlebt worden ist, gewöhnlich nicht retroaktiv geliefert werden kann. Es gibt daher drei Hauptgründe dafür, daß die Prognose bei vielen (aber nicht allen) Grenzfall-Strukturen ungünstig ist:

1. Konstitutionelle Ich-Defekte eignen sich nicht zur Therapie.
2. Ein frühes Trauma, das Entwicklungsschädigungen mit sich bringt, kann, je nach der Zeit und dem Ausmaß, irreversibel sein.
3. Eine nicht vollzogene Entwicklung wie die der ödipalen Position kann beim Erwachsenen schwer hergestellt werden. Andererseits kann die Identität, wenn sie auch in der Kindheit nicht erreicht worden ist, therapeutisch gefördert werden. Auch dies werden wir anhand des Falles Forrester näher erläutern.

Der Patient Howe ging eine befriedigende Ehe ein — in dem Sinne befriedigend, daß er ein besseres Selbst-Bild, eine festere Identität, weniger symbiotische Wünsche und damit auch weniger Angst hatte, von dem früher als aggressiv verstandenen weiblichen Genitale verschlungen und vernichtet zu werden. Wir können nicht beanspruchen, daß dies eine Heilung im psychoanalytischen Sinne darstellt. Theoretisch gesehen, war es eine tiefe strukturelle Veränderung. Für den Patienten bedeutete sie Selbst-Erfüllung, die Freude, seine psychische und biologische Identität zu erleben, und die Gelegenheit, Liebe zu geben und zu empfangen.

Wir haben gezeigt, daß Sexualprobleme bei einem intakten wie bei einem modifizierten Ich bestehen können. Jedoch sind sie bei der intakten Struktur wahrscheinlich symptomatisch für einen intersystemischen Konflikt und für unbewußte Phantasien. Sexuelle Abweichungen und Perversionen erscheinen wohl öfter beim modifizierten Ich und sind Faktoren geschädigter und unentwickelter Objektbeziehungen, inadäquater Geschlechtsidentität, Fixierung auf einer prägenitalen Phase der Psychosexualität und unvollständiger Differenzierung zwischen Selbst- und Objekt-Repräsentanzen. Wir haben hier nicht die vielen Formen des Sexualkontakts besprochen, die einen Teil der »sexuellen Revolution« ausmachen — wie Gruppen-Sex, Partner-Tausch und andere Praktiken, die sich wahrscheinlich mit wachsender Findigkeit zusammen mit der neuen »Freiheit« noch vermehren werden. Sie gehören in die allgemeine Kategorie der perversen Sexualität — d. h. des Ausagierens prägenitaler und prä-ödipaler Phantasien und Wünsche, die den Sexualapparat des Erwachsenen als Vehikel gebrauchen, aber im psychologischen Sinne nichts mit erwachsener Sexualität zu tun haben.

16

Die Interpretation

Die Interpretation hat schon immer eine einzigartige Stellung im technischen Repertoire eingenommen. In der psychoanalytischen Literatur werden Mittel wie die Klärung, die Befragung und Konfrontation als Hilfsmittel zur Interpretation betrachtet. Die Interpretation richtet sich an das Ich, jene psychische Instanz, die — in der therapeutischen Allianz — für den Therapeuten direkt ansprechbar ist. Sie stellt das Eindringen eines neuen Elements in ein vorhandenes Gleichgewicht dar, das durch die synthetische Funktion aufgerichtet worden war, verursacht damit ein vorübergehendes Ungleichgewicht und zwingt zu einer neuen Synthese, die dann die neu hinzugekommenen Züge umfaßt. Bei der Psychoanalyse ist die Interpretation nichts weiter als eine Feststellung des Vorbewußten, das sich aus dem assoziativen Material des Patienten ergibt. In diesem Sinne gibt die Interpretation nichts Neues. Diese Tatsache ist von vorrangiger Bedeutung beim Gebrauch der Interpretation in der Psychotherapie, da sie betont, daß die Rolle des Therapeuten nicht so sehr die eines Interpreten ist, sondern, in der Tat, die eines Helfers für den Patienten bei der Aufgabe, interpretierbares Material zu produzieren. Wenn wir auch zugeben müssen, daß sich der Ausdruck und das Konzept der Interpretation tief in die Literatur eingegraben haben und daher für die wissenschaftlichen Zwecke der Kommunikation weiter angewandt werden müssen, ziehen wir den weiter gefaßten Begriff der Intervention (oder Eingreifen) vor, um sowohl die Interpretation als auch ihre Hilfsmittel zu umfassen.

In der Literatur über Psychotherapie werden noch weitere Hilfsmittel beschrieben: Ermutigung, Unterstützung, Abreagieren, Überredung, Ermahnung, Konfrontation, Beratung und Manipulation. Einige davon möchten wir im nächsten Kapitel besprechen. Viele von ihnen sind durch die jüngsten theoretischen Entdeckungen aus der Mode gekommen, da sie in einer Periode ausgearbeitet wurden, bevor die psychoanalytische Entwicklungspsychologie eine theoretische Begründung für den Gebrauch differenzierterer Techniken geliefert hatte. Unter den wichtigsten Einflüssen auf die moderne Technik sind Greenacres Konzept des »Hüters der Autonomie« in der Übertragung und die Beiträge von Kris zu nennen:

1. der Vorschlag, daß sogar in der eigentlichen Psychoanalyse das Ziel nicht mehr das schnelle Aufdecken des Es-Inhalts ist, und

2. seine Beschreibung davon, wie das Ich in der »guten Stunde« funktioniert[1], wenn die Interpretation eine Funktion des Ichs des Patienten und nicht die der Therapie wird.

Die Interpretation in der Psychotherapie ist etwas anderes als die aus der Vorstellung des Therapeuten erwachsene Aussage oder Erklärung. Ihr Hauptziel ist die Förderung der gehemmten Entwicklung. Es-Interpretationen gehören zwar in die Psychotherapie, sollen aber, wenn möglich, für die späteren Stadien der Behandlung reserviert bleiben, wenn das Ich schon gestärkt ist. Manchmal ist solch ein Aufschub nicht möglich, da die beiden Strebungen nicht ausreichend neutralisiert sind und die Abwehr schwach ist. Nicht nur die Aggression, sondern auch lbidinöse Wünsche können zu früh ventiliert werden, selbst wenn sich der Therapeut noch sehr bemüht, sie vorläufig in der Schwebe zu halten. Geschieht das aber, so sollte man dem nicht ausweichen. So kann z. B. der Patient Angst vor dem sexuellen Kontakt mit dem Therapeuten ausdrücken oder sich ihn wünschen. Wenn der Therapeut gleichen Geschlechts ist, so scheint dies ein homosexuelles Verlangen zu sein. Es braucht aber nicht unbedingt so zu sein, ebensowenig, wie ähnliche Wünsche gegenüber einem Therapeuten vom anderen Geschlecht unbedingt heterosexuell sein müssen. Es hängt von der Übertragungsrolle ab, die dem Therapeuten zugeschoben wird, ob derartige Wünsche sich auf ein prä-ödipales Objekt richten, von dem mütterliche Befriedigung verlangt wird, oder auf ein echt ödipales. Um die Behandlung zu organisieren, kann man so anfangen: »Wir wissen ja nicht, ob Ihre Liebe zu mir wirklich homosexuell ist. Es kann sein, daß — soweit Sie einen Vater hatten — Sie ihn liebten. Die Tatsache, daß sexuelle Wünsche hier mit hineinspielen, macht aus Ihnen nicht unbedingt einen Homosexuellen.« Dies ist keine Ausflucht, verhindert nur Panik, während die diagnostischen Entscheidungen noch offenstehen und bevor das Ich stark genug ist, das Wissen von den Trieben zu ertragen, im Vertrauen darauf, daß es sie beherrschen kann. Hier kommt einem Freuds Analogie von dem Pferd und dem Reiter in den Sinn. Das Pferd (das Es) galoppiert mit dem Reiter (dem Ich) davon, wenn der Reiter ein Anfänger ist. Der Reiter beherrscht aber die Situation, wenn wir ihn gut reiten gelehrt haben. Nicht nur, daß die angedeutete partielle Interpretation für das Ich Zeit gewinnt, es ist auch die korrekte Interpretation auf dieser Ebene der Ich-Entwicklung, wenn auch die libidinöse Entwicklung weiter darüber hinaus gegangen ist. Wenn man mit der einfachen Interpretation der libidinösen Objekt-Besetzung anfängt, so reserviert dies den sexuellen Aspekt für eine geordnete Korrektur des Entwick-

---

[1] E. Kris, »On Some Vicissitudes of Insight in Psychoanalysis«.

lungschaos. Später, wenn das Ich stärker geworden ist, können die libidinösen Aspekte des Verhältnisses zum Vater richtiger als homosexuell angesehen und entsprechend behandelt werden.

Ein anderer Weg, um die Es-Interpretationen aufzuschieben, um Zeit für den Ich-Aufbau zu gewinnen, ist die Auswahl des Materials. Es kann einem gelingen, z. B. die aggressive Ventilation aufzuschieben, indem man sagt: »Wollen wir doch aber auch auf ein paar der anderen Dinge eingehen, die Sie heute gesagt haben.« Wie in dem Falle eines libidinösen Ausbruchs kann manchmal die Aggression nicht aufgeschoben werden, und dann muß man sagen: »Es tut Ihnen nicht gut, mich so anzuschreien, während Sie noch nicht imstande sind, zuzuhören und zu verstehen.« Hier versuchen wir ein beobachtendes Ich zu schaffen.

Im Jahre 1912, als Freud seine Arbeiten über die Technik veröffentlichte, dachte er, daß der prospektive Patient einer Versuchsanalyse unterworfen werden müsse, um festzustellen, ob sein Ich stark genug wäre, die psychoanalytische Prozedur zu ertragen. Damit meinte er, daß der Patient weggeschickt werden sollte, wenn sein Ich nicht imstande ist, Abstinenz und Es-Interpretation zu ertragen. Mit dem Heraufkommen der Ich-Psychologie ist es nicht mehr nötig, den Patienten wegzuschicken, dessen Ich zu zerbrechlich für eine strikte Psychoanalyse ist. Falls wir uns in der Diagnose geirrt oder noch keine Ich-Modifikationen entdeckt haben, die manchmal erst sehr spät in der Behandlung erkannt werden können, ist es nur nötig, den Brennpunkt der Interpretation so zu lagern, daß bei unseren interpretativen Bemühungen das Hauptgewicht auf den Ich-, nicht auf den Es-Inhalt gelegt wird. Eine solche technische Position vermindert die viel gefürchtete Gefahr, daß zu viel Aufdecken eine latente Psychose manifest werden lassen könnte, und erklärt, warum wir gesagt haben, daß es nicht nötig sei, den Patienten schnell von der Couch herunterzuholen, sobald sich Ich-Modifizierungen zu zeigen beginnen. Man kann einfach und sicher korrektive Interpretationen vornehmen, die die Dekompensation aufhalten.

Die Patientin Hollis war im zweiten Jahr einer klassischen Analyse, als einige Grenzfall-Erscheinungen hervortraten und die Abwehr anfing, dekompensierend zu wirken. Möglicherweise hätte der Analytiker die Ich-Modifikation schon früher diagnostizieren, weniger strenges Aufdecken des Es vornehmen und zuerst auf eine Stärkung des Ichs hinarbeiten können. Als die Grenzfall-Erscheinungen deutlich wurden, mußten Notstandsmaßnahmen ergriffen werden, um das Ich zu reparieren. Der Analytiker wurde auf die Gefahr durch einen Traum aufmerksam, in welchem sich jemand in einen Schwan verwandelte und wegflog. Dieser Traum legte Probleme der Objekt-Repräsentanzen nahe, die einen recht schwachen Halt an den Objekten als festumrissene Personen mit einer fortlaufenden Existenz zeigten. Anstatt weiter mit der Aufdeckungstechnik fortzufahren, wandte der Analytiker seine Aufmerksamkeit dem Verlust der Objekt-Kontinuität zu. Ich-Interpretationen ersetzten nun die des Es in der Richtung auf: »Sie fürchten, daß die Leute wegfliegen und nicht mehr vorhanden sein könnten.« Viele Variationen dieser Art der Interpretation waren notwendig, um dem Ich den Gedanken nahezulegen, daß Objekt-Repräsentanzen fixiert und permanent werden können. Dies war eine Ich-Interpretierung für ich-aufbauende Zwecke. Während dieser ganzen Phase der Behandlung blieb die Patientin auf der Couch, und als die Selbst- und die Objekt-Kontinuität gesicherter wurden, konnten die Es-Interpretationen wieder ohne Gefahr aufgenommen werden. Es muß noch bemerkt werden, daß bei dieser Art der Pathologie die Interpretation der Sexualsymbolik des Fliegens unrichtig und verfrüht gewesen wäre. Ferner kann die Entlassung des Patienten an sich traumatisch wirken. Als wir noch nichts anderes zu tun wußten, war es vielleicht von Freud human genug, solch eine Entscheidung innerhalb von zwei Wochen zu treffen, d. h. bevor die Übertragung fest etabliert war und bevor der Patient Arbeit und Hoffnung in die Heilung investiert hatte. Wir haben unglückliche Fälle von Entlassung aus der Behandlung nach vielen Jahren der Analyse gesehen, bei denen erklärt wurde: »Sie sind eben nicht für die Analyse geeignet.« So etwas ist bei dem heutigen Stande der ich-psychologischen Theorie ein rigider, gefühlloser und unnötiger Schritt. Jetzt kann in der Technik von der Aufdeckung zum Ich-Aufbau übergeleitet werden.

Die Interpretation sollte auf dem höchsten Entwicklungsnivau, das erreicht worden ist, stattfinden, um es zu unterstützen, in bezug auf die Abwehr und den Widerstand, wenn diese in einem Grenzfall-Ich vorhanden sind, das für eine Abwehrfunktion stark genug ist, in bezug auf die adaptiven Funktionen, den Affekt und die präverbale Erfahrung. Ich-Interpretationen sind gewöhnlich dazu bestimmt, dem Patienten zu helfen, seine Schädigungen zu verstehen, so daß er von da aus weiterwachsen kann. Sie sind analog zu — aber keineswegs dasselbe wie — Es-Interpretationen, die sich mit einem »Derivat« befassen, um den unbewußten Wunsch und den Punkt der Fixierung oder Regression festzustellen. Sie bringen ähnliche therapeutische Ergebnisse, nämlich die, daß der am besten entwickelte Aspekt des Ichs die Interpretation assimiliert und synthetisiert. Sie unterscheiden sich im Inhalt und in der wichtigen Tatsache, daß bei der Psychotherapie gerade die Fähigkeit zur Synthetisierung manchmal unterstützt werden muß. Wie das vor sich geht, wird weiter unten an dem Fall der Patientin Keller gezeigt werden.

Etwas anderes, das auch im Zusammenhang mit der technischen Entscheidung über die Interpretation in Betracht gezogen werden muß, ist, ob die Situation eine Interpretation der Übertragung, also eine genetische Interpretation, erfordert, oder ob der Therapeut als das Primärobjekt benötigt wird (in welchem Falle die therapeutische Beziehung vor der Interpretation Vorrang hat). Wenn möglich, muß die Wiederbelebung der Vergangenheit in der Übertragung zuerst einmal interpretiert und später auf das Genetische zurückgeführt werden. Dies haben wir im Falle der Patientin Ellsworth gezeigt. Es stellt die gewöhnliche geordnete Sequenz der Interpretation in der Psychotherapie dar und ähnelt sehr stark der psychoanalytischen Technik der Interpretation. Jedoch, wo die Objekt-Besetzung für die Übertragung dürftig ist, kann der psychotherapeutische Weg nicht der der Interpretation sein und sicherlich nicht der der Übertragungsinterpretation, sondern er muß ein Objekt für die Strukturierung liefern. Dies bezieht sich hauptsächlich auf die Psychose oder auf Grenzfall-Strukturen nahe der Psychose. Eine Äußerung wie »Nachdem Sie auf Urlaub gegangen waren, konnte ich morgens nicht mehr aufstehen«, sagt uns, daß das Objekt verlorengegangen ist. Übertragungsdeutungen und genetische Interpretationen sind hier noch nicht am Platze. Die Objektwelt muß zuerst wiederhergestellt werden. »Jetzt, wo Sie mich wieder sehen, werden Sie sich besser fühlen«, ist ein Versuch, das verlorene Objekt wiederherzustellen. Dies erscheint wie eine einfache Beruhigung, ist aber viel subtiler als diese, wenn im diagnostischen Sinne richtig angewandt.

Der Stil der Interpretation, den wir vorziehen, ist der tentative. Sie sollte, wenn immer nur möglich, in der Frageform gemacht werden. So vermeidet man, allwissend zu erscheinen, und wahrt man sogar manchmal das Gesicht, wenn eine deutlich definitive Interpretation sich als unrichtig herausstellt. Interpretationen, die mit einem »Denken Sie nicht, daß ...« oder »Ist es nicht möglich, daß ...« anfangen, geben dem Patienten Raum zum Denken, zu widersprechen, Interpretationen zu korrigieren oder zu verbessern, die nicht ganz zutreffen. Wenn man dem Patienten Gelegenheit bietet, sich an dem interpretativen Prozeß zu beteiligen, so stellt dies auch ein »ich-erweiterndes« Mittel dar. Methodisch wird die Interpretation am besten in Stufen vorgenommen und, indem man, wie schon gesagt, davon dem Patienten soviel wie möglich überläßt. Immer muß der Therapeut aber dasein, um ihm auf dem interpretativen Wege zu helfen. Wir möchten im folgenden illustrieren, wie so eine Interpretation Schritt für Schritt vor sich geht.

Die Patientin Keller kam wegen übermäßiger Besorgnis um ihr Aussehen zur Behandlung. In Wirklichkeit sah sie ganz gut aus. Ihre Überbesorgtheit um ihr Haar, ihre Haut, ihre Figur machte den Therapeuten auf zwei Ebenen miteinander zusammenhängender Ursachen für solch eine übertriebene Besorgnis aufmerksam. Die eher klassische Hypothese ist die, daß die Sorge um ihr Aussehen auf ihr »kastriertes« weibliches Selbst hinweist. Wir erinnern uns hier an Jacobsons Bemerkung, die besagt, daß das Mädchen im Moment des »Kastrationsschocks« zuerst mit Verleugnung und dann mit einer Übertragung des Narzißmus auf den ganzen Körper reagiert, als Substitut für das »beschädigte« Genitale. Die Verbalisierung, die sie vorbrachte, schien zu zeigen, daß ihre Probleme ausschließlich auf der phallischen Ebene lagen. Der entwicklungspsychologisch orientierte Therapeut wird dann denken, daß außer den unbewußten Gefühlen, kastriert zu sein, die vorliegenden Probleme auch ein falsches Körperbild umfassen, dessen Ätiologie der phallischen Phase vorausgeht. Dies war hier wirklich der Fall, weil — wenn die Patientin auch eine recht unverzerrte Ich-Struktur zeigte — ein Brüderchen geboren worden war, als sie 18 Monate alt war. Wenn ein aufmerksames Kleinkind die andere Anatomie eines Brüderchens bemerkt, so resultiert das in diesem Entwicklungsstadium nicht in einem Kastrationsschock auf dem phallischen Nivau, da dieses noch nicht erreicht worden ist. Es führte bei der Patientin zu einem persistenten Glauben an ein fehlerhaftes Körperbild, da das Brüderchen in einer Phase ankam, als das Körper-Selbst für das kleine Kind, das in zunehmendem Maße seine Ich- und Körperbegrenzungen bemerkte, von großem Interesse war.

Wir haben die Formulierungen, die der Therapeut im Geiste macht, als *Hypothesen* bezeichnet, da er nicht die korrekte Interpretation, die Schritt für Schritt auf das Ziel der letzten Interpretation hin gemacht wird, ohne die dauernde Hilfe und Bestätigung des Patienten kennen kann. Sogar wenn die Interpretation abgeschlossen ist, sollte man doch bemerken, daß das Durcharbeiten dieselbe Angelegenheit von den verschiedensten Gesichtswinkeln aus wieder in den Blickpunkt bringen wird. Die Technik bei dieser Art der Behandlung erfordert — wenn sie therapeutisch nützlich sein soll —, daß der Therapeut nicht übereilt handelt. Er formuliert eine komplette hypothetische Interpretation, die er aber zu ändern oder beiseite zu legen bereit ist, wenn die Reaktion des Patienten sie nicht bestätigt und zu neuen Hypothesen führt.

In diesem Falle war die Hypothese: »Als Sie ein Baby waren und sich mit Ihrem Bruder verglichen, dachten Sie, daß Sie beschädigt seien. Diese Vorstellung schien im Laufe der Zeit dadurch bestätigt zu werden, daß Sie, als Sie aufwuchsen, andere Menschen sahen, die anders aussahen als Sie. Sie schritten in Ihrer Entwicklung bis zu dem Punkte fort, an dem jedes Mädchen lieber das haben möchte, was der Junge hat. Ihr nächster

Entwicklungsschritt wurde durch diese Furcht behindert, daß Ihr Körper nicht in Ordnung sei. Wir haben hier das doppelschichtige Gefühl, körperlich unzureichend zu sein, vor uns, das eine dauernde Besorgnis um Ihr Aussehen zur Folge hatte.« Wie wir noch sehen werden, war diese Hypothese fast, aber nicht ganz korrekt. Und man kann auch von einem Patienten nicht erwarten, daß er die Totalität einer solchen Interpretation versteht, akzeptiert, resorbiert und synthetisiert. In der Tat sagte diese Patientin, nachdem zwei Jahre lang an der partiellen Interpretation gearbeitet worden war: »Hätten Sie mir all das gesagt, als ich zuerst zu Ihnen kam, hätte ich gedacht, Sie sind verrückt.« Um zu illustrieren, wie die Interpretation von der Oberfläche zu immer tieferen Schichten vordringt, möchten wir hier den zweijährigen Dialog in kondensierter Form wiedergeben. Er war natürlich mit anderen Themen durchsetzt, die wir hier nicht einführen wollen. Der Therapeut war eine Frau.

Patientin: »Heute habe ich das Gefühl, daß ich einen Hautarzt wegen meiner Haut konsultieren sollte.«

Therapeutin: »Sie denken dauernd an Ihr Aussehen, da Sie nicht sicher sind, daß Ihr Körper immer so ist, wie er sein müßte.«

Hier ist die Absicht, eine Reihe von Interpretationen zu beginnen, die die phallische nicht ausschließen, aber weit genug gefaßt sind, um Gefühle über das grundlegendere Thema des Körperbildes auf der Entwicklungsebene einzuschließen, die der phallischen vorausgeht.

Patientin: »Manchmal denke ich, daß ich besser aussehe als zu anderen Zeiten.«

Therapeutin: »Sie sind nicht immer sicher, daß Ihr Körper derselbe ist.«

Patientin: »Als ich ein Kind war, wußte ich nicht viel über meinen Körper.«

Therapeutin: »Wo lag dann Ihre Neugier?«

Zum einen wurde diese Bemerkung gemacht, um jetzt ihre Neugier herauszufordern, zum anderen, um historisches Material heraufzubringen. So erfuhr also die Therapeutin, daß kein Versuch zur Masturbation vorgelegen hatte. Dies unterstützt die diagnostische Hypothese, daß die phallische Phase nicht richtig erreicht worden war. Spitz betrachtet diese phallische Aktivität als einen notwendigen Schritt, um Unabhängigkeit vom Primärobjekt zu erlangen. In einer weiteren Untersuchung hat Escalona gezeigt, wie prä-phallische Selbst-Exploration das Körperbild sichern hilft.

Patientin: »Ich habe immer das Gefühl, daß etwas mit mir nicht in Ordnung ist.«

Dies ist eine klassische phallische Feststellung. Die Therapeutin zog es aber vor, langsam darauf zuzugehen, in dem Glauben, daß noch mehr prä-phallisches Material interpretiert werden müsse, um die Patientin sicher auf die phallische Ebene zu bringen.

Therapeutin: »Glauben Sie, daß Sie bemerkt haben, wie sich der Körper Ihrer Mutter in der Schwangerschaft verändert hat?«

Patientin: »Ich muß wohl, aber ich erinnere mich nicht daran.«

Hier arbeitet die Verdrängung.

Therapeutin: »Sie machen sich aber oft Sorgen, daß Sie zunehmen könnten.«

Patientin: »Letzte Nacht träumte ich, daß ich eine Auslandsreise machte. Sie waren der Reiseleiter. Sie teilten uns in zwei Gruppen — die erfahrenen und die unerfahrenen Reisenden. Sie teilten alle Männer der besseren Gruppe zu.«

Therapeutin: »Sie glauben, daß ich Männer höher schätze?«

Patientin: »Ja, Männer werden immer mehr bewundert.«

Therapeutin: »Sie haben mehr, was man ansehen kann.«

Wenn ein Traum vorgebracht wird, nachdem ein Eingreifen stattgefunden hat, so ist er in der Zeit und im Inhalt richtig. Aber dieser Traum lag eher auf der phallischen als auf der Ebene des Körperbildes. Die Therapeutin wollte den interpretativen Prozeß verlangsamen, um zuerst an die tiefere Entwicklungsebene zu gelangen. Wenn sich das Körperbild verbessert, wird die Patientin imstande sein, ihre phallischen Probleme sicherer zu lösen. Die Therapeutin wollte hier zur Kondensation im Primärprozeß führen: zur Kondensation der Beobachtung des vergrößerten schwangeren Körpers der Mutter mit dem Penis des Bruders und möglicherweise auch dem des Vaters. Man vergleiche diese Art des Eingreifens mit den vielleicht richtigen, aber verfrühten phallischen Interpretationen, bei denen der Therapeut vielleicht dasselbe Wort — »bewundert« — angewandt und dann zum Patienten gesagt hätte: »Sie möchten einen Penis haben, um ihn zu zeigen.« Dies würde in der Tat den Exhibitionismus interpretieren, hätte aber die folgenden drei Nachteile:

1. Es hätte das prä-phallische Trauma der Schwangerschaft der Mutter, der Körperveränderungen und der Geburt des Bruders, das die Trennungs-Individuations-Phase unterbrach, nicht mit erfaßt.

2. In diese Worte gekleidet, würde es vom Über-Ich als eine Anschuldigung empfunden werden.

3. Dies würde seinerseits die therapeutische Allianz zerstören. Der Therapeut würde nicht, wie Sharpe anrät, mit dem Patienten mitgehen.

Der Entschluß, langsamer und vorsichtiger vorzugehen, wurde durch eine doppelte Betrachtungsweise bestimmt: 1. sich davor zu hüten, so weit zu gehen, daß der Patient nicht mehr Schritt für Schritt folgen kann, und so die Arbeitsallianz aufrechtzuerhalten; 2. sich bei jedem Schritt nach Bestätigung durch das Ich des Patienten umzusehen, womit man den narzißtischen Genuß an der eigenen Fähigkeit, eine Interpretation zu formulieren, vermeidet, also auch das Risiko, daß sie, wenn falsch, ungeprüft bleibt und unkorrigiert, wenn sie etwas schief ist. Die Schritte, die wir vorschlagen, unterstützen die synthetische Funktion, indem sie Gelegenheit zur allmählichen Resorption liefern ... Beim letzten Eingreifen wurde das Wort »bewundert« zu den erweiterten skoptophilen Aspekten des »Ansehens« verändert.

Patientin: »Oh, Sie meinen einen Penis.«

Wenn die Patientin zu ihren eigenen Assoziationen sagt: »Sie meinen«, so ist das eine Projektion, die ihre letzte Abwehr dagegen darstellt, daß der Gedanke ins Bewußtsein dringt. Hier war es von Vorteil gewesen, daß die Therapeutin eine solche Interpretation nicht gewagt hatte, da die Abwehrlage so war, daß die Patientin das hätte verneinen müssen.

Patientin (in einer späteren Sitzung): »Ich habe geträumt, daß ich mit einer Gruppe neu angekommener Immigranten zu tun hätte. Ich möchte wissen, warum wohl.«

Wenn ein Patient »warum« fragt, macht er seine eigene therapeutische Arbeit gut.

Therapeutin: »Was denken Sie selbst darüber?«

Patientin: »Sie sind eine unterprivilegierte Minorität.«

Therapeutin: »Empfinden Sie sich als Angehörige einer unterprivilegierten Minorität?«

Dies ist eine Interpretation in Form einer Frage.

Patientin: »Ja, natürlich, alle Frauen sind das.«

Hier begann sie eine soziologische Diskussion über die mindere Rolle der Frau in der Gesellschaft. Obwohl viel von dem, was sie sagte, zutrifft, so war es doch kein therapeutisches Problem, und so überließ die Therapeutin die sozialen, politischen und wirtschaftlichen Probleme den Fachleuten auf diesem Gebiet zur Lösung.

Therapeutin: »Meinen Sie, dies erklärt, warum Sie fühlen, daß mit Ihrem Körper irgend etwas nicht in Ordnung sei?«

Patientin: »Wissen Sie, ich fühle mich immer so unterlegen. Ich möchte gerne schwanger werden, dann würde ich etwas haben.«

Therapeutin: »Etwas, das die anderen haben?«

Patientin: »Es muß eine Zeit gegeben haben, als meine Mutter schwanger war. Mein Vater hatte seinen Penis, und da kam mein Bruder an. Sie alle hatten etwas.«

Therapeutin: »Jetzt haben Sie Angst, an Gewicht zuzunehmen?«

Dies ist eine Interpretation der Abwehr gegen den Wunsch nach Schwangerschaft.

Patientin: »Ach, vielleicht möchte ich etwas mir Hinzugefügtes haben.«
Sie erkennt den Wunsch nach einem Baby-Penis an.

Therapeutin: »Würden Sie dann besser aussehen?«

Patientin: »Ich wäre dann ebenso gut wie jeder andere.«

Therapeutin: »Sie fühlen, daß Sie so, wie Sie sind, nicht gut genug sind?«
Das *»wie Sie sind«* wird hier betont, da die Therapeutin anfängt, das Körperbild aufzubauen, jetzt, wo die Patientin etwas von den genetischen Zügen ihres geschädigten Selbstbildes und ihrer geschädigten Selbst-Achtung versteht.

Patientin: »Ich habe immer so gefühlt. Wird es jemals besser werden?«

Therapeutin: »Als Sie achtzehn Monate alt waren, entstanden bei Ihnen diese schrecklichen Gefühle der Unvollkommenheit, und zwar durch die Tatsache, daß Ihre Mutter das Baby im Arm hielt, während Sie nebenherlaufen mußten.«
Hier führt die Therapeutin den Verlust der symbiotischen Körpernähe ein, der die prä-phallische Grundlage für den phallischen Wunsch darstellt.

Patientin: »Es ist ein schreckliches Gefühl, unvollkommen zu sein.«
Die Patientin fühlt sich auf der präverbalen Ebene verstanden.

Therapeutin: »Und so war die Lösung, die Ihnen einfiel, die, sich einen zusätzlichen Körperteil zu verschaffen. Dann würden Sie sich so gut fühlen wie damals, als Ihre Mutter Sie an sich drückte. Sie würden sich komplett fühlen.«

Patientin (in einer späteren Sitzung): »Ich bin nicht mehr so besorgt. Ich war gestern abend auf einer Party, und ich glaube, ich habe sehr gut ausgesehen.«

Therapeutin: »Sie fangen an zu verstehen, daß Ihre Gefühle über Ihr Aussehen sich auf Überzeugungen aufbauten, zu denen Sie als Baby gelangt waren, und diese haben Sie lange Zeit unglücklich gemacht.«
Es war nun möglich, damit anzufangen, das verzerrte Körperbild zu korrigieren, indem gezeigt wurde, daß es sich auf Gefühle und Urteile eines 18 Monate alten Kindes stützte.

Patientin: »Ich möchte immer noch das haben, was jeder andere hat; Sie scheinen alles zu haben.«

Therapeutin: »Was bedeutet ›alles‹?«

Patientin: »Nun, Ihre Stellung, Ihre Karriere.«
Hier fährt sie fort, sich über die wirklichen und phantasierten Leistungen der Therapeutin auszulassen.

Therapeutin: »Wie habe ich denn das alles bekommen?«

Patientin: »Vielleicht hat Ihre Mutter Ihnen einen Penis gegeben.«
Das Problem liegt jetzt mehr auf der phallischen Ebene.

Therapeutin: »Wie denn?«

Patientin: »Sie fütterte Sie mehr.«

Therapeutin: »Glauben Sie, daß Sie Ihre Mutter dabei beobachtet haben, wie sie Ihrem Bruder die Brust gab?«

Patientin (ganz aufgeregt): »Ja, ja, so, dachte ich, hat er ihn bekommen!«

Therapeutin: »Warum haben Sie ihn dann nicht auf diese Weise bekommen?«

Patientin: »Sie liebte ihn mehr als mich.«

Therapeutin: »Und jetzt fangen wir an, eine Ahnung zu bekommen, wie Ihre Gefühle über Ihren Körper und darüber, nicht genug geliebt worden zu sein, miteinander verwoben sind.«

Patientin: »Noch jetzt bin ich schrecklich eifersüchtig, wenn mein Vater meinem Bruder mehr Geld gibt als mir.«

Der Vater ist reich und macht allen seinen drei Kindern von Zeit zu Zeit große Geschenke. Die Reaktion der Patientin berührt die genetische Erfahrung der Enttäuschung an der Mutter, die ein Mädchen dazu bringt, sich in die heterosexuelle Richtung zu wenden.

Therapeutin: »Und so denken Sie also, ich hätte mehr als Sie, zuerst von meiner Mutter und dann von meinem Vater?«

Dies ist eine synthetisierende partielle Interpretation. Man vermeidet auf diese Weise, einen Vortrag darüber zu halten, wie man mit harter Arbeit etwas erreicht, aber man hat es doch angedeutet.

Patientin: »Ich würde gerne meine Studien wieder aufnehmen, um meinen Magister zu machen.«

Diese stark zusammengezogene Darstellung zeigt, wie partielle Interpretation einen Patienten mit schwachem Körperbild auf eine höhere Ebene bringt, indem man sich dicht an seine Reaktionen hält. Niemals darf der Therapeut durch ein brillantes (exhibitionistisches) Theater zu weit über den Patienten hinaus gehen. In diesem Falle, wie in vielen anderen, hätte dies den zusätzlichen Nachteil gehabt, den Glauben der Patientin an die magische, phallische Überlegenheit der Therapeutin zu festigen und dadurch den Abstand bis zu einem Punkte zu vergrößern, an dem sie sich außerstande fühlen würde, mitzukommen. Das Potential der Patientin, mehr zu erreichen, tauchte auf, als sie aus der passiven Modalität (das Baby, dem man etwas geben muß) in die aktive hinüberwechselte (eine erwachsene Frau, die arbeiten möchte, um entsprechend ihrem Potential zu leben).

In der Form einer Zeichnung kann man sich eine schrittweise Interpretation als eine Pyramide vorstellen. Die komplette Interpretation ist die Grundlage, von der der Therapeut versuchsweise ausgeht. Im Gegensatz zum Ingenieur baut der Therapeut von der Spitze aus abwärts. Mit jeder Reaktion des Patienten kommt die nächste partielle, etwas verbreiterte Interpretation (oft in Form einer Frage, die den Patienten vorwärtstreibt). Die Struktur ist vollendet, wenn die Basis-Interpretation in Zusammenarbeit von Therapeut und Patient erreicht ist.

Wir haben schon erwähnt, daß das, was in der Interpretation von Freud als »Takt« bezeichnet wurde, mit dem Zeitfaktor[2] zusammenhängt. Bei der Psychotherapie mag das Auffinden des richtigen Zeitpunktes noch schwerer zu erlernen sein als bei der Psychoanalyse, weil das schwächere Ich mehr Nachsicht verlangt und auch kleinere Dosen als das andere, das psychoanalytisch arbeiten kann. Wir lehren unsere Studenten, den Patienten weiterzudrängen, von einem kleinen Schritt zum anderen. Den richtigen Zeitpunkt zu treffen, ist oft eine Angelegenheit des Abwartens — sogar, wenn wir denken, daß wir eine gute Idee haben —, bis der Patient von selbst darauf kommt. Man fragt den Patienten, was sein Material wohl bedeuten kann. Typischerweise sagt er dann: »Ich weiß nicht.« Der Therapeut sagt: »Versuchen Sie es.« Diese Technik, die einfach, aber für den Ich-Aufbau wirksam ist, mag das sein, was Knight unter »Ermutigung« verstand. Den Patienten vorwärtszudrängen, scheint uns mehr als Ermutigung zu sein. Es stellt eine ganz leise Weigerung dar, die therapeutische Arbeit an seiner Stelle zu leisten, so daß er Vertrauen in seine eigene Fähigkeit bekommt, anstatt in der Bewunderung eines brillanten Therapeuten fixiert zu bleiben, der Interpretationen vornimmt, die er, der Patient, nie hätte machen können.

Der folgende Fall illustriert einige ich-aufbauende Eingriffe bei einer Grenzfall-Struktur in einem Zustand nahe der Dekompensation. Hier lag die Gefahr in der Macht, die von den Über-Ich-Komponenten ausgeübt wurden. Sie waren so aggressiv gefärbt, daß das Ich keinen barmherzigen Verbündeten in der intersystemischen Beziehung hatte, und die intrasystemische Anordnung war nicht ausreichend für wirksame Abwehrfunktionen.

Die Patientin war eine attraktive Frau Mitte zwanzig, eine erfolgreiche Schauspielerin. Als sie das elterliche Haus verließ, hatte sie zwar schwere Trennungsangst, die sie aber überwand. Sie bekam wieder schwere Angstzustände, als sie aus einer kleinen Wohnung in eine größere übersiedelte, die sie mit einem Liebhaber teilte. In ihrer Einzimmerwohnung hatte sie sich intakter gefühlt als in einer, die zu groß erschien, um ihre Furcht vor Expansion und Verlust ihrer Grenzen zu beherrschen. Sie glaubte, die Kontrolle über sich selbst zu verlieren. Daß sie eine heterosexuelle Beziehung von einiger Dauer und Verpflichtung einging,

---

[2] S. Freud, *Über »wilde« Psychoanalyse.*

schien auch zu ihrer Angst beizutragen, d. h. ihrer Angst vor dem Verlust der symbiotischen Bindung an die prä-ödipale Mutter. Symptome, charakteristisch für die Verteidigung der letzten Grenzlinie, die die Psychose aufhalten sollte, wurden deutlich, besonders Zwangsmechanismen und die intensive Beschäftigung mit ihrem Körpergewicht. Obgleich sie in Wirklichkeit recht schlank war, hielt sie eine strenge Diät mit dem Ziel, gar keine Substanz mehr zu haben und verschwinden zu können. Dies war ein quälender, aber auch erschreckender Gedanke, der den Wunsch nach einem symbiotischen Zusammenfließen mit gleichzeitiger Furcht vor dem Verlust der Identität darstellte. Ihr Erfolg als Schauspielerin bestand darin, daß sie sich in die Identität der Rolle verlor, oft mit der Schwierigkeit, nach der Vorstellung ihre eigene Identität wiederzufinden. Die ersten Interventionen waren dazu bestimmt, die wankende Abwehrfunktion aufrechtzuerhalten.

Patientin: »Ich kann nicht aufhören, an mein Gewicht zu denken. Ich bin immer so in Sorge, daß ich zunehmen könnte, aber ich habe doch Süßigkeiten so gerne und kann manchmal nicht widerstehen.«

Therapeut: »Aber Ihre Beschäftigung mit sich selbst hilft Ihnen, sich mehr beieinander zu fühlen.«

Bei der nächsten Sitzung fühlte sich die Patientin besser; aber zehn Minuten, bevor die Zeit um war, stand sie auf, um wegzugehen. Dies war das drittemal, daß sie früher wegging.

Therapeut: »Ich habe bemerkt, daß Sie dazu neigen, die Sitzung abzubrechen, bevor die Zeit um ist.«

Patientin: »Das kommt daher, weil ich müde bin.«

Therapeut: »Gibt es möglicherweise noch einen anderen Grund?«

Patientin: »Ich habe es nicht gern, daß Sie mir sagen, die Sitzung sei zu Ende.«

Therapeut: »Was ist das für ein Gefühl?«

Patientin: »So, als ob Sie mich nicht mehr haben wollten.«

Therapeut: »So gehen Sie also früher weg, damit Sie nicht das Gefühl haben, daß ich Sie verlasse. Selber zu bestimmen, macht es leichter erträglich, nicht wahr?«

Patientin: »Ja, dann sitze ich nicht da und warte hilflos darauf, daß es passiert. Man sagte mir, daß mein Vater (der 60 Jahre alt war, als die Patientin geboren wurde) so alt war, daß er jeden Tag sterben könnte. Ich konnte diese Spannung nicht ertragen und wünschte, es wäre schon alles vorbei.«

Bei der nächsten Sitzung berichtete die Patientin wieder über Gefühle der Entpersönlichung, was früher recht häufig vorgekommen war.

Therapeut: »Es fällt Ihnen schwer, sich vorzustellen, daß Sie die ganze

Zeit über dieselbe Person sind. Wenn Sie Angst bekommen, müssen Sie aus sich selbst heraustreten.«

Patientin: »Ich kann es nicht ganz glauben. Ich fühle mich weit weg.«

Therapeut: »Ist das darauf zurückzuführen, was ich gesagt habe?«

Patientin: »Die einzigen Worte, die mir einfallen, sind ›Vater-Mörderin‹. Ich möchte nicht ich sein. (Sie fängt an zu schluchzen.) Wenn ich ich bin, dann bin ich eine Mörderin.«

Therapeut: »Sie möchten von der Spannung befreit werden, Ihren Vater zu töten.«

Patientin: »Ich kann niemals wirklich glücklich sein, wenn ich ich selbst bin. Deshalb spiele ich gerne Rollen. Ich trete aus mir heraus, aber manchmal ist es schwer, wieder zurückzufinden.«

Therapeut: »Sie würden schon zurückfinden, wenn Sie sich selbst lieber hätten.«

Patientin: »Wie kann ich mich selbst gern haben, wenn ich doch meinen Vater getötet habe?«

Therapeut: »Sie sind ungerecht gegen sich selbst. Es gab Zeiten, in denen Sie böse auf ihn waren. Dann wollten Sie davon befreit sein, die ganze Zeit wie auf Eiern gehen zu müssen, damit er nicht stürbe. Sie wollten die Ungewißheit loswerden. Diese Gedanken haben ihn aber nicht getötet. Er starb an natürlichen Ursachen.«

Patientin: »Ich habe das Gefühl, als ob ich es getan hätte.«

Therapeut: »Manchmal haben Sie das Gefühl, daß Sie die Lage besser beherrschen, wenn Sie denken, Ihre Wünsche können Taten vollbringen. Aber der Preis, den Sie dafür zahlen, sich so allmächtig zu fühlen, ist der, daß Sie darunter leiden, sich bestrafen zu müssen.«

Patientin: »Es wäre noch schlimmer, wenn ich die Kontrolle über mich selbst verlieren würde.«

Therapeut: »Ja, so kommt es Ihnen vor. Darum kommt Ihnen Ihre Wohnung zu groß vor. Sie fühlen sich besser, wenn Sie mehr eingeengt sind.«

Patientin: »Wie im Gefängnis.«

Therapeut: »Vielleicht. Ich denke aber, es ist mehr so, daß Sie möchten, daß jemand Sie überwachen sollte, so daß Sie nichts Erschreckendes denken oder wünschen können.«

Patientin: »Okay. So ist das. Ich brauche jemanden, der mir sagt, was ich tun soll. Dann werde ich nie einen Fehler machen.«

Therapeut: »Und der Weg dazu, so jemanden zu bekommen, ist der, sich selbst zu verlieren. Möchten Sie aus *diesem* Grunde so mager sein, daß Sie dahinschwinden?«

Patientin: »Ja, ich denke schon. Auf diese Weise würde ich ein Teil von jemand anders sein. Ich würde mich nicht darum zu sorgen haben, ich selbst zu sein.«

Therapeut: »Es ist so schwer für Sie, weil Sie nicht das Gefühl haben, daß irgend jemand auf Ihrer Seite steht. Aber als Sie ein Baby waren, muß es eine Zeit gegeben haben, wo Sie sich wohl gefühlt haben. Sie fühlten, daß Sie ein Teil von jemandem waren, der für Sie sorgte.«

Patientin (nachdenklich): »Oh, ja, meine Mutter hielt mich im Arm, und es war ein gutes Gefühl, nicht denken zu müssen, daß ich noch ich selbst war.«

Therapeut: »Weil Sie niemals fühlten, daß Sie selbst etwas taugten.«

Patientin: »Ja, ich möchte dieses gute Gefühl wiederhaben. Ich habe es auf der Bühne, wenn ich jemand anders bin oder wenigstens fühle, ein Teil jenes Charakters zu sein.«

Therapeut: »Wir müssen daran arbeiten, Ihnen dieses gute Gefühl zu geben, während Sie Sie selbst sind.«

Patientin: »Wenn wir das nur könnten.«

Hier hatte die Patientin also verstanden, wie ihre unneutralisierte Aggression die Entwicklung über die Symbiose hinaus verhindert hatte. Wahrscheinlich reichte die symbiotische Phase nicht aus, um den ruhigen Erwerb einer Identität herbeizuführen. Man kann sich vorstellen, daß sie zu früh vor die Aufgabe gestellt wurde, mit aggressiven Wünschen fertigzuwerden. In dem Versuch, diese zu beherrschen, mußte sie strengste Über-Ich-Komponenten anstelle der Neutralisierung organisieren. Der Therapeut führte sie nun auf die Möglichkeit des Erwerbs gutartiger Selbst- und Objekt-Repräsentanzen hin, die die strengen Über-Ich-Komponenten ersetzen sollten[3].

Wir schließen dieses Kapitel mit der Beschreibung ab, wie die Interpretation in der entscheidenden Phase der Behandlung ausgeführt wird, wenn der Patient mit einer Grenzfall-Struktur zum erstenmal anfängt, Identität zu erleben.

Der Patient Forrester war zwei Jahre lang in intensiver psychotherapeutischer Behandlung gewesen. Worüber er klagte, war, daß er nicht imstande sei, soziale, besonders heterosexuelle Beziehungen aufrechtzuerhalten. Er wollte gerne heiraten, fürchtete sich aber vor Frauen, wenn sich heterosexuelle Gelegenheiten boten. Diagnostisch deutet diese Auskunft einen ungelösten Ödipuskonflikt an. Seine Geschichte könnte sogar solch eine Hypothese bestätigen. Er war das einzige Kind von Eltern, die spät geheiratet hatten. Sein Vater starb, als er zehn Monate alt war, und er lebte allein mit einer einsamen, wahrscheinlich depressiven, posses-

---

[3] Material von Dr. Edith Ross zur Verfügung gestellt.

siven Mutter in einer parasitären Symbiose. Von seinem zwanzigsten bis zu seinem fünfunddreißigsten Jahre hatte er mehrere mißlungene Therapieversuche gemacht. Dann fing er eine neue Therapie an. Einer seiner früheren Therapeuten hatte darauf bestanden, daß er von der Mutter wegziehen sollte. Er tat es, als er 30 Jahre alt war, dem Wunsche des Therapeuten folgend, aber es schmerzte ihn so, daß er daraufhin weitere Behandlung brauchte. Seinem letzten Therapeuten illustrierte das mit dramatischer Klarheit Mahlers Definition der Trennung als des psychischen Erlebens der eigenen Separatheit und nicht der physischen Trennung. Er lebte jetzt von der Mutter getrennt, aber psychologisch blieb er ein Teil von ihr.

Wir lassen hier die Beschreibung der Zwischenstadien der Behandlung aus, da die therapeutischen Maßnahmen ähnlich wie die sind, die schon bei anderen Fällen beschrieben wurden — die Feststellung der Entwicklungsschädigung durch die übermäßig verzärtelnde Symbiose, Ermutigung zur Ich-Bildung, Selbst-Interpretation, Neutralisierung der Triebe.

Das Folgende, ein Kondensat des Inhalts von etwa zwölf Sitzungen, illustriert den Prozeß, durch den die Identität erlebt zu werden beginnt.

Patient: »Heute fühle ich mich so, als ob ich alle Menschen hasse, besonders alle Frauen. (Pause.) Sie scheinen niemals etwas dagegen zu haben, wenn ich das sage. (Pause.) Sie sind mir aber wirklich gefühllos. Ich bin traurig. Warum sagen Sie nichts?«

Therapeutin: »Ich werde schon. Es macht mir nichts aus, wenn Sie sagen, was Sie fühlen.«

Die Therapeutin reagiert auf diese Bitte, sich zu äußern, entgegen der psychoanalytischen Technik. Bei der Psychoanalyse kann das intakte Ich Mangel an Reaktionsbereitschaft zugunsten der Ausarbeitung von Phantasien vertragen. Bei den Grenzfall-Strukturen bedeutet das Nicht-Reagieren in solchen Momenten, daß man sie verläßt, analog dem Nicht-zur-Verfügung-Stehen der Mutter in der Trennungs- und Individuations-Phase. Die Therapeutin reagiert auf die *Annäherung* des Patienten.

Patient: »Ich habe so viele häßliche Dinge zu Ihnen gesagt, und Sie sind immer noch da. Ich habe aber letztens bemerkt, daß ich nicht mehr die ganze Zeit an Sie denke.«

Die Verbalisierung der Aggression hat ihm zur Neutralisierung verholfen. Das symbiotische Band löst sich. Zum erstenmal wird Trennung erlebt. Die Furcht vor der Aggression läßt nach. Der Patient braucht die Therapeutin nicht mehr auf magische Weise am Leben zu erhalten, indem er die ganze Zeit an sie denkt. Die Objektkonstanz kommt näher.

Therapeutin: »Macht Sie das besorgt?«

Patient: »Ja, was wird passieren, wenn ich Sie vergesse?«

Therapeutin: »Wir werden beide in Ordnung sein.«

Dies ist dazu bestimmt, dem Patienten zu helfen, seine Furcht vor dem Getrennt-Sein zu vermindern. Es ist nicht einfache Beruhigung, wenn es auch, oberflächlich gesehen, so erscheinen mag. Beruhigung würde so ausgedrückt worden sein: »*Ich werde* in Ordnung sein.« Das »*wir*« zieht die sich vermindernde Symbiose in Betracht und bestätigt, daß beide Teile jetzt getrennt überleben können. Die täuschend einfache Ausdrucksweise bei der Interpretation wird durch die Tiefe der Entwicklungstheorie bestätigt. Hier hat ein einziges Wort einen enormen technischen Zweck und enorme Wirkung.

Patient: »Ich fühle mich anders, wenn ich von Ihnen getrennt bin. Früher hatte ich das Gefühl, daß ich Sie die ganze Zeit über verzweifelt brauchte. An diesem Wochenende habe ich kaum an Sie gedacht. Das ist seltsam. Sie sind immer noch da, aber das Gefühl ist anders. Traurig!«

Therapeutin: »Es kann traurig sein.«

Damit wird anerkannt, daß die Trennung ein Element des Trauerns in sich hat.

Patient: »Ich habe es aber auch gern. Ich kann es gar nicht fassen, daß sich zwischen uns so viel verändern konnte. Früher, wenn ich aus der Fassung geraten war, habe ich Sie angerufen. Ich weiß, daß ich das immer noch kann, aber es kommt mir nicht mehr so nötig vor.«

Therapeutin: »Sie wissen, daß ich immer dieselbe bin.«

Patient: »Aber ich sicher nicht! (Beschreibt sein verändertes Funktionieren.) Es kommt mir noch immer seltsam vor, daß ich weiter hierherkommen und zu Ihnen sprechen kann, wenn ich mich auch weit entfernt fühle.«

Therapeutin: »Bedeutet das Fern-Sein oder, daß Sie mehr Sie selbst sind?«

Patient: »Ich bin ich. Ein Mann. Darum haßte ich die Frauen auch so.«

Therapeutin: »In gewisser Weise war das gut. Daß Sie sie haßten, bedeutete für Sie, das Wissen festzuhalten, daß Sie anders sind.«

Patient: »Aber Sie haben nie etwas dagegen gehabt.«

Therapeutin: »Warum sollte ich etwas dagegen haben, daß Sie Sie sind?«

Patient: »Aber meine Mutter tat das.«

Therapeutin: »Vielleicht nicht. Wir können nicht wissen, was sie dachte. Wir wissen aber, daß Sie sich wohler fühlten, wenn Sie genauso wie sie waren — als ob Sie ein Teil von ihr wären.«

Patient: »Ja, dieses Gefühl habe ich gehabt.«

Therapeutin: »Sie wußten aber immer, daß Sie ein Mann sind.«

Patient: »Ja, wahrscheinlich. Ich hatte Angst, sie würde mich nicht leiden können.«

Therapeutin: »Sie hatten Angst, anders zu sein; es hat sie aber nicht verletzt, mich auch nicht, und es ist sicherlich für Sie das beste, zu sein, was Sie sind.«

Patient: »Das ist ein gutes Gefühl. Sind Sie sicher, daß Sie nichts dagegen haben?«

Therapeutin: »Sie fühlen sich bei der ganzen Sache immer noch unsicher, und so möchten Sie, daß ich das Ganze unterdrücken soll.«

Patient: »Na, Sie sind mir aber wirklich eine! Ich möchte lieber ein Mann sein. Kann ich aber immer noch kommen? Vielleicht sollten wir jetzt weniger Sitzungen haben?«

Therapeutin: »Wir können ja mal darüber sprechen; aber im Moment ist es keine gute Zeit, die Sitzungen zu verringern.«

Hier vermeidet die Therapeutin eine zu schnelle physische Trennung. Während dies analog zu der Rolle der Mutter in der Trennungs- und Individuations-Phase gewesen wäre, geht doch ein erwachsener Patient nicht erneut mit dem Therapeuten durch alle diese Entwicklungsphasen hindurch. Nur etwas von der Schädigung, die durch frühes Versagen verursacht wurde, kann korrigiert werden. Aber Narben bleiben bei den meisten Grenzfall-Strukturen wegen der unbefriedigenden Erlebnisse in der phasenspezifischen Zeit bestehen.

In einer anderen Sitzung spricht der Patient über seine Situation im Büro und wird aufgeregt und böse, weil die Therapeutin nicht die Vorgeschichte der Ereignisse kennt. Der Therapeutin ist es klar, daß er auf diese Weise zu der symbiotischen Modalität zurückkehrt.

Patient: »Es bringt mich auf, daß Sie nicht vollkommen sind.«

Therapeutin: »Was heißt denn vollkommen?«

Patient: »Sie sollten sich daran erinnert haben, was ich Ihnen über meine Arbeitskollegen erzählt habe.«

Die Therapeutin hält es hier für das beste, die Aggression voll herauskommen zu lassen, ohne daß sie sich verteidigt.

Therapeutin: »Sie sehen das als einen Fehler bei mir an?«

Patient: »Ja, ich habe mich früher selbst beschuldigt, wenn solche Dinge vorkamen.«

Therapeutin: »Jetzt können Sie wenigstens mich beschuldigen.«

Patient: »Ich bin deswegen wütend auf Sie. (Pause.) Sie sehen aber aus, als ob das Sie nicht umbringen würde.«

Therapeutin: »Ihr Zorn bringt mich nicht um.«

Patient: »Sie machen alles so leicht.«

Therapeutin: »Wir brauchen uns aber nicht darüber den Kopf zu zerbrechen, ob ich alles wissen kann, was in Ihrem Büro vor sich geht, oder nicht. Ich bin ja niemals dort gewesen und habe diese Leute nicht gesehen.«

Patient: »Ja, ich vergesse das immer. Ich denke, Sie wissen immer alles, was mit mir vorgeht.«

Therapeutin: »Wie sollen wir das erklären?«

Patient: »Ich nehme an, daß ich immer noch ein Teil von Ihnen bin, wenn ich so fühle.«

Therapeutin: »Sie haben das Bedürfnis, imstande zu sein, wieder ein Teil von mir zu sein, nachdem Sie sich so getrennt gefühlt haben.«

Patient: »Es ist erschreckend da draußen ganz allein!«

Therapeutin: »Ja, das stimmt.«

Patient: »Ich fühle mich mehr selbstbewußt, im wörtlichen Sinne. Ich bin meiner selbst bewußt. Ich bin ein Mann. Ich bin anders als Sie. Es ist merkwürdig, wie Sie dabei so ruhig bleiben können. Ich fühle solch einen Tumult in mir.«

Therapeutin: »Ist es schwer, sich klarzumachen, daß ich nicht Sie bin und andere Gefühle habe?«

Patient: »Ja, aber es ist auch etwas Gutes dabei. Sie gehen Ihren eigenen Weg. Sie gehen am Wochenende weg. Ich werde etwas anderes tun. Aber Sie werden nicht verschwinden. Sie werden tun, was Sie tun.«

Therapeutin: »Jetzt ist unsere Zeit um.«

Patient: »Also, ein gutes Wochenende. Auf Wiedersehen am Montag!«

Patient (in einer der späteren Sitzungen): »Wie geht es Ihnen?«

Therapeutin: »Danke, gut.«

Hier reagiert die Therapeutin direkt auf den ersten Ausdruck von Interesse an ihr als einer Person. Ein traditionelleres, analytisches Vorgehen würde sich an die Aggression gewandt haben, die der Angst über das Wohlergehen der Therapeutin zugrunde lag. Dies hätte auf einen Patienten, dessen Ebene der Objektbeziehung auf dem Anstieg ist, entmutigend gewirkt und wurde daher zugunsten einer direkten Reaktion, die der libidinösen Seite der Frage entgegenkommt, aufgeschoben.

Patient: »Das ist das erstemal, daß ich mich nach Ihnen selbst erkundigt habe. Man hat doch in dieser Jahreszeit einmal eine Erkältung. Es war mir vorher nie eingefallen, daß auch Sie einmal krank werden könnten.«

Therapeutin: »Zufällig habe ich im Moment keine Erkältung.«

Patient: »Es ist so ein anderes Gefühl, an Sie als an eine Person zu denken.«

Therapeutin: »Was ist das für ein Gefühl?«

Patient: »Ein neues. Ich merke, daß ich durch etwas hindurchgehe, das ich noch nie erlebt habe.«

Therapeutin: »Sie sind aber nicht sicher, ob es Ihnen gefällt.«

Patient: »Nun, mit meinem Verstand kann ich mir klarmachen, daß es einen Fortschritt bedeutet — daß es das ist, weswegen ich zu Ihnen gekommen bin. Ich fange sogar an zu denken, daß ich so sein könnte wie jeder andere. Aber die alte Art ist mir vertrauter.«

Therapeutin: »Und macht weniger Sorgen?«

Patient: »Ja, ich überlege mir, ob ich Sie gefragt habe, wie es Ihnen geht, weil ich mir Sorgen mache, was mit Ihnen passieren könnte, wenn ich Sie vergessen würde.«

Hier fängt der Patient von selbst an, den aggressiven Aspekt zu erkennen. Man vergleiche dies mit dem Ergebnis, das man gewöhnlich bekommt, wenn man einem Patienten auf seine Frage, wie es einem gehe, mit Gegenfragen ins Gesicht springt, wie etwa: »Warum fragen Sie das?« oder »Warum machen Sie sich Sorgen um mich?«, oder auch, noch direkter: »Sie machen sich Sorgen um meine Gesundheit, weil Sie mich eigentlich vernichten wollen.« Im besten Fall kann das den Patienten in die Defensive drängen, im schlimmsten kann er sich schuldig fühlen.

Therapeutin: »Das könnte sein. Aber worüber sollten Sie sich denn Sorgen machen, wenn Sie mich vergessen?«

Diese so einfach klingende Intervention unterstützt und fördert die Neutralisierung des Aggressionstriebs, da sie im Dienste der Trennung und Individuation gebraucht wird.

Patient: »Ich fange eben erst an, mir klarzumachen, daß Sie auch noch weiterexistieren werden, selbst wenn ich nicht mehr an Sie denke.«

Therapeutin: »So *vergessen* Sie mich eigentlich nicht. Es ist nur, daß ich nicht mehr die ganze Zeit über ganz oben in Ihren Gedanken bin. Sie erkennen mich, wenn Sie mich wiedersehen.«

Diese Art von Eingreifen gibt dem Patienten zu verstehen, daß er das Objekt nicht vernichtet, sondern vielmehr, daß die Objekt-Repräsentanzen auftauchen, wenn sie auch manchmal in die Sphäre des Vorbewußten verbannt sind.

Patient (in einer späteren Sitzung): »Ich habe Sie doch so gern. Trotzdem habe ich andere Frauen angesehen.«

Therapeutin: »Macht Ihnen das etwas aus?«

Patient: »Ich habe niemals gedacht, ich könnte mich für irgend jemand anderen interessieren. Ich komme mir so unloyal vor.«

Therapeutin: »Das kommt daher, daß Sie an Liebe wie an Geld auf der Bank denken: Wenn Sie etwas abheben, bleibt weniger zurück.«

Patient: »Ist das denn nicht so?«

Therapeutin: »Nein. Liebe dehnt sich aus. Sie folgt nicht den allgemeinen wirtschaftlichen Gesetzen.«

Patient: »Sind Sie auch ganz sicher, daß es Sie nicht kränkt, wenn ich mich für Frauen interessiere?«

Therapeutin: »Warum sollte es mich kränken?«

Patient: »Ich habe immer gedacht, es wäre unloyal, wenn ich meine Mutter nicht liebte.«

Therapeutin: »Aber Sie konnten sie doch nicht die ganze Zeit lieben. Sie hatten doch auch andere Gefühle, nicht wahr?«

Patient: »Ich verstehe jetzt, daß es so war; ich habe mir aber nie erlaubt, das zu wissen.«

Therapeutin: »So haben Sie also Ihr Verlangen unterdrückt, Ihre eigenen Wege zu gehen, weil Sie dachten, es wäre unloyal.«

Dies wird in der Absicht gesagt, erneut zu zeigen, daß neutralisierte Aggression, die der Trennung und Individuation dient, nicht destruktiv ist.

Patient: »Ich komme mir vor wie ein zwölfjähriger Junge, der anfängt, sich für Mädchen zu interessieren.«

Therapeutin: »Würde Ihre Mutter etwas dagegen gehabt haben?«

Patient: »Nein, ich dachte nur, sie würde das tun. Und Sie haben auch nichts dagegen. Sie denken, daß es gut ist. Schön, Sie haben recht — ich kann so sein wie jeder andere.«

Es ist natürlich der Strukturaufbau, um den es sich hier bei unserer ganzen Darstellung der Technik handelt. Die im vorhergehenden angeführten Beispiele zu der Frage, wie man Interpretationen für diesen Zweck benutzt, haben gezeigt: Interpretative Intervention hat ein durchgehendes Ziel, welches aber Schritt für Schritt und oft so behutsam angegangen werden muß, daß die manifeste Wortwahl täuschend inkonsequent erscheint. Man geht mit dem Patienten mit und leitet ihn trotzdem mit leichter Hand, so daß man ihm manchmal etwas voraus ist und sich zu anderen Zeiten seiner Führung überläßt, aber immer den möglichst kürzesten Abstand zu ihm einhält, damit die therapeutische Allianz aufrechterhalten bleibt. Manchmal benutzen wir die Analogie von dem elektrischen Funken, der von Pol zu Pol überspringt, wenn die Pole im richtigen Abstand voneinander stehen. Wenn sie zu weit auseinander sind, kann der Funke nicht überspringen. Wenn sie zu eng zusammenstehen, braucht der Sprung nicht gemacht zu werden. Durch sein Eingreifen liefert der Therapeut einen Pol, der in diesem Moment nahe genug an dem Ich des Patienten steht, um es ihm zu ermöglichen, den Zwischenraum zu überspringen — nicht so weit, daß die Aufgabe unmöglich ist, und nicht so nah, daß das Ich nicht zu arbeiten braucht. Das illustriert auch, was wir unter Ich-Aufbau durch Funktionsübung verstehen.

17

Die spezifischen Techniken der Psychotherapie

Wenn man sich mit der Behandlung der Grenzfall-Strukturen befassen will, so besteht da ein organisierender Faktor in der menschlichen Entwicklung, den man technisch ausnutzen kann — wie der Fischer sein Netz in der Weise auswirft, die ihm den besten Fang verspricht. Da diese Entwicklung des Menschen in einer Dyade vor sich geht, ist die Pathologie der Grenzfall- und der Psychose-Strukturen im wesentlichen die Pathologie der Objektbeziehungen. Es ist diese Seite der Entwicklung, an die sich die Therapie am besten wendet, denn in der Entwicklung der Objektbeziehungen sind die Prozesse der Neutralisierung enthalten, die Fähigkeit zum Aufschub (Frustrationstoleranz), Ich- und Über-Ich-Identifizierungen, welche zu einer sicheren und dauerhaften Internalisierung führen, und die Fähigkeit der autonomen Ich-Funktionen, sich konfliktfrei zu entwickeln. Das Bedürfnis nach einem Objekt ist allgemein. Sogar der Psychotiker in der restitutiven Phase schafft sich eine Objektwelt, wenn auch eine entstellte. Diese Form der menschlichen Entwicklung versieht den Therapeuten mit einem zentralen Thema, um das herum er seine ich-aufbauenden Bemühungen gruppieren kann. Auf dieser Grundlage kann er — wenigstens im Geiste — die therapeutischen Bahnen organisieren, so daß es, obgleich er innerhalb der verschiedenen Themen bleibt, die der Patient einführt, unwahrscheinlich ist, daß er sich auf Seitenpfade verliert und die Hauptrichtung vergißt. Wie schon gesagt, beginnt die Behandlung mit der Diagnose — d. h. mit der Feststellung der Entwicklungsstörung. Bei den ernsteren Fällen von Erwachsenen gibt es Probleme der Objektbeziehungen, die mit dem Versagen in anderen Aspekten der Entwicklung in Beziehung stehen.

Es ist nicht eigentlich möglich, wenn auch für heuristische Zwecke notwendig, die Objektbeziehungen außerhalb der Totalität des Entwicklungsprozesses, also getrennt zu besprechen. Daher wollen wir hier rekapitulieren: daß die Neutralisierung kurz nach der Geburt im Rhythmus der Befriedigung und Frustration einsetzt, und daß innerhalb weniger Monate die Neutralisierung durch die Fusion der Triebe und der Objekt-Repräsentanzen verstärkt wird. Mißlingen diese Prozesse, ergeben sich fehlerhafte Objektbeziehungen. Dies ist eine andere Methode, die Pathologie der Objektbeziehungen zu definieren. Sie zeigt die Verwobenheit der triebzähmenden Prozesse mit der Entwicklung der Objektbeziehungen.

Bei der Behandlung des erwachsenen Patienten ist die stetige Verläßlichkeit des Therapeuten für den Aufbau der Objektbeziehungen wesentlich. Der Therapeut ist da, man kann sich darauf verlassen, daß er immer und in derselben freundlichen Stimmung dasein wird. Der Druck der Bedürfnisbefriedigung läßt in solch einem Klima nach. Die Energie, die gebraucht wird, um auch nur die geringste Befriedigung aus dem Objekt herauszuziehen, wird neutralisiert. Der Patient fühlt sich dem Therapeuten gegenüber nicht aggressiv, weil dieser ihn nicht enttäuscht, indem er eine Verabredung nicht einhält. Statt dessen kann er durch Interpretation mit seiner nach wie vor exzessiven Furcht vor Enttäuschung fertigwerden, die ihre Ursache darin hat, daß seine Mutter nicht immer so verläßlich war. Es ist beruhigend zu wissen, daß keine übertriebene Befriedigung nötig ist, um das zu erreichen. Eine Tatsache, die niemals unterschätzt werden sollte, ist die, daß der Patient auf ein benignes, aber nicht überbefriedigendes therapeutisches Klima reagiert, und daß er anfängt, Selbstachtung zu internalisieren, nachdem Verzerrungen korrigiert worden sind, da er gelernt hat, vom Therapeuten Höflichkeit und Respekt zu erwarten.

Während dies auf den ersten Blick keine sehr tiefgreifende Technik ist, so liegen doch ihre Feinheiten einmal in der diagnostischen Zuordnung des Entwicklungsfehlers und dann darin, daß man sich genau auf den Punkt einstellen kann, an dem die Selbst- und Objekt-Repräsentanzen des Patienten geschädigt worden sind. Trotz des Risikos, wieder einmal zu vereinfachen, möchten wir sagen, daß der Patient mit Erleichterung und Dankbarkeit auf das tiefe Verständnis für seine individuellen Probleme reagiert, da der Therapeut sich die Mühe gemacht hat, sie aufzusuchen, und sich mit ihnen abgegeben hat. Wir sehen das am deutlichsten bei der heutigen Generation der 30- bis 40jährigen Patienten, die wir als »Watsonian babies« bezeichnen. Sie wurden als Säuglinge an eine strenge Zeiteinteilung gehalten und erlitten unnötige Frustration, weil sie die Opfer einer vom Behaviorismus diktierten Kinderaufzuchtmethode waren, die nur zu eifrig von Müttern aufgegriffen wurde, welche nicht auf das Kind eingestellt waren. Wenn man dann in der Interpretation zeigt, daß zu viel und zu frühe Frustration vorgelegen hat, so verändert dies die Selbst-Konzepte und gibt Gelegenheit, die Internalisierung umzugestalten. Es wird anerkannt, daß der Druck des Bedürfnisses zu jener Zeit gültig gewesen war. Auch diskutiert werden die Folgen der Unfähigkeit, sich auf Ebenen jenseits der Bedürfnisbefriedigung zu entwickeln. Die Ergebnisse kommen langsam, aber sind sicher die einer verringerten Investition von Energie in Bedürfnisse und, damit einhergehend, des Gebrauchs dieser Energie für die Objektbesetzung.

Da alle Aspekte der Entwicklung miteinander verbunden sind, ergeben sich aus dem Nicht-Einsetzen triebzähmender Prozesse und aus falscher Entwicklung der Objektbeziehungen Ich-Modifikationen, wie sie in Kap. 7 und 9 besprochen worden sind. Wir möchten sie hier noch einmal kurz zusammenfassen:

1. Verfrühte Ich-Entwicklung — dies ist eine Ungleichmäßigkeit in der Entwicklung, die durch Pseudo-Selbstgenügsamkeit charakterisiert ist, bei der ein Teil des Ichs den symbiotischen Partner ersetzt, und ein damit einhergehendes Fehlen der Objektbesetzung. Das ist eine Form des Narzißmus, die für ein Sich-Verbünden mit einer anderen Person unzugänglich ist. Ein Patient mit verfrühter Ich-Entwicklung muß sich der mühevollen Aufgabe unterziehen, den unbewußten, abgesplitterten, verfrüht entwickelten Teil seines Ichs zu suchen. Kramer beschreibt so einen Patienten, der einen »kleinen Mann« in sich trug. Ein anderer Patient mag eine »Stimme« erwähnen, die ihn dirigiert. Das ist nicht dasselbe wie die akustischen Halluzinationen des Psychotikers. Wenn die verfrühte Entwicklung bewußt wird, kann der Patient beginnen, allmählich diese selbstgenügsame Regelung aufzugeben, da er nun das Mißlingen in seiner symbiotischen Erfahrung versteht, die den verfrühten Entwicklungsvorstoß nötig machte. Für den Patienten war dies eine lebensrettende Lösung, und zwar gegenüber der Alternative, objektlos zu bleiben. Und so interessieren wir ihn allmählich dafür, daß es ihn der Fähigkeit beraubt, als Erwachsener voll zu leben, während dies für ihn während seiner Säuglingszeit gut war. In einer Atmosphäre der absoluten Verläßlichkeit wird er das allmählich aufgeben.

2. Ich-Verzerrungen — diese Form der Pathologie ist durch fehlerhafte Selbst- und Objekt-Repräsentanzen charakterisiert, die sich aus vorherrschend aggressiven Besetzungen, verbunden mit einer unzureichenden Triebkontrolle, ergeben. Um mit Jacobson zu sprechen, beziehen diese Verzerrungen auch zu frühe Enttäuschungen an dem Objekt ein. Wir möchten diese Beschreibung durch Mahlers und Kohuts Meinung ergänzen, daß die Gelegenheit dürftig war, an der Omnipotenz des symbiotischen Partners in der phasengerechten Zeit teilzunehmen. Das klinische Bild einer Ich-Verzerrung ist sofort erkennbar, wenn wir sie als *Projektion* auffassen. Wir möchten das aber nicht gerne tun. Der Patient, der geschlagen, beschimpft, verraten, angelogen wurde, wird natürlich dem Therapeuten mit Aggression und Mißtrauen gegenübertreten. Oder ein Patient mit geringer Selbst-Achtung wird diese »projizieren«, indem er den Therapeuten herabsetzt. Wir ziehen es vor, diesen Terminus und das Konzept der *Projektion* nicht zu gebrauchen, denn als ein Abwehrmechanismus wird er unter der Annahme angewandt, daß etwas vom Selbst

auf äußere Objekte projiziert wird. Jacobson hat darauf hingewiesen, daß es vor der Differenzierung weder ein Selbst noch ein Objekt gibt, sondern die beiden zusammenfließen. Der Patient befindet sich hier in einem Circulus vitiosus. Das Vorherrschen negativer Erlebnisse verhütet eine libidinöse Besetzung, die für den Fortschritt der Differenzierung ausreichend wäre. Die miteinander verschmolzenen, aggressiv besetzten Selbst- und Objekt-Repräsentanzen können nicht aufgegeben werden, weil dann gar nichts mehr vorhanden wäre. Und so ist der Therapeut für den Patienten nur eine Erweiterung seines aggressiv besetzten Selbst.

Jeder Therapeut kennt die hartnäckigen Erwartungen des Patienten, daß der Therapeut ihn kritisieren würde. Und dann zeigt die Erfahrung, daß das Ausbleiben von Werturteilen und eine freundliche, gütige, unterstützende Atmosphäre vergessen sind, und daß die verzerrten Erwartungen die benigne Erfahrung ersetzen. Diese Patienten kämpfen mit internalisierten Objekt-Repräsentanzen aus der Vergangenheit, die nicht klar differenziert und in die Selbst-Repräsentanz mit einbeschlossen sind. So: »Die Kritik Ihrer Mutter zu einer Zeit, als ihre Meinung von entscheidender Bedeutung war, ist sozusagen ein Teil Ihres eigenen Gewebes geworden. Es ist so schwer für Sie, irgendeine andere Art der Reaktion auf Sie anzuerkennen, weil sie nicht ihr und nicht Ihnen ähnlich sieht.«

An diesem Punkte möchten wir näher ausführen, warum wir in den frühen Stadien der Behandlung nicht zur Ventilation von zuviel Aggression raten. Der Circulus vitiosus kann durch aggressive Verbalisierung nur verstärkt werden, die im besten Fall nur als Bestätigung der Verzerrungen aufgefaßt wird; im schlimmsten Falle kann aber die Objektwelt zerstört werden. Wie korrigiert man also die Verzerrungen? In unserer tagtäglichen Praxis kann man das Wort »*wirklich*« bei diesen Bemühungen gar nicht oft genug gebrauchen, weil wir bis zum äußersten zur Realitätsprüfung ermutigen und sie anwenden müssen. »Als das unangepaßte Verhalten Ihrer Mutter Sie enttäuschte und frustrierte, nahmen Sie an, daß Ihre Mutter Sie haßte.« Dies zeigt, wie Kinder in Totalitäten denken und nicht verstehen können, daß das Verhalten anderer Personen eher von Faktoren ihrer eigenen Pathologie motiviert sein kann als von Aggression, die auf das Kind gerichtet ist. Wieder ist die Wortwahl bei diesem Eingreifen so angelegt, daß sie etwas vermittelt, ohne eine Lektion zu erteilen. Technisch ist der Zweck der Intervention der, libidinöse Erlebnisse aus der Vergangenheit aufzusuchen, ganz gleich, wie schwach sie auch sein mögen. Übertrieben könnte man es auch so formulieren, daß im Leben eines Menschen nur ein einziger Moment gewesen sein mag, in dem er gut behandelt worden ist. Wir müssen diesen Moment wieder einfangen, denn von hier aus fangen wir an, libidinöse Objekt-Besetzung und Selbst-Achtung aufzubauen. Dies geht in einem therapeutischen Klima vor sich, das sich in bezug auf Respekt und Höflichkeit niemals ändert. Allmählich, mit wachsender Libido, können Verzerrungen aus der Vergangenheit auch in der Gegenwart korrigiert werden. »Glauben Sie wirklich, daß ich Sie nicht leiden kann?«, sollte man am besten fragen, nachdem die libidinöse Besetzung sich in Verbindung mit wiederholter Erfahrung, daß der Therapeut eine freundliche und mitfühlende Person ist, angesammelt hat. Die Korrektur der Verzerrungen ist ein langsamer, aber dankbarer Prozeß — dankbar deshalb, weil nach der Korrektur die libidinösen Besetzungen der Selbst- und Objekt-Repräsentanzen genossen werden können und die Differenzierung weitergehen kann.

Wir können diese selbe technische Vorschrift auch im Rahmen des Konzepts der Symbiose und des Mangels an Differenziertheit zwischen den Selbst- und den Objekt-Repräsentanzen anwenden. Die Therapeuten haben keine Ahnung, wie sie eine gute symbiotische Erfahrung retroaktiv für einen Erwachsenen liefern könnten, um vergangene Fehler wiedergutzumachen. So eine Intimität mit einem erwachsenen Patienten herzustellen, ist gewöhnlich weder möglich noch nötig. Was wir wohl tun können, ist, eine neue *intrasystemische* Erfahrung zu vermitteln. Das frühere Vorherrschen negativer, aggressiver Besetzung weicht der libidinösen Erfahrung der Selbst- und Objekt-Repräsentanzen, und so bildet sich ein Ersatz für die unzureichende Symbiose der Kindheit. Danach kann die Differenzierung gefördert werden, etwa mit einem »Habe ich das wirklich gesagt, oder war es Ihr eigener Gedanke?« oder »Haben wir das wirklich zusammen getan, oder scheint es Ihnen nur so, weil Sie noch nicht bereit sind, mich auszuschließen?«. Für ein Eingreifen dieser Art, das bestimmt ist, die Differenzierung zu fördern, muß der richtige Zeitpunkt gewählt werden, so daß es eintritt, *nachdem* das libidinöse Selbst-Objekt sich voll ausgewirkt hat. Hier gehen wir über Kohut hinaus und schließen die Gelegenheit zur Teilnahme an der Grandiosität und Omnipotenz und der symbiotischen Befriedigung mit ein, indem wir das Ich in der libidinösen Besetzung »baden«, die wir so mühsam herausgesucht und in der Exploration der Lebenserfahrung betont haben. Es gibt in der Therapie auch eine Zeit für die Aggression, und wir werden darauf noch zurückkommen. Hier möchten wir nur wiederholen, daß die Zeit dafür noch nicht gekommen ist, bevor nicht das positive Selbst-Objekt erreicht worden ist.

Eine Besprechung der Ich-Verzerrungen ist unvollständig, wenn man nicht die Verzerrungen des Körperbildes in Betracht zieht. Da dies in den vorhergehenden Kapiteln ein zentrales Thema war, möchten wir hier nur wiederholen, daß Verzerrungen in bezug auf sexuelle Identität, Größe, Kraft, Schönheit etwas Alltägliches sind. Viele Patienten lassen sich überflüssigerweise operieren, um ein besseres Körper-Image zu erlangen. So etwas sollte nie unterstützt werden. Auch sollte der Mann, der meint, daß sein Penis zu klein sei, nicht dazu ermutigt werden, von Arzt zu Arzt zu laufen auf einer endlosen Suche nach Beruhigung. Der richtige Zugang zu diesem ubiquitären Problem ist der, zu sagen: »Sie meinen, er sei zu klein, weil Sie an Ihren Körper denken, wie er war, als Sie ein kleiner Junge waren.« Dies ist etwas anderes als die eigentliche psychoanalytische Interpretation, bei der die Angst auf der phallisch-ödipalen Ebene liegt. Dort würde die Interpretation mit der phallischen Rivalität in Verbindung gebracht werden, mit Kastrationsangst und mit der Furcht, ein zu kleiner Sexpartner für das ödipale Objekt zu sein. Bei der schlechter entwickelten Struktur behandeln wir zuerst das prä-phallische Problem des Körperbildes.

3. Die Ich-Abweichungen — das Ergebnis von Fehlern in der Entwicklungsabfolge — werden am deutlichsten von Spitz beschrieben. Er zeigt, wie in kritischen Perioden Entwicklung und Reifung konvergieren müssen, damit die Entwicklung günstig weitergehen kann. Die mütterliche Führung ist wesentlich, um dieses Konvergieren zustande zu bringen. Der folgende Fall illustriert die Art der Schädigung, die sich aus dem Ausbleiben dieser Konvergenz ergibt, eine Anfälligkeit für Ich-Regression zurückläßt und die therapeutische Linie anzeigt.

Die Patientin Ellsworth war eine Doktorandin, die behandelt werden mußte, weil sie nicht imstande war, ihre Dissertation fertigzuschreiben.

»Sowie sie versucht zu schreiben, überkommt sie Angst. In einem regressiven Prozeß verlieren bei ihr die Worte ihre Symbolik und werden konkretisiert. Die Patientin hatte sich normal entwickelt, hatte die ödipale Position erreicht, und wenn sie nicht gerade in einem Angstzustand ist, kann sie sich mündlich und schriftlich gut ausdrücken. Retrospektiv erinnert sie sich an ein Elternhaus mit einer immer schlechter werdenden Ehe und viel Streitereien. Während dieser unstabilen Periode trennten sich die Eltern und versöhnten sich wieder, und dies mehrere Male, und es gab ein großes Hin und Her. Sie erinnert sich, wie sie sich mit dem aggressiven Klima identifizierte, indem sie ihre Mutter scharf anfuhr und fast genau das wiederholte, was die Mutter zum Vater gesagt hatte: »Ich wünschte, du würdest weggehen.« Etwa zwölf Jahre später, als sie fünfzehn war, hatte sie einen Angstanfall, als ihre Mutter für zwei Wochen verreist war. Hier denkt man sofort an Trennungsangst. Aber als Erwachsene funktioniert die Patientin, als ob die Trennung und Individuation im Säuglingsalter in Ordnung gewesen war, und die Adoleszenz-Angst ist innerhalb der Grenzen des Normalen, wenn man bedenkt, daß die Adoleszenz noch eine neue Runde im Trennungs- und Individuations-Prozeß bedeutet. Der Analytiker schloß, daß das Sprechenlernen sowie der Erwerb der Identität in einem Rahmen stattgefunden hatten, in dem keine genügende Neutralisierung zur maximalen Entfaltung dieser wichtigen Entwicklung möglich war. Wir sehen hier also ein etwas ungleichmäßiges Bild, in dem Sprache und Identität sich normal entwickelt haben, aber im Unbewußten verbunden sind mit Phantasien, von der Mutter plötzlich verlassen zu werden, was sich in den Worten ausdrückte: »Ich wünschte, du würdest weggehen.« Das Schreiben der Dissertation kann als ein weiterer Schritt auf die Unabhängigkeit vom Objekt hin angesehen werden, indem es den Gebrauch von Worten ins Spiel brachte, die im Unterbewußtsein für ihren realen Zweck zu aggressiv gefärbt waren.

Indem wir hier das Konzept von Spitz von den kritischen Perioden anwenden, können wir sagen, daß keine Konvergenz zwischen der Reifung und den Ich-Funktionen der Symbolisierung und der Sprache in dem mütterlichen Klima stattgefunden hatte, welches in der kritischen Periode nicht ganz adäquat war. Daß sich daraus eine nicht allzu schwere Variation der Ich-Entwicklung ergab und nicht eine Ich-Modifikation, wird durch die Fähigkeit der Patientin, freie Assoziationen zu benutzen und zur Einsicht zu gelangen, bewiesen. Es ist klar, daß das Ich trotz des vorübergehenden Verlustes der Symbolisierung intakt ist. Die Übertragungs-Interpretation ist: »Sie können Ihre Dissertation nicht beenden, denn Sie würden damit eigentlich zu mir sagen: ›Ich wünschte, Sie würden weggehen‹.« Die genetische Interpretation ist: »Als Sie Ihrer Mutter sagten, sie solle weggehen, ging sie wirklich weg, und Sie verloren die Fähigkeit, Worte zu gebrauchen, weil Sie dachten, diese seien es gewesen, die ihre Abreise veranlaßt hatten.« Diese Interpretationen sind dazu bestimmt, das intakte Ich darüber zu informieren, an welchem Punkt und durch welche Methode die Entwicklung einer Ich-Funktion mit der Nicht-Konvergenz der Reifung, der Entwicklung und des passenden mütterlichen Eingreifens in einer kritischen Periode belastet war. Wir vermeiden hier die Erwähnung der ödipalen Determinanten einer recht gewöhnlichen Ich-Regression, weil wir die Rolle einer kritischen Periode in der Entwicklung beleuchten wollen.«[1]

4. Ich-Regression — führt zum Verlust einer oder mehrerer Ich-Funktionen, die entwicklungsmäßig schon erreicht worden waren. Dies zeigt sich auch an dem Beispiel des Falles Ellsworth. Eine abweichende Ich-Entwicklung machte sie gegen Ich-Regression empfindlich, die der Grund für ihre »Schreibblockierung« war. Ihr Fall illustriert auch, daß sogar bei den neurotischen Strukturen Ich-Regressionen vorkommen können. Gewöhnlich handelt es sich dabei um die normalen, im Dienste des Ichs stehenden. In diesem Falle ähnelte aber die Ich-Regression denen, die man bei pathologischeren Strukturen antrifft, bei denen sie nicht dem Ich die-

[1] G. Blanck und R. Blanck, »Toward a Psychoanalytic Developmental Psychology«.

nen. Dies muß von einer *Hemmung* unterschieden werden, die zu einem Verlust der Ich-Funktion führt, weil hier das Es in das Territorium des Ichs eindringt. Wäre im Falle Ellsworth die »Schreibblockierung« eine Hemmung gewesen, so hätten wir als ihre zugrundeliegende Determinante eine Invasion sexualisierter oder aggressiver Wünsche gesehen. Dieses Arrangement könnte bestehen und trotzdem auf die früheren Entwicklungsprobleme des Versagens in einer kritischen Periode aufgepfropft sein. Letzteres würde dann zuerst zu behandeln sein, um besser den Weg zu einer Analyse der Hemmung, die eine neurotische Anordnung auf einer höheren Entwicklungsebene darstellt, zu ebnen.

5. Ich-Defekte — wie wir sie in Kapitel 7 definierten, haben ihren Sitz in der undifferenzierten Matrix. Sie sind konstitutionell und durch die bisher bekannten Methoden nicht zu behandeln. Wir können nur ein Beispiel geben: Die Unfähigkeit des Säuglings, an der symbiotischen Erfahrung teilzunehmen, behindert die Entwicklung und führt zur Kindheitspsychose. Auch andere Defekte sind bekannt, besonders ein niedriger Intelligenzgrad (geistiges Zurückbleiben) und jene ungreifbare Lernunfähigkeit, die oft als *minimale Hirnschädigung* beschrieben wird. Methoden für die Behandlung der Ich-Defekte sind noch nicht bekannt.

Wir wollen uns nun der Beschreibung der Hilfsmittel der Psychotherapie und ihrer Anwendung zuwenden:

1. *Ich-Unterstützung* ist wahrscheinlich eines der am meisten erwähnten und doch am meisten mißverstandenen Hilfsmittel in der Psychotherapie. Manche betrachten sie simplifiziert als eine Technik des »Auf-den-Rücken-Klopfens.« »Sie haben da etwas Gutes geleistet«, oder »Sie sehen gut aus«, oder »Sie sind ein netter Mensch« — all das sind amateurhafte Komplimente, die nur dann als Ich-Unterstützung verstanden werden können, wenn man die wissenschaftliche Definition des Ichs beiseite läßt und zu dem benutzt, was in Laienkreisen jetzt weithin als »ego boost« oder »ego trip« bezeichnet wird, wo im technischen Sinne eigentlich narzißtische Befriedigung gemeint ist. Natürlich muß die Selbst-Achtung des Patienten immer aufrechterhalten werden. Aber internalisierte dürftige Selbst-Bilder reagieren nicht auf Komplimente. Wir kennen alle die außerordentlich schönen Frauen, die sich trotz ihrer tagtäglichen Erfahrungen mit den äußeren Reaktionen auf ihre Schönheit für häßlich halten. Selbst-Achtung bedeutet ein günstiges Selbst-Bild, das sich aus der Internalisierung der elterlichen Zuneigung, verbunden mit günstiger Erfahrung im Gelingen der Bemeisterung ergibt. Kohuts Beschreibung von dem Glanz in den Augen der liebenden Mutter und seinem wichtigen Beitrag zu dem wesentlichen Narzißmus des Kindes kann hier Anwen-

dung finden. Unter günstigen Umständen wird dies zu einem internalisierten Gefühl des Selbst-Wertes. Eine einfache Beruhigung kann keinen Einfluß darauf haben, daß man kein internalisiertes, wirksames Selbst-Gefühl besitzt.

Eine andere, weniger simplifizierte Konstruktion der Ich-Unterstützung ist die Technik der Unterdrückung, die noch aus einer früheren theoretischen Periode stammt. Damals dachte man, daß das geschädigte Ich nicht gegen die Triebe aufkommen könne, oft, weil das Es für stärker gehalten wurde als das Ich. Technisch sei also das Ziel, so wurde logischerweise argumentiert, das Gegenteil des »Aufdeckens«. Unterdrückende Techniken sind jetzt durch den Fortschritt in der psychoanalytischen Entwicklungstheorie aus der Mode gekommen. Während es immer noch richtig bleibt, daß das schwache Ich nicht imstande ist, mit den Trieben fertigzuwerden, so können wir es doch durch Techniken, wie sie z. B. die richtige Ich-Unterstützung darstellt, stärken. Wir können auch dabei helfen, die Triebe abzuschwächen.

Das Ich wird unterstützt, indem man diagnostisch jene Gebiete aufsucht, auf denen es den höchsten Punkt der Entwicklung erlangt hat. Der Patient selbst weiß nichts von diesen Leistungen, und man muß ihn darauf hinweisen. Der Patient Baker, der in das Kaufhaus hineinging, um seine Mutter zu suchen, hatte die normale Initiative des Kleinkindes entwickelt, die eine Linderung der Trennungsangst durch Auffinden des Objekts bezweckt. Man mußte ihm das sagen. Viele Patienten berichten, oft mit Schuldgefühlen, von sexuellen Forschungen und Explorationen in der frühen Kindheit. Sie brauchen es, daß man ihnen etwas sagt wie: »Ist es nicht gut, daß Sie Neugier und heterosexuelle Interessen hatten?« Sehr viele Grenzfall-Patienten haben wenigstens einmal in ihrer Kindheit sich daran gewagt, durch Wort oder Tat zu opponieren. So etwas muß man heraussuchen und unterstützen, etwa mit einem »Wenigstens hatten Sie Ihren eigenen Kopf«. Wenn der Therapeut erst einmal mit dieser tiefsten Form der *Ich-Unterstützung* genügend Erfahrung hat, findet er schon seinen eigenen Weg dazu. Es darf aber niemals unecht sein. Aber das ist ein kleineres technisches Problem als der Mangel an Präzision. Eine allgemeine Unterstützung, so etwa wie »Sie sind ein mutiger Mensch«, hat wenig Sinn, wenn sie sich nicht auf eine spezifische Erfahrung bezieht, bei der der Therapeut sehen konnte, wie das Ich funktionierte, und den Patienten davon in Verbindung mit dieser Erfahrung in Kenntnis setzen kann. Der Zweck der Ich-Unterstützung ist der, Hebelkraft zu liefern. Es hilft dem Patienten, seine Entwicklungsleistung zu schätzen, nicht primär zur Befriedigung, aber so, daß er seine eigene Kraft kennen soll. Er wird jetzt diese Entwicklung wieder benutzen, dadurch ermutigt, daß der Therapeut sie anerkannt hat. Initiative, Realitätsprüfung, Wißbegier und Neugier, der Mut zum Widerspruch — all das kann von da an wieder aufgenommen werden, wo die Entwicklung aufgehört hatte, als die Ausübung solcher Funktionen mißlang und das Kind so entmutigt wurde. Die unglücklichen Folgen von Vorgängen in der Kindheitsentwicklung werden durch das Eingreifen des Therapeuten von dem Sieg der Entwicklung selbst getrennt.

2. In der Psychotherapie müssen die *Abwehrfunktionen des Ichs* oft verbessert werden. Die obige Diskussion hat sich hauptsächlich mit der adaptiven Funktion beschäftigt. Bei dieser Art der Ich-Unterstützung müssen aus der Lebensgeschichte des Patienten seine Versuche, sich anzupassen, herausgesucht werden. Aber das Problem, wie das Ich mit der Angst fertig wird, ist etwas, das bei den Grenzfall-Strukturen das gleiche Maß an therapeutischer Aufmerksamkeit erfordert. Wenn man es mit dem intakten Ich des Neurotikers zu tun hat, kann man annehmen, daß Signalangst am Werke ist. Das Ich der Grenzfall-Strukturen reagiert nicht immer auf die Angst als Signal, und wenn Signalangst da ist, muß sie oft verstärkt werden. Wieder müssen wir eine überlebte technische Vorschrift revidieren: man hat uns gelehrt, »das Ich zu unterstützen« und dann, »die Abwehr zu unterstützen«, als ob das Synonyme wären. Es war richtig, als unser beschränktes theoretisches Wissen uns die Abwehr als die einzige Funktion des Ichs ansehen ließ, die unsere therapeutische Aufmerksamkeit erfordert. Wenn auch andere Funktionen bekannt waren, so wurden sie doch nicht therapeutisch gefördert. Jetzt, da die »Ich-Unterstützung« als Ergebnis neuen theoretischen Wissens eine neue Bedeutung angenommen hat, bedeutet »Unterstützung der Abwehr« nicht mehr, Unterdrückung auszuüben, z. B. wo die Verdrängung schwach ist. Im wesentlichen bedeutet das, daß das Ziel der Therapie darauf gerichtet sein muß, das Ich dazu zu bringen, mit der Angst fertigzuwerden, sie zu ertragen und sie, wenn möglich, auf die Ebene der Signalangst zu bringen.

In einer brillanten Verarbeitung von Mahlers und Kohuts Beiträgen zeigt Tolpin[2], wie der Übergang vom Vertrauen auf die Mutter in bezug auf die Behebung der Angst in der symbiotischen Phase beim Prozeß der Trennung und Individuation allmählich internalisiert wird. Auf diese Weise bauen solche verändernden Internalisierungen das Ich bis zu einem Punkt auf, an dem die Signalangst sowohl die traumatische Angst ersetzt

---

[2] M. Tolpin, »On the Beginnings of a Cohesive Self: An Application of the Concept of Transmuting Internalization to the Study of the Transitional Object and Signal Anxiety«.

als auch das Vertrauen darauf, daß ein äußeres Objekt sie beheben würde. Tolpin betrachtet diese Entwicklung, wie wir glauben, mit Recht, als diejenige, die zur Trennung und Individuation und zur Objektkonstanz führt. Wir haben gesagt, daß das Kernproblem bei der Grenzfall-Struktur genau diese mangelhafte Entwicklung ist. Daher müssen technische Mittel und Wege gefunden werden, um diese Prozesse zu fördern. Viele Grenzfall-Patienten leiden an schwerer traumatischer Angst, ohne daß ihr Ich imstande ist, eine Abwehr aufzurichten. Wenn angsterzeugende Phantasien und Erinnerungen bewußt sind, sehen wir nicht ein, warum man sie unterdrücken sollte, noch glauben wir, daß unterdrückende Maßnahmen überhaupt wirksam sind. Man kann genausogut dem inzestuösen Wunsch, der Kastrationsangst, der Furcht vor dem Objektverlust und sogar der Angst vor der Vernichtung ins Gesicht sehen, wenn das das Problem ist. Wir tun dies, indem wir durch intellektuelle Erklärung so viel Erleichterung verschaffen, wie wir nur können, durch Verminderung des Drucks einer überstrengen Über-Ich-Komponente usw. So z. B. kann man das Erwachen aus einem Angsttraum dadurch unterstützen, daß man sagt: »Wenigstens konnten Sie die Angst durch Aufwachen zum Verschwinden bringen.«

Dies sind jedoch äußerste Maßnahmen. Dauernder können wir, so glauben wir, helfen, indem wir dem Patienten das Recht zusprechen, beruhigt zu werden. Der Patient Baker hatte im Alter von drei Jahren übertriebene Angst, daß die Wölfe ihn holen würden, wenn die Eltern abends ausgingen. Er kauerte schweißbedeckt in einer Ecke, bis sie nach Hause kamen. Ohne hier auf die Symbolik der Wölfe einzugehen, hilft es, wenn der Therapeut zustimmt, daß er Beruhigung gebraucht hätte, bevor er alleingelassen wurde. Dies geschieht im Rahmen der besseren Einstellung und der Verfügbarkeit des Therapeuten für ihn. Ein solcher Patient muß den Therapeuten wirklich erreichen können, wenn die Angst überwältigend wird. Auf diese Weise werden allmählich umgestaltende Internalisationen zusammen mit den knospenden Objektbeziehungen aufgebaut. In der Tat begann der Patient Baker zu fühlen, daß der Therapeut ihm in seiner unerträglichen Angst helfen wollte. Schließlich führte das zu einer stärkeren Fähigkeit, selbst damit fertigzuwerden, als das Übermaß der Angst zu einem Signal reduziert werden konnte.

3. Die *Verbalisierung* ist als ein ich-aufbauendes Mittel besonders betont worden. Viele Grenzfall-Patienten möchten in der symbiotischen Modalität verstanden werden — d. h. ohne Worte. Manche fürchten diese Modalität, da ihre symbiotischen Bedürfnisse den Wunsch erfüllbar erscheinen lassen, und dies bedroht den schwachen Halt, den sie in der Identität haben. Wenn der Patient nicht ein Grenzfall, sondern offen psychotisch ist,

schlagen wir nicht vor zu versuchen, ihn wortlos zu verstehen, noch halten wir es für möglich, daß die Mehrzahl der Therapeuten das überhaupt kann. War der symbiotische Entzug schwer, kann man in tröstlichem Schweigen zusammensitzen. War in der Symbiose zuviel Nachsicht und Verwöhnung vorhanden, ist es der einzig richtige Weg, freundlich die Erwartung zu vermitteln, daß der Patient sich selbst in Worten erklären wird. Aber der echte technische Zweck des Verbalisierens ist der, bisher unerwähntes, oft präverbales Material unter die Ägide des Ichs zu bringen. Es ist das Ich, das sich semantisch mit dem Therapeuten in Verbindung setzen muß und dabei alle die Hilfs-Ich-Funktionen mobilisiert, die wir als unterstützend für den komplexen Prozeß der Verbalisierung aufgezählt haben — Symbolisierung, Intentionalität, Objektbeziehungen usf. Ganz besonders hilft die Verbalisierung bei der Neutralisierung, da die Triebenergie, die sonst motorisch oder durch physiologische Kanäle zur Abfuhr kommen würde, für eine Übertragung auf das Ich zur Verfügung steht. Außerdem kann die Ideation in den Sekundärprozeß mit einbezogen werden, wenn sie in Worte gekleidet ist. Verbalisierung fördert auch die Aufschubsfähigkeit, indem sie Frustrationstoleranz aufbaut. Der Kurzschluß der Triebabfuhr wird umgelenkt, um durch einen zentralen Kontrollmechanismus — das Ich — zu gehen.

4. Der *Ich-Aufbau* durch die Übung von Funktionen ist der Interpretation und der Verbalisierung ähnlich. Es wird empfohlen, nichts anstelle des Patienten zu sagen, worauf er auch hätte selbst kommen können. Der Therapeut, der zu eifrig ist zu helfen, übernimmt die Aufgabe des Patienten. Seine Aufgabe ist es, den Patienten zu ermutigen, das Material der Sitzung durchzudenken, womit er der synthetischen Funktion dient, den Patienten mit einem »Was halten Sie davon?« vorwärtszuschieben, wenn eine Interpretation zu kommen scheint. Lange Reden, Vorlesungen, Erklärungen und ähnliches von seiten des Therapeuten dienen nur der Übung *seiner* eigenen Funktionen. Sie können nur den Patienten einschüchtern, dem besser damit gedient wäre, wenn man ihn dazu ermutigen würde, seine eigene interpretative Geschicklichkeit anzuwenden. Er wird immer geschickter werden, je weiter die Therapie fortschreitet. Es ist ein Triumph der Autonomie, wenn der Patient erst einmal sagen kann: »Ich habe daran auch ohne Sie gedacht.«

5. *Neutralisierung* beider Triebe findet in der normalen Entwicklung in Verbindung mit dem voraussehbaren Rhythmus von Befriedigung und erträglicher Frustration statt. Sie schreitet, da die Bedürfnisse bestimmt erfüllt werden, zur Besetzung des Objekts vor. So ist also die Neutralisierung eng verwandt mit der Entwicklung der Objektbeziehungen und der Förderung anderer Funktionen, sogar jener, die schon autonom sind.

In der Psychotherapie wird die Neutralisierung hauptsächlich durch Verbalisierung gefördert, die die Aktion entweder ersetzt oder wenigstens aufschiebt. Das therapeutische Klima ist wichtig, denn es muß für dieselbe Verläßlichkeit sorgen, die in der Säuglingszeit so wesentlich war. Für den erwachsenen Patienten kann man dies nicht so tun, als ob sich die Kindheitserfahrung wiederholen ließe. Wir geben daher keine rhythmische Befriedigung und Frustration. Wir sorgen für einen voraussehbaren, verläßlichen therapeutischen Rahmen, der gewöhnlich nicht sofort für die Neutralisierung benutzt werden kann, sich aber über eine Zeit hin aufbaut. Wenn der Patient erst einmal der unveränderlichen Verläßlichkeit des Therapeuten sicher ist, fängt er an, sowohl libidinösen als auch aggressiven Ausdruck zu riskieren. Dies wurde vor allem an den Fällen Forrester und Baker exemplifiziert. Die Triebe werden in den ineinander verwobenen Prozessen des Aufbaus der Objektbeziehungen neutralisiert, wodurch zur Verbalisierung anstelle von Aktion ermutigt und Autonomie und Unabhängigkeit gefördert wird. Aber vielleicht von größter Bedeutung unter all diesem ist, daß man den Patienten diagnostisch gründlich versteht, so daß sich die Behandlung gezielt an seine Bedürfnisse wenden kann. Dann können Befriedigung und Frustration in der geeigneten Dosierung und in Übereinstimmung mit den diagnostischen Indikationen erlaubt sein.

Wir werden oft gefragt, wie man denn die Neutralisierung fördert. Die obige Besprechung zeigt, daß es keinen einfachen Weg gibt, »wie man es machen soll«. Das therapeutische Klima als Ganzes muß so beschaffen sein, daß es Gelegenheit bietet, Bahnen zur Bedürfnisbefriedigung zu liefern, die nicht reflexiv oder impulsiv sind. Die therapeutische Allianz an sich schafft eine Möglichkeit zur Korrektur der Verzerrungen und zum Gebrauch von positiven Objektbesetzungen für die Triebverminderung.

6. Während *neutralisierte Libido* Objektbeziehungen aufbaut, treibt *neutralisierte Aggression* den Entwicklungsvorstoß auf die Trennung und Individuation hin. Das wird in dramatischer Weise deutlich, wenn das 18 Monate alte Kind, indem es sich mit dem Aggressor identifiziert, beginnt, »nein« zu sagen. Wir haben beschrieben, wie die Opposition begrüßt und unterstützt werden soll, da sie einen weiteren Fortschritt in der neutralisierten Modalität bedeutet. Jeder Schritt der Opposition gegen das Objekt hilft der Differenzierung. Beim 27. Internationalen Psychoanalytischen Kongreß, dessen Thema die Aggression war, sagte R. Blanck:

»1. Obgleich noch eine Bestätigung von der Biologie her abgewartet werden muß, ist postuliert worden, daß der aggressive Trieb dem Zwecke der Identitätsbildung dient, indem er den Impetus für die Trennung und Individuation liefert. Diese Ansicht dehnt unser Denken über den Aggressionstrieb auf das Gebiet der Untersuchung seiner Rolle in der Ich-Entwicklung aus. So können die Aggressionen nicht mehr ausschließlich als Feindseligkeit fördernde, Schmerz verursachende Wünsche angesehen werden, sondern als etwas, das das positive Ziel hat, ebenso der Ich-Entwicklung zu dienen.

2. Eine der Verbindungen mit der Biologie, die Freud angedeutet hat, nämlich die, daß der Aggressionstrieb der Reifung der Muskulatur diene oder dabei mitspiele, führt logischerweise zu der schon erwähnten Ansicht, daß der Aggressionstrieb der Ich-Entwicklung dienen kann.

3. Eine ähnliche Erscheinung ist von Spitz beschrieben worden, demzufolge der Erwerb des Wortes »nein«, eine Form der Identifizierung mit dem Aggressor, ein Niveau der Ich-Organisation anzeigt, die einen signifikanten Beitrag zu der Entwicklung und Organisation der psychischen Struktur liefert. Diese Behauptung hat sich in der klinischen Arbeit voll bestätigt.«[3]

In derselben Diskussion schlug Erikson vor, mit dem Ausdruck Aggressivität jene Aspekte des aggressiven Triebs zu bezeichnen, die eher wachstumsfördernd und selbstbehauptend als feindselig und destruktiv sind.

Technisch gesehen, wird die Anwendung der Aggression im Dienste des Wachstums zuerst durch die Neutralisierung gefördert. Dies ist für uns ein weiterer Grund, die Ventilation der Aggression in ihrer unneutralisierten Form zu vermeiden. Wenn sie begrüßt wird, da sie dem Wachstum dient, erwirbt sie ihren eigenen Schwung. So wurde z. B. Bakers Entscheidung, allein auf Urlaub zu gehen, *zu jener Zeit* nicht abgelehnt, da er gerade anfing, die Aggression selbstbehauptend in der Richtung auf Unabhängigkeit zu gebrauchen. Der richtige Zeitpunkt wird hier deshalb betont, weil wir nicht immer mit solch einem Schritt einverstanden sind. Wenn er in Widerstand und Ausagieren besteht, muß er als solcher interpretiert werden. Aber in dem speziellen Falle und in diesem Moment wäre es ein wachstumshemmender Fehler gewesen, einen unabhängigen Vorstoß als Widerstand zu interpretieren. Man muß wissen, was bei dem Patienten vorgeht, um zu wissen, ob man ermutigend mit ihm mitgehen soll, oder ob er gegen sein eigenes therapeutisches Interesse handelt. Diese Politik ist technisch schwieriger als die einfache, alle Bewegung fort vom Therapeuten als Widerstand zu interpretieren. Ein wichtiger Schlüssel im Falle Baker war, daß er für die ausgefallenen Sitzungen bezahlen wollte, obgleich er fortgehen wollte. Das deutet darauf

---

[3] R. Blanck, Unveröffentlichte Diskussion von Brenners »The Psycho-Analytic Concept of Aggression«, vorgetragen auf dem 27. Internationalen Psychoanalytischen Kongreß.

hin, daß die Objektbeziehungen auf einer Ebene lagen, die höher war als die der Bedürfnisbefriedigung. Hätte er gewollt, daß der Urlaub vom Therapeuten »bezahlt« werden sollte, so wäre das ein Zeichen gewesen, daß er die getrennten Ferien nicht im Dienste des Entwicklungsvorstoßes benutzt hätte.

Wenn ein Patient anfängt, sich in der Selbstbehauptung vor- und rückwärts zu bewegen, ist es auch an der Zeit, die symbiotische Befriedigung zu vermeiden. Er mag etwas Befriedigung gebraucht haben, um diese nächste Stufe der Therapie zu erreichen, wenn aber die Trennung und Individuation herannaht, muß man seine Regressionen zwar verstehen, ihnen aber nicht nachgeben. Dies ist der Moment, wo man in Versuchung gerät, übermäßige Befriedigung zu geben, indem man die Zeit verlängert, für versäumte Sitzungen aufkommt, in der Frage des Honorars entgegenkommend wird usf. An diesem Punkte zu »gut« zu dem Patienten zu sein, schließt Wachstum aus, weil dadurch der wachstumsfördernde Einfluß der Aggression unterdrückt wird. Mehr als ein Patient hat wohl gesagt: »Wie kann ich denn böse sein, wo Sie doch immer so gut zu mir sind?« Zu dieser Zeit braucht es der Patient, seine Enttäuschung und seinen Zorn darüber zu fühlen, daß das Paradies verlorengegangen ist, daß da kein alles-gebendes mütterliches Objekt mehr besteht, daß er die Frustration meistern und die Ich-Funktionen selbst übernehmen muß.

Wenn wir auch betont haben, daß keine Aggression ausgelöst werden sollte, bevor sie wenigstens etwas neutralisiert ist und vor dem Hintergrund einer zuverlässigen, libidinösen Objektbeziehung zum Ausdruck kommt, so tritt die Ventilation doch manchmal trotz unserer Bemühungen, sie aufzuschieben, ein. Ist das der Fall, so mag es notwendig sein abzuwarten. Wenn möglich, sollte sie reduziert, aber nicht unterdrückt werden. Der Patient darf niemals den Therapeuten beleidigen oder körperlich angreifen. Er sollte auch von rein verbalen Beschimpfungen abgehalten werden, da sie eine direkte Abfuhr außerhalb der Kontrolle des Ichs darstellen. Sie sind nicht nur an sich therapeutisch ohne Wert, sondern versetzen den Therapeuten auch in eine unwürdige, masochistische Rolle, die eine spätere Identifizierung verhindert.

Wir möchten noch einmal betonen, daß gezähmte Aggression nichts Feindliches enthält, wenn sie dazu dient, die Identität aufzurichten. Sie darf auch nicht, wie es Laien oft tun, mit Aktivität verwechselt werden. Aktivität ist in unserem Bezugsrahmen das Überwechseln vom passiven, prä-ödipalen Status des Empfängers der mütterlichen Fürsorge zu der aktiven, ödipalen Position des Spenders von Liebe. In diesem Sinne hat sie keinerlei Ähnlichkeit mit feindseliger Aggression.

7. *Konfrontation* ist eine oft erwähnte Technik, die wir etwas anders beurteilen, als dies gewöhnlich der Fall ist:

»Konfrontation besteht darin, daß man von außen her einen Blick auf sein eigenes Verhalten und seine Haltungen wirft. Dies kann mit Hilfe von Freunden geschehen, eines Ehegatten, eines Therapeuten, von Therapiegruppen-Mitgliedern und anderen. Da Entwicklungsdefekte selten absolut sind, hat eine Funktion wie die der Objektbeziehung wahrscheinlich eine fluktuierende Qualität. Obgleich Hartmann nicht näher auf die Subphase der bedürfnisbefriedigenden Ebene eingegangen ist, liegt es doch auf der Hand, daß keiner von den Reifungs- oder Entwicklungsprozessen am Anfang, der Mitte und am Ende der Phase derselbe ist. Wenn z. B. der Patient in der Mittelphase der bedürfnisbefriedigenden Ebene fixiert ist und trotzdem einen gewissen Vorstoß auf die Objektkonstanz hin gemacht hat, so besteht bei ihm der Wille, dem Objekt zu gefallen. Da das Über-Ich gewöhnlich noch keine internalisierte Struktur ist, kann Unterwerfung unter äußere Kritik bestehen. So kann also jemand damit ›konfrontiert‹ sein, daß es wünschenswert sei, sein Verhalten zu ändern, um das Objekt oder die Liebe des Objekts zu behalten. Verhaltenswechsel auf Geheiß eines anderen wird nicht internalisiert und bedeutet daher kein Wachstum. Während Verhalten geändert werden kann, um äußerem Zwang zu gehorchen, ist es doch zweifelhaft, ob so etwas von Dauer ist. Ein Mensch kann angesichts der oben erwähnten Fluktuation seiner Entwicklungsebene nur für kurze Zeit über seine psychische Fähigkeit hinaus leben, aber diese Art, mit geborgter Motivation zu leben, kann nicht von Dauer sein. Metapsychologisch gesprochen, findet hier keine strukturelle oder dynamische Änderung statt; ökonomisch gesehen, wird gegenbesetzte Energie in einer Abwehrbemühung ausgegeben. Dies beeinträchtigt aber die Anpassung. Die genetischen Quellen bleiben unidentifiziert.«

Um in unserer Sicht fortzufahren:

»Unserer Ansicht nach hat Konfrontation einen anderen technischen Zweck, nämlich den, dem beobachtenden Teil des Ichs zu helfen, den erlebenden Teil ›anzusehen‹ und sich selbst intrasystemisch zu konfrontieren. Während der offenbare Vorteil solch einer inneren Konfrontation der ist, daß der Patient vermutlich intern wahrgenommene Einsicht weniger widerlegt und zurückweist, so ist das doch nicht unbedingt der größere Vorteil. Der wertvollste Aspekt der Konfrontation von innen ist, daß sie in und an sich therapeutisch ist, denn sie fördert die Fähigkeit des Ichs durch *Funktionsübung*. Die dynamischen Anordnungen fallen nun in eine der Veränderung zugängliche Position, strukturelle Veränderungen treten ein, weil das Ich in bezug auf das Es und das Über-Ich eine stärkere Position bezogen hat. Die Energie ist von der Abwehraufstellung befreit, was in mehr konfliktfreier Anpassung resultiert; die genetischen Quellen können jetzt aufgedeckt werden.«[4]

---

[4] G. Blanck, »Crossroads in the Technique of Psychotherapy«.

8. Die *Internalisierung* dringt im Zusammenhang mit der Neutralisierung und der libidinösen Besetzung des Objekts zum Zwecke der Ich- und Über-Ich-Identifizierung zu höheren Ebenen vor. Wir haben schon gesagt, daß der Aufbau der Objektbeziehungen unser Zentralpunkt ist und begleitende Aspekte der Ich-Entwicklung mit sich bringt. Wir haben gezeigt, wie man erkennen kann, wann der Therapeut mehr als ein Spender bloßer Bedürfnisbefriedigung wird. Mit dem Erreichen höherer Ebenen der Objektbeziehungen schreitet auch die Internalisierung fort. Die Technik der Förderung dieser Prozesse ist heikel, denn der Therapeut kann nicht gut mehr Rücksicht verlangen, als das Niveau der Objektbeziehungen, auf dem sich der Patient befindet, erlaubt. Technisch ist die Situation dieselbe wie die der beginnenden Übertragungsneurose in der Psychoanalyse, wo sie nicht auf Befehl des Therapeuten auftritt, sondern dann, wenn der Analysand den Therapeuten braucht, schätzt, für seine Hilfe dankbar ist, eine Regression durchmacht und einen libidinösen Kontakt herstellt. Der Psychotherapie-Patient, dessen Beziehung auf der bedürfnisbefriedigenden Ebene liegt, merkt auch, daß man ihm hilft, besetzt das Objekt, steht in dem Klima der therapeutischen Verläßlichkeit weniger unter dem Druck, seine Bedürfnisse erfüllt zu bekommen, neutralisiert aggressive Energie, die nicht mehr dafür gebraucht wird, mit Frustration durch Triebabfuhr fertigzuwerden, und so überträgt er Energie auf das Ich zum Zwecke der Objektbesetzung. Er fängt an, den Therapeuten als eine Person zu betrachten, denn sein Bedürfniszustand ist jetzt weniger dringend. Aus diesem Grunde konnte die Patientin Carroll sagen: »Ich komme nicht mehr, weil ich *Sie* brauche, sondern weil ich *Behandlung* brauche.« Wenn auch ihre Probleme noch weit von einer Lösung entfernt waren, so war doch die Dringlichkeit ihres Bedürfnisses nach einem befriedigenden Objekt der nächsthöheren Stufe in der Entwicklung der Objektbeziehungen gewichen.

Der Fall Epstein zeigt, wie Internalisierungsprozesse gefördert werden können. Die Patientin erzählte, daß sie die Gegenwart des Therapeuten gespürt habe, als sie sich den Mut nahm, um einen stabileren Schreibmaschinentisch zu bitten. Ihre Realitätsprüfung war gesund. Sie wußte, daß der Therapeut nicht wirklich dabeigewesen war. Es war eben ihre Art zu sagen: »Es war für mich nötig, mich mit Ihrer Stärke zu vereinigen, und ich fand sie in der libidinösen Besetzung Ihrer Objekt-Repräsentanz. In diesem Sinne waren Sie da, als ich Sie brauchte.« So waren die Objekt-Repräsentanzen des Therapeuten zu einer Zwischenstation auf dem Wege zu dem nächsten Schritt der Internalisierung geworden, bei dem die Stärke nicht mehr geborgt wird, sondern die eigene ist. Daß dies nicht das Endstadium beim Erwerb der Unabhängigkeit vom Ob-

jekt durch mehr oder weniger vollständige Internalisierung war, schmä-
lert nicht die Entwicklungsleistung. Als solche wird sie unterstützt. Niemals sollte man sie als unzulänglich ansehen. Wenn die Zwischenstufen
von dem Therapeuten anerkannt werden und mit Freude von dem Patienten erlebt werden, stellen sie eine Brücke zu dem nächsthöheren
Niveau dar.

9. *Regulativprozesse* sind im frühen Leben die Funktion des Reizschutzes
und der mütterlichen Hilfe. Nach den ersten paar Lebenswochen wird
die Regulation komplexer. Nicht nur, daß das Kind vor übermäßigen
äußeren und inneren Reizen geschützt werden muß, so wie z. B. vor der
unneutralisierten Wut, die von übermäßigen Schmerzen herrührt, von
Frustration und ähnlichem, sondern, um die Homöostase aufrechtzuerhalten, muß der Rhythmus der Befriedigung und Frustration vorausseh-
bar sein. Wir haben auch die Rolle der Mutter als eines Spannungsregulativs und als Besänftigerin besprochen und wie diese Funktionen allmäh-
mählich während der ersten Lebensjahre internalisiert werden. Kohuts
theoretische Erklärung hierzu wird durch einige der Fakten, die man in
der Kindheitsentwicklung beobachten kann, bestätigt. Er betrachtet solche
Internalisierungen nicht als Ersatz für die Mutter-Person, sondern als
Teile der Struktur, die deren Funktion übernommen haben. In Situationen, in denen dieser feine Mechanismus versagt, wird die Fähigkeit, die
Homöostase aufrechtzuerhalten, fehlerhaft. Wenn die Erhaltungsmecha-
nismen versagen, folgen schnelle Ich-Regressionen. Signalangst und Abwehr mögen verlorengehen, es kann zur Entdifferenzierung von Selbst-
und Objekt-Repräsentanzen kommen, Entneutralisierung und sogar
Entmischung der Triebe können sich daraus ergeben, woraufhin das Ich
durch die Reduktion der zur Verfügung stehenden Energie einen Funk-
tionsverlust erleidet. Die Fähigkeit zur Selbst-Regulation ist verlorengegangen.

Nach Jacobson ist die Funktion der Aufrechterhaltung der Identität
und der Regulation der Stabilität der Abwehrstruktur erst nach mehreren Jahren des Erwerbs von Über-Ich-Komponenten gesichert, wenn
das Über-Ich als eine separate Struktur zusammenwächst. In praxi bedeutet das, daß eine Person mit einer Grenzfall-Struktur, die nach unserer
Definition jenes Stadium der Strukturierung nicht erreicht hat, gegen eine
regressive Katastrophe durch versagende Regulation besonders empfindlich ist. Wir glauben, daß das die genaue Erklärung des Phänomens der
Dekompensation ist. In Kapitel 7 haben wir beschrieben, wie Dekompensation vor den Augen des Therapeuten stattfinden kann, weil der Patient auf solch eine Krise gewartet hat, bevor er Hilfe suchte. Dies sind
Fälle, die sofortiges Eingreifen erfordern, manchmal sogar im Kranken-

haus. Wo auch immer die Behandlung ausgeführt wird, die Maßnahmen, die getroffen werden müssen, sind die gleichen. Der Therapeut und die Umgebung übernehmen die Aufgabe eines Hilfs-Reizschutzes und die der Besänftigung. In solchen extremen Fällen ist Interpretation weniger wichtig als eine empathische Beziehung. Dies ist auch eine Situation, auf die die psychoanalytische Regel, dem Patienten zu erlauben, das Material selbst auszusuchen, keine Anwendung findet, und zwar nicht einfach, weil das Material wahrscheinlich im Primärprozeß liegt, sondern weil gerade diese Nachgiebigkeit für einen Menschen, der seine eigene Regulativfunktion verloren hat, erschreckend wirkt. Der Therapeut eignet sich zur Wiederherstellung jener Funktionen und muß darauf eingestellt sein, diese Rolle aufzugeben, wenn der Patient imstande ist, seine eigene Richtung wieder aufzunehmen.

Diese Technik ist eine der heikelsten, und zwar in bezug auf den richtigen Zeitpunkt. Man kann nicht genau abschätzen, wo die mütterliche Regulation versagt hat, und doch muß der Therapeut versuchen, nicht nur das unmittelbare Trauma zu reparieren, das die Krise ausgelöst hat, sondern auch die strukturelle Schädigung, die den Patienten gegen den Verlust der Regulation empfindlich gemacht hat. Auch hier hat eine »Allgemein-Korrektur« wenig Zweck. Bei der Suche nach dem richtigen Zeitpunkt, um die Ich-Funktionen auf den Patienten zurückzulenken, muß der Therapeut in Betracht ziehen, daß er weder zu lange ein Regulationshelfer bleiben, noch daß er den Patienten zu früh sich selbst überlassen darf. Wir möchten hier wieder die Patientin Epstein und ihren Schreibmaschinentisch erwähnen, diesmal, um den »richtigen Zeitpunkt« zu illustrieren. Der Therapeut sagte nicht sofort: »Aber ich war ja gar nicht dort«, sondern gab mehreren solchen verändernden Internalisationen Gelegenheit, sich anzusammeln.

Im Idealfalle ist es der Patient selbst, der dem Therapeuten davon Mitteilung machen wird, daß die Strukturalisierung stattgefunden hat; und dies ist, wenn er erklärt: »Ich habe es selbst getan.« Für jeden, der kleine Kinder in diesem Entwicklungsstadium beobachtet hat, ist der Triumph, etwas selbst getan zu haben, ein dramatischer Beweis, daß eine neue Struktur erreicht worden ist. Beim erwachsenen Grenzfall-Patienten, der regressiv den regulativen Mechanismus verloren hat, kehrt die Struktur in sicherer Weise wieder zurück, da jetzt der Therapeut genügend sorgsam und empathisch ist, um ihr zu erlauben, sich fester aufzubauen. Wo keine Regression vorliegt, sondern nur Mangel an Regulation, ist die Aufgabe schwieriger. In beiden Fällen muß man sich vor verfrühter Unabhängigkeit hüten, ebenso davor, den Zeitpunkt hinauszuzögern, indem man für den Patienten das tut, was er selbst übernehmen könnte.

10. Der *Schutz der Autonomie* ist besonders betont worden und soll hier kurz rekapituliert werden. Der Therapeut als Förderer des Wachstums besitzt keine magischen Kräfte und auch keine unendliche Weisheit. Es hat auch keinen Sinn, wenn er an Stelle des Patienten die Leitung seines Lebens in die Hand nimmt. Es ist auch nicht sehr hilfreich, sich selber als Vorbild dafür hinzustellen, wie man leben soll. Wenn sich dann doch Identifizierungen einstellen, so sind sie vom Patienten gewählt und helfen beim Ich- und Über-Ich-Aufbau. Es sind Internalisierungen, die zur Unabhängigkeit und schließlich zur Beendigung der Behandlung führen. Sie können aber niemals auf Geheiß des Therapeuten erreicht werden. Sobald der Patient seine Verzerrungen korrigiert hat und neue Identifizierungen braucht, wird er sie finden. Dies werden Charakteristika des Therapeuten sein, die der Patient erlebt und bewundert hat. Niemals sollen die eigenen Lebenserfahrungen des Therapeuten als Vorbild zum Wetteifern für den Patienten vorgebracht werden. Der Patient Baker fürchtete lange Zeit, daß der Therapeut ihm eine Lebensform vorschreiben würde. Das paßte zu seinem Wunsch der Perpetuierung der väterlichen Dominanz. Nach zwei Jahren der Behandlung war er überzeugt, daß der Therapeut eher gewillt war, ihm seine Autonomie zu geben, als er, der Patient, sie zu diesem Zeitpunkt überhaupt haben wollte. Das half ihm, mit seinem eigenen Unabhängigkeitskonflikt zu kämpfen. Schließlich sah er ein, daß der Therapeut nicht sein Leben lenken wollte. Erst dann konnte er sich an die Wahrheit heranwagen, nämlich, daß er intelligenter war als der Therapeut und seinen eigenen Weg finden könnte. Diese Feststellung benutzte neutralisierte Aggression im Dienste des Wachstums und war keine Beleidigung für den Therapeuten, sondern die Anerkennung einer Tatsache. Sie kam zustande, weil der Therapeut nicht wie der Vater die Autonomie aufrechterhielt, sogar als der Patient um eine Wiederholung des wachstumshindernden Eingreifens des Vaters bat.

Schutz der Autonomie ist keine aktive Technik; sie ist vielmehr eine Haltung. Wir haben beschrieben, wie wir Entscheidungen treffen, die in der Domäne des Therapeuten liegen — über die Diagnose und die Form und Häufigkeit der Behandlung. Das aber unterscheidet nur übermäßiges Nachgeben von der Autonomie. Unter »Schutz« verstehen wir, daß sogar, wenn der Patient telefoniert, um die erste Verabredung zu treffen, der Therapeut schon daran denkt, daß er diesem Menschen eines Tages wird helfen müssen, die Behandlung im Zustand der Unabhängigkeit zu beenden. Daß er nicht von Anfang an unabhängig ist, ist ja einer der Umstände, die ihn zur Behandlung bringen. Daß er vom Therapeuten abhängig wird, braucht man nicht zu fürchten. Daß er im Verlaufe der

Therapie zunehmend unabhängig wird, ist das Ergebnis davon, daß es im Beruf des Therapeuten liegt, sich zur Förderung der Unabhängigkeit anzubieten. Es ist nicht so widersprüchlich, wie es vielleicht scheinen mag, daß der Therapeut sich für die »Unabhängigkeit« gebrauchen läßt, wo es nötig ist, d. h. für vorübergehende symbiotische Erfahrungen und verändernde Internalisierungen, wenn er auf den Moment achtet, in dem das Bedürfnis danach nicht mehr besteht und der Patient — oft nur widerwillig — bereit ist, sich ermutigen zu lassen, den nächsten Schritt zu tun. Der letzte Entwicklungsschritt führt dann zur Beendigung der Behandlung.

11. Die *Kriterien für die Beendigung* sind bei der Psychotherapie anders als bei der Psychoanalyse. Bei der Psychotherapie haben wir nicht die größere Sicherheit, die uns die festen psychoanalytischen Regeln bieten. Wir finden hier Richtlinien in anderen Zügen als in der Auflösung der infantilen Konflikte (besonders des Ödipuskonflikts) und der Übertragungsneurose. Eine Anzahl von Faktoren, die die Beendigung der Behandlung beeinflussen, können noch nicht einmal therapeutisch angegangen werden. Hauptsächlich sind dies reale Faktoren wie Umzug, Heirat, Mutterschaft, Verlust des Einkommens oder die eher positive Veränderung des beruflichen Aufstiegs — wobei all das die Besetzungsinvestition der Behandlung zunichte machen kann. Viele von ihnen mögen in Widerstand bestehen, der dann durch Interpretation behandelt werden muß. Es gibt aber keine magische Versicherung, daß die Interpretation dem Patienten die Motivation geben wird, in der Behandlung zu bleiben. Der sozial Isolierte, der Angst vor heterosexuellen Beziehungen hatte und nun nach fünf Jahren der Therapie eine höhere Ebene der Objektbeziehungen erreicht, die dann zu einer Heirat führt, mag noch vieles an sich zu behandeln haben. Wenn er aber in der Aufregung und dem Triumph seiner dramatischen Besserung die noch übrigbleibenden Probleme vernachlässigen will, kann es schwer sein, seinen Widerstand durchzuarbeiten. Es ist viel besser, vorläufig die Behandlung in gutem Einvernehmen zu beenden und so die Tür für eine spätere Wiederaufnahme offen zu lassen, als in eine unbequeme Sackgasse zu geraten, indem man sich dem Patienten als zänkisch darstellt.

Wie auch Freud in seiner »Endlichen und unendlichen Analyse« sagt, kommen im Verlauf der Behandlung nicht alle Konflikte ans Licht. Sie können unsichtbar, sogar unvermutet sein, oder sie mögen für den Patienten vielleicht nicht interessant genug sein, um sie vorzubringen. Und wir können nicht Probleme behandeln, die für den Therapeuten wichtiger sind als für den Patienten. Auch hier empfehlen wir, daß man dem Patienten nicht seine eigenen Werte und Ambitionen aufzwingt.

Wir möchten nicht den Eindruck hinterlassen, daß — weil die psychoanalytischen Prozeduren klarer festgelegt sind — der Therapeut überhaupt keine Anhaltspunkte für die Erkennung der Kriterien zur Beendigung der Behandlung hat. Wir möchten die folgenden Richtlinien vorschlagen: Da die Autonomie durch den ganzen Verlauf der Behandlung hindurch garantiert worden ist und da Mahlers Konzept der Trennung und Individuation und der Objektkonstanz als Kriterien für die Errichtung der Identität gebraucht worden sind, warten wir darauf, daß der Patient ausdrücklich verlangt, entlassen zu werden. Dies ist gewöhnlich zu erwarten, wenn er selbst die Identität fühlt. Wir schätzen dann mit ihm zusammen den Grad seiner Bereitschaft ein. Entspricht sie der Subphase der Übung, in welchem Falle eine Wiederannäherung von seiten des Therapeuten erwartet werden sollte, bevor die Beendigung der Behandlung allzu enthusiastisch empfohlen wird? Wird die Trennungsangst zu stark sein, wenn der Therapeut sich zu sehr beeilt, die Behandlung zu beendigen? Es ist eine Scylla-Charybdis-Situation in bezug auf die Verantwortung des Therapeuten. Es kann schädigend wirken, wenn man die Behandlung zu schnell abbricht, aber es ist vielleicht noch schädlicher, wenn man zu lange an dem Patienten klebt. Wenn der Patient zum erstenmal den Wunsch nach der Beendigung der Behandlung äußert, kann der Therapeut mit seiner Ansicht übereinstimmen und mit ihm besprechen, daß nun eine Terminalphase folgen soll, während derer der Patient selbst wissen wird, wie bereit er ist und wie das sein wird. Die äußeren Anordnungen sind ohne viel Wert. Das Erreichen der Identität ist ein innerer Vorgang, der schließlich wenig oder nichts mit der tatsächlichen körperlichen Gegenwart einer anderen Person zu tun hat. Am besten wird das im Rahmen der dyadischen Übertragung erreicht, wenn eine Gelegenheit besteht, die neutralisierte Aggression im Dienste dieses Zieles zu benutzen. Wir empfehlen nicht, mit der Häufigkeit der Sitzungen herumzuspielen — was ein mechanisches und unwirksames Mittel ist. Wenn der Patient bereit ist aufzuhören, dann sollte er das tun und nicht die Abhängigkeit durch »allmähliche Reduktion« verlängern. Wie eine Kunst wird auch die Psychotherapie niemals exakt sein. Und so werden trotz der Verantwortung des Therapeuten, den Patienten zu schützen, manche Fälle verfrüht aus der Behandlung entlassen. Aber wir denken, daß dies das kleinere Übel ist. Der verfrüht entlassene Patient kann immer wiederkommen. Für jene Grenzfall-Strukturen, bei denen Identität erreicht worden ist, ist es sogar wünschenswert, daß einige Zeit verstreicht, in der der Patient versucht, sich allein zurechtzufinden. Dann könnte er immer noch zurückkommen.

Oft kommt es gegen Ende der Behandlung vor, daß der Patient den

Wunsch äußert, mit dem Therapeuten in freundschaftlichen Beziehungen zu bleiben. Das muß noch während der Behandlung interpretiert werden, gewöhnlich als irgendeine Facette der Trennungsangst. Sogar in der Psychoanalyse, aber weit expliziter in der Psychotherapie, ist die Trennungsangst ein voraussehbarer Zug der Terminalphase. Welche Phantasien auch der Patient über das haben mag, was geschehen wird, wenn »die Behandlung vorbei« ist, all das muß behandelt werden, während die Therapie noch im Gange ist. Versuche, einen gesellschaftlichen Kontakt für die Zeit nach der Behandlung herzustellen, müssen immer als gegen die Trennungsangst gerichtet angesehen werden. Man überläßt es am besten dem Patienten selbst, dies durchzuarbeiten mit dem Wissen, das er sich während der Behandlung erworben hat. Die Tür wird für ihn offen gelassen, und er kann zurückkommen, wenn er fühlt, daß die Beendigung verfrüht war oder daß er den Therapeuten noch ein bißchen bei dem schwierigen Prozeß braucht, sich durch die Beendigung hindurchzuarbeiten. Es kommt manchmal vor, daß entlassene Patienten sporadisch den Behandlungsprozeß wieder auffrischen.

Der Therapeut muß es sich gut überlegen, ob er den Ehepartner, einen Bruder, eine Schwester oder ein Kind des Patienten behandeln will, sogar wenn die Behandlung des Patienten selbst abgeschlossen ist. Wenn er das tut, ist nämlich für den Patienten selbst die Tür für immer geschlossen. Es ist niemals gut, sagen wir, einen Ehepartner anzunehmen, um die Stunden auszufüllen, während der Patient selbst auf Urlaub ist. Ein Mann mag vielleicht seine Frau an seiner Stelle schicken, als eine andere Form, seine Trennungsangst zu vermindern. Er mag vielleicht so eine Absicht, kurz bevor er die Sitzungen aufgibt, äußern. Es ist schmeichelhaft für den Therapeuten, wenn der Patient ihn auf einer Woge von positiven Gefühlen verläßt. Wenn er erst fort ist, mag es dann zu einer Verschiebung in negativer Richtung kommen, oder, was noch besser ist, sie erreichen ein realistisches Gleichgewicht. Während der Patient vielleicht vorübergehend glaubt, daß sein Therapeut als einziger auf der Welt seine Frau behandeln könnte, so muß der Therapeut doch seinen Narzißmus zurückhalten und sich nicht damit einverstanden erklären.

Systematisch möchten wir die Kriterien für die Beendigung der Psychotherapie folgendermaßen darstellen:

1. Das Erreichen der Identität.

2. Linderung der vorgebrachten Beschwerden. Dieses Ziel wird oft als bloße Symptomheilung (ohne Konfliktlösung) geringgeschätzt, als eine Flucht in die Gesundheit oder — was vielleicht schlimmer ist als beides— als eine Übertragungs-Heilung. Während solche Gefahren in der Tat bestehen, kommt es doch häufig vor, daß der Patient, der von seinen

Beschwerden befreit ist, nicht einsieht, wozu er noch weiter behandelt werden sollte. Wir geben hier zwei Beispiele:

a) Das Ehepaar, das seine Ehe zur Kampfstätte für individuelle innere Konflikte gemacht hat, beschließt, die psychotherapeutische Behandlung zu beenden, als ihnen ihr Verhalten klargeworden ist, und sie hören auf, ihre Ehe weiter so zu gebrauchen. Oder aber einer der beiden Partner entschließt sich, sich einzeln behandeln zu lassen.

b) Der Patient, der Objektbeziehungen gehabt hat, die unbefriedigend für ihn waren, so wie z. B. soziale Isolierung, homosexuelle Kontakte, Unfähigkeit zu heiraten und ähnliches, ist vielleicht davon überzeugt, (selbst wenn der Therapeut es nicht ist), daß der richtige Moment für die Beendigung der Behandlung gekommen sei. In manchen solcher Fälle ist die Strukturschädigung so stark, daß eine ideale Heilung nicht möglich ist, selbst wenn die Behandlung verlängert werden würde.

Der Patient Cole war in der High School ein ausgezeichneter Schüler gewesen und konnte sich seine Stipendien für führende Universitäten nur so aussuchen. Die Trennungsangst wurde bei ihm in seinem ersten Semester im College so stark, daß er nach Hause zurückkehren mußte. Er fing die Behandlung an und studierte gleichzeitig am College in seiner Heimatstadt weiter. Als er noch in Behandlung war, gewann er ein vielbegehrtes Stipendium für ein berühmtes wissenschaftliches Institut, glücklicherweise auch in seiner Heimatstadt. Während seiner Arbeit für ein Doktorat gab er jedoch sein Studium auf und zog es vor, sich durch die zwingenden Realitäten hindurchzuarbeiten, um eine dauernde Trennung vom elterlichen Hause zustande zu bringen und finanziell unabhängig zu werden.

Coles schwere Trennungsangst wurde als das Ergebnis davon gedeutet, daß seine Mutter in seiner frühen Kindheit und auch in seinem späteren Leben an chronischen, manchmal akuten Depressionen litt. Er erinnerte sich an seine Einsamkeit, da die Mutter ihm libidinös nicht zur Verfügung stand. Auch sein Vater konnte ihm keine ausreichende Objektbesetzung bieten. Als junger Mann war er körperlich reif, war aber nicht imstande, Kontakte zu jungen Männern oder sozialen und sexuellen Kontakt mit Mädchen herzustellen. Die therapeutischen Bemühungen waren hauptsächlich darauf gerichtet, eine massive Entdifferenzierung zu verhüten. Damit einhergehend stellte der Therapeut über viele Jahre hinweg ein stabiles, konsistentes, verläßliches Objekt dar. Diese Maßnahmen retteten den hochbegabten jungen Mann vor einer lebenslangen Psychose.

Die Objektsuche außerhalb der therapeutischen Beziehung wurde mit einiger Angst begonnen. Während vorher keine offene Sexualität bestanden hatte, noch nicht einmal im autoerotischen Sinne, wurden jetzt für ihn sexuelle und soziale Interessen wichtig. Nachdem er ein Mindestmaß von Objekt-Besetzung mit dem Therapeuten gefunden hatte, zusammen mit Triebverminderung und etwas Stärkung des Ichs, die der Therapeut aus der guten konfliktfreien Sphäre »ausgegraben« hatte, fing der Patient an, sich nach einer Lebensgefährtin umzusehen. Er war nicht »geheilt«, nicht einmal so weit, daß es zu einer festen Differenzierung zwischen Selbst- und Objekt-Repräsentanzen gekommen wäre, wenn auch in dieser Richtung ein großer Fortschritt zu verzeichnen war. Er fand eine junge Frau, die er heiraten wollte, und entschloß sich, die Behandlung zu beenden. Während bei der Psychoanalyse solch ein Schritt als Widerstand und Flucht in die Heterosexualität angesehen worden wäre, muß bei der Psychotherapie der Therapeut das Ausmaß des therapeutischen Gewinns, der erwartet werden könnte, wenn solch ein Fall mit der Behandlung fortfahren würde, gegen den Verlust abwägen, der durch eine »unendliche Therapie« herbeigeführt werden würde. Der Therapeut ließ sich durch die verminderte Angst beim heterosexuellen Kontakt leiten sowie durch die verringerte Trennungsangst, die den Wunsch, die Behandlung zu beenden, diktierte, und entschied sich, mit dem Lebensplan des Patienten »mitzugehen«. Es wird hier noch viele Probleme geben, bei einem Menschen, der die Psychose gestreift hatte, er braucht aber die Gelegenheit, zu versuchen, mit seinen Problemen zu leben, wenn er das will.

3. Der Erwerb einer besseren Abwehrfähigkeit. Traumatische Angst verringert sich zugunsten der Signalangst. Wirksamere Abwehrmechanismen werden eingesetzt. Verleugnung und Projektion z. B. werden zugunsten von Reaktionsbildung und ähnlichem aufgegeben. Wenn dies auch manchmal zur Zwangsabwehr führen kann, so stellt es doch in einigen Fällen einer drohenden Psychose eine merkliche Besserung dar. In günstigeren Fällen fängt die Anpassung an, durch eine Funktionsänderung zu wirken. Nicht nur, daß sekundäre Autonomie erreicht wird, sondern es werden auch aus der konfliktfreien Sphäre stammende Ich-Funktionen entwickelt.

4. Die Objektbeziehungen nähern sich der Objektkonstanz. In manchen Fällen wird echte Objektkonstanz erreicht. Aber auch abgesehen davon wird das Niveau der Objektbeziehungen erhöht. Ein objektloser Patient, so wie Cole, fängt an, andere Menschen zu brauchen. Der Patient, der sich auf der bedürfnisbefriedigenden Ebene befindet, fängt an, das Objekt zu schätzen. Das vorher aggressiv besetzte Objekt kann »vergessen« werden, wie im Falle Forrester, und zwar ohne Angst vor Objekt-

verlust. Der Therapeut wird nicht mehr gebraucht, um dem Patienten zu helfen, seine eigenen Funktionen zu erfüllen. Die Patientin Epstein z. B. kann anfangen, mit ihrem Büroleiter ohne die Hilfe ihrer Therapeutin fertigzuwerden.

5. All das Obige ist ein Anzeichen dafür, daß auch die Strukturierung fortgeschritten ist und daß höhere Ebenen der Internalisierung erreicht worden sind.

6. Das Ich übt immer mehr seine eigenen Funktionen aus und läßt dabei den Therapeuten hinter sich, da er nicht mehr gebraucht wird, um dem Hilfszweck zu dienen, einem weniger kompetenten Ich zu helfen.

Nach einer allgemeinen Regel liegen Anhaltspunkte für die Beendigung darin, daß eine Zunahme an Strukturierung den Patienten auf die Unabhängigkeit hintreibt. Oft mag dies einer Symptombildung ähneln, aber das erscheint nur von außen so. Wenn die Strukturierung fortgeschritten ist, vermindern sich solche Symptome wie die der überwältigenden Angst tatsächlich. Als sehr wichtig ist aber folgendes in Betracht zu ziehen: Ein Patient, der niemals eine Identität besaß, beginnt, wenn er sich ihr nun nähert, darüber nachzudenken, daß die Beziehung mit ihrem Erwerb enden wird. Daraus erklärt sich auch die übermäßige Trennungsangst, die viele solcher Patienten durchmachen. Sie führt zu einem ganz besonders hartnäckigen Widerstreben, die Therapie in Richtung auf den Fortschritt zu gebrauchen. Der Therapeut kann diese Angst jedoch dadurch vermindern, daß er erklärt, die Beziehungen würden mit dem Besitz einer Identität noch nicht aufhören, sondern sich nur verändern. Da der Patient bislang nichts anderes als passive Abhängigkeit vom prä-ödipalen Objekt erlebt hatte, weiß er nichts von aktiven Objektbeziehungen. Ihn davon in Kenntnis zu setzen, daß sich die Beziehungen zwar ändern können, aber deshalb noch nicht aufhören müssen, ist nicht nur notwendig für ihn, sondern ein solches Vorgehen beugt gewöhnlich einer verfrühten, nicht ratsamen Beendigung der Behandlung vor, die auf dem Mißverständnis beruht, daß mit dem Erwerb der Identität das Ende kommen müsse. Mit diesem neuen Wissen beschließen Patienten wie Frau Carroll, noch in Behandlung zu bleiben.

Durch diese Art von Erklärung wird auch die Patt-Situation vermieden, die entsteht, wenn der Patient in seiner Angst, daß das Ende herankommt, bevor er es ertragen kann, es vorzieht, krank zu bleiben, statt sich zur Heilung durchzuarbeiten. Wir sahen das in dem Fall von Forrester. Die Furcht vor dem Aufhören der Beziehung muß nicht als der Wunsch, krank zu bleiben, interpretiert werden, nicht als ein Sekundärgewinn, nicht als eine negative therapeutische Reaktion, sondern als

Mangel an Erfahrung mit Objektkonstanz — nämlich, daß die Selbst- und Objekt-Repräsentanzen existieren, auch wenn die wirklichen Personen physisch voneinander getrennt sind. Bei dem Patienten Forrester war diese Furcht eine Übergangsphase bei dem Erwerb der Identität. Am Ende ersetzen neue Beziehungen die therapeutischen. Es ist wichtig, den Patienten am Anfang dieser Phase nicht auf die Beendigung hinzudrängen. Man muß ihm erlauben zu verweilen, bis er völlig sicher ist, daß der Therapeut und er ganz gut voneinander getrennt weiterbestehen können. Dann werden Außeninteressen die libidinöse Energie absorbieren. Wenn solche Patienten sich entscheiden, mit der Behandlung aufzuhören, dann sollte man es erlauben, auch wenn noch ungelöste Probleme übrigbleiben. Das Ziel der Auflösung des ödipalen Konflikts, wie bei der psychoanalytischen Behandlung, wird gewöhnlich nicht erreicht. Aber das Ziel des Erwerbs einer Identität erreicht zu haben, was für die Grenzfall-Struktur genauso wichtig ist wie die Lösung des Ödipuskonflikts für den Neurotiker, genügt, wenn der Patient sich dabei wohl fühlt. Manche Patienten ziehen es vor, an diesem Punkte aufzuhören; manche kommen später zur Psychoanalyse zurück, manche entscheiden sich für eine Fortsetzung der Psychoanalyse, nachdem sie eine Ich-Struktur erlangt haben, die jetzt diese Form der Behandlung ertragen kann.

Die psychoanalytische Entwicklungspsychologie beschreibt den Wachstumsprozeß und die Nahrung, die er braucht. Aus dieser Theorie erwachsen die spezifischen Techniken, die wir beschrieben und an Hand von Fällen illustriert haben. Hinter dieser Spezifität steht der Gedanke der therapeutischen Förderung des Wachstums als Weg des Patienten zur Identität und zu der Freiheit, in der er das Potential erreichen kann, für das seine Apparate der primären Autonomie ihn ausgestattet haben.

Abraham, K.: Notes on the Psycho-Analytic Investigation and Treatment of Manic-Depressive Insanity and Allied Conditions, in Selected Papers on Psycho-Analysis, S. 137—56. London: The Hogarth Press, 1927.

Adler, M. H. (Berichterstatter): Psychoanalysis and Psychotherapy, International Journal of Psycho-Analysis, 51 (1970), 219—31.

Alexander, F. und T. M. French: Psychoanalytic Psychotherapy. New York: Ronald Press, 1946.

Alexander, F., T. M. French und G. H. Pollack: Psychosomatic Specificity. Vol. I., Experimental Study and Results. Chicago: The University of Chicago Press, 1968.

Alexander, F. und H. Ross: Dynamische Psychiatry. The University of Chicago Press, 1952.

Altman, L. L.: The Dream in Psychoanalysis. New York: International Universities Press, 1969.

Apfelbaum, B.: Ego Psychology, Psychic Energy, and the Hazards of Quantitative Explanation in Psycho-Analytic Theory, International Journal of Psycho-Analysis, 46 (1965), 168—82.

— : On Ego Psychology: A Critique of the Structural Approach to Psycho-Analytic Theory, International Journal of Psycho Analysis, 47 (1966) 451—75.

Appelgarth, A.: Comments on Aspects of the Theory of Psychic Energy, Journal of the American Psychoanalytic Association, 19 (1971), 379—416.

Arlow, J. A.: Silence and the Theory of Technique (The Silent Patient), Journal of the American Psychoanalytic Association, 9 (1961), 44—55.

— (Berichterstatter): Perversion: Theoretical and Therapeutic Aspects, Panel Discussion of the American Psychoanalytic Association, Journal of the American Psychoanalytic Association, 2 (1954), 336—45.

— und C. Brenner: Psychoanalytic Concepts and the Structural Theory. New York: International Universities Press, 1964.

Bak, R. C.: Aggression and Perversion, in S. Lorand (Hrsg.), Perversion: Psychodynamics and Therapy, S. 231—40. New York: Random House, 1956.

— : Comments on Object Relations in Schizophrenia and Perversions, Berichterstatter W. A. Steward, The Psychoanalytic Quarterly, 34 (1965), 473—75.

— : Fetishism, Journal of the American Psychoanalytic Association, I (1953), 285—98.

— : The Phallic Woman and the Ubiquitous Fantasy in Perversions, The Psy-

Bibliographie

371

choanalytic Study of the Child (New York: International Universities Press), 23 (1968), 15—36.

Bell, A. I.: Additional Aspects of Passivity and the Feminine Identification in the Male, International Journal of Psycho-Analysis, 49 (1968), 640—47.

Bellak, L. und L. Small: Emergency Psychotherapy and Brief Psychotherapy. New York: Grune and Stratton, 1965.

Benedek, T.: Parenthood as a Developmental Phase, Journal of the American Psychoanalytic Association, 7 (1959), 389—417.

Benjamin, J.: The Innate and the Experiential in Child Development, in H. Brosin (Hrsg.), Lectures on Experimental Psychiatry, S. 19—42. Pittsburgh: University of Pittsburgh Press, 1961.

Berezin, M. A. (Berichterstatter): The Theory of Genital Primacy in the Light of Ego-Psychology, Journal of the American Psychoanalytic Association, 17 (1969), 968—87.

Bergmann, M. S.: The Intrapsychic and Communicative Aspects of the Dream, International Journal of Psycho-Analysis, 47 (1966), 356—63.

— : The Place of Paul Federn's Ego Psychology in Psychoanalytic Metapsychology, Journal of the American Psychoanalytic Association, 11 (1963) 97 bis 116.

Bergmann, P. und S. K. Escalona: Unusual Sensitivities in Young Children, The Psychoanalytic Study of the Child (New York: International Universities Press), 334 (1949), 333—52.

Bibring, E: The Mechanism of Depression, in Ph. Greenacre (Hrsg.), Affective Disorders, S. 13—48. New York: International Universities Press, 1953.

— : The So-Called English School of Psychoanalysis, The Psychoanalytic Quarterly, 16 (1947), 69—93.

Blanck, G.: Crossroads in the Technique of Psychotherapy, The Psychoanalytic Review, 56 (1970), 498—510.

— : Some Technical Implications of Ego Psychology, International Journal of Psycho-Analysis, 47 (1966), 6—13.

— und R. Blanck: Toward a Psychoanalytic Developmental Psychology, Journal of the American Psychoanalytic Association, 20 (1972), 668—710.

Blanck, R.: Factors in the Growth of a Professional Self, Address to National Conference on Social Welfare, Mai 1964.

— und G. Blanck: Marriage and Personal Development. New York: Columbia University Press, 1968. Deutsche Ausgabe in Vorbereitung.

Blos, P.: On Adolescence: A Psychoanalytic Interpretation. New York: The Free Press, 1962. Deutsch: Adoleszenz. Stuttgart (Klett) 1973.

Bonaparte, M.: Passivity, Masochism and Feminity, International Journal of Psycho-Analysis, 16 (1935), 325—33.

Brenner, C.: The Psycho-Analytic Concept of Aggression, International Journal of Psycho-Analysis, 52 (1971), 137—44.

— : Some Comments on Technical Precepts in Psychoanalysis, Journal of the American Psychoanalytic Association, 17 (1969), 333—52.

Breuer, J. und S. Freud: Studies on Hysteria, James Strachey et al. (Hrsg.), The Standard Edition of the Complete Psychological Works of Sigmund Freud, Vol. II, London: The Hogarth Press, 1955: Deutsch: Studien über Hysterie. Leipzig/Wien (Deuticke) 1895.

Brierley, M.: Affects in Theory and Practice, International Journal of Psycho-Analysis, 18 (1937), 256—68.

Bromberg, W.: The Mind of Man. New York: Harper & Brothers, 1959.

Buhler, C. und F. Massarik (Hrsg.): The Course of Human Life. New York: Springer Publishing Company, 1968. Deutsch: Lebenslauf und Lebensziele. Studien in humanistisch-psychologischer Sicht. Stuttgart (G. Fischer) 1969.

Clower, V. L. (Berichterstatter): Panel on the Development of the Child's Sense of His Sexual Identity, Journal of the American Psychoanalytic Association, 18 (1970), 165—76.

Deutsch, F. (Hrsg.): On the Mysterious Leap, from the Mind to the Body: A Workshop Study on the Theory of Conversion. New York: International Universities Press, 1959.

Deutsch, H.: The Psychology of Women. New York: Grune and Stratton, 1944. Deutsch: Psychologie der Frau. Bern (Huber) 1948—54.

Edelheit, H. (Berichterstatter): Panel on Language and Ego Development, Journal of the American Psychoanalytic Association, 16 (1968), 113—22.

Eissler, K. R.: The Effect of the Structure of the Ego on Psychoanalytic Technique, Journal of the American Psychoanalytic Association, 1 (1953), 104 bis 143.

Eissler, R. S. und K. R. Eissler: Heinz Hartmann: A Biographical Sketch, in R. M. Loewenstein, L. M. Newman, M. Schur und A. J. Solnit (Hrsg.), Psychoanalysis — A General Psychology. New York: International Universities Press, 1966.

Ekstein, R.: Historical Notes Concerning Psychoanalysis and Early Language Development, Journal of the American Psychoanalytic Association, 13 (1965), 707—31.

— und E. Caruth: Levels of Verbal Communication in the Schizophrenic Child's Struggle Against, For, and With the World of Objects, The Psychoanalytic Study of the Child (New York: International Universities Press), 24 (1969), 115—37.

— und R. S. Wallerstein: The Teaching and Learning of Psychotherapy. New York: Basic Books, 1958.

Ellis, H.: Psychology of Sex: A Manual for Students. London: Heinemann, 1933.

English, O. S. (Berichterstatter): The Essentials of Psychotherapy as Viewed by the Psychoanalyst, Podiumsdiskussion der American Psychoanalytic Association, Journal of the American Psychoanalytic Association, 1 (1953), 550—61.

Erikson, E. H.: Childhood and Society. New York: W. W. Norton, 1950. Deutsch: Kindheit und Gesellschaft. Stuttgart (Klett) 1965.

— : Identity and the Life Cycle, Psychological Issues. Monograph 1. New York:

International Universities Press, 1959. Deutsch: Identität und Lebenszyklus. Frankfurt/M. (Suhrkamp) 1966.

— : On the Sense of Inner Identity, in R. P. Knight and C. R. Friedman (Hrsg.), Psychoanalytic Psychiatry and Psychology, S. 351—64. New York: International Universities Press, 1954.

Escalona, S. K.: Patterns of Infantile Experience and the Developmental Process, The Psychoanalytic Study of the Child (New York: International Universities Press), 18 (1963), 197—244.

Federn, P.: Ego Psychology and the Psychoses. New York: Basic Books, 1952. Deutsch: Ichpsychologie und die Psychosen. Bern/Stuttgart (Huber) 1956.

Fenichel, O.: The Ego and the Affects, in The Collected Papers of Otto Fenichel, Vol. 2, S. 215—27. New York: W. W. Norton, 1954.

— : Problems of Psychoanalytic Technique. New York: The Psychoanalytic Quarterly, Inc., 1941.

— : The Psychoanalytic Theory of Neurosis. New York: W. W. Norton, 1945. Deutsch: Psychoanalytische Neurosenlehre. Olten/Freiburg (Walter) 1974.

Ferenczi, S.: The Nosology of Male Homosexuality (Homo-Erotism), in Sex in Psychoanalysis, S. 250—68. New York: Dover Publications, 1956.

— : Thalassa: A Theory of Genitality, The Psychoanalytic Quarterly, 2 (1924), 361—403.

Ferreira, A. F.: Empathy and the Bridge Function of the Ego, (The Silent Patient) Journal of the American Psychoanalytic Association, 9 (1961), 91—105.

Fisher, C.: Psychoanalytic Implications of Recent Research on Sleep and Dreaming, Journal of the American Psychoanalytic Association, 13 (1965), 197 bis 303.

— und I. H. Paul: The Effect of Subliminal Visual Stimulation on Images and Dreams: A Validation Study, Journal of the American Psychoanalytic Association, 7 (1959), 35—83.

Freud, A.: The Concept of Developmental Lines, The Psychoanalytic Study of the Child (New York: International Universities Press), 8 (1963), 245—65.

— : Difficulties in the Path of Psychoanalysis: A Confrontation of Past with Present Viewpoints. New York: International Universities Press, 1969. Deutsch: Schwierigkeiten der Psychoanalyse in Vergangenheit und Gegenwart. Frankfurt/M. (S. Fischer) 1972.

— : Normality and Pathology of Development in Childhood: Assessments of Development. New York: International Universities Press, 1965. Deutsch: Wege und Irrwege in der Kinderentwicklung. Bern/Stuttgart (Huber/Klett). 1968.

— : Obsessional Neurosis: A Summary of Psycho-Analytic Views as Presented at the Congress, International Journal of Psycho-Analysis, 47 (1966), 116—22.

— : The Writings of Anna Freud, Vol. II, The Ego and the Mechanisms of Defence. New York: International Universities Press, 1936. Deutsch: Das Ich und die Abwehrmechanismen. München (Kindler) 1964.

— : The Writings of Anna Freud, Vol. VIII, Problems of Psychoanalytic Training, Diagnosis and the Technique of Therapy. New York: International Universities Press, 1971.

—, H. Nagera und W. E. Freud: Metapsychological Assessment of the Adult Personality: The Adult Profile, The Psychoanalytic Study of the Child (New York: International Universities Press), 20 (1965), 9—41.

Freud, S.: Gesammelte Werke, London: Imago Publ. Co., 1952. Deutsch: Gesammelte Werke, Frankfurt/M.: S. Fischer.

— : Analyse der Phobie eines fünfjährigen Knaben, Bd. VII.

— : Die endliche und die unendliche Analyse, Bd. XVI.

— : Zur Einleitung der Behandlung, Bd. VIII.

— : Jenseits des Lustprinzips, Bd. XIII.

— : Charakter und Analerotik, Bd. VII.

— : Ein Kind wird geschlagen, Bd. XII.

— : Zur Dynamik der Übertragung, Bd. VIII.

— : Das ökonomische Problem des Masochismus, Bd. XIII.

— : Das Ich und das Es, Bd. XIII.

— : Über die weibliche Sexualität, Bd. XIV.

— : Fetischismus, Bd. XIV.

— : Formulierungen über die zwei Prinzipien des psychischen Geschehens, Bd. VIII.

— : Bruchstück einer Hysterie-Analyse, Bd. V.

— : Aus der Geschichte einer infantilen Neurose, Bd. XII.

— : Weitere Bemerkungen über die Abwehrneuropsychosen, Bd. I.

— : Massenpsychologie und Ich-Analyse, Bd. XIII.

— : Die infantile Genitalorganisation, Bd. XIII.

— : Hemmung, Symptom und Angst, Bd. XIV.

— : Die Traumdeutung, Bd. II und III.

— : Die zukünftigen Wege der psychoanalytischen Therapie, Bd. VIII.

—· : Trauer und Melancholie, Bd. X.

— : Zur Einführung des Narzißmus, Bd. X.

— : Die Verneinung, Bd. XIV.

— : Neurose und Psychose, Bd. XIII.

— : Neue Folge der Vorlesungen zur Einführung in die Psychoanalyse, Bd. XV.

— : Bemerkungen über einen Fall von Zwangsneurose, Bd. VII.

— : Bemerkungen über die Übertragungsliebe, Bd. X.

— : Abriß der Psychoanalyse, Bd. XVII.

— : Aufsätze zur Technik der Psychoanalyse, Bd. VIII—XII.

— : Psychoanalytische Bemerkungen über einen autobiographisch beschriebenen Fall von Paranoia (Dementia paranoides), Bd. VIII.

— : Über die Psychogenese eines Falles von weiblicher Homosexualität, Bd. XII.

— : Die Frage der Laienanalyse, Bd. XIV.

— : Ratschläge für den Arzt bei der psychoanalytischen Behandlung, Bd. VIII.

— : Erinnern, Wiederholen und Durcharbeiten, Bd. X.

— : Die Verdrängung, Bd. X.

— : Widerstand und Verdrängung, Bd. XIV.

— : Über einige neurotische Mechanismen bei Eifersucht, Paranoia und Homo-sexualität, Bd. XIII.

— : Einige psychische Folgen der anatomischen Geschlechtsunterschiede, Bd. XIV.

— : Die Ich-Spaltung im Abwehrvorgang, Bd. XVII.

— : Drei Abhandlungen zur Sexualtheorie, Bd. V.

— : Das Unbewußte, Bd. X.

— : Über »wilde« Psychoanalyse, Bd. VIII.

Friedman, L.: The Therapeutic Alliance, International Journal of Psycho-Ana-lysis, 50 (1969), 139—53.

Fromm, E.: The Forgotten Language. New York: The Grove Press, 1951. Deutsch: Märchen, Mythen und Träume. Konstanz (Diana) 1956.

Gill, M. M. (Hrsg.): The Collected Papers of David Rapaport. New York: Basic Books, 1967.

— : Psychoanalysis and Exploratory Psychotherapy, Journal of the American Psychoanalytic Association, 2 (1954), 771—97.

— : Topography and Systems in Psychoanalytic Theory, Psychological Issues, Bd. 3, Nr. 2. Monograph 10. New York: International Universities Press, 1963.

Gillespie, W. H.: The General Theory of Sexual Perversion, Panel on Perver-sions, 19th International Congress on Psycho-Analysis, 1955, International Journal of Psycho-Analysis, 37 (1956), 396—403.

— : Neurotic Ego Distortions, International Journal of Psycho-Analysis, 39 (1958), 258—59.

— : Symposium on Homosexuality, Panel Discussion, 23rd International Con-gress of Psycho-Analysis, 1963, International Journal of Psycho-Analysis, 45 (1964), 203—209.

Gitelson, M.: On Ego Distortion, International Journal of Psycho-Analysis, 39 (1958), 245—57.

Glover, E.: The Concept of Dissociation, in On the Early Development of the Mind, S. 307—23. New York: International Universities Press, 1956.

— : On the Early Development of the Mind. New York: International Univer-sities Press, 1956.

— : Ego Distortions, International Journal of Psycho-Analysis, 39 (1958), 260 bis 64.

— : Examination of the Klein System of Child Psychology, The Psychoanalytic Study of the Child (New York: International Universities Press), 1 (1945), 75—118.

— : Grades of Ego-Differentiation, in On the Early Development of the Mind, S. 112—22. New York: International Universities Press, 1956.

— : Metapsychology or Metaphysics. A Psychoanalytic Essay, The Psychoanaly-tic Quarterly, 35 (1966), 173—90.

— : The Psycho-Analysis of Affects, International Journal of Psycho-Analysis, 20 (1939), 299—307.

— : The Relation of Perversion-Formation to the Development of Reality-Sense, in On the Early Development of the Mind. New York: International Universities Press, 1956.

— : The Technique of Psychoanalysis. New York: International Universities Press, 1955.

Greenacre, Ph.: Certain Relationships Between Fetishism and Faulty Development of the Body Image, The Psychoanalytic Study of the Child (New York: International Universities Press), 8 (1953), 65—78.

— : Certain Technical Problems in the Transference Relationship, Journal of the American Psychoanalytic Association, 7 (1959), 484—502.

— : The Childhood of the Artist, The Psychoanalytic Study of the Child (New York: International Universities Press), 12 (1957), 47—72.

— : Experiences of Awe in Childhood, The Psychoanalytic Study of the Child (New York: International Universities Press), 11 (1956), 9—30.

— : The Fetish and the Transitional Object, The Psychoanalytic Study of the Child (New York: International Universities Press), 24 (1969), 144—64.

— : Further Considerations Regarding Fetishism, The Psychoanalytic Study of the Child (New York: International Universities Press), 10 (1955), 187—94.

— : Perversions: General Considerations Regarding their Genetic and Dynamic Background, The Psychoanalytic Study of the Child (New York: International Universities Press), 23 (1968), 47—62.

— : The Predisposition to Anxiety, The Psychoanalytic Quarterly, 10 (1941), 66—94 und 610—38.

— : Problems of Overidealization of the Analyst and of Analysis: Their manifestations in the Transference and Countertransference Relationship, The Psychoanalytic Study of the Child (New York: International Universities Press), 20 (1972), 209—19.

— : The Role of Transference, Journal of the American Psychoanalytic Association, 2 (1954), 671—84.

— : Special Problems of Early Female Sexual Development, The Psychoanalytic Study of the Child (New York: Int. Universities Press), 5 (1950), 122—38.

— : The Transitional Object and the Fetish, International Journal of Psycho-Analysis, 51 (1971), 447—56.

— : Trauma, Growth, and Personality. London: The Hogarth Press, 1953.

Greenson, R. R.: Comment on Dr. Limentani's Paper on Acting Out, 24th International Congress of Psycho-Analysis, 1965, International Journal of Psycho-Analysis, 47 (1966), 282—85.

— : Empathy and its Vicissitudes, International Journal of Psycho-Analysis, 41 (1968), 418—24.

— : The Exceptional Position of the Dream in Psychoanalytic Practice, The Psychoanalytic Quarterly, 29 (1970), 519—49.

— : On Homosexuality and Gender Identity, Symposium on Homosexuality, 23rd International Congress of Psycho-Analysis, 1963, International Journal of Psycho-Analysis, 45 (1964), 217—19.

— : On the Silence and Sounds of the Analytic Hour, (The Silent Patient), Journal of the American Psychoanalytic Association, 9 (1961), 79—84.

— : The Technique und Practice of Psychoanalysis. New York: Hallmark Press, 1967. Deutsch: Technik und Praxis der Psychoanalyse, Bd. I. Stuttgart (Klett) 1973.

— : That Impossible Profession, Journal of the American Psychoanalytic Association, 14 (1966), 9—27.

— : The Working Alliance and the Transference Neurosis, The Psychoanalytic Quarterly, 34 (1965), 155—81.

— und M. Wexler: The Non-Transference Relationships in the Psychoanalytic Situation, International Journal of Psycho-Analysis, 50 (1969), 27—39.

Grinker, R. R. und J. P. Spiegel: Men Under Stress. Philadelphia: Blakiston Co., 1941.

Hartmann, H.: Ego Psychology and the Problem of Adaptation. New York: International Universities Press, 1958. Deutsch: Ich-Psychologie und Anpassungsproblem. Stuttgart (Klett) 1965.

— : Essays in Ego Psychology. New York: International Universities Press, 1964. Deutsch: Ich-Psychologie. Stuttgart (Klett) 1972.

— : The Mutual Influences in the Development of Ego and the Id, The Psychoanalytic Study of the Child (New York: International Universities Press), 7 (1952), 9—30.

— : Notes on a Theory of Sublimation, The Psychoanalytic Study of the Child (New York: International Universities Press), 10 (1955), 9—29.

— : Psychoanalysis and Developmental Psychology, The Psychoanalytic Study of the Child (New York: International Universities Press), 5 (1950), 7—17.

— : Technical Implications of Ego Psychology, The Psychoanalytic Quarterly, 20 (1951), 31—43.

— und E. Kris: The Genetic Approach in Psychoanalysis, The Psychoanalytic Study of the Child (New York: International Universities Press), 1 (1945), 11—30.

— , E. Kris und R. M. Loewenstein: Comments on the Formation of Psychic Structure, The Psychoanalytic Study of the Child (New York: International Universities Press), 2 (1946), 11—38.

— , E. Kris und R. M. Loewenstein: Notes on the Theory of Aggression, The Psychoanalytic Study of the Child (New York: International Universities Press), 3/4 (1949), 9—36.

— und R. M. Loewenstein: Notes on the Superego, The Psychoanalytic Study of the Child (New York: International Universities Press), 17 (1962), 42—81.

Hatterer, L. J.: Changing Homosexuality in the Male. New York: McGraw-Hill, 1970.

Van der Heide, C.: Blank Silence and the Dream Screen, (The Silent Patient), Journal of the American Psychoanalytic Association, 9 (1961), 85—90.

Heiman, M.: Female Sexuality: Introduction, Journal of the American Psychoanalytic Association, 16 (1968), 565—68.

— , J. S. Kestenberg, T. Benedek und S. Keiser: Discussion of Mary Jane Sherfey: The Evolution and the Nature of Female Sexuality in Relation to Psychoanalytic Theory, Journal of the American Psychoanalytic Association, 16 (1968), 406—56.

Hoffer, W.: Mouth, Hand and Ego-Integration, The Psychoanalytic Study of the Child (New York: International Universities Press), 3/4 (1949), 49—56.

Holt, R. R.: Ego Autonomy Re-evaluated, International Journal of Psycho-Analysis, 46 (1965), 151—67.

— : (Hrsg.): New Horizons for Psychotherapy. New York: International Universities Press, 1971.

Horney, K.: New Ways in Psychoanalysis. New York: W. W. Norton, 1939. Deutsch: Neue Wege in der Psychoanalyse. Stuttgart (Kilpper) 1951.

Isakower, O.: A Contribution to the Pathopsychology of Phenomena Associated with Falling Asleep, Int. Journal of Psycho-Analysis, 29 (1938), 331—45.

Jacobson, E.: Depersonalization, Journal of the American Psychoanalytic Association, 7 (1959), 581—610.

— : Depression. New York: International Universities Press, 1971.

— : The Self and the Object World. New York: International Universities Press, 1964. Deutsch: Das Ich und die Welt der Objekte. Frankfurt a. M. (Suhrkamp) 1974.

— : Sullivan's Interpersonal Theory of Psychiatry, Journal of the American Psychoanalytic Association, 3 (1955), 149—56.

Joseph, E. D. (Hrsg.): The Place of the Dream in Clinical Psychoanalysis. (H. F. Waldhorn, Berichterstatter; C. Brenner, Vorsitzender.) Monograph 2 of the Kris Study Group, S. 52—106. New York: International Universities Press 1967.

Kaplan, D. M.: Comments on the Screening Function of a »Technical Affect«, with Reference to Depression and Jealousy, International Journal of Psycho-Analysis, 51 (1970), 489—502.

Katan, M.: Contributions to the Panel on Ego Distortions, International Journal of Psycho-Analysis, 39 (1958), 265—70.

Kernberg, O. F.: Borderline Personality Organization, Journal of the American Psychoanalytic Association, 15 (1967), 641—85.

— : A Contribution to the Ego-Psychological Critique of the Kleinian School, International Journal of Psycho-Analysis, 50 (1969), 317—33.

— : Early Ego Integration and Object Relations, Annals of the New York Academy of Sciences, 193 (1972), 233—47.

— : Factors in the Psychoanalytic Treatment of Narcissistic Personalities, Journal of the American Psychoanalytic Association, 18 (1970), 51—85.

— : Prognostic Considerations Regarding Borderline Personality Organization, Journal of the American Psychoanalytic Association, 19 (1971), 595—635.

— : A Psychoanalytic Classification of Character Pathology, Journal of the American Psychoanalytic Association, 18 (1970), 800—22.

— : The Treatment of Patients with Borderline Personality Organization, International Journal of Psycho-Analysis, 49 (1968), 600—19.

— : et al.: Psychotherapy and Psychoanalysis. Bulletin of the Menninger Clinic, Bd. 36, 1972.

Kestenberg, J. S.: Vicissitudes of Female Sexuality, Journal of the American Psychoanalytic Association, 4 (1956), 453—76.

Kinsey, A. C., W. B. Pomeroy und C. E. Martin: Sexual Behavior in the Human Male. Philadelphia; W. B. Saunders, 1948. Deutsch: Das sexuelle Verhalten des Mannes. Berlin/Frankfurt a. M. (S. Fischer) 1955.

— : Sexual Behavior in the Human Female. Philadelphia: W. B. Saunders, 1953. Deutsch: Das sexuelle Verhalten der Frau. Berlin/Frankfurt a. M. (S. Fischer) 1954.

Klein, M.: Contribution to Psycho-Analysis. London: The Hogarth Press, 1948.

— : Envy and Gratitude. New York: Basic Books, 1957. Deutsch: Neid und Dankbarkeit, in Das Seelenleben des Kleinkindes. Stuttgart (Klett) 1962.

Knight, R. P.: Borderline States, in R. P. Knight und C. Friedman (Hrsg.), Psychoanalytic Psychiatry and Psychology, S. 97—109. New York: International Universities Press, 1954.

— : A Critique of the Present Status of the Psychotherapies, in R. P. Knight und C. Friedman (Hrsg.), Psychoanalytic Psychiatry and Psychology, S. 52 bis 64. New York: International Universities Press, 1954.

— : Evaluation of Psychotherapeutic Techniques, in R. P. Knight und C. Friedman (Hrsg.), Psychoanalytic Psychiatry and Psychology, S. 65—76. New York: International Universities Press, 1954.

— : Psychiatric Issues in the Kinsey Report on Males, in R. P. Knight und C. Friedman (Hrsg.), Psychoanalytic Psychiatry and Psychology, S. 311—20. New York: International Universities Press, 1954.

Kohut, H.: The Analysis of the Self. New York: International Universities Press, 1971. Deutsch: Narzißmus. Eine Theorie der psychoanalytischen Behandlung narzißtischer Persönlichkeitsstörungen. Frankfurt a. M. (Suhrkamp) 1973.

Krafft-Ebing, R.: Psychopathia Sexualis. Stuttgart (Ferdinand Enke) 1924.

Kramer, P.: On Discovering One's Identity: A Case Report, The Psychoanalytic Study of the Child (New York: International Universities Press), 10 (1955), 47—74.

Kris, E.: Ego Psychology and Interpretation in Psychoanalytic Therapy, The Psychoanalytic Quarterly, 20 (1951), 15—30.

— : On Some Vicissitudes of Insight in Psychoanalysis, International Journal of Psycho-Analysis, 37 (1956), 445—55.

— : The Personal Myth, Journal of the American Psychoanalytic Association, 4 (1956), 653—81.

— : Psychoanalytic Explorations in Art. New York: International Universities Press, 1952.

— : The Recovery of Childhood Memories in Psychoanalysis, The Psychoanalytic Study of the Child (New York: International Universities Press), 11 (1956), 54—88.

Van der Leeuw, P. F.: Comment on Dr. Ritvo's Paper, International Journal of Psycho-Analysis, 47 (1966), 132—35.

Levin, S.: Some Suggestions for Treating the Depressed Patient, The Psycho-analytic Quarterly, 34 (1965), 37—65.

Levy, J.: Silence in the Analytic Session, International Journal of Psycho-Analysis, 39 (1958), 50—58.

Limentani, A.: A Reevaluation of Acting Out in Relation to Working Through, International Journal of Psycho-Analysis, 48 (1966), 274—82.

Loewald, H. W.: Internalization, Separation, Mourning, and the Superego, The Psychoanalytic Quarterly, 31 (1962), 483—504.

Loomie, L.: Some Ego Considerations in the Silent Patient, Journal of the American Psychoanalytic Association, 9 (1961), 56—78.

Ludwig, A. D. (Berichterstatter): Psychoanalysis and Psychotherapy: Dynamic Criteria for Treatment Choice, Panel Discussion of the American Psycho-analytic Association, Journal of the American Psychoanalytic Association, 2 (1954), 346—50.

Macurdy, J. T.: The Psychology of Emotion. New York: Harcourt Brace, 1925.

Mahler, M. S.: Autism and Symbiosis: Two Extreme Disturbances of Identity, International Journal of Psycho-Analysis, 39 (1958), 77—83.

— : On Child Psychosis and Schizophrenia: Autistic and Symbiotic Infantile Psychosis, The Psychoanalytic Study of the Child (New York: International Universities Press), 7 (1951), 286—305.

— : On the First Three Subphases of the Separation-Individuation Process, International Journal of Psycho-Analysis, 53 (1972), 333—38.

— : On Human Symbiosis and the Vicissitudes of Individuation. New York: International Universities Press, 1968. Deutsch: Symbiose und Individuation. Stuttgart (Klett) 1972.

— : Notes on the Development of Basic Moods: The Depressive Affect in Psycho-analysis, in R. M. Loewenstein, L. M. Newman, M. Schur und A. J. Solnit (Hrsg.), Psychoanalysis—A General Psychology, S. 152—68. New York: International Universities Press, 1966.

— : On Sadness and Grief in Infancy and Childhood: Loss and Restoration of the Symbiotic Love Object, in The Psychoanalytic Study of the Child. New York: International Universities Press, 16 (1961), 332—51.

— : On the Significance of the Normal Separation-Individuation Phase, in M. Schur (Hrsg.), Drives, Affects, and Behavior, Bd. II, S. 161—68. New York: International Universities Press, 1965.

— : A Study of the Separation-Individuation Process: And its Possible Application to Borderline Phenomena in the Psychoanalytic Situation, The Psycho-analytic Study of the Child (New York: Quadrangle Books), 26 (1971), 403—24. Deutsch: Die Bedeutung des Loslösungs- und Individuationsprozesses für die Beurteilung von Borderline-Phänomenen, Psyche 12 (1975), 1078—1095.

-- : Thoughts about Development and Individuation, The Psychoanalytic Study of the Child (New York: International Universities Press), 18 (1963), 307 bis 324.

— und P. Elkisch: Some Observations on Disturbances of the Ego in a Case of

Infantile Psychosis, The Psychoanalytic Study of the Child (New York: International Universities Press), 8 (1953), 252—61.

— und M. Furer: Certain Aspects of the Separation-Individuation Phase, The Psychoanalytic Quarterly, 32 (1963), 1—14.

— und B. J. Gosliner: On Symbiotic Child Psychosis: Genetic, Dynamic and Restitutive Aspects, The Psychoanalytic Study of the Child (New York: International Universities Press), 10 (1958), 195—212.

— und K. LaPerriere: Mother-Child Interaction During Separation-Individuation, The Psychoanalytic Quarterly, 34 (1965), 483—98.

Masters, W. H., und V. E. Johnson: Human Sexual Response. Boston: Little, Brown and Company, 1966. Deutsch: Die sexuelle Reaktion, Frankfurt/M. (Akademische Verlagsgesellschaft) 1967.

— : Human Sexual Inadequacy. Boston: Little, Brown and Company, 1970.

McLaughlin, J. T.: The Analyst and the Hippocratic Oath, (The Silent Patient), Journal of the American Psychoanalytic Association, 9 (1961), 106 bis 123.

Meissner, W. W.: Notes on Identification. II. Clarification of Related Concepts, The Psychoanalytic Quarterly, 40 (1971), 277—302.

Menninger, K.: Theory of Psychoanalytic Technique. New York: Basic Books, 1958.

Moore, B. E.: Frigidity: A Review of Psychoanalytic Literature, The Psychoanalytic Quarterly, 33 (1964), 323—49.

— : Panel Report: Frigidity in Women, Journal of the American Psychoanalytic Association, 9 (1961), 571—84.

— und B. D. Fine: A Glossary of Psycho-Analytic Terms and Concepts. New York: The American Psychoanalytic Association, 1967.

Morgenthaler, F.: Disturbances of Male and Female Identity as Met with in Psychoanalytic Practice, Panel Introduction, 26th International Congress of Psycho-Analysis, 1967, Int. Journal of Psycho-Analysis, 50 (1969), 109—12.

Mullahy, P.: Psychoanalysis and Interpersonal Psychiatry. New York: Science House, 1970.

Murphy, William F.: The Tactics of Psychotherapy. New York: International Universities Press, 1965.

Nacht, S.: Causes and Mechanisms of Ego Distortion, International Journal of Psycho-Analysis, 39 (1958), 271—73.

Niederland, W. G.: The Role of the Ego in the Recovery of Early Memories, The Psychoanalytic Quarterly, 24 (1965), 564—71.

Nunberg, H.: Practice and Theory of Psychoanalysis. New York: International Universities Press, Bd. 1, 1948; Bd. 2, 1965.

— : The Synthetic Function of the Ego, International Journal of Psycho-Analysis, 12 (1931), 123—40.

Pasche, F.: Symposium on Homosexuality, International Journal of Psycho-Analysis, 45 (1964), 210—13.

Patterson, C. H.: Theories of Counseling and Psychotherapy. New York: Harper & Row, 1966.

Pearce, J. und S. Newton: The Conditions of Human Growth. New York: Citadel Press, 1965.

Piaget, J.: The Language and Thought of the Child. New York: Macmillan Books, 1955. Deutsch: Sprechen und Denken des Kindes. Düsseldorf (Schwann) 1972.

Pine, F. und M. Furer: Studies of the Separation-Individuation Phase: A Methodological Overview, The Psychoanalytic Study of the Child (New York: International Universities Press), 18 (1963), 325—42.

Pollack, G. H.: Mourning and Adaptation, International Journal of Psychoanalysis, 42 (1961), 341—61.

Rangell, L.: The Intrapsychic Process and its Analysis: A Recent Line of Thought and its Current Implications, International Journal of Psycho-Analysis, 51 (1970), 195—209.

— : The Nature of Conversion, Journal of the American Psychoanalytic Association, 7 (1959), 632—62.

— (Berichterstatter): Psychoanalysis and Dynamic Psychotherapy—Similarities and Differences, Panel Discussion of the American Psychoanalytic Association. Journal of the American Psychoanalytic Association, 2 (1954), 152 bis 166.

— : Similarities and Differences between Psychoanalysis and Dynamic Psychotherapy, Journal of the American Psychoanalytic Association, 2 (1954), 734—44.

Rapaport, D.: Emotions and Memory. New York: International Universities Press, 1942. Deutsche Übersetzung in Vorbereitung.

— : An Historical Survey of Psychoanalytic Ego Psychology, Introduction to Psychological Issues, Bd. 1, Nr. 1 (1959), 5—17.

— : The Organization and Pathology of Thought. New York: Columbia University Press, 1951.

— : On the Psycho-Analytic Theory of Affects, International Journal of Psycho-Analysis, 34 (1953), 177—98.

— : Some Metapsychological Considerations Concerning Activity and Passivity, in M. M. Gill (Hrsg.), The Collected Papers of David Rapaport, 530—69. New York: Basic Books, 1967.

Ritvo, S.: Correlation of a Childhood and Adult Neurosis: Based on the Adult Neurosis of a Reported Childhood Case, International Journal of Psycho-Analysis, 47 (1966), 130—31.

Ross, N.: Affect as Cognition. Vorlesung, gehalten von der Topeka Psychoanalytic Society am 22. 2. 1973.

— : An Examination of Nosology According to Psychoanalytic Concepts, Journal of the American Psychoanalytic Association, 8 (1960), 535—51.

— : The »As If Concept«, Journal of the American Psychoanalytic Association, 15 (1967), 59—82.

— : The Primacy of Genitality in the Light of Ego-Psychology: Introductory

Remarks, Journal of the American Psychoanalytic Association, 17 (1970), 267—84.

Rubinfine, D. L.: Notes on a Theory of Depression, The Psychoanalytic Quarterly, 37 (1968), 400—17.

Sarlin, C. N.: Feminine Identity, Journal of the American Psychoanalytic Association, 11 (1963), 790—816.

Saul, L. und A. Beck: Psychodynamics of Male Homosexuality, International Journal of Psycho-Analysis, 42 (1961), 43—48.

— und J. W. Lyons: Acute Neurotic Reactions, in Alexander und Ross (Hrsg.), Dynamic Psychiatry, Chicago: The University of Chicago Press, 1952.

Schafer, R.: Aspects of Internalization. New York: Int. Univ. Press, 1968.

— : An Overview of Heinz Hartmann's Contributions to Psychoanalysis, International Journal of Psycho-Analysis, 51 (1970), 425—46.

— : The Psychoanalytic Vision of Reality, International Journal of Psycho-Analysis, 51 (1970), 279—97.

Schur, M.: Comments on the Metapsychology of Somatization, The Psychoanalytic Study of the Child (New York: International Universities Press), 10 (1955), 119—64.

— : The Id and the Regulatory Principles of Mental Functioning. New York: International Universities Press, 1966.

Sharpe, E. F.: Collected Papers on Psycho-Analysis. London: The Hogarth Press, 1950.

— : Dream Analysis. London: The Hogarth Press, 1937.

Sherfey, M. J.: The Evolution and the Nature of Female Sexuality in Relation to Psychoanalytic Theory, Journal of the American Psychoanalytic Association, 14 (1966), 28—128.

Silverman, M. A.: The Growth of Logical Thinking. Piaget's Contribution to Ego Psychology, The Psychoanalytic Quarterly, 40 (1971), 317—41.

Socarides, C. W.: Psychoanalytic Therapy of a Male Homosexual, The Psychoanalytic Quarterly, 38 (1969), 173—90.

— (Berichterstatter): Theoretical and Clinical Aspects of Overt Female Homosexuality, Journal of the American Psychoanalytic Association, 10 (1962), 579—92.

Spiegel, N. T.: An Infantile Fetish and its Persistence into Young Womanhood, The Psychoanalytic Study of the Child (New York: International Universities Press), 22 (1967), 401—25.

Spitz, R. A.: Aggression: Its Role in the Establishment of Object Relations, in R. M. Loewenstein (Hrsg.), Drives, Affects, Behavior, New York: International Universities Press, 1953.

— : Anaclitic Depression: An Inquiry into the Genesis of Psychiatric Conditions in Early Childhood, The Psychoanalytic Study of the Child (New York: International Universities Press), 2 (1946), 313—42.

— : Anxiety in Infancy: A Study of its Manifestations in the First Year of Life, International Journal of Psycho-Analysis, 31 (1950), 138—43.

— : Autoerotism Reexamined: The Role of Early Sexual Behavior Patterns in Personality Formation, The Psychoanalytic Study of the Child (New York: International Universities Press), 17 (1962), 283—315.

— : Bridges: On Anticipation, Duration, and Meaning, Journal of the American Psychoanalytic Association, 20 (1972), 721—35. Deutsch: Brücken. Zur Genese der Sinngebung, Psyche 11 (1974), 1003—1018.

— : The Evolution of the Dialogue, in M. Schur (Hrsg.), Drives, Affects, Behavior, Bd. II. New York: International Universities Press, 1963.

— : The First Year of Life. New York: International Universities Press, 1965. Deutsch: Vom Säugling zum Kleinkind. Stuttgart (Klett) 1969.

— : On the Genesis of Superego Components, The Psychoanalytic Study of the Child (New York: International Universities Press), 13 (1958), 375—404.

— : A Genetic Field Theory of Ego Formation: Its Implications for Pathology. New York: International Universities Press, 1959. Deutsch: Eine genetische Feldtheorie der Ichbildung. Frankfurt/M. (S. Fischer) 1972.

— : Hospitalism: An Inquiry into the Genesis of Psychiatric Conditions in Early Childhood, The Psychoanalytic Study of the Child (New York: International Universities Press), 1 (1945), 53—74.

— : Hospitalism: A Follow Up Report, The Psychoanalytic Study of the Child (New York: International Universities Press), 2 (1946), 113—17.

— : No and Yes. New York: International Universities Press, 1957. Deutsch: Nein und Ja. Stuttgart (Klett) 1960.

— : The Primal Cavity: A Contribution to the Genesis of Perception and its Role for Psychoanalytic Theory, The Psychoanalytic Study of the Child (New York: International Universities Press), 10 (1955), 215—40.

Sterba, R.: The Fate of the Ego in Analytic Therapy, International Journal of Psycho-Analysis, 15 (1934), 117—26.

Van der Sterren, A. A.: Life Decisions During Analysis, International Journal of Psycho-Analysis, 47 (1966), 295—98.

Stoller, R. J.: A Contribution to the Study of Gender Identity, International Journal of Psycho-Analysis, 45 (1964), 220—26.

— : Sex and Gender. New York: Science House, 1968.

Stone, L.: The Widening Scope of Indications for Psychoanalysis, Journal of the American Psychoanalytic Association, 2 (1954), 567—94.

Sullivan, H. S.: Conceptions of Modern Psychiatry. New York: W. W. Norton, 1953.

Tarachow, S.: Interpretation and Reality in Psycho-Therapy, International Journal of Psycho-Analysis, 43 (1962), 377—87.

— : An Introduction to Psychotherapy. New York: International Universities Press, 1963.

Tolpin, M.: On the Beginnings of a Cohesive Self: An Application of the Concept of Transmuting Internalization to the Study of the Transitional Object and Signal Anxiety, The Psychoanalytic Study of the Child (New York: Quadrangle Books), 26 (1972), 316—52.

Waelder, R.: Basic Theory of Psychoanalysis. New York: International Universities Press, 1960. Deutsch: Die Grundlagen der Psychoanalyse. Bern/Stuttgart (Huber/Klett) 1963.

— : Neurotic Ego Distortion: Opening Remarks to the Panel Discussion, International Journal of Psycho-Analysis, 39 (1958), 243—44.

— : The Principle of Multiple Function, The Psychoanalytic Quarterly, 5 (1936), 45—62.

— : The Structure of Paranoid Ideas, International Journal of Psycho-Analysis, 32 (1951), 167—77.

Waldhorn, H. F.: The Place of the Dream in Clinical Psychoanalysis, Kris Study Group Monograph, II, 96—105. New York: Int. Univ. Press, 1967.

Wallerstein, R. S.: Psychoanalysis and Psychotherapy. (The Relationship of Psychoanalysis to Psychotherapy: Current Issues), International Journal of Psycho-Analysis, 50 (1969), 117—26.

Wangh, M.: Structural Determinants of Phobia: A Clinical Study, Journal of the American Psychoanalytic Association, 7 (1959), 675—95.

Webster's Third New International Dictionary. Springfield, Mass.: G. & C. Merriam Co., 1966.

Weinshel, E. M.: Some Psychoanalytic Considerations on Moods, International Journal of Psycho-Analysis, 51 (1970), 313—20.

Weisman, A. D.: Silence and Psychotherapy, Psychiatry, 18 (1955), 241—60.

Weissman, P.: Structural Considerations in Overt Male Homosexuality, International Journal of Psycho-Analysis, 43 (1962), 159—68.

Wexler, M.: Schizophrenia: Conflict and Deficiency, The Psychoanalytic Quarterly, 40 (1971), 83—99.

Wiedeman, G. H.: Survey of Psychoanalytic Literature on Overt Male Homosexuality, Journal of the American Psychoanalytic Association, 10 (1962), 386—409.

— : Symposium on Homosexuality, Panel Discussion, 23rd International Congress of Psycho-Analysis, 1963, International Journal of Psycho-Analysis, 45 (1964), 214—16.

Winnicott, D. W.: Comment on Obsessional Neurosis and »Frankie«, International Journal of Psycho-Analysis, 47 (1966), 143—44.

— : The Maturational Processes and the Facilitating Environment. New York: International Universities Press, 1965.

— : Transitional Objects and Transitional Phenomena, International Journal of Psycho-Analysis, 34 (1953), 89—97. Deutsch: Übergangsobjekte und Übergangsphänomene, Psyche, 9 (1969) 666—682.

Wolberg, L.: The Technique of Psychotherapy. 2 Bde. New York: Grune & Stratton, 1969.

Zeligs, M. A.: The Psychology of Silence: Its Role in Transference, Countertransference and the Psychoanalytic Process, (The Silent Patient) Journal of the American Psychoanalytic Association, 9 (1961), 7—43.

Zetzel, E. R.: Additional Notes Upon a Case of Obsessional Neurosis: Freud 1909, International Journal of Psycho-Analysis, 47 (1966), 123—29.

— : Concept and Content in Psychoanalytic Theory, The Psychoanalytic Study of the Child (New York: International Universities Press), 11 (1956), 99 bis 121.

— (Berichterstatter): Defense Mechanisms and Psychoanalytic Technique, Panel Discussion of the American Psychoanalytic Association, Journal of the American Psychoanalytic Association, 2 (1954), 318—26.

— : The Depressive Position, in Ph. Greenacre (Hrsg.), Affective Disorders, 84—116. New York: International Universities Press, 1953.

Rubin und Gertrude Blanck

Ehe und seelische Entwicklung

Konzepte der Humanwissenschaften
Aus dem Amerikanischen übersetzt von Otto und Doris Goldschmidt
ISBN 3-12-900970-1

Seelisches Wachstum ist nicht, wie häufig angenommen wird, auf die Kindheit und die Pubertät beschränkt, sondern während der gesamten Lebenszeit möglich. Besonders in Ehe und Partnerschaft liegt eine große Chance der Integration und Entwicklung wichtiger Persönlichkeitsbereiche: Sie bieten die Möglichkeit, kindliche Sexualängste und Konflikte zu überwinden und eine neue Ebene der Objektbeziehungen zu erreichen; sie erfordern eine fortschreitende psychische Lösung von den Eltern und, damit verbunden, eine stärkere Individuation als alle früheren Lebensphasen. Im Vordergrund des therapeutischen Bemühens sollte deshalb das Ziel stehen, die verborgenen, gehemmten oder fehlgeleiteten Entwicklungskräfte der Partner freizusetzen.

Der konzeptuelle Rahmen, innerhalb dessen sich die Chancen seelischen Wachstums verstehen lassen, ist die psychoanalytische Ich-Psychologie.

Das Buch ist eine wichtige Hilfe für alle, die im Bereich der Psychotherapie und insbesondere der Ehe- und Familienberatung tätig sind.

Klett-Cotta

Frieda Fromm-Reichmann

Psychoanalyse und Psychotherapie

Konzepte der Humanwissenschaften
Aus dem Amerikanischen übersetzt von Gertrude Kallner
ISBN 3-12-902770-X

Dieses Buch der weltberühmten Psychoanalytikerin präsentiert eine Auswahl der nach ihrer Emigration in die USA bis zu ihrem Tod im Jahr 1957 entstandenen Arbeiten. Sie befaßt sich darin in erster Linie mit der psychoanalytischen Behandlungstechnik bei schizophrenen, manisch-depressiven und psychotischen Krankheitszuständen.

Die von Frieda Fromm-Reichmann entwickelten Grundzüge einer »psychoanalytisch orientierten Psychotherapie« beruhen auf ihrer Erfahrung in der Anwendung der klassischen Psychoanalyse bei Neurotikern und der Theorie der zwischenmenschlichen Beziehung von H. S. Sullivan. Ihre außergewöhnliche Empathie und die Achtung, die sie ihren Patienten entgegenbrachte, gründete sich auf ihre wissenschaftliche Überzeugung, daß sich die Lebenskonflikte und die emotionellen Schwierigkeiten psychiatrischer Patienten von denen, die jeder Mensch zeitweise erlebt, nur graduell unterscheiden.

Klett-Cotta